제 3 판

국제금융의 이론과 정책

성 범 용 저

博 英 社

제3판 서 문

이 책이 처음 출간된 이후 많은 독자들로부터 아낌없는 격려와 미비한 점에 대한 좋은 지적을 받아오며 꾸준히 성장하게 된 것을 무엇보다 기쁘게 생각하고 있다. 이번 제3판은 그 동안 미흡하거나 지나치게 어렵다고 지적되어 온 부분에 대해 수정 · 보완하는 방향으로 이루어졌다.

우선 세계적인 금융자유화가 정착되어 감에 따라 국제자본의 유출입이 자유로워지고 있음을 감안하여 기존 내용을 보완하여 국제자본의 이동원리를 예와 함께 구체적으로 설명하였다. 또한 국제자본의 빈번한 유출입에 따른 환율의 변동성 문제와 결부된 환율의 오버슈팅현상을 이해하기 쉽도록 완전히 다시 썼으며 아울러 언더슈팅현상을 추가하여 설명하였다. 또한 파생금융상품거래가 가속적으로 증가함에 따라 기본개념 파악에 도움이 될 수 있도록 간단한 예들을 추가하였다. 그 외에도 유로화에 대한 보완 설명을 비롯하여 외환관리법의 개정에 따른 내용 수정 등 각 장마다 미비한 곳을 보완하였으며, 독자의 시각효과를 높이도록 책 디자인을 새롭게 하였다.

이번 개정 제3판의 편집에는 박영사의 홍석태 님의 노력이 많았는데 지면을 통해 감사의 말을 전한다.

2002년 6월

성 범 용

개정판을 내면서

최근 가장 급속하게 발전하는 학문 중 한 분야가 국제금융이론이라고 할 수 있다. 이 책이 출간된 지 5년이란 시간이 흐르는 가운데 국제금융시장은 예상을 훨씬 뛰어넘을 정도로 급격한 변화를 거듭하여 왔기 때문이다. 특히 최근에는 국제통화기금(IMF)의 국제수지 편제기준이 대폭 변경되었고 내년 1월 1일부터는 유럽단일통화인 유로화의 창출과 더불어 유럽경제통화통합이 공식 출범함으로써 국제금융시장의 지각변동이 예상되는가 하면 남미, 북구 국가들을 비롯하여 동남아 금융위기 등 크고 작은 금융위기들이 세계 도처에서 발생하였다.

그 결과 많은 독자들로부터 개정판의 출간권고를 받아 왔음에도 불구하고 저자의 역부족은 물론이거니와 공적인 일로 시간이 허락지 않아 본의 아니게 미루어 왔던 점을 송구스럽게 생각하고 있다.

그러나 그 동안에 국제금융시장의 대변혁과 더불어 우리경제도 금융자유화가 거의 대부분 이루어졌을 뿐만 아니라 자유변동환율제도로의 이행, 그리고 현재 겪고 있는 경제위기로 인한 대내외 경제전반에 걸쳐 급격한 변화가 일고 있음을 감안할 때 개정판 출간을 더 이상 미룰 수 없는 한계점에 이르렀다는 판단하에 이제야 개정판을 출간하게 되었다.

이번 개정판에서는 그 동안 미진하게 생각해 왔던 부분에 대한 수정 · 보완에만 그치지 않고 최근 새로운 이슈로 등장하고 있는 국제금융관련 이론들을 최대로 반영하여 독자들의 요구에 부응하려는 데 초점을 두었다. 초판과 비교할 때 다음과 같은 내용들이 심도 있게 다루어졌다.

첫째, IMF의 「국제수지표 작성요람」 제5판에 따라 우리나라도 신국제수지 편성기준에 기초하여 1998년 1월부터 국제수지통계를 발표하고 있어 초판 제5장의 국제수지의 측정과 분석편은 거의 다시 썼다.

둘째, 향후 국제금융시장 변화에 태풍의 눈으로 부상하고 있는 유럽경제통화통합(EMU)에 대해 출범배경, 추진일정 및 내용 그리고 전망 등을 비교적 상세하게 수록하였다.

셋째, 금융자유화가 범세계적인 추세로 확산되면서 은행위기 및 외환위기를 포괄한 금융위기(financial crises)가 세계 곳곳에서 발생함에 따라 금융위기의 원인규명과 더불어 영향을 분석하였으며 극단의 경우인 외채지불유예, 즉 모라토리엄(moratorium) 선언의 이해득실 등을 집중적으로 다루었다.

넷째, 세계적인 금융자유화의 확산 및 파생금융상품거래의 급증 등으로 투자가들의 환위험노출 정도가 심화되는 점을 감안하여 분산투자의 중요성을 부각시킨다는 차원에서 포트폴리오 밸런스모형을 도입하여 국내외자산 증가의 효과를 고찰하는 동시에 국내외자산 매매를 통한 공개시장조작 효과를 추가하였다.

다섯째, 일국의 자본이동성 정도에 따라 경제정책이 국민경제에 미치는 파급효과가 크게 상이해지기 때문에 자본의 이동성 정도를 측정하는 방법을 이해하는 것도 대단히 중요하다는 인식하에 이와 관련된 주요 이론들을 추가하여 독자의 이해를 돕도록 하였다.

여섯째, 전통적인 먼델-플레밍모형하에서의 재정 · 금융정책의 효과는 특이한 결과를 초래하는데 최근과 같이 환율변동에 대한 기대가 만연하는 상태에서의 정책효과는 어떻게 수정되는지 추가하여 분석하였다.

일곱 번째, 평가절하에도 불구하고 지속적인 무역수지적자가 병존하는 상태에 대한 설득력 있는 설명이 최근 경제이력현상(economic hysteresis)으로 대변되고 있는데 이를 추가하여 고찰하였다.

이 외에도 국제신용평가기관들의 국가신용등급 사정기준의 추가, 우리나라의 자유변동환율제도 운용 현황, 구 통계자료의 최근 자료로 대체 등 각 장별로 미진한 부분들에 대해 많은 수정 · 보완이 이루어졌다. 뿐만 아니라 최근 한글화 추세에 따라 초판에 많이 사용하였던 한자를 모두 한글로 대체하였으며 다만 그 의미가 불분명한 어휘에 대해서는 괄호 내에 한자를 추가하여 의미상의 혼란을 방지토록 하였다.

이상과 같이 초판의 내용을 대폭적으로 수정 · 보완하였음에도 불구하고 저자의 역부족에 시간부족까지 겹쳐 아직도 미진한 부분이 남아 있음을 부인할 수 없다. 그러한 문제는 추후 언젠가 또다시 보완될 것으로 믿는다.

본 개정판 출간을 위해서도 많은 분들의 격려와 도움을 받았는데 우선 바쁜 중에서도 기꺼이 많은 자료를 협조해 주신 한국은행 국제부 외환분석실의 이영균 부장께 감사드린다. 또한 자료수집, 원고정리, 교정에 이르기까지 헌신적인 노력을 아끼지 아니한 박사과정의 김기석, 석사과정을 졸업한 김일수, 석사과정의 박건형 군과 김경미, 김문희 양의 노고에 고마운 마음을 전한다.

끝으로, 개정판 출판을 적극 독려해 주신 박영사의 안종만 사장, 영업부의 유연국 부장 그리고 편집 및 교정에 세심한 노력을 아끼지 않은 편집부의 김정한 선생 등 관련 제위분께 심심한 감사의 뜻을 표한다.

1998년 8월

성 범 용

序　文

최근과 같이 국제금융시장이 동태적 변화를 보인 일은 일찍이 없었다. 국제금융시장에는 거의 날마다 새로운 금융상품들이 출현하고 있는가 하면 환율이 경제뉴스 등에 민감한 반응을 보이며 부단히 변동하는 가운데 국가간 자본이동이 신속히 이루어지고 있다. 그런데 이러한 변화를 초래하게 된 주된 원인은 각국 경제간에 상호의존성이 높아졌기 때문이다. 그리고 상호의존성의 심화는 정보통신기술의 급속한 발전, 변동환율체계를 근간으로 하는 현행 국제통화제도 그리고 세계적인 추세로 확산되고 있는 각국의 경제개방 및 자유화 등에 연유되었다.

이에 따라 국제금융이론도 급속도로 발전되어 왔는데 경제학 측면에서 최근에 발표되는 많은 학술논문들이 換率 및 國際巨視經濟學(Exchange Rates and International Macroeconomics)과 관련된 것들임은 이를 반영하고 있다고 하겠다.

著者가 이 책을 집필하게 된 기본적인 목적은 국제금융경제학 분야에 새로운 조류를 형성하고 있는 환율경제학, 국제거시경제학, 국제금융시장론 그리고 상호의존경제이론 등을 일관성 있게 체계적으로 整理하여 이해하기 쉬운 講義教材를 만드는 데 있었다. 이를 위해 지난 7년 동안 홍익대학교 무역학과와 경제학과에서 외환론과 국제금융론을 강의해 온 내용을 정리하는 한편 교재로서의 체계를 유지하는 데 부족한 부분들에 대해서는 별도의 보완작업을 하였다.

그리고 이론에 대한 설명에 있어서도 철저하게 단계적이고 점진적인 논의전개 방식을 채택함으로써 이해를 쉽게 하는 동시에 학생들로 하여금 스스로 경제현실을 분석하고 진단할 수 있는 科學的 思考能力을 기르는 데 도움이 되도록 하였다. 또한 가능한 범위 내에서 이론설명과 이를 可視的으로 뒷받침해 주는 그림과 경제모형을 통해 數理的으로 도출한 결과들이 상호일치되는 것을 보임으로써 논리의 일관성을 확인시켜 나갔다. 뿐만 아니라 논의된 이론들에 대해 현실적인 감각을 가질 수 있도록 事例研究의 일환으로 많은 관련 例들과 統計資料가 제시되었다.

그러나 著者의 의도가 아무리 의욕적이라고 하더라도 力不足에 따른 미진한 부분은 남아 있기 마련이다. 이에 대해서는 향후에 보완될 기회가 있으리라 믿는다.

모든 책들이 그러하듯이 이 책이 출간되기까지는 많은 분들의 직·간접적인 도움이 있었다. 우선 弘益大 商經系列의 先輩·同僚教授분들의 조언과 격려에 힘입은 바 크며, 특히 책표지를 圖案해 주신 산업미술대학원장 權明光 教授께 깊은 감사를 드린다. 또한 유로市場에 관한 좋은 참고자료들을 제공해 준 무역학과 鄭泰泳 教授와 외환통계 및 관련자료로 도와 준 한국은행의 외환관리부장 金永生 博士, 金學烈 課長, 全光一 調査役께도 심심한 謝意를 표한다. 그리고 이 책의 집필 시작부터 미비한 자료수집, 원고정리, 교정에 이르기까지 盡力한 무역학과 박사과정의 金應來 君을 비롯하여 석사과정의 芮珉洙, 崔容準, 李泰憲 君과 학부의 李炯求 君의 헌신적인 노력에 감사한다. 이 외에도 金基錫, 李賢榮, 車基鉉 君의 노고 또한 컸다.

그리고 本書의 출판을 도와 주신 博英社의 安鍾萬 社長과 세심하고 치밀한 편집을 위해 여러 가지로 수고하신 秋日在 課長, 胡 榮 先生 및 관련직원 제위분께 심심한 감사를 드린다.

끝으로, 항상 기도하며 감사하는 삶을 살아가는 아내에게 고마운 마음을 전한다.

1993년 5월

成 範 鎔

차 례

제1편 외환시장과 환율

제1장 외 환 시 장

제2장 선 물 환 시 장

제3장 환율의 결정이론과 측정

제4장 환 율 제 도

제2편 국제수지와 균형분석

제5장 국제수지의 측정과 분석

제6장 국제수지와 국민소득의 결정

제7장 국제수지와 대내외균형: 개방거시경제의 기본모형

제3편 국제수지 조정정책론

제8장 평가절하의 효과

제9장 고정환율제도하에서의 재정 · 금융정책의 효과

제12장 변동환율제도하에서의 재정 · 금융정책의 효과

제 14장 현대 환율결정이론과 환율정책

제5편 상호의존경제와 정책협조론

제15장 국제통화제도

제16장 국제금융시장

제17장 상호거시경제 정책협조론

제 1 편

외환시장과 환율

제 1 장 외환시장

개 요

이 장에서는 앞으로 논의를 전개함에 있어 필요한 기초개념들을 이해하는 데 초점을 두게 된다. 국가간에 이루어지는 실물경제거래에 수반되어 발생되는 외환거래가 외환시장에서 어떻게 외환의 수요와 공급으로 나타나며 또 그 가격인 환율은 어떻게 표시되며 결정되는가를 알아본다. 그리고 나서 국제대차관계를 결제하는 외환거래의 기본원리와 결제수단으로서의 외환은 어떤 것들이 있는지를 고찰하며 현물환시장 중심으로 외환시장에 대한 구조와 특징들을 이해하고 환재정(exchange arbitrage)을 통한 외환시장의 청산기능을 살펴보게 된다.

제1절 국제경제거래와 결제방법

1 국제경제거래와 외환

현대 세계경제를 구성하고 있는 개별 국가들은 어느 국가를 막론하고 정도의 차이는 있으나 세계 여타국가들과 직·간접적으로 국제경제거래를 행하는 개방경제(open economy)의 형태로 운용하고 있다.

식량, 원료, 시설재, 소비재 등에 대한 국내수요를 국내생산만으로는 충족시킬 수 없을 만큼 절대적으로 부족하거나 또는 국내생산이 가능하더라도 외국에 비해 국내생산비가 상대적으로 비싼 경우에는 수입을 통해 국내수요를 충당한다. 동시에 생산비용, 품질 등의 면에서 외국에 비해 국내생산이 유리한 상품을 특화(specialization)함으로써 일부는 국내소비에 사용하고 나머지 일부는 외국수요에 따라 수출하게 된다. 다시 말하면 국제거래에 아무런 제약조건이 없는 경우 각국은 상품의 비교우위(comparative advantage)에 입각하여 국제무역거래를 행함으로써 무역이익을 향유한다. 뿐만 아니라 국제거래는 노동 및 자본서비스(capitral services)의 이동형태로 이루어지기도 하고 무상원조나 재해복구 구호물자 등과 같이 아무런 보상의 반대급부가 수반되지 않는 일방적 이전거래의 형태로 이루어지기도 한다. 이와 같은 상품 및 서비스거래와 이전거래를 합하여 경상거래(current transaction)라고 하는 데 이는 국제간 실물의 흐름을 반영한다. 그런데 실물의 흐름은 원시사회의 물물교환(barter trade)이 아닌 한 그 이면에는 교환수단(medium of exchange)으로서 화폐의 흐름(flow of money)이 수반되어 국제거래가 이루어지는 것이 일반적이다.

한편 국제거래는 경상거래 이외에 자본거래(capital transaction)의 형태로도 이루어지는데 국제자본거래는 금융자산(financial assets)의 국제거래를 의미한다. 여기서 금융자산이라 함은 현금, 예금, 주식, 채권, 채무증서 등을 지칭하는데 이는 토지, 건물, 공장 등 실물자산(real assets)과 대칭되는 개념이다. 그런데 자본거래는 주식, 채권, 채무증서 등의 실물적 이동에 수반되어 화폐의 흐름으로 이루어지는 직·간접투자 또는 차관형태로 이루어지는 경우와 환투기 등 화폐적 요인 자체로 인해 현금이나 예금이 이동하는 형태로 이루어지는 경우를 포괄하고 있다.

경상거래든 자본거래든 국제경제거래가 이루어지면 국가간에 자금대차관계가 수반되므로 자금대차의 결제문제가 발생하게 된다. 여기에 결제수단으로서 외환(foreign exchange)의 필요성이 있다. **외환**은 국제간의 채권 · 채무관계의 결제수단을 말하는데 곧 설명하는 바와 같이 국제통화, 외화예금, 전신환, 우편환, 환어음 등 대외지급수단과 외국통화표시 채권(bonds) 및 주식(stocks) 등 외화증권 그리고 외화채권(claims)을 말한다.[1)]

만약 세계 각국이 오직 하나의 통화만으로 국제거래를 행한다고 하면 외환이 존재해야 할 이유가 없다. 그러나 각국은 각각 상이한 통화제도를 갖고 있기 때문에 이종통화지역간에 이루어지는 국제거래를 결제하기 위해서는 적용될 환율결정이 필요하다.

2 외환의 수요 · 공급과 환율

외환의 수요 · 공급의 결정요인

앞서 고찰한 바와 같이 경상거래와 자본거래로 인한 국제경제거래의 결제수단으로서 외환이 필요하다. 이를 알아보기 위해 먼저 외환의 수요와 공급이 어떻게 결정되는지 살펴보자.

우선 **외환에 대한 수요**는 외국상품(foreign goods) 및 서비스(foreign services)와 금융자산(foreign financial assets)을 수입하는 경우에 발생한다. 예를 들어 한국인이 미국으로부터 상품을 수입한다고 할 때 한국인은 미국인이 수취하기를 원하는 미국 달러화로 지불해야 하므로 달러화에 대한 수요가 발생하게 된다. 또는 미국 재무성이 발행한 재정증권(U.S. Treasury bills)을 구매하기 위해서도 달러화에 대한 수요가 발생한다. 마찬가지로 일본으로부터 상품, 서비스 또는 금융자산을 구매하기 위해서는 일본 엔화가 필요하기 때문에 엔화에 대한 수요가 발생하게 된다.

1) 여기서 외환이라 함은 외국환을 지칭하는데 이하에서 별도의 언급이 없는 한 외환은 모두 외국환을 의미한다. 외환에 대한 구체적인 정의 및 종류에 대해서는 이 절의 4항에서 논의된다.

한편, **외환의 공급**은 자국상품(domestic goods) 및 서비스(domestic services)와 금융자산(domestic financial assets)을 수출하는 경우에 발생한다. 한국인이 미국에 상품을 수출하면 미달러화를 수취하게 되어 국내에 달러화 공급이 증대될 것이고, 한국정부가 발행한 정부채나 회사가 발행한 회사채와 같은 채권(bonds)을 영국에 수출(매각)하면 영국 파운드 스털링(pound sterling)을 받게 되어 국내의 파운드 스털링 보유액이 증가될 것이다. 그런데 일국의 통화는 그 국가 내에서 생활하는 데 필요한 교환수단과 가치저장수단의 기능을 갖기 때문에 타국통화인 미달러화나 영국 파운드화와 같은 외환 자체로 보유하기 위해 국제거래를 행하는 것은 아니다. 자국상품을 수출한 대가로 받은 외환을 국내통화로 교환하여 자국통화로 보유하려는 것이 기본 속성이다. 즉 각 국민은 자국통화를 선호하게 된다. 한국인이 미국인에게 수출을 한 경우 한국인은 수출대금을 원화로 수취하기를 원하는 반면 미국인은 달러화로 지불하기를 원한다. 한국이 미국으로부터 수입하는 경우에는 한국인은 수입대금을 원화로 지불하기를 원하는 반면 미국인은 수출대금을 달러화로 수취하기를 원한다. 이와 같이 국제결제거래에 수반된 선호의 차이를 '통화에 대한 상반된 선호'(conflicting preferences for currency)라고 한다.[2] 이러한 상반된 선호 때문에 외환의 수요와 공급이 청산(clearing)될 수 있는 외환시장(foreign exchange market)이 필요하게 된다.

외환시장은 외환의 매매를 매개시켜 주는 시장기구를 말한다. 이는 어느 특정장소나 공간에서 외환의 수요자와 공급자간에 매매거래가 성립될 수 있는 매개체로서의 추상적인 개념이다. 왜냐하면 외환거래는 어느 특정시장에서 거래당사자간에 직접 이루어질 수도 있고, 전화, 텔렉스 또는 컴퓨터 단말기(computer terminal) 등과 같은 통신매개체를 통해 외환수요자와 외환공급자를 연결시켜 주는 추상적인 시장기구가 될 수도 있기 때문이다.

외환시장에서 외환의 매매가 이루어지는 과정을 가시적으로 보기 위해 미국과 영국간의 거래관계를 예로 들어 보면 다음의 [그림 1-1]과 같다.

미국은 영국에 상품을 수출하고 달러화로 수취하기를 원하는 데 반해 영국은 미국으로부터 수입한 상품대금을 파운드화로 지불하기를 원한다. 따라서 미국통화인 달러화와 영국통화인 파운드화를 교환해야 되는데 이를 매개시켜 주

2) J. D. Richardson, *Understanding International Economics: Theory and Practice*, Little, Brown & Company, 1980, pp. 6-9.

그림 1-1 외환시장에서의 외환거래

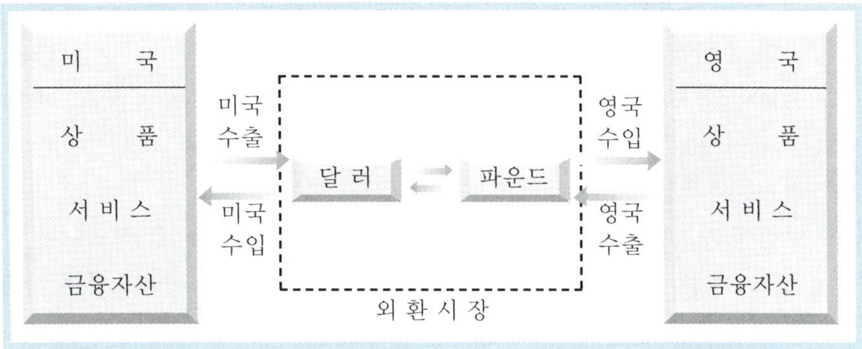

는 곳이 외환시장이며 여기서 교환비율로서 환율이 결정되고 그에 따라 외환결제가 청산된다.

환율의 개념

환율(foreign exchange rate)은 이종통화간의 교환비율을 말하는데 어느 통화로 표시하느냐에 따라 다음과 같이 두 가지 방식으로 표시된다.

첫째 방법으로는 **자국통화표시 환율**로서 외국통화 1단위를 얻기 위해 지급해야 하는 자국통화량으로 표시하는 방법으로 일명 지급계정환율(rate in payable account)이라고 한다. 예를 들어 미국인 입장에서 미달러화표시 대영국 파운드화 환율(E=$/£)을 1£=2.0$와 같이 표시하는 경우이다. 한국 원화표시 대미달러화 환율(E=₩/$)을 1$=1000₩ 또는 E=1000₩/$으로 표시하거나 또는 일본 엔화표시 대미달러화 환율(E=¥/$)을 1$=120¥ 또는 E=120¥/$ 등과 같이 표시하는 경우가 이에 속한다.

둘째 방법으로는 **외국통화표시 환율**로서 자국통화 1단위를 대가로 수취할 수 있는 외국통화량으로 표시하는 방법으로 일명 수취계정환율(rate in receivable account)이라고도 한다. 위의 예에서 미국인의 입장에서 미달러화의 파운드화표시 환율(R=£/$)을 1$=0.5£로 표시한다든가 한국인 입장에서 원화의 달러화표시 환율(R=$/₩)을 1₩=(1/1000)$=0.001$로 표시하는 경우가 이에 속한다.

그런데 국제적 관례에 의한 환율표시는 일반적으로 자국통화표시 환율(지급계정환율)로 이루어지고 있는데[3] 앞으로 별도의 언급 없이 환율이라고 할 때에는 언제나 자국통화표시 환율을 지칭하기로 한다. 이제 우리는 환율에 대한 공식적인 정의를 다음과 같이 내릴 수 있다.

환율이라 함은 **외환의 국내통화가격**(domestic currency price of foreign exchange)이다. 외환이 단순히 외국통화인 경우에는 환율은 외국통화의 국내통화가격, 즉 외국통화 1단위와 교환되는 국내통화량이 된다.

그런데 가격이라 함은 상품 1단위와 교환되는 화폐액으로 정의됨을 우리는 알고 있다. 예를 들어 사과 1개의 가격이 500원(P_A=₩/사과)이라 함은 사과 1개를 구매하기 위해 500원을 지불해야 함을 의미한다. 따라서 달러화에 대한 원화 환율은 1$당 지불해야 할 원화량을 말한다. 또한 가격은 해당상품의 값이므로 외환의 가격인 환율은 외환의 가치를 반영한다. 어떤 이유에서 환율이 상승하였다고 하면 외국통화의 가치가 상승했음을 의미하는 반면 자국통화의 가치는 하락했음을 의미한다. 예컨대 원화의 대미달러화 환율이 1$=1000원에서 1$=1200원으로 상승했다고 하면 원화에 대한 달러화의 가치는 상승한 반면 달러화에 대한 원화가치는 0.001$(=1/1000)에서 0.00083$(=1/1200)로 하락했음을 의미한다. 즉, 달러화에 대한 원화가치는 16.7%((1000/1200)−1=−0.16666) 하락하였음을 의미한다.

특히 자국통화표시 환율의 상승을 자국통화의 **평가하락**(depreciation of domestic currency) 또는 **평가절하**(devaluation)라고 하고 외국통화의 **평가상승**(appreciation of foreign currency) 또는 **평가절상**(revaluation)이라고 부른다.[4]

이러한 의미에서 환율은 자국통화와 외국통화간의 교환비율과 같으며 원화의 대미달러화 환율(E=₩/$)은 다음과 같은 관계를 갖는다.

원화의 대미달러화 환율(E=₩/$)=$화의 ₩화가격
=$화 단위당 교환되는 원화량
=$화의 가치

---

3) 미국 달러화와 영국 파운드화간의 환율은 1£=2.0$와 같이 전통적인 관례로 양국 모두가 영국 파운드화 기준의 환율로 표시한다.

4) 엄밀한 의미에서 평가하락(depreciation)과 평가상승(appreciation)은 변동환율제도하에서 외환시장에서의 환율변동에 따른 통화의 가치하락과 가치상승을 각각 나타내는 용어이며, 평가

한편 환율변동이 외환의 수요 · 공급에 미치는 영향을 보기 위해 외환에 대한 수요를 외환의 가격인 환율의 감소함수로 정의하면 외환에 대한 수요곡선은 우하향곡선의 형태를 갖는다. 이에 대응하여 외환의 공급곡선은 환율의 증가함수로서 우상향곡선이 된다.

이 경우 외환시장에서 수요와 공급에 의해 결정되는 균형환율은 두 곡선이 만나는 점에서 결정되고 그에 따라 외환의 균형수급량이 결정된다.

아래의 [그림 1-2]에서 외환을 단순히 미국 달러화($)로 국한시킨 경우 달러화의 수요곡선($D_\$$)과 달러화의 공급곡선($S_\$$)이 교차하는 점 A에서 균형환율 $\bar{E}$와 균형수급량 $\bar{Q}$가 결정됨을 알 수 있다. 만약 어떤 이유에서 실제환율이 균형환율수준 $\bar{E}$ 보다 낮으면 달러화에 대한 수요가 공급을 상회하여 초과수요가 발생하여 원화표시 환율은 상승(즉 원화의 평가하락)하고 실제환율이 균형환율수준 $\bar{E}$ 보다 높으면 초과공급이 발생하여 환율은 하락(원화의 평가상승)하여 균형환율수준으로 수렴하게 된다.

그림 1-2 균형환율의 결정

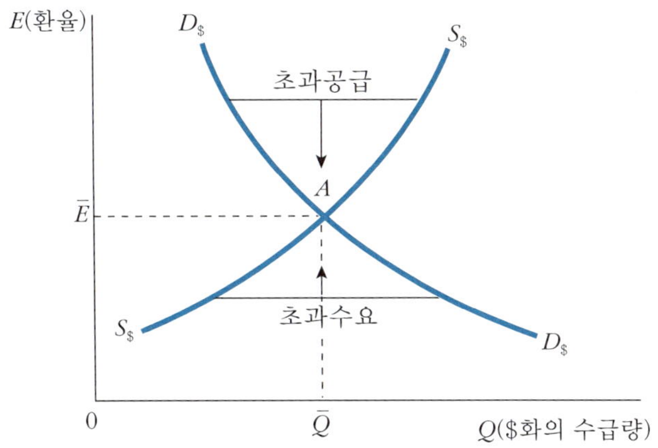

절하(devaluation)와 평가절상(revaluation)은 고정환율제도하에서 정부가 인위적으로 환율을 인상 또는 인하시키는 경우에 통화의 가치변동을 나타내는 용어이다. 그러나 현실적으로는 평가하락과 평가절하를 동의어와 같이 혼용하여 쓰고 있으며 평가상승과 평가절상도 혼용하여 사용하는 것이 일반적이다.

균형환율의 변동

그러면 어떤 요인들에 의해 균형환율이 변동할까? 수요곡선 또는 공급곡선 자체를 이동시키는 요인이 발생하면 균형환율은 변동하게 된다. 즉 외환에 대한 수요의 결정요인은 외국상품, 서비스 및 금융자산의 수입이므로 이들에 대한 수입수요가 환율 이외의 외생적 요인에 의해 증가하게 되면 외환의 수요곡선은 우측으로 이동하게 되고 외환공급의 결정요인으로서 국내상품, 서비스 및 금융자산의 수출이 외생적으로 증가하게 되면 외환의 공급곡선은 우측으로 이동하게 된다.

지금 외국상품에 대한 국내수요가 증가하였다고 가정하자. 그러면 다른 조건이 일정불변(ceteris paribus)하다면 [그림 1－3] 에서 보는 바와 같이 수요곡선이 우측으로 이동하여 균형환율은 $\bar{E}_0$에서 $\bar{E}_1$으로 상승하고 균형수급량도 $\bar{Q}_0$에서 $\bar{Q}_1$ 로 증가하여 점 A' 에서 새로운 균형을 이루게 된다.

한편 국내이자율상승에 따른 외국인의 국내투자증대로 자본유입이 발생하였다고 가정하자. 즉 외국인이 국내발행주식이나 국내채권을 구매(한국의 금융자산수출)하였다고 하면 [그림 1－4] 에서 보는 바와 같이 외환의 공급곡선은 우측으로 이동하여 균형환율의 하락과 외환수급량의 증가를 초래하여 점 B' 에서 새로운 균형을 이룬다.

그림 1-3 외환수요곡선의 이동

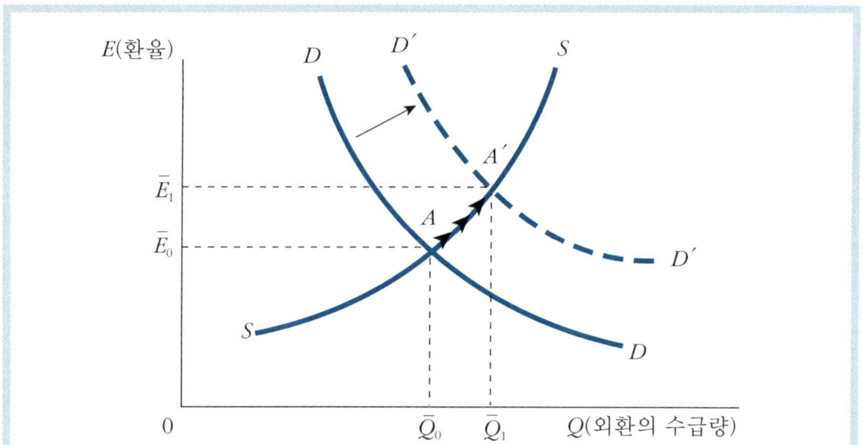

그림 1-4 외환공급곡선의 이동

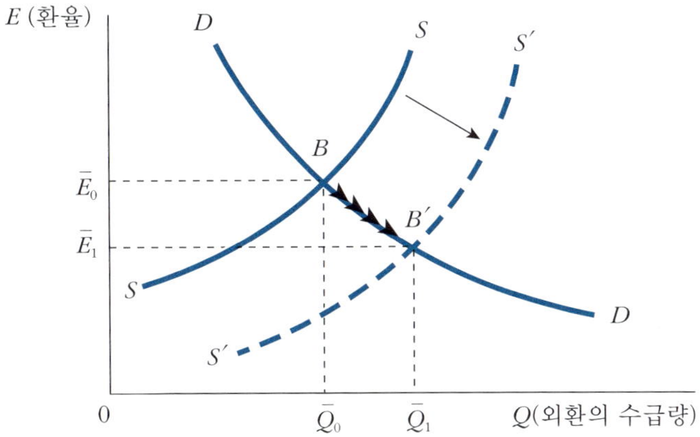

끝으로, 한 가지 흥미 있는 경우를 생각해 보자. 지금 외국물가수준을 포함하여 다른 모든 조건이 일정불변인 상태에서 국내물가가 상승했다면 균형환율과 외환수급량은 어떻게 변하겠는가? 국내가격상승은 외국상품에 비해 상대적으로 외화표시 수출상품가격이 종전보다 비싸졌으므로 외국수요가 감소되므로

그림 1-5 국내물가상승의 효과

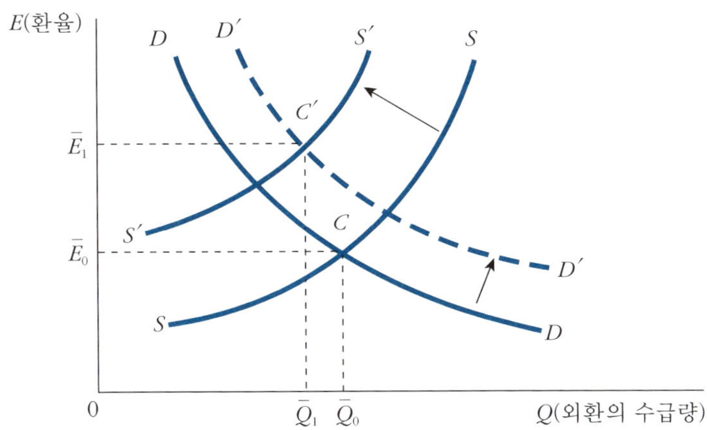

외환공급곡선은 좌측으로 이동하고, 외국상품은 상대적으로 싸졌으므로 외국상품에 대한 국내수입수요의 증가를 수반하므로 외환수요곡선은 우측으로 이동하게 되어 균형환율은 상승한다. 그러나 균형수급량이 종전보다 증가할 것인지 아니면 감소할 것인지는 두 곡선의 가격탄력성에 의존하게 된다. [그림 1-5]는 외환수급량이 감소한 경우를 나타내고 있는데 점 C'은 이를 보여 주고 있다. 이는 후에 고찰하게 될 외환시장의 안정성 문제와 관련된다.

3 외환거래의 기본원리

외환거래(foreign exchange transaction)는 국제경제거래로 인해 발생한 국제대차관계(國際貸借關係)를 은행의 중개를 통해 결제(settlement)하는 방법을 말한다.

서울, 부산과 같이 격지에 있는 거래자들간의 국내채권 · 채무관계가 은행의 온라인이나 송금수표 또는 어음 등을 통해 결제되는 원리와 마찬가지로 국제간의 채권 · 채무관계도 은행의 중개를 통해 지급수단인 외환으로 결제하는 방법만이 다를 뿐이다.

외환에 의한 결제방법은 기본적으로 두 가지 방식으로 구분되는데 그 하나는 **송금환**(remittance by draft)에 의해 결제하는 방법이고 다른 하나는 **추심환**(collection or negotiation by draft)에 의한 결제방법이다. 송금환방식은 채무자(송금인)가 거래은행을 통해 전신환(telegram transfer: T/T)이나 또는 우편환(mail transfer: M/T)을 채권자(수취인)에게 송금함으로써 대차관계를 결제하는 방법을 말한다. 송금환 또는 우편환은 송부방향과 자금이동방향이 동일하다는 의미에서 일명 순환(順換)이라고도 한다. 순환방식은 해외송금이나 서비스거래의 결제방법으로 널리 이용되고 있다.

이에 대해 추심환에 의한 결제는 국내채권자가 외국에 있는 채무자의 채무액을 채권자의 거래은행에 회수요청(추심)하여 채권액을 회수하는 방법으로 이루어진다. 이는 외국환어음의 송부방향과 자금이동방향이 정반대가 된다는 점에서 일명 역환(逆換)이라고도 한다. 추심환에 의한 결제방법은 주로 무역거래에서 널리 이용되고 있다.

송금환에 의한 결제방법

서울의 A사가 뉴욕에 있는 B사에 2만 달러의 채무를 지고 있는 경우 현금 수송 없이 은행의 중개를 통해 결제하는 과정을 예를 들어 보기로 하자. 서울의 A사는 서울의 X은행과 거래를 하고 있는 반면 뉴욕의 B사는 뉴욕의 Y은행과 거래하고 있다고 가정하자. 그리고 뉴욕의 Y은행은 서울 X은행의 지점이든가 아니면 X은행과 외환거래에 대한 계약을 체결한 코레스은행(correspondent bank)[5] 중 어느 하나라고 생각하자. 또한 현재 원화의 대미달러화 환율이 1000원이라고 하면 [그림 1-6]에서 보는 바와 같이 서울의 A사는 2만 달러에 해당하는 2,000만 원($20,000×1000원)과 송금수수료를 합한 원화대금을 자기 거래

그림 1-6 송금수표에 의한 결제과정

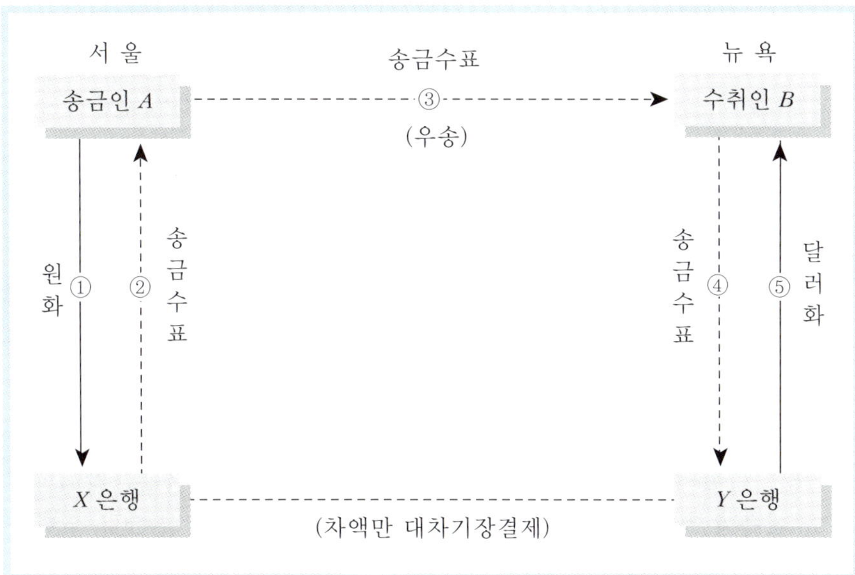

5) 코레스은행은 코레스선(先) 또는 단순히 코레스(corres)라고 부르는데 일반적으로 외국환은행은 세계 각지에 많은 코레스은행을 갖고 있다. 외국은행과 외국환업무(신용장의 발행과 통지, 각종 송금의 취급과 지급, 각종 추심환의 취급 등과 이와 관련된 사항들, 그리고 신용공여와 보증에 관한 사항 등)에 관해 체결하는 계약을 코레스계약(correspondent arrangement)이라고 한다. 코레스계약은 일반적으로 크레디트 라인(credit line)을 설정해 두는데 이는 코레스뱅크에 신용공여의 종류 및 최고한도액을 미리 설정한 것을 말한다.

은행인 X은행에 지급하고 수취인을 B, 지급인을 Y은행으로 하는 액면 2만 달러의 송금수표를 발행받는다. A가 이 송금수표를 B에게 우송하면 B는 뉴욕의 자기 거래은행인 Y은행에 제시하여 2만 달러의 현금을 수취하고 Y은행은 X은행과의 코레스계약에 따라 차액만 대차기장결제(貸借記帳決濟)함으로써 결제가 완료된다.

이와 같은 거래는 송금수표뿐만 아니라 우편환을 통해 이루어지기도 하고 전신텔렉스에 의해 이루어지기도 하는데 주로 이민송금이나 서비스거래 등에 많이 이용된다. 그리고 우편환이나 전신환의 지불방법에는 청구불(pay on application)과 통지불(advice and pay)방법으로 구분되는데 청구불은 송금인 A가 수취인 B 앞으로 우편 또는 전신으로 통지하면 수취인이 자기 거래은행에 청구하여 결제되는 경우를 말한다. 이에 대해 통지불은 수취인 B의 거래은행 Y가 B에게 송금도착을 통지하고 송금수표에 표시된 대금을 지불하는 경우이다.

추심환에 의한 결제방법

이제 서울의 A사가 뉴욕의 B사에게 5만 달러의 승용차를 수출하고 그 대금을 추심환(推尋換)에 의해 결제하는 방법을 알아보기로 하자.

[그림 1-7]은 서울의 채권자인 수출회사 A가 채무자인 뉴욕 수입회사 B로부터 추심하여 대금을 수취하는 과정을 나타낸 것이다. 우선 수출회사 A는 수출화물인 승용차를 선박회사에 의뢰하여 선적한 후 선박회사로부터 선적증명서인 선적서류[6]를 받는다. 그리고 나서 A사는 지급인을 뉴욕의 B사, 수취인을 서울의 X은행으로 하는 액면 5만 달러의 환어음(bill of exchange)을 발행하고 이것을 선적서류와 함께 X은행에 제시하여 수출대금회수를 위해 추심을 의뢰한다. 여기서 환어음이란 채권자인 발행인(A사)이 채무자인 지급인(B사)에게 일정한 금액을 일정한 시일에 수취인(제3자인 X은행)에게 지급할 것을 위탁하는 유

6) **선적서류**는 ① 상업송장(commercial invoice), ② 선하증권(bill of lading: B/L), ③ 보험증권(insurance policy), ④ 부대서류(supplementary documents) 등으로 구성된다. 상업송장은 수출상품 내용명세서, 계산서 등 대금청구명세서를 의미하며, 선하증권은 선박회사가 해당화물을 수취 또는 선적했음을 증명하고 항구에서 그 증권의 소지인에게 인도할 것을 약속하는 유가증권을 말한다. 그리고 보험증권은 화물운송 도중에 사고로 인해 보험목적물에 손해가 발생한 경우 그 손해를 보전할 것을 약속하는 유가증권이다. 부대서류는 포장명세증명서, 원산지증명서, 검사증, 용량 · 용적명세서 등 기타 서류를 말한다.

그림 1-7 추심환에 의한 결제과정

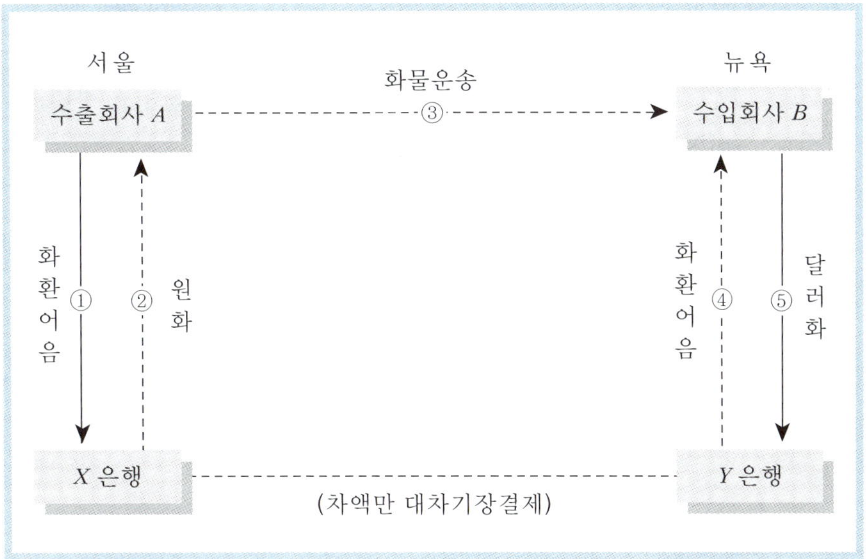

가증권[7]을 말한다. 특히 선적서류가 첨부된 환어음을 **화환어음**(documentary bill)이라고 하는데 X은행은 A사로부터 수취한 화환어음을 뉴욕의 Y은행에 우송하여 B사로부터의 추심을 의뢰하게 된다.

Y은행은 우송된 환어음을 지급인인 B사에게 제시하여 수입대금 5만 달러와 수수료를 받는 동시에 B사는 Y은행으로부터 선적서류를 인도받고 도착된 화물인 승용차를 인수하게 된다. 그리고 X은행과 Y은행은 자금의 대차결제만 하면 모든 결제가 완료된다.

추심환에 의한 대차결제상에서 지적되어야 할 사항이 있다. 우선 수출사 A는 대금의 추심의뢰를 통해 선적완료되면 수입업자 B가 대금을 지불하지 않은 상태라고 하더라도 자금을 조기수취할 수 있는 반면 뉴욕의 수입업자는 화물이 일단 도착한 후에 자금을 지불함으로써 확실한 거래를 할 수 있는 장점이 있다.

더욱이 국제무역거래에서는 수입업자가 수입대금을 확실하게 지급한다는 지급보증서로서 **신용장**(letter of credit: L/C)이 사용되는 것이 일반적이다. 신용장이란 수입업자의 요청에 따라 수입업자의 거래은행이 발행하고 신용장에 기

7) 유가증권이라 함은 재산적 가치를 가진 사권(私權)을 표시한 증권으로서 권리의 발생, 행사 또는 이전의 전부 또는 일부에 있어서 그 증권의 소지를 요하는 증권을 말한다.

재된 모든 조건을 이행한다는 것을 보증하기 위해 수입업자 거래은행이 신용장 개설은행이 되어 수출업자의 환어음을 지급보증하는 문서를 말한다. 그리고 선적서류가 첨부된 화환어음 중 신용장이 첨부되지 않은 무신용장 화환어음에는 선적서류의 인도시기에 따라 다음과 같이 두 가지 중요한 화환어음이 있다.

첫째는 **인수도어음**(documents against acceptance: D/A)으로서 지급인이 환어음을 인수함과 동시에 선적서류를 인도받는 환어음을 말한다.

둘째는 **지급도어음**(documents against payment: D/P)으로서 지급인이 환어음액을 지급함과 동시에 선적서류를 인도받는 환어음을 말한다.

그런데 여기서 특기할 사항은 지급도어음(D/P)과는 달리 인수도어음(D/A)의 경우에는 환율변동으로 인해 환차손익이 발생가능한데 이에 대해서는 후에 고찰하게 될 것이다.

4 외환의 정의 및 종류

여기서는 앞으로의 논의를 전개하는 데 필요한 외환에 대한 개념들을 고찰하기로 한다. 우선 외국환(외환)을 우리나라 외국환거래법(1999년 4월 1일 개정) 제3조에 의거하여 정의하면 다음과 같다.

(1) 외국환이라 함은 i) 대외지급수단, ii) 외화증권, iii) 외화채권(外貨債權)을 말한다.
(2) 대외지급수단이라 함은 외국통화, 외국통화로 표시된 지급수단, 기타 표시통화에 관계없이 외국에서 사용할 수 있는 지급수단을 말한다.
(3) 지급수단이라 함은 정부지폐, 은행권, 주화, 수표, 환어음, 약속어음, 우편환, 신용장과 기타의 지급지시를 말한다.
(4) 외화증권이라 함은 외국통화로 표시된 증권 또는 외국에서 지급을 받을 수 있는 증권을 말한다. 여기서 증권이라 함은 모든 종류의 공채(국채 · 지방채), 회사채, 주식, 출자지분, 공채나 주식 또는 출자의 지분에 관한 권리를 부여하는 증서, 채권(債券), 재정증권, 저당증권, 이윤증권 또는 이와 유사한 증권, 배당금증권, 이찰 또는 이찰상환권 등을 말한다.

(5) 외화채권(外貨債權)이라 함은 외국통화로 표시된 채권이나 또는 외국에서 지급을 받을 수 있는 채권을 말한다. 여기서 채권(債權)이라 함은 모든 종류의 예금, 신탁, 보증, 대차(貸借) 등으로 인하여 생기는 금전채권(債權)을 말한다.

이와 같이 우리나라에서 정의되는 외국환은 외국통화와 외국통화로 표시된 모든 대외지급수단, 외화증권, 외화채권을 포괄적으로 정의하고 있음을 알 수 있다.

당발환과 타발환

송금환이나 추심환을 취급하는 외환은행의 입장에서 상대방 은행에 송금환을 보내거나 추심을 의뢰하는 경우를 **당발환**(outward)이라고 하고 상대방 은행으로부터 송금환을 받거나 추심의뢰를 받는 경우를 **타발환**(inward)이라고 한다. 예를 들면 한국의 외환은행이 미국의 은행에 송금하는 경우는 당발송금환(outward remittance)이 되며 환어음을 추심의뢰하는 경우는 당발추심환(outward collection)이 된다. 타발환으로는 외국은행이 국내은행으로 송금환을 보내는 타발송금환(inward remittance)과 외국은행이 추심의뢰한 타발추심환(inward collection)이 이에 속한다.

매입환과 매도환

외환결제는 은행의 중개를 통해 이루어지므로 은행의 입장에서 고객으로부터 외환을 매입하는 경우를 매입환(buying exchange)이라고 하고, 고객에게 외환을 매각하는 경우를 매도환(selling exchange)이라고 한다. 따라서 타발송금환과 당발추심환은 은행입장에서 매입환이 되며 당발송금환과 타발추심환은 매도환이 된다.

외국환어음

국제무역거래의 결제수단으로 가장 널리 사용되는 것이 외국환어음(bill of exchange)이다.

외국환어음이란 채권자인 발행인(drawer)이 채무자인 지급인(payer)에게 일정한 금액을 일정한 시일에 수취인(payee)에게 무조건 지급할 것을 위탁하는 지급위탁서를 말한다. 이는 재산적 가치를 가진 사권(私權)을 보장하는 증권으로서 권리의 발생, 행사, 이전, 처분의 모든 경우에 그 증권의 소지를 요구하고 있다는 점에서 완전유가증권의 특성을 갖는다.

외국환어음은 통상 배서, 인수 등에 의해 유통되는데 유통의 대표적 수단은 배서(endorsement)인데 어음의 배서인(endorser)이 서명하여 배서를 함으로써 어음상의 권리를 이전한다. 그리고 어음인수시에는 환어음의 표면 또는 이면에 'accepted' 라고 기재하고 일자표시와 서명을 한다.[8)]

이와 같은 외국환어음은 보는 관점에 따라 여러 가지의 종류로 분류되는데 이 중 중요한 개념들만 요약하여 살펴보면 다음과 같다.

(1) 결제용도에 따른 분류

이에는 송금어음(bill of remittance), 수출어음(export bill)과 수입어음(import bill)이 있다. 송금어음은 외국환은행이 발행인이 되고 외국의 외국환은행이 지급인이 되는 일람출급은행어음으로 그 결제가 송금방식에 의해 이루어지므로 흔히 순환이라고 하는데 주로 서비스거래 등 무역외거래에 따른 결제에 이용된다. 수출어음은 수출대금의 회수를 위한 환어음으로 그 결제가 대부분 추심방식에 의해 이루어지기 때문에 추심환어음 또는 역환이라고도 한다. 수출환어음은 수입자측에서는 수입환어음이 된다.

(2) 지급기한에 따른 분류

이는 일람출급어음과 유전스어음으로 구분된다.

① **일람출급어음**(sight bill): 환어음 지급인이 어음의 제시가 있을 때 곧 지급해야 하는 환어음으로 어음제시일이 지급일로서 이를 요구불어음(demand draft)이라고도 한다.

② **유전스어음**(usance bill; time bill): 이는 환어음인수 또는 발행 후 일정기간이 경과된 후에 지급되는 기한부 환어음으로 다음과 같은 종류가 있다.

8) 외국환어음에 대한 기재사항, 종류 및 법률적 성격 등에 관한 구체적인 내용은 김영생, 「외환론」, 무역경영사, 1986, pp.83-101과 이효구, 「새외환론」, 박영사, 1990, pp. 495-519를 참조할 것.

i) 일람 후 정기출급어음(at a fixed period after sight): 환어음인수일자 후 일정기간이 지난 후 지급되는 환어음으로 보통 30일, 60일, 90일, 120일 등이 이용된다.

ii) 발행일자 후 정기출급어음(at a fixed period after a stated date): 환어음발행일 후 일정기간이 경과한 후에 만기가 도래하여 지급해야 하는 환어음을 말한다.

iii) 확정일출급어음(on a stated date): 지급일 만기가 몇 년, 몇 월, 며칠로 지급일이 확정된 환어음을 말한다.

(3) 선적서류 담보유무에 따른 분류

선적서류(상업송장, 선하증권, 보험증권 및 부대서류)가 담보로서 첨부된 환어음을 화환어음(documentary bill)이라고 하고 선적서류가 담보로 첨부되지 않은 환어음을 무담보어음(clean bill)이라고 한다. 이미 앞에서 설명한 바와 같이 화환어음은 선적서류의 인도조건에 따라 인수도어음(D/A)과 지급도어음(D/P)으로 구분된다. 인수도어음(D/A)은 지급인이 환어음을 인수함과 동시에 선적서류를 인도받는 환어음을 말하며 지급도어음(D/P)은 지급인이 환어음액의 지급과 동시에 선적서류를 인도받는 환어음을 말한다.

한편, 무담보어음은 주로 본사와 해외지점간에 선적서류 없이 사용되는 어음(house bill)을 말한다.

(4) 액면금액의 표시통화에 따른 분류

환어음은 액면금액에 대한 표시통화에 따라 외화어음(foreign currency bill)과 방화어음(home currency bill)으로 구분된다. 외화어음은 외국통화로 표시된 환어음을 말하는데 예를 들어 달러화로 표시되었으면 달러어음이라고 하고 파운드화로 표시되었으면 파운드어음이라고 부른다.

(5) 어음관계자에 따른 분류

환어음의 관련자가 개인이냐 은행이냐에 따라 개인어음과 은행어음으로 구분되고 은행의 인수가 수반된 경우에는 은행인수어음으로 분류된다.

① 개인어음(private bill): 수출업자가 수입업자를 지급인으로 발행한 환어음으로 신용장이 첨부되지 않은 어음인 관계로 은행발행어음보다 신

용도가 낮다.

② 은행어음(bank bill): 일국의 외국환은행이 발행인이 되고 외국의 외국환은행이 지급인이 되는 환어음으로 신용도가 가장 높은데 앞서 고찰한 송금수표는 은행어음의 일종이다.

③ 은행인수어음(banker's acceptance bill: B/A): 은행인수어음이란 수입업자의 거래은행이 수출업자가 발행한 환어음을 인수함으로써 수입업자의 지급을 보증하는 기한부 환어음(usance bill)을 말한다. 은행인수어음은 특정일에 어음소지인에게 어음금액을 지급할 것을 약속한 인수어음(accepted draft)이므로 인수은행이 지급책임을 갖는 취소불가능 확정채무이다.

은행인수어음은 수출업자가 어음만기 전이라도 상품선적과 동시에 거래은행으로부터 할인하여 수출대금을 즉시 회수할 수 있을 뿐만 아니라 수입업자는 상품인수시에 대금결제를 할 수 있는 장점 때문에 국제무역거래에서 널리 이용되는 결제수단이다. 은행인수어음의 만기는 30일~180일로서 6개월을 초과하지 않으며 인수은행은 만기까지 보유하기보다는 대부분 유통시장에 할인매각하고 있다.

제2절 외환시장의 구조와 기능

1 외환시장의 개념과 구성

앞 절에서 언급한 바와 같이 외환시장(foreign exchange market)은 다수의 외환수요자와 공급자들에 의해 이루어지는 외환매매거래를 매개시켜 주는 시장기구를 말한다. 이는 특정장소에서 외환거래가 이루어지는 구체적인 시장 뿐만 아니라 통신매개체를 통해 공간적으로 거래를 매개시켜 주는 모든 시장기구를 포괄한 추상적인 개념이다. 그런데 외환시장은 상품, 서비스 및 금융자산의 국제거래로 인해 외환거래가 발생하고 이를 최종적으로 결제하는 데는 자국통화

가 선호(preference)되기 때문에 이종통화간의 매매시장으로서의 성격을 갖는다.[9)]

현실적으로 외환시장에서의 거래는 대부분이 **점두시장**(over-the-counter market)에서 이루어진다. 점두시장은 은행 및 딜러들의 거래소(dealing room)에서 전화, 텔렉스(telex), 컴퓨터단말기(computer terminal) 등을 이용하여 외환거래가 이루어지는 장외시장을 말한다. 이와는 달리 증권거래소와 같이 특정장소에서 이루어지는 장내거래가 있는데 시카고상업거래소(Chicago Mercantile Exchange) 산하의 통화선물거래소[10)] 등에서 이루어지는 경우를 말한다.

외환시장은 거래형태에 따라 크게 현물환거래가 이루어지는 현물환시장(spot exchange market)과 선물환거래가 이루어지는 선물환시장(forward exchange market)으로 구분된다.

현물환거래는 외환의 매매결제일이 계약일로부터 2영업일(two-business day) 이내에 이루어지는 외환거래를 말하며 현물환거래가 이루어지는 시장을 현물환시장이라고 한다. 2영업일 이내라고 기간을 명시한 것은 국제간의 시차에 따른 자금이체의 소요기간을 반영한 것인데 현물환시장이라고 하면 일반적으로 외환매매의 계약과 동시에 외환의 결제 및 인수·인도가 이루어지는 시장을 말한다. 통상 외환시장이라고 하면 현물환시장을 의미하며 선물환의 경우에는 반드시 선물환시장이라고 명칭을 부여한다. 그리고 앞에서 고찰한 바와 같이 별도의 언급이 없이 환율이라고 한 경우에도 현물환율을 지칭한다.

한편, 선물환거래(forward exchange transaction)라 함은 현재의 환율로 외환매매의 계약을 체결하고 2영업일 후 특정만기일에 가서 외환의 결제 및 인수·인도가 이루어지는 거래를 말한다. 따라서 선물환거래는 외환의 선매각(forward sale)과 선매입(forward purchase)의 특성을 가지며 이와 같은 선물환거래가 이루어지는 시장을 선물환시장이라고 한다. 일반적으로 선물환계약에 따른 외환의 결제 및 인수·인도의 만기(maturity)로는 수일이 될 수도 있고 30일, 60일, 90일, 180일 등이 되기도 한다.

9) 외환시장이 이종통화간의 매매시장이라고 한다면 왜 외국통화시장(foreign money market)이라고 하지 않고 외환시장이라고 하는가? 의류와 화폐가 교환되는 시장을 의류시장이라고 하고 자동차와 화폐가 교환되는 시장을 자동차시장이라고 부르듯이 외환(외국통화, 송금환, 우편환, 전신환, 환어음 등)과 어느 특정통화와 교환된다는 점에서 외환시장이라고 부른다.

10) 통화선물거래를 포함한 금융선물거래에 대해서는 제2장 4절을 참조.

선물환시장이 존재하는 기본적인 이유는 무역거래자나 투자가들이 외환결제시기 이전에 환율변동이 발생하여 환차손을 입을지도 모르는 환위험(exchange risk)을 방지하기 위해 선물환을 이용하려는 데 있다. 선물환시장에 대한 보다 구체적인 내용은 제2장에서 고찰하기로 하고 이하에서는 현물환시장(단순히 외환시장으로 지칭)만을 논의하기로 한다.

2 외환시장의 참가자

선진국형의 전형적인 외환시장은 다음과 같이 고객(retail customers), 외국환은행(foreign exchange banks), 외환중개인(foreign exchange brokers) 그리고 중앙은행(central bank) 등으로 구성된다. 또한 외환시장은 이들 시장참가자 기준에 따라 대고객시장, 은행간시장, 중앙은행시장개입 등으로 구분된다.

고 객

상품, 서비스 및 금융자산 등 국제거래 결과로 발생되는 외환거래에 참여하는 자로서 외환에 대한 수요자와 공급자들이 이에 속한다. 외환시장에서의 고객은 고객상호간에 거래가 이루어지는 것이 아니라 고객과 외국환은행과의 사이에 이루어진다. 이들 고객의 구체적인 예로는 수출입업자(또는 회사), 여행자, 해외투자가 등이 있으며 정부의 재정차관시에 정부도 고객이 되며 환위험을 회피하기 위한 모든 거래자도 고객이 된다.

그런데 여기서의 고객은 환율변동으로 인해 발생하는 환차익을 목적으로 외환의 매매거래를 행하는 투기의 경우에는 투기자와 구분되고 있다. 따라서 외환시장의 고객은 수출, 수입, 해외여행 등 정상적인 경제활동의 필요에 의해 발생하는 외환의 수요자와 공급자를 포괄하여 말한다. 특히 이와 같이 정상적인 필요에 의해 외환거래의 참가자가 되는 경우를 실수요자라고 한다. 그리고 실수요자들인 고객과 외국환은행간에 외환거래가 이루어지는 외환시장을 **대고객시장**(customer market)이라고 한다.

외국환은행

외환시장에서 제일 중요한 역할을 담당하는 참가자는 외국환은행이다. 외국환은행은 고객들의 요청에 따라 자기책임하에 외환을 매입 또는 매각한다. 이와 같은 목적으로 외국환은행은 외환을 항상 보유하고 있다. 고객에게 외환을 매각하면 보유외환은 감소하고 고객으로부터 외환을 매입하면 보유외환은 증가한다. 고객과의 수동적 거래 결과로 외환포지션(exchange position)이 변동하게 되는데 외환포지션(외환의 매매차이)의 조정목적으로 다른 외국환은행과 능동적으로 외환거래를 행한다. 뿐만 아니라 스스로의 환시세 전망에 따라 환차익을 얻기 위한 거래 또는 환투기거래에 직접 참여하기도 한다.

특히, 외국환은행간의 외환거래로 형성되는 외환시장을 **은행간시장**(interbank market)이라고 하는데 선진국의 경우 외환시장의 근간이 되고 있다. 그리고 은행간거래의 대부분은 은행들간에 직접 거래하는 장외거래형태인 점두거래로 이루어지는 것이 일반적이다.

또한 국내의 외국환은행들은 외국은행들과 코레스(corres)계약에 따라 상호간 금융결제를 위해 거래를 행한다.

외환중개인

선진국의 경우 외국환은행간거래는 은행들간의 직접거래보다는 외환중개인(foreign exchange broker)을 통해 이루어지는 것이 대부분이다. 외환중개인은 중개수수료(brokerage)를 받고 외국환은행간거래나 외국환은행과 고객간의 거래를 중개해 주는 업자를 말한다.

그런데 외환중개인은 중개업무만 하고 중개인 자신은 외국환거래를 행하지 않기 때문에 외국환은행과 같이 환위험에 직면할 이유가 없다.

중앙은행

중앙은행은 외환시장의 안정을 위해 외환시장에 개입하는 기능을 갖고 있다.[11] 외국환은행과 대고객거래 또는 은행간거래 결과로 발생한 외환의 수급불균형을 최종적으로 조절하기 위해 중앙은행이 외국환평형조작을 통해 능동적

11) 중앙은행의 외환시장개입에 대한 목적, 방법 및 유형에 대해서는 제14장 5절을 참조할 것.

으로 개입하는 경우가 있는가 하면 외국환은행의 매매요청에 의해 사후적 · 수동적으로 개입하는 경우가 있다. 그리고 이러한 중앙은행시장개입도 참가기준에따른 외환시장의 한 형태로 분류되고 있다.

3 외환시장의 특징

세계의 주요 외환시장으로는 극동지역의 동경, 홍콩, 싱가포르를 비롯하여 중동지역의 바레인, 유럽지역의 런던, 취리히, 프랑크푸르트, 파리와 북미주지역에 뉴욕, 시카고, 로스앤젤레스, 샌프란시스코, 토론토 등이 있으며 최근에는 호주의 시드니와 뉴질랜드의 웰링턴 외환시장이 급성장하고 있다. 이들 외환시장은 지리적 시차로 인해 거래시간이 중복 · 연결됨으로써 세계 전체적으로는 하루 종일 연속적인 외환거래가 가능하다.

따라서 외환시장의 최대특징은 하루종일 종장(close)이 없는 24시간시장(24-hour market)이라는 점을 들 수 있다.

다음의 [그림 1-8]에서 보는 바와 같이 동경외환시장이 개장을 하면 1시간 후에 홍콩과 싱가포르의 외환시장이 개장을 한다. 동경외환시장의 폐장시간 무렵에는 중동의 바레인외환시장이 개장을 하며, 싱가포르시장이 폐장할 무렵에는 런던외환시장이 개장을 한다. 그리고 연이어 뉴욕, 로스앤젤레스, 호주의 시드니로 연결되어 세계적으로는 하루 종일 종장 없이 연속적인 외환거래가 이루어진다.

외환시장의 두 번째 특징으로는 하나의 통합시장으로서의 범세계적 시장(one global market)이란 점이다. 1980년대에 이르러 금융자유화의 세계적인 추세와 고도의 정보통신기술의 급속한 발전으로 저렴한 거래비용으로 신속한 외환결제가 가능해짐에 따라 환율을 매개체로 하여 하나의 시장과 같은 외환시장의 역할을 수행하고 있다.

세 번째의 특징은 외환거래의 대부분이 은행간거래로서 점두시장거래라는 점이다. 세계 2대 외환시장인 런던외환시장과 뉴욕외환시장의 일평균거래는 1995년 4월 말 현재 각각 4,645억 달러, 2,444억 달러로서 이들 중 은행간거래는 각각 75%, 57%를 차지하고 나머지는 대고객거래이다. 동경외환시장은 일평균

그림 1-8 세계 주요 외환시장의 거래시간

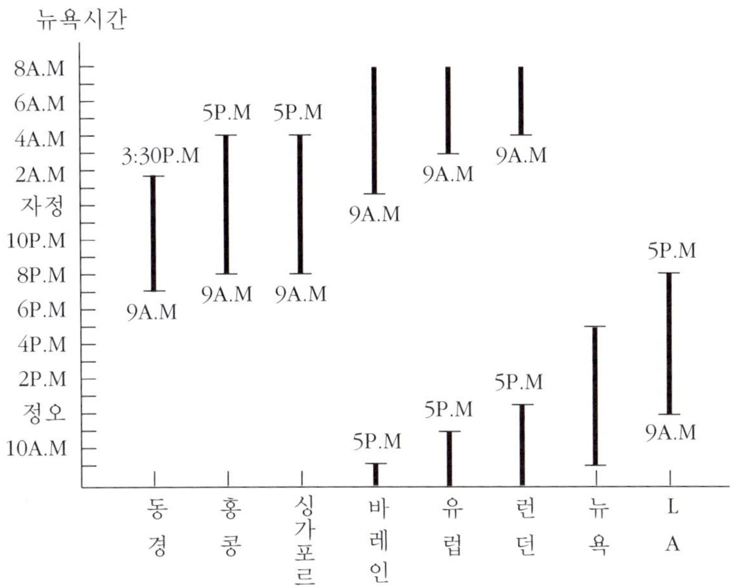

1,613억 달러의 거래 중 73%가 은행간거래를 차지하고 있다.[12)]

끝으로, 외환거래의 결제통화로서 미달러화가 가장 많이 통용되고 있다는 점이다. 1980년대 후반에 들어 일본과 독일이 국제수지흑자 대국이 되면서 엔화와 독일 마르크화의 거래가 증가추세에 있으나 아직도 세계외환거래의 대부분은 미국 달러로 이루어지고 있다.

4 외환시장의 기능

외환시장은 기본적으로 외환의 가격인 환율의 매개변수적 기능(parametric function of exchange rate)에 의해 외환수요량과 외환공급량을 일치시킴으로써 외환에 대한 초과수요량이나 초과공급량을 소멸시키는 청산(clearing)기능을 수

12) 관련 통계자료 및 외환거래액 추이에 대해서는 제16장 5절을 참조할 것. 다만, 우리나라의 외환거래(현물환, 선물환, 금융선물 등)실적에 대해서는 제2장 5절을 참조.

행한다. 이와 같은 환율의 조정메커니즘을 통한 외환시장의 청산기능은 현물환시장이든 선물환시장이든 모든 시장에 적용될 뿐만 아니라 앞으로 고찰하게 될 이자재정거래, 환투기거래 등 모든 외환거래에도 적용되어 외환시장을 통해 청산된다. 그리고 일단 외환시장이 청산되면 외환에 대한 초과수요나 초과공급이 없는 상태에서 균형외환수급량이 결정되는 동시에 균형환율이 결정된다.

그런데 현물환시장에서 청산기능의 동인(動因)이 되는 것은 다음의 환재정거래(換裁定去來)이다.

환 재 정

재정거래(arbitrage)는 동일상품의 가격이 시장간에 상이한 경우 가격이 낮은 시장에서 매입하여 가격이 높은 시장에 매각하여 매매차익을 얻으려는 경제행위를 말한다. 상품이 외환인 경우에는 환재정거래가 발생하고 상품이 금융자산일 경우에는 금리재정거래가 존재하며 주식시장에서는 주식재정거래가 존재한다.

따라서 **환재정**(exchange arbitrage)은 외환의 가격인 환율이 낮은 외환시장에서 외환을 매입하여 환율이 높은 외환시장에 매각하여 환차익을 얻으려는 외환거래행위이다. 환재정거래 또한 환율의 가격조정기능을 통해 두 외환시장에서 동일 환율을 성립시켜 환재정거래를 청산시키는 기능을 수행한다.

그 이유로는 환율이 낮은 시장에서는 외환에 대한 수요가 증가하여 초과수요가 발생하고 그에 따라 환율상승을 유도하는 반면, 환율이 높은 시장에서는 외환매각으로 인한 외환공급증대로 초과공급이 발생하여 환율하락을 초래하여 재정거래를 위한 유인(incentive)이 더 이상 존재하지 않을 때까지 계속되어 두 시장에서 동일한 균형환율이 성립되기 때문이다.

이해를 돕기 위해 뉴욕외환시장과 런던외환시장간에 환율차이가 존재하는 경우 환재정거래의 예를 들어 보기로 한다. 지금 환율을 미국 달러화표시 환율(E=$/£)이 뉴욕시장에서는 1£=1.90$이며 런던시장에서는 1£=2.00$라고 하고 거래비용은 너무 작아 무시할 정도라고 할 때 뉴욕시장에서 1파운드를 매입하여 런던시장에다 매각시키면 파운드당 0.1달러(10센트)의 환차익을 얻을 수 있다. 따라서 외환거래자는 너도 나도 뉴욕시장에서는 미달러화를 대가로 파운드화를 구매하려 하기 때문에 파운드화에 대한 초과수요가 발생하는 반면 달러

그림 1-9 환재정거래에 의한 균형환율의 결정

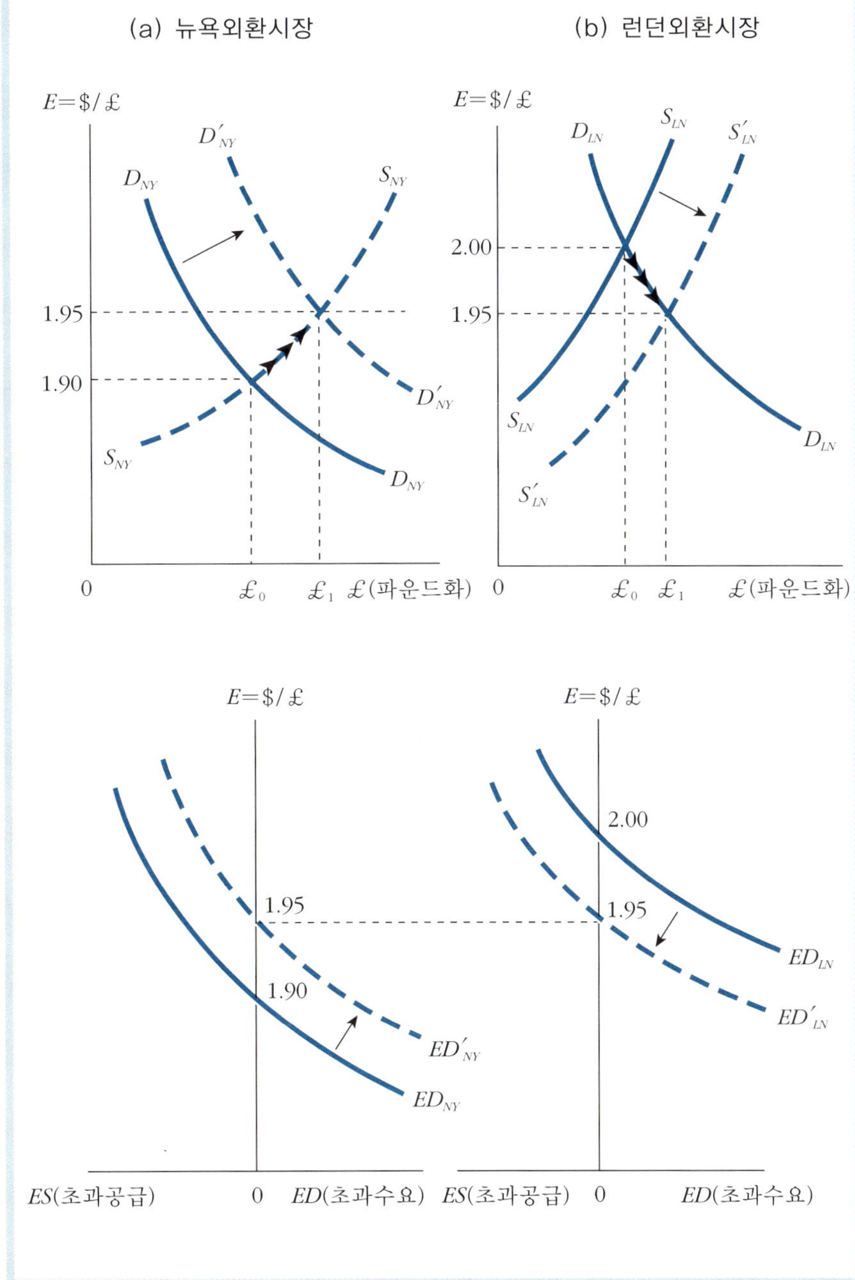

화는 초과공급이 발생한다. 따라서 뉴욕시장에서 미달러화표시 환율(E=$/£)은 상승하게 된다. 이에 대응하여 환율이 높은 런던외환시장에서는 파운드화를 매각하여 달러화를 매입하게 되므로 파운드화의 초과공급과 달러화의 초과수요로 인해 파운드화에 대한 달러화 환율(E=$/£)은 하락하게 된다. [그림 1-9a]와 [그림 1-9b]에서와 같이 최종적으로 두 시장에서 환율이 1£=1.95$로 결정되었다고 하면 더 이상 환재정거래의 유인이 없으므로 환재정거래는 끝나고 균형환율은 1£=1.95$로 결정되며 그에 따른 £화의 균형수급량은 $£_1$에서 결정된다.

앞의 그림 (a)의 뉴욕외환시장에서는 파운드화에 대한 수요증대로 수요곡선이 D_{NY}에서 D'_{NY}으로 이동하여 새로운 균형환율수준은 1.95$/£에서 결정되고 그에 따른 파운드화의 균형수급량은 $£_0$에서 $£_1$으로 증가한다. 한편 런던외환시장에서는 이와는 반대로 파운드화의 공급증대로 공급곡선이 S_{LN}에서 S'_{LN}으로 이동하여 환율은 최초의 균형환율인 2.00$/£에서 1.95 $/£로 하락하고 파운드화의 균형수급량의 변동량은 뉴욕외환시장과 동일한 규모의 $\overline{£_0£_1}$ 만큼 증가한다. 그리고 환재정거래 결과 최종적으로는 두 시장에서 동일한 균형환율 1£=1.95$가 이루어져 외환시장이 모두 청산된다. 두 외환시장 하단의 그림은 초과수요곡선으로 표시한 균형환율의 결정과정을 나타내고 있다.

삼각재정

환재정거래는 두 시장간에만 성립하는 것은 아니다. 시장이 많이 존재해도 환재정거래가 발생하는데 그 중 중요한 것이 삼각재정으로서 이를 이해하면 여러 시장이 존재해도 적용원리는 동일하기 때문에 쉽게 응용할 수 있다.

삼각재정(triangular arbitrage)이란 3개국 통화간에 성립하는 환재정을 말하는데 간접재정(indirect arbitrage)이라고도 한다. 삼각재정의 경우에도 환율의 가격조정기능에 의해 3개의 외환시장에서 일관된 균형환율이 성립된다. 삼각재정을 이해하기 위해 먼저 미국의 뉴욕외환시장과 일본의 동경외환시장을 상정하면 뉴욕시장에서는 상대국의 통화인 엔화가 매매되고 동경외환시장에서는 상대국통화인 달러화가 매매됨으로써 직접 환재정거래에 의해 양 시장간에는 동일한 환율이 성립된다.

달러를 기준통화로 가정하여 양국 시장에서의 환율이 1달러는 120¥(1$=

그림 1-10 삼각재정거래의 예

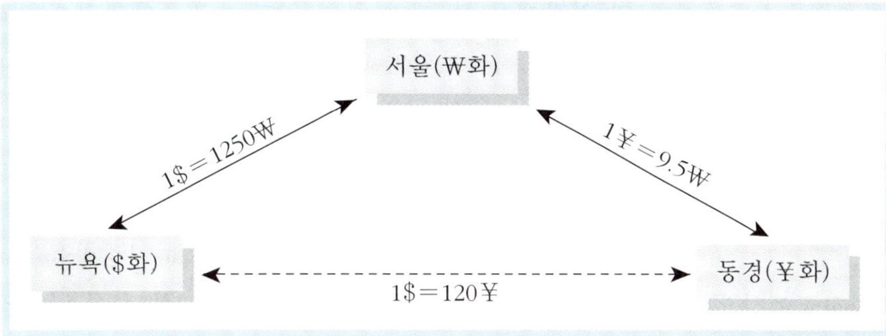

120¥)이라고 하자. 그리고 서울외환시장과 동경외환시장간의 원화의 대엔화 환율(*E*=₩/¥)은 1¥=9.5₩이고 원화의 대미달러화 환율은 1$=1250₩이라고 하자.

그런데 위의 [그림 1-10]에서 보는 바와 같이 서울시장과 뉴욕시장간의 원화환율은 1$=1250₩이지만 동경과 뉴욕외환시장간에 결정된 환율을 이용하여 간접적으로 원화의 대미달러화 환율을 계산하면 1$=1140₩(=¥/$×₩/¥ =120×9.5)이 된다. 따라서 환재정거래의 원리에 따라 낮은 환율로 달러를 매입하여 높은 환율로 매각하면 환차익을 얻을 수 있다. 즉 서울에서 1140원을 지불하여 120엔을 매입하여 동경 또는 뉴욕외환시장에서 120엔을 매각하여 1달러를 수취하고 서울외환시장에서 1달러를 1250원으로 바꾸면 달러당 110원(= 1250-1140)의 환차익(換差益)을 얻게 된다.

그런데 이와 같은 삼각재정거래가 계속되면 서울외환시장에서는 엔화의 매입에 따라 엔화에 대한 수요증가와 달러화 매각으로 인한 달러화의 공급증대가 발생하므로 원화의 대엔화 환율은 상승하고 원화의 대미달러화 환율은 계속 하락하게 된다. 그리고 만약 이와 같은 거래로 1¥=10₩이고 1$=1200₩에 이르면 더 이상의 재정거래가 일어날 유인이 없으므로 원화, 엔화, 달러화간에 일관된 균형환율이 형성된다.

여기서 중요한 개념으로 **재정환율**(arbitrage rate)이 있는데 이는 자국통화의 기준환율에 크로스레이트(cross rate)를 곱하여 간접적으로 구한 제3국 통화인 기타통화에 대한 자국통화의 환율을 말한다. 그리고 기준환율은 기준통화(예, 달러화)에 대한 매매기준율을 의미하고 크로스레이트는 국제외환시장에서 결정되는 특정통화의 기준통화표시 환율을 의미하는데 이를 재정률이라고도 한다.

위의 예에서 한국의 입장에서 볼 때 한국의 원화는 기준통화인 달러화에 대한 환율로 표시되고 제3국의 기타통화인 일본 엔화도 달러화 환율로 표시되고 있으므로 크로스레이트는 $/¥로서 0.00833(=1/120)가 된다.

따라서 원화의 대미달러화 기준환율이 1$=1200₩일 때 여기에 크로스레이트를 곱하여 구한 원화의 대엔화 재정환율(₩/¥)은 10원(=1200×0.00833)이 된다. 그러나 번거롭게 크로스레이트를 사용하지 않고 단순히 기준환율을 국제외환시장에서 결정되는 기준통화에 대한 제3국 통화의 환율로 직접 나누어 구해도 마찬가지 결과가 된다. 즉 원화의 대엔화 재정환율(₩/¥)은 원화의 대미달러화 환율(₩/$)을 엔화의 대미달러화 환율(¥/$)로 나눈 것과 같으므로 10₩/¥(=1200÷120)이 되어 위와 동일한 결과가 됨을 알 수 있다.[13] 이해를 확실하게 하기 위해 다른 예를 하나 더 들기로 한다. 지금 원화의 대미달러화 환율이 1$=1200₩이고 국제시장에서 결정된 독일 마르크화(DM)의 대미달러화 환율은 1$=1.50DM라고 하면 원화의 대독일 마르크화 재정환율(₩/DM)은 800원(=1200÷1.50)이 된다.

일반적으로 은행들은 재정률을 매일 매일 고시하여 고객에게 도움을 주고 있는데 현실적으로 재정률은 전신료 또는 기타 수수료 등 재정거래비용을 감안하여 결정하기 때문에 재정환율과 실제환율간에는 다소 차이가 존재한다.

13) 현실적으로 원화와 일본 엔화간의 환율표시는 100¥=1000₩ 또는 E=1000₩/100¥과 같이 100¥ 단위당 원화량으로 나타낸다.

요 약

1. 국제경제거래는 경상거래와 자본거래의 형태로 이루어지며 이의 결제수단으로서 외환(외국환)이 필요하다.

2. 외환(foreign exchange)이라 함은 국제적으로 통용될 수 있는 외국통화표시 지급수단 또는 외국인에 대한 외국통화표시 청구권(claims)을 의미한다. 외환의 중요한 것들로는 외국통화, 외국통화표시 예금, 송금환, 우편환, 전신환, 외국환어음, 외화표시 공채, 회사채, 주식 등과 같은 각종 외화증권 등이 있다.

3. 외환의 수요는 기본적으로 외국상품, 서비스, 금융자산을 수입하는 경우에 발생하고 외환의 공급은 자국상품, 서비스, 금융자산을 수출하는 경우에 일어난다.

4. 외환시장은 외환거래를 매개시켜 주는 시장기구를 말하며 환율의 매개변수적 기능에 의해 청산된다.

5. 환율은 외환의 가격으로 정의되며 국제관례상 대부분이 자국통화표시 환율(지급계정환율)로 표시한다. 이 경우 환율상승은 자국통화의 평가하락(외국통화의 평가상승)을 의미하며 환율하락은 자국통화의 평가상승(외국통화의 평가하락)을 의미한다.

6. 환재정(exchange arbitrage)은 환율이 낮은 외환시장에서 외환을 매입하여 환율이 높은 외환시장에 매각하여 환차익을 얻으려는 외환거래행위를 말하는데 이는 분할된 두 개의 외환시장에서 동일한 균형환율이 결정됨으로써 환재정거래를 청산시키는 기능을 수행한다.

7. 삼각재정은 3개국 통화간에 성립하는 환재정을 말하는데 이 경우에도 환율의 조정기능에 의해 3개 외환시장에서 일관된 균형환율이 성립된다. 국제외환시장에서 환율이 결정되는 기타통화에 대한 환율계산은 재정률(cross rate)을 곱하여 구하는데 미국, 일본, 한국 등 3개국이 있을

때 기타통화국인 일본 엔화에 대한 원화의 재정환율은 다음과 같이 구한다.

원화의 대엔화 재정환율(₩/¥)
=원화의 대미달러화 환율(₩/$)×크로스레이트($/¥)
=원화의 대미달러화 환율(₩/$)÷엔화의 대미달러화 환율(¥/$)

제2장 선물환시장

개 요

앞 장에서는 외환시장을 다루면서 외환거래의 계약과 결제가 동시에 이루어지는 현물환시장에 국한시켜 기초개념들을 살펴보았다. 그러나 외환시장이라고 하면 현물환시장 이외에도 파생금융상품시장으로 분류되는 선물환시장과 금융선물시장을 포괄한 넓은 의미의 개념이다. 이 장에서는 외환거래의 계약 후 일정기간이 경과된 후에 비로소 외환결제와 인수 · 인도가 이루어지는 선물환시장을 다루게 된다. 먼저 선물환시장이 왜 존재하는지 그 이유를 규명하고 선물환을 이용한 무역, 투자 그리고 투기행태를 고찰하게 된다. 그리고 나서 이자재정자에 의한 선물환에 대한 초과수요곡선과 환투기자에 의한 초과공급곡선을 각각 도출하고 이 두 곡선을 이용하여 단기균형선물환율의 결정이론들을 고찰하게 된다.

한편 1980년대에 들어와 거래형태는 선물환거래와 유사하면서도 실제 거래내용은 선물환거래와 판이하게 다른 금융선물이 급속도로 발전함에 따라 외국의 주요 국제경제학 교재에서도 그 기초개념들이 소개되기 시작하고 있는데 제4절에서는 이들 금융선물거래의 개념과 시장의 특징 및 주요 금융선물상품들을 살펴보기로 한다.

끝으로, 현물환시장을 포함하여 선물환시장 및 금융선물시장에 대한 사례연구(case study)로써 우리나라의 외환거래 현황을 예시한다.

제1절 선물환시장의 의의

1 선물환과 현물환

이미 제1장에서 개략적으로 설명한 바와 같이 선물환시장(forward exchange market)은 선물환거래가 이루어지는 시장을 말한다. **선물환거래**(forward exchange transaction)라 함은 현재에 약정한 환율로 일정기간(통상 2영업일 후)이 경과한 후에 외환을 매입 또는 매각하겠다는 계약을 체결하고 만기일(maturity)에 가서 그 계약조건에 따라 외환의 결제 및 인수 · 인도가 이루어지는 외환거래를 말한다. 즉 현물환거래(spot exchange transaction)가 외환매매의 계약과 동시에(엄격히는 2영업일 이내) 외환의 결제 및 인수 · 인도가 이루어지는 외환거래인 데 반해 선물환거래는 외환의 매매시기와 결제시기가 다른 외환거래라는 점에서 현물환거래와 대칭되는 개념이라고 하겠다.

선물환거래의 결제 및 인수 · 인도의 만기로는 수일이 될 수도 있고 수개월이 될 수도 있는데 일반적으로 30일, 60일, 90일, 120일, 180일 등이 대종을 이루고 있다. 그리고 선물환의 가격인 선물환율(forward exchange rate)도 만기일에 따라 30일 선물환율(30-day forward exchange rate), 60일 선물환율 등 다양한 형태로 형성되고 있다.

이제 선물환에 대한 보다 분명한 이해를 돕기 위해 하나의 예를 들어 보기로 하자. 5월 1일 현재 영국 파운드화에 대한 미국 달러화의 30일 선물환율이 $F=2.00\$/£$라고 하고 미국의 어느 외환거래자가 30일 후인 5월 31일에 수취예정인 2만 파운드를 그 때에 매각하여 달러화로 교환하기를 원한다고 가정하자. 그러면 미국 외환거래자는 선물환시장에서 30일 후에 파운드화를 매입하기를 원하는 다른 외환거래자와 현재의 선물환율로 5월 31일에 2만 파운드를 매각하겠다는 계약을 지금 체결하고 결제는 만기일인 5월 31일에 가서 상대방에게 2만 파운드를 매각(인도)하는 동시에 4만 달러를 인수하게 된다. 따라서 이 경우의 거래는 파운드화의 선매각(selling forward pounds)과 달러화의 선매입(buying forward dollars)의 거래형태로 이루어지고 있음을 알 수 있다. 이와 같이 선물환의 매각 또는 선물환의 매입이라는 용어는 선매각과 선매입의 개념임에 유의해야 한다. 여기에 선물환을 특별히 현물환과 구별하여 부르는 이유가 있다.

한편, 현물환거래와 선물환거래는 이들 두 거래가 동시적으로 함께 이루어지는가 아닌가에 따라 거래를 구분하기도 하는데 현물환거래나 선물환거래 중 어느 하나만의 거래가 이루어지는 경우를 **아웃라이트거래**(outright transaction)라고 한다. 이는 현물환이든 선물환이든 어느 하나만의 매각 또는 매입이 일방적으로 이루어지는 거래이다. 예를 들어 무역업자가 현물환만을 매입한다든가 또는 선물환만을 매각하는 경우가 이에 속한다. 이에 대해 현물환거래와 선물환거래가 동시에 함께 이루어지는 경우로서 **스왑거래**(swap transaction)가 있다.

스왑거래는 만기가 서로 다른 동액의 외환을 동시에 매매하는 거래를 말하는데 외환의 인도시기만이 서로 다른 거래로서 환율변동에 따른 환위험(exchange risk)을 회피하기 위해 널리 이용되는 외환거래이다. 현물환을 매입하는 동시에 선물환을 매각한다든가, 30일 선물환을 매각하는 동시에 만기가 다른 90일 선물환을 매입하는 경우 등은 스왑거래의 한 형태이다.

예를 들어 *A*은행이 *B*은행에 2만 달러의 현물환을 매각하는 동시에 *B*은행으로부터 만기 60일 선물환을 2만 달러로 매입하는 경우가 스왑거래의 한 형태인데 금액은 2만 달러로 동액이고 인도시기(현재와 60일 만기)만이 다르다는 것을 알 수 있다. 이 외에도 현물환을 매입하는 동시에 선물환을 매각하는 거래라든가 거래액은 동액이지만 만기가 서로 다른 선물환거래(30일 선물환매입과 60일 선물환매각 등)는 모두 스왑거래에 속한다.

2 환위험과 선물환거래

선물환시장이 왜 존재할까? 외환거래에 대한 결제는 현물환시장만으로도 충분한데 선물환시장이 필요한 이유는 무엇 때문인지 규명해 볼 필요가 있다. 무역업자나 투자가들은 계약시에 약정된 자국통화표시 수출입대금이나 투자액에 대해 아무런 손실 없이 결제되기를 바라는 위험기피자(risk averter)라고 할 수 있다. 그러나 계약 후 상당한 시차를 두고 자금결제가 이루어지는 경우에는 현실적으로 항상 불확실성(uncertainty)이 존재하므로 예기치 못한 사태에 의해 목적물에 대한 손실을 입을 수 있다. 예를 들어 환율이나 금리가 불리하게 변동한다면 수취해야 할 금액이 감소하거나 지급해야 할 금액이 증가하기 때문이다. 특히 환율변동이 발생하는 경우에 외화표시 금액에는 변동이 없다고 하더라도 자국통화표시 금액으로는 감소하거나 증가하게 된다.

따라서 자금결제자가 채권자냐 채무자냐에 따라 서로 다른 환위험(exchange risk)에 직면하게 되는데, 선물환시장이 존재하는 첫번째 이유는 선물환을 이용하여 환위험을 회피하려는 위험기피자들이 있기 때문이다. 그러나 외환시장에는 환위험기피자들만이 참가하는 것이 아니다. 환투기자(exchange speculator)와 같이 환율변동을 이용하여 환차익을 얻으려는 위험부담자(risk lover)도 공존하고 있다. 따라서 선물환시장이 존재하는 두 번째 이유는 선물환을 이용하여 환차익을 얻으려는 투기자들이 참여하고 있기 때문이다.

그렇다고 하면 환위험은 어느 경우에 발생하는가? 환율변동은 반드시 환위험만을 수반하는가? 이에 대한 해답을 생각해 보자. 일반적으로 환율이 변동하는 경우 외환거래자가 외화표시 금융자산이나 금융부채를 갖고 있다고 하면 환차익을 얻거나 환차손을 입을 가능성이 있다. 특히 환율변동으로 인해 환차손을 입을 위험에 있을 때 **환위험에 노출**(exposure to exchange risk)되었다고 말한다.

예를 들어 무역업자가 상품수입을 하고 수입대금을 3개월 후에 결제해야 할 경우 3개월 내에 환율이 상승하면 수입대금은 외화로 고정되어 있으므로 외화구매를 위해 지불해야 할 원화대금이 증가하므로 환차손을 입게 된다. 따라서 수입업자는 3개월 동안 환위험에 직면하게 된다. 또한 어느 회사가 해외로부터 외화표시 차관을 도입하였다고 할 때 원금상환 이전에 환율이 상승하면 역시 상환해야 할 원화대금이 증가하므로 환차손을 입게 되어 환위험에 직면하게 된다. 물론 이와 반대로 환율이 하락하면 수입업자나 외자도입자 모두가 이제는 지불할 원화대금이 감소하므로 오히려 환차익을 얻게 된다.

이와 같이 국제거래에 따른 외환결제가 일정기간이 경과한 후에 이루어지는 경우에는 환위험에 노출되거나 환차익을 얻을 기회가 있게 된다. 환차손익이 발생하는 경우를 구분해 보면 계약시기와 결제시기가 서로 다른 모든 무역거래와 자본거래 중에 외화자산을 증가시키는 거래는 환율상승(평가절하)이 발생하면 환차익을 얻으나 환율하락(평가절상)의 경우에는 환차손을 입게 된다. 이와 반대로 외화부채를 증가시키는 무역거래 또는 자본거래인 경우에는 환율상승은 환차손을 초래하나 환율하락시에는 환차익을 얻는다. 환율변동에 따른 환차손익이 발생되는 무역거래의 결제방법으로는 수출입의 D/A거래 또는 기한부어음(usance bill)과 자본거래 중 장단기 외화차입금에 대한 상환이 요구되는 거래가 포함되는데 이를 요약하면 [표 2-1]과 같이 분류할 수 있다.

[표 2-1]에서 유추할 수 있는 바와 같이 외화자금에 대한 계약시기와 결제시기가 동일한 경우(예, 지급도어음 D/P)에는 환율변동에 따른 환차손익은 발생하지 않는다. 문제는 계약기간과 결제시기가 서로 다르기 때문에 환차손이 발생하는 거래인데 이를 회피하기 위한 수단으로서 흔히 선물환이 이용된다.

예를 들어 한국 수출업자가 3개월 후에 수출대금을 수취한다는 조건으로 미국 수입업자에게 10만 달러의 자동차를 수출한 경우 현물환율이 1$=1000원이고 환율변동이 없다고 하면 3개월 후에 1억 원을 받게 된다. 그러나 3개월 내에 환율하락(평가절상)이 발생하면 환차손을 입게 되므로 선물환시장에서 90일 만기 선물환을 매입하기를 원하는 거래자와 현재의 선물환율로 선물환매각(先賣)계약을 체결함으로써 환차손을 회피하거나 손실을 감소시킬 수 있다.[1)]

만약 선물환율이 1$=1100원이면 3개월 후에 1억 1천만 원을 수취함으로써 환위험을 커버하고도 오히려 이익이 되며, 만약 선물환율이 1$=900원이면 9천만 원을 수취할 수 있으므로 현물환율이 달러당 900원 이하로 하락하더라도 선물환매각으로 환손실을 감소시킬 수 있다.

마찬가지 원리로 연지급수입자금결제나 장단기 외화자금차입에 대한 결제

표 2-1 환율변동에 따른 환차손익의 발생 경우

	환율상승($E\uparrow$)	환율하락($E\downarrow$)
외화자산의 증가를 발생시키는 거래 (D/A방식 및 usance bill수출과 장단기 외화대출 및 해외투자의 원리금 회수)	환차익	환차손
외화부채의 증가를 발생시키는 거래 (D/A방식 및 usance bill수입과 장단기 외화차입금의 원리금 상환)	환차손	환차익

1) 경제학에서는 이윤극대화 또는 비용극소화와 같이 최적화(optimization)문제가 중요한 개념인데 여기서 선물환을 이용하여 환손실을 극소화시킨다는 표현을 사용하지 않는 이유는 환위험의 헤징수단으로서 선물환보다 더 유리한 금융선물 등이 존재하기 때문이다.

경우에도 환율상승으로 인한 환차손을 회피 또는 손실을 줄이기 위해 선물환매입(先買)계약을 체결하는 방법을 사용할 수 있다.

그런데 위의 환위험의 노출 경우를 **외환포지션**(exchange position)의 개념을 통해 설명해도 동일한 결론을 얻는다.

여기서 외환포지션이라 함은 외화자산액과 외화부채액간의 차액을 말한다. 기업의 대차대조표상의 외화표시채권액이 외화표시채무액과 상이한 경우라든가 또는 외환은행의 외환매입액과 외한매도액이 상이한 경우는 모두 외환포지션의 상태를 나타내 주고 있다.

그런데 외환포지션은 그 상태에 따라 매입초과포지션, 매각초과포지션 그리고 스퀘어포지션으로 구분된다.

매입초과포지션(overbought position: O/B)이란 외화자산이 외화부채를 초과하는 경우로서 롱포지션(long position)이라고도 한다. 이에 대해 매각초과포지션(oversold position: O/S)은 외화부채가 외화자산을 초과하는 경우로서 숏포지션(short position)이라고도 한다.

그리고 롱포지션이나 숏포지션과 같이 외화자산과 외화부채가 일치하지 않는 상태를 오픈포지션(open position)이라고 하며 외화자산과 외화부채가 일치하는 상태를 스퀘어포지션(square position or flat position)이라고 한다.

매입초과포지션＝롱포지션 ┐
　　　　　　　　　　　　　├⇒ 오픈 포지션(open position)
매각초과포지션＝숏포지션 ┘

외화자산＝외화부채 ⇒ 스퀘어포지션(square position)

따라서 오픈포지션의 경우에는 환율변동으로 인한 환위험이 발생하지만 스퀘어포지션에서는 환위험이 발생하지 않는다. 특히 롱포지션에 있는 경우에는 평가절상시에 환차손을 입게 되고 숏포지션에 있을 경우에는 평가절하시에 환차손을 입게 된다. 앞의 [표 2－1]에서 최초의 균형상태에서 외화자산이 증가되는 경우는 롱포지션에 해당되고 외화부채가 증가되는 경우는 숏포지션이 되어 환율변동에 따른 환차손익의 발생 경우는 표의 내용과 동일하다. 한편, 오픈포지션이 발생하는 대표적 경우로는 외환은행이 실수요거래에 따른 외환결제를 통해 사후적으로 외환의 매도액이 외환의 매입액보다 커 숏포지션에 있게 되면 항상 환위험에 직면하므로 외환은행은 자기위험하에 환위험을 회피하기 위한 포지션조정거래를 행한다. 포지션조정거래란 대고객거래에서 발생한 외환보유의 불균형으로 인한 환리스크를 회피하기 위해 은행간거래로 해결하는 외환거래를 말한다.

한편 선물환을 고려한 경우에 외환포지션은 현물환포지션(spot position)과 선물환포지션(forward position)으로 구분되는데 특히 이 두 포지션을 합하여 종합포지션(overall position)이라고 한다. 종합포지션은 외환관리의 중요한 지표로 사용되고 있다.

이와 같은 외화표시 자산과 부채가 상이한 경우에도 환위험에 노출되며 이를 방지 · 회피하기 위한 헤징(hedging)수단으로 선물환이 이용되는데 그 방법은 앞에서 설명한 방법과 동일하다.

여기서 **헤징**(hedging)이란 환율변동으로 인해 외화표시 순자산의 장래가치가 환위험에 노출될 경우 외환포지션을 조정함으로써 환위험을 회피하는 외환거래방법을 말한다. 외환포지션을 스퀘어포지션(square position)으로 만들면 환율변동에 따른 환위험이 제거된다.

은행이나 기업의 포지션조정거래나 외환스왑거래는 일종의 헤징수단이며 헤징의 가장 간단한 수단은 선물환을 이용하는 경우이다.[2)]

예를 들어 3개월 후에 수입대금결제를 해야 할 수입업자가 3개월 내에 환율이 상승하면 환차손을 입게 되므로 현재의 선물환율로 동액의 90일물 선물환매입계약을 체결하면 환율이 상승하더라도 수입결제대금의 자국통화표시금액이 확보되어 환위험을 회피할 수 있다.

환재정거래도 일종의 헤징수단이 되기는 하지만 재정거래는 이익을 얻을

2) 환위험의 관리수단은 선물환계약 이외에도 Netting, Matching, Leads and Lags, Factoring, 금융선물, 스왑금융 등 다종 다양한 형태로 이루어지고 있는데 이는 본서의 영역을 넘어서기 때문에 제외키로 한다. 다만, 현실적으로 자주 이용되고 있는 「**리드스와 래그스**」(leads and lags)를 보면 이는 국제거래를 하는 기업이 예상되는 환율변동에 따라 외화표시자산의 결제시기를 인위적으로 앞당기거나(leads) 늦추는(lags) 조정을 통해 환위험을 회피하는 방법을 말한다. 예를 들어 환율상승이 예상되는 경우에는 수출업자는 대금수취를 지연시키려 하는데 반해 수입업자는 수입대금결제를 앞당기려 한다. 반대로 환율하락이 예상되는 경우에는 수출업자는 대금수취를 앞당기려 하는 데 대해 수입업자는 수입대금지급을 늦추려 하는데 통상 전자(환율상승이 예상되는 경우)를 「리드스」 하고 후자(환율하락이 예상되는 경우)를 「래그스」라고 부른다. 그런데 「리드스와 래그스」는 어느 한 쪽의 이익은 반드시 상대방의 손해를 수반하므로 최대허용기간을 법적으로 제약하는 것이 일반적이다.

기회가 급격히 없어지므로 현실적으로 많이 참여하지 않고 오히려 관습적으로 헤징이나 투기에 개입한다. 특히 헤징수단으로서 중요한 것은 다음의 이자재정 거래이다.

제2절 이자재정과 환투기

1 이자재정

이자재정(interest arbitrage)은 이자율(금리)의 국제간차이를 이용하여 이윤을 얻으려는 경제행위를 말하며 이 또한 분할된 금융시장들을 연결하여 통합하는 기능을 수행한다. 환재정거래의 원리와 마찬가지로 이자재정거래도 금리수준이 낮은 시장에서 자본을 매입하여 금리수준이 높은 시장에 매각하면 이윤을 얻을 수 있기 때문이다. 이를 이해하기 위해 자본이득의 원천(source of capital gain)을 알아보자.

지금 미국투자가가 3개월간 이용가능한 유휴자금(idle money) 100달러를 갖고 미국과 영국 중 어느 국가에 투자하는 것이 유리한지 투자대상국가의 선택문제를 고려하고 있다고 가정하자.

그런데 미국 재무성발행 재정증권(U.S. Treasury bills)의 연금리가 12%이고 영국 재무성발행 재정증권(U.K. Treasury bills)의 연금리는 8%라고 하면 3개월 금리는 미국 재정증권의 경우 3%(0.12/4=0.03)이고 영국 재정증권은 2%(0.08/4 =0.02)가 된다. 현재의 현물환율이 1£=2.50$라고 할 때 미국투자가가 미국 재무성증권을 매입함으로써 3개월 후에 받을 원리금합계(R^{US})는 다음과 같다.

미국 내에 투자하는 경우 3개월 후의 원리금합계:

$$R^{US}=\$100(1+0.03)=\$103.0$$

이에 대해 투자대상국을 영국으로 선택하는 경우에는 우선 100달러를 파운드화로 바꾸어 투자해야 하므로 40파운드(=$100/2.5)에 해당하는 영국 재무성증권을 매입함으로써 3개월 후의 파운드화표시 원리금합계(R^{UK})는 £40

(1+0.02)=£40.8가 된다. 따라서 만약 3개월 기간 동안에도 현물환율이 변동 없이 현재수준과 동일하다고 하면, 영국에 투자함으로써 수취할 달러표시 원리금합계 $102(=£40.8×2.50)가 되어 미국에 투자하는 경우보다 1달러가 작게 된다. 그러나 자본이득의 원천은 이자율만이 아니다. 만약 선물환을 이용할 수 있다고 하면, 미국투자가는 파운드화 선물환매각계약을 체결함으로써 영국에 투자한 파운드화표시 투자원리금을 환위험으로부터 보호하는 동시에 보다 높은 투자수익을 얻을 수 있기 때문이다. 이를 보기 위해 선물환율을 F라고 표시하고 현재의 선물환율이 파운드당 2.60달러(F=2.60$/£)라고 하면 영국에 투자한 경우 3개월 후의 달러표시 원리금합계는 다음과 같이 된다.

영국에 투자하는 경우의 선물환을 이용한 3개월 후의 원리금합계(R^{UK}):

$$R^{UK}=\frac{100}{2.50}(1+0.02)\ (2.60\$/£)$$
$$=£40.8\times 2.60\$/£$$
$$=\$106.08$$

따라서 위의 미국 내에 투자하는 경우보다 영국에 투자하는 경우에 3.08달러($R^{UK}-R^{US}$=$106.08-$103.0)의 투자수익을 더 얻게 되어 영국에 투자하는 것이 유리하다. 따라서 여기서 알 수 있는 것은 비록 영국의 이자율이 미국의 이자율보다 낮음에도 불구하고 선물환을 이용한 경우 미국보다는 영국에 투자하는 것이 이익이 될 수 있다는 점이다. 즉 투자국의 대상선정은 양국간의 금리차이뿐만 아니라 선물환과 현물환을 감안하여 결정되어야 한다.

이제 위의 예를 이용하여 투자의 결정원리를 수식으로 정식화시켜 보기로 한다. 위의 투자원금 100달러 대신 1달러를 미국에 투자하는 경우의 원리금합계는 $R^{US}=(1+i^{us})$이고 영국에 투자하는 경우의 원리금합계는 $R^{UK}=(F/E)(1+i^{uk})$가 되므로

만약 $R^{UK}>R^{US}$이면 즉 $\frac{F}{E}(1+i^{uk})>(1+i^{us})$

이면 영국에 투자하는 것이 유리하고, 반대로

만약 $R^{UK}<R^{US}$이면 즉 $\frac{F}{E}(1+i^{uk})<(1+i^{us})$

이면 미국 내에 투자하는 것이 유리함을 알 수 있다.

그러면 위의 예에서 $(F/E)(1+i^{uk})>(1+i^{us})$인 경우에 현물환율과 선물환율은 어떤 방향으로 변동하게 되며 최종적으로는 어떻게 되겠는가?

우선 현물환시장에서는 영국에 투자하기 위해 파운드화에 대한 수요가 증가하게 되어 달러화표시 현물환율(E=$/£)은 상승하게 될 것이다. 한편 선물환에 대해서는 파운드화 선물환을 매각하게 되므로 선물환공급이 증대되어 선물환율(F=$/£)은 하락하게 된다. 만약 단기에 이자율이 고정되었다고 하면 $(F/E)(1+i^{uk})$ 전체는 하락하여 최종적으로는 $(F/E)(1+i^{uk})=(1+i^{us})$가 성립될 때까지 계속되어 더 이상의 투자유인이 없게 되므로 미국에서 영국으로의 자본유출(capital outflow)은 끝나게 된다.

이와 같이 국내외금리차이와 현물환율과 선물환율간의 차이를 이용한 재정거래를 커버된 이자재정(covered interest arbitrage)이라고 하고

$$\frac{F}{E}(1+i^{uk})=(1+i^{us})$$

를 **커버된 이자평가조건**(covered interest parity condition) 또는 **커버된 이자평가정리**(covered interest parity theorem)라고 한다.

지금까지 설명한 이자재정거래에 의한 투자원리를 일반화시키기 위해 i를 국내이자율, i^*를 외국이자율이라고 표시하면 이자재정거래에 따른 자본이동과 현물환 및 선물환거래는 다음과 같이 요약된다.

① 커버된 이자평가조건인 $\frac{F}{E}(1+i^*)=(1+i)$가 성립되면 투자유인(incentives for investment)이 없으므로 자본유출입은 발생하지 않는다.

② 만약 $\frac{F}{E}(1+i^*)>(1+i)$이면 다음 현상이 수반된다.

- 해외투자가 유리하므로 국내자본의 해외유출이 발생
- 해외투자를 위한 현물환수요증대→현물환율상승($E\uparrow$)
- 해외투자액에 대한 환위험의 헤징수단으로 선물환매각→선물환공급증대→선물환율하락($F\downarrow$)
- 고정된 양국의 이자율(i, i^*)하에서 현물환율상승과 선물환율하락으로 최종적으로는 커버된 이자평가조건(①)으로 수렴한다.

③ 만약 $\frac{F}{E}(1+i^*)<(1+i)$이면 위의 ②와 정반대의 결과가 된다. 즉

- 국내투자가 유리하므로 외국자본의 국내유입이 발생
- 현물환공급증대와 선물환수요증대로 현물환율하락($E\downarrow$)과 선물환율상승($F\uparrow$)이 발생
- 주어진 양국의 금리하에서 최종적으로 커버된 이자평가조건으로 수렴한다.

이제 한 단계 더 나아가 투자국 선정을 보다 쉽게 결정하는 방법을 고려해보자.

위의 식들을 보면 이자율들은 %로 표시된 데 대해 현물환율과 선물환율은 절대금액으로 표시되어 있는데 이들 모두를 %로 표시하여 커버된 이자평가조건을 도출할 수 있다.

지금 $\rho=\frac{F-E}{E}$라고 놓으면 ρ는 현물환에 대한 선물환의 변동률을 나타내는데 만약 $\rho>0$이면 **선물환프리미엄**(forward premium: 할증률)이 있다고 하고, 만약 $\rho<0$이면 선물환디스카운트(forward discount: 할인율)가 있다고 말한다. 결국 선물환프리미엄은 현물환을 매입하는 동시에 선물환을 매각함으로써 얻는 외환이득(exchange gain)을 나타낸다. 그러면 위의 커버된 이자평가조건은 % 표시로 $\rho=i-i^*$와 같이 표시할 수 있다.[3] ρ를 **스왑률**(swap rate or swap margin)이 라고도 한다.

이제 스왑률로 표시된 커버된 이자평가조건인 $\rho=i-i^*$가 의미하는 바를 알아보자. 이는 $\rho+i^*=i$와 같으므로 좌측의 $\rho+i^*$는 내국인이 외국에 투자함으로써 투자액 단위당 얻을 수 있는 선물환프리미엄과 이자소득(interest gain)의 합계인 **자본이득**(capital gain)을 나타낸다. 그리고 선물환프리미엄 ρ는 현물환을 매입하는 동시에 선물환을 매각함으로써 얻는 외환이득(exchange gain)을 나타내므로 결국 해외투자에 따른 자본이득은 외환이득과 이자소득의 합계로 구성됨을 알 수 있다. 물론 우측의 국내이자율 i는 국내투자에 따른 투자 단위당 이자소득을 나타낸다. 따라서 $\rho+i^*>i$ 또는 $\rho>i-i^*$이면 외국에 투자하는 것이 유

---

3) $\rho=\frac{F-E}{E}=\frac{F}{E}-1$이므로 $\frac{F}{E}=\rho+1$과 같다. 따라서 식 $\frac{F}{E}(1+i^*)=(1+i)$에 $\frac{F}{E}$ 대신 $\rho+1$을 대입하면 $(\rho+1)(1+i^*)=(1+i)$가 되므로 좌측 항들을 전개하면 $\rho+\rho i^*+i^*+1=1+i$가 된다. 그런데 여기서 ρ와 i^*는 모두 소수점 이하의 숫자이므로 그것의 곱인 ρi^*는 대단히 작은 값을 갖기 때문에 무시할 수 있으므로 $\rho\approx i-i^*$로 표시될 수 있다. 그러나 정확히는 $\rho(1+i^*)=i-i^*$이므로 $\rho=(i-i^*)/(1+i^*)$가 된다.

리하고, 반대로 $\rho+i^* < i$ 또는 $\rho < i-i^*$이면 국내에 투자하는 것이 유리함을 알 수 있다.

앞의 미국과 영국간의 투자 예에서 $\rho=(2.6-2.5)/2.5=0.04$로 4%인 데 대해 $i=0.03$, $i^*=0.02$이므로 영국에 투자하는 경우의 자본이득률 $\rho+i^*$는 6%인데 대해 미국자본이득률은 단순히 미국이자율인 3%이므로 영국에 투자하는 것이 이익이 됨을 알 수 있다.

지금까지 설명한 투자원리에 대한 이해를 바탕으로 이제 이자재정자의 선물환율변동에 따른 선물환에 대한 수요곡선은 어떠한 형태를 갖는지 알아보자.

커버된 이자평가조건인 $\frac{F}{E}(1+i^*)=(1+i)$에서 균형선물환율 $\bar{F}=\frac{E(1+i)}{(1+i^*)}$가 결정되면 균형선물환프리미엄 $\bar{\rho}=\frac{\bar{F}-E}{E}$가 결정된다. 따라서 선물환율이 $\bar{F}$보다 크면 $\rho>i-i^*$가 되어 현물환시장에서 자본유출이 발생하고 선물환에 대한 매각계약 즉 선물환의 선매각이 증가하여 선물환의 초과공급(순매각)이 발생한다. 반면 실제 선물환율이 균형선물환율 $\bar{F}$보다 작아 $\rho<i-i^*$가 되면 국내로 자본유입이 발생하고 선물환에 대한 선매입이 증가되어 초과수요가 발생한다. 다른 조건(금리수준과 현물환수준)이 일정불변하다고 하면 외국증권에 대한 수요는 선물환율의 감소함수이므로 초과수요곡선은 선물환프리미엄의 감소함수로 나타난다. 따라서 커버된 이자재정자의 선물환에 대한 초과수요함수는 [그림 2-1]과 같이 우하향의 곡선으로 표시된다.

지금 $\overline{KL}$는 ρ가 균형수준 $\bar{\rho}$ 보다 높을 때($\rho>\bar{\rho}$)의 선물환에 대한 선매각으로 인한 초과공급량(ES)을 나타내고 $\overline{MN}$는 $\rho<\bar{\rho}$일 때 선물환에 대한 초과수요량(ED)을 각각 나타내고 있다.

그렇다고 하면 그림에서 이자재정자의 초과수요곡선(AA)의 위치와 형태는 무엇이 결정하겠는가?

첫째로 이자재정자의 초과수요곡선의 위치(position)는 국내외금리차이($i-i^*$)에 의해 결정된다. 국내이자율이 상승하거나 외국이자율이 하락하면 AA곡선은 종축방향의 위로 이동하고, 국내이자율이 하락하거나 외국이자율이 상승하면 종축의 원점방향으로 이동한다. 예를 들어 외국이자율 i^*가 상승하면 자본유출이 발생하여 선물환공급이 증대되어 균형선물환율은 하락하고 그 결과 선물환프리미엄도 하락하기 때문이다.

둘째로 곡선의 기울기는 자본의 이자율탄력성에 의존하게 된다. 이자율변

그림 2-1 이자재정자의 선물환 초과수요곡선

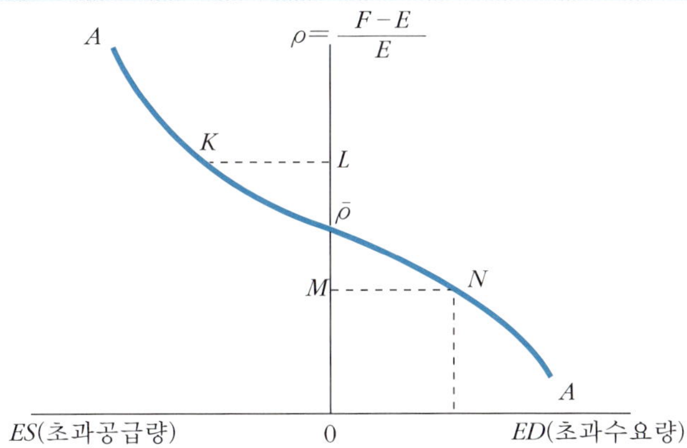

동에 따라 자본이동성이 높아 자본의 이자율탄력성이 큰 경우에는 곡선의 기울기가 작아 수평선에 대해 평평한(flat) 형태를 가지나 자본의 이자율탄력성이 낮으면 가파른 곡선이 된다.

끝으로, 커버된 이자평가조건이 현실적으로 성립될 수 있는지 그 타당성 여부를 검토해 보자.

다음의 [그림 2-2]에서 커버된 이자평가선(covered interest parity line: IP)이 우상향의 45° 직선으로 그려져 있다. 점 B와 같이 IP선 좌측에서는 $\rho > i - i^*$이므로 국내자본의 해외유출을 나타내고 점 C와 같이 IP선 우측은 $\rho < i - i^*$이므로 외국자본의 국내유입을 나타내고 있다. 따라서 앞에서 고찰한 바와 같이 $\rho \neq i - i^*$인 경우에는 현물환율(E)과 선물환율(F)의 변동을 통해 점 A로 수렴하여 이론적으로는 커버된 이자평가조건이 성립한다.

그러나 현실적으로 선진국들에 대한 많은 실증검증에 따르면 이자평가조건이 정확히 성립되지 않고 이로부터 다소 이탈한 점 B나 점 C와 같이 IP선 부근에서 균형을 이루고 있는 것으로 나타나고 있다. 이자평가조건이 현실적으로 성립되지 못하는 중요한 이유로는 다음과 같이 크게 두 가지로 요약되고 있다.

첫째로는 자본거래비용(capital transaction costs)의 존재를 들 수 있다. 현물환, 선물환의 매매에 따른 거래비용은 투자수익을 감소시킨다. 또한 거래비용에는 정보수집 및 처리비용 등이 수반되기 때문이다.

두 번째로는 위험(risk)의 존재를 들 수 있다. 투자가는 투자에 대해 불확실

그림 2-2 커버된 이자평가선

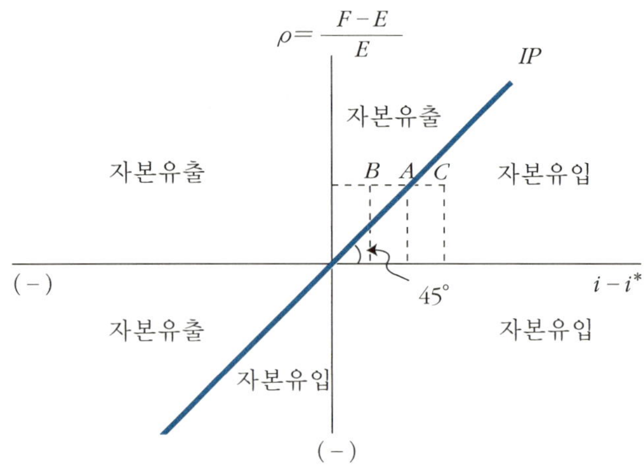

성에 직면하게 되는데 이와 관련된 위험으로는 투자기간 동안의 환율변동에 따른 환위험(foreign exchange risk)을 들 수 있다. 앞의 예에서 고찰한 바와 같이 국가간의 이자율의 차이가 크다고 하더라도 현물환율이 크게 변동하면 오히려 해외투자가 환차손을 초래하는 경우가 그것이다.

불확실성에 따른 위험에는 환위험 이외에도 계약불이행위험(default risk)과 국가위험(country risk), 정치적 위험(political risk) 등이 존재하는데 정치적 위험은 국가위험의 일부로 파악될 수 있으며 행정적 규제, 외환통제 등으로 인한 위험이 이에 해당된다.

우선 계약불이행위험은 자금조달자인 증권발행자가 채무이행을 하지 않을 위험을 말하는데 원금상환이나 이자를 갚지 않을 경우이다. 이러한 위험이 높으면 높을수록 투자가는 위험을 보상받아야 하므로 높은 이자율을 적용하게 되는데 그 결과 이자평가조건이 성립되지 않는다. 그러나 일반적으로 이자는 증권발행시에 결정되므로 이자의 상향조정은 현실적으로 어려운 것이 일반적이다.

환위험이 큰 경우로는 국가위험을 들 수 있는데 이는 국가가 정치적으로 외환시장을 폐쇄시킨다든가 자산동결, 정부개입, 외환통제 또는 기타 규제를 실시하여 만기가 된 채권을 국내통화로 전환시키는 경우이다. 이러한 국가위험의 정도는 국가의 경제상태에 따라 다르다. 예를 들어 영국에 투자하거나 미국에 투자하는 것이 구소련이나 멕시코, 브라질, 아르헨티나 등의 국가에 투자하는 것과 동일할 수는 없다.

그러면 투자가는 이러한 국가위험을 어떻게 회피할 것인가? 가장 분명한 방법은 정치적 위험가능성이 있는 국가나 금융거래가 불확실한 국가에 투자를 하지 않거나 여러 국가에 분산투자를 한다든가 또는 투자금액에 대한 보험가입을 통해 회피할 수 있다.

사실상 많은 후진국 또는 개발도상국들은 정부차원에서 부당한 규제를 부여하지 않는다는 조건으로 투자를 유치하고 있다. 또한 다국적기업(multinational corporation)은 정치위험보험(political risk insurance)에 가입함으로써 정치적 위험에 대해 헤징(hedging)을 하기도 한다. 이들은 연간 수십억 달러에 이르는 정치위험프리미엄을 정부보험계획에 지불한다. 예를 들어 미국정부 해외민간투자공사(Overseas Private Investment Corporation: OPIC)는 통화불교환, 탈취, 전쟁 등 투자위험에 대비한 보험을 제공한다.

2 환 투 기

우리는 앞에서 이자재정에 의해 투자수익을 환위험으로부터 보호하는 커버된 투자원리를 고찰하였다. 그런데 여기서 누구에게 선물환을 매각하느냐 하는 의문이 제기될 것이다. 즉 누가 이자재정자로부터 선물환을 매입하느냐 하는 선물환매입자가 존재해야 된다. 이에 대한 해답이 환투기와 관련된다. 은행은 실수요거래를 행하는 일반고객으로부터 매입한 외환을 자기위험하에 환재정거래 또는 이자재정거래를 하기도 하고 투기자로서 외환시장에 참여하기도 한다.

환투기(foreign exchange speculation)란 예상되는 환율변동으로부터 환차익을 얻기 위해 계획적으로 외환거래를 하는 경제행위를 말한다. 헤징이 오픈포지션(open position)을 스퀘어포지션(square position)으로 만들어 환위험을 방지하는 행위인 데 반해 환투기는 오픈포지션(open position)이 되도록 함으로써 환위험의 부담을 안고 환차익을 얻으려는 행위이다. 또한 환재정거래는 국가간의 금리차이 등 공간적 차이를 이용한 확실성이 있는 거래인데 반해 환투기는 시간적 차이를 이용한 불확실성(uncertainty)이 개입된 거래이다.

그리고 환투기를 위해 외환시장에 참여하는 고객을 환투기자(exchange

speculator)라고 부른다. 환투기자는 크게 선매입투기자와 선매각투기자로 구분된다.

선매입투기자(bull speculator)란 장래의 예상환율이 현재의 현물환율 또는 선물환율보다 오를 것으로 기대하고 현물환 또는 선물환을 미리 매입하는 투기자로서 외환시세에 대해 낙관적인 전망을 갖고 있기 때문에 낙관론자라고도 한다. 이에 대해 선매각투기자(bear speculator)는 장래의 예상환율이 현재의 현물환율 또는 선물환율보다 하락할 것으로 보고 현물환 또는 선물환을 미리 매각하는 환투기자로서 외환시세에 대해 비관적인 전망을 갖고 있기 때문에 비관론자라고도 한다.

그런데 환투기는 투기행위가 외환시장에 안정적 요인으로 작용하느냐 아니면 불안정적 요인으로 작용하느냐에 따라 안정적 투기(stabilizing speculation)와 불안정적 투기(destabilizing speculation)로 구분된다. 안정적 투기는 투기자가 실제환율이 상승하고 있을 때에 장래에는 환율이 하락할 것으로 예상하여 외환을 매각하고 실제환율이 하락하고 있는 경우에는 장래에 상승할 것으로 기대하여 외환을 매입하는 경우를 말한다. 따라서 안정적인 투기가 이루어지는 경우에는 [그림 2-3]에서 보는 바와 같이 실제환율의 변동폭을 축소시키는 기능을 행한다.[4)]

그림 2-3 안정적 투기와 불안정적 투기

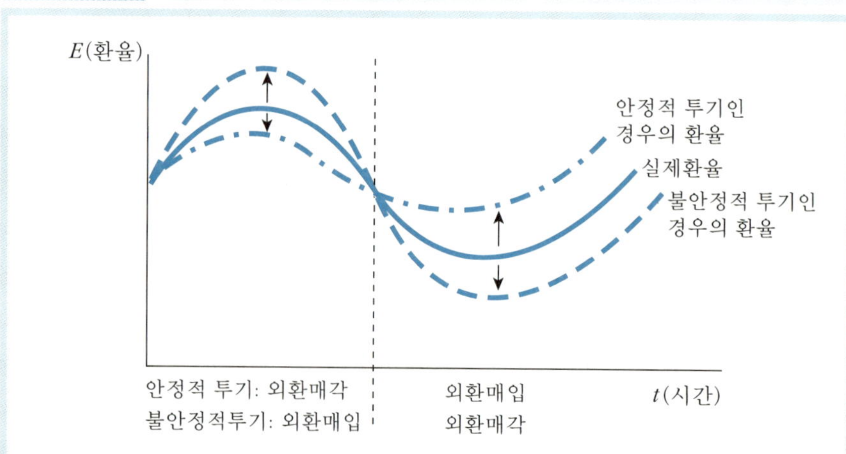

4) 프리드만은 외환에 대한 투기는 안정적이라고 주장하고 있다. M. Friedman, *Essays in Positive*

이에 대해 불안정적 투기는 환율하락시에는 장래환율이 더욱 하락할 것으로 예상하여 외환을 매각하고 반대로 환율이 상승할 경우에는 장래환율은 더욱 상승할 것으로 예상하여 외환을 매입하는 투기를 말하는데 이 경우에는 [그림 2-3]과 같이 환율변동폭을 오히려 확대시키는 교란요인으로 작용하게 된다.

한편 환투기를 외환거래형태에 따라 구분하면 현물환투기와 선물환투기로 나누어진다. 현물환투기(speculation at spot market)는 현물환시장에서 일어나는 외환투기를 말한다. 선물환을 이용하지 않는 커버되지 않은 투자전략(uncovered investment strategy)을 생각해 보자. 국내에 투자하면 이자소득은 국내금리인 i만큼 받게 되고 외국에 투자하면 외국금리인 i^*만큼을 얻게 된다.

그런데 기대환율이 E^e이고 실제환율이 E라고 하면 $(E^e-E)/E=x$는 기대환율변동률로서 $x>0$이면 환율이 장래 상승(외국통화의 평가상승)할 것으로 기대함으로써 **투기프리미엄**(speculation premium)이 존재한다. 반대로 $x<0$이면 투기디스카운트(speculation discount)가 발생하는 경우가 된다.

따라서 외환에 투기함으로써 예상되는 자본이득은 외국에서는 $x+i^*$가 되며 국내에서는 i가 된다. 이자율은 이자소득원으로 생각할 수도 있으나 자금을 차입시 지불해야 할 비용일 뿐만 아니라 자기자금이라고 해도 기회비용이 되므로 만약 $x>i-i^*$면 기대환율상승률이 순이자비용보다 크므로 외환에 투기할 유인이 존재하게 되고, 반대로 $x<i-i^*$면 투기가 불리하게 된다.[5] 예를 들어 현재의 환율이 $E=2.50\$/£$이고 투기자가 예상하는 환율수준이 $E^e=2.70\$/£$이며 이자율은 미국이 4%, 영국이 2%라고 하면 $x=0.08(=(2.70-2.50)/2.50)$, 즉 8%이므로 $x=8\%>4-2=2\%$여서 파운드화를 구매함으로써 투기하는 것이 유리함을 알 수 있다.

투기거래도 환재정거래나 이자재정거래와 같이 균형환율을 결정하는데 금리수준이 단기에 고정되었다는 가정하에 만약 $x>i-i^*$라고 하면 파운드화에 대한 수요증대는 현물환율의 상승을 유발하여 투기프리미엄 x가 하락하여 $i-i^*$와 같아질 때까지 계속된다($x=i-i^*$). 이와 같이 선물환거래가 개재되지 않고 이루어지는 투기 경우를 커버되지 않은 이자재정(uncovered interest arbitrage)이

Economics, The University of Chicago Press, 1953, pp. 174-7.

5) 여기서는 투기에 따른 환위험프리미엄(exchange risk premium)이 고려되지 않은 경우인데 환위험프리미엄이 존재하는 경우에 대해서는 제14장 3절을 참조할 것.

라고 하며 $x=i-i^*$를 **커버되지 않은 이자평가조건**(uncovered interest parity condition)이라고 하는데[6] 흔히 이자평가조건이라고 하면 이를 지칭한다.

현물환투기는 투기자금을 보유하고 있든가 외부로부터 차입함으로써 이자비용을 감수해야 하는 문제가 수반된다. 따라서 전형적인 투기는 이자비용이 들지 않는 선물환을 이용한 투기라고 하겠다.

선물환투기에 대한 예를 들면 30일 후의 기대현물환율 E^e가 30일 선물환율 F보다 클 것으로 예상되면($E^e>F$) 투기자는 선물환을 매입하는 투기에 참여하게 된다. 반대로 기대현물환율이 선물환율보다 낮을 것으로 예상되면 선물환을 매각하여 이익을 얻으려고 할 것이다. 보다 구체적으로 기대현물환율이 3개월 후에 달러당 1000원에서 1200원으로 상승할 것이라고 기대한다고 가정하자. 그리고 현재의 선물환율이 달러당 1100원이라고 하면 현금 없이 지금 3개월물인 선물환매입계약을 체결하는 것이 유리하다. 실제로 기대가 올바른 판단으로 나타나 3개월 후에 현물환율이 1200₩/$으로 되었다면 3개월 후에 1100원으로 선물환을 인수하는 즉시 현물환시장에 달러당 1200원으로 매각함으로써 달러당 100원(=1200－1100)의 투기이득을 얻을 수 있기 때문이다. 만약 투기자의 기대가 잘못되어 3개월 후의 현물환율이 하락하여 900원이 되었다고 하면 달러당 200원씩의 손해를 보게 된다.

위의 예에서 알 수 있는 바와 같이 $E^e>F$면 선물환을 매입하고 현물환을 매각하게 되고, 반대로 $E^e<F$면 선물환을 매각하고 현물환을 매입하는 투기거래가 이루어진다. 따라서 투기자의 선물환에 대한 수요는 선물환율에 의존하게 되고 선물환율이 높으면 높을수록 선물환수요가 감소되어 선물환에 대한 초과수요곡선 또한 우하향 곡선이 된다.

그리고 투기자의 균형점은 $E^e=F$인 점인 종축의 선상에서 이루어진다. $E^e=F$의 양변에서 E를 빼고 E로 나누어 주어도 값은 불변이므로 $\frac{E^e-E}{E}=\frac{F-E}{E}$가 되어 결국 투기자의 균형조건은 $\bar{x}=\bar{\rho}$가 됨을 알 수 있다. 그런데 선물환에 대한 투기거래는 이자재정거래와 반대방향으로 이루어지므로 투기자의 초과수요곡선을 초과공급곡선으로 전환시켜 다음의 [그림 2－4]와 같이 나타낼 수가 있

6) 커버되지 않는 이자평가조건 $x=i-i^*$를 일명 **국제피셔효과**(International Fisher Effect)라고도 부른다.

그림 2-4 투기자의 선물환 초과공급곡선

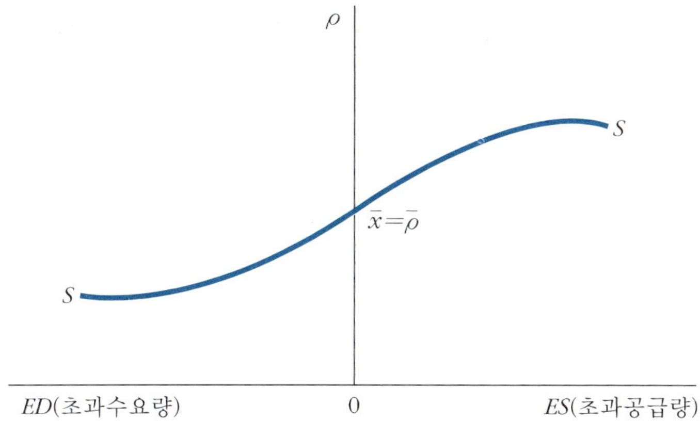

다.[7] 그림에서 종축은 이자재정거래와 마찬가지로 선물환프리미엄 ρ를 나타내지만 횡축은 이자재정거래와 정반대로 원점에서 우측은 선물환에 대한 초과공급량(*ES*)을 나타내고 좌측은 초과수요량(*ED*)을 나타내고 있음에 유의할 필요가 있다. 투기자의 초과공급곡선인 *SS*곡선이 종축을 횡단하는 점은 투기자의 균형점으로 $\bar{x}=\bar{\rho}$, 즉 $E^e=\bar{F}$ 임을 알 수 있다.

투기자의 선물환에 대한 초과공급곡선의 위치(position)는 무엇이 결정하는가? 그 위치는 기대현물환율변동률 x에 의해 결정되는데 구체적으로는 x를 구성하고 있는 기대환율(E^e)과 실제환율(E)에 의존하게 된다. E^e가 높으면 높을수록 그리고 E가 낮으면 낮을수록 *SS*곡선은 종축의 위쪽으로 상향이동을 하게 되고 E^e가 하락하거나 E가 상승하면 종축의 원점방향으로 하향이동을 하게 된다.

7) 선물환에 대한 투기자의 초과수요곡선은 우하향곡선으로 다음 두 그림과 같지만 횡축의 초과수요량과 초과공급량을 서로 바꾸어 놓으면 본문의 [그림 2-4]와 같이 우상향의 초과공급곡선이 된다.

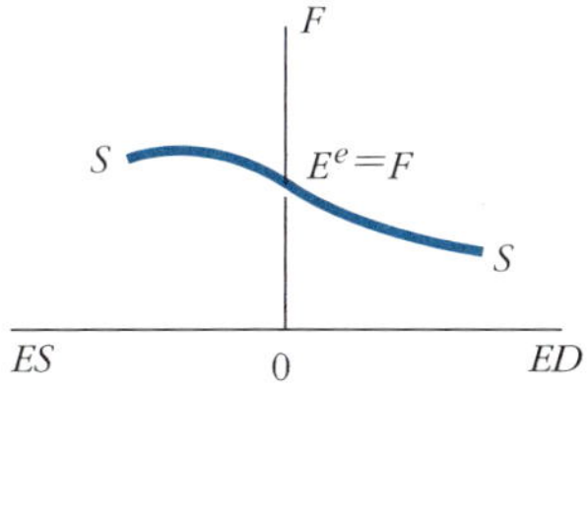

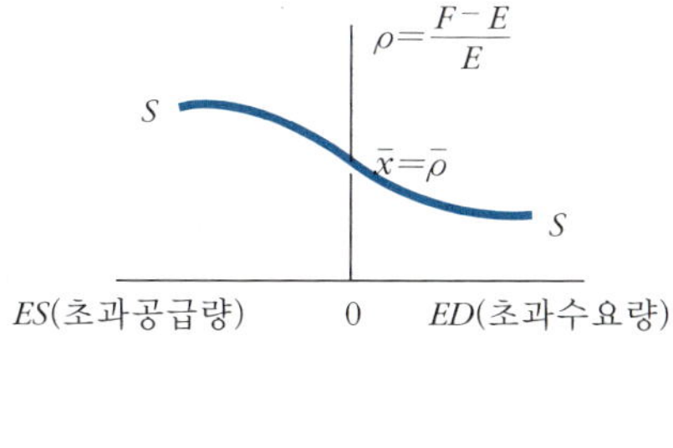

왜냐하면 $x=\frac{E^e-E}{E}$에서 E^e가 증가하거나 E가 하락하면 x는 증가하고 반대로 E^e가 하락하거나 E가 상승하면 x는 감소하기 때문이다.

이제 이를 기초로 무역거래를 포함한 이자재정거래와 투기거래에 의한 단기 및 장기균형선물환율의 결정과정을 고찰해 보자.

제3절 장단기 균형선물환율의 결정

1 단기균형선물환율의 결정

선물환거래는 앞서 고찰한 이자재정자와 환투기자 이외에 무역거래자의 경우에도 이루어진다. 연불수출이나 연불수입과 같이 무역거래 후 일정기간이 경과한 후에 수출입대금결제가 이루어지는 경우 무역업자는 환위험을 커버하기 위해 선물환을 매각하거나 매입한다. 예를 들어 장래 수취할 수출대금의 경우 이를 환위험으로부터 회피하기 위해 선물환의 매각계약을 체결함으로써 수출대금결제일에 자국통화로 확실히 받을 수 있으며 수입의 경우에는 장래 지불할 외화금액에 해당되는 선물환매입계약을 체결하게 된다. 따라서 수입업자의 경우 선물환수요자가 되며 이 경우 선물환율이 현물환율보다 높을수록 환위험 헤징비용이 높아지게 되어 수입수요는 감소된다. 선물환공급자인 수출업자의 경우에도 위와 정반대의 논리가 성립되어 선물환율에 대한 우하향의 초과수요곡선이 도출될 수 있다.

그러나 무역거래자의 경우는 이자재정자와 같이 초과수요를 영(零)으로 만드는 균형선물환율이 명확히 설명되기가 어렵다. 이는 그 국가의 국제수지상태나 무역거래자가 환위험을 헤징하려는 의욕 정도에 의해 결정되기 때문이다. 따라서 여기서는 분석을 쉽게 하기 위해 무역업자의 선물환에 대한 수요량과 공급량이 같아 균형상태에 있다고 가정하기로 한다. 그러면 균형선물환율은 이자재정자와 환투기자에 의해서만 결정된다.

다음의 [그림 2-5]에서 단기균형선물환율은 AA곡선과 SS곡선이 만나는

그림 2-5 단기균형선물환율의 결정 ($x>i-i^*$인 경우)

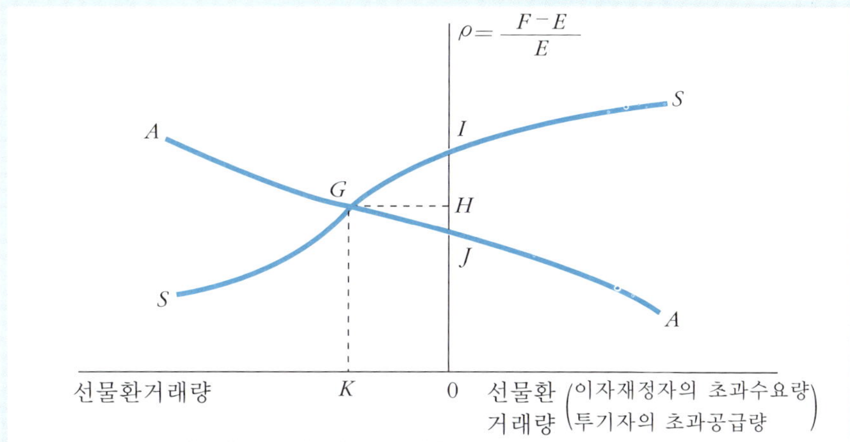

점에서 결정되고 그에 따라 균형선물환프리미엄 $\bar{\rho}$가 결정된다.[8] OJ는 이자재정자의 초과수요곡선이 균형인 점으로서 그 위치를 결정하는 국내외금리차($i-i^*$)의 크기를 나타내므로 균형선물환프리미엄(OH)이 국내외금리차보다 높다. 즉 $\bar{\rho}>i-i^*$로 이자재정자는 외국에 투자하고 투자를 환위험에서 보호하기 위해 선물환을 $GH(=OK)$만큼 매각한다. 한편 환투기자의 경우에는 점 I에서 균형을 이루는데 그 위치는 기대현물환율에 의해 결정되므로 $E^e>\bar{F}$, 즉 $x>\bar{\rho}$가 되어 기대평가하락률(x)이 균형선물환프리미엄($\bar{\rho}$)보다 커서 이자재정자가 매각하려는 선물환 GH만큼을 매입하게 된다. 따라서 두 곡선이 만나는 점 G에서 균형선물환프리미엄 $OH(=GK)$와 균형선물환 거래량 OK가 각각 결정된다.

그러면 위의 경우와 같이 이자재정자는 항상 선물환의 매각자가 되고 투기자는 매입자가 되는가? 그렇지 않다. [그림 2-6]에서 알 수 있는 바와 같이 만약 $x<\bar{\rho}<i-i^*$인 경우에는 위와 정반대 현상이 일어난다. 이자재정자는 $i-i^*>\bar{\rho}$이므로 국내투자를 하고 선물환을 매입하게 되고 투기자는 $x<\bar{\rho}$, 즉 $E^e<\bar{F}$가 되어 선물환의 매각자가 된다. [그림 2-6]은 투기프리미엄(x)이 국내외금리차($i-i^*$)보다 작은 경우에 균형선물환프리미엄과 균형선물환수급량의 결정과정을 나타내고 있다. 그림에서 이자재정자와 투기자에 의한 균형선물환의 거래량

---

8) W.J. Ethier, *Modern International Economics*, 2nd ed., W.W. Norton & Company, New York, 1988, pp.490-5를 참조.

그림 2-6 단기균형선물환율의 결정 ($x < i - i^*$인 경우)

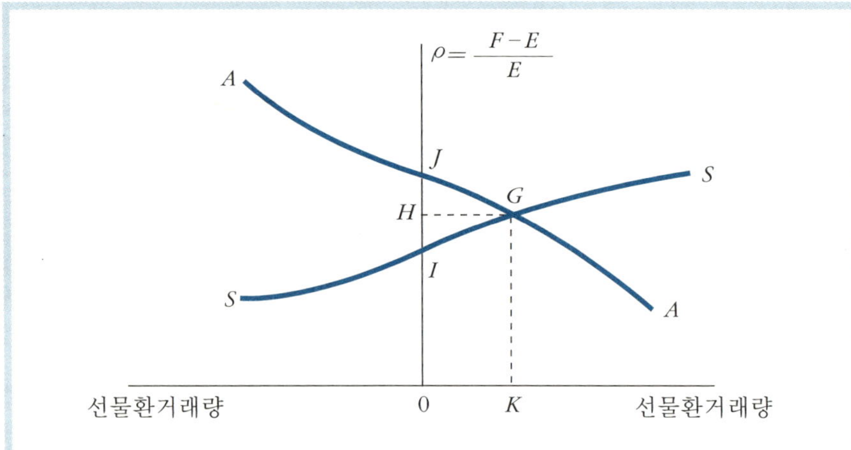

은 GH이고 균형선물프리미엄 $\bar{\rho}$는 $OH(=GK)$에서 결정된다.

2 장기균형선물환율의 결정

앞에서 고찰한 단기균형분석은 국내외금리차가 기대환율변동률과 차이가 발생하여 같지 않으면($i-i^* \neq x$), 이자재정자와 투기자에 의해 결정되는 균형선물환프리미엄($\bar{\rho}$)은 국내외금리차이와 기대환율변동률의 중간수준에서 결정됨을 보여 주고 있다. 구체적으로 어느 수준에서 결정되는가는 자본의 이동성에 의존한다. 예를 들어 국제간 자본이동성이 거의 완전한 경우에는 선물환프리미엄은 국내외금리차이와 같아지고($\rho = i - i^*$), 자본의 이동성이 불완전한 경우에는 ρ는 x와 가까운 값을 갖는다($\rho = x$).

그런데 투기자 개인입장으로 볼 때 많은 사람들이 일관성 있게 평균적으로 환율변동방향을 예측할 수 있느냐 하는 문제가 발생한다. 타인들은 평가절하를 예상하고 있는데 자신은 평가절상을 생각하고 있다면 잘못된 판단이고 투기에 임하면 손해를 보게 된다. 더욱이 장래는 불확실하고 투기자는 상대방의 반응을 알 수가 없기 때문에 불확실성은 더욱 커진다. 그러나 일반투자가들의 경우 기대환율의 변동방향을 알 수 있는 방법이 있다. 즉 $i - i^* > \rho$이면 언제나 $\rho > x$가

그림 2-7 장기균형선물환율의 결정($\bar{x}=\bar{\rho}=i-i^*$)

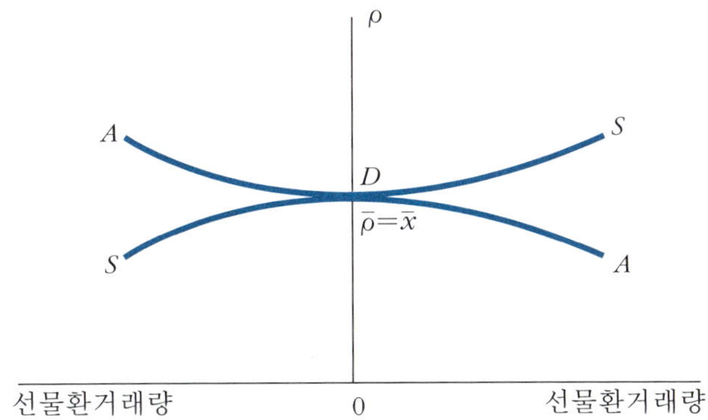

되고 $i-i^*<\rho$이면 $\rho<x$가 된다. 따라서 $\rho>i-i^*$가 존재하는 한 $x>\rho$이므로 투기자는 선물환을 매입함으로써 이익을 얻을 수 있게 된다. 그의 예측이 현실적으로 옳은 것으로 판명되면 투기자는 장기적으로 더욱 확신을 갖고 투기에 임함으로써 더욱 많은 선물환 투기가 이루어진다. 즉 투기자곡선은 장기에 탄력적이 되어 수평선에 대해 완만한 기울기를 갖게 된다.

실제 투기가 장기적으로 계속된다고 가정하자. 그리고 [그림 2-5]와 같이 $x>\rho>i-i^*$인 경우에 국한시켜 볼 때 현물환시장에서는 자본유출이 계속되어 현물환수요증대로 현물환율 E는 상승하게 되고 국내이자율은 상승압박을 받는 반면 외국이자율은 하락하게 될 것이다. 따라서 선물환프리미엄 $\rho=\frac{F-E}{E}$는 하락하는 동시에 $i-i^*$는 상승하여 AA곡선은 상향으로 이동하는 반면 투기거래에서 $x>\rho$이므로 x가 하락하고 투기자의 ρ가 상승하여 SS곡선은 하향으로 이동한다.

그 결과 장기적으로는 위의 [그림 2-7]에서와 같이 국내외금리차($i-i^*$), 선물환프리미엄(ρ)과 기대평가하락률(x)이 동일한 $i-i^*=\bar{\rho}=\bar{x}$ 수준에서 장기균형이 성립된다. 그림에서 점 D는 이를 나타낸다.

제4절 금융선물시장

지금까지 우리는 환위험 회피를 위한 가장 단순한 헤징수단을 제공하는 선물환시장을 알아보았다. 그러나 1973년 이후 국제통화제도가 변동환율제도로 이행되고 최근 정보통신기술의 급속한 발전으로 이제는 환율 및 금리리스크의 회피뿐만 아니라 높은 수익추구를 겸한 각종 금융선물상품들이 개발·유통되고 있다. 여기서는 선도거래(forward trading)의 특성을 띠면서도 그 거래형태가 선물환과 판이하게 다른 금융선물에 대해 국제경제학(특히 국제금융론) 범위 내에서 개념 중심으로 고찰해 보기로 한다.

1 금융선물시장의 개요

금융선물시장의 의의

금융선물거래(financial futures trading)는 거래자간에 사전에 약정한 가격(환율)으로 계약된 특정금융상품을 장래의 일정시점에서 인수·인도하기로 하는 선물계약(futures contracts)거래를 말하는데 이들 선물계약의 대부분은 장래의 인수·인도시점 이전에 반대매매를 통해 청산되고 있다. 따라서 장래의 인도시점에서 인수·인도의무가 있는 선물환거래를 포함한 선도거래(forward trading)와 구별된다. 뿐만 아니라 다음에서 살펴볼 특징으로부터 알 수 있는 바와 같이 금융선물거래는 거래단위와 결제일이 표준화(standardization)된 금융상품을 대상으로 공인된 국제금융선물거래소에서 공개경쟁입찰방식에 의해 이루어진다는 점에서 점두시장에서 거래당사자간의 거래편의에 따라 거래규모나 결제일이 결정되는 선도거래와 구별된다. 그리고 금융선물거래가 이루어지는 시장을 금융선물시장(financial futures market)이라고 한다.

금융선물시장은 기본적으로 환위험이나 금리위험의 헤징수단을 제공하는 것에 그치지 않고 계약 만기일 이전에 반대매매를 통한 선물계약의 청산을 가능케 함으로써 적극적인 수익을 추구할 수 있다는 점에서 그 중요성이 있다.

금융선물시장의 분류

이와 같은 금융선물거래의 대상상품에 포함되는 주요한 것들로는 ① 통화선물(currency futures), ② 금리선물(interest futures), ③ 주가지수선물(stock index futures), ④ 금융선물옵션(financial futures options) 등이 있는데 금융선물옵션은 다시 통화선물옵션, 금리선물옵션, 주가지수선물옵션 등으로 구분된다.

그런데 환율 및 금리위험방지와 수익추구를 겸한 금융상품들은 금융선물거래 이외에도 통화스왑, 금리스왑, 혼합스왑과 같은 스왑금융(swap financial) 상품들이 있다. 이들 모든 상품들은 그 가치가 통화, 금리, 주식 등 기초금융자산(underlying assets)의 가격이나 자산가치지수의 변동에 의해 결정된다는 점에서 **파생금융상품**(financial derivatives)이라고 하며 이들 상품이 거래되는 시장을 파생금융상품시장이라고 한다.

위에 열거한 금융상품들은 파생금융상품을 기초금융자산의 계약형태에 따라 구분한 것들이지만 이 외에도 거래장소에 따라 거래소거래 상품과 점두거래(장외거래)상품으로 구분하기도 하는데 점두거래상품으로는 통화스왑, 금리스왑, 혼합스왑 등이 해당된다. 그리고 위험의 이전방법에 따라 선물(futures)형과 옵션(option)형으로 구분하는데 이하에서는 옵션부터 고찰하여 보기로 한다.

금융(선물)옵션은 계약당시 약정한 실행가격(strike price or exercise price)으로 일정기간 이내에 금융상품을 매매할 수 있는 권리를 말하는데 이와 같은 권리가 거래되는 시장을 금융옵션시장이라고 한다.

옵션은 행사방법에 따라 콜옵션(call option)과 풋옵션(put option)으로 구분되며 옵션의 대상 금융상품에 따라 통화옵션, 금리옵션, 주가지수옵션 등으로 구분된다. 또한 옵션은 장소에 따라 장내옵션과 장외옵션으로 구분되는데 장내옵션거래소로는 필라델피아주식거래소(Philadelphia Stock Exchange)와 런던주식거래소(London Stock Exchange), 시카고옵션거래소(Chicago Board Options Exchange) 등이 있다. 그리고 장외옵션은 특정거래소가 아닌 전화, 텔렉스 등에 의해 은행간시장에서 거래되는 옵션을 말한다. 또한 옵션은 행사가능시기에 따라 미국식옵션(American-style option)과 유럽식옵션(European-style option)으로 구분되기도 하는데 전자는 옵션계약의 만기일 이전에 언제라도(at any time up to the expiration date) 옵션을 행사할 수 있는 경우를 말하고 후자는 만기일에만

(only on the expiration date) 행사할 수 있는 옵션을 말한다. 따라서 미국식옵션이냐 유럽식옵션이냐는 옵션만기 이전에 옵션을 행사할 수 있느냐 없느냐 하는 옵션행사 가능여부에 따른 분류로서 옵션거래장소에 따른 분류가 아님을 알 수 있다. 미국식옵션은 필라델피아주식거래소나 런던주식거래소 등에서 이루어지고 있으며 유럽식옵션은 시카고옵션거래소에서 이루어지고 있다.

한편, 스왑금융시장은 금융지급조건의 교환이 이루어지는 시장을 말하는데 이에는 이종통화로 표시된 외화자금을 상호교환하는 통화스왑(currency swap)과 금리의 지급조건을 교환하는 금리스왑(interest rate swap) 그리고 통화스왑과 금리스왑을 결합한 혼합스왑(cocktail swap) 등 다양한 형태의 스왑거래가 있다.

지금까지 설명한 금융선물시장을 포함한 파생금융상품시장을 유형별로 분류해 보면 다음과 같이 구분할 수 있다.

- 파생금융상품시장
  - 금융선물시장
    - 통화선물
    - 금리선물
    - 주가지수선물
    - 금융(선물)옵션 (콜옵션 및 풋옵션)
      - 통화옵션
      - 금리옵션
      - 주가지수옵션
  - 스왑금융시장
    - 통화스왑
    - 금리스왑
    - 혼합스왑

2 금융선물거래의 특징

금융선물거래가 최초로 이루어지기 시작한 것은 1972년 5월에 미국의 시카고상업거래소(Chicago Mercantile Exchange: CME) 산하의 국제통화시장(International Monetary Market: IMM)을 창설하면서 7개국 통화를 대상으로 한 통화선물이 상장거래되면서부터이다. 그리고 최초의 금리선물거래는 1975년 10월에 시카고상품거래소(Chicago Board of Trade: CBOT)가 부동산저당 대출채권의 일종인 정부저당증권(Government National Mortgage Association-Collateralized Depository Receipt: GNMA-CDR)의 선물거래에서 비롯되었다.[9] 그 후 장단기 재정증권에 대한 선물거래가 본격적으로 이루어지면서 금융선물시장의 가속적인 발전을 촉진시켰는데 최초의 재정증권에 대한 선물거래로는 1976년 CME의 단기재정증권(Treasury bills)과 1977년의 장기재정증권(T-bonds)의 선물거래를 들 수 있다

1980년대 이후에는 세계적인 금융자유화 추세와 정보통신기술의 급속한 발전에 힘입어 거래규모가 급격하게 확대되고 있을 뿐만 아니라 금융기관간의 경쟁격화로 기존 금융상품들의 수익성이 하락함에 따라 신종 금융상품들을 경쟁적으로 개발하여 보급시키고 있다. 또한 금융상품 종류면에서도 통화선물거래 이외에 미국의 장단기 재정증권(Treasury-bills, T-notes, T-bonds), 양도성예금증서(CD), 유로달러금리 등을 대상으로 한 금리선물과 주가지수선물 등 다양한 신종 금융상품들이 국제금융시장에 출현하고 있다.

그러면 이와 같은 금융선물거래의 특징은 무엇인가? 선도거래(forward trading)와 비교해 볼 때 아래와 같이 다섯 가지로 요약될 수 있다.[10]

첫째, 금융선물거래는 특정 국제금융선물거래소라는 공인된 시장의 매장(trading pits)에서 공개호가방식(open outcry)으로 이루어질 뿐만 아니라 대부분의 거래가 만기일 이전에 자유로운 반대매매를 통하여 청산되는 거래의 특징을 갖고 있다. 이에 반해 선물환을 포함한 선도거래의 경우에는 거래 대부분이 점두시장(over-the-counter market)에서 전화, 텔렉스 등으로 매매당사자간에 직접 이루어질 뿐만 아니라 거래결제도 인수 · 인도일에 이행해야 할 의무가 부여되기 때문에 거래당사자간의 합의 없이는 만기 이전에 해약이 사실상 어렵다.

---

9) 국제금융선물거래소로는 위의 CME, CBOT 이외에도 LIFFE(London International Financial Futures Exchange: 런던국제금융선물거래소-1982.9), SIMEX(Singapore International Monetary Exchange: 싱가포르국제통화거래소-1984.9), TSE(Tokyo Stock Exchange: 동경증권거래소-1985.10), MATIF(Marche 'a 'Terme International de France: 프랑스국제선물거래소-1986. 2), TIFFE(Tokyo International Financial Futures Exchange: 동경금융선물거래소-1989.6) 등이 있다. 괄호 안의 연월은 금융선물거래가 개시된 시기를 나타낸다.

10) 김철, 「국제외환금융론」, 법문사, 1987 및 한국은행, 「주간내외경제」, 제1342호(1987. 10. 24), pp.8-14. D.K. Eiteman, A.I. Stonehill, and M.H. Moffett, *Multinational Business Finance*, 6th ed., Addison-Wesley Publishing Company, Reading, Massachusetts, 1992, Chapter 5, 그리고 S.C. Blank, C.A. Carter, and B.H. Schmiesing, *Futures and Options Markets*, Prentice Hall, New Jersey, 1991을 참조할 것.

표 2-2 금융선물거래와 선도거래의 비교

	금융선물거래 (financial futures trading)	선도거래 (forward trading)
거래장소	조직화된 거래소	제한 없음(주로 점두시장거래)
거래방법	특정 거래소에서 공개호가에 의한 경쟁입찰방식	점두시장에서 당사자간 직접 계약
거래단위	통화별로 표준화	건별(件別)로 자율결정
가격결정	공개호가결정	당사자간 합의
거래수행	거래소 회원인 브로커를 통한 중개거래	매매당사자간 또는 브로커를 통한 중개거래
결 제	만기 이전에 청산거래에 의해 정산됨	만기일에 결제
이행보증	청산소가 이행보증	매매당사자의 신용도에 의존
거래상대방의 인지(認知)	청산소의 보증으로 이루어지므로 상대방을 알 수 없음	거래상대자의 신용상태에 따라 거래되므로 상대방을 알고 있음
비 용	증거금적립, 수수료	선물환율에 반영

둘째, 선도거래는 거래규모나 만기 등이 개별고객의 거래편의에 따라 결정되는 것이 일반적인 데 대해 금융선물거래는 거래단위와 결제일이 표준화(standardization)되어 있다. 예를 들어 IMM의 통화선물거래의 경우 인도일이 3월, 6월, 9월, 12월의 셋째 수요일로 정해져 있고 미국 달러화에 대한 영국 파운드화의 거래단위가 62,500파운드, 독일 마르크화의 경우가 125,000마르크, 프랑스 프랑화의 250,000프랑, 일본 엔화의 12.5백만 엔, 스위스 프랑화의 125,000프랑, 캐나다 달러화의 100,000달러, 오스트레일리아 달러화의 100,000달러, 유럽통화단위(ECU)의 125,000ECU 등으로 일정하게 정해져 거래된다.

셋째, 금융선물거래는 청산소(clearing house)의 중개로 이루어지고 계약결제의 이행을 보증하고 있을 뿐만 아니라 거래자는 증거금적립(margin payment)을 해야 되므로 신용위험(credit risk)이 발생하지 않는다. 이에 대해 선도거래는 매매자간의 직접거래이기 때문에 상대방의 계약이행 여부에 따라 신용위험이 수반된다.

넷째, 금융선물거래는 매일 형성되는 가격에 일정수준의 상한과 하한을 정해 일일가격변동폭을 제한하는 데 대해 선도거래에서는 이와 같은 제한이 없다.

다섯째, 선도거래는 주로 대기업이나 은행과 같이 거액투자가들이 참여하는 데 대해 금융선물거래는 비교적 소규모의 기업이나 일반고객들이 참여할 수 있는 장점이 있다.

금융선물거래와 선도거래의 특징을 비교 요약해 보면 앞의 [표 2-2]와 같으며 주요 내용은 아래와 같다.

3 주요 금융선물거래의 내용

통환선물(Foreign Currency Futures)

통화선물거래는 시카고국제통화시장(IMM)이나 런던국제금융선물거래소(LIFFE) 등과 같은 특정 국제금융선물거래소에 상장되어 있는 외국통화를 계약시에 약정한 선물환율로 장래의 일정시점에서 미달러화를 대가로 외국통화를 인수 · 인도할 것을 약정하는 선물계약거래(futures contracts trading)를 말한다. 이는 외환의 매매를 미리 약정한다는 점에서 선물환(forward exchange)거래와 비슷하지만 거래형태에 있어서 거래금액, 거래시기 등 거래조건이 표준화되어 있을 뿐만 아니라 대부분의 거래가 결제일 전에 반대매매를 통해 청산거래가 이루어지고 차액만을 정산한다는 점에서 다르다. 더욱이 계약자간에 약정되는 선물환율은 거래소에 참가한 거래자들간에 자유롭게 호가방식에 의해 결정되며 거래이행 여부에 대해 청산소(clearing house)가 보증한다.

통화선물은 기업이나 은행 등이 필요로 하는 외국통화의 가치가 상승할 것으로 예상되는 경우 해당 통화의 선물을 매입한 후 결제일 전에 매각하여 얻는 차익(또는 손실)으로 실제 시장의 환율변동분을 상쇄함으로써 사전에 일정수준으로 환율을 확정할 수 있게 된다.

통화옵션(Foreign Currency Option)

통화옵션이라 함은 일정한 수수료(premium)를 대가로 계약당시 약정한 실행환율(strike price)로 외국통화를 일정기간 내에 언제든지 매매할 수 있는 권리를 말한다. 이와 같은 권리는 행사방법에 따라 콜옵션(call option)과 풋옵션(put option)으로 구분되는데 콜옵션은 매입할 수 있는 선택권을 말하며 풋옵션은 매각할 수 있는 선택권을 말한다.

예를 들어 콜옵션의 경우 옵션을 매입한 거래자는 시장환율이 약정한 실행환율보다 높아지면 옵션을 행사하여 실행환율로 외국통화를 매입하여 시장환율로 매각함으로써 환차익을 얻고, 반대로 실행환율이 시장환율보다 높으면 옵션행사를 포기함으로써 옵션대가인 수수료만큼 손실을 보는 대신 현물시장에서 실행가격보다 낮은 시장환율로 외국통화를 매매할 수 있으므로 기존의 선물환거래에서 기대할 수 없는 기회이득을 얻을 수 있는 장점을 갖고 있다.

예시적으로 콜옵션거래에 대한 예를 들어 보기로 하자.

환율상승을 예상하고 있는 미국 수입업자가 영국으로부터 £62,500에 대한 콜옵션을 다음과 같은 조건으로 매입하기로 결정하였다고 가정하자.

- 만기: 3개월
- 실행가격: $1.50/£
- 계약당 프리미엄: $0.02/£
- 예상환율: $1.60/£

3개월 후의 기대환율이 파운드 당 1.60달러로 상승할 것으로 예상됨에 따라 미국 수입업자는 콜옵션을 행사하는 것이 유리하다. 왜냐하면 실행가격(행사가격)으로 파운드화를 매입하여 수입대금을 결제하는 것이 이익이 되기 때문이다. 실제로 실행가격으로 파운드화를 매입하여 현물환시장에서 시장환율로 매각하면 다음과 같은 콜옵션행사에 따른 환차익을 얻는다.

• 현물환시장에서 파운드화 매각에 따른 수취액:	$100,000(=$1.60×62,500)
• 콜옵션 행사에 따른 지급액:	$93,750(=$1.50×62,500)
• 콜옵션 행사에 따른 지급 프리미엄:	$1,250(=$0.02×62,500)
지급액 합계:	$95,000(=$93,750+$1,250)

- 콜옵션행사에 따른 환차익: $5,000(=$100,000−$95,000)

즉, 미국 수입업자는 콜옵션행사를 통해 수입자금 £62,500를 결제함으로써 $5,000를 절약할 수 있게 되어 이익이다.

표 2-3 옵션행사가 유리 또는 불리한 경우

구 분	콜옵션	풋옵션	비 고
In the money	시장가격 > 실행가격	시장가격 < 실행가격	옵션행사가 유리한 경우
At the money	시장가격 = 실행가격	시장가격 = 실행가격	옵션행사에 따른 유·불리가 없는 경우
Out of the money	시장가격 < 실행가격	시장가격 > 실행가격	옵션행사가 불리한 경우(옵션포기가 유리한 경우)

한편, 풋옵션은 계약기간 이내에 시장가격이 실행가격보다 하락할 것으로 기대하는 거래자들이 보유한다.

그리고 옵션행사가 유리한 경우를 내가격(內價格)옵션(in the money)이라 하고 옵션행사가 불리한 경우, 즉 옵션을 포기하는 것이 유리한 경우를 외가격(外價格)옵션(out of the money)이라 한다. 그리고 시장가격이 실행가격과 동일하여 옵션을 행사하든 하지 않든 상관없는 경우를 등가격(等價格)옵션(at the money or near the money)이라 한다. 이를 표로 요약하면 위의 [표 2-3]과 같다.

이상과 같은 통화옵션은 환위험에 대한 보험적 성격을 가지며 환율변동이 불확실한 경우 또는 장기해외건설수주와 같은 거래에 널리 활용되나 환율변동에 따른 위험부담과 금리차이 및 기간 등이 감안됨으로써 수수료가 높다는 단점을 갖고 있다.

한편, 통화옵션을 거래장소에 따라 구분하면 장내시장(over-the-market)과 장외시장(over-the-counter market)으로 분류된다. 장내옵션시장은 필라델피아주식거래소와 같은 특정 거래소에서 표준화된 거래조건에 따라 호가방식으로 결정되는 시장을 말하며, 장외옵션시장은 전화, 텔렉스 등으로 옵션거래 당사자간의 합의계약에 의해 자율적으로 결정되는 시장을 말한다.

금리선물(Interest Rate Futures)

금리선물은 금융선물거래소(IMM, LIFFE 등)에 상장된 재정증권(Treasury bills, notes, bonds)이나 유로달러예금 등과 외국금융자산을 계약시에 약정한 수익률(또는 할인율)로 장래의 일정시점에서 인수 · 인도할 것을 약정하는 선물계약거래를 말한다. 따라서 통화선물거래와 같은 방법으로 거래가 이루어지고 거래대상만이 다른데 거래대상은 실제로 금리 자체가 아니라 수익원천이 되는 금융자산의 수익률이 된다. 금리선물거래는 금리변동에 따른 금융비용을 절감시키는 방법으로 널리 이용되고 있다.

금리옵션(Interest Rate Option)

금리옵션은 채권이나 예금증서와 같은 금융자산을 수수료를 대가로 계약당시 약정한 실행가격인 수익률(또는 할인율)로 일정기간 이내에 언제든지 매매할 수 있는 권리를 말하며 옵션대상만 다를 뿐 거래방법은 통화옵션과 같다.

통화스왑(Currency Swap)

통화스왑은 두 거래당사자가 서로 필요로 하는 이종통화표시의 차입금에 대한 원리금상환을 계약당시에 약정한 실행환율로 상호교환할 것을 약정하는 거래를 말한다.

예를 들어 *A*는 미국달러화로 차입하기를 원하는 반면 *B*는 영국파운드화로 차입하기를 원하고 있는데 달러화 기채시장(起債市場)은 런던금융시장이 상대적으로 유리하고 파운드화 기채시장은 뉴욕금융시장이 유리하다고 하면 *A*는 파운드화표시 채권을 발행하고 *B*는 달러화표시 채권을 각각 발행한 후 통화스왑계약을 체결하여 만기상환시에 당초 약정한 환율로 자금을 상호 교환함으로써 *A*와 *B*가 차입하기를 원하는 통화표시 자금으로 수취하게 된다.

이와 같은 통화스왑은 신규외화자금조달의 경우에 각 차입자가 유리한 자본시장에서 채권을 발행하여 필요로 하는 통화로 상호 교환함으로써 자금조달비용을 절감할 수 있는 장점을 갖고 있다.

주가지수선물(Stock Index Futures)

주가지수선물은 다수의 회사주식을 하나로 종합하여 이들의 주가를 가중평균하여 산출한 종합주가지수를 매매하는 선물거래이다. 이는 실체가 없는 지수상품을 대상으로 한 거래라는 점에서 현물결제가 있을 수 없고 여타 금융선물거래와 마찬가지로 만기일 이전에 반대매매를 통해 청산되며 정산은 차액결제로 이루어진다.

주가지수선물은 1982년 2월에 처음 도입되었는데 그 기본목적은 주식시장에서 주가변동에 따른 시장위험(market risk)을 회피하려는 데 있다. 왜냐하면 개별주식과 관련된 위험은 포트폴리오에 의한 분산투자를 통해 회피할 수 있으나 시장위험은 회피할 수 없기 때문이다. 미국에서 거래되는 주요 주가지수선물로는 S&P 500지수, 즉 스탠더드 앤드 푸어스 500종 주가지수(Standard and Poor's 500 Index), 뉴욕증권거래소 종합지수(New York Stock Exchange Composite Index), 밸류라인 종합평균지수(Value Line Composite Average Index) 등이 있는데 이들은 시카고상업거래소(CME), 뉴욕선물거래소, 캔사스시티상품거래소에 상장되어 거래되고 있다.

주가지수선물거래는 기본적으로 체계적 위험(systematic risk)을 헤지할 뿐만 아니라 주식가격을 고정시켜 위험을 경감시키기 위해 개발된 금융상품이다. 체계적 위험이란 분산투자를 통해서도 제거될 수 없는 시장위험을 말한다.

주가지수선물거래를 이해하기 위해 미국 S&P 500지수를 이용하여 간단한 예를 들어보기로 하자.

S&P 500지수의 1포인트(point)는 $500이며 거래단위는 $500×지수로 표시된다. 그리고 최소가격 변동단위인 1틱(tick)의 크기는 1/20포인트로서 $25(=$500×0.05)이다.

미국 *A*기업이 3월 5일에 6개월 계약으로 S&P 500지수 400의 가격으로 1단위 매도계약을 체결한 경우 9월 5일 만기일에 지수가 360으로 하락하였다고 하면 *A*기업의 매도차액은 $20,000가 된다. 왜냐하면 수취액은 $200,000(=$500×400×1계약)이고 지불액은 $180,000(=$500×360×1계약)이기 때문이다.

이와 같이 주가지수선물거래는 만기일에 계약금액을 수취하고 주가지수변동에 따른 금액을 지불하는 거래이다.

우리나라도 1996년 5월 3일부터 KOSPI 200 주가지수(Korea Stock Price Index 200)가 거래되기 시작하였는데 거래단위는 ₩500,000×KOSPI 200이다.

선도금리계약(Forward Rate Agreement: FRA)

선도금리계약은 장래의 일정기간 동안에 적용할 금리수준을 미리 약정하는 계약을 말하는데 단기금리변동을 회피하기 위해 이용되는 금융상품이다. 선도금리계약에서는 원금이 실제로 이동되지 않으며 신용을 공여하기로 한 결제일에 약정금리와 결제금리간의 금리차액만을 정산하는 형태로 이루어진다. 예를 들어 결제시기의 시장금리가 약정금리보다 높으면 선도금리계약 매도자가 매입자에게 금리차액을 지급하고, 반대로 시장금리가 약정금리보다 낮을 경우에는 매입자가 매도자에게 금리차액을 보전해 줌으로써 시장금리가 변동하더라도 계약당사자간에 당초 약정한 금리수준으로 고정시킬 수 있다. 따라서 거래자는 금리변동상황에 따라 탄력적으로 대처할 수 있을 뿐만 아니라 계약기간과 금액 등도 금융기관과 자유로운 합의에 따라 결정될 수 있기 때문에 거래조건이 표준화되어 있는 금리선물에 비하여 금리변동위험을 쉽게 회피할 수 있는 장점을 갖고 있다.

이와 같은 관점에서 볼 때 선도금리계약은 금융선물상품은 아니지만 금융선물거래의 단점을 보완하여 금리리스크를 헤징하는 유효수단을 제공하고 있다는 점에서 널리 이용되고 있다.

제5절 우리나라의 외환거래 추이

우리나라의 외환시장은 1965년 3월에 외환증서시장이 도입되면서 꾸준히 발전해 왔다. 1967년 4월에는 외환전문취급 은행으로 한국외환은행이 설립되었고 아울러 조흥, 상업, 한일, 제일, 서울신탁은행 등 5개 시중은행의 갑류 외환은행으로의 승격, 그리고 미국 체이스맨하탄은행(Chase Manhattan Bank)의 서울지점개설허가 등 일련의 조치가 이루어지면서 외환업무를 취급하는 금융기관 수의 증가와 외환거래규모의 확대가 지속되었다.

우리나라의 외환시장은 시장참가자기준으로 대고객시장, 은행간시장, 한국은행시장개입으로 구분되는데 대고객시장은 민간 및 기업 등 고객과 외국환은행간에 거래가 이루어지는 시장으로 2000년 말까지는 원칙적으로 **실수요원칙**이 적용되었고 환투기거래도 금지되었다. 실수요원칙이란 외환거래가 정상적인 대외거래인지의 여부를 확인하기 위해 거래원인과 지급 및 수취행위에 대한 사전승인 및 허가서를 제출하여야 하는 원칙을 말한다. 이 같은 실수요원칙은 제1단계 외환거래 자유화(1999. 4. 1~2000. 12. 31)에 이어 제2단계 외환거래 자유화(2001. 1. 1)가 시행되면서 일부 항목을 제외하고는 대부분 폐지되었다. 은행간시장은 외국환은행의 대고객거래 결과로 발생한 포지션조정거래와 자금과부족의 조정이 이루어지는 시장으로 환차익목적의 투기거래도 가능하다. 한국은행시장개입은 외환의 수급불균형을 시정하여 환율안정을 위해 외국환평형조작이 행해지는 시장이다. 그리고 외환시장의 중개기관으로는 1970년 9월에 설치된 외환교환실이 효시이며 현재는 1989년 10월에 확대개편된 금융결제관리원 소속의 자금중개실이 그 역할을 담당하고 있는데 우리나라 은행간시장은 선진국의 점두시장거래와는 달리 대부분이 자금중개실의 중개를 통한 거래로 이루어지고 있어 은행간시장의 낙후를 벗어나지 못하고 있었다. 그러다가 1999년 2월에 한국자금중개주식회사가 금융결제원 자금중개실(2000년 5월에 서울외국환중개회사로 개편)과 함께 외환중개업무를 개시하면서 은행간 거래도 활성화되기 시작하였다.

한편, 우리나라의 선물환거래제도는 환위험으로부터 무역거래를 보호하고 수출산업의 국제경쟁력을 강화한다는 차원에서 1968년 7월에 최초로 도입되었으나 실질적인 거래는 이루어지지 못한 채 방치되었다. 그러다가 1976년 6월에 외국은행과의 선물환거래 허용을 비롯하여 그 후 여러 차례 확대개편이 되었는데 특히 1979년 1월에 외국환은행간 및 비거주자와의 선물환거래에 실수요금액제한을 철폐함으로써「외국통화간 선물거래」가 가능해지고 은행의 환재정거래 및 투기거래가 가능해지면서 활기를 띠기 시작했다. 이어 1980년 7월에는 무역거래에 한하여 미국 달러와 국제통화간 선물거래인「원화 선물거래제도」가 실시되고 동년 10월에는 대상통화를 미국 달러 이외에 일본 엔화, 독일 마르크화, 영국 파운드화로 확대하였다. 1986년부터 경상수지가 흑자로 전환되면서 환위험방지 및 투자수익증대를 위한 금융선물거래제도의 필요성에 따라 1987년 10월에는 통화 및 이자율에 대한 금융선물거래가 최초로 허용됨으로써 기존의 스왑거래와 함께 환위험에 다양한 헤징수단을 제공할 수 있게 되었다.

그리고 1999년 4월 23일에는 부산에 한국선물거래소(Korea Futures Exchange: KOFEX)가 개장되어 미국달러 통화선물, 미국달러 통화옵션, CD금리 선물, 금 선물이 각각 거래되기 시작하였고, 이어 1999년 9월 29일에 국채선물이, 2001년 1월 30일에는 코스닥 50선물이 각각 거래되기 시작하였다. 그리고 한국증권거래소에서는 1996년 5월 3일에 KOSPI 200 선물이 상장 거래된데 이어

2000년 7월 7일부터는 KOSPI 200 콜 옵션과 풋 옵션이 거래되고 있다.[11)]

한편, 우리나라 외환시장에서 이루어지는 외환거래는 크게 현물환거래와 파생금융상품거래로 구성되는데 파생금융상품거래는 선물환거래와 금융선물거래로 구분된다. [표 2-4]는 최근 외환거래실적을 보여 주고 있다. 1997년의 경우 현물환거래가 1조 3,757억 달러인데 1990년의 2,147억 달러에 비해 무려 6.4배가 증가된 수치이다. 파생금융상품도 1990년대에 들어와 급격히 증가하였는데 1997년의 5,565억 달러는 1990년의 1,684억 달러보다 3.3배가 증가된 것이다.

그리고 [표 2-5]는 파생금융상품들의 거래실적을 나타내고 있는데 1997년을 보면 총거래액 5,565억 달러 중 77.0%(4,287억 달러)가 선물환거래로 이루어지고 나머지 23.0%(1,278억 달러)는 금융선물거래에 의해 이루어지고 있음을 알 수 있다. 그리고 금융선물거래 중에서도 금리관련 상품이 주류를 이루어 72.7%(929억 달러)를 차지하고 있다.

끝으로, 외환인접시장으로서 은행간 단기외화자금의 과부족을 신속히 조정해 주는 외화콜시장은 1989년 12월에 처음으로 개설되었는데 단기외화자금의 초과수요로 인해 1990년에 70% 이상이 대외거래에서 조달되고 나머지 30%는 금융결제원의 자금중개실 경유 또는 은행간 점두시장에서 이루어졌다. 1990년중 일일평균 달러콜거래량은 약 1억 달러였으나 1994년에 2억 700만 달러,

표 2-4 총 외환거래실적 추이 (단위: 억 달러)

구 분	1995	1996	1997
현 물 환	10,625	9,980	13,757
파생금융상품	2,885	3,477	5,565
선 물 환	2,402	2,551	4,287
금융선물거래	483	926	1,278
합 계	13,510	13,457	19,322

자료: 한국은행, 국제부 외환분석실.

11) 이외에도 1999년 4월부터 역외선물환인 **차액결제선물환**(NDF: Non-Deliverable Forward)거래가 허용되었는데 이는 만기에 계약원금의 교환 없이 약정선물환율과 만기시의 현물환율 간의 차이만을 계약 당사자간에 미국 달러화로 정산하는 선물환거래를 말하는데 원-달러 NDF시장은 서울, 홍콩, 싱가포르, 뉴욕, 런던 등에 형성되어 있다.

1997년에 5억 1,060만 달러로 꾸준히 증가하여 왔다. 거래의 대부분은 국내은행간에 이루어지고 있으며 기간별로는 일일물과 일주일물이 주류를 이루고 있다.

표 2-5 파생금융상품 거래의 실적 추이 (단위: 억 달러)

구 분	1995	1996	1997
선물환거래 합계(A)	2,402	2,551	4,287
Outright 선물환	1,300	1,117	2,164
외환스왑	1,102	1,434	2,123
금융선물거래 합계(B)	483	926	1,278
통화관련상품	117	284	348
통화스왑	44	188	175
통화옵션	65	95	171
기타	8	1	2
금리관련상품	359	633	929
이자율선물	269	400	551
이자율스왑	47	157	297
기타	43	76	81
주가지수관련상품	7	9	1
파생금융상품거래 합계(A+B)	2,885	3,477	5,565

자료: 한국은행, 국제부 외환분석실.

요 약

1. 선물환거래는 현재에 약정한 환율로 외환매매계약을 체결하고 외환결제 및 인수 · 인도는 2영업일 후에 계약조건에 따라 이루어지는 거래를 말하며 선물환거래가 이루어지는 시장을 선물환시장이라고 한다.

2. 선물환시장이 존재하는 이유는 환위험회피를 위한 무역거래자와 이자재정자들이 환위험회피를 위해 선물환을 이용할 뿐만 아니라 투기자들이 선물환을 이용한 투기거래를 하고 있기 때문이다.

3. 환위험(exchange risk)이 발생되는 경우로는 계약시기와 결제시기가 서로 다른 외화자산 또는 외화부채를 증가시키는 경우로서 전자를 롱포지션(long position)이라고 하고 후자를 숏포지션(short position)이라고 한다. 롱포지션의 경우에는 평가절상이 발생하는 경우에 환차손이 발생하고 숏포지션의 경우에는 평가절하가 발생할 때 환차손을 입게 된다.

4. 이자재정(interest arbitrage)은 국내외금리차이와 선물환프리미엄을 감안하여 이윤을 얻으려는 경제행위로서 투자대상국가의 선택방법을 제공해 준다.

5. 커버된 이자평가조건(covered interest parity condition)이란 국내외금리차이와 현물환과 선물환간의 차이를 이용한 재정거래상에 더 이상의 투자유인(incentive)이 없는 균형상태를 말하는데 수식으로 나타내면 $\frac{F}{E}(1+i^{*})=(1+i)$ 또는 $\rho=i-i^{*}$로 표시된다.

6. 외환거래와 관련된 투기(speculation)는 현물환투기와 선물환투기로 구분되는데 현물환투기와 관련된 거래를 '커버되지 않은 이자재정거래' (uncovered interest arbitrage)라고도 하며, '커버되지 않은 이자평가조건' 은 $x=i-i^{*}$로 표시된다.

7. 선물환시장에서 단기 및 장기균형환율은 무역거래자의 선물환에 대

한 거래가 균형이라는 가정하에 이자재정자의 초과수요곡선과 투기자의 초과공급곡선이 만나는 점에서 결정된다. 여기서 단기와 장기의 구분은 국내 및 외국금리가 고정되었느냐 유동적이냐에 따른 구분이다.

8. 금융선물거래는 단순한 환위험회피에 그치지 않고 수익추구를 겸한 외환거래의 일종인데 중요한 금융상품으로는 통화 및 금리선물, 통화 및 금리옵션, 주가지수선물 및 옵션 등이 있다. 이들 거래는 CME, CBOT, LIFFE 등 국제금융선물거래소에서 이루어지는 것이 그 대표적인 특징이다.

9. 파생금융상품이란 그 가치가 통화, 금리, 주식 등 기초금융자산의 가격이나 자산가치지수의 변동에 의해 결정되는 금융상품을 말한다. 이는 계약형태에 따라 선물거래(통화선물, 금리선물, 주가지수선물 등), 옵션거래, 스왑거래, 혼합거래로 구분되며, 거래장소에 따라 거래소 거래상품, 점두거래(장외거래)상품으로 구분되고, 위험의 이전방법에 따라 선물(futures)형과 옵션형으로 구분된다. 그리고 이들 상품이 거래되는 시장을 파생금융상품시장이라고 한다.

제 3 장 환율의 결정이론과 측정

개 요

이 장에서는 환율의 결정원리와 실효환율에 대해 알아본다. 먼저 상품시장으로부터 외환의 수요곡선과 공급곡선을 각각 도출하고 여기에 서비스(services) 및 금융자산을 포함시켜 확대·연장한 두 곡선을 통해 균형환율의 결정과 균형의 안정조건을 고찰한다. 그리고 전통적인 환율결정 학설들로는 어떠한 것들이 있으며 이들 학설들이 현대 환율결정이론에 어떻게 기여하였는지를 논의한다.

그런데 현실적으로는 적정환율수준의 판정기준으로 구매력평가가 널리 원용되고 있는데 실제의 명목환율이 구매력평가기준으로부터 괴리(deviation)되었다고 하면 과연 얼마만큼이 고평가(overvalued) 또는 저평가(undervalued)되었는지를 판단하는 지표가 필요하다. 이와 같은 환율의 적정수준여부를 판단해 주는 실효환율지수의 개념과 의미, 그리고 산출방식을 고찰하여 이에 대한 하나의 사례연구(case study)로 우리나라의 실질실효환율지수를 시산(試算)해 보기로 한다.

제1절 환율의 결정이론

1 외환의 수요곡선도출

어느 특정 상품에 대한 국내수입수요는 그 상품에 대한 국내수요와 국내공급간의 차이인 초과수요로 나타난다. 예를 들어 기계설비의 국내생산량이 국내수요량에 비해 부족할 때 그 부족분에 해당되는 초과수요량만큼이 해외시장으로부터 수입하기를 원하는 수입수요량이기 때문이다. 그런데 수입수요함수는 그 상품의 가격에 대한 감소함수이므로 수입수요곡선은 가격에 대해 우하향의 형태를 취하게 된다. 마찬가지 원리로 수출은 국내생산량이 국내수요량보다 많은 경우에 이루어지므로 국내의 초과공급량으로 나타나며 수출공급곡선은 가격에 대해 우상향의 곡선이 된다.

지금 문제를 단순화하기 위해 외환수급에 영향을 미치는 요인들 중 상품가격 이외의 소득이나 환율 등 다른 조건이 일정불변(ceteris paribus)하다고 가정하고 상품의 수출입시장으로서 국내(한국) 및 외국(미국)에 대한 4개의 시장을 각각 상정하기로 하자. 그리고 분석을 간단히 하기 위해 관련된 상품가격들을 다음과 같이 정의하기로 한다.

P_X = 수출상품의 국내가격(원화표시가격)
P_X^* = 수출상품의 외국통화표시가격(달러화표시가격)
P_M = 수입상품의 국내가격(원화표시가격)
P_M^* = 수입상품의 외국통화표시가격(달러화표시가격)

지금 한국과 미국간에 무역거래가 이루어진다고 하면 P_X^*는 한국수출상품인 X재의 달러화표시가격(예 $P_X^* = \$10$)이고 P_M^*는 한국이 수입하는 미국상품 M재의 달러화표시가격이 된다. 미국상품에 대한 한국의 수입시장은 다음 그림과 같이 원화표시가격 시장과 달러화표시가격 시장으로 나눌 수 있다. 각 그림에서 D_M^{KOR}는 M재에 대한 한국의 초과수요곡선이고 S_M^{US}는 미국의 초과공급곡선을 나타낸다.

그림 3-1 한국의 수입시장

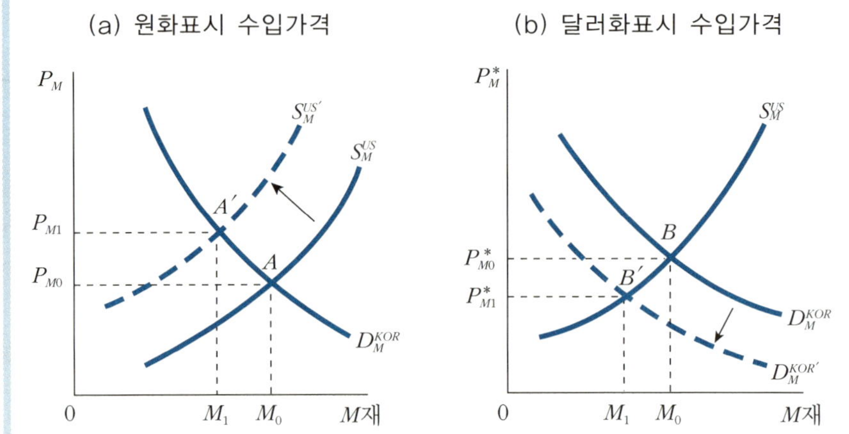

위의 [그림 3-1a]에서 한국의 원화표시가격 수입시장이 최초에 점 A에서 균형을 이루고 있었다고 가정하자. 이제 평가절하가 이루어졌다고 하면 수입상품 M재화의 원화표시가격($P_M = E \cdot P_M^*$)은 상승하므로 미국 수출업자는 종전과 동일한 원화표시가격(P_{M0})으로 보다 적은 양을 공급하든가 아니면 종전과 동일한 양을 공급하기 위해서는 원화표시가격을 높여야 한다. 이는 곧 평가절하율과 동일비율로 미국의 공급곡선이 좌측으로 이동해야 함을 의미한다.

이를 달리 표현하면 주어진 종전의 원화표시가격에서 평가절하는 미국인이 수취하기를 원하는 달러화표시가격의 하락($\downarrow P_M^* = P_{M0}/E$)을 초래하므로 미국 수출업자가 공급을 줄임을 의미한다.[1] 그 결과 미국의 공급곡선은 평가절하율만큼 S_M^{US}에서 $S_M^{US'}$으로 좌측이동하게 된다.

그러나 한국 수입업자는 종축에 표시된 원화표시가격에 대응하여 수입하기를 원하기 때문에 한국의 수입수요곡선(D_M^{KOR})은 이동하지 않는다. 그렇다고 하면 평가절하 후의 원화표시가격의 수입액은 어떻게 변동하겠는가? 이는 그림 (a)에서 알 수 있는 바와 같이 기본적으로 한국의 수입수요의 가격탄력성에 의

1) 독자는 경제원론이나 미시경제학에서 수요 · 공급이론을 배울 때 외생적 요인에 의해 수요나 공급이 변하는 경우에는 곡선 자체가 이동함을 기억할 것이다. 여기서도 마찬가지로 종축의 원화표시가격(P_M) 이외의 요인인 평가절하가 달러표시가격에 영향을 미쳐 공급곡선 자체를 이동시키는 효과를 갖는다.

존한다.

지금 수입수요의 가격탄력성을 $\eta_M = -\frac{dM}{dP_M} \cdot \frac{P_M}{M}$이라고 하면 수입수요의 가격탄력성이 탄력적($\eta_M > 1$)일 때에 원화표시 수입액($V_M = P_M \cdot M$)은 감소한다. 왜냐하면 평가절하로 인한 수입가격의 상승률($\hat{P}_M \uparrow$)보다 수입량의 감소율($\hat{M} \downarrow$)이 크기 때문이다.[2] 만약 수입수요의 가격탄력성이 비탄력적($\eta_M < 1$)이라고 하면 원화표시 수입액은 오히려 증가하게 된다.

한편, [그림 3-1b]는 달러화표시가격의 한국수입시장을나타내고 있다. 최초에 점 B에서 시장균형을 이루고 있을 때 평가절하가 이루어졌다고 하면 한국수입업자는 종전의 달러화표시가격(P^*_{M0})으로는 더 적은 양의 수입을 할 수밖에 없다. 즉 주어진 달러화표시가격(P^*_{M0})하에서의 평가절하는 원화표시가격의 상승($\uparrow P_M = E \cdot P^*_M$)을 초래하기 때문에 한국의 수입수요곡선은 평가절하율과 동일 비율로 좌측이동하여 새로운 점 B'에서 균형을 이룬다. 물론 종축이 P^*_M로 표시되고 있으므로 미국의 공급곡선은 이동하지 않는다.

그러면 외국통화인 달러화표시 수입액은 평가절하에 어떠한 결과를 가져오겠는가? 그림 (b)에서 알 수 있는 바와 같이 평가절하는 한국의 수입수요곡선을 좌측으로 이동시켜 외화표시 수입액(V^*_M)을 분명히 감소시킨다. 외화표시 수입액은 $V^*_M = P^*_M \cdot M$이므로 평가절하로 인해 국내수요가 감소하고 그 결과 P^*_M와 M이 모두 감소하기 때문이다.

극단적으로 외국의 공급곡선이 가격에 대해 완전탄력적이 되어 횡축과 수평선을 이루는 경우에는 달러화표시가격은 그대로 있으나 수입량이 감소함으로써 달러화표시 수입액(V^*_M)은 감소할 것이고, 만약 외국의 공급곡선이 완전비탄력적이 되어 수직선(종축과 수평선)이 된다고 하면 수입량은 불변이나 달러화표시가격(P^*_M)은 하락하여 V^*_M도 역시 감소하므로 평가절하는 항상 외화표시 수입액을 감소시킨다. 다만 수입액의 크기(면적)만이 탄력성에 따라 달라질 뿐이다. 이들 극단적인 경우에 대한 분석은 독자들에게 맡긴다.[3]

---

2) 이하의 본 교재에 사용되는 변수 위의 ^(hat이라고 읽음)표시는 그 변수의 변동률(예, $\hat{M} = \Delta M/M$)을 나타낸다.

3) 완전탄력적인 공급곡선 또는 수요곡선의 경우는 다음을 참조할 것.
H.R. Heller, *International Monetary Economics*, Prentice-Hall, Inc., 1974, pp.92-102.

따라서 외환에 대한 수요곡선은 [그림 3-1b] 로부터 아래와 같이 환율의 함수로서 우하향곡선으로 나타난다.

다음의 [그림 3-2] 에서 환율이 E_0에서 E_1으로 상승함에 따라 외환수요량인 달러화는 Q_0에서 Q_1으로 감소하는데 Q_0는 [그림 3-1b] 에서 면적 $\square OP^*_{M0}BM_0$에 해당하고 Q_1은 면적 $\square OP^*_{M1}B'M_1$에 해당된다.

그림 3-2 외환의 수요곡선

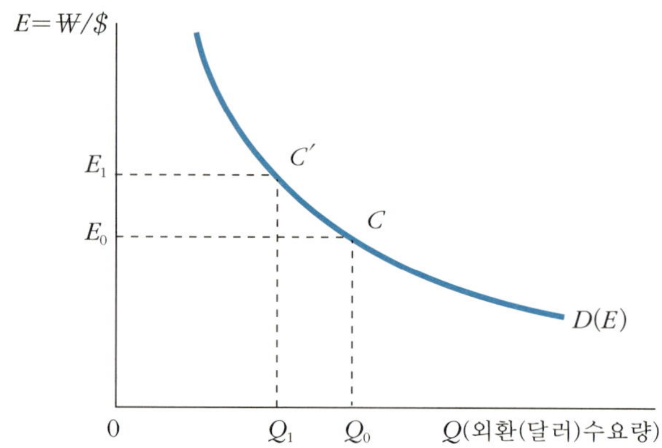

2 외환의 공급곡선도출

외환의 공급곡선은 다른 조건이 일정불변할 때 상품수출시장으로부터 도출할 수 있다. 다음의 [그림 3-3]은 한국의 수출상품 X재에 대한 원화표시가격 (P_X)과 달러화표시가격(P_X^*) 수출액이 평가절하에 따라 변동되는 양상을 보여 주고 있다.

[그림 3-3a] 에서 최초의 점 A에서 원화표시가격 수출시장이 균형을 이루고 있을 때 평가절하가 이루어지면 미국 수입업자는 종전의 원화표시가격으로 더 많은 X재를 살 수 있게 된다. 왜냐하면 주어진 원화표시가격을 달러화표시가격으로 환산하면 달러화표시가격은 하락($\downarrow P_X^* = P_X/E$)하기 때문이다. 예를 들어 10,000원으로 X재 한 단위를 구매하고 있었는데 환율이 1$=1000원에서 1$=

그림 3-3 한국의 수출시장

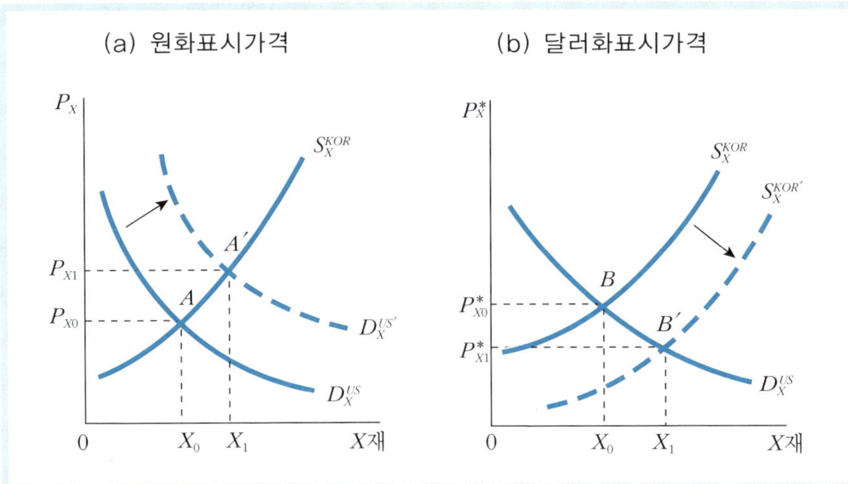

1200원으로 16.7% 평가절하가 되었다고 하면 10,000원이었던 X재는 종전에 10달러에서 8.33달러로 하락하여 미국인의 입장에서 평가절하 후 1.67달러만큼을 더 구매할 수 있게 되었다. 따라서 미국 수입수요곡선(D_X^{US})은 평가절하율과 동일비율로 우측으로 이동한다. 한국 수출업자는 원화표시 수출가격에 대응하여 수출하면 되므로 한국 수출공급곡선(S_X^{KOR})은 이동하지 않는다. 그 결과 새로운 균형은 점 A' 에서 이루어져 평가절하 후의 원화표시 수출액($V_X=P_X \cdot X$)은 분명하게 증가된다.

그러나 달러화표시가격의 경우에는 달러화표시 수출액이 증가할 것인지 감소할 것인지는 불분명하다. [그림 3-3b]에서 종전의 달러화표시가격하에서의 평가절하는 한국 수출업자의 원화표시가격의 상승($\uparrow P_X=E \cdot P_X^*$)을 의미하므로 종전보다 더 많은 공급을 할 수 있음을 의미한다. 따라서 한국의 수출공급곡선은 S_X^{KOR}에서 $S_X^{KOR'}$ 으로 우측이동을 하게 되어 새로운 균형점은 B' 이 된다. 따라서 달러화표시 수출가격은 P_{X0}^*에서 P_{X1}^*로 하락하나 수출량은 X_0에서 X_1으로 증가하여 달러화표시 수출액($V_X^*=P_X^* \cdot X$)이 증가할 것인지 감소할 것인지는 미국의 수입수요의 가격탄력성에 의존하게 된다.

지금 미국의 수입수요탄력성을 $\eta_X = -\dfrac{dX}{dP_X^*} \cdot \dfrac{P_X^*}{X}$라고 하면 이는 한국의 수출공급탄력성과 같게 된다.

만약 $\eta_X>1$이어서 탄력적이면 가격하락에도 불구하고 달러화표시 수출액은 증가하게 된다. 달러화표시 수출액이 $V_X^*=P_X^*\cdot X$이므로 $\eta_X>1$이면 평가절하로 인한 달러화표시 수출가격하락률이 수출량의 증가율보다 작기 때문이다($\hat{X}\uparrow>\hat{P}_X^*\downarrow$). 만약 $\eta_X<1$이면 달러화표시 수출액은 감소하게 된다.

이제 우리는 [그림 3-3b]로부터 외환의 공급곡선을 도출할 수가 있다. 미국의 수입수요의 가격탄력성이 탄력적이면 평가절하는 달러표시수출액을 증가시키므로 한국외환시장에 외환의 공급이 증가하고 탄력성이 비탄력적이면 외환공급은 감소한다. 다음의 [그림 3-4]는 미국의 수입수요의 가격탄력성이 탄력적($\eta_X>1$)인 경우 환율의 증가함수로서의 우상향의 외환공급곡선을 그린 것이다.

[그림 3-3b]에서 수출로 인한 최초의 달러화표시 외환공급액(달러공급액)의 면적은 $\square OP_{X0}^*BX_0$로서 [그림 3-4]의 Q_0에 해당되고 평가절하 후의 외환공급액은 [그림 3-3b]에서 $\square OP_{X1}^*B'X_1$으로 이는 [그림 3-4]의 Q_1이 된다. 따라서 평가절하는 외국의 수입수요의 탄력성이 탄력적이면 외환공급액의 증가를 가져와 우상향의 곡선이 된다. 물론 만약 외국의 수입수요탄력성이 완전비탄력적($\eta_X=0$)이거나 비탄력적($\eta_X<1$)이면 외환공급액은 평가절하시보다 감소하여 외환공급곡선은 우하향의 곡선을 취하게 된다. 그리고 외국의 수입수요탄력성이 처음에는 탄력적이다가 비탄력적이 되면 그에 따른 외환공급곡선은 후방

그림 3-4 외환의 공급곡선

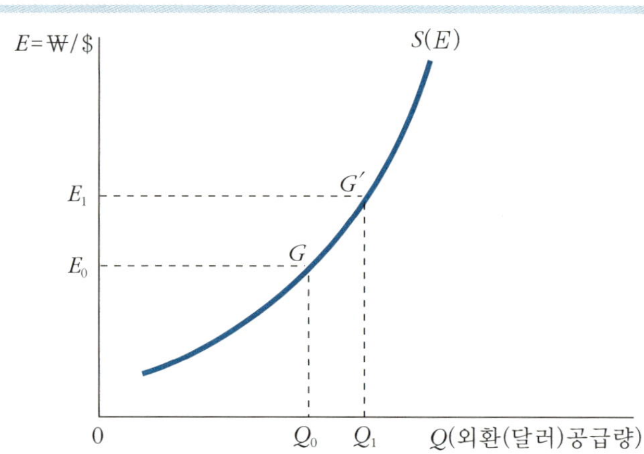

굴절공급곡선(backward-bending supply curve)의 형태가 된다.

위의 결과로부터 우리는 다음과 같은 사실을 알 수 있다.

먼저 외화표시 수출의 경우 극단적인 경우로서 첫째, 상대국의 수입수요탄력성이 0($\eta_X=0$)이고 평가절하국의 수입수요탄력성이 1보다 큰 경우($\eta_M>1$)에 평가절하는 무역수지를 개선시킨다. 왜냐하면 수출의 경우 수출량은 불변이나 수출단가의 하락만을 초래하며 수입의 경우에는 수입수요탄력성이 1보다 크기 때문에 수입가격상승폭보다 수입량의 감소폭이 더 크게 하락하여 수출가격하락을 상쇄하고도 남을 만큼 수입액이 감소하기 때문이다. 이는 평가절하가 무역수지를 개선시킴을 의미하여 외환의 초과공급을 가져온다.

둘째, 평가절하국의 수입수요탄력성이 완전비탄력적($\eta_M=0$)이지만 상대국의 수입수요탄력성이 1보다 큰 경우를 들 수 있는데 이 경우에도 위와 같은 논리로 평가절하는 무역수지를 개선시킨다.

셋째, 위의 두 경우의 중간 경우로서 평가절하국이나 상대국 모두 수입수요탄력성이 비탄력적(예, $\eta_M=0.6$, $\eta_X=0.5$)이지만 양국의 수입수요탄력성의 합이 1보다 큰 경우에도 평가절하는 무역수지를 개선시킨다.

위의 세 경우를 요약하면 평가절하가 무역수지를 개선시키기 위해서는 양국의 수입수요탄력성의 합이 1보다 커야 됨을 알 수 있다. 이와 같이 평가절하가 무역수지를 개선시킬 조건인 $\eta_X+\eta_M>1$을 **마샬-러너조건**(Marshall-Lerner condition)이라고 한다.[4]

마샬-러너조건이 갖는 의미를 보면 다음과 같다.

① 마샬-러너조건은 평가절하에 의한 무역수지 개선조건을 나타내 주고 있다.

② 이 조건은 무역수지를 자국통화로 표시하든 외국통화로 표시하든 어느 경우에도 해당된다.

③ 엄밀하게는 마샬-러너조건은 양국의 수출공급탄력성이 완전탄력적인 경우를 설정하고 있다.

우선 ①의 경우는 앞의 설명으로 분명해졌으므로 설명을 생략한다. ②의 경우 자국통화표시 경우에도 외화표시가격의 경우와 같으므로 앞의 [그림 3-

4) 마샬-러너조건의 수식도출과정은 제8장 1절을 참조할 것.

1b]와 [그림 3-3a]에서 유추할 수 있다. ③에 대해서는 수평선의 공급탄력성을 상정하면 쉽게 유추된다.

이상의 논의는 외환의 수요곡선과 공급곡선을 도출하기 위해 부수적으로 필요한 조건들을 설명한 것이지만 그러나 이는 기본적으로 평가절하에 대한 탄력성접근방법(elasticity approach to the devaluation)을 의미하고 있다. 탄력성접근방법을 포함하여 평가절하의 효과분석은 제8장에서 종합적으로 고찰하게 된다.

3 균형환율의 결정과 안정성

지금까지 우리는 상품의 수출입시장만을 분석대상으로 하여 외환의 수요·공급곡선을 각각 도출하였다. 그러나 제1절에서 살펴본 바와 같이 외환의 수요·공급은 상품의 수출입 이외에도 서비스 및 금융자산의 수출입에 의해 결정됨을 알고 있다.

즉 외환에 대한 수요는 외국상품(foreign goods), 외국서비스(foreign services) 및 외국금융자산(foreign financial assets)을 수입할 때 발생하고, 외환의 공급은 자국상품, 서비스 및 금융자산을 수출할 때 발생한다. 그리고 이와 같은 외환의 수요와 공급에 의해 외환의 균형수급량과 균형환율이 동시에 결정된다. 환율은 외환의 가격으로 정의되기 때문에 환율이 상승하면 외환수요량은 감소하는 반면 외환공급량은 증가할 것이다. 따라서 외환의 수요·공급법칙이 성립되는 한 외환시장의 균형은 안정성이 충족된다. 이를 보기 위해 외환에 대한 수요의 법칙을 반영한 우하향의 외환수요곡선(D)과 외환의 공급법칙을 반영한 우상향의 외환공급곡선(S)이 [그림 3-5a]에서와 같이 점 A에서 만나 환율 E_0와 외환수급량 Q_0로 균형을 이루고 있다고 가정하자.

지금 환율이 균형환율수준(E_0)보다 낮아 외환시장에서 $\overline{BC}$ 만큼 외환에 대한 초과수요가 발생하였다고 하면 환율은 상승하여 점 A에서 균형을 이루고, 만약 환율이 균형환율수준보다 높아 외환의 초과공급이 발생하면 환율이 하락하여 역시 점 A에서 균형을 이루게 된다. 이와 같이 초과수요가 발생하면 환율이 상승하여 외환의 초과수요를 소멸시키고, 초과공급이 발생하면 환율이 하락하

그림 3-5 균형환율의 결정과 안정성

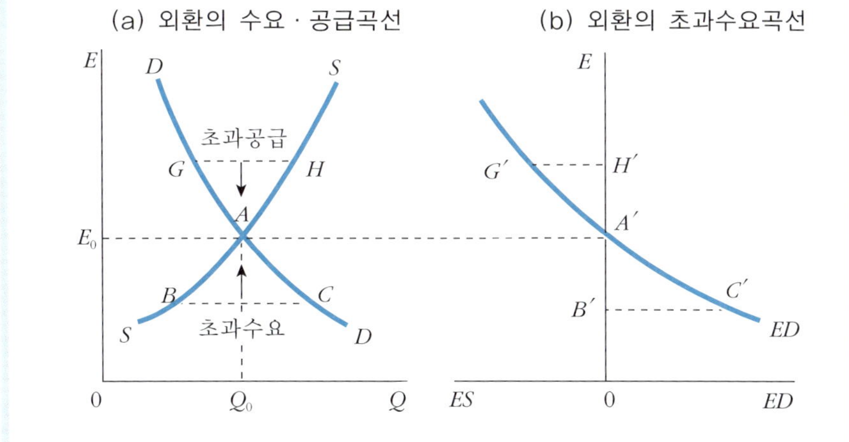

여 외환의 초과공급을 소멸시킴으로써 환율이 균형환율로 수렴하고 일단 균형환율에 도달하면 더 이상 이탈하지 않는 시장균형상태를 유지하는데 이를 **균형의 안정성**이라고 한다.

이를 그림 우측의 초과수요곡선으로 설명해도 마찬가지이다. 우측 그림에서 $B'C'$ 은 왼쪽 그림의 BC에 대응한 동일규모의 초과수요량(ED)을 나타내며 $G'H'$ 은 좌측 그림의 GH와 동일규모의 초과공급량(ES)을 나타낸다.

따라서 외환에 대한 초과수요가 발생하면 환율이 상승하여 초과수요를 감소시켜 균형에 이르고 외환의 초과공급이 발생하면 환율이 하락하여 초과공급을 감소시켜 균형에 도달한다. 이와 같이 환율변동을 통해 초과수요 · 공급이 변동하여 균형상태에 이르는 조건을 **왈라스의 안정조건**(Walrasian stability condition)이라고 한다.[5] 이는 결국 우하향의 초과수요곡선을 의미한다.

---

5) 시장의 안정조건으로는 **왈라스의 안정조건**(Walrasian stability condition)과 **마샬의 안정조건**(Marshallian stability condition)이 있다. 전자는 가격상승이 초과수요를 감소시키는 경우에 충족되며 후자는 재화량의 증가가 초과수요가격을 하락시키는 경우에 충족된다. 이들 조건을 수요 · 공급곡선의 기울기로 표시하면 왈라스의 안정조건은 (1/공급곡선의 기울기) > (1/수요곡선의 기울기)가 충족될 때를 말하고, 마샬의 안정조건은 (공급곡선의 기울기) > (수요곡선의 기울기)가 충족되는 경우이다. 따라서 우하향의 수요곡선과 우상향의 공급곡선이 교차하여 이루는 균형은 왈라스의 안정조건과 마샬의 안정조건 모두가 충족되지만 [그림 3-6]과 같이 두 곡선이 모두 우하향이거나 또는 모두 우상향곡선인 경우에는 두 조건은 상반된다. [그림 3-6]은 왈라스의 안정조건은 충족되지만 마샬의 기준으로는 모두 불안정적임을

그림 3-6 왈라스의 안정조건이 충족되는 경우

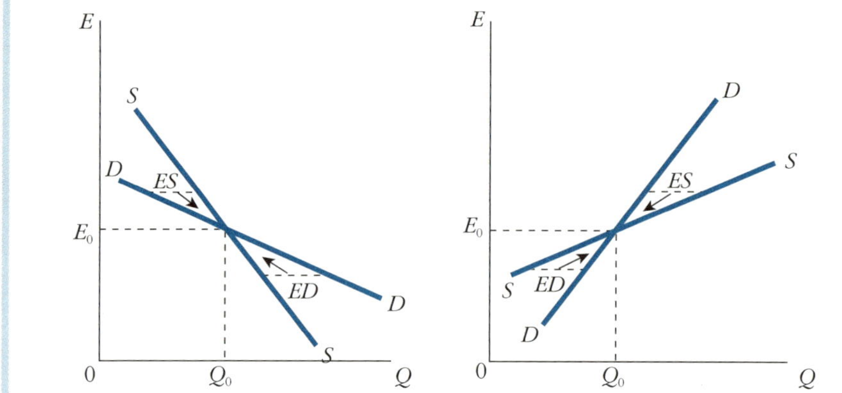

그림 3-7 다수의 균형이 공존하는 경우

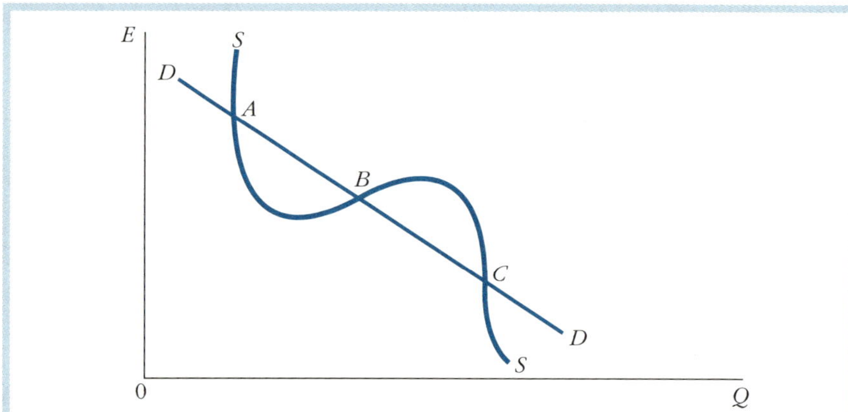

이와 같은 맥락에서 위의 [그림 3-6]은 모두 왈라스기준의 안정조건이 충족되는 경우이다.

끝으로, 시장균형은 위의 [그림 3-7]과 같이 안정적 균형과 불안정적 균형이 공존하여 여러 개의 균형(multiple equilibria)이 나타날 수도 있다. 그림에서

나타낸다. 보다 상세한 내용은 다음을 참조할 것.

J.M. Henderson and R.E. Quandt, *Microeconomic Theory: A Mathematical Approach*, 2nd ed., McGraw-Hill Book Company, New York, 1971, pp.132-6.

점 A와 점 C는 왈라스 기준으로 안정적 균형상태를 나타내지만 점 B는 불안정적 균형상태를 보여 주고 있다.

4 전통적 환율결정의 학설

전통적인 환율결정에 관한 주요 학설로는 다음과 같이 국제대차설, 구매력평가설 그리고 환심리설 등이 있다.[6)]

국제대차설

환율결정이론에 관한 최초의 학설은 1861년에 곳센(G.J. Goschen)이 제창한 국제대차설(Theory of Balance of International Indebtedness)이다. 이는 외환을 일종의 상품으로 보고 환율은 일국의 국제채권과 국제채무에 의해 결정된다는 학설이다. 즉 일국이 보유하고 있는 대외채권이 대외채무보다 많으면 외환의 공급이 수요보다 많기 때문에 환율이 하락하고 반대로 대외채무가 대외채권보다 많으면 외환의 수요가 공급보다 많기 때문에 환율이 상승한다는 것이 곳센의 주장이다. 그런데 여기서 주의할 사항은 곳센이 말하고 있는 국제대차는 현재와 같이 일정시점에서 측정된 저량(stock)개념이 아니고 유량(flow)개념으로서 오늘날의 국제수지에 해당하는 개념이다. 이는 금본위제도하에서 주장된 이론이므로 환율결정원리가 금본위제도하에서의 결정원리와 같다고 하겠다.

구매력평가설

구매력평가설(Purchasing Power Parity Doctrine)은 1923년 카셀(G. Cassel)이 주장한 학설로 자국화폐의 구매력에 대한 외국화폐의 구매력의 비율에 의하여 환율이 결정된다는 가설이다. 그런데 화폐의 구매력은 물가수준의 역수이므로 자국통화표시 균형환율수준은 외국물가수준(P^*)에 대한 국내물가수준(P)의 비율로써 결정된다.[7)]

---

6) 현대 환율결정이론은 실물시장과 금융시장, 외환시장의 모형이 제시된 후에 설명이 용이하므로 제14장에서 다루고 있다.

7) 환율$(E)=\dfrac{\text{외국화폐의 구매력}}{\text{자국화폐의 구매력}}=\dfrac{1/P^*}{1/P}$ 이므로 $E=\dfrac{P}{P^*}$임.

$$E=\frac{P}{P^*} \text{ 또는 } P=EP^* \qquad (3.\ 1)$$

이를 양국간의 구매력평가(purchasing power parity: PPP)라 하는데 특히 식 (3. 1)과 같이 환율이 절대물가수준의 비율로써 결정되는 것을 **절대구매력평가**(absolute purchasing power parity)라고 한다. 이는 동종 · 동질의 상품에 대해 장기적으로 일물일가의 법칙(law of one price)이 성립된다는 가정과 통화의 중립성(monetary neutrality)의 가정을 전제로 하고 있다. 여기서 통화의 중립성이라 함은 통화변동이 실질소득이나 실질소비 및 상대물가수준 등에 영향을 미치지 않는 경우를 말한다.

절대구매력평가의 응용 예로는 영국에서 발간되는 저명 주간지인 『이코노미스트지』(*The Economist*)가 1980년대 후반부터 연 1회(경우에 따라서는 2회)에 걸쳐 빅맥지수(Big Mac Index)를 이용하여 대미달러화에 대한 주요 국가들의 통화가치의 고평가율 또는 저평가율을 발표하고 있다. 이는 세계 각처에 체인을 두고 있는 맥도널드에서 판매하는 빅맥가격을 달러당 구매력평가환율로 환산한 다음 이를 해당 국가의 미국 달러화표시 실제환율로 나누어 그 비율로 고평가율 또는 저평가율을 계산하는 방법이다.[8] 물론 이는 빅맥이 동종 · 동질의 상품이라는 기본가정에 기초하여 산정한 환율이다.

그런데 현실적으로는 절대구매력평가설이 성립하느냐 하는 문제가 제기된다. 선진국들에 대한 많은 실증검증에 따르면 절대구매력평가는 단기적으로는 성립되지 않는다는 주장이 지배적이다. 그 첫번째 이유로는 비교역재(nontraded goods), 수송비, 관세 등의 존재로 인해 양국간에 절대가격의 차이가 발생하기 때문이다. 예를 들어 비교역재가 존재하는 경우 원래 환율은 양국의 교역재(traded goods)간에 교환비율인데 대해 일반물가수준은 교역재와 비교역재를 포함한 가격이기 때문이다.

두 번째 이유로는 통화의 중립성을 가정하여 자본의 이동을 전혀 고려하지 않고 있기 때문이다. 그러나 제2장의 선물환시장에서 고찰한 바와 같이 현실적

8) 동남아시아 외환위기의 발생 무렵을 전후하여 『이코노미스트지』가 발표한 구매력평가환율에 따르면 인도네시아가 1997년 10월 24일 기준으로 49% 저평가된 데 대해 우리나라는 2% 저평가된 것으로 나타났다. 그 후 1998년 4월 6일 기준으로는 인도네시아가 55%, 우리나라가 31%로 각각 저평가된 것으로 분석하고 있다. 이에 대해서는 *The Economist*, November 1st-7th 1997, April 11th-17th 1998을 각각 참조할 것.

으로 국내외금리차이에 의한 투기뿐만 아니라 환재정거래와 이자재정거래로 환율변동이 발생한다.

한편, 비교역재의 존재 등으로 양국간에 절대가격의 차이가 존재하는 경우에도 가격변동률은 일정한 수준에서 안정적인 관계를 유지하는 경우가 많기 때문에 다음 식 (3. 2)와 같이 양국간 재화의 물가변동률차이에 의해 환율을 절대수준이 아닌 변동률로써 설명하려는 이론이 **상대구매력평가설**(relative purchasing power parity doctrine)이다.[9)]

$$\hat{E} = \hat{P} - \hat{P}^* \qquad (3.\ 2)$$

단, $E = \Delta E/E$: 환율변동률

$P = \Delta P/P$: 국내물가수준의 변동률

$P^* = \Delta P^*/P^*$: 외국물가수준의 변동률

여기서도 비교역재의 존재 문제가 수반될 뿐만 아니라 물가변동률의 산정에 있어서 소위 지수 문제(index number problem)가 제기된다. 지수 문제라 함은 양국의 물가지수산정의 기준이 되는 거래가중치가 국가간에 상이하기 때문에 발생하는 문제이다. 예를 들어 물가지수의 산정에 있어 자국은 경공업제품의 거래비중이 높고 중화학공업제품의 비중이 낮은 데 반해 상대국은 경공업제품의 비중보다는 중화학공업제품의 비중이 높다면 자국의 물가변동률은 경공업제품 가격변동에 크게 영향을 받는 반면 외국은 중화학공업제품의 가격변동에 크게 영향을 받기 때문에 상이한 가중치에 근거하여 산정된 양국의 물가지수변동률 차이로 환율변동을 측정하는 데는 무리가 따르게 되는데 이것은 지수 문제이다. 이와 같은 지수 문제가 발생되는 것은 양국의 생산요소의 부존도차이, 기호의 차이 등에 따라 거래가중치가 상이해지기 때문이다.

그럼에도 불구하고 구매력평가설은 근대 환율결정이론에 핵심적인 역할을 담당해 왔는데 특히 환율결정의 통화론자모형(monetarist model to the exchange rate)과 포트폴리오 밸런스 접근방법(portfolio-balance approach) 등 현대 자산선택 접근방법의 근간을 이루고 있다.[10)]

9) 앞의 절대구매력평가 식 (3. 1)인 $P=EP^*$에서 양변에 상용대수(log)를 취하면 $\log P=\log E+\log P^*$이므로 이를 전미분하면 $\frac{dP}{P}=\frac{dE}{P}+\frac{dP^*}{P^*}$가 되어 식 (3. 2)와 같이 $\hat{E}=\hat{P}-\hat{P}^*$가 된다.

10) 제14장 3절을 참조.

환심리설

환심리설(psychological theory of exchange)은 1927년 아프탈리옹(A. Aftalion)이 주장한 학설로서 환율이 외환에 대한 심리에 의해 결정된다는 가설이다. 아프탈리옹은 주관적 가치론에 입각하여 외국환에 대한 수요 · 공급은 외국화폐의 최종 한 단위인 한계단위에 대해 기대되는 각 개인의 가치평가에 의해 결정되며 가치결정은 심리평가에 영향을 주는 예측, 투기 등과 양적 요인인 국제대차 및 자본이동, 그리고 질적 요인인 정부의 외환정책 등에 의해 영향을 받는다고 주장한다. 그리고 외국화폐에 대한 개인의 주관적 평가에 의해 도출된 개인수요곡선과 개인공급곡선을 종합하여 시장수요곡선과 시장공급곡선이 도출되며 여기서 환율이 결정된다는 주장이다.

이 이론이 주창된 배경에는 제1차 세계대전 후 금본위제도가 붕괴되면서 국제경제가 불안해짐에 따라 유럽 각국에서 자본도피가 성행하고 외환투기로 인해 환율이 급변하는 상황에 있었는데 이 같은 투기로 인한 환율변동양상을 심리적 요인으로 설명하려는 데 기본목적이 있었다.

환심리설은 구매력평가설과 마찬가지로 근대 환율결정이론에 크게 기여를 하고 있는데 최근의 환율의 오버슈팅(overshooting)이론이나 기대되지 않은 정책변경 또는 경제뉴스가 환율에 미치는 영향분석 등 기대(expectation)와 환율간의 인과관계를 모형화하여 발전시키는 이론으로 전개되고 있다.[11)]

제2절 환율변동의 측정

변동환율제도하에서의 환율은 외환의 수급에 영향을 미치는 경제변수들의 변동에 의해 변화할 뿐만 아니라 역으로 환율변동은 금리, 물가, 주가 등 주요 거시경제변수들에게 영향을 미친다. 따라서 일국통화의 대외가치변동을 측정하는 일은 물가, 금리 등을 예측하는 것과 마찬가지로 중요하다. 환율변동을 측

---

11) 제13장과 제14장을 참조.

정하는 방법은 이용목적이나 평가기준에 따라 상이한 방법들이 있는데 이 절에서는 현실적으로 널리 이용되는 평가기준에 따른 환율변동의 측정방법을 고찰하고 우리나라의 경우를 예시적으로 분석해 보기로 한다.

1 명목환율과 실질환율

명목환율(nominal exchange rate)은 우리가 지금까지 사용해 온 환율을 지칭하는데 구체적으로는 외환의 국내통화가격(domestic currency price of foreign exchange)으로써 외환당국(중앙은행)이 외환시장에 고시하는 이종통화간의 교환비율이다. 일반적으로 2국통화간의 환율은 명목환율을 나타내며 특별한 언급이 없는 한 환율이라고 하면 명목환율을 지칭한다. 예를 들어 원화의 대미달러화 환율(₩/$), 달러화의 대파운드화 환율($/£), 엔화의 대미달러화 환율(¥/$) 등은 모두 명목환율이다.

이에 대해 실질환율(real exchange rate)은 2국통화간의 명목환율을 자국의 상대물가지수(P/P^*)로 나눈 환율($E/(P/P^*)$)을 말한다. 여기서 E는 명목환율을, P는 국내물가수준을 그리고 P^*는 상대국의 물가수준을 각각 나타낸다. 따라서 실질환율은 다음 식 (3. 3)과 같이 표시된다.

$$q = \frac{EP^*}{P} \qquad (3.\ 3)$$

윗식에서 알 수 있는 바와 같이 실질환율은 명목환율(E)에 외국의 상대물가수준(P^*/P)을 곱한 것과 같음을 알 수 있다. 외국의 상대물가수준(P^*/P)을 일명 구매력평가지수(purchasing power parity index)라고도 한다.

실질환율은 명목환율과 상대물가수준의 변동을 감안한 자국상품의 가격경쟁력을 측정해 준다. 지금 P나 P^*가 지수가 아니고 상품의 절대가격으로 표시되었다고 하면 EP^*는 환율에 외국상품의 가격을 곱한 것이므로 외국상품의 자국통화표시가격과 같다. EP^*를 국내가격(P)으로 나눈 EP^*/P는 자국통화표시의 외국 및 국내상품가격간의 비율, 즉 자국통화표시 외국상품의 상대가격을 나타낸다.

지금 실질환율(EP^*/P)이 상승했다고 가정하면 국내상품가격보다 외국상품가격이 상대적으로 비싸졌으므로 외국상품의 수입은 감소할 것이고 국내상품의 수출은 증가할 것이다.[12] 이와 같은 실질환율의 개념은 후에 국제수지결정모형에서 대단히 중요한 변수로서의 역할을 수행하게 된다.

2 명목실효환율과 실질실효환율

실효환율(effective exchange rate)은 2개국 이상의 외국과 교역을 하는 경우 자국통화와 교역상대국통화간의 환율을 교역가중치로 가중평균한 환율을 말한다. 실효환율의 계산에는 여러 교역상대국들이 포함되므로 절대수준의 환율이 아닌 지수(index)로 작성된다. 실효환율은 다음과 같이 명목실효환율과 실질실효환율로 구분된다.

명목실효환율

명목실효환율(nominal effective exchange rate: NEER)은 일국통화의 주요 교역상대국과의 명목환율을 교역가중치로 가중평균한 환율을 말한다. 이를 산정하는 데는 교역상대국들이 수개국가들로 구성되므로 환율의 절대수준(예, 1$=1000₩, 1DM=400₩)으로 표시할 수 없기 때문에 기준연도를 설정하여 지수화하고 여기에 교역가중치를 곱하여 가중평균 환율지수로 계산하는데 명목실효환율의 산정공식은 다음과 같다.

$$\text{NEER}_t = \sum_{i=1}^{n} W_i \cdot EI_{it} \qquad (3.\ 4)$$

단, NEER_t = t기의 명목실효환율지수

W_i = 기준시점의 교역상대국 i국에 대한 교역가중치로서 $\Sigma W_i = 1.0$임.

EI_{it} = t기의 i국에 대한 자국통화표시 명목환율지수

$$= \frac{t\text{기의 } i\text{국에 대한 명목환율}(ER_{it})}{\text{기준시점의 } i\text{국에 대한 명목환율}(ER_{i0})} \times 100$$

12) EP^*/P는 $P^*/(P/E)$와 같은 식이고 분모의 (P/E)는 자국상품의 외국통화표시 수출가격이 되므로 EP^*/P의 상승은 외국가격기준으로도 국내상품가격이 상대적으로 저렴해졌음을 의미하므로 국내상품에 대한 해외시장에서의 수입수요가 증가되기 때문이다.

명목실효환율지수가 비교시점인 t기에 110이라고 하면 기준시점에 비해 자국통화가 10% 저평가되었음을 의미한다. 그러나 일국통화의 가치는 교역상대국과의 상대물가변동을 감안해야 보다 정확히 파악될 수 있는데 명목실효환율지수는 이를 감안하지 못하고 있다. 따라서 현실적으로는 교역상대국과의 상대물가변동을 고려한 실질실효환율지수를 사용한다.

실질실효환율

실질실효환율(real effective exchange rate: REER)은 일국통화의 실질구매력을 측정하는 데 이용되는데 명목실효환율지수에다 국내물가수준에 대한 교역상대국들의 물가지수를 곱하여 구한다. 여기서 교역상대국들의 물가지수는 교역가중치에 의한 가중평균 물가지수가 사용되며 자국 및 외국물가지수는 모두 기준시점이 같아야 된다. 실질실효환율지수의 산정공식은 다음과 같다.[13)]

$$\mathrm{REER}_t = \mathrm{NEER}_t \times \frac{\sum_{i=1}^{n} W_i \cdot P_{it}^*}{P_t} \qquad (3.\ 5)$$

단, REER_t = t기의 실질실효환율지수

NEER_t = t기의 명목실효환율지수

W_i = 기준시점의 i번째 교역국의 교역가중치(i = 1, 2, ⋯, n)

P_{it}^* = t기의 i번째 교역국의 물가지수

P_t = t기의 국내물가지수

위의 식 (3. 5)로 산정된 실질실효환율지수는 자국통화의 실질구매력으로서 국제경쟁력(수출경쟁력)의 판단지표로 이용된다. 만약 실질실효환율지수가 t기에 100보다 크다면 기준시점에 비해 현재의 환율수준은 그 동안의 상대물가변동을 감안하더라도 실질단위로 저평가(undevalued)되었음을 의미하므로 국제경쟁력이 강화되었음을 의미한다. 예를 들어 REER_t가 120이라고 하면 국내통화는 교역상대국들의 환율보다 실질기준으로 20% 저평가되었음을 의미한다.

---

13) 실질실효환율 산정을 위해 본문의 식 (3. 4)~(3. 5) 이외에 널리 이용되는 방법으로는 다음과 같은 산식(算式)이 있다.

$$\mathrm{NEER}_t = \prod_{i=1}^{n} \left(\frac{ER_{it}}{ER_{i0}} \right)^{wi}, \quad RP_t = \prod_{i=1}^{n} \left(\frac{P_{it}^* / P_{i0}^*}{P_t / P_0} \right)^{wi}, \quad \mathrm{REER}_t = \mathrm{NEER}_t \cdot RP_t$$

윗식의 모든 기호는 본문과 동일하며 다만, RP_t는 t기의 상대물가지수이며 $\prod_{i=1}^{n}$은 해당변수에 대해 i=1부터 n까지 차례로 곱하라는 기호임.

반대로 실질실효환율지수가 100보다 작으면($REER_t$< 100) 그 동안의 교역상대국들의 물가변동을 감안하더라도 자국통화는 고평가(overvalued)되었음을 의미하며 따라서 국제경쟁력이 약화되었음을 나타낸다.

독자는 위의 실질실효환율지수가 2국간(bilateral)의 실질환율(EP^*/P)과 동일한 의미임을 파악할 수 있을 것이다. 다만 여러 나라를 계산에 감안해야 하므로 절대수준의 환율(E) 대신 교역가중평균의 환율지수(EI)가 사용되었고 외국물가도 교역가중평균의 물가지수가 사용되었음이 차이점일 뿐이다. 따라서 $REER_t$의 상승은 기준연도의 지수 100보다 큼을 의미하고 이는 EP^*/P의 상승과 마찬가지로 수출증대와 수입감소를 초래하므로 가격경쟁력이 강화되었음을 의미한다는 점에 유의하여야 한다.

이와 같은 실질실효환율지수는 사실상 환율안정을 위한 중앙은행의 외환시장개입지표로도 널리 이용되는데 실질실효환율지수는 구매력평가환율(장기균형환율)로부터의 괴리정도(degree of deviation)를 나타내 주는 지표이기 때문이다.

여기서 구매력평가환율(purchasing power parity exchange rate: PPPER)이란 기준시점의 환율(ER_0)에 구매력평가지수(P^*/P)를 곱하여 구한 환율을 말한다.

$$PPPER_t = ER_0 \times \left(\frac{P^*}{P}\right)_t \qquad (3.\ 6)$$

이는 구매력평가($P=EP^*$)와 같은 원리로서 양국통화간의 구매력의 균형상태를 파악하기 위해 양국의 물가변동을 환율에 반영시킨 것이다. 흔히 패리티환율(parity exchange rate)이라고 하는 것은 바로 구매력평가환율을 지칭한다. 우리나라는 1960~70년대에 환율제도를 대미달러에 페그(peg)시킨 고정환율제도 형태로 운용하면서 구매력평가환율에 의해 평가절하에 대한 시행 여부를 판단하는 기준으로 원용하기도 하였다.

3 우리나라의 실질실효환율 추이

환율의 적정수준 여부를 판단하는 지수로서 현실적으로 널리 원용되고 있는 실질실효환율지수에 대해 우리나라의 경우를 예로 들어 보기로 한다. 다음의 [표 3-1]은 식 (3. 4) 및 식 (3. 5)를 이용하여 1985년 1/4분기부터 1996년 4/4분기까지를 분석대상 기간으로 선정하여 계산한 우리나라의 실질실효환율지수로서 그 추이를 알아보기 위해 매 4/4(IV)분기만을 수록한 것이다.

실질실효환율을 계산함에 있어서 유의해야 할 중요한 사항으로는 기준시점과 물가지수의 선정이다. 기준시점이 현재로부터 너무 멀리 떨어져 있거나 기준시점에서 국제수지 불균형상태가 크면 클수록 실질적인 환율의 실세를 제대로 반영하지 못한다.

따라서 기준시점은 현재와 너무 멀리 떨어지지 않고 국제수지가 균형상태 부근에 있는 시점을 택하는 것이 바람직하다. 한편 물가지수의 선정은 물가변동 추이를 제대로 반영하면서 비교역재가 상대적으로 적게 포함된 지수를 선택하는 것이 바람직하다. 이와 같은 맥락에서 실질실효환율의 산정은 실증검증에서 소비자물가지수(CPI)보다는 도매물가지수(WPI)를 사용하는 것이 실세를 제대로 반영할 수 있는데 국가에 따라서는 도매물가지수나 생산자물가지수를 공개하지 않고 있어 자료이용에 어려움이 있다. 그럼에도 불구하고 국제통화기금(IMF)은 주요 선진국들을 대상으로 도매물가기준, 소비자물가기준, 단위노동비용기준, 수출단가기준, 부가가치 디플레이터(deflator)기준 등에 기초하여 실질실효환율지수를 각각 산정하여 발표하고 있다.

여기서는 기준시점으로서 1990년대에 들어와 우리나라의 경상수지가 비교적 균형상태였던 1993년 1/4~4/4분기를 택하였으며 물가지수로는 소비자물가지수(CPI)가 사용되었다. 그리고 교역상대국으로는 우리나라 총무역거래액(수출액+수입액) 중 비중이 높고 상대국의 소비자물가지수에 대한 통계자료가 이용 가능한 미국, 일본, 독일, 싱가포르, 캐나다, 영국 등 6개국을 선정하였다.

[표 3-1]에서 볼 수 있는 바와 같이 우리나라의 실질실효환율지수는 1985년 4/4분기부터 1989년 1/4분기까지 100 이상을 보이고 있어 이 기간중에 원화가 저평가(undervalued)되어 국제경쟁력이 제고되었음을 보여 주고 있다.

그런데 지수의 크기는 1987년 1/4분기를 정점으로 하여 그 후부터는 하락추세를 보이고 있는데 여기서 발견되는 흥미 있는 사실은 이 기간은 우리나라의 경상수지가 흑자를 기록한 기간일 뿐만 아니라 흑자누적과 더불어 원화의 평가절상이 병존함으로써 실질실효환율의 하락을 반영하고 있다는 점이다.

표 3-1 우리나라 실질실효환율의 추이

(1993. Ⅰ~Ⅳ=100)

	명목환율[2]	실질실효환율지수[3]
1985. Ⅳ[1]	891.35	106.72
1989. Ⅳ	672.96	92.66
1990. Ⅳ	715.01	95.31
1991. Ⅳ	753.04	94.05
1992. Ⅳ	785.41	97.30
1993. Ⅰ	793.94	97.04
. Ⅱ	799.52	100.21
. Ⅲ	807.84	102.22
. Ⅳ	808.89	100.53
1994. Ⅰ	809.06	98.64
. Ⅱ	807.26	99.51
. Ⅲ	803.20	99.98
. Ⅳ	795.56	100.03
1995. Ⅰ	786.31	98.93
. Ⅱ	763.29	100.56
. Ⅲ	765.71	95.93
. IV	769.30	93.62
1996. Ⅰ	783.00	92.12
. Ⅱ	786.10	90.67
. Ⅲ	816.86	93.32
. Ⅳ	831.51	94.32

주: 1) 1985. Ⅳ는 1985년 4/4분기를 의미함.
2) 분기평균기준환율임.
3) 외국환율 및 소비자물가지수도 기간평균치가 사용되었으며 주요 교역대상국 및 교역가중치로는 1991~93년 기간을 기준으로 미국 0.4251, 일본 0.3684, 독일 0.0807, 싱가포르 0.0513, 캐나다 0.0377, 영국 0.0368이 각각 적용되었음.

한편, 1989년 1/4분기(기준시점) 이후부터는 1993년을 제외하고는 지수가 100 이하를 보임으로써 원화가 고평가(overvalued)되고 그 결과 국제경쟁력이 약화된 양상을 보이고 있다. 실제로 국제경쟁력의 약화는 1990년 1/4분기부터 경상수지적자로 반전되는 형태로 나타났다. 물론 1990년의 경상수지적자는 환율요인 이외에도 생산성을 상회하는 고임금, 해외시장여건의 불리한 전개, 수입개방의 가속 등 많은 요인들이 가세되었다. 그리고 1994~96년 기간 동안도 실질실효환율지수는 100 이하로 국제경쟁력이 약화된 것으로 나타났으며 이를 반영하듯 경상수지도 적자가 지속되었다. 따라서 이같은 사실에 비추어 볼 때 실질실효환율변동이 경상수지 특히 무역수지변동과는 정(+)의 상관관계에 있다고 하겠다.

요 약

1. 상품시장만이 존재한다는 가정하에 외환에 대한 수요곡선은 상품의 수입시장으로부터 도출되며 외환의 공급곡선은 상품의 수출시장으로부터 도출된다. 그리고 외환의 수요 · 공급곡선의 형태는 상품에 대한 수출입수요의 가격탄력성에 의존한다.

2. 수입상품에 대한 가격이 외국통화표시인 경우에는 자국통화의 평가절하는 외국통화표시수입액을 감소시키지만 자국통화표시인 경우에는 자국수입수요의 가격탄력성이 탄력적($\eta_M>1$)인 경우에만 자국통화표시 수입액을 감소시킨다. 이에 대해 수출상품이 외국통화표시가격인 경우에는 평가절하는 외국의 수입수요의 가격탄력성이 탄력적($\eta_X>1$)일 때 외국통화표시수출액이 증가하고, 자국통화표시가격인 경우에는 가격탄력성에 관계없이 자국통화표시 수출액을 증가시킨다.

3. 마샬-러너조건(Marshall-Lerner condition)이라 함은 평가절하가 무역수지를 개선시키기 위해서는 양국의 수입수요탄력성의 합이 1보다 커야 된다는 조건($\eta_X+\eta_M>1$)을 말한다. 이는 재화가격이 자국통화표시이든 외국통화표시이든 모든 경우에 적용되는 조건이다. 뿐만 아니라 다른 조건이 일정불변하고 상품시장에서 도출된 외환의 수요 · 공급곡선에 의해 결정되는 외환시장균형의 안정조건이기도 하다.

4. 외환에 대한 수요곡선과 공급곡선은 상품수출입 이외에도 서비스 및 금융자산의 수출입을 포함한 외환거래에 의해 결정되며 우하향의 수요곡선과 우상향의 공급곡선이 만나 이루는 균형은 왈라스 기준이든 마샬의 기준이든 안정적이다. 일반적으로 외환시장균형의 안정조건은 왈라스기준을 따른다. 왈라스의 안정조건이라 함은 환율상승이 초과수요를 감소시키고 환율하락이 초과공급을 감소시켜 균형에 이르는 조건을 말한다.

5. 전통적인 환율결정의 학설로는 국제대차설, 구매력평가설, 환심리설

등이 있는데 이들 모두는 현대 환율결정이론을 발전시키는 데 크게 기여하여 왔다.

6. 적정환율결정기준으로 널리 이용되는 학설은 구매력평가설인데 실제환율이 구매력평가환율로부터 이탈된 괴리 정도를 측정해 주는 지표가 실질실효환율지수이다. 이 지표가 100을 넘으면 자국통화가 저평가되어 국제경쟁력이 강화되었음을 나타내 주고 100보다 작으면 자국통화가 고평가되어 국제경쟁력이 약화되었음을 나타낸다. 그리고 교역상대국이 여러 나라가 아니고 단 1개 국가만이라고 하면 실질실효환율은 단순히 실질환율(EP^*/P)을 나타내는 개념이 된다.

제 4장 환율제도

개 요

환율제도는 크게 「고정환율제도」(fixed exchange rate regime)와 「변동환율제도」(floating exchange rate regime)로 대별된다. 그리고 이들 제도의 중간형태로서 관리변동환율제도(managed floating exchange rate regime)가 있는데 현실적으로 가장 널리 채택되고 있는 제도이다.

이 장에서는 환율제도의 근간을 이루고 있는 고정환율제도와 변동환율제도를 비교 분석하고 현재 주요국들이 채택하고 있는 현행 환율제도의 유형을 고찰하기로 한다. 그리고 나서 우리나라의 과거 환율제도를 개략적으로 살펴본 후 현행 자유변동환율제도에 대해 알아보기로 한다.

제1절 환율제도의 의의 및 장단점

1 환율제도의 의의

환율제도는 전통적으로 크게 고정환율제도(fixed or pegged exchange rate regime)와 변동환율제도(floating or flexible exchange rate regime)로 대별되는데 이를 나누어 고찰해 보기로 한다.

고정환율제도

고정환율제도(fixed or pegged exchange rate regime)는 정부가 특정통화에 대한 환율을 일정수준으로 고정시키고 이의 유지를 위해 중앙은행이 외환시장에 개입하는 제도를 말한다. 그러나 실제로는 균형환율 또는 중심환율을 기준으로 상하 소폭적인 범위 내에서 환율변동을 허용하는 것이 일반적이다. 다음의 [그림 4-1]은 고정환율제도하에서 환율의 고정방법을 나타내고 있다. 첫번째 유형으로는 환율변동폭 자체를 고정시키는 경우를 들 수 있으며 그 다음 유형으로는 환율을 절대수준(absolute level)으로 고정시키는 방법을 들 수 있는데 이를 순서대로 고찰해 보자.

우선 첫번째 유형은 균형환율 또는 중심환율을 중심으로 일정수준의 상하 변동허용폭을 사전에 고정시키고 실제환율이 이 범위를 벗어나면 중앙은행이 시장개입을 하여 환율변동폭을 고정시키는 방법이다. [그림 4-1]에서 민간부문(private sector)의 외환에 대한 수요와 공급에 의해 결정되는 균형환율이 E_0라고 할 때 하한선을 $\underline{E}$, 상한선을 $\bar{E}$로 하여 환율변동폭 자체를 고정시켜 운용하게 된다.

이와 같은 유형의 고정환율제도로는 과거 국제통화제도로서의 금본위제도(1880~1914)와 브레튼우즈체제(Bretton Woods system: 1947. 3~1973. 3)가 그 대표적인 예이다. 다만, 금본위제도하에서는 금평가에 의해 결정되는 환율인 주조평가(mint parity)를 중심으로 금수출점을 상한선, 금수입점을 하한선으로 하여 환율변동폭 자체가 자동적으로 고정된 데 반해 브레튼우즈체제하에서는 기준

그림 4-1 환율의 고정유형

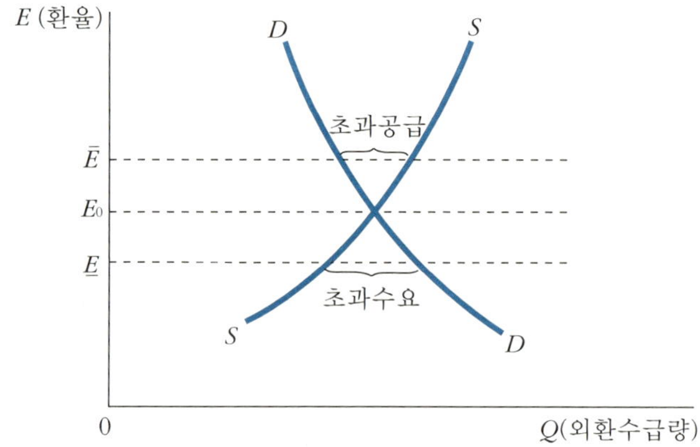

환율(IMF 평가)을 중심으로 상하 1% 범위 내에서 인위적으로 환율을 고정시킬 의무가 부여된 제도라는 점에서 양 제도간에 차이가 있다.[1)]

한편, 위의 유형과는 달리 환율의 소폭적인 변동조차도 허용하지 않고 환율의 절대수준 자체를 고정시키는 경우로는 [그림 4-1]에서 균형환율 E_0보다 낮은 수준인 $\underline{E}$ 또는 E_0보다 높은 수준인 $\bar{E}$로 고정시키는 방법이 있을 수 있다.

정부가 사전적으로 균형환율수준인 E_0보다 낮은 환율수준인 $\underline{E}$로 환율을 고정시킨 경우를 먼저 생각해 보자. 그러면 민간부문에서는 외환에 대한 수요가 외환공급보다 커서 초과수요가 발생하므로 고정환율 $\underline{E}$를 유지하기 위해서는 중앙은행이 보유하고 있는 외환을 매각해야 됨을 의미한다. 즉 중앙은행의 외환보유액(foreign exchange reserves)은 감소하는 결과로 나타나게 된다. 이를 달리 표현하면 균형환율수준(E_0)보다 낮은 환율수준($\underline{E}$)을 유지하기 위해서는 중앙은행의 외환보유액이 충분해야 됨을 의미한다. 만약 중앙은행이 충분한 외환보유액을 갖고 있지 못한 경우 무리하게 $\underline{E}$의 수준으로 고정환율을 고집한다면 그것은 바로 가격통제인 최고가격제(price ceilings)와 동일한 결과를 초래하게 된다. 잘 아는 바와 같이 최고가격제가 실시되면 가격기능을 왜곡시켜 사회후생수

1) 양 제도하에서의 환율결정메커니즘에 대한 구체적인 내용은 제15장의 국제통화제도를 참조할 것.

준을 감소시킬 뿐만 아니라 암시장(black market)이 형성되며 인위적인 배분문제가 등장함으로써 자원의 효율적 배분을 저해한다. 더욱이 장기에 걸쳐 최고가격제를 지속시키면 공급자는 그 시장에서 이탈하게 되고 만성적인 공급부족에 시달리게 된다. 사실상 우리나라도 경제개발시기였던 1960~70년대에 만성적인 국제수지적자로 인한 외환부족으로 엄격한 외환통제(exchange control)를 실시했을 때 암달러상이 횡행했음은 하나의 좋은 예라고 할 수 있다.

이제 관점을 달리해서 정부가 환율수준을 균형환율(E_0)보다 높은 환율수준($\bar{E}$)으로 고정시켰다고 하면 어떤 결과가 수반될 것인지 알아보자. 이 경우에는 균형환율보다 고정환율이 높아졌으므로 외환시장에서의 외환공급은 증대되나 외환수요량은 감소할 것이므로 외환의 초과공급이 발생하게 된다. 따라서 환율을 $\bar{E}$로 유지하기 위해서는 중앙은행은 초과공급에 해당하는 외환을 매입해야 되며 그 결과 중앙은행의 외환보유액은 증가하게 된다. 이 경우에도 문제가 발생한다. 중앙은행의 외환보유액의 증가는 특별한 통화환수조치가 수반되지 않는 한 국내통화의 공급증가를 초래하고 그에 따른 인플레이션의 발생가능성이 상존하게 된다. 뿐만 아니라 정부가 균형환율수준을 상회한 고정환율을 지속시키면 최저가격제(price floors)와 같이 외환에 대한 수요는 더욱 감소하여 초과공급이 확대되고 그에 따른 통화환수문제가 수반된다. 우리나라의 경우 1986~89년 기간중 국제수지흑자와 더불어 환율이 실세를 반영하지 못한 상태에서 외환공급의 증대에 따른 통화환수가 쉽지 않았던 사례는 하나의 좋은 예라고 하겠다.

이상의 논의로부터 알 수 있는 바와 같이 고정환율제도의 유지는 적정환율수준을 중심으로 절대수준으로 고정시키는 방법보다는 기준환율을 중심으로 상하 일정폭의 환율변동을 허용하는 방식으로 운용하는 것이 보다 효율적이라고 하겠다.

변동환율제도

변동환율제도(floating or flexible exchange rate regime)는 환율이 기본적으로 외환시장에서 외환의 수요와 공급에 의해 결정되는 제도를 말한다. 특히 중앙은행이 외환시장에 전혀 개입하지 않고 오직 외환의 수급에 의해서 환율이 자유롭게 결정되는 경우를 **순수변동환율제도**(clean-floating exchange rate regime)라고 하는데 역사적으로는 제1차 세계대전으로 금본위제도가 붕괴된 후인 1919~25

년에 걸쳐 영국을 포함한 주요 유럽국가들이 실시한 환율제도가 이에 속한다.

순수변동환율제도는 **자유변동환율제도**(free-floating exchange rate system)라고도 부르는데 1973년 이후 국제통화제도가 변동환율제도로 이행되면서 IMF는 미국, 영국, 일본 등 주요 선진국가들이 현재 채택 · 운용하고 있는 환율제도를 자유변동환율제도로 분류하고 있다. 그러나 엄밀한 의미에서 현행 자유변동환율제도는 순수변동환율제도와 동일한 개념은 아니다. 왜냐하면 환율이 기본적으로 시장원리에 의해 결정되지만 중앙은행이 미약하나마 외환시장에 개입하는 형태로 운용되고 있기 때문이다. 변동환율제도하에서는 고정환율제도와는 달리 국제수지불균형에 따른 외환의 초과수요나 초과공급이 환율변동으로 나타나기 때문에 중앙은행의 외환보유액에는 영향을 미치지 않는다.

그리고 변동환율제도의 유형 중 중요한 제도로는 **관리변동환율제도**(managed or controlled floating exchange rate system)가 있다. 이는 장기적으로는 환율이 외환시장의 수급에 의해 결정되도록 허용하나 단기적으로는 중앙은행이 환율의 지나친 등락을 방지하고 환율변동의 속도를 완화할 목적으로 외환시장에 개입하는 형태로 환율을 관리하는 제도를 말한다. 따라서 관리변동환율제도는 변동환율제도와 고정환율제도의 중간형태라고 할 수 있다. 특히 환율결정이 정부의 시장개입으로 영향을 받는다는 점에서 관리변동환율제도를 일명 「더티변동환율제도」(dirty-floating exchange rate system)라고 하는데 이는 순수변동환율제도(clean-floating exchange rate system)와 구별하기 위해서 사용된 개념이다. 정도의 차이는 있으나 대부분의 국가들이 외환시장에 개입한다는 점에서 현재의 변동환율제도는 대부분이 관리변동환율제도의 유형에 속한다.

그런데 이상에서 살펴본 양대 환율제도는 역사적으로 국제통화제도가 불안정해질 때마다 어느 한 제도로의 복귀에 대한 논쟁으로 이어져 왔다. 그 이유를 파악하기 위해 양 제도와 관련된 장단점들을 비교해 보기로 한다.

2 환율제도의 장단점 비교

양 제도의 장 · 단점은 상대적인 개념이다. 왜냐하면 고정환율제도의 장점은 변동환율제도의 단점이 되고, 변동환율제도의 장점은 고정환율제도의 단점이 되기 때문이다. 장 · 단점에 관한 많은 논쟁들을 요약하면 다음 몇 가지로 정리될 수 있다.

환율변동의 안정성여부

고정환율제도는 환율이 고정되었으므로 변동환율제도보다는 환율변동이 안정적이다. 따라서 고정환율제도하에서는 환율변동에 따른 환위험이 없기 때문에 국제무역과 국제투자를 촉진시키며 투기성 단기자본(hot money)의 유출입이 발생하지 않기 때문에 국제수지의 불안정을 방지한다.

이에 대해 변동환율제도는 외환의 수급에 따라 환율이 계속 변동하므로 환위험이 존재하고 장래에 대한 불확실성(uncertainty)의 증대로 환율은 불안정적이다. 따라서 고정환율제도에 비해 상대적으로 국제무역규모의 감소와 장기자본이동(특히 직접투자)을 축소시키고 환투기로 인해 환율은 더욱 불안정적일 수가 있다.

그러나 이와 같은 주장들은 상대적인 것이기 때문에 반드시 옳은 것이 아님에 유의할 필요가 있다. 예를 들어 고정환율제도하에서 비록 환율이 고정된 경우라고 해도 국제수지적자가 발생하는 경우 총수요관리정책을 사용하면 무역규모는 감소될 수 있다. 뿐만 아니라 국제수지적자를 개선시키기 위해 대폭적인 평가절하를 단행하게 되면 기대하지 않은 환위험에 노출하게 될 뿐만 아니라 평가절하가 국민경제에 미치는 충격이 커 오히려 부정적인 효과를 초래할 수 있다.

대내외균형의 효율적 달성여부

일반적으로 대내외경제균형의 동시달성은 고정환율제도보다 변동환율제도가 효율적인 것으로 인식되고 있다. 그 이유는 고정환율제도하에서 대내균형과 대외균형을 달성하는 데는 상호상충관계(trade-off relationship)가 있는 데 반해 변동환율제도에서는 환율의 가격조정메커니즘에 의해 국제수지균형이 자동적으로 달성되므로 대내균형을 위한 정책만을 독립적으로 수행할 수 있기 때문이다.

고정환율제도에서 국내경제침체와 국제수지적자가 병존하는 경우 평가변경 없이 국제수지를 개선하기 위한 긴축재정 · 금융정책과 같은 국내총수요관리정책은 국제수지를 개선시킬 수는 있으나 경제침체를 심화시키기 때문에 두 정책목표를 달성하는 데 상충관계가 존재한다. 그러나 변동환율제도하에서는 국제수지의 불균형이 외환의 수급에 반영되고 이는 다시 환율변동으로 나타나므로 국제수지는 자동적으로 균형에 이른다. 따라서 대내적으로 경제가 침체된 경우 총수요진작을 통해 대내경제목표를 독립적으로 달성할 수 있기 때문에 고정환율제도보다 효율적인 정책수립이 가능하다.

그러나 이와 같은 주장도 획일적이고 항상 타당성을 갖는 것은 아니다. 왜냐하면 비록 변동환율제도하라고 해도 양국 수입수요의 가격탄력성이 비탄력적이면 환율상승은 오히려 무역수지를 악화시키기 때문이다.

인플레이션의 압력여부

일반적으로 고정환율제도보다는 변동환율제도하에서 인플레이션의 발생 가능성이 큰 것으로 보는 견해가 지배적이다. 고정환율제도하에서는 환율을 매개체로 하여 수입인플레이션 형태로 국내에 파급된다. 구매력평가조건에서 설명한 바와 같이 국내물가를 P, 환율을 E, 외국물가를 P^*라고 하면 소규모개방경제의 국내물가는 $P=EP^*$로 결정된다. 따라서 환율이 고정된 경우 석유가격 등 국제물가 P^*가 상승하면 그만큼 국내물가 P 또한 상승하게 된다. 이에 대해 변동환율제도하에서는 수시로 변동하는 환율상승이 국내물가를 자극하고 국내물가는 다시 환율상승을 초래하여 환율과 물가간에 악순환(vicious circle)이 발생할 가능성마저 내포하고 있다. 더욱이 장래 환율이나 물가상승에 대한 기대(expectation)가 만연하는 경우에는 환율상승은 누적적 인플레이션을 유발할 가능성을 갖고 있다.

그러나 인플레이션 문제와 국제수지 문제는 상호상충적 관계에 있기 때문에 어디에 정책목표를 두느냐에 따라 양 제도의 상대적 우위성이 판단될 문제라고 하겠다. 왜냐하면 인플레이션 억제에 정책의 최우선순위를 둔다면 고정환율제도가 유리하고, 인플레이션보다는 국내실업문제에 정책의 최우선순위를 둔다면 변동환율제도가 유리할 것이다. 그러나 많은 실증분석에서 변동환율제도가 인플레이션을 보다 더 유발한 것인지는 불분명한 것으로 나타나고 있다.

국제준비자산보유의 필요성 유무

국제준비자산(international reserves)은 정부가 대외결제수단으로 사용할 수 있는 외화자산을 말하는데 국제지불준비자산이라고도 한다. 이에는 외환보유액, 특별인출권(SDR), IMF리저브 포지션, 화폐용 금 등이 있다. 외환보유액은 국제통화가 될 수 있는 외국통화 및 이들 통화로 표시된 외화채권 등을 말한다. 따라서 고정환율제도에서는 환율의 고정을 유지하기 위해서는 중앙은행이 충분한 국제준비자산을 보유하여 필요할 때마다 외환시장에 개입할 수 있어야 한다. 그러나 변동환율제도하에서는 원칙적으로 이와 같은 목적의 국제준비자산의 보유가 불필요하다. 그런데 현실적으로 많이 채택되고 있는 관리변동환율제도하에서는 비록 변동환율제도라고는 하나 각국 통화당국은 환율을 관리운용함으로써 환율안정화를 도모하기 위해 일정수준의 국제준비자산을 보유하고 있다.

제2절 현행 국제환율제도의 유형

조정가능 고정환율제도였던 「브레튼우즈체제」(Bretton Woods system)가 과도기 체제였던 「스미소니안체제」(Smithsonian system)를 거쳐 붕괴된 후 1978년 4월에 출범한 현행의 「킹스턴체제」(Kingston system)하에서는 자국의 경제적 특성과 경제정책목표에 부합되는 환율제도를 채택할 수 있게 되었다. 그 결과 IMF회원국들이 채택하고 있는 환율제도는 다양한 형태로 운영되고 있는데 이를 크게 분류하면 변동환율제도(floating exchange rate system)와 고정(또는 페깅) 환율제도(fixed(or pegged) exchange rate system)로 구분할 수 있다.[2)]

변동환율제도는 다시 운용방식에 따라 「독립변동환율제도」(independently floating system), 「그룹변동환율제도」(group floating system) 그리고 「관리변동환율제도」(managed floating system)로 분류할 수 있다. 또한 고정환율제도는 특정

2) 1997년 9월 말 현재 IMF의 분류기준으로는 크게 ① 신축적 변동환율제도, ② 제한적 변동환율제도, ③ 페그제도로 구분되고 있음. IMF, *International Financial Statistics*, February 1998, p.8.

한 단일외국통화에 고정(peg)시키는 「단일통화페그제도」(single currency pegged system)와 수개국통화로 구성되는 「복수통화페그제도」(basket currency pegged system)로 구분된다. 이를 유형별로 분류하면 [표 4-1]과 같다.

표 4-1 현행 국제환율제도의 유형

- 현행 국제환율제도의 체계
  - 변동환율제도 (floating system)
    - 독립변동환율제도 (independently floating system)
    - 그룹변동환율제도 (group floating system)
    - 관리변동환율제도 (managed floating system)
  - 고정환율제도 (pegged system)
    - 단일통화페그제도 (single currency pegged system)
      - 미달러화페그
      - 영스털링화 페그
      - 프랑스 프랑화 페그 등
    - 복수통화페그제도 (basket currency pegged system)
      - SDR 통화군 페그
      - 기타 통화군 페그

위 분류 중에서 「독립변동환율제도」는 그룹변동환율제도와 대칭되는 개념으로 개별국가들의 외환시장에서 외환의 수요와 공급에 의해 자유롭게 환율이 결정되는 자유변동환율제도(free-floating exchange rate system)를 지칭하고 있는데 현실적으로 완전한 자유변동환율제도를 채택하는 국가는 없으나 미국, 영국, 일본, 캐나다, 호주 등 주요 선진국들의 환율제도가 이에 가까우며 한국도 1997년 12월 16일을 기해 이를 채택하였다.

「그룹변동환율제도」는 수개국들의 통화로 구성된 통화군(basket currency)을 형성하고, 집단내 통화간에는 기준환율을 중심으로 일정한 범위 내에서만 변동하도록 규제를 하나 집단에 속해 있지 않은 역외통화들에 대해서는 그룹 내 각 통화의 대내가치를 외환의 수요와 공급에 의해 자유롭게 변동하도록 운용하는 제도를 말하는데 일명 공동변동환율제도(joint-floating exchange rate system)

라고 한다. 공동변동환율제도의 대표적인 예는 종전의 EC국가들에 의해 구성된 「유럽통화제도」(European Monetary System: EMS)와 현재 유럽연합(EU) 참가국들 중 독일, 프랑스, 이탈리아, 네덜란드, 벨기에, 룩셈부르크, 아일랜드, 오스트리아, 핀란드, 스페인, 포르투갈, 그리스 등 12개 유럽경제통화통합(EMU)참가국들이 유로(EURO)화를 중심으로 운용되는 환율제도가 이에 해당된다.[3)]

「관리변동환율제도」는 앞서 설명한 바와 같이 장기적으로는 환율이 외환시장에서 결정되도록 허용하나 단기적으로는 환율의 지나친 등락을 방지하고 환율변동의 속도를 완화할 목적으로 중앙은행이 외환시장에 개입하는 형태로 환율을 관리하는 제도를 말한다. IMF가 분류한 바에 따르면 개도국들의 환율제도가 이에 속하는데 중국, 러시아, 파키스탄, 터키, 말레이시아, 남미의 브라질, 칠레, 우루과이 등 많은 국가들이 채택하고 있다.

한편, 고정환율제도 중 단일통화페그제도는 외국의 어느 특정통화에 대해 자국통화의 환율을 페그(peg)시키는 제도를 말한다. 페그되는 단일통화로는 주로 기축통화들이 사용되는데 미국 달러(dollar)화, 영국 파운드스털링(pound sterling)화 등이 이용된다. 이 경우 자국통화의 제3국통화에 대한 환율은 페그통화와 제3국통화간의 환율에 의한 재정률(cross rate)에 의해 결정되는데 재정률은 자국통화와는 무관하게 국제시장에서 결정되므로 페그통화의 가치가 변하면 자국통화의 환율 또한 자동적으로 변하게 된다. 예를 들어 어느 통화를 미국 달러화에 페그시킨 경우 달러화가 엔화에 대해 10% 상승(평가절하)하면 그 나라의 통화도 엔화에 대해 10% 평가절하가 된다. 이것이 금본위제도하의 고정환율제도와 관리통화제도하에서의 고정환율제도가 갖는 차이점이다. 왜냐하면 금본위제도하에서의 환율은 금평가(gold parity)에 의해 고정되었으므로 위와 같은 현상이 발생하지 않기 때문이다. 현재 단일통화페그제도를 채택하고 있는 국가들은 주로 아프리카국가들과 남미국가들이다. 그런데 1970년 초에 많은 개도국들은 단일통화페그제도를 채택하고 환율운용면에서는 「**크롤링페그제도**」(crawling peg system)의 형태를 띠었다. 크롤링페그제도는 중앙은행이 특정통화에 대한 환평가(par value of exchange) 또는 환율을 고정시키되 국내외 인플레이션율차이에 따라 자주 평가변경을 함으로써 적정환율수준을 유지하려는 제

3) EMU에 관한 구체적인 내용은 제15장 5절을 참조할 것.

도로서 슬라이딩 패리티 또는 글라이딩 패리티(sliding or gliding parities)제도라고도 한다. 이는 고정환율제도하에서의 대폭적인 평가변경이나 변동환율제도에서 환투기에 따른 환율불안정 등의 부정적인 문제점들을 보완하여 물가안정과 무역수지개선을 위해 고안된 제도이다. 이 제도의 운용수단으로 멕시코는 1978년에 소위 환율평가절하예고제(tablita)를 실시한 바 있다. 이는 국내인플레이션율이 주요 교역상대국의 인플레이션율보다 20%가 높으면 환율평가절하율도 20%로 크롤링시킨다고 공시하는 제도이다.

다음으로 고정환율제도로서의 「복수통화페그제도」는 수개 국가의 복수통화군에 자국통화의 대외가치를 고정시킨 환율제도를 말한다. 복수통화페그제도는 단일통화페그제도가 갖는 단점, 즉 페그통화의 가치가 변동함에 따라 제3국통화와의 환율이 불안정하게 변동되기 때문에 이를 보완하기 위해 고안된 제도라고 할 수 있다. 복수통화페그제도는 크게 「SDR바스켓 페그제도」와 「기타 복수통화바스켓 페그제도」로 나누어진다. SDR바스켓 페그제도는 자국통화의 대외가치를 IMF가 창출한 특별인출권(Special Drawing Rights: SDR)의 가치에 고정시킨 제도를 말한다. 여기서 SDR의 가치는 현재 미국, 독일, 영국, 프랑스, 일본 등 5개국통화로 가중평균한 복합통화단위로써 결정된다.[4] 한편 기타 복수통화바스켓에 고정시키는 자국통화바스켓제도는 자국의 경제특성을 반영할 수 있도록 수개의 통화바스켓을 선정하고 이들을 교역량 등으로 가중평균한 가치에 자국통화의 대외가치를 고정시키는 제도이다. 현재 SDR바스켓 페그제도를 채택하고 있는 국가들로는 미얀마, 리비아 등이 있으며, 기타 복수통화바스켓 페그제도를 채택하고 있는 국가들로는 방글라데시, 부룬디, 키프로스, 피지, 아이슬란드, 쿠웨이트, 요르단, 모로코, 슬로바키아공화국 등 많은 국가들이 있는데 시간이 경과함에 따라 SDR바스켓제도보다는 기타 복수통화바스켓 페그제도를 채택하는 국가들이 늘어나는 추세에 있다.

4) SDR 가치결정에 대해서는 제15장 3절을 참조.

제3절 우리나라의 환율제도

우리나라의 환율제도는 정부가 수립된 직후인 1945년 10월에 미군정에 의해 고정환율제도로서 공정환율제를 실시한 이후 단일변동환율제도, 복수통화바스켓제도, 시장평균환율제도를 거쳐 현재의 자유변동환율제도로 이행해 왔다. 본절에서는 우리나라가 그간에 채택 실시해 온 환율제도를 편의상 4개로 구분하여 고찰해 보기로 한다.

1 과거 환율제도의 개요

초기의 환율제도(1945. 10.~64. 4.)[5)]

우리나라에 최초로 환율제도가 도입된 것은 1945년 10월 미군정이 공정환율을 시행하면서부터라고 할 수 있다. 미군정은 당시 조선은행권인 원화(圓貨)와 미달러화간의 공정환율을 1달러당 15원(현재의 원화 기준 0.015원)으로 책정하여 대민간채무지급에만 적용하고 민간의 대외거래는 인정하지 않았기 때문에 일반거래에는 적용되지 못하였다. 실제로 외환의 자유매매율이 성립된 것은 1948년 2월 조선환금은행이 외국환예치증제를 발표하고 외환의 자유양도를 허용하면서부터인데 이 당시의 대미달러화 환율은 850원(圓; 0.85원)이었다. 그 후 1948년 12월에 대충자금환율의 설정과 1949년 6월에 공정환금률과 일반환금률로 구성되는 복수환율제도의 채택 등으로 인해 환율은 공정환율을 중심으로 다기화되었다. 그러다가 동란기(1950. 6.~53. 7.)를 거친 후 기존의 복수환율들이 단일환율로 통합된 것은 1961년 2월에 외환제도의 개혁이 이루어지면서부터라고 할 수 있다. 새로 채택된 환율은 형식상 기본율과 증서율로 구분되었는데 기

5) 본 내용은 한국은행, 「한국의 국제수지」, 1975, pp.235-45에서 발췌하여 요약한 것임. 동 보고서에서는 1960년대 중반까지의 환율제도를 ① 초기(1945. 8.~50. 6.), ② 동란기(1950. 6.~53. 7.), ③ 재건기(1953. 7.~60. 2.), ④ 개발초기(1960. 2.~64. 5.)로 구분하고 있음.

본율은 정부가 결정한 달러당 1,250환(125원)으로 정부예산편성에만 국한하여 적용되었고 증서율은 경제정세의 변동에 따라 한국은행의 금융통화위원회가 신축성 있게 결정할 수 있도록 하였다. 당시의 증서율은 달러당 50환(5원)이었다. 그리고 모든 외환거래에 적용되는 환율을 은행률이라고 하였는데 은행률은 기본율과 증서율을 합한 것으로 하여 달러당 1,300환(130원)으로 책정하는 한편 종전의 예치집중제도를 폐지하고 거주성에 따라 예치집중제와 매상집중제(買上集中制)를 병행실시하기 시작하였다.

그러나 이 기간에 운용되어 왔던 공정환율을 중심으로 한 환율제도는 고정환율제도로서 거래내용 또한 UN군 대상금거래와 같은 무역외거래가 주종을 이루었기 때문에 환율이 국내인플레이션을 반영할 수가 없었다. 인플레이션의 누적적인 압박으로 수 차례의 평가절하를 실시했을 뿐만 아니라 두 차례에 걸쳐 통화개혁(1951년 5월 24일과 1962년 6월 10일)조치가 있었다. 이와 같은 문제점들로 인해 정부는 고정환율제도를 폐기하고 다음과 같은 단일변동환율제도를 채택하였다.

단일변동환율제도(1964. 5. 3.～80. 2. 26.)

정부는 1964년 5월 3일을 기해 종전의 공정환율기준 1달러당 130원의 고정환율제도를 폐지하고 달러당 255원을 하한으로 하는 단일변동환율제도를 채택하는 동시에 외환증서제도를 도입하였다. 이 제도의 취지는 그 동안 환율을 고정시킨 결과 실세를 반영시키지 못한 단점을 극복할 수 있도록 환율을 외환시장에서 외환증서의 수급에 의해 결정되는 시장률로 결정토록 유도하는 데 있었다. 그러나 이 제도를 실시하는 데 필요한 제반여건(수입쿼터의 철폐, 외환증서시장의 형성, 환시장조작기금 확보, 재정금융사정 등)이 구비되지 못하여 그 실시를 보지 못하고 1965년 3월 초까지 255원을 하한으로 하는 고정환율제가 존속되었다. 그러다가 1965년 3월 19일 IMF로부터 외환증서시장조작을 위한 안정기금으로 930만 달러의 「대기성차관」(stand-by credit)을 확보하면서 동년 3월 22일부터 변동환율제도가 실시되었다.

그러나 환율의 운용형태가 변동환율제도라고는 하지만 1974년 12월 7일 이후부터 1980년 2월 26일까지 실제로는 한국은행의 외환시장 개입에 의한 사실상의 고정환율제도로 운용되었다. 그 결과 환율이 인플레이션과 연동되지 못하고 실세반영이 제대로 되지 않아 필요할 때마다 수 차례에 걸쳐 평가절하를 단행하였다. 이 중 특기할 만한 조치로는 1971년 6월 28일에 약 13%의 평가절하조치인데 이는 당시 수출기업의 채산성악화를 경감시키는 데 목적이 있었다. 그 후에도 1973년 10월 제1차 석유파동과 국제원자재 가격상승으로 원화가치가 고평가되면서 국제수지적자가 확대됨에 따라 정부는 1974년 12월 7일 기준환율을 달러당 225원에서 480원으로 인상하는 동시에 한국은행 집중기준율도 달러당 400원에서 484원으로 17.4%의 평가절하조치를 취하였다. 그 후 약 5년 동안 원화 환율은 달러당 484원의 환율수준이 지속되다가 제2차 석유파동과 국내정정불안(國內政情不安)으로 경제침체가 심화되자 1980년 1월 12일에는 달러당 484원에서 580원으로 16.6%의 평가절하를 단행하였다.

이와 같은 환율제도는 다음과 같은 문제점들이 수반되었다.

첫째로는 환율이 고정환율의 형태로 운용됨에 따라 환율의 가격조정기능이 미약했다. 둘째로는 환율이 사실상 고정환율형태로 운용됨에 따라 제1, 2차 석유파동과 같이 국제가격등귀가 환율을 매체로 하여 수입인플레이션을 유도함으로써 수출경쟁력이 약화되었다. 셋째로는 환율을 대미달러화에만 페그(peg)시킨 결과 일본 엔화 등 기타통화의 가치와는 무관하게 수동적으로 변동됨으로써 실세를 반영할 수 없는 약점을 갖고 있었다. 끝으로, 환율조정이 적기에 실세를 반영하여 이루어지지 못한 결과 필요에 따라 불가피하게 대폭적인 환율조정이 이루어져 경제전반에 걸친 충격과 부작용이 컸다. 이러한 문제점들로 인해 1980년 2월에는 다시 환율제도를 개편하게 되었는데 그것이 다음의 복수통화바스켓제도이다.

복수통화바스켓제도(1980. 2. 27. ~ 90. 3. 1.)

정부는 환율변동의 안정과 주요 교역상대국과의 경쟁력 유지라는 측면에서 1980년 2월 27일을 기해 「복수통화바스켓제도」를 채택하였다.

복수통화바스켓제도는 SDR바스켓에 의한 원화의 대미달러화 환율과 독자바스켓에 의한 원화의 대미달러화 환율을 산출한 후 이 두 개의 환율을 기준으로 한국은행 총재가 국내외금리차, 국내외물가상승률차, 외환시장전망 등을 감안하여 당일의 한국은행 집중기준율을 결정고시하는 제도를 말하는데 이의 환율결정공식은 다음과 같다.

$$ER_t = \beta \cdot \text{SDR바스켓환율} + \beta' \cdot \text{독자바스켓환율} + \alpha_t$$

여기서 ER_t는 t기의 원화의 대미달러화 환율을 나타내며, β와 β'은 각각 SDR바스켓과 독자바스켓의 가중치로서 $\beta + \beta' = 1$이 되며 α_t는 t기의 실세반영장치를 나타내는데 정책변수를 의미한다.

SDR바스켓의 구성통화 및 가중치는 IMF가 SDR가치결정에 사용하는 것이 이용되었으며, 독자바스켓의 구성통화와 가중치는 당시의 재무부 장관과 한국은행 총재가 별도로 협의하여 정하는 바에 따라 결정토록 하였다.[6] 그러나 독자바스켓의 구성내용과 가중치(β 및 β')는 공표되지 않았다.

복수통화바스켓제도는 기본적으로 페그통화의 다양화로 환율의 안정적 변동을 기대할 수 있을 뿐만 아니라 주요 교역상대국과의 경쟁력을 반영함으로써 환율의 적정운용을 기할 수 있는 장점을 갖고 있는 것으로 평가되었다. 그럼에도 불구하고 이 제도 또한 여러 가지 단점들을 내포하고 있었는데 실세반영이 미흡할 뿐만 아니라 급격한 환율변동으로 환위험이 발생가능하고 환율을 매일 계산해야 하는 업무상의 번잡성 등이 지적되었다. 특히, 우리나라의 무역구조가 미국, 일본편중구조에 비추어 볼 때 SDR가치결정에 사용되는 구성통화와 가중치가 우리나라 실정에 맞지 않을 뿐만 아니라 독자바스켓에 사용되는 가중치의 결정에도 문제가 있었다.

또한 독자바스켓에 사용된 가중치가 대외적으로 공표되지 않았기 때문에 실세반영장치와 함께 환율결정에 자의성(恣意性)을 배제할 수가 없었다. 왜냐하면 가중치의 변경 또는 실세반영장치의 조정을 통해 정부가 의도하는 방향으로의 환율결정이 가능했기 때문이다. 복수통화바스켓제도 자체에 내재하고 있는 이와 같은 문제점들은 1980년대 후반에 우리나라 국제수지가 흑자로 전환되면서 미국을 비롯한 주요 교역상대국들과의 빈번한 통상마찰과 원화의 평가절상 압력의 요인으로 표면화되기 시작하였다. 이에 새로운 환율제도의 도입에 대한 필요성이 인식되기 시작했으며 한걸음 더 나아가 세계적인 국제금융의 자유화 및 통합화 추세에 능동적으로 대처하고 향후의 금융국제화를 효율적으로 추진

6) SDR바스켓은 런던외환시장에서 전일 12시에 거래되는 5개국(미국, 일본, 독일, 영국, 프랑스) 통화시세를 기준으로 산출한 SDR환율가중치가 적용되었으며, 독자바스켓은 전일 뉴욕외환시장에서 거래되는 5개국(미국, 일본, 독일, 영국, 캐나다)통화의 종가와 우리나라 대외교역 비중을 감안하여 결정되었다.

한다는 차원에서 1990년 3월 2일부터 도입된 제도가 다음에서 살펴볼 시장평균환율제도이다.

시장평균환율제도(1990. 3. 2. ~ 97. 12. 15.)

시장평균환율이란 전일 은행간시장에서 거래된 현물환율을 금융결제원의 자금중개실을 경유한 은행간 외환거래량으로 가중평균하여 산출되는 원화의 대미달러화 환율을 말하는데 이는 당일 외환거래의 매매기준환율이 된다. 만약 전일 은행간 거래규모가 전년도 일평균거래 규모의 50% 수준에 미달하는 경우에는 전전일거래와 전일거래를 합산한 실적을 토대로 당일 시장평균환율을 산출토록 하고 있으며 은행간 거래환율의 일일변동허용폭은 시장평균환율의 일정 범위[7] 이내에서 거래당사자인 은행이 자율적으로 결정토록 하였다. 엔화, 마르크화 등 달러화 이외의 기타통화에 대한 원화 환율은 종전(복수통화바스켓제도)과 마찬가지로 국제외환시장에서 결정되는 해당통화의 대미달러화 환율로 재정하여 결정하였다.[8]

---

7) 시장평균환율이 처음 실시되던 1990년 3월 2일의 일일변동허용폭은 ±0.4% 이내였으나 그 후 1991년 9월 2일에 ±0.6%, 1992년 7월 1일에 ±0.8%, 1993년 10월 1일에 ±1.0%, 1994년 11월 1일에 ±1.5%, 1995년 12월 1일에 ±2.25%, 그리고 1997년 11월 20일에는 ±10.0%까지 확대되었다. 이는 대만의 과거 중심환율제도와 유사한 환율제도로서 자유변동환율제도로 이행하기 위한 과도기적인 조치로서 환율의 일일변동허용폭을 계속 확대하였다. 대만은 과거(1982. 9. 1~89. 4. 1.)에 은행간환율의 일일변동허용폭을 중심환율의 ±2.25% 이내에서 유지하다가 1989년 4월 3일부터 이를 폐지하고 환율이 외환시장에서 외환수급에 따라 결정되는 자유변동환율제도로 이행하였다.

독자의 이해를 돕기 위해 시장평균환율이 어떻게 결정되는지를 예를 들어 보기로 한다. 지금 국내거주 외환거래은행이 모두 *A*, *B*, *C* 등 3개 은행만이 존재하고 이들이 전일 금융결제원 자금중개실을 경유하여 거래된 현물환율과 거래량 내용으로서 *A*은행이 달러당 778원에 20,000달러를 거래했고 *B*은행은 780원에 20,000달러를 거래했으며 *C*은행은 782원에 40,000달러를 거래했다고 하면 외환거래량으로 가중평균한 당일의 시장평균환율은 달러당 780.50원〔=(\$20,000×778+\$20,000×780+\$40,000×782) / \$80,000)〕이 된다. 그리고 당일의 시장평균환율변동허용폭이 ±0.8%으로 제한되었다고 하면 은행간 매매기준율은 달러당 774.26~786.74원 이내에서 결정된다. 그러나 거래량을 아는 경우에는 환율변동의 예측이 용이하여 환투기가 발생할 수 있기 때문에 실제적으로는 거래량은 대외공표를 하지 않았다.

8) 재정률(cross rate)에 의해 결정되는 기타통화에 대한 원화의 환율에 대한 산출은 이미 제1장에서 설명한 바와 같이 원화의 대미달러화 환율(₩/\$)을 국제외환시장에서 결정되는 해당통화의 대미달러화 환율로 나누어 구한다. 예를 들어 원화의 대미달러화 환율(₩/\$)이 780.50원이고, 독일 프랑크푸르트(Frankfrut)외환시장에서 결정되는 마르크화(DM)의 대미달러화 환율(DM/\$)이 1.62마르크이고 동경외환시장에서 결정되는 엔화(¥)의 대미달러화 환율(¥/\$)

한편, 월요일의 시장평균환율은 토요일의 시장평균환율을 동일하게 적용하지만 기타통화의 매매기준율은 국제외환시장에서 결정된 환율로 재정하여 결정되기 때문에 토요일의 매매기준율과는 달라지게 된다.

끝으로, 외국환은행의 대고객매매율은 1992년 7월 1일 이후부터 모두 자율화되어 외국환은행이 고객과의 협의하에 자율결정토록 하였다. 외국환은행의 대고객매매율은 결제방법에 따라 현찰매매율, 전신환매매율, 일람출급환어음매입률, 수출어음결제율, 기한부수출환어음매입률 등으로 구분하였으며 현찰매매율의 경우에는 외국환은행이 현찰조달비용 및 환위험부담 등을 감안하여 자율적으로 결정토록 하였다.

이상에서 살펴본 시장평균환율제도는 제한적이나마 외환시장에서 외환의 수급에 따라 환율이 결정되므로 환율의 가격기능을 제고시키고 외환시장의 활성화에 기여하였으나 제도 자체가 자유변동환율제도로 이행하기 위한 과도기적인 제도라는 점에서 운용상에 여러 가지 문제점들을 내포하고 있었는데 이러한 문제점들은 1997년 11~12월중 외환위기가 표출되면서 드러났다.

2 현행 자유변동환율제도(1997. 12. 16. 이후)

자유변동환율제도는 환율이 외환시장에서 외환의 수요와 공급에 의해 자유롭게 결정되는 제도이다. 외환의 수요와 공급은 시장참여자들이 금융결제원 자금중개실[9]에 특정한 환율로 매매주문한 거래량에 의해 결정되는데 외환에 대한 매입주문환율과 외환의 매각주문환율이 동일하면 자동적으로 거래계약이 이루어진다. 외환시장참여자들로는 국내은행, 종금사, 개발기관, 외국은행 국내지점 등의 외국환은행과 외환시장개입을 목적으로 참여하는 한국은행 등이 있다.

그리고 기준환율은 금융결제원의 자금중개실을 통해 당일에 거래된 은행

이 134.5엔이라고 하면 마르크화에 대한 원화의 환율(₩/DM)은 481.79원(=780.50/1.62)이 되며 100엔당 원화의 환율(₩/100￥)은 580.30원으로 각각 결정된다.

9) 1999년 2월부터는 한국자금중개주식회사가 금융결제원 자금중개실(2000년 5월에 서울외국환중개회사로 개편)과 함께 중개업무를 개시함으로써 외환거래 중개업무가 이원화되었다.

간 환율을 외환거래량으로 가중평균하여 산출하는데 이는 다음날 외환거래의 매매기준환율이 된다. 또한 외국환은행들이 개인, 기업 등 고객에게 적용하는 대고객매매율을 산정할 때 참고하거나 한국은행의 외환거래시 적용되며 환율의 공식 통계자료로 이용된다. 그러나 실제로는 일일환율변동폭 제한이 철폐된 데다가 환율불안요인으로 환율이 계속 변동하면 은행들은 기준환율을 하루 최대 8회까지 재고시할 수 있기 때문에 기준환율은 은행마다 상이하다. 그에 따라 대고객매매율도 해당은행에 의해 자율적으로 결정되는데 대고객매매율은 환전수수료에 해당한다. 예를 들어 현찰매매율은 기준환율에 ±0.4%, 송금시 적용하는 전신매매율은 기준환율에 ±0.3%를 적용하는 경우 등이다.

그리고 서울외환시장은 원-달러시장으로 운용되고 있기 때문에 달러 이외의 기타통화에 대한 원화 환율은 해당통화의 대미달러화 환율로 재정(裁定)하여 결정한다. 거래시간은 월~금요일은 오전 9시 30분~12시, 오후 1시 30분~4시 30분까지이고 최소거래금액은 50만 달러, 거래단위는 10만 달러이다.

이와 같이 종전의 시장평균환율제도에서 자유변동환율제도로 이행하게 된 배경은 1997년 11월 초 외환위기가 본격적으로 표출되면서 환율이 일일변동상한폭까지 치솟는 가운데 외환시장개입을 위한 가용외환보유액마저 절대부족하여 여러 차례에 걸쳐 외환거래가 중단되는 사태까지 발생하였기 때문이다.

잘 아는 바와 같이 우리경제는 1996년에 사상 최대의 경상수지적자를 기록하는 가운데 외채누적과 고비용·저효율 경제구조를 심화시키면서 1997년도에 들어서면서 대기업의 연쇄부도와 그에 따른 금융기관 부실채권누증, 7월의 태국, 인도네시아 등 동남아 국가들의 외환위기 등으로 환율상승압력이 가중되면서 외국인 국내투자자금유출, 국제신용평가기관들의 국가신용등급의 대폭적인 하향조정, 가용외환보유액의 급격한 감소 등 외환위기의 적신호가 나타났다. 그 결과 1997년 11월 17일에는 외환시장개장과 동시에 환율이 일일변동폭(±2.25%)의 상한선까지 상승하여 사상 처음으로 달러당 1,000원대를 넘어선 1,008.60원을 기록하여 외환시장거래가 중단되었다. 이에 외환당국은 11월 20일에 환율상승압력을 해소하기 위해 환율의 일일변동폭을 ±10.0%로 확대하였다. 그럼에도 불구하고 원화투매심리는 진정되지 않아 개장 18분 만에 1,130원으로 첫 거래가 체결된 뒤 한 시간이 지나기도 전에 또다시 일일변동폭의 상한선 10%까지 상승하여 매매가 중단되었다. 가용외환보유액은 외환시장개입 등

표 4-2 환율 및 가용외환보유액 추이(연원말 기준)

(외환보유액 단위: 억 달러)

	1995	1996	1997				1998	
			6월	10월	11월	12월	3월	6월
환율(₩/$)	774.7	844.2	888.1	965.1	1,163.8	1,415.2	1,572.9	1,385.2
외환보유액(A)	327.1	332.4	333.2	305.1	244.0	204.1	297.5	409.0
해외점포예치금(B)	33.6	38.2	80.1	80.1	169.4	113.3	54.0	36.6
기타(C)	—	—	—	2.0	2.0	2.0	2.0	2.0
가용외환보유액 (A－B－C)	293.5	294.2	253.1	223.0	72.6	88.7	241.5	370.4

주 : 기타(C)란의 수치는 외국중앙은행에 대한 스왑자금액임.

자료 : 재정경제부 보도자료 및 한국은행, 「조사통계월보」, 1998. 6.

으로 10월 말의 223억 달러에서 11월 말에는 72억 6천만 달러에 불과하여 더 이상 환율상승압력을 진정시킬 수 없는 상태가 되었다. 그 결과 12월 16일에 환율변동폭 제한을 완전히 철폐함으로써 현행의 자유변동환율제도로 이행하였는데 물론 이는 위의 경제여건 이외에도 12월 3일 IMF구제금융 합의에 따른 권고사항이기도 하다. 그 후 12월 24일에는 달러당 1,965원으로 상승하여 역대 이래 최고수준을 기록함으로써 미국 달러화에 대한 원화가치는 1996년 말 대비 57.0%나 절하되었다. 그 후 IMF자금의 조기지원결정 등으로 환율급등세가 다소 진정되기 시작하였는데 외환위기 전후의 환율 및 가용외환보유액 추이는 [표 4－2]와 같다.

요 약

1. 환율제도는 크게 고정환율제도(fixed or pegged exchange rate regime)와 변동환율제도(floating or flexible exchange rate regime)로 대별되며 양 제도의 중간형태로 관리변동환율제도(managed or controlled exchange rate regime)가 있다.

2. 고정환율제도는 정부가 특정통화에 대한 환율을 일정수준으로 고정시키고 이의 유지를 위해 중앙은행이 외환시장에 개입하는 제도를 말하며 변동환율제도는 중앙은행의 외환시장개입 없이 환율이 외환시장에서 외환의 수요와 공급에 의해 결정되는 제도를 말한다. 따라서 고정환율제도하에서의 외환에 대한 수급불균형은 중앙은행의 외환보유액의 변동으로 나타나지만 변동환율제도하에서는 환율변동으로 나타나기 때문에 외환보유액에는 영향을 미치지 않는다.

3. 관리변동환율제도란 장기적으로는 환율이 외환시장에서 결정되도록 허용하나 단기적으로는 환율의 지나친 등락을 방지하고 환율변동의 속도를 완화할 목적으로 중앙은행이 외환시장에 개입하는 형태로 환율을 관리하는 제도를 말한다.

4. 양대 환율제도의 장단점의 주요 내용으로는 국제무역과 국제투자의 촉진에 있어서는 고정환율제도가 상대적 우위성을 갖지만 대내외균형의 동시달성에 있어서는 변동환율제도가 효율적이다. 그리고 인플레이션의 압력은 고정환율제도보다는 변동환율제도에서 높은 것으로 평가되고 있다.

5. 현행 국제환율제도의 운용형태로는 변동환율제도 중에 ① 독립변동환율제도, ② 그룹변동환율제도, ③ 관리변동환율제도 등이 있으며 고정환율제도 중에는 단일통화페그제도와 복수통화페그제도 등이 있다.

6. 우리나라의 환율제도는 미군정 당시에 최초로 도입실시한 공정환율제도로부터 출발하여 단일변동환율제도(1964. 5. 3.~80. 2. 26.), 복수통화

바스켓제도(1980. 2. 27.~90. 3. 1.), 시장평균환율제도(1990. 3. 2.~97. 12. 15.)를 거쳐 현행 자유변동환율제도(1997. 12. 16. 이후)로 이행되어 왔다.

7. 현행 우리나라의 자유변동환율제도는 환율이 외환시장에서 외환의 수요와 공급에 의해 자유롭게 결정되는 제도이다. 외환의 수요와 공급은 시장참여자들이 금융결제원 자금중개실(2000년 5월에 서울외국환중개회사로 개편) 또는 한국자금중개주식회사에 특정한 환율로 매매주문한 거래량에 의해 결정되는데 외환에 대한 매입주문환율과 매각주문환율이 동일하면 자동적으로 거래계약이 성립된다.

제 2 편

국제수지와 균형분석

제5장 국제수지의 측정과 분석

개 요

현대의 모든 국가들은 정도의 차이는 있으나 세계 여타국가들과 직·간접적으로 경제거래를 수행하고 있다. 따라서 개별국가는 일정기간 동안에 외국과 행한 다양한 대외경제거래를 체계적으로 종합정리하여 기록하는 것이 필요하다. 왜냐하면 이를 통해 그 나라의 대외거래규모와 거래내용을 종합적으로 파악할 수 있을 뿐만 아니라 금융·재정정책, 무역 및 외환정책 등 경제정책수립에 필요한 기초자료로 이용할 수 있기 때문이다.

따라서 세계 각국들은 이와 같은 목적하에 국제수지표를 작성하고 있는데 이 장에서는 먼저 국제수지의 개념과 작성원리를 고찰하고 나서 국제수지표는 어떠한 거래항목들로 구성되고 있는지 그 구조를 세부적으로 파악한다. 그리고 경제정책의 방향설정에 중요한 판단자료를 제공해 주는 국제수지균형에 대해 이론적 판단기준을 규명해 본다.

끝으로, 논의의 초점을 바꾸어 국제수지가 국민소득과 통화공급에 어떻게 반영되는지를 구체적으로 살펴보고 나서 실증분석에 입각하여 경제발전과 국제수지 구조변화간의 상관관계를 설명해 주고 있는 국제수지의 발전단계설을 알아보기로 한다.

제1절 국제수지의 개념 및 계정

1 국제수지의 개념

「**국제수지**(balance of payments)란 일국이 일정기간 동안 그 나라 거주자와 비거주자들간에 발생한 모든 경제거래를 체계적으로 정리한 기록」을 말한다. 그리고 국제수지를 하나의 표로 작성한 것을 국제수지표라고 한다.

여기서 「일정기간」이라 함은 매월, 매분기, 매년과 같이 주어진 일정기간을 지칭하는 유량(flow)의 개념이다. 이는 자본량, 통화량, 대외투자포지션 등과 같이 일정시점에서 파악하는 저량(stock)의 개념과 구별된다. 국제수지는 통상 1년을 기준으로 작성되는데 국가에 따라 월별, 분기별로 작성되기도 한다. 우리나라의 경우에는 한국은행이 월별 기준으로 작성하고 아울러 연도별로도 작성하여 대외에 공표하고 있다.

한편 「그 나라의 거주자와 비거주자들간에」라는 말은 법률상의 국적보다는 경제이익의 중심(center of economic interest)에 따라 구분한 개념으로서 경제이익이 국내경제권에 속하면 거주자로 분류하고 경제이익의 중심지가 외국경제권에 속하면 비거주자로 구분한다. 여기서 경제이익의 중심이란 경제단위가 통상 일년 이상 해당경제영역(국가)에서 경제활동 및 거래를 수행하거나 그러한 의도가 있을 경우에 이익의 중심이 그 국가에 있음을 의미하며, 거주자를 구성하는 경제단위는 일반정부, 통화당국, 금융기관, 기타부문을 지칭한다.

일반정부는 중앙정부, 지방정부의 영역 내에 위치하는 모든 부처, 사무소 및 기관과 해외에 위치하는 일반정부, 대사관, 영사관, 군사시설, 기타 공공기관을 말한다. 또한 정부출자의 비영리법인, 정부에 의해 소유 · 경영되는 모든 형태의 법인, 정부에 의해 운용 · 관리되는 각종 기금 등도 이에 해당된다. 통화당국은 중앙은행을 비롯하여 중앙은행의 기능을 수행하는 모든 기관을 말한다. 화폐발행, 금융기관 지급준비조작, 대외준비자산의 관리 · 운용, 환율안정기금 운용 등의 기능을 행하는 기관이 이에 해당된다. 금융기관은 중앙은행을 제외한 예금은행과 기타 금융기관(개발기관, 투자기관, 저축기관, 보험기관) 등을 말하며 기타부문은 개인을 포함한 가계, 기업, 예금을 취급하지 않는 모든 금융기관을 말한다.

그런데 법인으로서의 기업의 경우에는 구분이 불분명한 경우가 발생하는데 일반적으로 기업의 본사는 거주자로 분류하지만 해외에 위치한 해외지점(foreign branches)이나 해외자회사(foreign subsidiaries) 또는 역외기업은 모두 소재지의 거주자(본국의 입장에서 볼 때 비거주자)로 분류한다.[1] 역외기업(offshore enterprise)은 비거주자가 소유하고 비거주자에게 판매할 목적으로 설립된 기업으로서 현지법인이 그 대표적 예이다. 따라서 본사와 해외지점 또는 역외기업간의 경제거래라고 해도 국제수지표에는 계상된다.

또한 「모든 경제거래」라 함은 유상 · 무상의 모든 형태의 대외경제거래를 의미하는데 이는 크게 경상거래, 자본 및 투자거래, 준비자산증감으로 파악된다.

끝으로, 「체계적으로 정리한 기록」이라 함은 회계학에서의 복식부기(double-entry bookkeeping) 원리에 의한 통일된 기준에 의해 기록됨을 의미한다. 복식부기 원리란 자산, 부채, 자본 및 손익계정상 모든 거래의 수취와 지급을 거래의 이중성에 따라 대변(credit)과 차변(debit)에 동시 · 동액의 기준으로 기록하는 방법을 말한다.

2 국제수지계정

현재 세계 각국의 국제수지표는 국제통화기금(International Monetary Fund: IMF)의 「국제수지표 작성요람」(*Balance of Payments Manual*) 제5판에[2] 근거하여 작성되고 있기 때문에 국제적으로 통일되어 있다.

특히, IMF는 1993년 9월 종전의 제4판 분류체계와는 상당히 달라진 제5

1) 국제수지표 작성목적으로는 자회사나 지점을 모두 비거주자로 분류하지만 조세목적으로는 지점은 본국 거주자로 간주하고 자회사는 비거주자(외국거주자)로 구분하고 있음에 유의할 필요가 있다.

2) IMF의 「국제수지표 작성요람」은 1948년 1월에 제1판이 발간된 후 1950년 2월에 수정된 제2판이 나왔으며, 그 후 1961년 7월에 제3판 그리고 1977년의 제4판에 이어 1993년 9월에 다시 개정하여 현재 제5판에 이르고 있다.

판을 발간함으로써 각국 또한 새로 편제된 기준에 따라 국제수지표를 작성하고 있으며 우리나라도 1998년 1월부터 이에 근거하여 과거의 국제수지를 재조정하여 발표하고 있다.[3] 신국제수지 작성요람에 따른 국제수지계정은 크게 ① 경상계정, ② 자본 및 투자계정으로 양분된다. 구체적인 내용은 제2절 국제수지표의 구조에서 설명하기로 하고 이하에서는 개략적인 계정구조와 그에 따른 국제수지표를 어떻게 작성하는지에 대해 고찰하기로 한다.

경상계정(current account)은 거주자와 비거주자간에 발생하는 경상거래와 관련된 거래를 기록한 것으로 상품 및 서비스계정, 소득계정, 경상이전계정으로 구성된다. 상품 및 서비스계정은 상품과 서비스(용역)의 수출입거래를 기록하는 계정을 말하며 소득계정은 급료 및 임금인 피용자보수와 투자소득을 기록하는 계정이다. 투자소득은 직접투자나 포트폴리오투자 등을 행한 결과 취득한 지분소득(배당금), 채무소득(이자) 등과 기타투자소득이 포함된다. 경상이전계정에는 아무런 경제적 반대급부가 없는 무상의 일방적 거래를 기록하는 계정인데 정부의 배상, 무상원조나 종교단체의 기부금 등이 이에 속한다. 그러나 비록 반대급부가 없는 무상의 일방적 거래라고 하여도 고정자산의 소유권 변동, 고정자산의 취득·처분과 관련된 또는 이를 조건으로 하는 자금의 이전, 채권자로부터 어떠한 대가도 없는 채무면제는 경상이전이 아닌 자본이전에 기록된다.

한편, 자본 및 투자계정(capital and financial account)은 거주자와 비거주자간에 발생하는 자산과 부채거래를 기록하는 계정이다. 자산은 비거주자에 대한 청구권 즉 채권(債權)을 말하며, 부채는 비거주자에 대한 채무를 말한다. 그리고 여기서 말하는 거래 양 당사자는 거주자와 비거주자가 일반적이기는 하지만 반드시 그런 것만은 아니다. 왜냐하면 거래당사자 모두가 거주자이거나 비거주자인 경우가 있을 수 있기 때문이다. 예를 들어 비거주자가 발행한 양도가능채권을 매입한 거주자가 이를 다른 거주자에게 양도하는 경우가 이에 해당된다.

자본 및 투자계정의 분류체계를 보면 우선 자본계정과 투자계정으로 대분류되고 자본계정은 자본이전과 비생산·비금융자산의 취득 및 처분으로 소분

---

3) IMF, *Balance of Payments Manual*, 5th ed.의 번역판인 한국은행, 「국제수지 매뉴얼」, 1996. 2와 신세돈, 「국제수지론」, 세창출판사, 1997. 3, 제1편을 참조할 것.

류되는데 여기서 알 수 있는 것은 종전(제4판)의 국제수지계정에서의 자본계정과 명칭은 동일하지만 그 내용은 전혀 다르다는 점이다. 이에 대해 투자계정은 직접투자, 포트폴리오투자, 기타투자, 준비자산이 포함된다. 그러나 다음에서 고찰하는 바와 같이 자본수지는 준비자산을 제외한 자본 및 투자계정만으로 결정된다.

지금까지의 설명은 국제수지계정의 분류체계에 관한 것이었는데 이하에서는 각 계정에 대응한 수지(balance)가 어떻게 결정되는지 생각해 보기로 한다. 국제수지(balance of paymants)는 그 명칭에도 불구하고 지급(payments)과 관련이 있는 것이 아니라 거래(transaction)와 관련된 것으로 일부 거래는 금전의 지급을 수반하지 않는 경우가 있는데 이 경우에도 국제수지에는 포함되어야 한다.

국제수지를 구성하는 각 계정은 복식부기 원리에 따라 급부(給付)가 있으면 반드시 반대급부가 존재한다는 거래의 이중성에 기초하여 작성된다. 모든 거래를 수입(受入), 즉 수취(receipts)와 지급(payments)으로 구분하여 외국으로부터 수취를 발생시키는 모든 경제거래는 대차대조표의 T-계정상의 대변(credit)에 기록하고 지급을 발생시키는 모든 경제거래는 차변(debit)에 기록한다. 다만, 반대급부가 수반되지 않는 일방적 거래(경상이전거래와 자본이전거래)인 경우에는 외국으로부터 국내로 이전된 것이 이전수취가 되고 국내에서 외국으로 이전된 것은 이전지급으로 기록된다.

그리고 각 계정의 수취(대변)에서 지급(차변)을 뺀 차액을 그 계정의 수지(收支)라고 하는데 이는 결국 순수취액(net receipts)을 의미한다. 따라서 상품수출로 받은 수취액에서 상품수입으로 외국에 지불한 지급액을 뺀 순수취액이 상품수지(goods balance) 또는 무역수지(trade balance)가 된다.

마찬가지 원리로 서비스수지, 소득수지, 경상이전수지가 계산되며 상품 및 서비스수지, 소득수지, 경상이전수지의 합계를 경상수지(current account: CA)라고 한다. 한편, 자본수지는(capital and financial account: KA)는 자본 및 투자계정에서 투자계정으로부터 계상된 투자수지와 자본계정에서 계상된 기타 자본수지의 합계를 말한다. 자본수지도 원칙적으로 자본거래에 의한 수취액에서 지급액을 뺀 자본순수취액이다.

그럼에도 불구하고 우리나라 자본수지통계작성에서는 투자수지의 경우

수취액에 해당하는 자산은 대외부채의 증가라는 점에서 사전에 부(-)의 부호를 붙이고 있어 투자수지는 자산과 부채의 합계로 계상되며 기타자본수지의 경우에는 지급액에 부(-)의 부호를 붙이고 있어 기타자본수지도 수취액과 지급액을 합한 것임에 유의할 필요가 있다. 이는 IMF가 매월 발간하고 있는 국제금융통계(International Financial Statistics: IFS)와 일치되지만 경상수지 계상방법과는 다르다. IFS에서는 우리나라와는 달리 상품수입액과 서비스소득 및 경상이전의 지급액에도 사전에 부(-)의 부호를 붙여 수취액과 지급액을 합한 것으로 상품수지, 서비스수지, 소득수지, 경상이전수지를 발표하고 있다. 그리고 오차 및 누락항이 0이라는 가정하에 경상수지와 자본수지의 합계가 종합수지(overall balance of payments)인데 통상 국제수지라고 하면 종합수지를 의미한다. 물론 오차 및 누락항이 0이 아니면 오차 및 누락항까지 합한 것이 종합수지가 된다. 이상과 같이 국제수지계정과 각 계정의 수지를 연계시켜 요약·정리하면 [표 5-1]과 같다.

제2절 국제수지표의 구조

지금까지는 국제수지의 개념과 국제수지계정 및 작성방법에 대해 개괄적으로 고찰해 보았다. 이 절에서는 우리나라 국제수지표를 중심으로 그 구조와 항목들에 대해 구체적으로 살펴보기로 한다.

우리나라는 1955년 8월 IMF에 가입한 이래 한국은행에서 국제수지표를 작성하여 IMF에 보고하는 동시에 대외적으로 발표해 왔다. 현재 한국은행은 월별, 연도별로 국제수지표를 작성하여 한국은행이 발행하는 월간 「조사통계월보」와 연보인 「경제통계연보」에 각각 게재하여 발표하고 있다.[4)]

현재 한국은행이 IMF의 「국제수지표 작성요람」 제5판에 의거하여 작성·공표하고 있는 국제수지표의 큰 항목으로는 경상수지, 자본수지, 오차 및 누락, 준비자산증감 등이며 경상수지와 자본수지를 합계하면 종합수지가 된다.

4) [표 5-2]를 참조할 것.

표 5-1 국제수지계정과 국제수지 작성방법의 요약

대 분 류	소 분 류	수 취	지 급	수지(수취 - 지급)	
경상계정	• 상품 및 서비스계정 • 소득계정 • 경상이전계정	상품 및 서비스의 수출 급료 및 임금, 투자소득 수취 경상이전 수취	상품 및 서비스의 수입 급료 및 임금, 투자소득 지급 경상이전 지급	상품 및 서비스수지 소득수지 경상이전수지	→ 경상수지
자본 및 투자계정	• 투자계정 • 자본계정	국내금융자산의 수출 = 외국인 국내투자 = 대외부채의 증가 자본이전수취 외국비생산 · 비금융자산의 취득	외국금융자산의 수입 = 내국인 해외투자 = 대외자산의 증가 자본이전지급 국내비생산 · 비금융자산의 처분	투자수지 기타자본수지	→ 자본수지*
국제수지 계정	상품 및 서비스, 소득, 경상이전, 투자, 자본계정의 합계	상품, 서비스, 자산의 수출 및 이전의 수취	상품, 서비스, 자산의 수입 및 이전의 지급	종합수지 = 국제수지 (경상수지+자본수지)	
준비자산 계정	• 화폐용 금 • SDR • IMF리저브포지션 • 외환 • 기타청구권	(−) 중앙은행의 외화자산증가	(+) 중앙은행의 외화부채증가	준비자산증감 자산의 순증가(−) 부채의 순증가(+)	

주: * 표시의 자본수지는 원칙적으로 수취액−지급액으로 계상되지만 우리나라는 투자계정과 관련된 대외자산증가(자산)는 자본유출이란 점에서 사전에 부(−)의 부호를 붙여 발표하고 있을 뿐만 아니라 기타자본수지에서도 지급에 부(−)의 부호를 붙여 발표하고 있으므로 자본수지는 수취액(부채)+지급액(자산)임.

그리고 준비자산증감은 종합수지와 금액은 동일하고 부호만 정반대인데 이하에서는 각 계정에 포함되는 주요 항목들을 알아보기로 한다.

1 경상수지의 구조

경상수지는 크게 상품 및 서비스수지, 소득수지, 경상이전수지로 구성되는데 앞에서 설명한 바와 같이 외국으로부터 수취를 발생시키는 거래는 경상계정의 대변에 기록하고 지급을 발생시키는 거래는 차변에 기입하며 수취액에서 지급액을 뺀 차액이 해당항목의 수지가 된다. 경상수지를 포괄적으로 이해할 수 있도록 분류체계를 요약 · 정리하면 다음의 [그림 5-1]과 같다.

상품수지

상품수지(goods balance)는 종전(제4판)의 무역수지(trade balance)로서 상품(재화)수출의 대가로 받은 수취액에서 상품수입의 대가로 지불한 지급액을 차감한 금액으로 기록된다. 현금결제와 연지급결제뿐만 아니라 유상 또는 무상거래, 유환 또는 무환거래 등 모든 상품의 수출과 수입이 포함된다.

상품수지에 포함되는 항목은 일반상품, 가공용 재화, 운수조달재화, 재화수리, 비화폐용 금 등 5개 항목인데 이들에 대한 정의는 다음과 같다.

(1) 일반상품: 거주자와 비거주자간의 소유권변동이 발생한 동산(動産)을 말한다.

(2) 가공용 재화: 가공을 위해 계약을 기초로 수수료를 받고 수출 또는 수입되는 재화로 계약에 의해 원유정제, 금속가공, 차량조립, 의류제조 등의 재화가 이에 해당된다.

(3) 운수조달재화: 거주자나 비거주자의 운송수단이 해외에서 조달한 재화로 연료, 식량, 선용품, 보급품 등을 말한다. 다만, 이와 관련된 서비스(예인, 보관 및 보수 등)는 제외하여 운수서비스 항목에 계상된다.

(4) 재화수리: 선박, 비행기, 기타 운송수단 등에 대한 수리로서 재화 총액이 아닌 수리비만을 계상하여 기록한다. 다만, 건설수리, 컴퓨터수

그림 5-1 경상수지의 분류체계

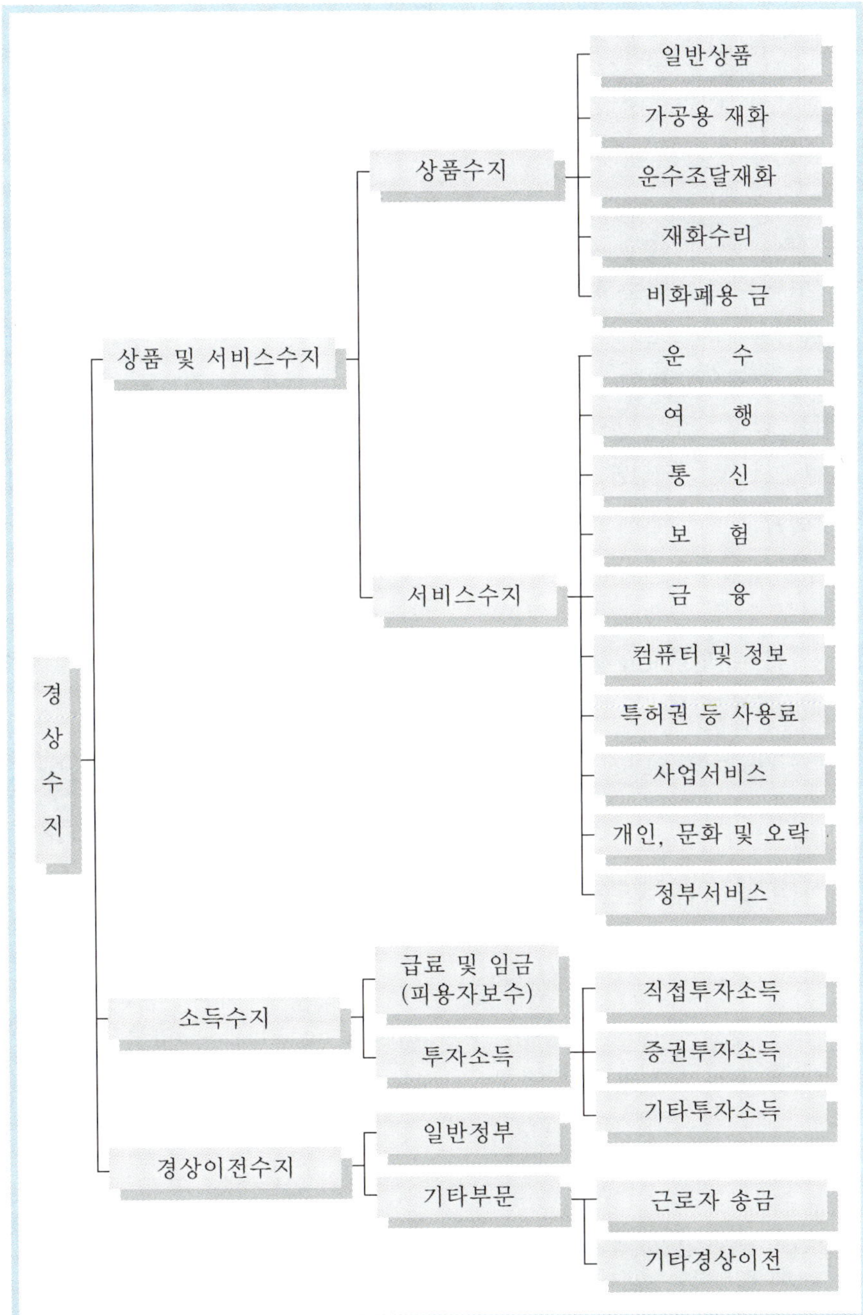

리, 항만 및 공항에서의 운수장비 유지보수 등은 국제적인 수리 성격을 띨 뿐 아니라 자본재와 관련된 것이라는 점에서 해당 서비스 항목에 계상된다.

(5) 비화폐용 금: 통화당국이 보유하는 준비자산의 일부인 화폐용 금을 제외한 모든 금을 말하는데 가치저장용 금이나 기타 공업용 금 등이 해당된다.

거래는 결제기준시점으로 기록한다. 통관기준에서는 물품이 세관을 통과한 시점을 기준으로 기록하지만 국제수지표에서는 재화거래와 그에 수반되는 자금의 흐름인 자본거래와 일치시키기 위한 결제기준시점, 즉 소유권의 이전시점으로 평가한다. 따라서 상품수입이 1997년 12월 15일에 세관을 통과했으나 대금결제는 1998년 1월 30일에 이루어졌다고 하면 1998년 1월의 수입으로 계상된다.

특히, 국제수지기준의 상품수지와 통관기준의 상품수지는 계상방법이 다르기 때문에 두 상품수지는 일치하지 않는다. 즉 통관기준의 경우에는 수출은 FOB가격, 수입은 CIF가격으로 평가하는 데 대해 국제수지표에서는 수출입 모두 FOB가격으로 평가한다.[5] 따라서 국제수지표에서는 수출입에 수반하여 발생하는 운임, 보험 등은 별도로 분리하여 서비스수지 항목에 포함시켜 계상한다.

서비스수지

서비스수지는 각종 서비스(용역)를 외국인에게 제공하고 그 대가로 받은 수취액에서 외국인이 제공한 서비스에 대한 대가로 지불한 지급액을 차감한 금액을 말한다. 서비스는 재화의 흐름과는 달리 실체가 없다는 점에서 서비스거래로 발생한 수지를 무형무역수지(invisible trade balance)라고도 한다. 서비스수지를 구성하고 있는 주요 항목으로는 다음과 같은 것들이 있다.

(1) 운수: 해상, 항공, 육상 및 내륙수로, 우주공간, 파이프라인 등 모든

5) FOB가격이란 상품가격에 선적까지의 모든 비용을 가산한 본선인도가격(free on board: FOB)을 말하고, CIF가격이라 함은 상품가격에 운임, 보험료 포함 도착가격(cost, insurance, and freight: CIF)을 말한다.

종류의 운송수단을 이용하여 거주자와 비거주자간에 거래되는 운송서비스에 대한 수취와 지급을 기록한다. 여객수송, 화물수송, 선원을 포함한 운송수단의 임대가 이에 해당된다. 그러나 화물보험은 보험서비스에 기록되고, 항구에서의 비거주자 운송수단운영을 위해 조달한 물품과 운송수단의 수리비는 재화계정에 기록되며, 철도시설, 항구 및 공장시설물의 수리비는 건설서비스에 기록된다. 또한 선원이 포함되지 않은 운송수단의 임대료(용선)는 사업서비스에 계상된다.

(2) 여행: 체류기간 1년 미만의 여행자가 취득 또는 지출한 재화와 서비스를 기록한다. 예를 들어 여행자가 방문지에서의 숙박, 식사, 음료, 오락 및 운수서비스 등의 여행경비나 여행자가 구입하여 휴대하고 나가는 선물, 기념품 등은 모두 여행서비스에 해당된다. 여행자로는 관광객, 상용(商用) 여행자, 유학생(체류기간과 무관) 등이 있다.

(3) 통신: 거주자와 비거주자간의 통신서비스를 기록한다. 이에는 원격통신과 우편 및 배달서비스가 포함된다. 원격통신은 음성, 영상 및 기타 정보를 전화, 텔렉스, 전보, 케이블, 방송, 위성, 전자우편, 팩시밀리 등을 이용하여 전달하는 서비스로 업무용 통신망서비스, 원격화상회의 등이 포함된다. 우편 및 배달서비스는 편지, 신문, 정기간행물, 팜플렛, 기타인쇄물, 소포, 소화물 등의 집배, 수송 및 배달 등을 포함하며 우체국 창구서비스 및 사서함 임대서비스도 이에 속한다.

(4) 건설: 거주자 또는 비거주자 기업과 그 직원이 일시적으로 타경제권에서 수행하는 건설 및 설비공사를 기록한다. 건설공사에 사용할 목적으로 그 기업이 수입한 재화의 금액은 재화 항목이 아닌 건설서비스에 기록한다. 다만 해외공사가 기업(직접투자)가의 해외 자회사나 지점, 그리고 이들과 유사한 조건을 갖춘 현지사무소에 의해 수행된 경우 이는 수입경제권 생산의 일부이므로 건설서비스 항목에서 제외된다.

(5) 보험: 거주자 및 비거주자 보험회사간에 이루어지는 각종 형태의 보험서비스를 포함한다. 수출입재화에 대한 화물보험, 원수보험(元受保險)인 생명보험, 손해보험, 의료보험, 상해보험, 화재보험, 해상 · 항공보험 등이 있다.

(6) 금융: 거주자와 비거주자간에 이루어지는 금융중개서비스와 보조서비

스를 포함한다. 이에는 신용장, 은행인수어음, 신용한도, 금융리스서비스, 외환거래, 소비자 및 기업신용서비스, 중개서비스, 증권인수서비스 등과 관련된 금융중개수수료, 중개, 발행모집 · 인수, 상환과 스왑, 옵션, 기타 헤지상품의 계약수수료 등과 관련된 유가증권 거래 관련 수수료 등이 포함된다. 그러나 보험회사와 연금기금과 관련된 것은 제외된다.

(7) 컴퓨터 및 정보: 거주자와 비거주자간의 컴퓨터자료 및 뉴스관련 서비스거래를 계상한다. 이에는 하드웨어 컨설팅서비스, 소프트웨어구축, 정보서비스(정보처리, 데이터베이스, 통신)와 컴퓨터 및 관련장비의 유지보수와 관련된 거래를 계상한다.

(8) 특허권 등 사용료: 상표권, 저작권, 특허권, 공정, 기술사용권, 의장권, 제조권, 프랜차이즈 등의 비생산 · 비금융자산과 소유권의 허락에 기초한 사용, 라이선스계약에 기초한 각본영화 등의 원본 또는 복제·의 사용과 관련된 거주자간의 취득과 지급이 포함된다.

(9) 사업서비스: 무역관련서비스, 운용리스서비스, 기타 사업전문 · 기술서비스를 계상한다. 무역관련서비스는 재화 및 서비스수출입과 관련하여 수출업자, 상품중개인, 딜러, 대리인 등에 수수되는 수수료가 기록된다. 운용리스서비스는 거주자와 비거주자간에 금융리스 이외의 리스계약인 운영자 없는 운영리스(임대차)와 승무원이 동반하지 않는 선박, 항공기와 철도차량, 컨테이너, 시추장비 등 수송장비의 임대계약 등을 포함한다. 그리고 기타 사업전문 · 기술서비스는 법률, 회계, 경영컨설팅, 홍보, 광고시장조사, 여론조사, 연구 · 개발, 건축, 공학 및 기타기술서비스, 농업, 광업 및 현지가공서비스, 인원파견, 경비 및 탐정서비스, 번역 및 통역, 촬영서비스, 건물청소 등이 포함된다.

(10) 개인, 문화 및 오락서비스: 음향 · 영상 및 관련서비스와 기타 문화서비스를 기록한다. 음향 · 영상서비스는 영화 및 비디오테이프 제작관련 서비스, 영화, 라디오, TV프로그램, 음향레코딩 제작관련 서비스가 포함되며, 기타 문화서비스에는 도서관, 박물관 또는 기타 문화 · 스포츠활동 등과 관련된 서비스 등이 포함된다.

(11) 정부서비스: 여타 항목에 포함되지 않은 정부부문, 국제적 · 지역적

기구(대사관, 영사관, 군대 및 방위기관)와 관련된 서비스 등이 기록된다.

그런데 위의 각 항목 중 한국은행이 발표하는 서비스계정에는 금융서비스, 컴퓨터 및 정보서비스, 개인, 문화 및 오락서비스를 통합하여 기타서비스 항목에 포함시켜 발표하고 있다.

소득수지

소득수지는 거주자와 비거주자간의 거래결과로 발생하는 급료 및 임금(피용자보수)과 대외금융자산 또는 부채와 관련된 투자소득을 기록한다. 급료 및 임금은 내국인이 해외에서 수취한 현물을 포함한 임금 및 급료와 비거주 근로자가 국내에서 받은 급료 및 임금을 차감한 금액을 기록한다.

한편, 대외금융자산 또는 부채와 관련된 투자소득은 크게 직접투자소득, 증권투자소득, 기타투자소득으로 구분된다. 이를 살펴보기에 앞서 직접투자와 증권투자에 대한 개념을 이해할 필요가 있다. 직접투자(direct investment)는 투자가가 외국기업에 대해 장기적인 관계를 유지하면서 경영에 참여하여 영속적인 이익을 얻기 위한 투자를 말한다. IMF에서는 직접투자가가 법인기업의 보통주나 의결권의 10% 이상을 보유하거나 비법인기업에 대해서는 그에 상당한 의결권을 가질 때 그 대상기업을 직접투자기업으로 정의하고 있다. 그리고 직접투자기업은 다시 세 가지 유형으로 분류하고 있는데 직접투자가가 직접투자기업의 50%를 초과하는 지분을 소유하면 자회사(subsidiary)라고 하고, 50% 이하를 보유하면 관계회사(associate) 그리고 전액 또는 공동보유를 하지만 법인이 아닌 경우를 지점(branch)이라고 지칭하고 있다.

이에 대해 증권투자, 즉 포트폴리오투자(portfolio investment)는 투자가가 투자를 하는 경우 위험을 회피하는 동시에 투자수익을 극대화하기 위해 시장성, 수익성, 안전성 등을 고려하여 행하는 분산투자(investment diversification)를 말한다. 포트폴리오투자는 직접투자와는 달리 경영참여동기보다는 배당금이나 이자 등 투자수익취득만을 목적으로 행하며 주식, 채권 등 증권을 비롯한 투자대상 금융자산에 대해 분산투자를 하는 것이 일반적이다.

이상과 같은 개념하에 국제수지표의 투자소득 중 직접투자소득을 우선 살펴보면 직접투자소득은 지분소득과 채무소득으로 구성된다. 지분소득이란 배당금, 배분지점수익 등 배분소득과 재투자수익 및 미배분지점수익을 말한다. 그리고 재투자수익은 배당금으로 배분되지 않은 해외자회사 및 관련기업의 수익, 직접투자가에게 송금되지 않은 지점 및 기타 비법인기업의 수익 중에서 출자지분에 비례하는 직접투자가의 몫을 말한다. 이에 대해 채무소득은 직접투자가와 해외직접투자기업간의 채권·채무관계 발생에 따른 이자의 수입(受入)과 지급의 차액을 말한다. 증권투자소득은 주식, 중장기채권 및 단기금융상품, 파생금융상품을 보유함으로써 발생되는 지분소득(배당금)과 채무소득(이자)으로 수입과 지급의 차액을 기록한다. 기타투자소득은 장단기 무역신용, 차관(IMF신용인출, IMF차입 및 금융리스관련 차관 포함), 현금 및 예금(양도 및 기타: 저축성·정기예금, 저축·대출조합의 지분, 신용조합지분 등) 그리고 기타 미수금과 미지급 등으로부터 발생하는 이자소득을 기록한다.

경상이전수지

경상이전은 아무런 경제적 반대급부가 없는 무상의 일방적 거래를 말한다. 이는 경제권 부문별로 일반정부와 기타부문의 경상이전거래로 구분된다. 일반정부의 경상이전거래로는 배상, 무상원조, 재해원조, 국제기구에 대한 분담금 등이 계상되며, 기타부문의 경상이전거래는 근로자송금, 종교단체의 기부금, 소득세, 법인세 등 각종 조세의 수취와 지급 등이 계상되는데 해외이주비는 자본수지의 자본이전거래에 포함된다. 또한 다음 항목은 대가 없는 일방적 거래이지만 경상이전이 아닌 자본이전거래에 계상되는데 보다 구체적 내용은 자본이전수지에서 고찰하기로 한다.

- 고정자산의 소유권변동
- 고정자산의 취득·처분과 관련된 또는 이것을 조건으로 하는 자금의 이전
- 채권자로부터 어떠한 대가 없이 받는 채무면제

2 자본수지의 구조

자본수지는 자본 및 투자계정에 따른 수지로 거주자인 내국인과 비거주자

그림 5-2 자본수지의 분류체계

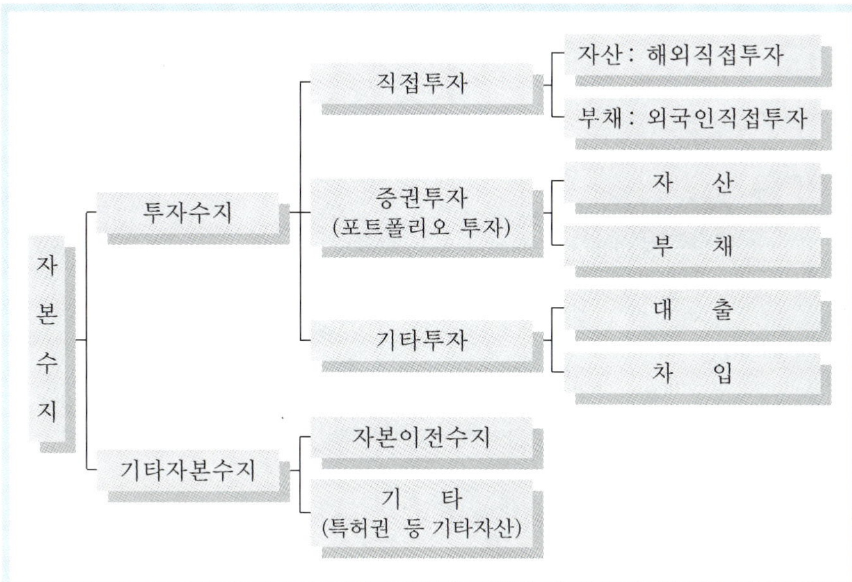

인 외국인간에 이루어지는 직접투자, 증권투자, 차관 등의 거래에 따른 자본유입과 자본유출의 차이인 자본의 순유입을 의미한다. 물론 투자 및 자본계정에는 통화당국에 의해 발생되는 준비자산증감이 포함되지만 자본수지에서는 제외된다. 자본수지는 크게 투자수지와 기타자본수지로 구성된다. 그리고 투자수지는 투자형태별로 직접투자수지, 증권투자수지, 기타투자수지로 분류되며 각 항목은 자산과 부채로 구성되는데 자산은 비거주자에 대한 청구권으로 자본유출에 해당하고 부채는 비거주자에 대한 채무로 자본유입에 해당한다. 한편, 기타자본수지는 자본이전수지와 기타항목으로 분류된다. 이와 같은 자본수지의 구성 항목을 요약 · 정리하면 [그림 5-2]와 같다.

직접투자수지

직접투자수지는 거주자의 해외직접투자와 비거주자의 국내직접투자의 합계를 말한다. 거주자의 해외직접투자는 내국인의 자산인 자본유출에 해당하고 비거주자의 국내직접투자는 내국인의 부채인 자본유입에 해당한다. 여기서 주의할 일은 자본수지에는 자본 즉 원금만이 계상될 뿐 배당금, 이자 등의 투자

그림 5-3 직접투자수지의 분류체계

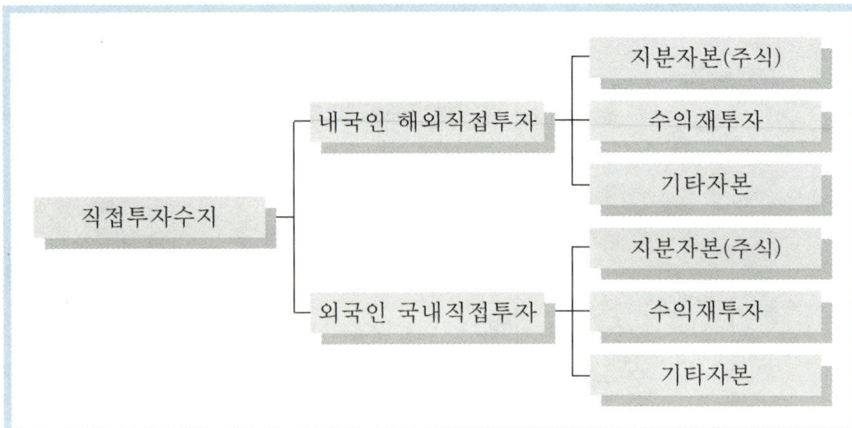

소득은 경상수지에 계상된다는 점이다.

해외직접투자나 국내직접투자에 포함되는 항목으로는 지분자본(주식), 수익재투자, 기타자본이 있다. 지분자본은 출자자본, 자회사 및 관계회사의 주식(의결권이 없는 우선주는 기타자본에 포함) 및 기타출자자본을 말한다. 수익재투자는 자회사 또는 관계회사의 배당되지 않은 수익 가운데 직접투자의 몫(직접자본 참가비율에 대응하는 부분)과 직접투자가에게 송금되지 않는 지점수익을 포괄한다. 재투자된 미배분수익(재투자수익)은 결국 자회사 및 지점에 직접투자지분을 추가하는 것이기 때문에 직접투자수익 항목에 계상되는 금액과 동일한 금액(부호반대)이 직접투자자본거래에 계상된다. 한편, 기타자본은 직접투자와 자회사, 지점 및 관계회사간의 자금의 차입과 대출을 의미하며 기타투자와는 달리 투자의 장단기는 구분하지 않는다. 지분자본과 기타자본은 채권, 채무의 순차액만이 기록된다. 직접투자의 구성항목을 그림으로 나타내면 [그림 5-3]과 같다.

증권투자수지

증권투자수지(portfolio investment balance)는 증권투자에 따른 자산과 부채의 합계를 말한다. 자산과 부채는 모두 지분증권(주식)과 부채성증권(채권)으로 구성된다. 지분증권은 지분, 주식, 참가증서와 같이 법인기업에 있어 모든

그림 5-4 증권투자수지의 분류체계

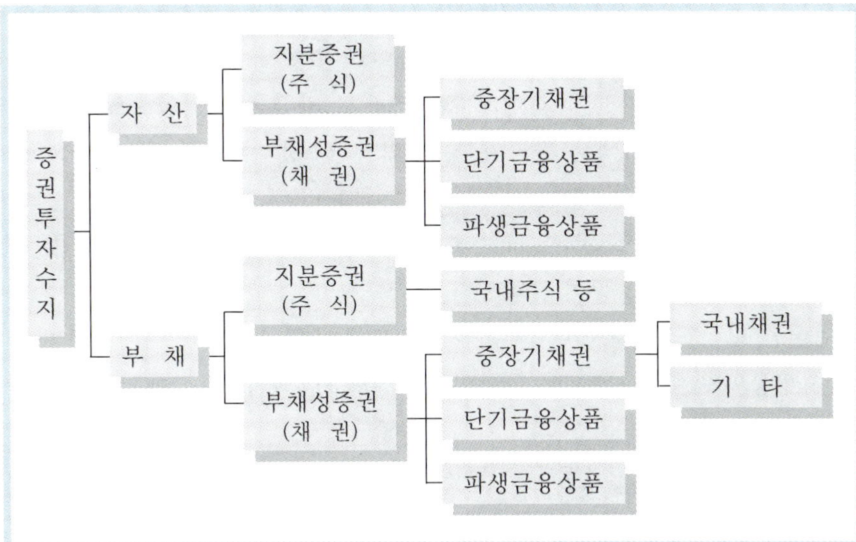

채권자의 청구권을 변제한 후의 잔여자산에 대한 청구권을 나타내는 모든 증서 및 기록을 말한다. 법인기업이 해산될 경우에는 잔여가치의 분배에 참가할 권리가 있는 우선주, 뮤추얼펀드(mutual fund) 및 투자신탁이 포함된다. 한편, 부채성증권은 중장기채, 사채(社債), 단기금융상품 또는 양도가능한 금융상품, 파생금융상품이 포함되는데 증권투자수지의 구성항목을 그림으로 나타내면 [그림 5-4]와 같다.

기타투자수지

기타투자수지는 직접투자수지, 증권투자수지, 준비자산 항목에 포함되지 않은 자산취득이나 부채발행으로 인한 금융상품과 거래경로를 반영하는데 자산과 부채로 구분하여 계상한다. 이에 포함되는 큰 항목으로는 무역신용, 차관(대출 및 차입), 현금 및 예금, 기타자산과 기타부채 등이다 이들 항목들은 통화당국, 일반정부, 금융기관(예금은행), 기타부문 등에 따라 분류될 뿐만 아니라 장·단기로 구분하여 기록한다. 다만 현금 및 예금은 장·단기를 구분하지 않고 경제부문별로만 구분하여 기록한다. 무역신용은 상품 및 서비스거래와 관련된 공급자와 구매자간의 직접적인 신용공여에 따른 채권·채무와 상품 및 서비스거래와 관련된 선급금에 따라 발생하는 채권·채무를 말한다. 신용공여나 선급금은 대부분 단기자금임에도 불구하고 장·단기로 구분하여 기록한다. 연불수출에 따른 장·단기 신용공여나 수입착수금 등이 이에 해당된다.

차관은 채권자가 채무자에게 직접적으로 자금을 대여함으로써 형성된 금융자산을 말한다. 이에는 공공차관, 상업차관, 뱅크론, 리파이낸스(refinance), 갑(甲)계정, 역외차입, 환매조건부차입, 금융리스, 현지금융, 원유단기차입, IMF신용인출 및 차입 등 무역거래 자금조달을 위한 차입, 기타차입, 선급금(부동산담보대출 포함) 등이 포함된다.

현금 및 예금 항목에는 거주자가 보유하는 외국통화와 비거주자가 보유하는 자국통화로 유동지폐 및 주화인 현금이 포함되며, 예금에는 양도가능예금

그림 5-5 기타투자수지의 분류체계

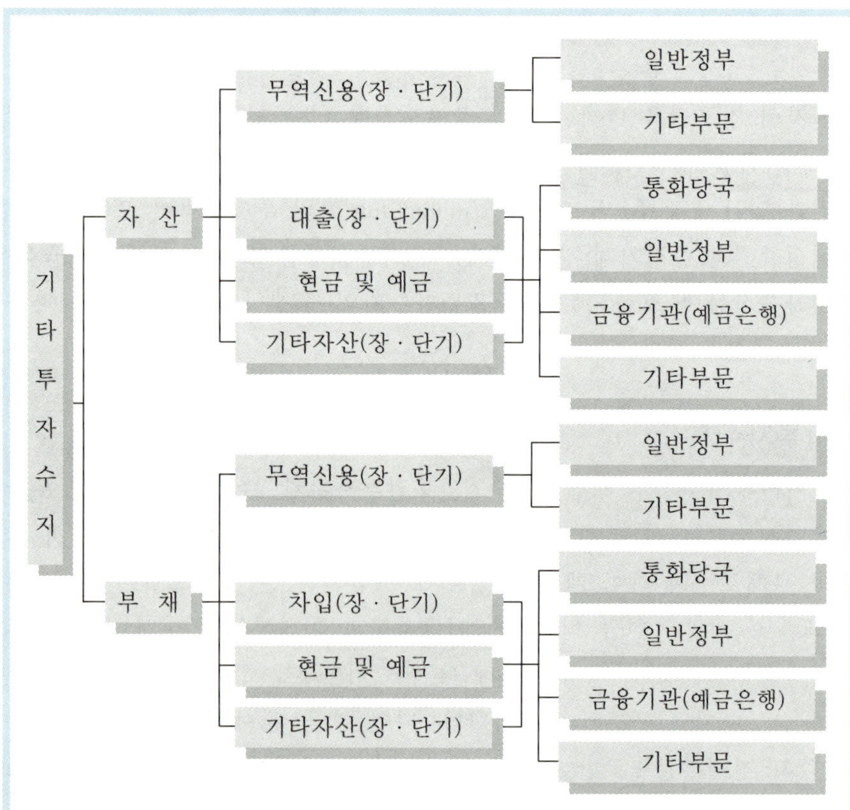

과 기타예금이 포함된다. 기타예금은 비양도 저축성예금, 정기예금, 저축대부조합, 주택조합 등에 대한 지분(예치증서) 중 법적으로 요구 또는 간단한 통지에 의해 되돌려 받을 수 있는 것들이 포함된다. 이상의 설명을 간략히 요약하여 그림으로 나타내면 [그림 5-5]와 같다.

기타자본수지

현행 국제수지표의 기타자본수지는 자본계정(capital account)을 말한다. 자본계정은 크게 자본이전과 비생산·비금융자산의 취득 및 처분으로 구성된다. 자본이전은 현금 또는 현물로 이루어지는데 현금인 경우에는 고정자산의 취득·처분과 관련되거나 이를 조건으로 하는 자금이전이다. 이에 대해 현물에 의한 자본이전은 고정자산의 소유권이전과 채권자와 채무자간의 상호계약에 의거 반대급부 없이 이루어지는 채무자의 금융부채에 대한 채무면제가 있다. 예를 들어 고정자산 취득비용의 전부 또는 일부의 투자보조금, 비거주자에 대한 운송장비, 기계, 건축물 등의 직접공여, 이민이전(해외이주비) 등이 이에 해당한다. 한편, 비생산·비금융자산의 취득 및 처분 항목으로는 토지나 지하자원 같은 비생산유형자산의 취득과 처분이 포함될 뿐만 아니라 특허권, 지적권, 상표권, 독점판매권, 임차권, 기타 양도가능한 계약 등과 같은 비생산무형자산(비금융자산)의 취득과 처분이 포함된다. 그러나 이들 사용료는 서비스수지에 포함된다. 이들 비생산·비금융자산의 계상방법은 거주자가 비거주자로부터 취득한 자산총액에서 비거주자에게 처분한 자산총액을 차감하여 기록한다.

3 준비자산증감

준비자산(reserve assets)은 통화당국이 국제수지불균형을 보전(financing)하거나 환율안정을 위해 외환시장개입 등의 목적을 수행하기 위해 즉각적으로 이용가능한 외화자산을 말한다. 이에는 외환(외국통화표시 현금 및 예금, 증권 등), 화폐용 금, 특별인출권(Special Drawing Rights: SDR), IMF리저브 포지션,

기타청구권이 포함된다. 따라서 준비자산증감은 통화당국의 대외자산이 증가하면 자산란에 부(−)의 값으로 기입하고 대외부채가 증가한 경우에는 부채란에 정(+)의 값으로 기입하여 그 차액을 기록한 것이다. 그런데 준비자산을 명확히 구분하기 위한 요건은 실제로 존재하는 자산이어야 할 뿐만 아니라 통화당국의 통제유효성과 이용가능성이 충족되는 자산이어야 한다.

예를 들어 스왑협정, 기타신용한도 또는 대기성차관(stand-by credit)계약에 근거한 IMF신용인출을 통해서 취득가능한 외화자산은 유효한 약정에 근거하여 장래에 발생가능한 채권이란 점에서 현존하는 채권이 아니므로 준비자산이 아니다. 또한 통화당국이 준비자산을 실제로 소유함으로써 직접적이고 유효한 통제하에 있을 뿐만 아니라 필요할 때에는 언제든지 즉각적으로 이용가능해야 된다. 위에서 열거한 통화당국 보유의 외환이나 화폐용 금, 특별인출권, IMF 리저브 포지션 등은 이와 같은 요건을 충족하는 대외준비자산들이다.

4 오차 및 누락

국제수지표의 오차 및 누락(errors and omissions)은 경상수지와 자본수지를 작성하는 과정에서 발생한 통계적 불일치를 조정해 주는 항목이다. 오차 및 누락이 존재한다는 판단기준은 준비자산증감에 두고 있다. 왜냐하면 준비자산증감은 회계제도가 잘 발달되어 있는 통화당국이 작성한 외화대차대조표를 근거로 산출된 것이므로 다른 통계보다 비교적 정확하다고 보고 준비자산증감액을 바로 종합수지로 계상하고 있기 때문이다. 통계상 오류나 착오가 없다고 하면 경상수지와 자본수지를 합계한 결과가 바로 준비자산의 변동과 일치해야 된다. 그러나 현실적으로 경상수지나 자본수지의 작성에 이용되는 기초자료인 통관통계와 외환수급통계의 작성기준과 국제수지표 작성기준상에는 포괄범위(coverage), 계상시기(timing) 그리고 평가(evaluation)상에 차이가 있을 뿐만 아니라 비통계적 오차(통계작성과정에서의 잘못으로 인한 계산착오, 전산입력의 오류) 등이[6] 존재하기 때문에 두 계정간에 차이가 발생하며 이 차이가 오차 및 누락계정에 나타난다.

6) 이들에 대한 구체적인 내용은 이 장의 4절 1항을 참조할 것.

예를 들어 경상수지와 자본수지의 합계가 15억 달러인 데 대해 통화당국의 준비자산증감이 −10억 달러라고 하면 오차 및 누락은 −5억 달러가 된다. 왜냐하면 사후적으로 종합수지(경상수지+자본수지+오차 및 누락)는 준비자산증감과 절대금액은 같고 부호만 반대가 되도록 기록하기 때문이다.

그러면 오차 및 누락이 어느 정도 수준이어야 국제수지표가 정확한 것으로 평가되겠는가? 이에 대해 국제통화기금(IMF)이 제시한 권고기준이 있다. 즉 IMF의 권고기준에 따르면 오차 및 누락계정이 수출입 합계액의 5% 이하이면 정밀도가 높은 국제수지표로 평가하고 있다. 우리나라의 경우는 기준을 2% 이하로 하고 있어 IMF의 권고기준보다 더 정확성을 요구하고 있다. 그러나 오차 및 누락의 절대액이 작다고 하여 국제수지통계가 반드시 정확하다고는 말할 수 없다. 왜냐하면 국제수지 편제과정에서 오차 및 누락의 (+)요인과 (−)요인이 서로 상쇄될 수도 있고 분류상의 오류 등은 오차 및 누락에 영향을 주지 않기 때문이다.

이상의 경상수지, 자본수지 그리고 오차 및 누락항을 모두 합계한 것이 종합수지(overall balance)이며 일반적으로 국제수지(balance of payments)라고 하면 바로 종합수지를 지칭한다.

5 신 · 구 국제수지표의 비교

이번에 새로 발간된 「국제수지표 작성요람」 제5판은 1977년의 제4판과 여러 가지 면에서 차이가 있는데 그 이유는 그 동안 국제금융거래를 비롯한 국제경제거래에 많은 변화가 발생하였기 때문이다. 즉 금융혁신으로 인한 파생금융상품과 같은 신종금융상품의 지속적인 출현과 아울러 외환 · 자본자유화에 따른 금융증권화 추세 등으로 인해 발생되는 모든 국제거래를 반영할 수 있는 새로운 국제수지 편제기준이 필요하였기 때문이다. 종전의 국제수지계정과의 차이점들을 비교 · 요약하면 다음과 같다.

첫째, 신국제수지계정에서는 국제수지 플로우(flow)에 대외투자포지션의 변동요인 중 거래요인을 포함시키고 있다. 대외투자포지션은 대외금융자산과 부채의 대차대조표(잔액)를 말하는데 이는 스톡(stock)개념이다. 따라서 대외투자포지션을 변동시키는 요인인 거래와 기타변동(평가변동, 재분류 및 기타조정 등) 중 거래만이 국제수지계정에 반영된다. 대외투자포지션은 비거주자에 대한 채권 및 채무, 화폐용 금, SDR로 구성된다.

둘째, 국민계정체계(SNA)의 대외거래계정과의 연계성을 높였다. 거주성 판정, 평가방법, 계상시점 및 직접투자의 재투자수익계상 등은 국제수지계정과 국민계정체계에서 동일하게 취급된다.

셋째, 국제수지표의 대분류체계면에서 볼 때 종전의 경상수지, 자본수지, 금융계정 중 금융계정을 준비자산계정으로 대체하였다. 그러나 준비자산계정은 통화당국의 대외자산증감만을 기록토록 하고, 종전의 금융계정에서 계상되

그림 5-6 신·구 국제수지표 비교 요약

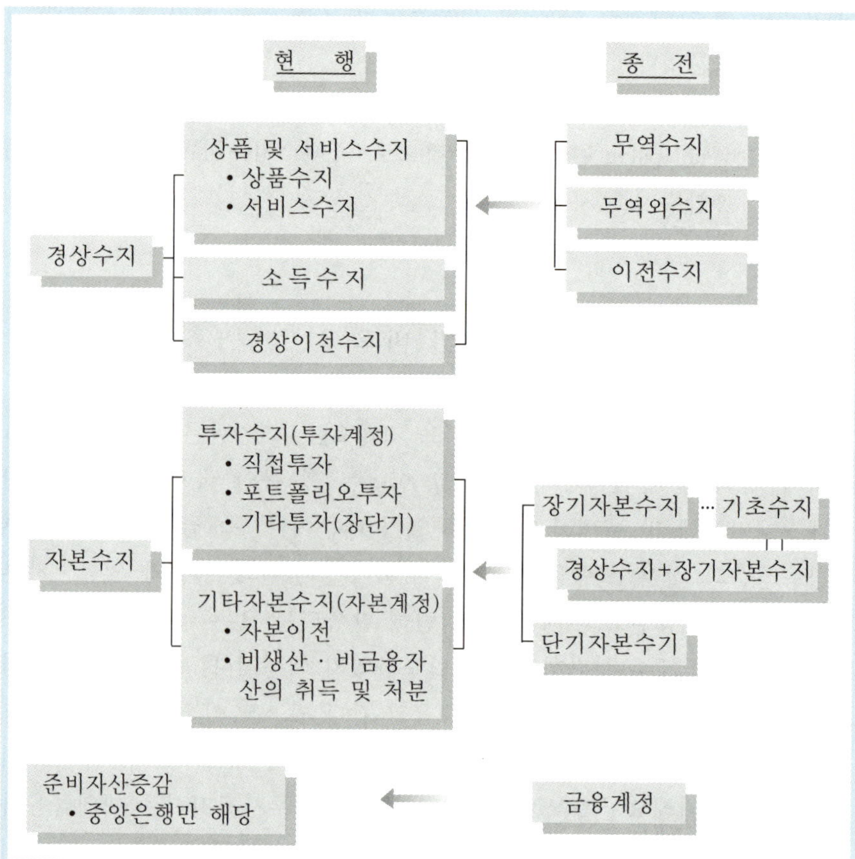

던 예금은행의 대외자본거래는 민간기업의 대외거래와 함께 자본수지에 계상토록 하고 있다.

넷째, 경상수지도 종전의 무역수지, 무역외수지, 이전수지로 분류하여 기록하였으나 신편제기준에서는 상품 및 서비스수지, 소득수지, 경상이전수지로 재분류하여 기록토록 하고 있다. 종전의 무역수지를 수출입상품의 특성별로 5개 항목으로 세분화하는 동시에 명칭도 상품수지로 변경하였다(무역수지나 상품수지의 영어명칭은 trade balance로 종전과 동일함). 종전의 무역외수지를 서비스수지와 소득수지로 구분하여 기록토록 하고 있으며 소득수지는 종전의 무역외수지로 분류되던 임금 및 급료(피용자보수)와 투자수익수지 등을 계상한다. 또한 무역외수지에 포함되었던 재화수리, 운수조달수지는 상품수지에 기록하도록 하였다. 한편, 종전의 이전수지 항목 중 해외이주비 등은 자본이전수지에 포함시키고 개인송금, 무상원조 등은 경상이전수지에 기록된다.

다섯째, 자본계정은 자본 및 투자계정으로 표시방법을 변경하여 투자계정은 국제수지표의 투자수지로 분류되고 자본계정은 기타자본수지(해외이주비 등 자본이전)으로 분류하고 있다. 그리고 종전에 자본거래에 따른 채권 · 채무의 결제기간이 1년을 초과하는 경우를 장기자본, 1년 이하를 단기자본으로 구분하여 기록하던 것을 신편제기준에서는 자본성격에 따라 분류하여 기록하되 다만 투자수지 항목 중 기타투자수지만 장 · 단기로 구분하여 기록하고 있다. 뿐만 아니라 자본수지의 장 · 단기 구분이 없어짐에 따라 종전의 편제기준에서 경상수지와 장기자본수지의 합계로 정의된 기초수지(basic balance)계정이 불필요하게 되었다. 기초수지는 일국의 장기적 대외지급능력의 판단기준으로 이용하기 위해 작성되었었다.

이상과 같은 신 · 구 국제수지표의 구조를 비교 · 요약하면 [그림 5-6]과 같다.

6 한국의 국제수지 추이

우리나라의 국제수지표는 지금까지 설명한 바와 같이 거래항목에 따라 경상수지, 자본수지, 준비자산증감, 오차 및 누락의 4개 부문의 계정으로 구분하여 기록하고 있으며 거래액의 표시단위는 미국 달러화를 사용하고 있다. 여기서 경상수지, 자본수지, 오차 및 누락을 합계한 것이 종합수지이며 준비자산증감은 종합수지와 금액은 동일하나 부호는 정반대이다.

[표 5-2]는 1997년의 외환위기 이전까지 우리나라 역사상 최대 경상수지 흑자를 기록한 1988년과 최대 경상수지적자를 기록한 1996년 그리고 가장 최근 연도인 2000년의 국제수지를 각각 나타낸 것이다. 우선 1988년도를 보면 경상수지는 상품 및 서비스수지 흑자에 주도되어 145억 540만 달러의 흑자를 기록한 데 대해 자본수지는 투자수지적자 47억 1,410만 달러로 인해 50억 6,750만 달러의 적자를 기록하였다. 그 결과 종합수지도 88억 5,730만 달러의

표 5-2 우리나라의 국제수지 추이 (단위: 100만 달러)

계 정	1988	1996	2000
Ⅰ. 경상수지	14,505.4	-23,004.7	11,404.8
• 상품 및 서비스수지	13,540.3	-21,144.1	13,146.0
상품수지	11,283.3	-14,964.7	16,871.6
수 출	59,973.0	129,968.0	175,947.7
수 입	48,689.7	144,932.7	159,076.1
서비스수지	2,257.0	-6,179.4	-3,725.6
수 취	8,375.2	23,412.3	29,697.2
지 급	6,118.2	29,591.7	33,422.8
• 소득수지	-1,327.6	-1,814.5	-2,421.3
• 경상이전수지	2,292.7	-46.1	680.1
Ⅱ. 자본수지	-5,067.5	23,326.8	12,110.0
• 투자수지	-4,714.1	23,924.4	12,725.2
직접투자	371.2	-2,344.7	4,284.5
증권투자	-1,080.5	15,184.4	11,997.5
기타투자	-4,004.8	11,084.5	-3,556.8
• 기타자본수지	-353.4	-597.6	-615.2
Ⅲ. 준비자산증(-)감	-8,857.3	-1,388.6	-23,771.2
Ⅳ. 오차 및 누락	-580.6	1,066.5	256.4
Ⅴ. 종합수지(Ⅰ+Ⅱ+Ⅳ)	8,857.3	1,388.6	23,771.2

주: 종합수지는 명시적으로 공표하지 않지만 독자의 이해를 돕기 위해 추가하였음. 이는 준비자산증감과 절대금액은 같고 부호만 정반대임.

자료: 한국은행, 「조사통계월보」, 2001. 10 및 「국제수지」, 1998. 1(통계업무자료 98-12).

흑자를 보이고 있다. 이에 대해 1996년은 우리나라 경제위기의 전조가 된 해로서 경상수지적자는 무려 230억 470만 달러에 이르러 국내총생산(GDP)대비 -4.7%에 이른 해이다. 천문학적인 수치의 경상수지적자를 보전(financing)하기 위해 순자본유입인 자본수지는 233억 2,680만 달러의 흑자를 기록하였다. 그 결과 종합수지흑자는 13억 8,860만 달러에 불과하였다. 그리고 2000년도에는 환율상승 등에 힘입어 경상수지가 114억 480만 달러의 흑자를 기록한데 이어 외국인의 국내 직접투자 및 주식투자자금의 대규모 유입으로 자본수지도 121억 1,000만 달러의 흑자를 기록함으로써 준비자산도 크게 증가하였다.

표에서 수출입총합계 중에 오차 및 누락이 차지하는 비중은 1988년에 -0.5%, 1996년에 0.4% 그리고 2000년에 0.08%로 IMF권고기준 5% 또는 우리나라 기준인 2%보다 작은 것으로 나타났다.

우리나라는 1985년까지 만성적인 경상수지적자를 기록해 왔는데 이는 무역수지의 적자에 기인되었다. 1960년대 이후 1985년에 이르기까지 경상수지가 흑자를 기록한 유일한 연도는 1977년인데 동년에도 무역수지는 적자(4억 7,660만 달러)를 기록하는 가운데 중동건설경기의 호조로 무역외수지가 크게 개선되어 경상수지 전체로는 소규모이나마 1,230만 달러의 흑자를 기록했었다. 그 외 연도는 모두 경상수지적자를 기록하다가 1985년 하반기부터 대내외 경제여건의 유리한 전개로 인해 무역수지가 크게 흑자를 기록하면서 1986~89년 동안에는 연속 경상수지흑자로 전환하게 되었다. 그러나 국제수지흑자 경제기간 동안 대내적으로는 급격한 임금상승, 노사분규로 인한 생산차질, 환율의 평가절상 등으로 수출경쟁력이 약화되는 가운데 대외적으로도 수입시장 개방압력증대, 평가절상압력가중 등 통상마찰이 심화되고 해외경기마저 침체되어 1990년에 경상수지는 20억 330만 달러의 적자로 반전되었다가 1993년에는 9억 8,950만 달러의 소폭 흑자를 기록하였다.

제3절 국제수지균형의 측정

1 국제수지균형과 불균형의 개념

지금까지 살펴본 바와 같이 계정상의 국제수지표는 일국의 모든 국제거래를 복식부기의 원리에 의해 대변과 차변에 동시·동액으로 기록하기 때문에 대변(수취)총액과 차변(지급)총액은 사후적(ex-post)으로 항상 일치한다. 따라서 오차 및 누락(*EO*)항이 0이라고 하면 경상수지(*CA*)와 자본수지(*KA*) 그리고 준비자산증감(*CRA*)의 합계는 항상 0이된다. 즉 $CA+KA+CRA=0$.

그러나 이는 국제수지를 구성하는 수 개의 계정들만을 고려할 때에도 이들 계정의 대변과 차변이 반드시 일치한다는 의미는 아니다. 예를 들어 상품 및 서비스수지, 소득수지, 경상이전수지로 구성되는 경상수지계정의 경우 수취(대변)가 지급(차변)보다 많아 수취초과가 발생하면 경상수지는 흑자(surplus)가 되며 반대로 수취가 지급보다 작아 지급초과가 발생하면 경상수지는 적자(deficit)가 되기 때문에 수취와 지급이 항상 일치한다는 보장이 없다.

따라서 국제수지표상에서 몇 개의 계정들을 합할 때 수취와 지급이 일치하여 국제수지가 균형이 될 수 있는가 하는 측정판단상의 기준설정 문제가 제기된다. 이를 위한 여러 가지 이론적 기준들이 제시되고 있는데 그 중 중요한 두 기준만을 고찰해 보기로 한다.

첫째로는 매클러프(F. Machlup)의 시장수지의 개념에 입각한 이론적 판단기준을 들 수 있다.[7] 매클러프에 따르면 주어진 환율에서 외환의 총수요액과 총공급액이 일치되는 상태를 국제수지의 균형수준으로 판단해야 된다고 주장하고 있다. 매클러프가 의도하고 있는 바는 외환의 가격으로서의 환율이 외환의 수요와 공급에 의해 자유롭게 결정되는 완전경쟁의 외환시장을 상정하고 있다. 즉 외환의 초과공급은 국제수지흑자를 초래하고 반대로 외환의 초과수요는 국제수지적자를 발생시킨다. 따라서 주어진 환율하에서 초과수요나 초

7) F. Machlup, *International Payments, Debts and Gold,* Scribner, New York, 1964, Part Ⅰ 및 김신행, 「국제경제론」, 법문사, 1987, pp. 359-65를 참조.

과공급이 없는 상태에서 국제수지의 균형이 달성된다는 것이다. 그러나 이와 같은 시장수지의 개념에 입각한 국제수지의 균형 또는 불균형을 판단하는 데는 다소 미흡한 점이 있다. 왜냐하면 물물교환과 같은 무환거래라든가 일방적 거래인 이전거래, 기계 및 시설 등에 의한 직접투자 등은 국제수지에는 기록되지만 외환거래에는 반영되지 않기 때문이다. 더욱이 환율이나 금리 또는 지출변경정책과 같은 국제수지조정정책의 목적으로는 위의 사후적 개념보다는 사전적 국제수지의 균형 또는 불균형개념이 필요하다.

두 번째로 들 수 있는 이론적 판단기준으로는 미드(J.E. Meade)가 제시한 기준인데[8] 일국의 모든 대외거래를 자율적 거래(autonomous transactions)와 보정적 거래(accommodating transactions)로 분류하고 국제수지의 균형 내지는 불균형을 판단하는 방법이다.

자율적 거래라 함은 국가간의 가격, 소득, 이자율 등 경제적 요인의 차이에 의해 자발적으로 발생되는 거래를 말하는데 이는 국제수지표의 여타 계정과는 독립적으로 발생되는 거래이다. 자율적 거래의 대표적인 항목으로는 상품 및 서비스의 수출입을 들 수 있다. 수입상품의 가격이 국내가격보다 높으면 수입은 억제되는 반면 수출은 증가하게 되므로 상품가격의 국제간 차이로 수출입이 변동하기 때문에 자율적 거래로 분류된다. 또한 외국의 소득에 비해 국내소득수준이 증가하면 수입은 증가하지만 수출은 감소되어 수출입은 자율적 거래의 성격을 갖는다. 이 외에도 해외원조와 같이 국가간의 소득격차를 감소시키는 이전거래와 자본수익률의 격차로 인해 발생되는 자본거래도 자율거래의 예라고 하겠다.

이에 대해 **보정적 거래**는 자율적 거래에 의해 발생된 결과를 조정할 목적으로 이루어지는 유발거래(induced transactions)를 말하는데 보정적 거래를 일명 보전거래(compensatory transactions)라고도 한다. 보정적 거래의 대표적인 항목으로는 정부보유의 금이나 외환보유액 등 국제준비자산의 증감이다. 예를 들어 국제수지적자로 인해 정부보유의 외환보유액이 감소되는 경우 이를 충당하기 위해 국제금융시장 등을 통해 차입한다면 이는 자율적 거래에 수반하여

---

8) J.E. Meade, *The Balance of Payments*, Oxford University Press, London, 1951, Chapters 1–3; C.P. Kindleberger, "Measuring Equilibrium in the Balance of Payments," *Journal of Political Economy* 77(1969), pp. 873–91.

발생되는 보정적 거래라고 할 수 있다.

이와 같이 일국의 모든 대외거래를 자율적 거래와 보정적 거래로 분류할 때 이를 이용하여 국제수지의 균형 또는 불균형의 이론적 판단기준을 설정할 수 있는데 일반적으로 국제수지의 균형 및 불균형은 미드의 이론적 판단기준에 따라 다음과 같이 정의할 수 있다.

국제수지의 균형(equilibrium of the balance of payments)이란 자율적 거래계정들의 수취(대변)총액과 지급(차변)총액이 일치하는 상태를 말하며, 이와 반대로 이들 계정들의 수취총액과 지급총액이 일치하지 않는 상태를 **국제수지의 불균형**(disequilibrium of the balance of payments)이라고 한다. 국제수지의 불균형은 다시 국제수지흑자 또는 적자로 구분되는데 만약 자율적 거래의 수취총액이 지급총액을 초과하면 국제수지흑자(surplus on balance of payments)라고 하고 그 반대로 지급총액이 수취총액을 초과하는 경우는 국제수지적자(deficit on balance of payments)라고 부른다.

그런데 여기서 유의할 사항은 이와 같은 판단기준은 이론적 기준으로서 사전적(ex-ante) 개념이란 점이다. 따라서 실제의 판단기준으로서 국제수지표상의 어느 항목까지가 자율적 거래이고 어느 항목들이 보정적 거래인가를 구분하는 문제가 제기된다. 사실상 국제수지표를 이용하여 자율적 거래와 보정적 거래를 획일적으로 명확하게 구분하기는 어렵다. 예를 들어 상품수지를 보전하기 위해 수출증대를 위한 수출보조금을 지불하거나 수입억제를 위해 수입수량할당제 등을 실시하는 경우의 수출입은 자율적 거래라고 할 수 없으며 또한 일반적으로 자율적 거래로 분류되고 있는 장기자본거래의 경우에도 정부가 국내의 직접투자를 위해 조세감면 등 각종 특혜조치하에 이루어진다고 하면 이 경우의 직접투자는 자율적 거래라고 할 수 없다. 뿐만 아니라 보정적 거래로 분류되는 국제준비자산의 변동 경우에도 정부가 보유외환을 증가시키기 위해 정부채권을 매각하거나 또는 국내통화억제를 위해 보유준비자산을 국내은행에 매각하는 경우에는 보정적 거래로 분류할 수 없다.

이와 같이 자율적 거래와 보정적 거래를 획일적으로 명확하게 분류하기가 어렵기 때문에 IMF방식에서는 국제수지표상에 적당한 선을 그어 그 선의 위쪽(above the line)에 위치하는 거래를 자율적 거래로 분류하고 그 선의 아래쪽(below the line)에 위치하는 거래를 보정적 거래로 분류하여 자율적 거래계정이 0(대변과 차변의 일치를 의미)인 경우를 국제수지의 균형상태로 판단하는 방법을 채택하고 있다. 따라서 국제수지표상의 어디에 경계선을 그을 것인가 하는 문제는 바로 국제수지의 균형, 불균형을 판단하는 데 중요하다.

일반적으로는 국제수지표상의 상단에 위치한 계정일수록 자율적 거래의 성격이 강하고 하단으로 내려갈수록 보정적 거래의 성격이 강하다고 할 수 있다. 적정선을 어디에 긋느냐에 따라 경상수지, 종합수지, 공적결제수지, 유동성수지 등의 개념들이 등장하게 되었는데 이들 개념들 중 중요한 것들만 나누어 고찰하면 다음과 같다.

2 경상수지

이미 앞서 설명한 바와 같이 경상수지는 상품 및 서비스수지, 소득수지, 경상이전수지의 합계를 말한다. 이 중 가장 큰 비중을 차지하는 계정은 상품수지이다.

이들 계정들은 자율적 거래의 성격이 강하기 때문에 경상수지를 자율적 거래로 보고 경상수지가 균형이면 국제수지도 균형으로 보는 견해이다. 사실상 경상수지는 실물적 측면에서 본 수지차의 개념이기 때문에 대부분의 국가들은 경상수지의 균형을 중시할 뿐만 아니라 국제수지의 균형도 경상수지의 상태에 따라 판단한다. 또한 경상수지는 국민소득계정과 직결되어 있기 때문에 국제수지조정정책의 초점도 경상수지개선에 두고 있는 경우가 일반적이다. 이 견해에 따르면 자본수지 및 준비자산증감은 경상수지의 불균형을 조정하기 위한 보정적 거래로 간주하게 된다.

우리나라의 경우에도 상품수지적자에 주도되어 경상수지가 적자를 기록함에 따라 자본도입을 통해 이를 보전하고 국제지불준비자산의 증가를 유도해 왔으며 경상수지가 흑자인 경우에는 외채상환, 해외직접투자를 촉진시킴으로써 자본거래가 보정적 거래의 역할을 수행하고 있다고 하겠다.

그러나 시설재 도입 등 장기자본도입을 통해 경제성장을 추구하는 경우 수입증대로 인한 경상수지적자가 바로 국제수지의 적자라고는 말할 수 없는 경우가 있다.

또한 매클러프의 시장수지개념에 입각한 기준의 경우 외환의 수요와 공급이 일치하는 경우를 국제수지균형으로 판단하는 기준에서도 국제수지균형은 경상수지뿐만 아니라 자본거래를 포함한 개념일 때 가능하므로 경상수지만으로 국제수지의 균형상태를 판단하는 데는 또 다른 문제가 수반된다.

남미와 같이 외채누적으로 경제의 어려움을 겪는 국가의 경우에는 경상수지 대신에 투자수익수지를 제외한 비이자서비스(non-interest services)와 상품수지를 합한 계정을 자율적 거래로 보고 국제수지균형의 판단지표로 이용하고 있다.[9)]

이 외에도 종전에는 경상수지와 장기자본수지의 합계로 정의되는 기초수지(basic balance)에 의해 국제수지의 균형 또는 불균형의 판단기준을 두어야 한다는 주장이 있었다. 왜냐하면 경상수지와 장기자본수지는 장기적으로 안정적일 뿐만 아니라 경상수지적자가 장기자본도입으로 어느 정도 보전(financing)될 수 있느냐를 나타낸다는 점에서 기초수지는 일국의 장기적 대외지급능력을 나타내 주기 때문이다. 그러나 세계적인 금융시장통합화와 더불어 자본수지의 장·단기 구분의 의미가 희석됨에 따라 신국제수지 편제에서는 기초수지를 작성하지 않기 때문에 그 중요성이 없어졌다.

3 종합수지

종합수지(overall balance of payments)는 경상수지, 자본수지 그리고 오차 및 누락의 합계로 정의된다. 따라서 종합수지에 의한 국제수지의 균형 또는 불균형을 판단하는 기준은 자본거래까지도 자율거래에 포함시킨다는 점에서 경상수지에 의한 판단기준과 상이하다. 그런데 종합수지는 준비자산증감과 절대금액은 같고 부호만 다르기 때문에 준비자산증감을 통해서 국제수지의 균형 내지는 불균형을 판정할 수 있다. 따라서 종합수지를 흔히 공적결제수지(official settlement balance) 또는 공적지불준비금거래수지(official reserve transactions balance)라고 부르는 이유가 여기에 있다. 엄밀한 의미에서 공적결제수

9) R. E. Caves, J. A. Frankel, and R.W. Jones, *World Trade and Payments: An Introduction*, 6th ed., Harper Collins Publishers, New York, 1993, p.316.

지는 모든 거래 중 정부(중앙은행)보유 국제지불준비자산거래만을 제외한 수지를 말한다. 이는 통화당국의 외환시장개입을 측정하는 데도 사용될 수 있다. 예를 들어 외환에 대한 초과수요가 발생하면 종전의 환율수준을 유지하기 위해 중앙은행은 필요한 외환을 공급하게 되고 그 결과 국제지불준비자산의 감소로 반영되기 때문이다.

제4절 국제수지와 타 사회계정과의 관계

국제수지표는 통관통계, 외환수급통계 등을 기초로 작성되며 국민소득계정, 통화공급변동 등과 연결되어 있다. 이 절에서는 관련 주요 통계와의 관계를 고찰해 보기로 한다.

1 국제수지와 외환수급통계

「외환수급통계」란 일정기간 동안에 일국의 대외거래에서 발생하는 외환의 수요 및 공급상태를 표로 총괄집계한 것을 말한다. 이는 유량(flow)의 개념에 입각하여 작성되고 있어 국제수지표작성에 중요한 기초자료가 되고 있을 뿐만 아니라 일국의 현금흐름(cash flow)의 동향을 파악할 수 있는 기초통계표이다.

그러나 외환수급통계표는 금융기관을 통한 외환거래만을 대상으로 하고 있기 때문에 모든 대외경제거래를 대상으로 하는 국제수지표와는 다음과 같은 차이점들을 갖고 있다.[10)]

첫째로는 포괄범위(coverage)상의 차이를 들 수 있는데 국제수지표는 거주자와 비거주자간에 발생하는 모든 경제거래를 포함하나 외환수급통계는 금융기관을 통한 외환결제를 수반한 거래만을 포함하기 때문에 물물교환이나 현물증여, 물자차관 등 무환수출입거래와 국제기구에 출자한 원화대출 등은 제외된다. 뿐만 아니라 해외투자의 결과로 얻는 투자수익을 외국에서 재투자하는

10) 한국은행, 「알기 쉬운 경제지표해설」, 1990, pp.135-40.

경우라든가 수출업자의 수출대금이 해외에서의 외화자산증가로 나타나 국내 금융기관에 집중되지 않거나 또는 수출대금의 일부를 외국에서 직접 상품수입으로 충당하는 경우 등은 금융기관 등을 통해 이루어지는 거래가 아니므로 외환수급통계에는 잡히지 않는 경우가 있다.

둘째로는 계상시점(timing)상의 차이를 들 수 있다. 국제수지통계는 발생주의원칙에 따라 거주자와 비거주자간의 소유권 이전(change of ownership)기준으로 계상한다. 따라서 상품은 매매시점을 기준으로, 서비스(service)는 제공시점을 기준으로 계상하게 된다. 이에 대해 외환수급통계는 현금주의를 채택하여 외국환은행을 통한 외환의 수급이 발생되는 시점(결제기준)에서 계상되므로 양자간에 차이가 발생한다.

셋째로는 평가(evaluation)상의 차이를 들 수 있다. 국제수지표상의 수출입은 모두 FOB가격기준으로 평가되므로 운임 및 보험료 등이 서비스수지로 분류되어 계상된다. 그러나 외환수급통계에 있어서는 상품수출입은 공통된 기준이 없이 실제거래조건에 따라 가격조건별로 기록되므로 운임 및 보험료가 상품수출입에 포함되는 경우가 있는가 하면 포함되지 않는 경우도 있어서 두 통계표간에 차이가 존재한다.

이와 같은 차이들이 국제수지표상의 오차 및 누락항에 반영되고 있음은 이미 설명한 바 있다.

2 국제수지와 국민소득계정

IMF가 새로 작성한 「국제수지표 작성요람」 제5판은 국제수지계정과 경제권 전체의 계정인 국민계정체계(System of National Accounts: SNA)간의 연계성을 더욱 높였다. 그에 따라 이하에서는 국제수지계정과 국민소득계정 및 저축·투자간의 관계를 고찰하여 보기로 한다.

개방경제하에서 국민소득(Y)은 지출측면에서 포착할 때 민간소비지출(C), 총투자지출(I), 정부지출(G), 그리고 재화(상품) 및 서비스에 대한 수출(X)과 수입(M)의 차액인 순수출($X-M$)로 구성된다. 여기서 재화 및 서비스의 순수출($X-M$)은 바로 국제수지표의 경상수지(단, 소득수지 및 경상이전수지는 제외)

로부터 계상된 것이다. 만약 국민소득이 불변가격으로 추계되었다고 하면 경상수지 또한 국내통화표시 불변가격으로 환산하여 국민소득계정에 이용하면 된다.

따라서 국민소득은 경상가격으로 표시하든 불변가격으로 표시하든간에 다음과 같은 항등식(identity)이 성립된다.

$$Y \equiv C + I + G + X - M \qquad (5.\ 1)$$

윗식에서 국민소득 Y는 추계방법에 따라 국내총생산(Gross Domestic Product: GDP) 또는 국민총생산(Gross National Product: GNP)을 나타내며 항등식 우측항들의 합계($C+I+G+X-M$)는 지출국민소득을 나타낸다. 이는 삼면등가의 원칙에 의해 생산국민소득과 지출국민소득이 사후적으로 일치하기 때문이다. 그런데 최근 세계적인 경제자유화 추세와 더불어 국가간 경제영역이 희석됨에 따라 국민소득계정은 GNP보다는 GDP의 개념이 더욱 중요시되고 있는데 이하에서는 국민소득을 GDP, 즉 국내총생산기준으로 고찰하기로 한다.

여기서 국내총생산(GDP)이라 함은 국경을 중심으로 일국이 일정기간 동안에 국내에서 생산된 모든 최종생산물의 가치(value added)를 말한다. 따라서 비록 국내에 거주하는 외국인이라고 하더라도 그들이 생산한 최종생산물은 GDP에 포함되지만 국내노동, 자본 등 국내생산요소가 해외에서 생산한 최종생산물은 GDP에 포함되지 않는다. 이를 식으로 나타내면 다음과 같다.

$$Y \equiv C_d + I_d + G_d + X \qquad (5.\ 2)$$

여기서 C_d, I_d, G_d는 각각 국내에서 생산한 산출물(output)에 대한 소비, 투자, 정부지출을 나타낸다. 그리고 국내에서 생산된 산출물의 일부는 국경밖의 해외수요인 수출(X)로도 처분된다. 그러나 현실적으로 국내거주 경제주체인 가계, 기업, 정부, 해외부문은 국내생산물만을 소비지출하는 것이 아니다. 외국에서 생산된 생산물인 재화 및 서비스를 수입하여 소비하기 때문에 민간총소비지출(C)은 국내산출물에 대한 민간소비지출(G_d)과 외국산출물에 대한 민간소비지출(C_m)의 합계($C=C_d+C_m$)로 이루어진다. 마찬가지로 총투자지출(I)도 국내산출물에 대한 투자지출(I_d)과 외국산출물에 대한 투자지출(I_m)의 합계로 구성되며 정부지출(G)도 G_d+G_m으로 구성된다. 따라서 식 (5. 2)는 다음과 같이 쓸 수 있다.

$$Y = (C - C_m) + (I - I_m) + (G - G_m) + X \qquad (5.\ 3)$$
$$= C + I + G + X - (C_m + I_m + G_m)$$

그런데 일국의 총수입(M)은 소비를 위한 수입(C_m), 투자를 위한 수입(I_m), 정부지출을 위한 수입(G_m)의 합계 즉 $M = C_m + I_m + G_m$이므로 이를 식 (5. 3)에 대입하면 생산국민소득으로서의 GDP와 지출국민소득이 동일한 식 (5. 1) 즉, $Y = C + I + G + X - M$이 됨을 알 수 있다. 따라서 GDP가 어떻게 지출국민소득으로 추계(推計)되는가를 알았다.

여기서 유의할 점은 첫째로 개방경제(open economy)하에서의 국내총생산(GDP)은 국민총생산(Gross National Product: GNP)과 다른 개념이라는 점이다.

국민총생산(GNP)은 일국이 일정기간 동안에 국민에 의해 생산된 모든 최종생산물의 가치를 말한다. 따라서 GDP와 GNP간에는 **대외순수취요소소득**(net factor income from abroad: NFI)[11]만큼의 차이가 발생한다. GDP에 대외순수취요소소득을 감안한 GNP는 다음과 같이 정의된다.

$$\text{GNP} = \text{GDP} + \text{NFI}(\text{대외순수취요소소득}) \qquad (5.\ 4)$$

일반적으로 후진국과 같이 외국인의 기술도입 및 직접투자가 많은 국가는 외국인에 대한 대외지급요소소득이 자국국민이 해외에서 취득하는 요소소득보다 커서 대외순수취요소소득은 부(−)의 값을 갖기 때문에 GNP보다는 GDP가 크고, 선진국의 경우는 반대로 GNP가 GDP보다 크다. 그러나 후진국이라고 해도 파키스탄, 중국과 같이 자국노동인력의 해외취업이 많은 경우에는 대외순수취요소소득이 정(+)의 값을 갖게 되어 GNP가 GDP보다 큰 경우가 있다.

두 번째로 유의할 사항으로는 식 (5. 1)이 경상수지조정정책의 기본방향을 제시해 주고 있다는 점이다. 식 (5. 1)의 우측항에서 소비(C), 투자(I), 정부지출(G)의 합계를 A라고 놓으면 $A \equiv C + I + G$를 **국내총지출**(domestic absorption) 또는 단순히 「**업솝션**」이라고 한다. 따라서 식 (5. 1)은 $Y \equiv A + (X - M)$으로 표시될 수 있으므로 경상수지의 결정식은 다음과 같이 정의된다.[12]

11) 여기서 대외순수취요소소득이라 함은 국내생산요소가 해외에서 가득(稼得)한 대외수취요소소득(대외수취임금소득 및 투자소득의 합계)에서 대외지급요소소득(국내에 거주하는 외국의 생산요소가 취득한 임금소득 및 투자소득의 합계)을 뺀 차액을 말한다.

12) 식 (5. 5)에서 경상수지 CA를 상품 및 서비스수지에 소득수지 및 경상이전수지를 포함시키

$$CA = Y - A \quad (5.\ 5)$$

단, $CA = X - M$: $X - M$은 상품 및 서비스의 순수출로서
소득수지 및 경상이전수지를 제외한 경상수지(CA)임.

식 (5. 5)는 후에 고찰할 국제수지조정정책으로서의 총지출접근방법(absorption approach to the balance of payments)의 기본모형이 된다. 윗식이 의미하는 바는 국민소득(Y)이 국내총지출(A)보다 크면($Y>A$) 경상수지는 흑자($CA>0$)가 되고 그 반대이면($Y<A$) 경상수지는 적자($CA<0$)가 됨을 의미한다. 다시 말해서 지출보다 소득이 커서($Y>A$) 저축이 이루어진 경우에 경상수지흑자가 발생함을 의미한다. 왜냐하면 저축은 소득보다 국내외재화에 대한 지출이 작을 때 이루어지기 때문이다. 따라서 경상수지의 균형($CA=0$)은 국민소득과 국내총지출이 같아질 때(Y=A) 달성됨을 알 수 있다.

이를 다른 관점에서 분석해 보자. 국내총생산(Y)은 소득측(income-side)의 처분면에서 볼 때 다음과 같이 민간소비(C), 민간저축(S), 조세(T), 대외순이전지출(F)로 구성된다.

$$Y \equiv C + S + T + F \quad (5.\ 6)$$

개인은 개인소득(Personal Income: PI)에서 개인소득세와 해외이전지출을 뺀 잔여분으로 소비 또는 저축을 할 것이고, 기업은 기업이윤으로 받은 소득 중 일부는 법인세로 정부에 납부하고 일부는 배당금으로 지출하고 또 일부는 실업수당, 사회보장비 등 국내이전지출뿐만 아니라 외국기업 또는 외국정부에 대외이전지출을 행하고 나머지는 개인과 마찬가지로 소비 또는 법인저축(사내유보이윤)을 하게 된다. 그 결과 국민경제전체적으로는 정부에 조세지출로서 T만큼을 납부하고 동시에 대외순이전지출을 F만큼 함으로써 소득 중 잔여분은 소비와 저축($C+S$)으로 처분하게 되므로 식 (5. 6)이 성립하게 된다.

식 (5. 1)과 식 (5. 6)으로부터 GDP항등식은 다음과 같이 주어진다.

면 Y는 국민총가처분소득(Gross National Disposable Income: GNDI)을 의미한다. 왜냐하면 국민총가처분소득은 국민경제 전체가 소비나 저축으로 자유로이 처분할 수 있는 소득수준을 나타내는 국민가처분소득(National Disposable Income: NDI)에 고정자본소모를 합계한 것이기 때문이다. 따라서 엄밀한 의미에서 $GNDI = C + I + G + CA$이며 다만 CA는 자국통화표시 경상수지이다.

$$C+I+G+X-M \equiv Y \equiv C+S+T+F \qquad (5.\ 7)$$

이제 식 (5. 7)을 다소 변형시켜 보자. $C+I+G+(X-M) \equiv C+S+T+F$의 항등식으로부터 양변에서 C를 소거하고 좌측의 I 및 G는 항등식 우측으로 이동시키는 대신 F를 좌측으로 이동시켜 정리하면 $(X-M)-F \equiv (S-I)+(T-G)$가 항등적으로 성립된다. 그런데 F는 내국인이 외국에 지불한 대외순이전지출이므로 F에 (−)의 부호를 붙인 것은 바로 외국으로부터 받은 대외순이전수취에 해당된다. 따라서 소득수지를 제외한 경상수지계정과 일치시키기 위해 대외순이전수취를 R이라고 표시하면 R과 F간에는 $R \equiv -F$의 관계가 성립된다. 따라서 GDP항등식으로부터 경상수지($X-M+R$)는 다음 식 (5. 8)과 같이 투자를 상회한 초과저축($S-I$)과 정부의 재정수지흑자($T-G$)의 합계로 정의된다.[13)]

$$(X-M)+R \equiv (S-I)+(T-G) \qquad (5.\ 8)$$

$$\text{또는 } CA \equiv (S-I)+(T-G)$$

윗식 좌변의 항목은 소득수지를 제외한 경상수지($CA=X-M+R$)를 나타내는데 이 중 ($X-M$)은 상품 및 서비스의 순수출로서 경상수지계정의 상품 및 서비스수지를 나타내고 R은 대외순이전수취로서 경상이전수지를 나타낸다. 위의 식 (5. 8)은 경상수지가 민간부문에서의 저축과 투자의 관계와 정부부문에서의 재정수지에 의해 결정됨을 보여 주고 있다. 예를 들어 다른 조건이 일정불변(ceteris paribus)일 때 저축을 상회하여 투자수요가 높거나 또는 조세수입보다 정부지출이 높으면 경상수지의 적자($CA<0$)를 초래한다. 제17장에서 고찰하는 바와 같이 미국이 1980년대에 들어와 소위 '쌍둥이 적자'인 재정적자와 경상수지적자의 누적으로 시달렸던 것은 조세수입(T)이 정부지출(G)을

13) 식 (5. 8)의 경상수지에서 소득수지를 제외시킨 것은 분석을 단순화하기 위한 것이다. 그러나 독자 중에는 소득수지까지 감안하면 어떤 관계가 성립될 것인지 궁금해 할 것으로 생각되어 여기에 추가한다. 경상수지 정의대로 상품 및 서비스수지, 소득수지, 경상이전수지를 모두 더하면 경상수지는 국내총저축(S_T)에서 국내총투자(I_T)를 뺀 차액과 같다. 즉, $CA=S_T-I_T$가 성립한다. 따라서 국내총저축을 민간저축(S)과 정부저축(S_G)으로 구분하고 국내총투자 또한 민간투자(I)와 정부투자(I_G)로 구분하면 경상수지는 $CA=(S-I)+(S_G-I_G)$로 표시된다. 이는 정부부문의 저축부족 즉 재정적자가 민간부문의 순저축으로 보전되지 않으면 경상수지는 적자가 됨을 의미하므로 식 (5. 8)과 맥락을 같이하고 있음을 보여 주고 있다.

보전(financing)하지 못했을 뿐만 아니라 공급중시경제정책의 일환으로 추진했던 조세유인정책이 저축증대를 유도하지 못한 결과의 좋은 예라고 하겠다.

끝으로, 경상수지(*CA*), 자본수지(*KA*), 준비자산증감(*CRA*)간의 관계를 생각해 보자. 복식부기 원리에 의해 경상계정, 순자본 및 투자계정(준비자산을 제외한 모든 자본 및 금융거래), 준비자산증감의 합계는 반드시 0이 되므로 다음의 식 (5. 9)가 항상 성립한다.

$$CA+KA+CRA=0 \tag{5. 9}$$

따라서 이를 달리 표시하면 식 (5. 10)과 같다.

$$CA=-(KA+CRA) \tag{5. 10}$$

윗식 (5. 10)으로부터 알 수 있는 바와 같이 경상수지흑자($CA>0$)는 거주자의 비거주자에 대한 채권(債權)증가 즉 자본유출로 나타나거나 통화당국에 의한 준비자산의 취득이라는 형태로 나타난다. 이에 반해 경상수지적자($CA<0$)는 거주자의 비거주자에 대한 채무증가 즉 자본유입이나 통화당국에 의한 준비자산의 처분으로 나타남을 의미한다.

3 국제수지와 통화공급

국제수지변동은 국내통화공급을 변동시킴으로써 국제수지와 통화공급간에는 직접적인 연관을 갖고 있다. 국제수지가 흑자를 이루면 그만큼 해외자산의 유입이 증가하게 되고 국내통화로 바꾸어 사용해야 되기 때문에 외화증가는 국내통화증가로 나타나게 된다. 반대로 국제수지가 적자이면 해외에 지급해야 할 외화를 외환은행으로부터 국내통화를 대가로 매입해야 하므로 시중의 국내통화는 은행창구를 통해 환수되게 되어 감소된다. 이와 같은 국제수지불균형이 국내통화공급변동에 미치는 파급경로는 기본적으로 중앙은행의 창구를 통해 공급되는 본원통화로 파악될 수 있으며 총통화규제방식하에서의 총통화의 부문별 공급경로를 통해 파악할 수도 있다. 이를 나누어 각각 고찰하기로 한다.

국제수지와 본원통화

본원통화(monetary base)란 중앙은행의 창구를 통해 시중에 흘러나온 현금을 말하는데 이는 통화승수를 통해 몇 배의 신용창출을 하기 때문에 일명 **고성능통화**(high-powered money)라고도 한다.

본원통화의 공급경로는 중앙은행의 대차대조표(balance sheet: B/S)를 통해 파악할 수 있는데 중앙은행의 자산란에는 대정부여신과 대금융기관여신의 합계인 국내신용, 외화자산, 기타자산으로 구성되어 있으며, 부채란에는 본원통화, 외화부채 및 기타부채로 구성되어 있다. 따라서 해외부문과 기타부문을 각각 순자산(자산－부채)형태로 변형하여 재편성한 중앙은행의 대차대조표는 다음의 [표 5－3]과 같다.

따라서 중앙은행의 대차대조표는 복식부기의 원리에 의해 자산총계와 부채총계는 사후적으로 항등의 관계에 있으므로 다음과 같이 중앙은행의 국내신용(Central bank' s domestic credit: *CDC*)과 국제준비자산(Central bank's international reserves: *CIR*)의 합계는 본원통화(*H*)와 같다. 여기서 국제준비자산은 중앙은행의 순외화자산을 의미한다.

$$CDC + CIR \equiv H \tag{5. 11}$$

만약 국제수지가 흑자이고 중앙은행이 외환집중제를 사용한다고 하면 국제수지흑자에 따른 외화자산증가는 중앙은행의 순외화자산의 증가(ΔCIR)로 나타나고 이는 다시 본원통화의 증가로 나타날 것이다. 따라서 식 (5. 11)을 증가분(Δ)형태로 표시하면 식(5. 12)와 같다.

$$\Delta CDC + \Delta CIR = \Delta H \tag{5. 12}$$

만약 $\Delta CDC=0$이면 순외화자산의 증가(ΔCIR)는 동일규모의 본원통화의

표 5-3 중앙은행의 대차대조표

자 산	부 채
국내신용(*CDC*) 순외화자산(*CIR*)	본원통화(*H*)

증가(ΔH)로 나타나게 될 것이다. 본원통화의 증가는 시중은행의 신용창조를 통해 통화(M_1)의 증가로 나타나고 이는 다시 총통화(M_2)의 증가에 반영된다.

국제수지와 총통화

국제수지불균형에 따른 통화의 변동을 쉽게 파악할 수 있는 방법은 본원통화보다는 총통화기준으로 파악하는 경우이다. 특히 우리나라는 1979년부터 통화관리를 위한 통화총량지표로서 총통화를 사용해 오다가 1996년 5월부터는 *MCT*를 추가하여 함께 중심통화지표로 이용하였다.[14)]

총통화(M_2)는 통화(M_1)보다 광의의 통화지표로서 현금통화에 준통화(quasi-money)를 합한 것을 말한다. 준통화는 저축성예금과 거주자외화예금의 합계를 말하는데 이는 이자를 포기하면 언제든지 현금화될 수 있다는 점에서 준통화라고 부른다. 그런데 총통화의 공급경로는 통화금융기관의 연결대차대조표인 통화개관표(monetary survey table)를 통해 정부, 민간, 해외 및 기타부문의 4개 부문으로 나누어 파악하고 있다. 통화금융기관의 대차대조표에서 부채 중 예금을 제외한 다른 항목들을 차변으로 옮겨 자산에서 차감하면 자산란은 부문별 통화공급을 나타내고 부채란은 총통화계정만이 남게 되는데 통화개관표를 재편재한 통화금융기관의 종합대차대조표는 [표 5-4]와 같게 된다.

다음 종합대차대조표에서 알 수 있는 바와 같이 통화금융기관의 통화공급경로는 정부부문, 민간부문, 해외부문, 기타부문 등 4개 부문을 통해 이루어지는데 통화금융기관이 정부부문에 행한 대정부신용(*GDC*)과 민간부문에 행한 대민간신용(*PDC*)의 합계를 국내신용(domestic credit: *DC*)이라고 한다. 그리고 순외화자산(net foreign assets: *NFA*)은 해외부문을 통한 총통화공급으로 나타나

표 5-4 통화금융기관의 종합대차대조표

자 산	부 채
국내신용(*DC*)	총통화(M_2)
대정부신용(*GDC*)	통화(M_1)
대민간신용(*PDC*)	준통화(*QM*)
순외화자산(*NFA*)	
순기타자산(*NOA*)	

14) 이에 관한 구체적인 내용은 제7장 2절을 참조할 것.

고 있으며 순기타자산(net other assets: NOA)은 기타부문을 통한 총통화공급경로를 나타내고 있다. 한편 부채란의 총통화(M_2)는 통화(M_1)와 준통화(QM)의 합계로 구성된다. 그런데 통화(M_1)는 현금통화와 예금통화의 합계이고 준통화(QM)는 저축성예금과 거주자외화예금의 합계로 구성됨은 이미 지적한 바와 같다. 복식부기 원리에 의해 [표 5-4]의 자산총액은 부채총액과 동일하므로 총통화는 다음과 같은 항등식을 갖는다.

$$DC+NFA+NOA \equiv M_2 \tag{5. 13}$$

따라서 위의 항등식을 변동분(Δ)형태로 표시해도 성립되어야 하므로 다음과 같이 쓸 수 있다.

$$\Delta DC+\Delta NFA+\Delta NOA \equiv \Delta M_2 \tag{5. 14}$$

그런데 순외화자산변동(ΔNFA)은 바로 자국통화표시 종합수지(B)와 같으므로($\Delta NFA=B$) 다른 조건이 일정불변이면 국제수지흑자는 총통화의 증가($\Delta M_2>0$)로 나타나고 국제수지적자는 총통화의 감소($\Delta M_2<0$)로 나타난다.

이를 달리 표현하면 국제수지흑자($\Delta NFA>0$)에도 불구하고 총통화의 변동을 종전과 동일($\Delta M_2=0$)하게 하기 위해서는 국내신용을 감소($\Delta DC<0$)시키거나 또는 순기타자산을 감소($\Delta NFA<0$)시켜야 함을 뜻한다.

이와 같이 국제수지흑자로 인한 순외화자산증가($\Delta NFA>0$)에 따른 통화증발(增發)을 상쇄(offset)시키는 정책을 **중화정책**(sterilization policy) 또는 **불태화정책**이라고 한다. 전형적인 중화정책수단들로는 중앙은행이 공개시장조작(open market operation)을 통해 국공채를 매각하여 통화를 환수하는 방법과 기업신용한도제 실시, 은행차입억제, 재할인율인상 등 국내신용을 억제하는 방법을 들 수 있다. 공개시장조작은 정부부문 및 기타부문(순기타자산)에서의 통화환수방법이 된다.

한국의 중화정책

이미 제3절 6항에서 고찰한 바와 같이 1980년대 중에 우리나라는 1986년부터 1989년까지 연속 4년간에 걸쳐 경상수지흑자 주도로 종합수지흑자를 기록한 바 있다. 신국제수지 편제기준에 따르면 1985년에는 경상수지적자 7억

9,510만 달러, 종합수지적자 4,090만 달러에서 1986년부터 국제수지흑자로 전환하면서 1988년에는 당시까지 사상 유례 없는 대폭적인 국제수지흑자를 기록하였다. 1988년의 경상수지흑자는 145억 540만 달러에 이르고 그 결과 종합수지는 88억 5,700만 달러의 흑자를 시현하였다. 독자의 이해를 돕기 위해 예시적으로 국제수지가 적자였던 1985년과 대폭적인 국제수지흑자를 기록한 1988년 두 해에 대해서 M_2기준의 통화공급경로를 분석하면 다음의 [표 5-5]와 같다.

[표 5-5]에서 알 수 있는 바와 같이 정부부문과 민간부문의 합계인 국내신용증가분(ΔDC), 해외부문의 순외화자산증가분(ΔNFA), 그리고 기타부문의 순기타자산증가분(ΔNOA)의 합계는 총통화증가분(ΔM_2)과 같다. 통화공급경로 중 해외부문을 보면 1985년에는 국제수지적자로 해외부문에서 2조 6,044억 원이 통화환수되었으나 1988년에는 국제수지흑자로 인해 무려 10조 2,119억 원의 통화증발이 발생했다. 통화증발을 중화시키기 위해 정부부문에서는 재정증권발행 등을 통해 2조 1,735억 원이 환수(부(-)의 수치)되었고 기타부문에서는 통화안정증권발행 등으로 7조 1,187억 원이 환수되었다.

우리나라가 1988년중에 사용한 통화환수정책은 정부, 민간, 해외 및 기타 부문 전반에 걸쳐 실시되었는데 이에 동원되었던 주요 정책수단들은 다음과 같다.[15)]

표 5-5 부문별 통화공급의 경로(말잔액기준 증감액) (단위:억 원)

자산변동	1985	1988	부채변동	1985	1988
국내신용(ΔDC)	65,021	55,661	총통화(ΔM_2)	38,596	86,593
정부부문(ΔGDC)	404	-21,735	통화(ΔM_1)	7,371	20,441
민간부문(ΔPDC)	64,617	77,396	준통화(ΔQM)	31,225	66,152
해외부문(ΔNFA)	-26,044	102,119			
기타부문(ΔNOA)	-381	-71,187			

자료 : 한국은행, 「조사통계월보」, 1988. 1. 및 1989. 1.

15) 한국은행, "1988년중 통화금융동향과 향후의 정책과제," 「조사통계월보」, 1989.1, pp. 7-21.

(1) 정부부문 : 재정증권발행, 조세징수유예기간 단축 등

(2) 민간부문 : 무역금융축소(대기업은 폐지), 외화대출억제, 재할인율인상, 최저예금지급준비율의 인상, 거액은행차입금 상환유도, 여신관리제도의 강화 등

(3) 해외부문 : 외채상환 및 상업차관도입억제, 해외투자촉진 및 해외증권투자확대, 수입촉진(관세율인하, 금수입자유화, 기술도입제한완화), 외화자금유입규제강화, 무역외거래 지급제한완화(해외경비규제완화 등), 외환집중제완화 등

(4) 기타부문 : 통화안정증권발행 확대, 일반은행 유상증자 확대 등

제5절 국제수지의 발전단계와 외채

1 국제수지의 발전단계

복스(T.H. Boggs), 사무엘슨(P.A. Samuelson), 킨들버거(C.P. Kindleberger)[16] 등은 장기적으로 경제발전과정에 따라 국제수지의 구조변화를 분석 · 고찰하여 국제수지의 발전단계설(Stages of a Country's Balance of Payments)을 제시하고 있다. 복스에 이어 사무엘슨은 일국의 경제발전의 정도에 따라 국제수지구조의 양상을 ① 성년채무국, ② 성숙채무국, ③ 미성숙채권국, ④ 성숙채권국의 4단계로 분류하고 있다. 이에 대해 킨들버거는 이를 더 세분화하여 미성숙채무국과 성년채권국을 추가하여 6단계로 구분하고 있는데 킨들버거의 주장을 기초로 고찰하면 [표 5-6] 및 [그림 5-7]과 같다.

우선 첫번째 단계인 미성숙채무국(young debtor)은 상품(무역)수지뿐만 아니라 서비스수지(구국제수지 편제기준의 무역외수지)가 적자이고 자본수지는 흑자상태로서 경제발전 초기단계에 있는 채무국들이 이에 해당한다. 경제개발

16) P.A. Samuelson, *Economics*, 9th ed., McGraw-Hill Book Company, New York, 1973, pp.659-62; C.P. Kindleberger, *International Economics*, 4th ed., Richard D. Irwin Inc., Homewood, Illinois, 1968, pp.483-6을 참조.

표 5-6 국제수지의 발전형태

발전단계	경상수지	자본수지
1. 미성숙채무국	적자폭 확대	흑자폭 확대
2. 성년채무국	균형으로 접근	균형으로 접근
3. 성숙채무국	흑자로 전환	적자로 전환(원금상환)
4. 미성숙채권국	흑자폭 확대	적자폭 확대
5. 성년채권국	균형으로 접근	균형으로 접근
6. 성숙채권국	적자	흑자

초기단계에서는 산업시설과 수출능력의 부족으로 수출은 전무하거나 미약한 상태에서 대량의 원자재 및 자본재 수입이 일어나고 그 결과 무역수지는 적자를 초래한다. 뿐만 아니라 경제개발에 필요한 외자도입으로 자본수지는 흑자 상태이나 외국인의 투자수익 등 과실송금으로 투자수익계정의 적자에 따라 소득수지도 적자를 나타낸다.

그림 5-7 국제수지의 발전단계

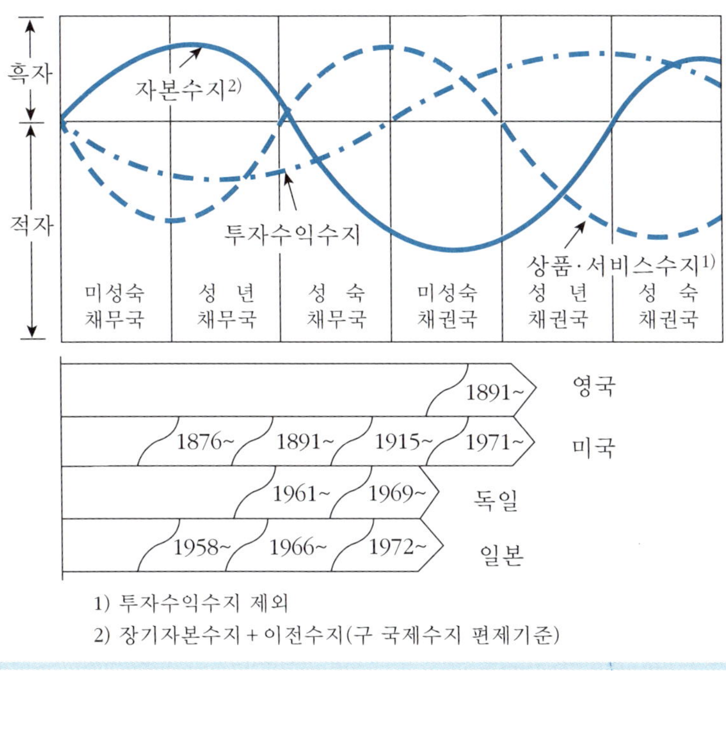

1) 투자수익수지 제외
2) 장기자본수지 + 이전수지(구 국제수지 편제기준)

그러나 미성숙채무국 단계를 지나 수출능력이 증대되고 수입대체산업의 육성을 통해 공업화가 이루어지면 수출증대와 수입감소로 무역수지의 적자폭은 감소하여 균형상태로 접근하는 성년채무국(adult debtor)에 이른다. 그러나 이 단계에서는 완전공업화가 이루어진 단계가 아니므로 자본 및 기술도입 등으로 자본수지는 계속 흑자를 보이나 흑자폭은 감소하여 균형상태로 접근하게 된다.

성년채무국을 지나면 성숙채무국(mature debtor)의 단계에 이른다. 성숙채무국은 공업화가 완전히 이루어져 생산원가가 하락하고 품질이 향상됨으로써 수출은 크게 확대되는 반면 수입은 크게 감소하여 상품 및 서비스수지는 흑자를 기록하고 해외투자증대로 투자수익 또한 적자에서 균형상태로 접근함으로써 경상수지 전체로는 흑자로 전환된다. 그리고 경상수지흑자는 주로 외채상환에 이용됨으로써 자본수지는 균형 내지는 적자로 반전되는 단계를 말한다. 미국은 1891년에 이 단계로 이행된 것으로 평가되고 있으며 독일이 1961년에, 일본이 1966년에 각각 이 단계로 이행된 것으로 분석되고 있다. 우리나라도 1986년부터 경상수지가 흑자를 기록하면서 연이어 1987~88년에 많은 외채를 상환하여 이 단계로 이행되었을 것으로 평가되어 왔으나 1990년도부터 다시 국제수지가 적자로 반전되어 객관적 판단을 어렵게 하고 있다.

한편 미성숙채권국(young creditor)은 상품 및 서비스수지의 흑자폭은 감소하나 해외투자확대로 인한 투자수익증대로 경상수지는 흑자를 이루고 외채의 원리금상환이 완전히 이루어질 뿐만 아니라 자본유출로 자본수지적자폭은 확대되는 단계이다. 이 단계를 지나면 선진국형의 경제수준인 성년채권국(adult creditor)에 이르게 된다. 이 단계에서는 고도산업사회가 지속됨에 따라 높은 소비수준으로 상품 및 서비스수지는 적자로 반전하나 해외투자수익은 확대되며 자본수지의 적자폭은 감소하면서 균형상태로 접근한다.

그리고 이 단계를 지나면 마지막 단계인 성숙채권국(mature creditor)에 도달하는데 여기서는 고도의 대중소비사회가 형성됨에 따라 상품수출보다는 수입이 증대되어 무역수지의 적자폭이 확대될 뿐만 아니라 이를 충당하기 위한 자본유입으로 자본수지는 흑자로 반전되고 외국인의 투자수익증대로 투자수익의 흑자폭은 점차 감소되는 단계에 이른다.

이상의 국제수지구조변화의 단계별 특징을 나타내면 앞의 [그림 5-7]과

같다.[17)]

2 국제수지와 외채

국제수지흑자는 외화자금의 공급증가를 의미하므로 대외채무인 외채(external debt)의 원리금상환을 용이하게 해 주며 반대로 국제수지적자는 부족한 외화를 충당하기 위해 자본유입이 수반되므로 그에 따라 외채를 누적시킨다.

여기서 외채라 함은 일정시점에서 일국이 외국에게 상환해야 할 대외채무를 말한다. 따라서 외채는 일정시점에서 파악된 저량(stock)의 개념이다. 일반적으로 외채항목에는 현지금융과 외국인 직접투자는 포함시키지 않는다. 현지금융은 기업의 해외지사 또는 현지법인이 외국에 진출하여 소요자금을 현지은행에서 차입하여 사용하는 동시에 현지수입으로 상환하는 금융조달방법을 말하는데 이들은 비거주자로 취급하게 되므로 외채통계에 포함시키지 않는다. 외국인 직접투자의 경우에도 직접투자를 위한 외국자본유입은 외국인이 국내에 기업을 설립하여 경영하거나 국내 기존기업과 공동으로 경영에 참여하기 위해 이루어지는 것이므로 비채무성 외자의 성격을 띠며 외채상환부담을 가중시키지 않으면서 선진생산 및 경영기술을 통해 원자재 확보와 해외시장개척을 용이하게 해 준다.

외채는 총외채에 대응하여 순외채(net external debt)를 통해 순수한 의미의 대외채무상태를 파악하는 것이 바람직하다. 순외채는 총외채에서 일국이 보유하고 있는 외환보유액, 중장기연불수출채권, 금융기관의 기타 대외자산 등 대외자산을 뺀 차액을 말한다. 즉 순외채＝총외채－대외자산으로 정의된다.

한편, 일국의 외채규모(총외채기준)가 적정수준인가를 파악하는 지표로 흔히 **외채원리금상환부담률**(Debt Service Ratio: DSR)을 사용한다. 외채원리금상환부담률은 향후 상환해야 할 외채원리금상환부담액을 수출액과 무역외수입액의 합계인 경상외환수입액(經常外換受入額)으로 나누어 백분비를 구한 값을 말한다.

---

17) 이효구, 「새외환론」, 박영사, 1985, p.184.

$$\underset{\text{(DSR)}}{\text{외채원리금상환부담률}} = \frac{\text{외채원리금상환부담액}}{\text{경상외환수입액(수출액+무역외수입액)}} \times 100$$

IMF기준에 의하면 일국의 외채상환능력의 판정기준으로서 원리금상환부담률이 20% 이내를 안정적인 수준으로 보고 20%를 상회하면 불안정적 내지는 위험수준으로 판정하고 있다. 원리금상환부담률은 절대적인 것은 아니다. 이를 계산하는 방법에 대해서는 논쟁이 개재되고 있는데 외채상환부담액에 단기외채를 포함시키느냐 포함시키지 않느냐 하는 문제로서, 세계은행(International Bank for Reconstruction and Development: IBRD)은 포함시키지 않고 있으나 모건 개런티은행(Morgan Guaranty Trust Company)은 포함시켜 원리금상환비율을 계산하고 있다. 단기외채를 상환부담액에 포함시키지 않는 경우는 장기상환능력의 평가에 초점을 둔 것으로 전통적인 방법에 해당한다. 이에 대해 단기외채를 포함시킨 경우는 실질적인 상환능력평가에 초점을 둔 것이라고 하겠다.

1970~80년대에 브라질, 멕시코, 아르헨티나 등 중남미국가들은 외채 문제로 경제의 어려움을 겪고 있었는데 1988년에 중남미 전체로는 원리금상환부담률이 41.6%로서 아프리카지역의 28.8%보다 높은 것으로 나타났다.[18] 그리고 세계 15대 채무국의 원리금상환부담률은 41.9%에 이르고 있었다.

우리나라는 1994년부터 총대외지불부담액 기준으로 외채통계를 발표하고

표 5-7 우리나라 외채추이(연말기준) (단위: 억 달러, %)

발전단계	1995	1997	1998	2000
총외채	1,275	1,592	1,487	1,363
• 장기외채	556(43.6)	957(60.1)	1,180(79.4)	921(67.6)
• 단기외채	719(56.4)	635(39.9)	307(20.6)	442(32.4)
대외채권	919	1,052	1,285	1,669
순외채	356	540	202	−306

주: ( )내는 총외채에 대한 구성비임.
자료: 재정경제부 및 한국은행.

18) IMF, *World Economic Outlook*, April 1989 및 September 1991.

있는데 이는 국제통일기준인 세계은행(IBRD)방식에 따른 실질적 대외채무규모를 나타낸다.

[표 5-7]에서 보는 바와 같이 우리나라 총외채 규모는 1997년 1,592억 달러에서 경상수지흑자에 힘입어 계속 감소추세에 있으며, 총외채에서 대외채권을 뺀 순외채는 2000년에 -306억 달러로 대외채권이 오히려 더 많음을 알 수 있다.

요 약

1. 국제수지(Balance of Payments)란 「일국이 일정기간 동안 그 나라 거주자와 비거주자들간에 발생한 모든 경제거래를 체계적으로 정리한 기록」을 말한다. 여기서 '체계적으로 정리한 기록'이라 함은 거래의 이중성에 따라 복식부기(double-entry bookkeeping)원리에 의해 대변(수취)과 차변(지급)에 동시·동액의 기준으로 기록됨을 말한다.

2. 국제수지는 크게 경상수지(current account: *CA*)와 자본수지(capital account: *KA*)로 대분되며 이들의 합계에 오차 및 누락(*EO*)을 가산하면 종합수지(overall balance: *OB*)가 된다. 일반적으로 국제수지라고 하면 종합수지를 지칭한다.

   국제수지(*B*)≡종합수지(*OB*)=경상수지(*CA*)+자본수지(*KA*)+오차 및 누락(*EO*)

   경상수지=상품 및 서비스수지+소득수지+경상이전수지

   자본수지=투자수지+기타자본수지

3. 준비자산증감은 통화당국의 장단기 대외자산과 대외부채의 증감을 기록하는 계정이다. 대외자산의 증가는 자산란의 부(−)의 값으로 기록하고 대외부채의 증가는 부채란에 정(+)의 값으로 기록한다. 따라서 준비자산증감은 종합수지와 금액은 같고 부호만 정반대로 나타난다.

   준비자산증감≡(−)종합수지

4. 국제수지표를 구성하는 각 계정의 수취액(receipts)에서 지급액(payments)을 뺀 차액을 그 계정의 수지(balance)라고 한다. 수지가 양(+)의 값을 가지면 흑자(surplus)라고 하고 음(−)의 값을 가지면 적자(deficits)라고 한다. 그리고 수취액과 지급액이 동액인 상태를 그 계정의 균형(balance)이라 하고 그 외의 흑자 또는 적자상태를 그 계정의 불균형이라고 말한다.

예를 들어 상품수출로 수취한 수출액에서 상품수입으로 지급한 수입액을 뺀 차액이 상품수지 또는 무역수지(trade balance)이며 수출액이 수입액을 초과하면 상품수지흑자가 되며 수출액이 수입액보다 적으면 상품수지적자가 된다. 수출액과 수입액이 같으면 상품수지는 균형을 이루며 상품수지가 흑자 또는 적자상태에 있으면 상품수지의 불균형이라고 한다.

5. 자율적 거래(autonomous transactions)는 국가간의 가격, 소득, 이자율 등 경제적 요인의 차이에 의해 자발적으로 발생되는 거래를 말하는데 국제수지표의 여타 계정과는 독립적으로 발생되는 거래를 말한다. 이에 대해 보정적 거래(accommodating transactions)는 자율적 거래에 의해 발생된 결과를 조정할 목적으로 이루어지는 유발거래를 말하는데 일명 보전적 거래(compensatory transactions)라고도 한다.

이들 거래기준은 국제수지의 균형 또는 불균형을 판단하는 이론적 기준으로 사용되는데 자율적 거래계정들의 수취총액과 지급총액이 일치하는 상태를 국제수지의 균형이라고 하고 그렇지 않은 상태를 국제수지의 불균형이라고 한다. 일반적으로 국제수지표상의 상단에 위치한 계정일수록 자율적 거래의 성격이 강하고 하단으로 내려갈수록 보정적 거래의 성격이 강한데 국제수지표상의 어느 선까지를 자율적 거래로 분류하느냐에 따라 경상수지, 종합수지 등이 판단지표로 이용되고 있다.

6. 국제수지는 타 사회계정인 외환수급통계, 국민소득계정, 통화계정 등과 밀접한 관계를 갖는데 특히 개방거시경제정책측면에서 국민소득계정과 통화계정간의 관계가 중요하다.

7. 국민소득항등식 $C+I+G+X-M \equiv Y \equiv C+S+T+F$의 관계로부터 경상수지($CA$)의 결정방정식으로서 두 가지 경우를 유도할 수 있다.

첫째로는 지출국민소득측면에서만 고찰한 총지출접근방법의 기본식인 $CA=Y-A$로서 CA는 서비스수지, 소득수지, 경상이전수지를 제외한 상품 및 서비스의 순수출로서 경상수지이고, $A=C+I+G$로서 국내총지출(domestic absorption)을 나타낸다. 따라서 $Y>A$이면 $CA>0$(흑자)이 되고 $Y<A$이면 $CA<0$(적자)이 된다.

둘째로는 $CA=(S-I)+(T-G)$로서 CA는 상품 및 서비스의 순수출($X-M$)과 내국인이 외국으로부터 받은 해외순이전수취(R)가 포함된 경상수지($CA=X-M+R$)를 나타낸다. 따라서 저축(S), 투자(I), 조세(T), 정부지출(G)의 관계에 의해 경상수지의 흑자($CA>0$) 또는 적자($CA<0$)가 결정된다.

8. 통화공급은 총통화(M_2)기준으로 정부부문(정부신용: GDC)과 민간부문(민간신용: PDC)의 합계인 국내신용(DC), 해외부문(순외화자산: NFA), 그리고 기타부문(순기타자산: NOA)의 공급경로를 통해 이루어진다.

$$\Delta M_2=\Delta DC+\Delta NFA+\Delta NOA$$

그런데 순외화자산변동(ΔNFA)은 자국통화표시 국제수지(B)와 같다: $\Delta NFA=B$.

9. 중화정책 또는 불태화정책(sterilization policy)이라 함은 국제수지흑자에 수반된 순외화자산증가($\Delta NFA>0$)로 인한 통화증발을 상쇄(offset)시키는 정책을 말하는데 전형적인 중화정책수단은 중앙은행이 공개시장조작을 통해 국공채를 매각하여 통화를 환수하는 방법이다.

이 외의 DC 또는 NOA를 감소시키는 정책도 모두 중화정책수단에 속하는데 무역금융축소, 재할인율인상, 외채상환, 해외투자촉진 등 다양한 수단들이 있다.

10. 경제발전과정과 국제수지의 구조변화는 밀접한 상호관계에 있는데 이를 단계별로 제시한 것이 국제수지의 발전단계설로서 킨들버거의 6단계에 의하면 ① 미성숙채무국, ② 성년채무국, ③ 성숙채무국, ④ 미성숙채권국, ⑤ 성년채권국, ⑥ 성숙채권국으로 구분된다.

11. 외채원리금상환부담률(Debt Service Ratio: DSR)은 일국이 향후 상환해야 할 총외채원리금상환부담액을 경상외환수입액(經常外換受入額)으로 나누어 백분비로 구한 값을 말하는데 이 비율이 20% 이내일 때를 안정적인 수준으로 판단한다.

제6장 국제수지와 국민소득의 결정

개 요

이 장에서는 국제수지와 균형국민소득의 결정과정을 살펴본다. 독립투자와 같은 외생적 투자증가나 수출증가가 국민소득과 국제수지에 미치는 효과는 정책을 추진하는 국가가 소규모경제냐 아니면 대규모경제냐에 따라 그 크기가 달라진다.

제1절에서는 외국소득수준의 변동에 전혀 영향을 주지 않는 소규모개방경제하에서 외생적 수출증가가 균형국민소득과 무역(상품)수지에 미치는 효과를 승수를 통해 분석한다.

제2절에서는 상호의존관계에 있는 두 경제대국인 본국과 외국의 소득결정모형을 설정하고 반향효과(repercussion effect)가 존재하는 경우의 외생적 투자 및 수출증대에 따른 소득승수 및 무역승수들을 도출하여 양국의 국민소득과 무역수지에 미치는 영향을 분석한다.

그리고 제3절에서 이전수출에 수반된 승수들을 도출함으로써 소득 및 경상수지변화에 대한 효과를 고찰한다. 관련된 각종 승수들의 도출과정은 이 장의 [부록]에 수록되어 있다.

제1절 무역수지와 균형국민소득의 결정

이 절에서는 소규모개방경제하에서의 균형국민소득과 무역(상품)수지(trade or goods balance)의 결정모형을 소개하고 외생변수(exogeneous variable)로서의 수출변동 또는 투자변동이 균형국민소득과 무역수지에 미치는 영향을 분석하기로 한다. 우리는 이미 제5장에서 GDP 항등식을 다음과 같이 정의한 바 있다.

$$C+I+G+X-M\equiv Y\equiv C+S+T+F \qquad (6.\ 1)$$

이제 분석을 단순히 하기 위해 X와 M은 서비스를 제외한 상품만의 수출과 수입이라고 하고, 해외순이전지출인 F는 지극히 작아 무시될 수 있다고 가정하자. 또한 정부부문은 균형재정($G=T$)을 이루고 있으며 투자(I)와 상품수출(X)은 외생변수로서 I_0와 X_0로 각각 주어졌다고 가정하자. 그러면 위의 항등식 (6. 1)은 $I_0+X_0=S+M$과 같이 간단한 식이 된다. 이제 저축과 상품수입 모두가 소득의 증가함수라고 하자. 즉 $S=S(Y)$, $0<S'(Y)<1$, $M=M(Y)$, $0<M'(Y)<1$로 표시되며 여기서 $S'(Y)$는 한계저축성향을 의미하며 이는 0보다는 크나 1보다는 작은 값을 가지며, 마찬가지로 $M'(Y)$는 한계수입성향으로서 0보다 크고 1보다 작은 값을 갖는다. 수식을 단순화하기 위하여 한계저축성향을 s, 한계수입성향을 m으로 각각 표시하면 균형국민소득결정의 행태방정식(behavioral equation)은 다음과 같이 주어진다.

$$S(Y)-I_0=X_0-M(Y) \qquad (6.\ 2)$$
$$\text{단, } 0<S'(Y)\equiv s<1$$
$$0<M'(Y)\equiv m<1$$

식 (6. 2)의 양변에 전미분을 취하면 $S'(Y)dY-dI_0=dX_0-M'(Y)dY$가 된다. 여기에 $S'(Y)$ 대신 s를, $M'(Y)$ 대신 m을 각각 대입하여 정리하면 이는 다음 식과 같이 된다.

$$(s+m)dY=dX_0+dI_0 \qquad (6.\ 3)$$

따라서 투자는 종전수준과 같고($dI_0=0$) 수출이 평가절하 또는 해외수요의 증대 등과 같은 외생적 요인으로 인해 증가하였다고 하면 균형국민소득수준은 $\frac{1}{s+m}$배만큼 증가함을 알 수 있다. 즉

$$\frac{dY}{dX_0}=\frac{1}{s+m} \tag{6. 4}$$

여기서 $\frac{dY}{dX_0}$[1]는 투자는 변하지 않는 상태($dI_0=0$)에서 수출이 외생적으로 증가(dX_0)한 경우의 소득증가(dY)를 나타낸다. 즉 수출이 외생적으로 dX_0만큼 증가시 소득은 $\frac{1}{s+m}$배($dY=\frac{1}{s+m}dX_0$)만큼 증가했음을 의미한다. 특히 $\frac{1}{s+m}$을 케인즈의 소득승수[2] 또는 단순히 무역승수라고 한다.

수출이 증가하여 소득이 증가하면 수입($M(Y)$)도 증가할 것이므로 수입함수 $M=M(Y)$로부터 그 증가분은 $dM=M'(Y)dY=mdY$가 된다. 따라서 dY 대신 위의 $\frac{1}{s+m}dX_0$를 대입하면 $dM=m(\frac{1}{s+m}dX_0)$가 되므로 양변을 dX_0로 나누면 다음 식 (6. 5)와 같이 수출증대로 인해 유발된 수입(induced import)효과가 도출된다.

$$\frac{dM}{dX_0}=\frac{m}{s+m} \tag{6. 5}$$

끝으로, 수출증대가 무역수지(TB)에 미치는 영향을 알아보자. 무역수지는 $TB=X_0-M(Y)$로 정의되므로 양변을 전미분하면 $dTB=dX_0-mdY$와 같다. 따라서 앞에서와 같이 dY 대신 $\frac{1}{s+m}dX_0$를 대입하여 정리하면 $dTB=dX_0-m(\frac{1}{s+m}dX_0)=(1-\frac{m}{s+m})dX_0=\frac{s}{s+m}dX_0$가 된다. 그리고 양변을 dX_0로 나누면 다음과 같이 표시된다.

$$\frac{dTB}{dX_0}=\frac{s}{s+m} \tag{6. 6}$$

---

1) $\frac{dY}{dX_0}$는 수학적으로 옳은 표현이 아니다. 왜냐하면 $\frac{dY}{dX_0}$는 투자가 종전과 동일하게 주어져 변동이 없는($dI_0=0$) 경우에 외생적으로 수출 한 단위의 증가(dX_0)로 인한 소득증가(dY)를 의미하기 때문에 엄격히는 $\frac{dY}{dX_0}\Big|_{dI_0=0}$ 또는 편미분을 써서 $\frac{\partial Y}{\partial X_0}$로 표현해야 한다.
그러나 $\frac{dY}{dX_0}$로 표현해도 의미가 분명하므로 이하에서는 간단히 $\frac{dY}{dX_0}$ 또는 $\frac{dY}{dI_0}$ 등과 같이 표현하기로 한다.

2) 앞의 식 (6. 3)에서 투자의 소득승수도 $\frac{dY}{dI_0}\Big|_{dX_0=0}=\frac{1}{s+m}$임.

그림 6-1 외생적 수출증대의 효과

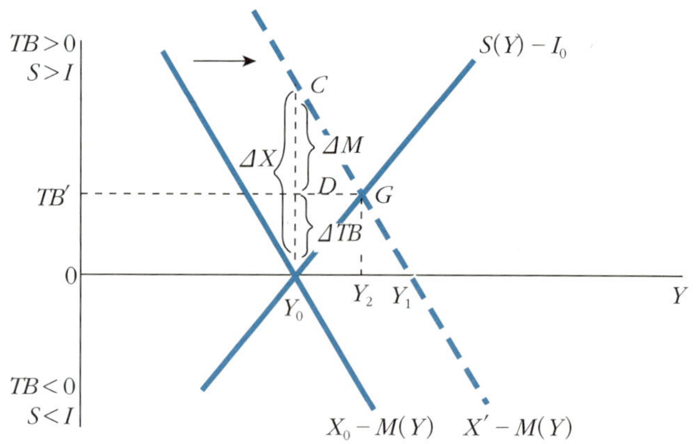

즉 수출 한 단위의 증가로 무역수지는 $\frac{s}{s+m}$배만큼 개선(흑자)됨을 알 수 있다. 이제 수식을 통해 지금까지 설명한 결과를 [그림 6-1]을 이용하여 설명해 보기로 하자.

위의 그림에서 $S(Y)-I_0$곡선은 횡축의 Y가 증가함에 따라 증가하므로 우상향의 곡선(기울기 s)이 되며 $X_0-M(Y)$곡선은 소득이 증가함에 따라 하락하므로 우하향의 곡선(기울기 $-m$)이 된다.[3)] 최초에 두 곡선이 횡축에서 교차하는 점에서 무역수지의 균형($TB=0$)과 균형국민소득수준이 Y_0에서 결정되었다고 할 때 외생적으로 수출이 X_0에서 $X'(=X_0+\Delta X)$으로 증가하면 무역수지곡선은 우상향으로 이동하여 새로운 균형점은 G에서 이루어지며 이 때의 균형소득수준은 Y_0에서 Y_2로 증가하게 되고 무역수지는 $\overline{GY_2}$만큼 흑자로 개선되었음을 알 수 있다. 소득이 증가함에도 불구하고 수입증대가 전혀 유발되지 않는다고 하면 무역수지는 수출증가분인 ΔX_0 자체만큼 증가하여 $\overline{CY_0}$ 의 크기로 개선될 것이나 유발수입 $\overline{CD}$ ($\Delta M=\frac{m}{s+m}dX_0$)로 인하여 무역수지의 최종적인 개선폭은 수출증가의 $\frac{s}{s+m}$배인 $\overline{GY_2}$ 가 된다. 소득수준도 유발수입이 없다고 하면 Y_1만큼 증가($1/s$배에 의해)할 것이나 소득증가에 따라 수입이 증가하여 소득은

3) 수식으로 초과저축을 $ES=S(Y)-I_0$라고 놓으면 $\frac{dES}{dY}\Big|_{dI_0=0}=S'(Y)=s>0$으로 우상향곡선인 데 반해 무역수지곡선인 $TB=X_0-M(Y)$의 기울기는 $\frac{dTB}{dY}\Big|_{dX_0=0}=-M'(Y)=-m<0$으로 우하향의 곡선이 된다.

최종적으로 Y_2의 증가만으로 그친다. 여기서 수입이 전혀 없는 경우의 소득승수 $\frac{1}{s}$은 수입이 있는 경우의 소득승수 $\frac{1}{s+m}$ 보다 크다는 것을 알 수 있다.

이상의 논의는 단순케인즈모형(simple Keynesian model)에 입각하여 경제가 불완전고용상태하에 있어 외생적으로 증가한 수출로 인해 재화를 생산하여 수출함으로써 고용과 소득이 증가한다는 가정하에 전개되고 있음을 유의할 필요가 있다. 뿐만 아니라 소규모경제를 가정하므로 국내투자나 수출증대가 외국소득에는 전혀 영향을 미치지 않는 외생변수로 간주해 왔다. 그러나 미국, 일본, 독일과 같이 경제대국이면서 상호의존경제를 이루고 있는 경우 일국의 수출증가는 외국소득의 일부가 국내로 유입되는 경우와 같으므로 외국의 소득감소는 수출수요의 감소로 연결되고 결과적으로 수출국의 국민소득은 **반향효과**(repercussion effect)가 전혀 없는 경우보다 작은 폭의 증가에 그치게 된다. 반향효과란 교역국가들간의 소득흐름에 대한 상호영향(feedback)관계를 말한다. 이와 같은 반향효과를 감안한 소득승수에 의해 본국의 투자증대와 수출증대가 양국의 소득과 무역수지에 미치는 효과를 고찰해 보기로 하자.[4)]

제2절 반향효과와 균형국민소득의 변동

1 기본모형

지금 세계는 본국(home country)과 외국(foreign country)만이 존재한다고 가정하자. 양국은 소규모개방경제가 아닌 상호의존관계에 있는 경제대국이라고 하고 양국의 국민소득의 행태방정식을 각각 정의하자. 먼저 본국의 국민소득균형식은 앞의 식 (6. 2)와 동일한 다음의 식 (6. 7)과 같다.

$$S(Y) - I_0 = X - M(Y) \tag{6. 7}$$

4) 다음의 2절과 3절은 기본적으로 상호의존경제에 관한 분석과 관련된 내용이므로 나중에 제 17장과 함께 읽어도 무리가 없음.

이에 대응한 외국의 소득과 저축 및 무역수지변수들을 모두 ∗로 표시하면 외국의 국민소득균형식은 다음 식 (6. 8)과 같이 주어진다.

$$S^*(Y^*) - I_0^* = X^* - M^*(Y^*) \qquad (6.\ 8)$$

그런데 본국의 수출(X)은 외생적 요인에 의해 결정되는 X_0(자생적 수출(autonomous exports)이라고도 함)와 외국소득수준에 의해 내생적으로 결정되는 $X(Y^*)$로 구성된다고 하면 수출방정식은 $X = X_0 + X(Y^*)$로 표시된다. 그리고 본국의 상품수출은 바로 외국의 수입이므로 본국의 수출함수 X는 다음과 같이 표시될 수 있다.

$$X = M_0^* + M^*(Y^*) \qquad (6.\ 9)$$

마찬가지로 외국의 수출 X^*의 경우에도 외생적 수출 X_0^*와 본국의 소득수준(Y)에 의해 결정되는 내생적 수출 $X^*(Y)$로 구성되므로 $X^* = X_0^* + X^*(Y)$로 표시할 수 있다. 그리고 외국의 수출은 본국의 수입과 같으므로 외국의 수출함수는 $X^* = M_0 + M(Y)$로 표시될 수 있다.

후에 본국의 외생적 수출증가($\Delta M_0^* \equiv \Delta X_0$)가 양국 소득에 미치는 영향을 분석하기 위해 외국의 수출함수를 식 (6. 9)와 일치시키는 것이 필요하다. 이를 위해 $X^* = M_0 + M(Y)$에서 M_0를 $-M_0^*$로 놓아도 내용은 동일하므로 외국의 수출함수는 다음과 같이 표시될 수 있다.

$$X^* = -M_0^* + M(Y) \qquad (6.\ 10)$$

식 (6. 9)를 식 (6. 7)에 대입하고 식 (6. 10)을 식 (6. 8)에 대입하면 다음과 같이 반향효과를 고려한 두 개의 연립방정식형태의 기본모형이 성립된다.

$$S(Y) + M(Y) = I_0 + M_0^* + M^*(Y^*) \qquad (6.\ 11)$$

$$S^*(Y^*) + M^*(Y^*) = I_0^* - M_0^* + M(Y) \qquad (6.\ 12)$$

위의 식 (6. 11)과 식 (6. 12)의 균형식으로부터 횡축과 종축을 (Y, Y^*)로 표시한 평면상에 곡선으로 나타내기 위해 각각의 기울기를 구해 보자. 먼저 본국(home country)의 균형국민소득곡선을 HH곡선이라고 하면 그 기울기는 식 (6. 11)에 대해 전미분을 취하고 외생적 투자 및 수출이 주어진 상태($dI_0=$

$dM_0^* = 0$)하에서의 $\frac{dY^*}{dY}$ 값이므로 $\frac{dY^*}{dY}\big|_{HH} = \frac{s+m}{m^*}$으로 주어진다.[5] 즉 HH곡선은 우상향곡선이 된다. 마찬가지로 식 (6. 12)에서 외국(foreign country)의 균형국민소득곡선을 FF곡선이라고 하면 그 기울기는 $\frac{dY^*}{dY}\big|_{FF} = \frac{m}{s^*+m^*}$ 곡선이 된다. 따라서 두 곡선 모두가 우상향의 곡선이므로 어느 곡선의 기울기가 더 큰지 비교해야 된다. 그런데 $\frac{s+m}{m^*} > \frac{m}{s^*+m^*}$이므로[6] $\frac{dY^*}{dY}\big|_{HH} > \frac{dY^*}{dY}\big|_{FF}$가 되어 본국의 균형국민소득곡선($HH$)의 기울기가 외국의 균형국민소득곡선($FF$)의 곡선의 기울기보다 큼을 알 수 있다. 이를 그림으로 표시하면 [그림 6－2]와 같이 나타난다.

[그림 6－2]는 두 국가가 상호의존적일 때 양국의 동시균형이 점 A에서 이루어지고 각국의 균형국민소득은 본국이 Y_0에서 외국이 Y_0^*에서 각각 결정되고 있음을 보여 주고 있다. 그리고 점 A는 안정적 균형임을 보여 주고 있다. 왜냐하면 어떤 외생적 요인으로 인해 점 A로부터 이탈하는 경우 다시 균형점 A로 수렴하기 때문이다. 이제 이 그림을 이용하여 본국의 외생적 투자증가($\Delta I_0 >$

그림 6-2 반향효과가 있는 경우의 균형국민소득의 결정

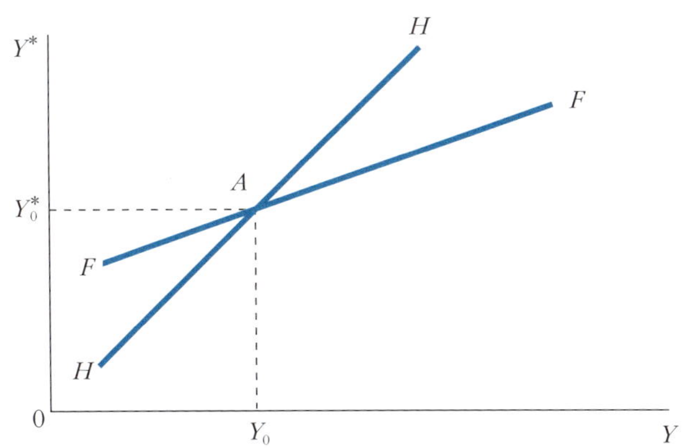

5) $(s+m)dY = dI_0 + dM_0^* + m^*dy^*$이므로 HH곡선의 기울기는 $\frac{dY^*}{dY}\big|_{dI_0^*=dM_0^*=0} = \frac{dY^*}{dY}\big|_{HH} = \frac{s+m}{m^*}$으로 주어진다.

6) $(s+m)(s^*+m^*) > mm^*$가 항상 성립하므로 $\frac{s+m}{m^*} > \frac{m}{s^*+m^*}$의 관계가 성립한다. 더욱이 두 곡선의 중간에는 우상향의 무역수지균형곡선($TB=0$)이 통과하는데 그 기울기는 $\frac{m}{m^*}$으로서 세 균형곡선의 기울기간에는 $\frac{s+m}{m^*} > \frac{m}{m^*} > \frac{m}{s^*+m^*}$의 관계가 성립한다.

0)가 소득수준에 미치는 영향과 외생적 수출증가($\Delta M_0^* > 0$)가 국민소득과 무역수지에 미치는 영향을 각각 분석해 보기로 한다.

2 투자증가의 효과

외생변수로서 투자(I_0)가 증가하면 [그림 6-3]과 같이 본국의 균형국민소득을 나타내는 HH곡선이 우측으로 이동하게 된다. 왜냐하면 투자 I_0는 본국의 국민소득균형식 (6. 11)에만 포함되어 있기 때문이다. 그 결과 최초의 균형점 A에서 새로운 균형은 점 A''에서 이루어져 본국의 균형국민소득은 Y_0에서 Y_2로 증가하는 동시에 외국의 소득 또한 Y_0^*에서 Y_2^*로 각각 증가한다. 균형국민소득 증가의 과정을 보기 위해 점 A'을 보자. 점 A'은 외국의 반향효과가 전혀 없는 경우를 나타내는데 이 경우 본국의 소득은 투자의 소득승수($\frac{1}{s+m}$)배만큼 증가한 반면 외국은 종전과 동일한 소득수준(Y_0^*)에 있음을 보여 주고 있다. 그러나 반향효과가 있는 경우 이 점이 균형점이 아닌 것은 본국의 소득증가는 본국의 수입을 유발하고 수입증가는 외국의 소득수준 Y^*를 증가시켜 외국의 소득증가의 일부는 본국의 수출증대에 기여하게 되어 외국의 반향효과가 없는 경우보다 본국의 국민소득을 더욱 증가시키게 된다. 즉 본국의 소득

그림 6-3 외생적 투자증가의 효과

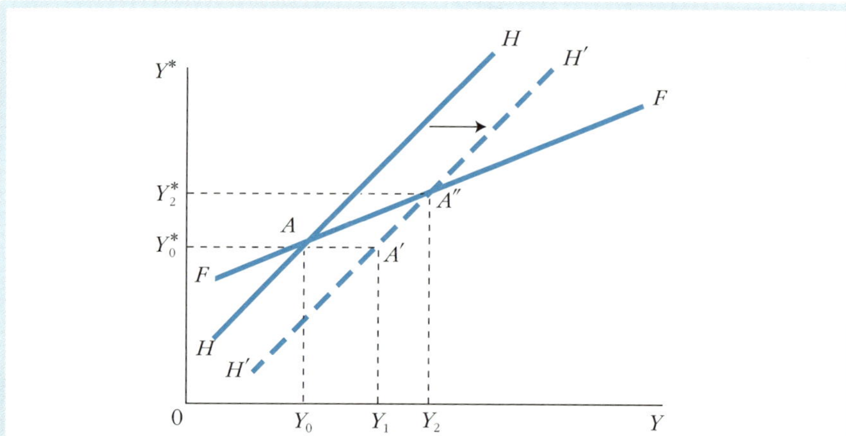

수준은 반향효과가 없는 경우의 소득증가 $\overline{Y_0Y_1}$ 보다 큰 $\overline{Y_0Y_2}$ 만큼 증가한다. 그리고 외국의 경우에도 본국의 소득증가로 인한 수입증가(외국의 수출증가)로 인해 외국의 소득수준은 최초의 Y_0^*에서 Y_2^*로 증가하게 된다.

이와 같은 비교정태분석(comparative-static analysis)의 결과는 수식으로도 쉽게 도출할 수 있는데 앞의 연립방정식 (6. 11)과 (6. 12)를 전미분하여 연립미분방정식을 동시에 풀어 도출한다. 다음에 주어진 결과에 대한 도출과정들은 이 장의 [부록]에 수록되어 있다.

$$\frac{dY}{dI_0}=\frac{1+m^*/s^*}{s+m+sm^*/s^*} \tag{6. 13}$$

윗식 (6. 13)은 반향효과가 있는 경우의 본국투자의 소득승수(income multiplier of investment)로서 0보다 클 뿐만 아니라($\frac{dY}{dI_0}>0$) 반향효과가 없는 경우의 투자의 소득승수인 식 (6. 4)보다 큼을 알 수 있다.

즉 $\frac{1+m^*/s^*}{s+m+sm^*/s^*}>\frac{1}{s+m}>0$으로서 앞의 그림과 일치한다.

한편, 본국투자의 외생적 증가가 외국소득에 미치는 효과는 다음과 같이 도출된다.

$$\frac{dY^*}{dI_0}=\frac{m/s^*}{s+m+sm^*/s^*} \tag{6. 14}$$

즉 본국의 투자증가 또한 외국의 소득을 위의 승수배만큼 증가($\frac{dY^*}{dI_0}>0$) 시킴을 알 수 있다. 마찬가지로 외국의 투자(I_0^*)가 외생적으로 증가한 경우 본국의 소득수준과 외국의 소득수준이 모두 증가되는 결과도 쉽게 도출할 수 있다.[7)]

이와 같이 투자를 포함한 지출증가가 양국의 소득수준에 정(+)의 방향으로 작용하는 결과는 많은 정책적 시사점을 제공하고 있다. 두 개방경제가 상호의존적인 관계에 있을 때 경제불황이나 또는 상호협조를 통해 해결해야 하는 경제문제는 정책협조를 통해 효율적으로 달성할 수 있음을 의미한다. 예를

---

7) $\frac{dY}{dI_0^*}=\frac{m^*/s^*}{s+m+sm^*/s^*}>0$, $\frac{dY^*}{dI_0^*}=\frac{(s+m)/s^*}{s+m+sm^*/s^*}>0$으로서 [부록]의 식 (6A. 6) 및 (6A. 7)을 참조할 것.

들어 세계적인 경기침체를 타개하기 위해 상호 투자증대 또는 확장재정 · 금융정책을 실시한다든가 국제적인 인플레이션 억제를 위해 상호긴축정책 또는 환율안정화정책 등을 실시하는 경우가 이에 속한다. 평가절하의 경우 일국의 평가절하는 상대국의 평가절상을 수반한 인근궁핍화정책(a beggar-thy-neighbor policy)이 되는 제로섬게임(zero-sum game)이므로 상호경제정책협조에 의해서만 양국의 후생수준을 증대시킬 수 있다. 왜냐하면 일국의 일방적인 평가절하나 관세부과 경우 상대국의 보복평가절하나 보복관세부과는 무역거래를 축소시킴으로써 결국 양국 모두 정책변경 이전보다 낮은 소득수준을 초래할 가능성이 높기 때문이다.

3 수출증가의 효과

이제 수출이 본국의 평가절하 또는 외국의 수입수요증대 등으로 인해 외생적으로 증가하는 경우 소득과 무역수지에 미치는 효과를 분석해 보기로 한다.

본국의 수출(X)은 외국의 수입과 같으므로 본국의 외생적 수출증가는 식 (6. 11)에서 $M_0^*(\equiv X_0)$가 ΔM_0^*만큼 변한 경우로서 [그림 6-4]의 HH곡선이 우측으로 이동함을 의미한다. 그런데 수출변수 M_0^*는 외국의 균형소득식 (6. 12)

그림 6-4 외생적 수출증가의 효과

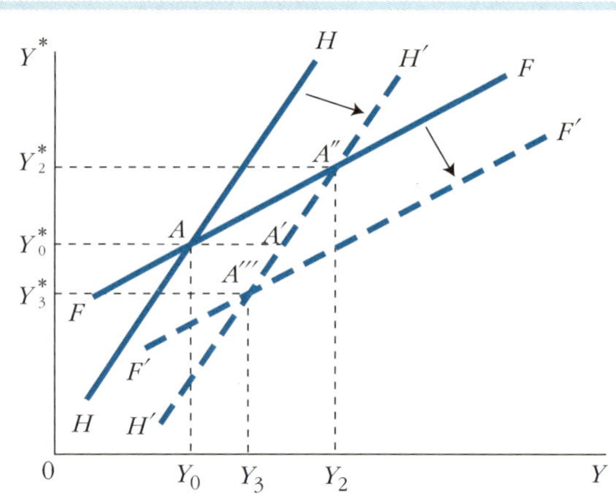

에도 부의 수출(X)($-M_0^*$)로 포함되었으므로 Y가 일정할 때 M_0^*의 증가는 $-\Delta M_0^*$만큼 Y^*를 하락시키므로 FF곡선이 우측으로 이동되어야 함을 의미한다. 따라서 본국의 외생적 수출증가는 [그림 6-4]와 같이 HH곡선과 FF곡선을 모두 우측으로 이동시켜 $H'H'$ 곡선과 $F'F'$ 곡선으로 나타난다. 그리고 새로운 균형점은 이동된 이 두 곡선이 만나는 점 A''' 에서 이루어져 본국의 균형소득은 Y_0에서 Y_3만큼 증가하고 외국소득은 Y_0^*에서 Y_3^*만큼 하락한다.

본국의 수출증가는 외국소득의 일부가 본국으로 이전되는 효과와 같으므로 외국소득수준 Y^*를 감소시키고 그 결과 본국의 수출감소로 나타난다. 그리고 이 수출감소는 본국에 반향되어 최초에 증가한 본국의 소득의 크기를 줄이는 작용을 하게 된다. 그 결과 [그림 6-4]에서 보는 바와 같이 새로운 균형점은 점 A''' 이 된다.

만약 외국의 지출변동으로 인한 본국상품에 대한 외생적 수출수요가 모두 본국상품구매로 이루어진다고 하면 수출증가효과는 앞에서 살펴본 투자증대와 마찬가지로 점 A''에서 양국의 소득수준 모두가 증가한 Y_2와 Y_2^*로 나타날 것이다. 그러나 외국의 지출변동의 일부는 외국의 상품수요에 충족되고 일부만이 수출상품구매에 이용되는 경우에는 점 A''보다 낮은 수준인 점 A''' 에서 최종적으로 결정된다.

한편, 점 A''' 을 반향효과가 전혀 없는 경우인 점 A'과 비교해 볼 때 자국의 소득수준은 반향효과가 없는 경우보다 작은 폭으로 증가했음을 알 수 있다. 무역수지 또한 외국의 소득수준하락으로 수출증가폭이 반향효과가 있을 때보다 작고 수입은 증가하여 무역수지가 증가하기는 하나 개선폭이 반향효과가 없는 경우보다 작게 된다.

위의 결과들을 무역승수로 도출([부록] 참조)하여 표시하면 다음과 같이 된다.

$$\frac{dY}{dM_0^*} = \frac{1}{s+m+sm^*/s^*} \qquad (6.\ 15)$$

즉 외생적 수출증가는 반향효과가 없는 경우보다 소득을 적게 증가시킨다.

이에 대해 외국소득수준은 반향효과가 없는 경우에는 전혀 영향을 받지 않지만 반향효과가 있는 경우에는 다음 식과 같이 오히려 감소한 것으로 나타난다.

$$\frac{dY^*}{dM_0^*} = -\frac{s/s^*}{s+m+sm^*/s^*} \qquad (6.\ 16)$$

끝으로, 본국의 외생적 수출증대가 본국의 무역수지에 미치는 영향을 살펴보자. 이 경우에는 외국의 소득수준하락이 본국의 수출증가의 일부를 상쇄시켜 반향효과가 없는 경우의 무역승수 $\frac{s}{s+m}$ 보다 작은 폭으로 무역수지(TB)를 개선시키는데 승수의 크기는 다음과 같다.

$$\frac{dTB}{dM_0^*} = \frac{s}{s+m+sm^*/s^*} \qquad (6.\ 17)$$

이상에서 살펴본 외생적 수출증대의 경우에도 정책적으로 시사하는 점이 크다고 하겠다. 어느 국가의 외생적 수출증대가 상대국의 국민소득을 감소시킨다는 것은 수출증대에 의한 자국 이익의 추구가 상대국에게는 경제침체를 초래하기 때문에 수출증대의 반대급부로 외국의 수출도 수용함으로써 양국의 이익을 모색하는 일이 중요함을 시사해 주고 있다. 더욱이 앞의 투자증대정책과 비교해 볼 때 적어도 국민소득기준으로는 수출증대정책보다는 투자증대정책이 양국 모두에게 이익이 되고 있다. 이는 결국 수출증대정책보다는 양국이 내수진작을 위한 상호협조가 양국의 후생수준을 증대시킴을 시사해 준다고 하겠다. 1980년대에 미국이 대미흑자국인 일본, 독일에 대한 강력한 내수확대정책을 요구한 배경이 여기에 있다고 하겠다. 이에 대한 보다 구체적인 내용은 제17장에서 다시 논의될 것이다.

제3절 이전지출 문제

1 이전지출의 의의 및 논쟁

이전지출(transfer)은 일국의 구매력(purchasing power)이 타국가로 이전됨을 의미한다. 그리고 타국가에 이전지출을 행하는 국가를 이전지출공여국(transferor)이라고 하고 이전지출을 받는 국가를 이전지출수취국(recipient)이라고 한다. 이전지출이 경제학의 분석대상으로 등장한 것은 제1차 세계대전 후 연합국에 대한 독일의 전쟁배상 문제로부터 비롯되었다. 그 후 이전지출은 유형을 달리하면서 경제분석의 대상이 되어 왔는데 미국이 마샬 플랜(Marshall Plan)에 의해 실시했던 유럽국가들에 대한 전후복구원조가 그 대표적인 예이다. 이 외에도 석유수출국기구(OPEC)의 석유달러(petrodollar)의 대부나 선진국들의 후진국에 대한 원조 및 차관공여 등도 이전지출의 형태로 경제분석이 가능한데 다만 외자도입과 같은 자금의 이동은 원리금상환의 형태로 역이전지출(reverse transfer)이 수반된다는 점에서 순수한 의미의 이전지출과 다를 뿐이다.

특히, 이전지출과 관련된 중요한 이슈(issue)는 이전지출이 이전지출공여국의 국제수지를 개선시키느냐 아니면 악화시키느냐 하는 문제에 있다. 왜냐하면 이전지출은 양국의 한계수입성향의 크기에 따라 양국의 교역조건(terms of trade)변동과 소득수준변화를 초래하여 경상수지에 영향을 미치기 때문이다. 만약 이전지출이 기존의 환율수준하에서 이전지출공여국의 경상수지를 악화시키면 과소효과(undereffected)를 갖는다고 하고 경상수지를 개선시키면 과대효과(overeffected)를 갖는다고 말한다. 이전지출이 이전지출국에 대해 어떠한 효과를 가질 것인가 하는 문제의 제기는 제1차 세계대전 후 독일의 배상능력과 관련한 1929년의 케인즈(J. M. Keynes) 주장에서 비롯되었는데 이는 곧 이어 오린(B. Ohlin)의 반론과 더불어 이전지출 문제에 대한 논쟁으로 비화되었다.[8)]

케인즈는 독일의 이전지출(전쟁배상)은 독일의 교역조건을 악화시키고 이는 궁극적으로 경상수지를 악화시킨다고 주장함으로써 독일의 배상능력에 대

8) 본절의 논의와 각종 승수의 도출은 R. E. Caves, J. A. Frankel, and R.W. Jones, *World Trade and Payments: An Introduction*, 5th ed., Harper Collins Publishers, 1993, pp. 60–3 및 pp. 349–58과 R. Dornbusch, *Open Economy Macroeconomics*, Basic Books Inc., 1980, pp. 49–56에서 많이 원용되었음. 원래의 내용과 이론의 전개에 대해서는 다음을 참조할 것.
J. M. Keynes, "The German Transfer Problem," *Economic Journal* 39 (March 1929), pp.1–7; B. Ohlin, "The Reparation Problem: A Discussion," *Economic Journal* (June 1929), pp.172–3; L. Metzler, "The Transfer Problem Reconsidered," *Journal of Political Economy* 50 (June 1942), pp. 397–414; H.G. Johnson, "The Transfer Problem and Exchange Stability," *Journal of Political Economy* 64 (June 1956), pp. 212–25.

해 부정적인 견해를 제시하였다. 이에 반해 오린은 이전지출의 소득효과를 중시하여 이전지출 자체는 교역조건의 변화 없이도 독일의 소비지출을 감소시키는 반면 수취국의 소비지출을 증대시킴으로써 독일의 경상수지를 개선시키기 때문에 독일은 배상할 능력이 있다고 주장하고 있다. 요약하면 케인즈는 교역조건의 악화를 통한 이전지출의 과소효과를 주장한 데 반해 오린은 소득효과를 통한 이전지출의 과대효과를 주장하였다.

그렇다고 하면 이전지출이 어떠한 경우에 과소 또는 과대효과를 갖게 되며 그 조건은 무엇일까? 이를 알아보기 위해 이전지출공여국을 본국이라고 하고 본국은 X재를 수출하는 반면 Y재를 수입하고 있으며 이전지출수취국인 외국은 Y재를 수출하는 대신 X재를 수입하고 있다고 가정하자. 그리고 이전지출에 따른 양국의 저축수준에는 영향을 받지 않는다고 가정하자. 본국이 외국에 이전지출을 R만큼 행하였다면 본국의 소득은 R만큼 감소하게 되고 그 결과 이전지출 1단위당 Y재의 수입은 $m \cdot \Delta R$만큼 감소하게 될 것이다. 이에 대해 외국은 R만큼의 이전지출수취로 소득이 증가하게 되고 이전수취 중 일부를 자국의 수입상품인 X재 구매에 추가적으로 지출할 수 있게 되어 이전수취 1단위당 $(1-m^*)\Delta R$만큼 소비지출이 증대될 것이다. 따라서 $(1-m^*)\Delta R > m\Delta R$이면, 즉 $m+m^* < 1$이면 세계 전체(두 국가)의 Y재에 대한 초과수요가 증대하게 되어 Y재의 상대가격($\frac{P_Y}{P_X}$)은 상승하게 된다. 이를 달리 표현하면 $m+m^* < 1$이면 이전지출공여국인 본국의 교역조건 ($\frac{P_X}{P_Y}$)이 하락하게 되어 이전지출로 인한 경상수지는 악화됨을 의미한다. 이 경우가 바로 이전지출이 과소효과를 초래하는 경우가 되는데 이를 이전지출의 이차부담(secondary burden)이라고도 한다.

반대로 $m+m^* > 1$ 본국의 교역조건은 개선되고 그 결과 경상수지도 개선되어 이전지출은 과대효과를 갖는다.[9)]

---

9) 이를 수식으로 도출해 보자. 경상수지(CA)는 순수출에서 해외이전지출(R)을 뺀 것이므로 다음과 같이 표시될 수 있다. 다만, 소득수지는 0이라고 가정한다. $CA = X - M - R = M^*(Y^* + R) - M(Y - R) - R$의 양변에 전미분을 취하면 $dCA = m^*(dY^* + dR) - m(dY - dR) - dR$이 됨. 그런데 주어진 양국의 소득하에서 이전지출의 효과만 보는 것이므로 $dY = dY^* = 0$으로 놓고 양변을 dR로 나누면 $\frac{dCA}{dR} = m^* + m - 1$이 된다. 따라서 만약 $m^* + m < 1$이면 $\frac{dCA}{dR} < 0$이 되고 $m^* + m > 1$이면 $\frac{dCA}{dR} > 0$이 된다.

2 이전지출의 효과

앞에서 살펴본 이전지출의 과소 또는 과대효과는 이전지출에 따른 저축이 전혀 고려되지 않은 상태에서 분석되었다. 그러나 이전지출은 지출국의 소득을 감소시키는 반면 수취국의 소득은 증가시키기 때문에 저축에 영향을 미친다. 여기서는 저축을 감안하여 이전지출이 양국의 소득변화에 미치는 효과와 이전지출국의 경상수지에 미치는 영향을 알아보기로 한다.

이제 문제를 간단히 하기 위해 이전지출공여국인 본국이 이전지출(R)의 재원을 민간으로부터 조세수입형태로 조달한다고 하면 본국의 가처분소득은 $Y-R$이 되고 이전지출수취국인 외국의 가처분소득은 Y^*+R이 된다.

이상의 기본가정하에 이 장의 [부록]에서 도출된 결과들(6A.17～18)을 이용하여 이전지출이 양국의 국민소득에 미치는 영향을 보면 다음의 식 (6. 18)과 (6. 19)로 주어진다.

$$\frac{dY}{dR}=\frac{sm^* - bs^*}{ss^*+ms^*+sm^*} \qquad (6.\ 18)$$

$$\frac{dY^*}{dR}=\frac{sb^* - ms^*}{ss^*+ms^*+sm^*} \qquad (6.\ 19)$$

위의 식들로부터 알 수 있는 바와 같이 이전지출이 양국의 국민소득에 미치는 영향은 불분명한 것으로 나타나고 있다. 따라서 식 (6. 18)에서 만약 $sm^*>bs^*$이면 $\frac{dY}{dR}>0$이 되어 이전지출은 본국의 국민소득을 증대시킬 것이고 반대로 $sm^*<bs^*$이면 $\frac{dY}{dR}<0$이 되어 이전지출로 인한 본국의 국민소득은 감소하게 된다. 그러면 $sm^*>bs^*$가 되는 조건은 무엇일까? 만약 $s=s^*$이고 $m^*>b$이거나 $m^*=b$이고 $s>s^*$이면 $sm^*>bs^*$가 성립하게 되어 $\frac{dY}{dR}>0$이 될 것이다. 즉 양국의 한계저축성향이 같고 외국의 한계수입성향(m^*)이 본국의 한계소비성향(b)보다 크든가 아니면 본국재화에 대한 외국의 한계수입성향과 본국의 한계소비성향이 같고($m^*=b$) 본국의 한계저축성향이 외국보다 크면 본국의 국민소득은 증가한다. 마찬가지로 식 (6. 19)에서 이전지출이 외국의 국민소득을 증대시키기 위해서는 $sb^* > ms^*$가 충족되어야 하는데 이는 $s = s^*$이고 $b^* > m$이거나 $b^* = m$일 때 $s > s^*$가 성립하는 경우이다.

그러나 이와는 달리 이전지출이 양국의 가처분소득에 미치는 효과는 다음과 같이 분명하게 감소 또는 증가로 나타난다.

$$\frac{d(Y-R)}{dR} = -\frac{s^*}{ss^* + ms^* + sm^*} \tag{6. 20}$$

$$\frac{d(Y^* + R)}{dR} = \frac{s^*}{ss^* + ms^* + sm^*} \tag{6. 21}$$

위의 식 (6. 20)과 (6. 21)에서 알 수 있는 바와 같이 이전지출은 본국의 가처분소득은 감소시키지만 외국의 가처분소득은 증가시킨다.

끝으로, 이전지출이 무역수지와 경상수지에 미치는 효과를 보자. 다음의 식 (6. 22)는 [부록]의 식 (6A. 19)와 동일한 식이다.

$$\frac{dTB}{dR} = \frac{sm^* + ms^*}{ss^* + ms^* + sm^*} \tag{6. 22}$$

따라서 이전지출은 본국의 무역수지를 분명하게 개선($\frac{dTB}{dR} > 0$)시킨다. 왜냐하면 본국은 이전지출로 가처분소득을 감소시켜 외국재화에 대한 수입이 감소한 반면 외국은 가처분소득증가로 일부 또는 전부가 본국재화의 수입증대로 나타나기 때문에 본국의 무역수지가 개선된다. 그런데 여기서 논의의 초점은 이전지출에 따른 본국의 무역수지개선효과가 이전지출액 자체를 상쇄할 정도로 커서 경상수지를 개선시키느냐 하는 문제에 있다. 이를 위해 소득수지를 0이라고 가정하면 경상수지는 무역수지($TB = X - M$)에서 이전지출을 뺀 것이기 때문에 $CA = X - M - R = TB - R$로 표시된다. 이의 양변을 이전지출에 대해 미분을 취하면 $\frac{dCA}{dR} = \frac{dTB}{dR} - 1$이 되고 여기에 식 (6. 22)의 $\frac{dTB}{dR}$를 대입하여 정리하면 다음과 같이 이전지출이 경상수지에 미치는 효과의 크기가 도출된다.

$$\frac{dCA}{dR} = -\frac{ss^*}{ss^* + ms^* + sm^*} \tag{6. 23}$$

따라서 이전지출이 국민소득의 변화를 통해 저축에 영향을 미치는 경우에는 이전지출이 비록 무역수지를 개선시킨다고 하더라고 무역수지개선폭이 이전지출증가폭보다 작기 때문에 경상수지를 악화($\frac{dCA}{dR}<0$)시킴을 알 수 있다. 이는 바로 케인즈의 주장과 마찬가지로 과소효과(undereffected)를 갖는 경우에 해당된다고 하겠다.

요 약

1. 소규모개방경제(small open economy)하에서의 균형국민소득과 무역(상품)수지의 결정은 우상향의 저축 − 투자곡선($S-I$)과 우하향의 무역수지곡선($TB=X-M$)으로 분석할 수 있으며 이 두 곡선이 만나는 점에서 균형을 이룬다.

2. 외생적 수출증대와 독립투자증대는 균형국민소득을 무역승수인 $\frac{1}{s+m}$배만큼 증가시킨다. 수출증대에 따른 유발수입승수는 $\frac{m}{s+m}$으로 주어지며 그에 따른 무역수지는 $\frac{s}{s+m}$배만큼 개선된다.

3. 두 나라가 경제대국인 두 국가 케인지언모형(two-country Keynesian model)에서는 반향효과가 존재하며 양국의 균형국민소득은 본국의 국민소득균형곡선인 우상향의 HH곡선과 외국의 국민소득균형곡선인 우상향의 FF곡선이 만나는 점에서 결정된다. 그런데 HH곡선의 기울기($\frac{s+m}{m^*}$)는 FF곡선의 기울기($\frac{m}{s^*+m^*}$)보다 크다.

4. 반향효과(repercussion effect)가 존재하는 두 국가모형에서 본국의 외생적 투자증가는 양국의 균형국민소득을 증가시키며 본국의 소득증대는 반향효과가 없는 경우보다 큰 폭으로 증가한다. 그러나 본국의 외생적 수출증대의 경우에는 본국의 소득은 증가하나 외국의 소득은 감소하며 본국의 소득증대폭은 반향효과가 없는 경우보다 작다. 또한 본국의 외생적 수출증대는 본국의 무역수지를 개선시키지만 반향효과가 없는 경우보다 작은 폭의 개선으로 그친다.

5. 이전지출(transfer)은 일국의 구매력이 타국가로 이동함을 의미하는데 일국이 타국에게 행하는 배상, 원조, 증여 등이 이전지출의 대표적인 예이며 이 외에도 석유수출국들의 석유달러(petrodollar)의 대여, 선진국들의 후진국들에 대한 차관공여 등도 이전지출의 형태로 경제분석이 이루어지고 있다.

6. 이전지출문제(transfer problem)는 이전지출공여국의 경상수지개선 여부에 관한 문제를 말하는데 이는 제1차 세계대전 후 독일의 배상능력에 대한 케인즈(J. M. Keynes)와 오린(B. Ohlin)의 논쟁으로부터 비롯되었다. 케인즈는 교역조건의 악화를 통한 이전지출의 과소효과(undereffected)를 주장한 데 반해 오린은 소득효과를 통한 이전지출의 과대효과(overeffected)를 주장함으로써 케인즈는 독일의 배상능력에 대해 부정적인 견해를 제시하고 오린은 독일의 배상능력이 있다고 주장하였다.

7. 이전지출의 과소효과란 이전지출이 이전지출공여국의 경상수지를 악화시키는 효과를 말하며 과대효과란 경상수지를 개선시키는 효과를 말한다.

8. 두 국가모형에서 이전지출이 양국의 국민소득을 증가시킬 것인지 또는 감소시킬 것인지는 불분명하지만 가처분소득에 대해서는 본국의 경우는 감소시키나 외국의 가처분소득은 증가시킴으로써 그 효과가 분명하다. 이전지출은 또한 본국의 무역수지를 개선시키지만 개선폭이 이전지출 자체 규모보다 작아 경상수지를 악화시킨다.

부 록

두 국가모형하에서의 승수의 도출

1. 반향효과하의 투자 및 수출승수

여기서는 반향효과가 존재하는 두 국가 케인지언모형(two-country Keynesian model)을 통해 이 장 2절에서 언급한 각종 승수들을 도출하기로 한다. 이 장에서 사용한 본국과 외국의 국민소득균형식 (6. 11)과 (6. 12)를 그대로 다시 옮겨 쓰면 다음과 같다.

$$\text{본국}: S(Y)+M(Y)=I_0+M_0^*+M^*(Y^*) \tag{6A. 1}$$

$$\text{외국}: S^*(Y^*)+M^*(Y^*)=I_0^*-M_0^*+M(Y) \tag{6A. 2}$$

위의 두 식 모두는 두 번 연속미분가능함수(twice continuously differentiable functions)라는 전제하에 전미분을 취하고 내생변수에 대해 정리하여 행렬형(matrix form)으로 표시하면 다음과 같이 된다.

$$\begin{bmatrix} s+m & -m^* \\ -m & s^*+m^* \end{bmatrix} \begin{bmatrix} dY \\ dY^* \end{bmatrix} = \begin{bmatrix} dI_0+dM_0^* \\ dI_0^*-dM_0^* \end{bmatrix} \tag{6A. 3}$$

$$\text{단, } |J|=(s+m)(s^*+m^*)-mm^*=ss^*+ms^*+sm^*>0$$

여기서 s 및 s^*는 각각 본국의 한계저축성향과 외국의 한계저축성향을 나타내며, m과 m^*는 본국의 한계수입성향과 외국의 한계수입성향을 나타내는데 이들 모두는 0보다는 크고 1보다는 작은 값을 갖는다.

그리고 $|J|$는 야코비언 행렬식(Jacobian determinant)을 나타내며 $|J|\neq 0$이므로 유일한 해(unique solution)가 존재하며 따라서 비교정태분석(comparative-static analysis)을 행할 수 있다. 이제 크래머 공식(Cramer's rule)에 의해 본국의 외생적 투자증가($\varDelta I_0$)가 양국의 소득에 미치는 효과를 도출하면 다음과 같다.

$$\frac{\partial Y}{\partial I_0}=\frac{1}{|J|}\begin{vmatrix} 1 & -m^* \\ 0 & s^*+m^* \end{vmatrix}=\frac{s^*+m^*}{ss^*+ms^*+sm^*}$$

$$\frac{\partial Y^*}{\partial I_0}=\frac{1}{|J|}\begin{vmatrix} s+m & 1 \\ -m & 0 \end{vmatrix}=\frac{m}{ss^*+ms^*+sm^*}$$

이를 반향효과가 없는 경우의 투자의 소득승수($\frac{1}{s+m}$)와 비교하기 위해 윗식들의 분모, 분자를 모두 외국의 한계저축성향 s^*로 나누면 다음의 식 (6A. 4)와 (6A. 5)로 주어지는데 이들은 각각 본문의 식 (6. 13)과 (6. 14)와 동일한 식이다.

$$\frac{\partial Y}{\partial I_0}=\frac{1+m^*/s^*}{s+m+sm^*/s^*} \qquad (6A.\ 4)$$

$$\frac{\partial Y^*}{\partial I_0}=\frac{m/s^*}{s+m+sm^*/s^*} \qquad (6A.\ 5)$$

마찬가지 방법으로 외국의 외생적 투자증대(ΔI_0^*)가 양국 소득에 미치는 효과는 다음과 같이 도출된다.

$$\frac{\partial Y}{\partial I_0^*}=\frac{m^*}{ss^*+ms^*+sm^*}=\frac{m^*/s^*}{s+m+sm^*/s^*} \qquad (6A.\ 6)$$

$$\frac{\partial Y^*}{\partial I_0^*}=\frac{s+m}{ss^*+ms^*+sm^*}=\frac{(s+m)/s^*}{s+m+sm^*/s^*} \qquad (6A.\ 7)$$

한편, 본국의 외생적 수출증가($\Delta M_0^*=\Delta X_0$)가 양국의 소득에 미치는 효과는 다음과 같이 도출되며 이들은 본문의 식 (6. 15)와 식 (6. 16)과 동일하다.

$$\frac{\partial Y}{\partial M_0^*}=\frac{s^*}{ss^*+ms^*+sm^*}=\frac{1}{s+m+sm^*/s^*} \qquad (6A.\ 8)$$

$$\frac{\partial Y^*}{\partial M_0^*}=-\frac{s}{ss^*+ms^*+sm^*}=-\frac{s/s^*}{s+m+sm^*/s^*} \qquad (6A.\ 9)$$

본국의 외생적 수출증가가 무역수지(TB)에 미치는 효과는 다음과 같이 간단히 도출된다.

$$TB=X-M(Y)$$

$=M_0^*+M^*(Y^*)-M(Y)$이므로 양변을 M_0^*로 미분하면

$\frac{dTB}{dM_0^*}=1+m^*\frac{dY^*}{dM_0^*}-m\frac{dY}{dM_0^*}$와 같이 된다. 따라서 여기에 식 (6A. 8)과 (6A. 9)를 각각 대입하면 다음 식 (6A. 10)과 같이 되며 이는 본문의 식 (6. 17)과 동일하다.

$$\frac{dTB}{dM_0^*}=\frac{ss^*}{ss^*+ms^*+sm^*}=\frac{s}{s+m+sm^*/s^*} \qquad (6A.\ 10)$$

2. 이전지출승수

여기서는 본문의 3절 2항에서 언급한 바와 같이 본국이 외국에 이전지출을 R만큼 행할 때의 각종 승수를 도출하기로 한다.

먼저 본국의 국민소득 항등식이 다음과 같이 주어진다.

$$Y=C+I+G+X-M \qquad (6A.\ 11)$$

그런데 소비(C)는 외생적(자생적) 소비지출인 기초소비 a_0와 이전지출(R)에 따른 가처분소득에 의해 결정되는 소비지출 $b(Y-R)$로 구성된다고 하면 소비행태방정식(consumption behavioral equation)은 $C=a_0+b(Y-R)$로 나타낼 수가 있다. 여기서 b는 가처분소득에 따른 한계소비성향이고 $b(Y-R)$는 한계소비성향에 가처분소득을 곱한 것이다. 그리고 투자(I)는 독립투자와 같이 외생적 투자 I_0로 주어지고 정부지출(G) 또한 외생변수 G_0라고 하자. 끝으로, 수출(X)은 앞에서와 같이 외생적 수출 $X_0(\equiv M_0^*)$와 외국의 소득변화에 따른 내생적 수출 $m^*(Y^*+R)$로 구성되어 $X=X_0+m^*(Y^*+R)$로 주어진다고 하면 식 (6A. 11)은 다음과 같이 구체적으로 표시된다.

$$Y=a_0+I_0+G_0+X_0+b(Y-R)+m^*(Y^*+R) \qquad (6A.\ 12)$$

이제 외생적 총지출(absorption)을 A_0라고 놓으면 $A_0=a_0+I_0+G_0+X_0$이므로 위의 국민소득균형식은 다음의 식 (6A. 13)과 같이 된다.

$$Y=A_0+b(Y-R)+m^*(Y^*+R) \qquad (6A.\ 13)$$

마찬가지로 이전지출수취국인 외국의 경우에도 기초소비(a_0^*), 투자(I_0^*)

및 정부지출(G_0^*)이 외생변수이고 외국의 수출의 경우에도 외생적 수출 X_0^*와 본국의 수입수요로 인해 결정되는 $m(Y-R)$로 구성된다고 하면 $X^*=X_0^*+m(Y-R)$로 표시된다.

따라서 외국의 국민소득균형식은 다음의 식 (6A. 14)와 같이 된다.

$$Y^*=A_0^*+b^*(Y^*+R)+m(Y-R) \tag{6A. 14}$$

단, $A_0^*=a_0^*+I_0^*+G_0^*+X_0^*$

한편 이전지출국인 본국의 무역수지는

$$\begin{aligned} TB &= X-M \\ &= [X_0+m^*(Y^*+R)]-[X_0^*+m(Y-R)] \end{aligned}$$

로 표시된다.

따라서 무역수지결정식은 다음과 같이 주어진다.

$$TB=TB_0+m^*(Y^*+R)-m(Y-R) \tag{6A. 15}$$

여기서 TB_0는 외생적 수출과 수입에 의한 무역수지$(X_0-X_0^*)$로서 이는 정확히 $2M_0^*$와 같다.

이제 위의 식들 (6A. 13)~(6A. 15)에 대해 각각 전미분을 취하고 내생변수 Y, Y^*, TB에 대해 행렬형으로 정리하면 다음의 (6A. 16)과 같이 3개의 연립미분방정식이 주어진다.

$$\begin{bmatrix} s+m & -m^* & 0 \\ -m & s^*+m^* & 0 \\ m & -m^* & 1 \end{bmatrix} \begin{bmatrix} dY \\ dY^* \\ dTB \end{bmatrix} = \begin{bmatrix} dA_0+(m^*-b)dR \\ dA_0^*+(b^*-m)dR \\ dTB_0+(m^*+m)dR \end{bmatrix} \tag{6A. 16}$$

단, $|J|=(s+m)(s^*+m^*)-mm^*=ss^*+ms^*+sm^*>0$

앞에서와 같이 크래머 공식을 사용하여 이전지출변화가 양국의 소득과 본국의 무역수지에 미치는 영향을 나타내는 $b+m+s=1$을 이용하여 도출한 승수는 다음의 식 (6A. 17)~(6A. 19)와 같이 도출된다.

독자의 이해를 돕기 위해 이전지출이 소득에 미치는 효과를 예시적으로 구해보면 다음과 같다.

$$\frac{\partial Y}{\partial R}=\frac{1}{|J|}\begin{vmatrix} m^*-b & -m^* & 0 \\ b^*-m & s^*+m^* & 0 \\ m^*+m & -m^* & 1 \end{vmatrix}$$

$$=\frac{1}{|J|}\,[(m^*-b)(s^*+m^*)+m^*(b^*-m)]$$

$$=\frac{1}{|J|}\,[(m^*(s^*+m^*+b^*)-m^*(b+m)-bs^*]$$

그런데 $s^*+m^*+b^*=1$이고 $b+m=1-s$ 이므로 이를 대입하면

$$=\frac{1}{|J|}\,[m^*-m^*(1-s\,)-bs^*]$$

$$=\frac{1}{|J|}\,[sm^*-bs^*]$$와 같이 된다.

따라서 이는 본문의 식 (6. 18)과 동일한 다음 식이 된다. 즉

$$\frac{\partial Y}{\partial R}=\frac{sm^*-bs^*}{ss^*+ms^*+sm^*} \tag{6A. 17}$$

마찬가지 방법으로

$$\frac{\partial Y^*}{\partial R}=\frac{sb^*-ms^*}{ss^*+ms^*+sm^*} \tag{6A. 18}$$

$$\frac{\partial TB}{\partial R}=\frac{sm^*+ms^*}{ss^*+ms^*+sm^*} \tag{6A. 19}$$

따라서 본문에서 언급한 바와 같이 이전지출이 양국의 국민소득에 미치는 효과는 불분명하지만 본국의 무역수지는 분명히 개선시킴을 알 수 있다.

제7장 국제수지와 대내외균형: 개방거시경제의 기본모형

개 요

이 장에서는 개방거시경제를 구성하는 생산물시장, 자산시장, 외환시장(국제수지) 그리고 노동시장 등 4개 시장 중 국민경제의 총수요측(aggregate demand-side)을 반영하는 앞의 3개 시장만을 대상으로 대내외경제의 균형분석을 행하고 마지막의 노동시장에 대한 균형분석은 총공급측에 포함시켜 제11장에서 고찰하기로 한다. 그런데 총수요측의 자산시장은 크게 화폐시장과 화폐 이외의 자산시장으로 구성되는데 왈라스법칙을 적용하여 화폐시장만을 분석대상으로 하여 생산물시장 및 화폐시장의 균형과 국제수지균형분석에 초점을 두어 총수요측을 고찰하게 된다.

생산물시장은 균형식 또는 *IS*곡선으로 분석이 가능한데 먼저 생산물시장의 균형식을 유도하고 이로부터 *IS*곡선을 도출하여 그 특성들을 고찰한다. 그리고 나서 화폐시장의 균형식과 *LM*곡선을 도출하고 *IS*곡선과 함께 대내균형이 어떻게 성립되는지를 알아본다.

한편, 대외균형은 국제수지의 균형으로 파악되는데 국제수지결정모형을 고찰하고 이로부터 국제수지균형곡선인 *BP*곡선을 도출하기로 한다. 그리고 나서 끝으로 *IS*-*LM*-*BP*곡선에 의해 대내외동시균형과 불균형을 분석하게 되는데 이는 앞으로 논의될 각종 경제정책의 효과분석과 국제수지조정정책을 포함한 개방거시경제의 안정화정책분석, 그리고 상호의존경제하에서의 정책협조 문제 등 광범위하게 이용되므로 독자의 철저한 이해가 요구되는 장이라고 하겠다.

제 1 절 생산물시장의 균형

1 국내총지출과 경상수지의 결정모형

지금까지 우리는 암묵적으로 이자율이 주어진 것으로 가정하여 투자가 외생적으로 결정되는 것으로 간주해 왔다. 그러나 총수요측면(aggregate demand-side)에서의 균형국민소득은 생산물시장 단독으로 결정되는 것이 아니라 다음 절에서 고찰할 화폐시장과 국제수지에 의해 동시적으로 결정되며 이들 시장을 연결시켜 주는 매개체가 바로 이자율이다. 따라서 이자율을 모형 내에 명시적으로 도입하는 것이 필요하다.

그리고 수출과 수입의 경우에도 지금까지의 논의는 너무 제한적이었다. 우리는 앞 장에서 수출입을 상품수출입에만 국한시켜 서비스(service)거래를 제외시켰을 뿐만 아니라 수출은 외생적으로 주어지고 수입은 자국의 국민소득만의 증가함수로 가정함으로써 국내국민소득수준이 무역(상품)수지를 결정하는 요인의 전부인 것처럼 결론이 유도되었다. 그러나 상품의 수출입을 결정하는 요인은 국민소득 이외에도 중요한 변수로서 상품의 상대가격(relative prices of commodities)이 있다. 국내상품가격에 비해 수입상품가격이 상대적으로 비싸면 수입은 감소하는 반면 수출이 증가하기 때문이다. 따라서 소득변수는 물론 상품의 상대가격까지도 수출입함수에 포함시키는 것이 보다 일반적인 모형이 된다. 이하에서는 이와 같은 사항들을 고려하여 생산물시장의 균형모형을 설정해 보기로 한다.

국내총지출의 행태방정식

이미 앞 장에서 설명한 바와 같이 개방경제하의 국민소득항등식을 실질단위로 표시하면 다음과 같이 주어진다.

$$Y = C + I + G + X - M \tag{7. 1}$$

식 (7. 1)에서 좌측은 실질국민소득(Y)으로서 총공급(Y^S)인 실질국내총생산(GDP)을 나타내고 우측항은 실질총수요(Y^D)를 나타내며 이는 실질소비(C), 실질투자(I), 실질정부지출(G), 그리고 재화 및 서비스의 실질순수출($X-M$)로 구성되고 있음을 보여 주고 있는데 이하에서는 '실질'이란 용어는 생략하기로 한다.

이제 총수요를 구성하는 항목들이 어떻게 결정되는지 살펴보자. 논의를 간단히 하기 위해서 조세는 없는 것으로 가정하여 국민소득(Y)이 바로 가처분소득이라고 생각하면 소비는 소득의 증가함수로 표시된다. 투자도 단순히 이자율(i)만의 감소함수라고 정의하는 한편 정부지출은 그 자체를 주어진 것으로 보아 외생변수라고 가정하면 국내총지출(domestic absorption)인 $A=C+I+G$의 행태방정식(behavioral equation)은 다음과 같이 식 (7. 2)로 나타낼 수 있다.

$$A=\overset{(+)}{C(Y)}+\overset{(-)}{I(i)}+G \qquad (7.\ 2)$$

독자의 이해를 돕기 위해 잠정적으로 각 변수 위에 (+) 또는 (−)부호를 부여하였는데 이들은 후에 편도함수의 부호로 대체될 것이다. 위의 식들의 각 변수 위에 표시된 (+) 또는 (−)부호는 해당변수가 증가하는 경우에 내생변수인 소비(C), 투자(I), 국내총지출(A)의 변동방향을 나타내 주고 있다. 예를 들어 소득증가($Y\uparrow$)는 소비증가($C(Y)\uparrow$)를 초래하여 국내총지출을 증가($A\uparrow$)시킴을 의미하고 이자율의 증가($i\uparrow$)는 투자감소($I(i)\downarrow$)로 국내총지출을 감소($A\downarrow$)시킴을 나타낸다.

재화 및 서비스의 순수출의 행태방정식

재화 및 서비스의 순수출($X-M$), 즉 경상수지(T)는 결론적으로 말하면 국내소득(Y), 외국소득(Y^*), 그리고 국내통화표시 수입상품의 상대가격인 실질환율($\frac{EP^*}{P}$)에 의해 결정된다. 상대가격의 변수 중 E는 자국(국내)통화표시 환율이며, P^*는 외국통화표시 상품가격을 나타낸다. 따라서 EP^*는 자국통화로 표시한 외국상품의 수입가격을 의미하며 P는 국내상품가격을 의미한다. 그리고 수입상품의 상대가격($\frac{EP^*}{P}$)은 이미 살펴본 바와 같이 실질환율(real exchange rate)과 동일한 개념이다.

이제 왜 이들 변수에 의해 경상수지가 결정되는지 그 원리를 단계별로 고찰해 보자. 먼저 재화수출의 경우 외국소득(Y^*)이 증가하거나 수입상품의 상대가격, 즉 실질환율($\frac{EP^*}{P}$)이 상승하면 상품수출은 증가한다. 외국소득증가는 다른 조건이 일정불변이면 국내상품에 대한 수입수요증대로 나타날 것이고, 수입상품의 상대가격의 상승은 국내가격(P)에 비해 국내통화표시 수입가격(EP^*)이 상대적으로 비싸졌음을 의미하므로 수입은 감소하지만 수출은 증대된다. 왜냐하면 국내통화표시 수입상품의 상대가격의 상승($\frac{EP^*}{P}\uparrow$)은 외국통화로 표시한 수입상품가격의 상승($\frac{P^*}{P/E}\uparrow$)을 의미하므로 외국인들은 그들의 통화로 표시한 가격을 비교해 볼 때 수출국의 상품이 상대적으로 싸졌으므로 수요전환을 할 것이기 때문이다.

상품수출의 결정요인들이 이와 같다고 한다면 서비스수출(export of services)은 어떻게 설명될 수 있겠는가? 외국소득증대나 수출상품의 상대가격하락으로 상품수출이 증가한다면 그에 따른 화물운송이 증가하게 될 것이고 이에 수반하여 운임과 보험료로 받는 수취액도 증가할 것이다. 또한 외국인들의 소득증가는 그들의 해외관광을 증대시켜 여행경비지출이 늘어날 것이다. 뿐만 아니라 수입상품의 상대가격의 상승은 실질환율의 상승($\frac{E}{P/P^*}\uparrow$)을 의미하므로 주어진 외국이자율하에서 외국인이 발행한 증권수익률이 상승했으므로 내국인은 해외투자를 증대시키고[1] 그 결과 투자수익으로 받는 수취액이 늘어날 것이다. 따라서 서비스수지와 소득수지의 대종을 이루는 운임 및 보험, 여행, 투자수익 등의 경우에도 결정요인으로서 소득수준과 실질환율로 설명될 수 있음을 알 수 있다. 이제 지금까지의 논의를 요약하면 다음 식 (7. 3)과 같이 간단한 재화 및 서비스의 수출행태방정식이 도출된다.

$$X = X(\overset{(+)}{Y^*},\ \overset{(-)}{\frac{EP^*}{P}}) \tag{7. 3}$$

수출과 동일한 원리로 재화 및 서비스의 수입도 설명될 수 있는데 다만 수입의 경우에는 국내소득(Y)의 증가함수이고 수입상품의 상대가격, 즉 실질

1) 환율 및 국내외물가변동에 따른 자본이동원리에 대한 상세한 내용은 제13장 3절을 참조할 것.

환율($\frac{EP^*}{P}$)의 감소함수인 점이 다르다. 이에 대한 행태방정식은 (7. 4)와 같이 표시된다.

$$M = M(\overset{(+)}{Y}, \overset{(-)}{\frac{EP^*}{P}}) \qquad (7.\ 4)$$

그런데 재화 및 서비스의 순수출($X-M$)은 실질순수출을 의미하는데 명목순수출을 어떻게 실질순수출로 전환시킬 것인가 하는 문제가 제기된다. 국내가격으로 표시한 재화 및 서비스의 명목순수출액(PT:국내가격×실질순수출)은 국내가격표시의 수출액(PX: 국내가격×수출량)에서 국내가격표시의 수입액(EP^*M: 환율×외국통화표시가격×수입량)을 뺀 차액이므로 다음과 같이 표시된다.

$$PT = PX - EP^*M \qquad (7.\ 5)$$

윗식 (7. 5)의 양변을 국내가격 P로 나누고 실질수출(X)과 실질수입(M)에 식 (7. 3)과 식 (7. 4)를 각각 대입하면 재화 및 서비스의 실질순수출, 즉 실질경상수지(T)에 대한 행태방정식은 다음과 같이 식 (7. 6)으로 주어진다.

$$T = X(\overset{(+)}{Y^*}, \overset{(+)}{\frac{EP^*}{P}}) - \frac{EP^*}{P} M(\overset{(+)}{Y}, \overset{(-)}{\frac{EP^*}{P}}) \qquad (7.\ 6)$$

위의 식이 의미하는 바를 생각해 보자. 외국소득의 증가($Y^*\uparrow$)는 실질수출의 증가($X\uparrow$)를 초래하여 다른 조건들이 일정불변(Y, $\frac{EP^*}{P}$가 변하지 않은 상태)이면 실질경상수지를 개선($T\uparrow$)시키고, 국내소득의 증가($Y\uparrow$)는 실질수입의 증대($M\uparrow$)를 수반하여 실질경상수지를 악화($T\downarrow$)시킨다. 그런데 실질환율의 상승($\frac{EP^*}{P}\uparrow$)이 실질경상수지를 개선시킬것인가는 불분명하다. 왜냐하면 실질환율의 상승은 분명히 수출증대를 초래하지만 수입의 경우에는 모호한 상태가 되기 때문이다. 즉 실질환율의 상승은 수입량(M)을 분명히 감소시키지만 수입수량 앞에 곱한 상대가격($\frac{EP^*}{P}$)의 증가로 실질가격으로 표시한 수입액이 증가할 것인지 감소할 것인지는 국내수입수요의 가격탄력성에 의존한다. 따라서 실질환율의 상승이 무역수지를 개선시키기 위해서는 이미 앞서 고찰한 마샬-

러너조건(Marshall-Lerner condition)이 충족되어야 한다.[2)] 즉 양국의 수입수요의 탄력성의 합이 1보다 클 경우에만 무역수지가 개선되고 서비스수지와 소득수지에 변동이 없다면 경상수지는 개선될 것이다. 이하에서는 마샬-러너조건이 충족된다는 가정하에 논의를 전개하기로 한다. 그렇다고 하면 위의 식 (7. 6)은 간단히 다음과 같이 동일한 행태방정식으로 표시될 수 있다.

$$T = T(\overset{(-)}{Y},\ \overset{(+)}{Y^*},\ \overset{(+)}{\frac{EP^*}{P}}) \qquad (7.\ 7)$$

즉 국내소득증대는 수입증대의 경로를 통해 경상수지를 악화시키지만 외국소득증대는 수출증대를 통해 경상수지를 개선시킨다. 그리고 실질환율의 상승은 마샬-러너조건이 충족된다는 가정하에 수출증대와 수입감소를 초래하여 경상수지를 개선시킨다.

2 생산물시장의 균형식

지금까지 논의한 내용을 종합하여 **생산물시장의 균형식**을 도출해 보자. 식 (7. 1)의 국민소득항등식 $Y=C+I+G+X-M=A+T$은 식 (7. 2)와 식 (7. 7)로부터 다음과 같이 식 (7. 8)로 정의할 수 있다.

---

2) 본문의 행태방정식 (7. 6)을 통해 마샬-러너조건을 도출하면 다음과 같다.
우선 수식을 간단하게 하기 위하여 양국의 소득(Y, Y^*)을 무시하고 EP^*/P를 q라고 놓아 정리하면 식 (7. 6)은 $T=X(q)-qM(q)$로 간단히 표시된다. 그런데 국내수출량(X)은 바로 외국의 수입량(M^*)이므로 $T=M^*(q)-qM(q)$로 표시될 수 있다. 최초의 균형점($T=0$)인 $M^*=qM$에서 평가절하가 이루어졌다고 하면 평가절하가 경상수지 T에 미치는 효과는 T를 q로 미분한 것으로 측정된다. 즉

$$\frac{dT}{dq} = \frac{dM^*}{dq} - q\frac{dM}{dq} - M\frac{dq}{dq}$$

$$= \frac{M^*}{q}\left(\frac{dM^*}{dq}\cdot\frac{q}{M^*} - \frac{dM}{dq}\cdot\frac{q}{M} - 1\right) = \frac{M^*}{q}(\eta_X + \eta_M - 1)$$

따라서 $M^*>0$, $q>0$이므로 $\frac{dT}{dq}>0$이기 위해서는 마샬-러너조건 $\eta_X+\eta_M>1$이 충족되어야 한다.

F.L. Rivera-Batiz and L. Rivera-Batiz, *International Finance and Open Economy Macroeconomics*, 2nd ed., Macmillan Publishing Company, New York, 1994, p.340.

$$Y = C(Y) + I(i) + G + T(Y,\ Y^*,\ \frac{EP^*}{P}) \qquad (7.\ 8)$$

위의 생산물시장의 균형식은 대단히 유용한 분석수단을 제공해 주고 있는데 *IS*곡선의 형태를 결정해 주는 기울기를 구할 수 있을 뿐만 아니라 외생변수의 변화가 생산물시장에서 결정된 균형국민소득과 균형이자율에 미치는 영향을 분석할 수 있다. 더욱이 앞으로 설명할 화폐시장의 균형식 및 국제수지균형식을 함께 고려하여 개방거시경제하에서의 비교정태분석(comparative-static analysis)을 가능하게 해 준다.

논의를 쉽게 전개하기 위해 위의 균형식에서 외생변수는 정부지출(G), 외국소득(Y^*), 국내가격(P), 환율(E) 그리고 외국가격(P^*)이라고 가정하고 그 외의 모든 변수들은 내생변수들이라고 가정한다. 따라서 국내통화표시 수입상품의 상대가격, 즉 실질환율($\frac{EP^*}{P}$)도 외생변수가 되는데 이는 소규모개방경제와 고정환율제도를 의미한다.

3 *IS*곡선

잘 아는 바와 같이 *IS*곡선은 투자수요와 저축이 같아지는 상태($I=S$)에서 균형국민소득과 균형이자율이 동시에 결정되는 생산물시장의 균형조건을 나타내는 곡선을 의미한다. 보다 정확히 말하면 ***IS*곡선**이란 국민소득 Y와 이자율 i로 표시된 평면 위에 생산물시장의 균형을 유지시키는 Y와 i의 조합점들의 궤적(locus)을 말한다. 따라서 횡축에 국민소득 Y를 놓고 종축에 이자율 i를 놓으면 *IS*곡선은 [그림 7-1]과 같이 우하향의 곡선으로 표시된다. 그렇다고 하면 *IS*곡선의 기울기의 크기와 방향이 어떻게 결정되는지 도출해 보자.

*IS*곡선의 기울기

*IS*곡선의 기울기는 앞의 생산물시장의 균형식으로부터 도출된다. 식 (7. 8)을 전미분하여 정리하면 다음과 같이 주어진다.[3)]

3) 잘 아는 바와 같이 수학적으로 내생변수가 2개 이상인 경우에는 편도함수를 사용하여 부호의 방향을 표시하는데 식 (7. 8)의 우측 네 번째 항 T를 소득에 대해 편미분하면 $\frac{\partial T}{\partial Y} \equiv T_y$로 표시

그림 7-1 *IS*곡선의 형태

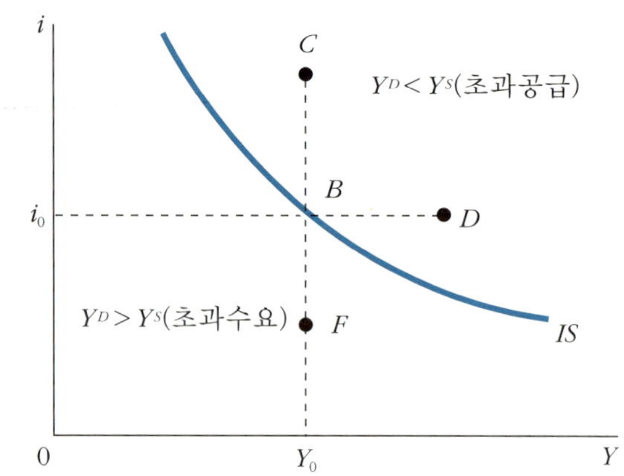

$$(s+m)dY - I'(i)di = dG + m^* dY^* + T_q dq \tag{7. 9}$$

따라서 외생변수들을 모두 0($dG = dY^* = dq = 0$)으로 놓으면 (Y, i)평면선상에 다음과 같이 *IS*곡선의 기울기가 주어진다.

$$\frac{di}{dY}\bigg|_{IS} = \frac{s+m}{I'(i)} < 0 \tag{7. 10}$$

단, $0 < s < 1$, $0 < m < 1$, $I'(i) < 0$

위의 $\frac{di}{dY}\big|_{IS}$ 는 다른 모든 외생변수들이 일정불변일 때 내생변수인 소득 한 단위의 변화가 이자율 몇 단위를 변동시키는가를 보여 주고 있으므로 *IS*곡선의 기울기가 되며 이자율상승은 투자의 감소($dI \equiv I'(i) < 0$)를 초래하므로 기울기는 (−)의 값을 갖는다. 더욱이 기울기의 크기는 한계저축성향(s), 한계수

되며 이는 식 (7. 4)에서 알 수 있는 바와 같이 바로 한계수입성향 m에 (−)부호를 붙인 것과 같다. 즉 $-1 < T_y \equiv -m < 0$과 같다. 그리고 Y^*는 수출함수식 (7. 3)에 포함되어 있으므로 $\frac{\partial X}{\partial Y^*} = \frac{\partial T}{\partial Y^*} = T_{y^*}$와 같은데 이는 외국의 한계수입성향 m^*를 의미하므로 $T_{y^*} \equiv m^*$와 같다. 따라서 식 (7. 8)을 증가분 형태로 표시한다면 양 변에 전미분(total differential)을 취하여 $dY = C'(Y)dY + I'(i)di + dG + T_y dY + T_{y^*} dY^* + T_q dq$로 표시한다. 여기에서 q는 EP^*/P를 나타내며 $1 - C'(Y) \equiv s$(한계저축성향)와 한계수입성향 m, m^*를 각각 우측에 대입하여 정리하면 식 (7. 8)의 전미분은 다음과 같이 주어진다.

$(s+m)dY - I'(i)di = dG + m^* dY^* + T_q dq.$

입성향(m) 그리고 투자의 이자율탄력성($\frac{\varDelta I}{\varDelta i}\cdot\frac{i}{I}$)에 의존함을 알 수 있다. 특히 한계저축성향과 한계수입성향이 일정할 때 투자의 이자율탄력성이 무한히 커서 완전탄력적($I'(i)\to\infty$)이면 기울기는 0이 되어 횡축에 수평선을 이루고, 투자의 이자율탄력성이 완전비탄력적($I'(i)\to 0$)이면 기울기는 무한대가 되어 종축과 수직선이 된다. 우리는 이와 같은 두 극단의 경우는 논의에서 제외하기로 하고 [그림 7-1]과 같이 일반적인 형태인 우하향의 IS곡선만을 분석대상으로 할 것이다.

[그림 7-1]에서 IS곡선상의 모든 점들은 생산물시장의 균형상태를 반영하고 있으며 그 외의 점들은 불균형상태를 나타낸다. 예를 들어 점 B에서는 균형국민소득과 균형이자율이 Y_0와 i_0에서 결정된다. 그러나 점 C, D, F는 불균형상태를 보여 주고 있는데 점 C는 주어진 균형국민소득 Y_0에서 실제이자율이 균형이자율 i_0보다 높아 투자수요감소로 총수요 $Y^D(\equiv C+I+G+X-M\equiv A+T)$가 총소득(총공급: Y^S)보다 작아 생산물시장에 초과공급이 존재함을 나타내고, 점 D는 주어진 이자율 i_0에서 총공급 Y^S가 균형국민소득 Y_0보다 커서 역시 초과공급이 발생하고 있어 불균형상태에 있음을 알 수 있다. 점 F는 이자율이 균형이자율보다 낮아 투자수요증대로 생산물시장에서 초과수요($Y^D>Y^S$)가 발생되고 있음을 보여 주고 있다.

IS곡선의 이동

IS곡선은 생산물시장의 균형식 (7. 8) 또는 (7. 9) 내의 외생변수인 정부지출(G), 외국소득(Y^*), 실질환율($q=\frac{EP^*}{P}$)이 변하면 이동한다. 곡선의 이동방향은 외생변수가 내생변수에 미치는 영향에 의해 결정되는데 예를 들어 정부지출 증대($G\uparrow$)는 승수배만큼 총소득을 증대시키므로 우측으로 이동하고 실질환율의 상승($q\uparrow$) 은 무역수지를 개선시켜 총소득을 증대시키므로 역시 IS곡선을 우측으로 이동시킨다. 그러나 국내가격상승($P\uparrow$)으로 실질환율이 하락($q\downarrow$)하면 IS곡선은 좌측으로 이동하게 된다. 그렇다고 하면 IS곡선의 이동의 크기는 무엇이 결정하는가? 외생변수의 승수에 의해 결정된다. 다른 조건이 일정불변하고 정부지출만 증가시키면 주어진 이자율(i_0)에서 소득은 $dY=\frac{1}{s+m}dG$만큼 우측으로 이동하게 된다.[4] 시각을 달리하여 종축방향의 이동폭을 고려한다면 주어진 소

4) 식 (7. 9)의 전미분방정식 $(s+m)dY-I'(i)di=dG+m^*dY^*+T_qdq$에서 $di=dY^*=T_q=0$하에서

득(Y_0)하에서 이자율이 $di = -\frac{1}{I'(i)}dG > 0$만큼 상향이동함을 뜻한다. [그림 7-2] 에서 정부지출이 증가한 경우 $\overline{BC}$는 $\frac{1}{s+m}dG$를 나타내고 $\overline{BD}$는 $-\frac{1}{I'(i)}dG$를 나타낸다. 물론 다른 외생변수들이 변하는 경우의 승수들도 쉽게 구할 수 있다. 그림에서 IS'은 외생변수의 증가에 따른 IS곡선의 우측이동을 보여 주고 있다. 물론 외생변수가 감소하면 IS곡선은 좌측으로 이동하게 된다.

그림 7-2 *IS*곡선의 이동

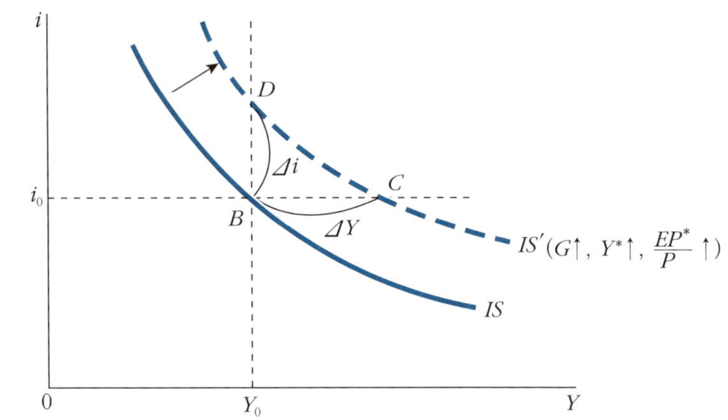

제2절 화폐시장의 균형

1 자산시장과 화폐시장

앞 절에서는 생산물시장에서 균형국민소득과 균형이자율이 결정되는 과정을 살펴보았다. 그러나 일국의 경제거래는 생산물거래 이외에도 각종 자산형태로 이루어지고 이는 다시 국민소득과 이자율에 영향을 미친다. 뿐만 아니라 이자율은 기본적으로 화폐의 가격으로서 생산물시장과 화폐시장을 연결시

는 $\frac{\partial Y}{\partial G} = \frac{1}{s+m}$이고 $dY = dY^* = T_q = 0$하에서는 $\frac{\partial i}{\partial G} = -\frac{1}{I'(i)} > 0$ 임.

키는 매개변수의 역할을 수행한다. 따라서 화폐시장의 분석이 필요하다. 그런데 화폐시장은 자산시장을 구성하는 일부이므로 먼저 자산시장부터 고찰할 필요가 있다.

자산시장(asset market)은 화폐, 채권(債券), 주식, 실질자산인 부동산(real estate) 그리고 기타 형태의 부(other forms of wealth) 등의 자산이 거래되는 시장을 말한다. 예를 들어 정부발행 재정증권을 매입하거나 또는 보유하고 있는 회사채나 주식을 매각하든가 서울거주자가 캘리포니아에서 부동산을 매입하거나 강세통화가 될 것으로 예상되는 외국통화를 매입하는 행위는 모두 자산거래에 속한다.

그런데 화폐는 생산물거래뿐만 아니라 자산거래에 수반되어 거래를 청산시켜 주는 매개적 기능을 수행하고 있기 때문에 화폐시장만을 따로 떼어 독립적으로 분석할 방법이 없겠는가 하는 문제가 제기된다. 생산물거래에서는 실물거래의 반대급부로 화폐가 이동되므로 쉽게 포착될 수 있지만, 자산 중에는 화폐 자체가 포함되어 있으므로 자산시장으로부터 구별하는 방법이 필요하기 때문이다.

내용을 왜곡시키지 않으면서 논의를 단순화하기 위해 국내거주자는 금융자산(financial assets)으로서 오직 두 가지 형태의 국내채권(domestic bonds)과 국내화폐(domestic money)만을 보유한다고 가정하자. 따라서 내국인은 외국금융자산을 보유하지 않고 있으며 외국인도 상대국의 금융자산을 보유하지 않기 때문에 금융자산의 국제이동이 분석대상에서 배제되며 양국화폐간에 존재하는 통화대체(currency substitution)도 제외된다. 이와 같은 가정은 국제자본이동에 따른 분석을 국제수지면에서 독립적으로 분석가능케 해 주며 또한 자산시장으로부터 화폐시장을 따로 떼어 독립적으로 분석할 수 있게 해 준다.

이제 일정시점에서 명목화폐 및 명목채권공급량이 각각 M^S와 B^S로 주어졌다고 하면 총명목부(total nominal wealth) W는 $W=M^S+B^S$가 된다. 이를 물가수준 P로 나누면 다음과 같이 일국의 총실질부(total real wealth)의 항등식이 성립한다.[5)]

5) F.L. Rivera-Batiz and L. Rivera-Batiz, *International Finance and Open Economy Macroeconomics*, 2nd ed., Macmillan Publishing Company, New York, 1994, pp.344–5.

$$\frac{W}{P}=\frac{M^S}{P}+\frac{B^S}{P} \tag{7. 11}$$

한편, 국내거주자는 부의 제약조건(wealth constraints)을 갖고 있다. 즉 그들이 보유하기로 결정한 실질화폐수요(L^D)와 실질채권수요($\frac{B^D}{P}$)의 합이 그들이 보유하는 총실질부를 초과해서는 안 된다. 합리적인 투자가라고 하면 보유하고 있는 부를 유휴자본으로 남겨 두지 않고 모두 화폐나 채권의 형태로 보유하려고 할 것이다. 이를 식으로 표시하면 부(富)의 제약조건은 다음과 같이 주어진다.

$$\frac{W}{P}=L^D+\frac{B^D}{P} \tag{7. 12}$$

단, L^D = 실질화폐수요
B^D = 명목채권수요

식 (7. 11)과 (7. 12)로부터 금융자산시장의 균형조건은 다음 식 (7. 13) 또는 (7. 14)가 된다.

$$\frac{M^S}{P}+\frac{B^S}{P}=L^D+\frac{B^D}{P} \tag{7. 13}$$

또는

$$(L^D-\frac{M^S}{P})+(\frac{B^D}{P}-\frac{B^S}{P})=0 \tag{7. 14}$$

따라서 만약 화폐시장이 균형이면($\frac{M^S}{P}=L^D$), 왈라스법칙(Warlas' law)에 의해 채권시장도 또한 균형($\frac{B^S}{P}=\frac{B^D}{P}$)이 될 것이다.

여기서 **왈라스법칙**(Walras' law)이라 함은 n개 시장에서 $(n-1)$개 시장이 균형을 이루면 나머지 n번째 시장도 자동적으로 균형을 이룬다는 법칙을 말한다. 따라서 왈라스법칙은 화폐시장이든 채권시장이든간에 어느 한 시장만의 균형분석을 가능케 해 준다. 또한 자산시장을 채권시장 이외에 주식시장을 포함시켜도 이들 시장의 초과수요가 0이 되어 균형을 이루면 화폐시장은 자동적으로 균형을 이루게 되므로 화폐시장만을 따로 떼어 균형분석을 행할 수 있다. 이하에서는 화폐시장 이외의 모든 자산시장이 균형을 이룬다는 가정하에 앞으로 논의를 전개해 나가는 데 최소한도로 필요한 개념들을 알아보고 화폐시장의 균형을 고찰해 보기로 한다.

2 화폐의 공급

화폐의 측정과 통화지표

화폐(money)는 일상거래에서 재화 및 서비스의 매매에 따른 채권과 채무관계를 청산할 수 있는 '일반적으로 통용될 수 있는 지불수단'(generally acceptable means of payments)을 말한다. 화폐는 교환수단(medium of exchange), 또는 가치척도(unit of value), 가치저장수단(stock of value), 장래지불수단(standard of deferred payments), 회계단위(unit of account) 등의 기능을 수행한다. 특히 화폐의 교환수단과 가치저장수단의 기능이 핵심적인 요체를 이루고 있는데 어느 기능을 중시하느냐에 따라 화폐공급과 화폐수요함수의 형태가 달라진다. 왜냐하면 위에서 정의한 '일반적으로 통용되는 지불수단'이라고 정의할 때 화폐와 유사한 기능을 수행하는 금융자산 중에서 어디까지를 화폐로 볼 것인가 하는 문제가 제기되기 때문이다. 예를 들어 화폐의 교환수단을 중요시하면 화폐의 공급은 통화인 M_1이 통화지표가 될 것이고 화폐수요는 화폐수량설에 의해 결정된다. 그러나 만약 화폐의 가치저장수단의 기능을 중요시하면 화폐공급은 저축성예금 등 수익성 금융자산을 포함한 통화지표가 되고 화폐수요는 소득과 이자율이 중요한 결정요인이 될 것이다. 사실상 피셔(I. Fisher)를 포함한 고전학파는 화폐의 교환수단의 기능을 중시한 데 반해 케인즈는 가치저장수단의 기능을 중요시했다.

그럼에도 불구하고 금융자산 중 어디까지를 화폐로 보아야 한다는 정확한 정설이 있는 것도 아니며 국가마다 그 나라의 금융자산에 따라 다소 상이한 통화지표를 편성하여 사용하고 있다. 그리고 화폐는 통화라는 개념과 일반적으로 혼용하여 사용하고 있는데 엄격히 말하면 통화란 화폐 중에서도 시장에서 유통되고 있는 화폐를 말한다. 그리고 화폐공급(money supply)을 통화량(money stock)이라고 하는데 통화량은 어느 특정시점에서 파악한 화폐의 양을 말한다. 따라서 통화량은 저량(stock)개념으로서 일정기간 동안에 흐름으로 파악되는 국민소득이나 국제수지 같은 유량(flow)개념과 대칭된다.

한편, 통화량을 측정하는 지표를 통화지표라고 하는데 우리나라에서는 금융자산의 포함범위에 따라 이미 정의한 바 있는 본원통화(monetary base)를 포함하여 크게 여섯 가지 종류의 통화지표를 작성 발표하고 있다.

(1) 통화(M_1): 통화는 협의(narrow definition)의 개념으로 화폐의 지불수단의 기능을 중시하여 민간이 보유하고 있는 주화, 지폐 등의 현금에다 은행의 요구불예금을 합한 것으로 정의되며 M_1으로 표시한다.

통화(M_1) = 현금통화(민간화폐보유액) + 예금통화(은행의 요구불예금)

(2) 총통화(M_2): 총통화 M_2는 통화 M_1보다 광의(broad definition)의 통화지표로서 M_1에다 저축성예금과 거주자외화예금을 화폐로 포함시킨 개념이다. 특히 은행은 저축성예금과 거주자외화예금을 합하여 준통화(quasi-money)라고 부르는데 저축성예금은 이자수익을 포기하면 언제라도 현금화될 수 있고 또한 국내거주자가 외국통화표시 형태로 예금한 거주자외화예금도 언제든지 원화로 바꾸어 인출가능하기 때문에 준통화라고 한다. 특히 우리나라는 M_2가 경제성장, 물가 등 실물경제와 밀접한 관계에 있다는 실증검증에 의해 1979년 이후부터 M_2를 통화관리의 중심지표로 이용하고 있다.[6)]

총통화(M_2) = 통화(M_1) + 준통화(QM)
= 통화(M_1) + 은행의 저축성예금 및 거주자외화예금

(3) M_2A: 총통화에서 유동성이 매우 낮은 2년 이상 만기의 장기저축성예금을 제외한 단기유동성 통화지표로서 우리나라는 1989년부터 새로 편제하기 시작하여 통화관리의 보조지표로 활용하다가 2001년 10월부터 편제를 중단하였다. 장기저축성예금으로 포함되는 항목은 2년 이상 만기의 정기예금, 정기적금, 가계우대정기적금, 상호부금, 주택부금, 근로자 주택마련저축, 목돈마련저축 등 각종 정기예금과 적립식 저축예금이 이에 속한다.

M_2A = 총통화(M_2) − 장기저축성예금(2년 이상 만기)

6) 한국은행, 「알기 쉬운 경제지표해설」, 1990, pp.1−32.

=통화(M_1)+단기저축성예금(2년 미만 만기)+거주자외화예금

(4) MCT: 총통화에 양도성예금증서와 금전신탁(money in trust)을 합계한 지표이다. 다만, 산업은행과 장기신용은행의 양도성예금증서와 금전신탁은 포함되지 않으며, 금전신탁에는 기업금전신탁, 가계금전신탁, 적립식 및 개발식 금전신탁 등이 있다. 이의 도입 배경을 보면 1996년 5월에 신탁제도를 개편함에 따라 금전신탁에서 이탈한 자금이 저축성예금으로 대폭 이동하면서 전체적인 유동성 수준에는 큰 변화가 없는데도 M_2증가율이 갑자기 급등하여 M_2의 유효성에 문제가 되었다. 이에 따라 동년 하반기부터 금융자산간의 자금이동 효과를 중립화(neutralization)시킬 수 있는 지표로 MCT를 편제하여 발표하고 있다.

MCT=총통화(M_2)+양도성예금증서(CD)+금전신탁

이와 아울러 종전의 M_2 중심 통화관리체제를 M_2와 동시에 관리하는 복수 중심통화지표체제로 전환하였는데 이들 중심통화의 목표증가율은 피셔(Fisher)의 교환방정식을 다소 수정한 EC방식을 원용하고 있다. 수정된 교환방정식은 $MV=PY$로 표시된다. M은 통화량, V는 화폐의 소득유통속도, P는 물가수준, Y는 실질소득을 의미한다.

(5) 총유동성(M_3): 총유동성은 최광의(最廣義)의 통화지표로서 M_2에 비통화금융기관[7]의 예수금과 금융기관이 발행하는 금융채권발행, 양도성예금증서(CD), 상업어음매출, 환매조건부채권매도와 표지어음을 포함시킨 개념이다.

총유동성(M_3)=총통화(M_2)+비통화금융기관예수금+금융채권발행
+양도성예금증서+상업어음매출+환매조건부채권매도
+표지어음

그런데 한국은행은 2002년 3월에 신 M_1, M_2 등 새 통화지표를 발표하고 새

7) 우리나라의 금융기관은 크게 통화금융기관과 비통화금융기관으로 구분되는데 통화금융기관은 한국은행과 예금은행(일반은행, 특수은행)을 말하며, 비통화금융기관은 개발기관(한국산업은행, 한국수출입은행, 장기신용은행), 투자기관(투자금융 등), 저축기관(은행신탁계정, 상호신용금고 및 협동조합 등) 그리고 보험기관(생명보험, 체신보험)을 말한다. 비통화금융기관을 일명 **제2금융권**이라고도 한다.

지표의 과거시계열이 완비되는 2002년말까지 M_1, M_2, MCT, M_3 등 기존지표 4개와 신M_1, 신M_2 등 새 지표 2개를 더한 총 6개의 통화지표를 발표하기로 하였는데 신 M_1과 신M_2는 각각 다음과 같이 정의된다.[8)]

신M_1 = 현금통화 + 요구불예금 + 수시입출식 저축성예금
= M_1 + 비통화금융기관 요구불예금 + 금융기관 수시입출식 저축성예금(은행의 저축예금 및 MMDA, 투신사 MMF 등)

신M_2 = 신 M_1 + 기간물 정기예적금 및 부금(단, 만기 2년 이상 제외) + 시장형상품 + 실적배당형상품(단, 장기금전신탁 제외) + 금융채 + 기타(투신증권저축, 종금사발행어음)
= M_2 + 비통화금융기관 단기저축성예적금 및 부금 + 금전신탁(장기 제외) + 양도성예금증서(CD) + 환매조건부채권(RP) + 표지어음 + 금융채(장기 제외) − 예금은행 장기저축성예적금

여기서 MMDA(Money Market Deposit Account)는 수시입출식예금이며 MMF(Money Market Fund)는 단기금융상품펀드이다.

한편, 앞에서 고찰한 각종 통화지표 중에 포함되는 양도성예금증서, 기업어음, 환매조건부채권, 표지어음과 더불어 앞으로 참고가 될 재정증권, 통화안정증권, 어음관리구좌 등 주요 금융상품들을 살펴보기로 한다.

양도성예금증서(Negotiable Certificate of Deposit: CD): CD는 일반은행이 발행한 정기예금에 양도성을 부여한 금융상품으로서 무기명 발행으로 중도해약이 허용되지 않는 대신 타인에게 양도가능하다. 또한 필요한 경우에는 언제든지 단기금융회사나 종합금융회사의 중개를 거쳐 현금화할 수 있어 유동성이 매우 높은 금융상품이다. 현재 발행단위는 5,000만 원 이상으로 제한이 없다. 우리나라는 1974년 처음 도입하였으나 낮은 금리로 발행실적이 저조하여 폐지하였다가 1984년 6월 1일에 은행의 수신경쟁력 제고와 금리자유화의 기반조성, 그리고 시중 유휴자금을 흡수하기 위해 다시 도입하여 현재 모든 예금은행들이 취급하고 있다.

8) 한국은행, "새 통화지표 편제결과," 「조사통계월보」, 2002. 4, pp. 26-51.

기업어음(Commercial Paper: *CP*): *CP*는 단기금융회사나 종합금융회사가 선정한 신용도가 높은 기업이 담보없이 발행하는 어음이며, 매출시 실세금리에 따른 선이자(先利子)가 지급되므로 실수익률이 높으나 중도해약이 불가능하다.

환매조건부채권(Repurchase Agreement: *RP*): *RP*는 자금수요자가 일시적으로 자금조달을 위해 보유하고 있는 유가증권을 자금공여자에게 매각함과 동시에 일정기간 후에 다시 이자를 포함한 일정가격으로 재매입(repurchase) 조건의 채권으로 단기자금조달방식으로 널리 이용되고 있으며 안전성과 수익성이 높다. *RP*는 금융기관의 단기자금조달방법 이외에도 중앙은행과 예금은행간의 유동성조절수단으로 활용되기도 한다. 흔히 환매채(還買債)라고도 한다.

표지어음: 은행, 단자회사 등 금융기관들이 기업들에게 할인 또는 보유하고 있는 기업어음 및 무역어음을 고객이 요구하는 조건(금액 및 만기일)에 따라 분할 또는 통합하여 발행 · 매출할 수 있는 어음을 말한다. 정부는 1994년 7월 18일 제3단계 금리자유화조치의 일환으로 은행들에게 표지어음의 발행과 매출을 할 수 있도록 제도적 조치를 취하였는데 발행방법으로는 은행이 지급을 책임지는 약속어음을 할인방식으로 발행토록 하고 있다.

재정증권: 이는 정부가 재정적자의 보전(補塡) 또는 국고금의 일시 부족시 이를 조달하기 위해 발행하는 만기 1년 이내의 단기정부증권을 말한다. 재정증권의 발행금리는 시장금리수준을 감안하여 결정토록 되어 있으나 실제로는 전체 금융시장금리에 미치는 영향 및 발행비용부담 등을 고려하여 실세금리보다 낮은 수준에서 결정되고 있다. 통화안정증권과 함께 은행 및 제2금융기관에 의해 인수 · 유통되고 있다.

통화안정증권: 한국은행이 통화조절 목적으로 발행하는 특별 유통증권으로 발행만기로는 546일 이내로 되어 있으나 364일 만기물이 주종을 이루고 있으며 주로 공모방식으로 발행되고 있다. 종전의 발행금리는 시장금리수준에 미치는 영향을 고려하여 실세금리보다 낮은 수준에서 결정되고 있었으나 제1단계 금리자유화계획에 의거 자유화되고 있다. 우리나라는 과거 국제수지흑자에 따른 통화증발의 주요 환수수단으로 통화안정증권을 발행해 왔다. 한편, 우리나라의 주요 통화조절용 채권으로는 통화안정증권, 재정증권, 외국환평형기금채권 등이 있다.

어음관리구좌(Cash Management Account: *CMA*): *CMA*는 단자회사가 취급하

는 대표적인 수신금융상품인데 이는 투자금액의 영세성, 투자정보의 부족 등으로 단기금융시장에서 직접 자금을 운용하기 어려운 소액투자가인 일반고객으로부터 자금을 수탁받아 수익성이 높은 금융자산에 투자하고 그 운용수익을 다시 고객에게 지급하는 실적배당 금융상품이다. 우리나라 투자금융회사가 1984년 8월에 수신기반강화와 대고객서비스 제고를 목적으로 도입하였다.

통화의 공급경로

우리는 이미 제5장 5절에서 국제수지변동에 따른 통화공급의 변동을 파악하기 위해 통화의 공급경로를 개략적으로 분석한 바 있다. 여기서는 복습을 한다는 의미에서 앞서 고찰한 내용을 중심으로 종합정리해 보기로 한다.

통화의 공급경로는 위에서 살펴본 각종 통화지표를 중심으로 파악될 수 있는데 이 중 중요한 것은 M_1과 M_2에 의해 파악하는 방법이다. M_1은 기본적으로 본원통화의 공급경로를 통해 포착되며 M_2는 경제부문을 구성하는 민간, 정부, 해외, 기타부문으로 파악할 수 있는 장점이 있다. 특히 본원통화의 공급경로로 파악하는 방법은 선진국에서 널리 이용될 뿐만 아니라 이론적 분석도구로서의 매력이 있다. 그러나 현실적으로는 본원통화의 증감이 시차를 두고 파급되고 있기 때문에 그 파급효과를 정확히 예측한다는 것은 그리 쉬운 일이 아니다.

따라서 우리나라의 경우에는 총통화(M_2)가 경제성장 및 국내물가 등 실물경제와 밀접한 관계에 있다는 계량모형에 의한 실증분석에 근거를 두고 총통화기준의 공급경로를 파악하여 1979년부터 통화관리의 중심지표로 이용하여 왔다. 그러다가 1996년 5월에 신탁제도의 개편과 더불어 *MCT*를 M_2와 함께 관리하는 복수중심 통화지표체제로 전환하였으나 이하에서는 본원통화와 총통화 두 경로에 대해서만 알아보기로 한다.

(1) 본원통화의 공급경로

통화공급(money supply)은 기본적으로 발권은행인 중앙은행이 독점적으로 중앙은행 창구를 통해 공급하는 본원통화와 예금은행이 이를 근거로 하여 신용창조에 의해 공급하는 예금통화(요구불예금)로 구성된다.

여기서 본원통화(reserve base or monetary base)라 함은 중앙은행의 창구를 통해 시중에 흘러나온 현금을 말한다. 따라서 비록 조폐공사에 의해 찍어낸 현금이라고 해도 중앙은행 금고에 보관되어 있는 현금은 시중에서 유통되는 화폐가 아니므로 통화로 간주하지 않는다. 시중에 유통되고 있는 현금인 본원통화는 크게 민간이 보유하고 있는 현금인 민간화폐보유액과 예금은행이 보유하고 있는 시재현금(예금은행 화폐보유액)의 합계에다가 예금은행이 중앙은행에 맡겨 놓은 예금은행 지급준비예치금의 합계로 구성된다. 민간화폐보유액과 예금은행 시재현금의 합계를 화폐발행액이라고 하고 예금은행의 지급준비예치금과 시재현금(예치금은행의 화폐보유액)을 합하여 지급준비금(bank reserves)이라고 한다.

따라서 본원통화는 현금통화와 예금은행 지급준비금의 합계 또는 화폐발행액과 예금은행 지급준비예치금의 합계로 정의된다. 이를 요약 정리하면 다음과 같은 관계식이 성립한다.

본원통화 = 현금통화 + 예금은행 지급준비금
= 현금통화 + 예금은행 시재금 + 예금은행 지급준비예치금
= 화폐발행액 + 예금은행 지급준비예치금

단, 예금은행 지급준비금 = 예금은행 시재금 + 예금은행 지급준비예치금
화폐발행액 = 현금통화 + 예금은행 시재금

한편, 예금은행은 본원통화 중 예금으로 은행조직 내에 들어온 본원적 예금을 기초로 신용창출에 의해 파생적 예금인 요구불예금을 창출한다.

일반적으로 예금은행조직으로 유입된 본원통화는 신용창조과정을 통해 그 몇 배에 해당하는 예금통화를 창출한다는 점에서 본원통화를 고성능통화(high-powered money)라고도 부른다.

이를 보기 위해 지금 일정시점에서의 본원통화를 H라고 하면 통화승수(k)는 본원통화(H)에 대한 통화(M_1)의 비율로서 정의된다. 또한 통화(M_1)에 대한 현금통화(C)의 비중을 현금통화비율($z=C/M_1$)이라고 하고 예금은행의 요구불예금(D)에 대한 지급준비금(R)의 비율을 지급준비율($r=R/D$)이라고 하는데 통화승수는 다음과 같이 현금통화비율과 지급준비율로만 표시할 수 있다.[9)]

9) C를 현금통화, M_1을 통화, R을 지급준비금, D를 요구불예금이라고 하고 z와 r을 각각 현금통화비율과 지급준비율이라고 하면 $C=z\cdot M_1$이고 $R=rD$가 되며 $D=M_1-C=M_1-z\cdot M_1=(1-$

$$k=\frac{M_1}{H}=\frac{1}{z+r(1-z)} \quad (7.\ 15)$$

그러므로 통화승수는 현금통화비율(z)과 예금은행의 지급준비율(r)이 크면 클수록 작아지고 반대로 이들 비율이 작으면 통화승수는 커짐을 알 수 있다.

이제 중앙은행의 창구를 통해 공급된 본원통화의 공급경로를 보자. 개방경제하에서 중앙은행이 공급하는 본원통화(H)는 크게 중앙은행의 국내신용(central bank's domestic credit: CDC)과 국제준비자산(central bank's international reserves: CIR)으로 구성된다.

$$H=CDC+CIR$$

여기서 중앙은행의 국내신용(CDC)은 정부 및 금융기관에 대한 대출 및 보유자산에서 이들이 중앙은행에 예치한 예금을 뺀 대정부 및 대금융기관의 순신용과 순기타자산의 합계를 의미한다. 그리고 중앙은행의 국제준비자산(CIR)은 순외화자산(NFA)으로서 중앙은행이 원화로 지불하고 취득한 외화자산과 원화를 수취하고 매각한 외화부채의 차액을 말한다. 이는 중앙은행의 대차대조표를 통해 쉽게 구할 수 있는데 대차대조표상에서 정부부문, 금융부문, 해외부문 및 기타부문에 대해 각각 자산항목에서 부채항목을 뺀 항목으로 정리하여 수정대차대조표를 작성하면 [표 7-1]과 같이 된다.

한편, 본원통화의 공급경로를 부문별로 보면 중앙은행의 대차대조표에서 $H=CDC+CIR$이므로 국내신용이 ΔCDC만큼 증가하거나 순외화자산이 ΔCIR만큼 증가할 때 중앙은행이 아무런 규제정책을 사용하지 않으면 본원통화는 다음과 같이 ΔH만큼 증가한다.

$$\Delta H=\Delta CDC+\Delta CIR \quad (7.\ 16)$$

지금 통화승수가 단기에 안정적이어서 고정되어 있다면 $M_1=kH$이므로 본원통화가 ΔH만큼 증가할 때 통화(M_1)는 승수(k)배만큼 증가(ΔM_1)된다.

$z)M_1$이 성립한다. 따라서 이를 본원통화의 항등식 $H=C+R=zM_1+rD$에 대입하면 $zM_1+r(1-z)M_1=[z+r(1-z)]M_1$이 되므로 통화승수는 다음과 같이 도출된다.

$$k=\frac{M_1}{H}=\frac{M_1}{[z+r(1-z)]M_1}=\frac{1}{z+r(1-z)}$$

표 7-1 중앙은행의 수정대차대조표

자 산	부 채
국내신용(CDC)	본원통화(H)
순외화자산(CIR)	화폐발행액
	지준예치금

주: 중앙은행의 국내신용(CDC)=대정부순신용+대금융기관순신용+순기타자산
중앙은행의 순외화자산(CIR)=외화자산-외화부채

$$\varDelta M_1 = k\varDelta H = k(\varDelta CDC + \varDelta CIR) \quad (7.\ 17)$$

중앙은행이 통화 M_1을 얼마만큼 증가시킬 것인가는 통화승수에 미치는 요인인 현금통화비율(z)과 지불준비율(r), 그리고 중앙은행의 국내신용과 순외화자산변동에 따른 통화환수정책 등에 의존하게 된다. 예를 들어 국제수지가 흑자를 시현하여 CIR이 $\varDelta CIR$만큼 증가한 경우 국내신용에 변동이 없다면 M_1은 k배에 $\varDelta CIR$만큼 증가할 것이다. 그러나 통화를 원래의 수준으로 고정시키려면($\varDelta M_1=0$) $\varDelta CIR = -\varDelta CDC$가 되어야 된다. 즉 순외화자산 증가분만큼 정확히 국내신용을 감소시켜야 함을 의미한다.

지금까지 논의한 본원통화의 공급경로는 중앙은행의 통화관리를 위한 간접규제방식의 근간을 이루는데 본원통화의 공급량을 조절하기 위한 전통적인 통화관리수단으로서 재할인율정책, 지급준비율정책, 공개시장조작 등이 있음은 잘 아는 바와 같다.

(2) 총통화(M_2)기준의 공급경로

총통화(M_2)는 통화(M_1)와 준통화(QM)의 합계로 정의되지만 총통화의 공급경로를 파악할 때에는 크게 정부부문, 민간부문, 해외부문 그리고 기타부문 등 4개 부문으로 나누어 파악한다. 통화의 공급부문을 정부, 민간, 해외, 기타부문으로 구분하는 것은 통화량이 통화신용정책뿐만 아니라 재정수지, 국제수지 등에 따라 크게 영향을 받기 때문에 통화정책 수립시에 이와 같은 통화의 각 부문별 공급 등을 고려하기 위함이다. 여기서 부문이라 함은 통화금융기관이 해당부문에 신용으로 대출한 금융을 말한다. 따라서 정부부문은 통화금융기관이 정부에 대출한 금융을 말하고 민간부문과 기타부문이라 함은 금융기관의 대민간신용과 대기타신용을 각각 의미한다. 해외부문은 통화금융기

관이 보유하고 있는 순외화자산을 말한다. 이와 같은 총통화기준의 공급경로를 파악가능케 해 주는 표가 통화개관표(monetary survey table)이다.

통화개관표란 IMF가 개발한 통화금융통계로서 통화금융기관의 연결대차대조표이다. 이 표에 의하면 자산란은 정부, 정부대행기관, 공적기관, 비통화금융기관, 민간, 해외, 기타 등 경제부문별로 구분하여 작성하고 부채란은 유동성별로 정리하여 총통화, 해외부채, 기타부채 등으로 분류하여 작성하고 있다. 통화개관표를 자산란에 통화공급부문별로 순신용형태로 재편성하여 기록하고 부채란은 총통화계정으로 재편성하여 정리하면 다음의 [표 7-2]와 같은 수정통화개관표를 얻을 수 있다.

복식부기 원리에 의해 자산과 부채는 사후적으로 항상 동일하므로 다음과 같은 결과를 얻는다.

$$M_2 = M_1 + QM \qquad (7.\ 18)$$
$$= GDC + PDC + NFA + NOA$$

이제 이하에서는 수식을 간단히 하기 위해 정부신용, 민간신용 그리고 순기타자산을 모두 합계($GDC+PDC+NOA$)한 것을 국내신용(DC)으로 지칭하기로 한다. 따라서 총통화(M_2)의 항등식은 다음과 같이 국내신용(DC)과 순외화자산(NFA)의 합계로 표시된다.

$$M_2 = DC + NFA \qquad (7.\ 19)$$

이는 증가분형태로도 성립되므로 다음과 같이 표시된다.

$$\Delta M_2 = \Delta DC + \Delta NFA \qquad (7.\ 20)$$

그런데 자국통화표시 국제수지를 B라고 하면 $\Delta NFA = B$이므로 총통화의

표 7-2 통화금융기관의 수정통화개관표

자 산	부 채
정부부문(GDC) 민간부문(PDC) 해외부문(NFA) 기타부문(NOA)	총통화(M_2) 통화(M_1) 준통화(QM)

공급경로는 결국 다음과 같이 요약된다.

$$\Delta M_2 = \Delta DC + B \quad (7.\ 21)$$

즉 DC가 종전과 동일($\Delta DC=0$)할 때 종합수지가 흑자($B>0$)이면 총통화는 종합수지흑자만큼 외생적으로 증가하게 된다. 따라서 외생적으로 증가한 통화공급을 환수하기 위한 방법은 순기타자산을 포함한 국내신용(DC)을 국제수지의 증가분만큼 감소시킬 때 통화공급은 변동이 없게 된다. 이와 같은 국제수지흑자에 따른 통화환수정책을 중화정책(sterilization policy) 또는 불태화정책이라고 함은 이미 설명한 바있다.[10)]

3 화폐에 대한 수요

화폐는 수익성이 없는 금융자산이다. 그럼에도 불구하고 사람들은 일정한 수준의 화폐를 보유하려고 한다. 사람들이 어떠한 동기에 의해 화폐를 수요하게 되는지를 규명하려는 이론이 화폐수요이론이다. 화폐수요이론은 고전학파의 화폐수량설인 피셔(I. Fisher)의 거래수량설, 케임브리지학파(Cambridge School)의 현금잔고수량설을 비롯하여 케인즈(J.M. Keynes)의 유동성 선호이론, 프리드만(M. Friedman)의 신화폐수량설, 토빈(J. Tobin)의 자산선택이론 등 다양한 형태로 발전되어 왔다.[11)]

10) 중화정책에 대해서는 제5장 4절 3항을 참조.

11) 본문의 유동성 선호이론 이외에 앞으로 논의에 참고가 될 중요한 화폐수요이론으로서는 고전학파의 화폐수량설과 프리드만의 신화폐수량설인데 그 내용은 다음과 같이 요약된다.

① **거래수량설**: 피셔(I. Fisher)의 교환방정식으로 대표되는데 $MV=PT$로 표시된다. 여기서 M과 V는 각각 통화량, 화폐의 거래유통속도를 나타내고 P와 T는 각각 물가수준과 거래량을 표시한다. 고전학파는 완전고용을 가정하여 단기에 T가 일정할 뿐만 아니라 V도 거래제도나 거래관습에 의해 일정하다고 보고 통화량과 물가간에는 정비례관계가 성립한다고 보고 있다. 여기서 화폐수요에 대해서는 명시적으로 표시되지 않았지만 화폐수요는 $M=(1/V)PT$로 결정됨을 암시하고 있으며 화폐의 교환수단의 기능을 강조하고 있다.

② **현금잔고수량설**: 마샬(A. Marshall), 피구(A.C. Pigou) 등 소위 케임브리지학파(Cambridge School)에 의해 발전된 이론으로서 현금잔고방정식 $M=kPY$에 의해 대표된다. M은 화폐공급량으로서 화폐공급을 나타내고 등호 우측은 화폐수요($M^D=kPY$)를 나타내는데 k, P, Y는 각각 마샬의 k, 물가수준, 실질국민소득을 나타낸다. 마샬의 k는 명목소득 중 화폐

그러나 여기서 논의를 전개해 나가는 데 특별히 필요로 하는 이론은 케인즈의 유동성 선호이론(theory of liquidity preference)에 근거한 화폐수요이론이다.

케인즈에 의하면 사람들은 유동성(liquidity)의 확보와 장래투기에 참여함으로써 자본이득(capital gain)을 얻기 위해 화폐를 보유한다고 주장한다. **유동성**이란 가장 적은 비용으로 어느 한 자산에서 다른 형태의 자산으로 얼마만큼 신속하게 교환될 수 있는가 하는 교환의 용이성 정도를 말한다. 일반적으로 현금(화폐)의 경우가 유동성이 가장 높고 그 다음으로 요구불예금, 저축성예금, 증권(채권 및 주식) 순서로 유동성이 높으며 부동산은 유동성이 아주 낮은 자산으로 평가되고 있다.

그런데 케인즈는 화폐에 대한 수요의 구체적인 동기로서 거래적 동기(transaction motive), 예비적 동기(precautionary motive), 투기적 동기(speculative motive)를 들고 있다.

거래적 동기는 가계와 기업이 수입과 지출간에 존재하는 시차(time lag)를 메우기 위해 일정한 수준의 화폐를 보유하려는 동기를 말하고 예비적 동기는 불확실한 장래에 발생할지도 모르는 지출에 대비하여 화폐를 보유하려는 동기를 말한다. 그런데 사람들은 소득이 증가하면 거래규모도 커지기 때문에 화폐

로 보유하려는 화폐보유비율(M^D/PY)을 의미한다. 현금잔고수량설은 $MV_y = PY$로 고쳐 쓸 수 있는데 V_y는 k의 역수($1/k$)로서 화폐의 소득유통속도(income velocity of money)라고 부른다. 따라서 피셔의 교환방정식과 비교해 볼 때 거래량 T를 실질국민소득 Y로 대체했을 뿐만 아니라 화폐의 기능 중 가치저장수단을 강조하고 있는 것이 다르다. 그리고 본문의 케인즈의 유동성 선호이론과 비교할 때 현금잔고수량설은 이자율이 화폐수요에 포함되지 않음으로써 안정적인 화폐수요함수를 가정하고 있는데 이는 후에 고찰하게 될 통화론자의 환율결정모형의 근간을 이룬다.

③ **신화폐수량설**: 프리드만(M. Friedman)이 주장한 화폐수요이론으로서 마샬의 k는 일정한 것이 아니라 화폐 및 기타 금융자산의 수익률 등에 의하여 결정된다고 보고 다음과 같이 화폐수요결정이론을 제시하였다.

$\frac{M^D}{P} = k(r_m, r_b, r_e, \pi) \cdot Y^p$. 여기서 r_m, r_b, r_e는 각각 화폐의 예상수익률, 채권의 예상수익률, 주식의 예상수익률을 나타내며 π는 예상물가상승률을 나타내며 Y^p는 항상소득(permanent income)을 나타낸다. 그리고 프리드만에 의하면 k는 r_m에는 증가함수이지만 r_b, r_e, π에는 감소함수로 보았으나 이들이 k에 미치는 영향은 대단히 미약하다고 보고 있다. 따라서 고전학파의 화폐수량설과 비슷한 내용이므로 신화폐수량설이라고 불렀다. 화폐수요에 대한 구체적인 내용은 다음을 참고할 것.

F.S. Mishkin, *The Economics of Money, Banking, and Financial Markets*, 3rd ed., Harper Collins Publishers, 1992, pp.523–53; W.H. Branson, *Macroeconomic Theory and Policy*, 3rd ed., Harper & Row, Publishers, New York, 1989, pp. 319–66.

에 대한 수요를 늘릴 뿐만 아니라 예비적으로도 더 많은 화폐를 보유하려는 성향이 있다. 따라서 거래적 동기와 예비적 동기에 의한 화폐수요는 소득수준의 증가함수가 된다. 이와 같은 동기는 화폐의 교환수단의 기능을 중시한 것으로 사실상 케인즈는 케임브리지 학파의 현금잔고수량설을 기초로 하여 이 이론을 전개하고 있다.

이에 대해 투기적 동기는 화폐의 가치저장수단의 기능을 중시하여 화폐도 일종의 자산으로 보고 다양한 자산 중 수익성이 높은 자산에 투자하기 위해 화폐를 보유하려는 동기를 말한다. 그런데 화폐는 유동성은 높지만 수익성이 없는 금융자산인 데 반해 채권이나 주식은 유동성은 화폐보다 낮지만 수익성 있는 금융자산이다. 따라서 거래적 동기와 예비적 동기에 의한 화폐수요는 화폐의 높은 유동성 때문에 발생하지만 투기적 동기에 의한 화폐수요는 수익성 있는 자산의 투기에 참여하기 위해 화폐를 보유하려 하기 때문에 발생한다. 환재정거래와 마찬가지로 증권가격이 낮을 때 사서 가격이 높을 때 팔면 매매차익인 자본이득을 얻을 수 있기 때문이다. 그런데 화폐의 가격은 이자율이며 이자율과 증권가격간에는 역의 관계에 있다.

따라서 이자율이 높으면 증권가격은 낮기 때문에 증권을 매입하게 되므로 투기적 화폐수요는 감소하게 되고 이자율이 낮으면 증권가격은 높기 때문에 증권을 매각하게 되어 장래 증권투자를 위해 보유하려는 투기적 화폐수요는 증가하게 된다. 결국 투기적 화폐수요는 이자율의 감소함수로 표시된다.

이상의 논의를 요약 정리하면 실질화폐수요($\frac{M^D}{P}$)는 거래적 및 예비적 화폐수요와 투기적 화폐수요의 합계로 구성되며 이를 수식으로 나타내면 다음과 같이 표시될 수 있다.

$$\frac{M^D}{P} = l(Y) + h(i) \qquad (7.\ 22)$$

단, $l'(Y) > 0$, $h'(i) < 0$
M^D = 명목화폐수요
P = 물가수준
$l(Y)$ = 거래적 및 예비적 실질화폐수요
$h(i)$ = 투기적 실질화폐수요

특히 케인즈의 화폐수요이론은 투기적 화폐수요를 중시하여 기존의 현금잔고수량설에 없는 이자율을 화폐수요함수에 명시적으로 도입했다는 데에 큰 공헌이 있다. 그런데 케인즈에 의하면 이자율이 더 이상 하락할 수 없는 최저수준이 있다고 주장하고 이와 같은 경우를 **유동성함정**(liquidity trap)이라고 불렀다. 만약 이자율이 [그림 7-3] 에서와 같이 최저수준(i_1)에 이르면 증권가격은 최고수준이 될 것이므로 증권보유자는 모든 증권을 매각하게 되고 그에 따라 투기적 화폐수요도 최대가 될 것이다. 즉 이자율의 최저수준에서 이자율에 대한 투기적 화폐수요는 완전탄력적이 되어 화폐수요곡선은 이자율 i_1에서 횡축과 수평선이 되는데 이 경우가 유동성함정구간이다.

우리는 이와 같이 극단적 경우인 유동성함정이 존재하지 않는다고 가정하여 일반적인 경우만을 분석대상으로 삼을 뿐만 아니라 앞의 식 (7. 22)를 다음과 같이 보다 일반적인 화폐수요함수로 정의하여 분석도구로 사용할 것이다.

$$\frac{M^D}{P} \equiv L(Y,\ i) \qquad (7.\ 23)$$

단, $L_y > 0$, $L_i < 0$

윗식이 의미하는 바는 실질화폐수요($\frac{M^D}{P}$)는 L로서 표시되며 실질소득(Y)에 대해서는 증가함수이고 이자율(i)에 대해서는 감소함수임을 나타내 주고 있다.

그림 7-3 투기적 화폐수요곡선과 유동성함정

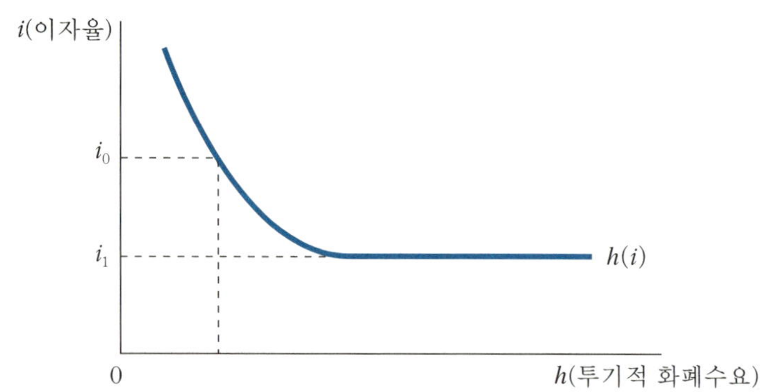

4 화폐시장의 균형식

지금까지 논의한 화폐의 공급과 수요함수로부터 화폐시장의 균형식을 정의하고 균형곡선인 LM곡선을 도출하여 보자. 화폐공급(M^S)을 총통화(M_2)기준으로 정의하면 식 (7. 19)와 같이 $M^S = DC + NFA$가 된다. DC는 순기타자산을 포함한 국내신용($DC = GDC + PDC + NOA$)이며 NFA는 순외화자산이다. 그런데 화폐시장의 균형조건은 화폐공급과 화폐수요가 같아야($M^S = M^D$) 되므로 식 (7. 23)에서 M^D 대신 M^S를 대입하면 다음과 같은 화폐시장의 균형식이 성립한다.

$$\frac{M^S}{P} = L(Y,\ i) \tag{7. 24}$$

단, $L_y > 0$, $L_i < 0$
$M^S = DC + NFA$

따라서 윗식들은 국내신용(DC)이 증가하거나 국제수지흑자로 순외화자산(NFA)이 증가하면 화폐공급(M^S)은 증가하고 물가수준(P)이 상승하면 실질화폐공급은 감소한다. 실질화폐수요(L)는 소득(Y)이 증가하면 거래적 동기와 예비적 동기에 의해 증가하고 이자율(i)이 증가하면 투기적 동기에 의해 감소함을 나타내 주고 있다.

5 LM곡선

LM곡선의 도출

LM곡선이란 실질국민소득(Y)과 이자율(i)로 표시된 평면상에 화폐시장의 균형($M^D = M^S$)을 유지시켜 주는 Y와 i의 조합점들의 궤적(locus)을 말한다. LM곡선은 화폐공급(M^S)과 물가수준(P)이 일정수준으로 고정되었다는 가정하에 실질화폐수요(L)와 실질화폐공급(M^S/P)이 만나 이루는 균형점들을 Y와 i의 평면으로 옮겨 도출한다. [그림 7－4a]는 실질국민소득이 증가할 때 화폐시장의

그림 7-4 *LM*곡선의 도출

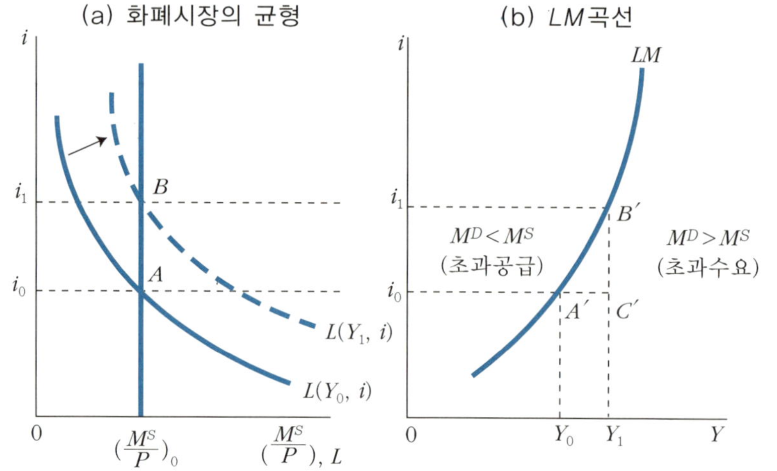

균형을 나타내고 있다. 최초에 점 *A*에서 주어진 실질화폐공급(M^S/P)과 실질화폐수요곡선 $L(Y_0, i)$이 만나 균형을 이루고 있을 때 이자율은 그대로 있는 상태에서 소득만이 Y_0에서 Y_1으로 증가하면 화폐수요곡선은 $L(Y_1, i)$로 이동하게 되어 새로운 균형은 점 *B*에서 이루게 된다. 그 결과 균형이자율은 최초의 i_0에서 i_1으로 상승하게 된다. 즉 다른 조건들이 일정불변일 때 소득이 Y_0에서 Y_1으로 증가함에 따라 이자율은 i_0에서 i_1으로 증가하여 소득과 이자율간에는 정의 관계가 있음을 알 수 있다. 이와 같은 균형을 나타내는 점들은 *A*와 *B* 이외에도 무수히 많이 존재하는데 이를 (Y, i)평면에 옮겨 그린 것이 [그림 7-4b]의 *LM*곡선이다.

[그림 7-4b]에서 점 C'은 주어진 균형이자율 i_0에서 실질소득 Y_1이 균형국민소득 Y_0보다 크기 때문에 화폐에 대한 초과수요($M^D > M^S$)가 존재함을 의미한다. 초과수요가 영(0)이 되어 균형을 이루기 위해서는 점 B'에서와 같이 균형이자율이 i_1만큼 상승해야만 된다. 따라서 *LM*곡선 이외의 모든 점들은 화폐시장의 불균형을 나타내는데 *LM*곡선의 우측은 화폐에 대한 초과수요상태를 나타내고 *LM*곡선의 좌측은 화폐의 초과공급상태를 반영하고 있다.

LM곡선의 기울기

LM곡선의 기울기는 화폐시장의 균형식 (7. 24)로부터 도출된다. 식 (7. 24)의 양변을 전미분하고 수식을 간단히 하기 위해 최초에 $M^s=P=1$이라고 가정하면 다음과 같은 미분방정식이 된다.

$$L_y dY + L_i di = dM^s - dP \tag{7. 25}$$

따라서 화폐공급과 물가가 고정된 상태($dM^s = dP = 0$)에서 Y와 i의 평면상의 LM곡선의 기울기는 다음과 같이 우상향의 곡선이 된다.

$$\frac{di}{dY}\bigg|_{LM} = -\frac{L_y}{L_i} > 0 \tag{7. 26}$$

윗식으로부터 알 수 있는 바와 같이 LM곡선의 기울기는 L_y와 L_i에 의존함을 알 수 있다. 즉 화폐수요의 소득탄력성과 화폐수요의 이자율탄력성에 의존한다. 거래적 동기와 예비적 동기에 의한 화폐수요의 소득탄력성이 일정하다고 하면 LM곡선의 기울기의 크기는 투기적 화폐수요의 이자율탄력성에 의존하게 된다. 거래수량설이나 현금잔고수량설과 같이 고전학파의 화폐수요함수는 이자율과 독립적이므로 $L_i \to 0$에 접근함에 따라 LM곡선 기울기는 무한대(∞)가 되어 수직선이 된다. 또한 투기적 화폐수요의 이자율탄력성이 완전탄력적($L_i \to \infty$)인 유동성함정의 구간에서는 LM곡선의 기울기는 0에 접근($\frac{di}{dY}\big|_{LM} \to 0$)하여 수평선이 된다. 이와 같이 두 극단의 경우는 금융정책과 재정정책의 유효성에 대한 논쟁으로 연결되는데 우리는 이와 같은 극단의 경우는 제외하여 케인즈의 가정과 같이 투기적 화폐수요가 이자율에 탄력적인 경우로서 앞의 [그림 7-4b]와 같이 완만하게 우상향하는 LM곡선만을 분석대상으로 한다.

LM곡선의 이동

LM곡선은 외생변수인 화폐공급(M^S) 또는 물가수준(P)이 변동하면 이동하게 된다. 예를 들어 [그림 7-5]에서와 같이 화폐공급이 증대되거나 물가가 하락하면 LM곡선은 우측으로 이동하여 LM'이 된다. 반대로 통화량의 감소 또는 물가상승이 발생하면 좌측으로 이동하게 된다.

그림 7-5 *LM*곡선의 이동

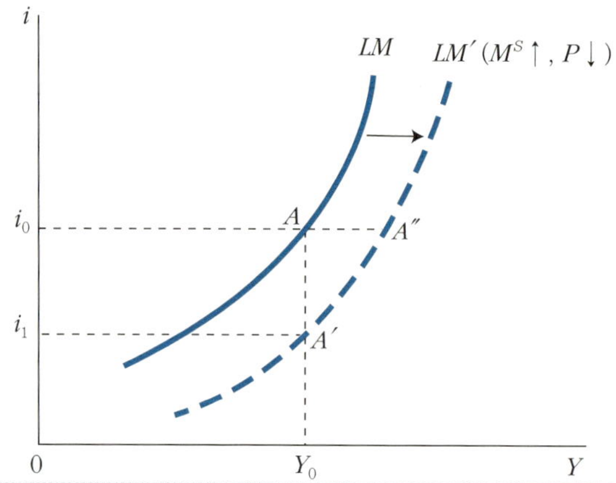

식 (7. 24)에서 통화를 구성하고 있는 순기타자산을 포함한 국내신용인 *DC*의 증가나 국제수지흑자로 인한 순외화자산(*NFA*)이 증가하면 화폐공급(M^S)이 증가하므로 *LM* 곡선이 우측으로 이동하게 됨은 물론이다.

위의 [그림 7-5]에서 최초에 점 *A*에서 화폐시장이 균형을 이루고 있다고 하자. 지금 국제수지흑자로 인해 화폐공급이 증가했다고 하면 주어진 화폐수요에서 화폐의 초과공급이 발생하기 때문에 새로운 균형상태에 이르기 위해서는 주어진 소득 Y_0에서 점 A'과 같이 이자율이 i_1으로 하락해야 함을 의미한다. 시각을 달리하여 이는 주어진 이자율 (i_0)에서 소득이 증가하여 화폐수요의 증가를 통해 초과공급을 상쇄시켜야 함을 의미한다. 점 A'과 A''은 모두 화폐시장의 새로운 균형을 나타내 주는 LM' 곡선상의 점들이어야 함을 나타내 주고 있다. 따라서 LM'은 *LM*곡선이 우측으로 평행이동한 곡선으로 나타난다.

제3절 국제수지의 균형: 대외균형

1 대내균형과 대외균형

개방경제하의 대내균형(internal equilibrium)은 생산물시장과 화폐시장의 동시균형을 말하는데 *IS*곡선과 *LM*곡선이 교차하는 점에서 성립한다. [그림 7-6]은 앞의 제1절과 제2절에서 도출된 *IS*곡선과 *LM*곡선에 의해 달성되는 대내균형을 나타내고 있다. 경제가 점 *A*에 도달하면 점 *A*로부터 더 이상 이탈할 유인이 없기 때문에 Y_0와 i_0에서 균형국민소득과 균형이자율이 결정된다. 점 *A* 이외의 점들에서는 생산물시장과 화폐시장 모두가 불균형상태에 있음을 나타내며 불균형점에서의 화살표는 대내균형을 달성하기 위한 소득과 이자율의 변화방향을 나타낸다.

한편, 대외균형(external equilibrium)은 국제수지균형을 말한다. 경상수지와 자본수지로 구성되는 국제수지(종합수지)가 흑자도 아니고 적자도 아닌 0($B=0$)이 될 때 국제수지는 균형을 이룬다. 개방경제하에서의 국제수지의 불균형은 균형국민소득과 균형이자율에 영향을 미친다. 그리고 환율제도가 고정

그림 7-6 *IS*곡선과 *LM*곡선에 의한 대내균형

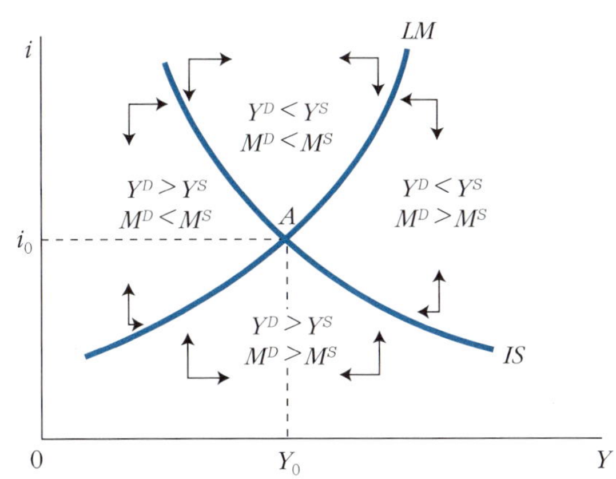

환율제도냐 아니면 변동환율제도냐에 따라 재정정책이나 금융정책과 같이 어느 외생변수의 변동이 국민소득과 이자율에 미치는 영향의 크기는 크게 달라진다.

고정환율제도하에서는 국제수지는 균형이 될 수도 있고 불균형이 될 수도 있는데 불균형상태가 일반적이다. 따라서 대내외불균형이 존재하기 때문에 불균형시정을 위한 정책이 필요하다. 그러나 환율이 자유롭게 변동하는 변동환율제도하에서는 환율의 매개변수적 기능에 의해 국제수지는 항상 균형을 이룸으로써 대외균형이 자동적으로 달성되고 이는 이자율의 조정기능과 결합되어 대내외경제의 동시달성을 유도한다. 이하에서는 고정환율제도를 가정하여 대외균형 문제를 고찰하기로 한다.

2 국제수지의 결정모형

대외균형을 나타내는 국제수지의 균형은 종합수지(overall balance)의 균형을 의미한다. 오차 및 누락항이 0이라고 하면 종합수지(B)는 경상수지(CA)와 자본수지(KA)의 합계만으로 정의된다. 그러나 종합수지가 균형이라고 해서 경상수지와 자본수지도 독립적으로 각각 균형임을 의미하지는 않는다. 왜냐하면 $B=CA+KA$이므로 $B=0$일 때 $CA=-KA$ 또는 $KA=-CA$의 관계가 성립하기 때문이다. 따라서 국제수지의 균형분석을 위해서는 경상수지와 자본수지의 결정모형으로서 각각의 행태방정식(behavioral equation)이 필요하다. 그런데 경상수지의 결정모형은 이미 제1절 식 (7. 7)에서 고찰한 바와 같이 자국통화표시 경상수지(T)의 행태방정식은 다음과 같이 주어진다.

$$T=T(Y,\ Y^*,\ q\equiv\frac{EP^*}{P}) \qquad (7.\ 27)$$

$$T_y<0,\ T_{y^*}>0,\ T_q>0$$

경상수지의 결정모형이 이와 같다고 하면 자본수지는 어떻게 결정되는가? 논의를 단순히 하기 위해 본국은 소규모개방경제이며 앞서 가정한 바와 같이 고정환율제도를 채택하고 있다고 가정하자.

이는 외국물가수준(P^*)과 외국이자율(i^*)이 주어진 외생변수임을 의미하며 고정환율제도이기 때문에 국내물가 또한 고정되었음을 의미한다. 뿐만 아니라 고정환율제도이므로 기대환율변동률($x=(E^e-E)/E$)도 0임을 의미한다.[12] 그런데 자본수지는 바로 외국자본의 순자본유입(net capital inflow)의 결과이므로 자본유입은 국내이자율(i)과 외국이자율(i^*)의 차이($i-i^*$)에 의해 결정된다. 그러나 소규모개방경제하에서 외국이자율(i^*)은 주어졌으므로, 자본수지는 다음 식 (7. 28)과 같이 오직 국내이자율의 증가함수로만 표시해도 내용을 전개하는 데 무리가 발생하지 않는다.

$$K=K(i) \qquad (7.\ 28)$$

$$K'(i)>0$$

단, K= 자본수지(순자본유입)

따라서 소규모개방경제하의 국제수지의 결정모형은 식 (7. 27)과 식 (7. 28)을 결합하여 다음과 같이 표시된다.

$$B=T(Y,\ Y^*,\ \frac{EP^*}{P})+K(i) \qquad (7.\ 29)$$

$$T_y<0,\ T_{y^*}>0,\ T_q>0,\ K'(i)>0$$

윗식 (7. 29)는 $B=0$일 때 **국제수지의 균형식**을 나타낸다.

이제 위의 식 (7. 29)가 의미하는 바를 설명하면 국내실질소득증가($Y\uparrow$)는 경상수지를 악화($T\downarrow$)시키지만 외국의 실질소득의 증가($Y^*\uparrow$)는 경상수지를 개선($T\uparrow$)시킨다. 그리고 외국수입상품의 상대가격, 즉 실질환율의 상승($q\equiv\frac{EP^*}{P}\uparrow$)은 마샬-러너조건이 충족된다는 가정하에 수출을 증대시키고 수입을 감소시킴으로써 경상수지를 개선시킨다. 한편, 외국의 이자율(i^*)이 고정된 상태에서 국내이자율의 상승($i\uparrow$)은 자본유입을 통해 자본수지를 개선($K\uparrow$)시킴을 보여 주고 있다.

12) 변동환율제도하에서의 자본수지는 국내외이자율차이 이외에도 기대환율변동률, 위험프리미엄(risk premium), 상대물가변동률 등에 의해 결정되는데 이에 대한 구체적인 내용은 제13장 3절에서 상세하게 논의된다.

3 BP곡선

BP곡선의 도출

BP곡선은 국제수지균형곡선을 의미하는데 이는 실질국민소득(Y)과 이자율(i)로 표시된 평면상에 국제수지의 균형($B=0$)을 유지시켜 주는 Y와 i의 조합점들의 궤적을 말한다. [그림 7-7]은 BP곡선의 도출과정을 나타내고 있다.

제Ⅳ상한은 경상수지로서 재화 및 서비스의 순수출($T=X-M$)을 나타내고 있는데 주어진 $\frac{EP^*}{P}$에서 수입은 소득의 감소함수이므로 Y에 대해 우하향의 곡선으로 나타나 있다.[13] 이에 대해 제Ⅲ상한은 국제수지의 균형상태를 나타내고 있는데 국제수지가 균형, 즉 $B=0$일 때 경상수지와 자본수지간에는 $T=-K$가 되어야 하므로 45° 선으로 표시되고 있다. 이를 달리 표현하면 경상

그림 7-7 BP곡선의 도출

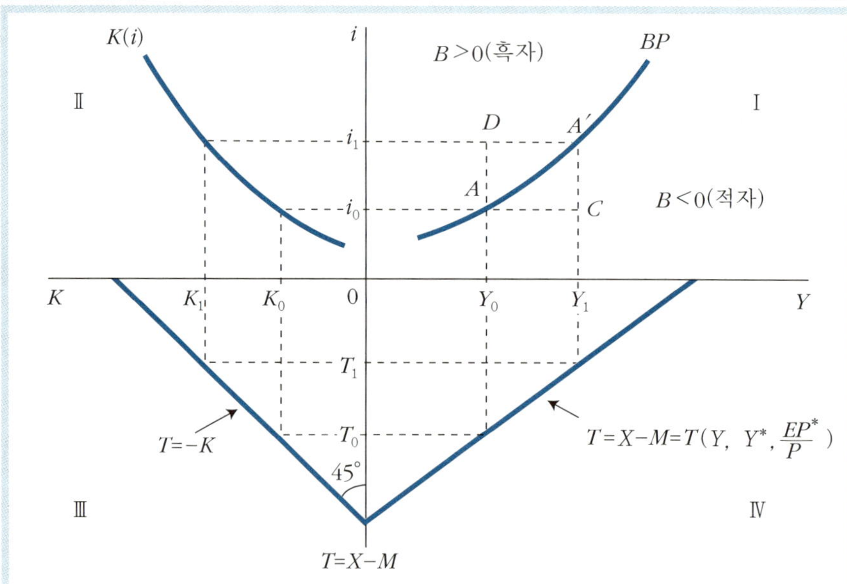

13) 경상수지곡선의 기울기는 $\left.\frac{dT}{dY}\right|_{BP}\equiv\frac{\partial T}{\partial Y}\equiv -m<0$이고 m은 한계수입성향이므로 $0<m<1$이기 때문에 45° 선이 아님에 유의할 필요가 있다.

수지가 흑자($T>0$)일 때 국제수지의 균형을 유지하기 위해서는 자본수지가 적자($K<0$)가 되어야 함을 의미한다.

그리고 제Ⅱ상한은 국내이자율이 상승함에 따라 순자본유입의 증대로 자본수지 $K(i)$가 증가함을 보여 주고 있어 자본수지는 이자율의 증가함수($K'(i)>0$)의 관계를 나타내고 있다. 따라서 균형국민소득 Y_0와 균형이자율 i_0에 대응하여 국제수지균형은 점 A로 나타난다. 만약 어떤 이유에서 균형국민소득이 Y_0에서 Y_1으로 증가했다고 가정하자.

그러면 그에 따라 수입증대로 경상수지는 T_0에서 T_1으로 감소하므로 국제수지의 균형을 유지하기 위해서는 자본수지는 K_0에서 K_1으로 증가해야 된다. 이를 달리 표현하면 국내소득증대는 주어진 화폐공급에서 국내이자율을 상승시켜 자본유입을 유발하여 자본수지가 개선됨을 의미한다. 그 결과 국민소득 Y_1에 대응하여 대외균형을 유지시킬 균형이자율은 i_1이 되어 새로운 대외균형점은 A'이 된다. 이와 같은 대외균형을 나타내는 점들은 점 A와 점 A' 이외에도 무수히 많은데 이들 점들을 연결한 궤적이 제Ⅰ상한에서와 같이 우상향의 BP곡선이 된다.

그리고 BP곡선의 선상 이외의 점들은 국제수지의 불균형상태를 나타내는데 BP곡선의 우측은 국제수지적자($B<0$)를 나타내며 BP곡선의 좌측은 국제수지흑자($B>0$)를 나타낸다. 예를 들어 BP곡선의 우측에 있는 점 C에서는 주어진 균형이자율 i_0에 대응하여 실제소득이 균형국민소득 Y_0보다 크므로 수입증대로 경상수지가 적자가 되고 그에 따라 국제수지(종합수지)도 적자가 된다. 왜냐하면 i_0는 종전과 동일하므로 자본수지에는 변함이 없기 때문이다.

반면에 점 D와 같이 BP곡선의 좌측에서는 주어진 국민소득 Y_0에서 실제이자율이 균형이자율 i_0보다 높으므로 자본유입을 초래하고 자본수지흑자로 인해 국제수지도 흑자가 됨을 보여 주고 있다.

BP곡선의 기울기

BP곡선의 기울기는 국제수지의 결정방정식 (7. 29)의 양변을 전미분하여 구한다. 식 (7. 29)를 전미분하여 내생변수를 등호 좌측에 놓고 외생변수를 등호 우측에 놓아 정리하면 다음과 같이 주어진다.[14)]

14) 식 (7. 29)를 전미분하면 $dB=T_Y dY+T_{Y^*}dY^*+T_q dq+K'(i)di$가 된다. 그런데 이 장의 주석 3

$$mdY - K'(i)di + dB = T_q dq + m^* dY^* \quad (7.\ 30)$$

따라서 BP곡선의 기울기는 외생변수 $q(\equiv EP^*/P)$와 Y^*가 일정($dq = dY^* = 0$)하고 국제수지가 균형상태($dB = 0$)인 경우의 이자율과 소득간의 관계이므로 다음 식과 같이 주어진다.

$$\left.\frac{di}{dY}\right|_{BP} = \frac{m}{K'(i)} > 0 \quad (7.\ 31)$$

따라서 위에서 언급한 바와 같이 BP곡선은 우상향의 곡선이 된다. 그리고 BP곡선의 기울기는 한계수입성향(m)과 **자본의 이자율탄력성**($n_i = K'(i)\frac{i}{K}$)을 결정하는 $K'(i)$에 의존함을 알 수 있다. 한계수입성향이 일정수준으로 주어졌다고 가정하면 BP곡선의 기울기는 전적으로 자본의 이자율탄력성에 의존하게 된다. 금융제도나 금융정책상 국내금융시장을 국제금융시장과 독립·분리시켜 운용하는 경우에는 외국자본의 유입이 사실상 불가능하며 이 경우 자본의 이자율탄력성은 완전비탄력적($K'(i) \to 0$)이 되므로 BP곡선의 기울기는 무한대($\left.\frac{di}{dY}\right|_{BP} \to \infty$)가 되어 수직선이 된다. 즉 이자율이 아무리 변해도 자본수지에는 변동이 없는 상태가 되고 국제수지는 오직 경상수지에 의해 결정된다.

한편, 국내금융시장이 완전히 개방되어 국내금융시장과 국제금융시장의 구별이 사실상 어려운 경우에는 자본의 이자율탄력성은 완전탄력적(($K'(i) \to \infty$)이 되어 BP곡선의 기울기는 수평선이 된다. 이 경우에는 국내이자율 i는 국제이자율 i^*에 의해 결정되고 국내이자율이 조금만 변해도 즉각적으로 자본이동을 수반하게 된다. 그리고 자본의 이자율탄력성이 이들 두 극단의 경우가 아닌 중간수준이면 일반적인 우상향의 BP곡선형태가 되는데 이 세 가지 경우의 BP곡선 형태를 나타내면 [그림 7-8]과 같다.

다음의 그림에서 수직선인 $BP \equiv T$는 자본의 이자율탄력성이 완전비탄력적인 경우의 국제수지가 경상수지 T만에 의해 결정됨을 보여 주고 있다. 이에 대해 수평선인 $BP \equiv K$는 자본의 이자율탄력성이 완전탄력적인 경우 국제수지는 자본수지 K만에 의해 결정됨을 보여 주고 있다. 여기서도 $BP \equiv T$ 또는 BP곡선의 우측은 국제수지적자를 나타내지만 좌측은 국제수지흑자를 나타낸다.

에서 알 수 있는 바와 같이 $T_y = -m$, $T_{y*} = m^*$이므로 이들을 대입하여 정리하면 $mdY - K'(i)di + dB = T_q dq + m^* dY^*$가 된다.

그림 7-8 자본이동의 정도와 *BP*곡선의 형태

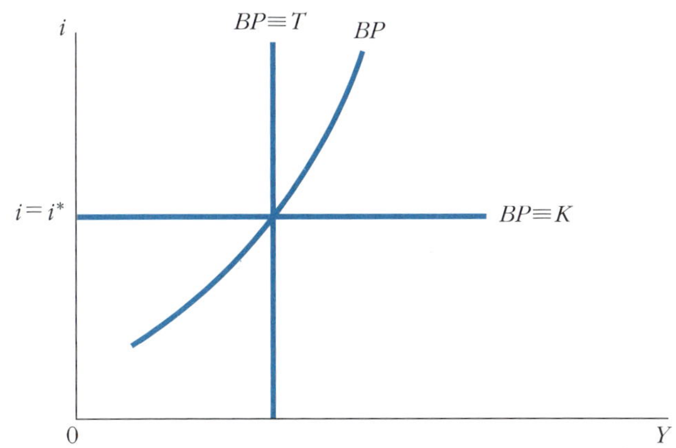

그리고 *BP*곡선이 $BP \equiv K$와 같이 수평선인 경우에는 곡선의 상단부문은 국제수지흑자를 나타내고 수평선 하단부문은 국제수지적자를 반영한다.

*BP*곡선의 이동

*BP*곡선은 국제수지의 결정식 (7. 29) 또는 식 (7. 30)에서 $B=0$일 때 외생변수인 실질환율($q \equiv \frac{EP^*}{P}$) 또는 외국의 소득수준(Y^*)이 변동하면 이동한다. 실질환율이 상승하면 수출증대와 수입감소로 국제수지가 개선되므로 *BP*곡선은 우측으로 이동하고 실질환율이 하락하면 좌측으로 이동한다. 그리고 실질환율은 주어진 양국물가수준에서 평가절하($E\uparrow$)가 이루어지든가 주어진 고정환율에서 외국물가의 상승($P^*\uparrow$) 또는 국내물가가 하락($P\downarrow$)하면 상승 ($q \equiv \frac{EP^*}{P}\uparrow$)한다. 한편, 외국소득수준의 증가($Y^*\uparrow$)는 국내수출상품에 대한 수요증대로 인해 국제수지를 개선시킨다. 물론 외국의 이자율(i^*)의 감소로 인해 국내외금리차($i-i^*$)가 증가하면 자본유입증대로 국제수지는 개선되기 때문에 *BP*곡선은 우측으로 이동한다. 이와 같이 외생변수의 변동에 따른 *BP*곡선의 이동방향을 나타낸 것이 다음의 [그림 7-9] 이다.

그림 7-9 *BP*곡선의 이동

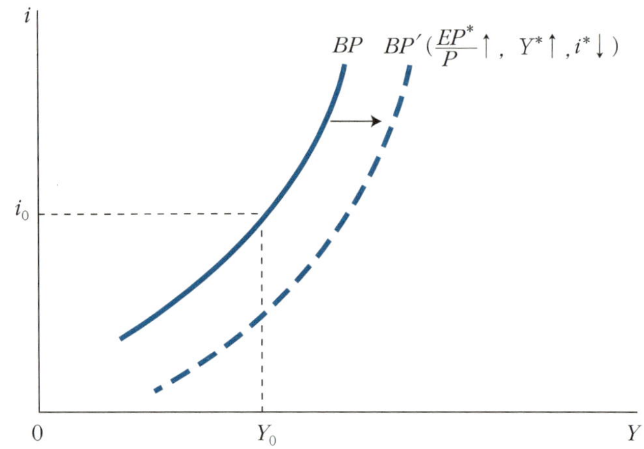

제4절 자본의 이동성과 대내외균형 및 불균형

1 자본의 이동성과 대내외균형

대내균형과 대외균형의 동시달성은 *IS*-*LM*-*BP*곡선 모두가 교차하는 점에서 이루어진다. 즉 *IS*곡선과 *LM*곡선이 교차되는 점에서는 대내균형이 결정되고 대외균형을 나타내는 *BP*곡선이 대내균형점을 통과하여 세 곡선이 동시에 교차할 때 **대내외경제의 동시균형**을 이룬다. 그러나 비록 *IS*, *LM*, *BP*곡선에 의해 이루어지는 대내외균형이라고 해도 *BP*곡선의 유형에 따라 상이한 양상의 균형을 이룰 뿐만 아니라 후에 고찰할 경제정책의 효과에 있어서도 크게 다른 결과를 초래하게 된다.

이하에서는 먼저 *LM*곡선과 *BP*곡선의 기울기를 비교하고 그에 따른 대내외균형 형태를 살펴보기로 한다.

LM곡선과 BP곡선의 기울기 비교

지금까지 고찰한 바와 같이 LM곡선과 BP곡선은 모두 우상향의 곡선이다. 따라서 어느 곡선이 상대적으로 더 큰 기울기를 가져 가파른 곡선이냐 하는 문제가 제기된다.

이는 다음과 같이 자본의 이동성이 낮으냐 높으냐에 따라 크게 두 가지 유형으로 구분될 수 있으며 극단의 경우로써 자본이동이 전혀 없는 경우와 자본이동이 완전히 자유로운 경우까지를 포함시키면 모두 네 가지 유형이 된다.

첫번째로는 금융제도, 금융규제정책 등으로 자본의 이동이 부분적으로만 허용되어 자본유출입이 지극히 미약하기 때문에 자본의 이자율 탄력성이 비탄력적인 경우를 들 수 있다. 이는 바로 국제수지가 주로 경상수지에 주도(dominating)되어 결정되는 경우이다. 이 때에는 BP곡선은 거의 수직선에 가깝기 때문에 BP곡선의 기울기가 LM곡선의 기울기보다 크다. 만약 국가간에 자본이동이 전혀 이루어지지 않아 자본의 이자율탄력성이 완전비탄력적이면 BP곡선은 수직선이 됨은 이미 앞서 언급한 바와 같다. 따라서 대내외균형은 다음의 [그림 7-10]과 같이 두 가지 형태로 나타낼 수가 있다.

아래의 [그림 7-10]의 두 그림에서 점 A는 대내외 동시균형점들을 나타

그림 7-10 자본의 이동성이 낮은 경우의 대내외균형상태

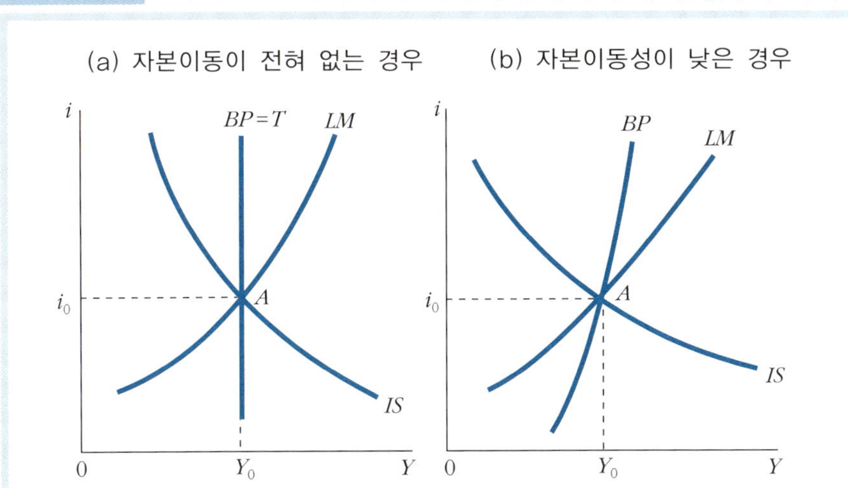

내며 그 때의 균형국민소득과 균형이자율은 각각 Y_0와 i_0에서 결정된다.

두 번째로 고려할 수 있는 경우로는 자본의 이동성이 높아 자본의 이자율탄력성이 큰 경우를 들 수 있다. 물론 이 경우 *BP*곡선의 기울기는 수평선에 가깝기 때문에 *LM*곡선의 기울기보다 작으며 자본수지가 주도적으로 국제수지를 결정한다. 여기서도 극단의 경우로서 자본의 완전이동성이 보장되어 자본의 이자율탄력성이 무한대인 경우에는 *BP*곡선은 수평선이 되어 *LM*곡선의 기울기보다 작다. 이 두 가지 경우가 [그림 7-11]로 나타나 있다.[15)]

그림 7-11 자본의 이동성이 높은 경우의 대내외균형상태

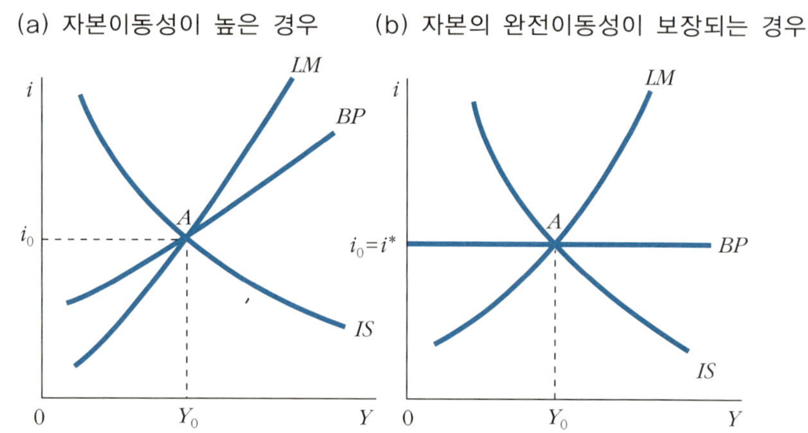

15) 본문의 내용을 수식으로 도출해 보자. *LM*곡선의 기울기는 식 (7. 26)에서 $\frac{di}{dY}\Big|_{LM} = -\frac{L_y}{L_i} > 0$으로 주어지고 *BP*곡선의 기울기는 식 (7. 31)에서 $\frac{di}{dY}\Big|_{BP} = \frac{m}{K'(i)}$이므로 만약 $\frac{m}{K'(i)} > -\frac{L_y}{L_i} > 0$이면 [*BP*곡선의 기울기] > [*LM*곡선의 기울기]의 관계에 있다. 이를 다소 수정하면 $-\frac{mL_i}{L_y} > K'(i) > 0$과 같다. 따라서 부등호 좌측의 $-\frac{mL_i}{L_y}$는 화폐시장을 감안한 경우의 한계수입성향이 자본의 이동성정도를 측정해 주는 $K'(i)$보다 크므로 경상수지가 주도적으로 국제수지를 결정하는 경우에 해당되어 [그림 7-10b]와 같게 된다. 만약 $K'(i) \to 0$이면 국제수지는 경상수지에 의해서만 결정되어 [그림 7-10a]와 같이 된다. 반대로 자본의 이동성이 큰 경우에는 $0 < -\frac{mL_i}{L_y} < K'(i)$ 이므로 [*BP*곡선의 기울기] < [*LM*곡선의 기울기]의 관계가 성립하므로 [그림 7-11a]와 같이 되며, 극단의 경우 자본의 완전이동성이 보장되어 자본의 이자율탄력성이 무한대($K'(i) \to \infty$)이면 [그림 7-11b]와 같이 된다.

2 자본의 이동성과 대내외불균형

환율이 자유롭게 변동하는 변동환율제도라고 하면 국제수지불균형은 환율변동으로 나타나기 때문에 대외불균형은 발생하지 않는다. 그러나 고정환율제도하에서는 국제수지균형이 오히려 특수한 경우이고 불균형이 일반적인 경우이다. 따라서 비록 대내균형이 달성되었다고 하더라고 대외불균형이 존재하는 경우가 일반적인데 불균형상태는 *BP*곡선에 의해 크게 좌우된다. [그림 7-12]는 모두 자본의 이자율탄력성이 낮은 경우의 대내외불균형상태를 보여주고 있다.

먼저 [그림 7-12a]를 보면 대내균형점은 *IS*곡선과 *LM*곡선이 만나는 점 *A*에서 이루어지고 있으나 *BP*곡선으로부터 대내균형점 *A*가 우측에 위치하고 있기 때문에 주어진 이자율 i_0에서 $\overline{AC}$만큼 국제수지적자를 나타낸다. 왜냐하면 이자율 i_0에서 대내균형국민소득 Y_0가 국제수지를 균형시킬 국민소득수준 Y_1보다 크기 때문에 수입증대로 국제수지가 적자로 나타남을 의미한다. 시각을 달리하여 국제수지적자 $\overline{AC}$는 $\overline{AD}$로도 파악될 수 있는데 주어진 Y_0에서 대내균형을 유지하기 위한 이자율 i_0가 국제수지균형을 유지시킬 i_1보다 낮아 자

그림 7-12 자본의 이동성이 낮은 경우의 대내외불균형상태

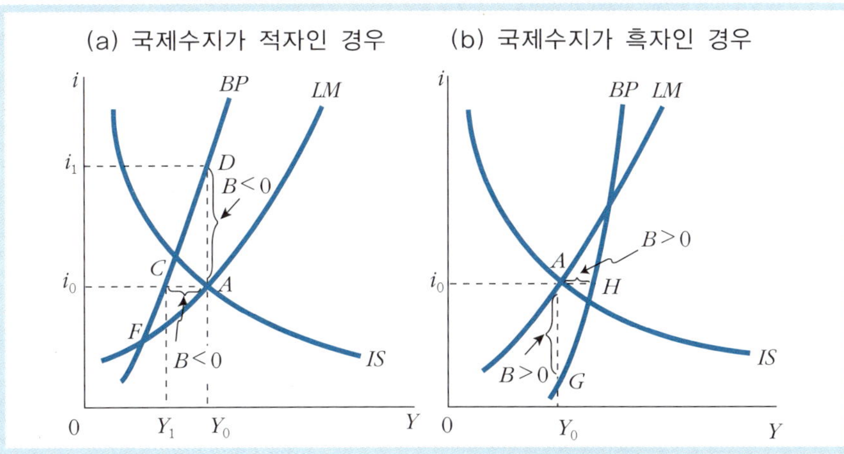

본유출(비록 자본의 이자율탄력성이 낮지만)로 국제수지가 적자가 됨을 나타내기 때문이다.

한편, [그림 7-12b]는 국제수지흑자로 인한 대내외불균형상태를 나타내고 있는데 주어진 이자율 i_0에서 대내균형점 A가 대외균형점 H보다 좌측에 위치하고 있으므로 $\overline{AH}$만큼 국제수지흑자를 나타내고 주어진 Y_0에서 보면 $\overline{AG}$만큼이 국제수지흑자를 나타낸다.

만약 자본의 이자율탄력성이 높아 BP곡선의 기울기가 LM곡선의 기울기보다 작다고 하면 대내외불균형은 어떻게 표시되는가 보자. 이경우에도 [그림 7-13]과 같이 두 가지 유형의 대내외불균형상태를 상정할 수 있다.

다음의 [그림 7-13a]에서는 주어진 i_0에서 $\overline{AC}$만큼의 흑자를 나타내며 주어진 Y_0에서는 $\overline{AD}$만큼이 국제수지흑자를 반영한다. 그리고 그림 (b)는 자본의 완전이동성이 보장되는 경우의 대내외불균형을 나타내는데 $\overline{MN}$만큼이 자본수지흑자로 인한 국제수지흑자를 나타냄으로써 대내외불균형을 보여 주고 있다.

이상에서 살펴본 대내외불균형상태가 어떠한 유형인가는 그 나라의 경제구조와 경제정책에 크게 의존하며 이는 후에 케인지언모형, 먼델-플레밍모형(Mundell-Fleming model) 그리고 통화론자모형에서의 경제정책효과를 분석하는데 대단히 중요한 이론적 근거를 제시해 준다.

그림 7-13 자본의 이동성이 높은 경우의 대내외불균형상태

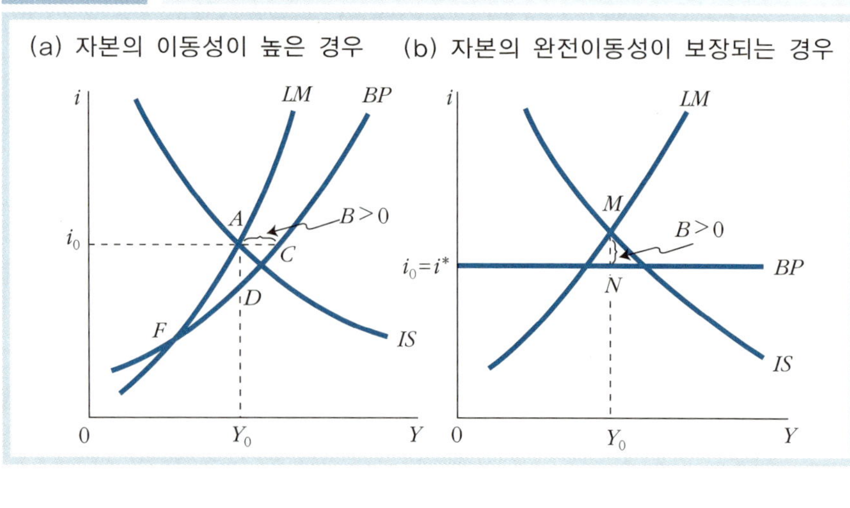

3 자본이동성 정도의 측정방법

지금까지 우리는 자본의 이동성 크기를 자본의 국내이자율 탄력성에만 기초하여 논의를 전개하여 왔다. 그러나 현실적으로 자본이동성 정도를 측정하는 일은 그렇게 간단한 문제가 아니다. 따라서 일국의 자본이동성 정도를 측정하려는 많은 연구들이 이루어져 왔는데 통계적 검정결과로는 아직까지 보편타당성을 갖는 방법이 정립되지 못한 상태이다. 그럼에도 불구하고 최근 범세계적인 금융자유화 추세를 감안할 때 일국의 자본이동성 정도의 측정은 경제정책수립을 위한 방향설정에 대단히 중요하기 때문에 이하에서는 주요 접근방법들을 중심으로 고찰해 보기로 한다.

저축-투자 접근방법

일국의 자본시장이 완전폐쇄적이어서 국가간 자본거래가 전혀 이루어지고 있지 않다고 하면 국민소득은 소비 및 투자지출의 합계와 항등적으로 같아야 한다. 그러나 국내자본시장이 국제자본시장과 완전통합된 상태여서 자본이동이 자유로운 경우에는 국민소득과 지출간의 차이는 국제금융시장에 투자하거나 국제금융시장으로부터 부족한 자금을 조달하게 된다. 따라서 자본이동성 정도는 다음의 추정방정식 (7. 32)로 측정할 수 있다.

$$\frac{I}{Y}=\alpha_0+\alpha_1\frac{S}{Y},\ \alpha_1>0 \tag{7. 32}$$

윗식에서 I, S는 각각 총투자, 총저축을 나타내며, Y는 국내총생산(또는 국민총생산)을 나타낸다. 여기서 I와 S를 Y로 나눈 것은 국가 경제규모의 크기에 따른 영향(country-size effect)을 제거하기 위해서이다. α_0는 상수이고 α_1은 추정계수를 나타내는데 만약 자본시장이 완전폐쇄적이면 $\alpha_0=0$, $\alpha_1=1$이 되어야 한다. 왜냐하면 자본이동이 전혀 이루어지지 않는 상태하에서는 국내투자자금은 모두 국내저축으로 조달됨을 의미하므로 국내투자율(I/Y)은 국내저축률(S/Y)과 같아야 되기 때문이다. 그러나 극단의 반대 경우인 $\alpha_1=0$이면 국내투자는 모두 해외저축으로 조달됨을 의미하므로 자본의 완전이동성을 나타낸다. 따라서 국내저축률 계수인 α_1의 크기가 작은 값을 가질수록 자본이동성이 높다는 것을 알 수 있다.

그러나 현실적으로는 비록 자본이동에 대한 규제가 엄격하더라도 국내투자재원이 부족하면 정부 또는 통화당국이 직접 해외차관을 통해 외화자금을 조달하거나 특정 기업 또는 금융기관의 해외차입을 허용함으로써 부족한 자금을 조달할 수 있기 때문에 국내저축률 계수의 크기에 따라 자본유출입의 정도를 일률적으로 판단하는 데는 한계가 있다. 실제로 이에 기초한 실증분석에 의하면 미국과 같이 자본이동성이 큰 국가가 오히려 α_1의 값이 높게 나타나는 역설적인 결과를 초래한 연구들이 상당수 발견되고 있다.

이자평가 접근방법

이는 커버된 이자평가조건(covered interest parity condition)이나 커버되지 않은 이자평가조건에 기초하여 추정방정식을 설정하여 자본이동성의 크기를 측정하는 방법이다. 그러나 이론적으로 보다 설득력 있는 접근방법은 다음의 식 (7. 33)을 들 수 있다.

$$i-i' = \psi(\bar{i}-i'),\ 0 \leq \psi \leq 1 \qquad (7.\ 33)$$
$$\text{또는 } i=\psi\bar{i}+(1-\psi)i'$$

윗식에서 i는 국내균형시장금리를 나타내며 $\bar{i}$는 커버되지 않은 이자평가금리(uncovered interest parity interest rate)를 표시하며 i'은 자본시장이 완전폐쇄상태인 경우의 국내균형시장금리를 나타낸다. ψ는 자본시장개방 정도를 나타내는 파라미터이다. 따라서 국내균형시장금리 i는 $\bar{i}$와 i'의 가중평균치로 결정됨을 의미한다. 극단의 경우로서 만약 $\psi=1$이면 $i=\bar{i}$가 되어 자본시장의 완전개방상태를 나타내 자본이동이 완전히 자유로운 경우가 된다. 반대로 $\psi=0$이면 $i=i'$이 되어 자본시장이 완전폐쇄된 상태로 자본유출입이 전혀 없는 경우를 나타낸다. 따라서 ψ가 1에 가까운 값을 가질수록 자본이동성이 높음을 의미한다.

자본수지 접근방법

이는 다음의 식 (7. 34)와 같이 자본수지(KA)가 국내자본이득률인 이자율

(i)과 외국자본이득률(i^*+x)의 차이, 즉 환위험프리미엄(exchange rate premium)[16]의 증가함수로 측정하는 방법이다. 이미 설명한 바 있는 외국자본이득률은 외국금리(i^*)와 기대환율평가절하율(x)을 합계한 것이다.

$$KA=\beta(i-i^*-x) \tag{7. 34}$$

윗식은 자본의 불완전이동성을 기본가정으로 하고 있는데 β는 자본의 이동성 정도를 나타내는 조정계수이다. 극단의 경우 β가 무한대$(\beta\rightarrow\infty)$가 되면 커버되지 않은 이자평가조건$(i=i^*+x)$이 성립하여 자본의 완전이동성을 나타내며, 반대로 β가 0$(\beta\rightarrow 0)$이면 자본이동이 불가능한 폐쇄자본시장을 의미한다. 따라서 β가 크면 클수록 자본의 이동성이 높다는 것을 나타낸다.

이와 관련하여 자본의 이동성 정도를 가장 쉽게 파악할 수 있는 또 다른 방법으로는 기대환율변동률(x)을 고려하지 않고 국내금리와 외국금리간의 차이를 비교하는 경우를 들 수 있다. 그런데 이같은 금리차이를 비교하기 위해서는 동일한 통화로 표시된 금리로 비교해야 된다. 예를 들어 3개월 만기의 미국 재무성증권의 시장금리가 5.30%인 데 비해 3개월 만기의 유로달러 증권금리는 5.44%라고 하면 모두 달러로 표시되었으므로 미국증권의 국내외금리차이는 0.14%포인트(5.44%−5.30%)이다. 이에 대해 3개월 만기 일본증권의 시장금리가 3.75%인 데 대해 유로엔화 증권금리는 4.10%라고 하면 엔화표시 일본증권의 국내외금리차이는 0.35%포인트이다. 따라서 미국증권의 국내외금리차이가 일본증권의 국내외금리차이보다 낮으므로 미국의 자본시장개방 정도가 일본에 비해 높다고 할 수 있다. 그러나 여기서 주의해야 할 것은 비교기간 중에 예상하지 못한 외부충격으로 특정 국가의 국내외금리차이가 크거나 작아질 수 있으며 또한 금리수준 자체가 지나치게 낮으면 금리차이도 낮아지는 경향이 있기 때문에 자본이동성의 크기를 잘못 판단할 단점들을 내포하고 있다.

이상에서 고찰한 자본이동성 정도를 측정하는 방법 이외에도 오일러방정식(Euler equation)에 의한 접근방법이 있는데 이는 이 책의 수준을 넘기 때문에 제외하기로 한다.[17]

---

16) 환위험프리미엄에 대한 상세한 설명은 제14장 제3절을 참조할 것

17) M. Obstfeld, "Capital Mobility in the World Economy: Theory and Measurement," *Carnegie-Rochester Conference Series on Public Policy* 24(1986), pp.55−104.

요 약

1. 개방거시경제의 대내외균형은 생산물시장, 화폐시장, 국제수지균형(외환시장)에 의해 동시적으로 결정된다.

2. 생산물시장은 재화 및 서비스거래가 이루어지는 시장을 말하며 생산물시장의 균형은 균형식 또는 *IS*곡선으로 나타낼 수 있다. *IS*곡선은 생산물시장의 균형을 유지시켜 주는 실질국민소득과 이자율의 조합점들의 궤적을 말하는데 일반적으로 우하향의 곡선형태를 가지며 생산물시장의 외생변수(G, Y^*, $q\equiv\frac{EP^*}{P}$) 중 어느 변수가 변하면 *IS*곡선 자체가 이동한다.

   생산물시장의 균형식:

   $$Y=C(Y)+I(i)+G+T(Y,\ Y^*,\ q\equiv\frac{EP^*}{P})$$

   $$0<C'(Y)<1,\ I'(i)<0,\ T_y<0,\ T_{y^*}>0,\ T_q>0$$

   *IS*곡선의 기울기:

   $$\frac{di}{dY}\Big|_{IS}=\frac{s+m}{I'(i)}<0$$

3. 자산시장(asset market)은 화폐, 채권, 주식, 부동산 그리고 기타형태의 부 등의 자산이 거래되는 시장을 말하며 왈라스법칙(Walras' law)에 의해 화폐시장 이외의 시장이 균형을 이루면 화폐시장도 균형을 이루기 때문에 화폐시장의 균형을 독립적으로 분석할 수 있다.

4. 화폐시장은 화폐의 수요와 공급이 이루어지는 시장을 말한다. 화폐공급은 다양한 금융자산 중 어디까지를 화폐로 포함시킬 것인가에 따라 여러 가지의 통화지표를 작성하여 측정하고 있는데 이 중 중요한 지표로서 본원통화(H), 통화(M_1), 총통화(M_2), MCT가 있으며 최근에는 총유동성(M_3)의 이용도가 높아지고 있다. 한편 화폐수요이론에 대해서도 다양한 형태로 발전되어 왔는데 특히 케인즈의 유동성 선호이론에 의하면 화폐수요는 크게 거래적 및 예비적 화폐수요와 투기적 화

폐수요에 의해 결정되는데 전자는 실질국민소득의 증가함수이고 후자는 이자율의 감소함수로 표시된다.

5. 화폐시장의 균형은 균형식 또는 *LM*곡선으로 나타낼 수 있다. *LM*곡선은 화폐시장의 균형을 유지시켜 주는 실질국민소득과 이자율의 조합점들의 궤적을 말하는데 일반적으로 우상향곡선의 형태를 갖는다. 그리고 화폐시장의 외생변수(M^S, P) 중 어느 한 변수가 변하면 *LM*곡선 자체가 이동한다.

   화폐시장의 균형식:

$$\frac{M^s}{P} = L(Y,\ i)$$

$$L_y > 0,\ L_i < 0$$

$$M^S = DC + NFA$$

   *LM*곡선의 기울기:

$$\frac{di}{dY}\Big|_{LM} = -\frac{L_y}{L_i} > 0$$

6. 개방거시경제하의 대내균형은 생산물시장과 화폐시장이 동시균형을 이룰 때 달성되는데 이는 *IS*곡선과 *LM*곡선이 교차되는 점을 말하며 이 때 균형국민소득과 균형이자율이 결정된다. 이에 대해 대외균형은 국제수지가 균형을 이룰 때 달성되는데 *BP*곡선으로 표시된다. *BP*곡선은 국제수지의 균형($B=0$)을 유지시켜 주는 국민소득과 이자율의 조합점들의 궤적을 말한다. 그런데 *BP*곡선은 *LM*곡선과 마찬가지로 일반적으로 우상향의 곡선이 되며 국제수지의 결정모형에서 외생변수(Y^*, $q \equiv \frac{EP^*}{P}$)가 변하면 *BP*곡선 자체가 이동한다. 국제간에 자본의 이동성 정도에 따라 *BP*곡선의 기울기는 *LM*곡선의 기울기보다 클 수도 있고 작을 수도 있다.

국제수지의 결정모형:

$$B = T(Y,\ Y^*,\ q \equiv \frac{EP^*}{P}) + K(i)$$

$$T_y < 0,\ T_{y^*} > 0,\ T_q > 0,\ K'(i) > 0$$

그리고 $B=0$일 때 국제수지의 균형식이 도출되며 곡선의 기울기는 다음과 같이 주어진다.

$$BP\text{곡선의 기울기: } \left.\frac{di}{dY}\right|_{BP} = \frac{m}{K'(i)} > 0$$

7. 대내외경제의 동시균형은 *IS*곡선, *LM*곡선, *BP*곡선이 함께 교차되는 점에서 결정된다. 그러나 대외균형을 나타내는 *BP*곡선이 *IS*곡선과 *LM*곡선에 의해 달성되는 대내균형점을 통과하지 않는 경우는 대내외 불균형이 되며 *BP*곡선이 대내균형점으로부터 어느 방향에 위치하느냐에 따라 대외불균형은 국제수지적자 또는 흑자로 나타난다.

8. 자본이동성 정도의 측정방법으로는 저축-투자 접근방법, 이자평가 접근방법, 자본수지 접근방법, 국내외금리차이를 비교하는 방법, 오일러방정식 접근방법 등이 있다.

제 3 편

국제수지 조정정책론

제 8장 평가절하의 효과

개 요

평가절하(devaluation)는 환율인상에 따른 국내통화의 가치하락을 의미한다. 일반적으로 평가절하는 마샬-러너조건이 충족된다는 가정하에 지출전환효과와 지출감소효과의 경로를 통해 경상수지를 개선시켜 국민소득을 증대시키는 동시에 금리상승을 초래함으로써 자본수지까지도 개선시킨다.

그러나 이와 같은 평가절하의 일반적인 효과가 항상 타당성을 갖는 것은 아니다. 평가절하국의 경제구조, 경제제도 및 정책, 경제개방정도 등에 따라 상이한 결과를 초래할 수 있다. 따라서 지금까지 평가절하의 효과분석에 대한 다양한 이론들이 발전되어 왔는데 주요한 이론들로는 1940년대의 탄력성접근방법을 비롯하여 1950년대에 소득승수이론, 총지출접근방법, 가격-소득 접근방법이 있으며 1960년대에는 먼델-플레밍(Mundell-Fleming)모형, 1970년대의 통화론적 접근방법 그리고 1980년대의 자산선택 접근방법 등이 있다. 이 장에서는 이들 주요 이론에 대한 기본가정과 기본모형을 이해하고 이들 모형에 의한 평가절하의 효과와 분석수단으로서의 문제점들을 규명하게 된다.

뿐만 아니라 생산물시장, 화폐시장, 외환시장(국제수지균형)을 망라한 총수요측면에서 평가절하가 실질국민소득, 금리, 물가, 국제수지에 미치는 영향을 종합적으로 분석하게 되는데 이에 동원되는 분석수단은 *IS-LM-BP*곡선이다. 이의 분석을 통해 케인지언모형, 먼델-플레밍모형, 통화론적 접근모형을 이해하게 될 것이다. 그리고 나서 비교역재가 존재하는 경우 평가절하 효과는 어떤 결과를 수반하는지 살펴보고, 끝으로 평가절하에 대한 정책적인 한계점들을 종합적으로 고찰하게 된다.

제 1 절 탄력성접근방법

탄력성접근방법(elasticity approach)은 평가절하가 수출입상품의 상대가격 변동을 통해 무역(상품)수지에 미치는 영향에 초점을 둔 부분균형분석이다. 따라서 평가절하에 수반되는 소득, 지출 및 통화변동은 고려하지 않고 있다.

이미 외환의 수요 · 공급곡선 도출과정에서 고찰한 바와 같이 탄력성접근방법에서 무역수지는 수출입상품의 가격변동만에 의해 결정되는데 이의 기본모형은 다음과 같이 주어진다.

$$TB = P_X X(P_X^*) - EP_M^* M(EP_M^*) \tag{8. 1}$$

단, TB = 자국통화표시 무역수지
P_X = 자국상품의 자국통화표시 가격
P_X^* = 자국상품의 외국통화표시 가격(P_X/E)
P_M^* = 수입상품의 외국통화표시 가격
P_M = 수입상품의 자국통화표시 가격(EP_M^*)
E = 자국통화표시 환율
X = 수출량
M = 수입량

위의 식 (8. 1)에서 자국의 수출은 바로 외국의 수입이므로 수출상품(X)에 대한 외국수요는 자국통화표시가 아닌 외국통화표시 수출가격($P_X^*=P_X/E$)의 감소함수로서 $X=X(P_X^*)$로 표시되며 외국상품(M)에 대한 국내수입수요는 자국통화표시 수입가격($P_M=EP_M^*$)의 감소함수인 $M=M(EP_M^*)$로 표시되고 있다.

따라서 평가절하가 무역수지를 개선시키기 위해서는 이미 여러 차례에 걸쳐 설명한 바와 같이 다음의 마샬-러너조건이 충족되어야 한다.[1)]

1) 식 (8. 1)로부터 마샬-러너조건을 도출하는 일은 간단한 일이 아니다. 사실상 식 (8. 1)을 환율(E)로 미분하고 양국의 수요 및 공급의 가격탄력성을 이용하여 정리하면 다음과 같이 다소 복잡한 식으로 나타난다.

$$\frac{dTB}{dE} = X(\varepsilon_X+1)\left[\frac{\eta_X}{\varepsilon_X+\eta_X}\right] - M(1-\eta_M)\left[\frac{\varepsilon_M}{\varepsilon_M+\eta_M}\right]$$

여기서 ε_X는 자국의 수출공급탄력성($\frac{dS_X}{dP_X} \cdot \frac{P_X}{S_X}$)을 나타내며 ε_X는 외국의 수출공급탄력성 ($\frac{dS_M^*}{dP_M^*} \cdot \frac{P_M^*}{S_M^*}$)을 나타낸다. 그리고 η_X는 자국수출상품에 대한 외국의 수입수요탄력성($-\frac{dX}{dP_X^*} \cdot$

$$\eta_X + \eta_M > 1$$

여기서 η_X는 자국수출상품에 대한 외국수입수요의 가격탄력성을 나타내며 η_M은 외국상품에 대한 자국수입수요의 가격탄력성을 나타낸다. 따라서 양국의 수입수요의 가격탄력성의 합이 1보다 클 때 평가절하는 무역수지를 개선시킨다.

한편, 평가절하의 효과와 관련하여 중요한 것으로는 평가절하가 **교역조건**(terms of trade: *TOT*)을 개선시키느냐 하는 문제이다. 여기서 교역조건이라 함은 일국의 수출상품 한 단위와 교환되는 수입량의 비율을 말하는데 이를 일명 상품교역조건이라고도 한다. 교역조건은 일반적으로 수입상품가격에 대한 수출상품의 상대가격($\frac{P_X}{P_M}$)으로 측정된다. 즉,

$$\text{교역조건} = \frac{\text{수입량}(M)}{\text{수출량}(X)} = \frac{\text{수출상품의 가격}(P_X)}{\text{수입상품의 가격}(P_M)}$$

그리고 교역조건을 측정하기 위한 수출입상품의 가격으로는 통상 수출입단가지수가 이용된다. 평가절하가 교역조건(*TOT*)에 미치는 영향은 다음과 같이 도출된다.[2)]

$$\frac{dTOT}{dE} = \frac{\eta_X\eta_M - \varepsilon_X\varepsilon_M}{(\varepsilon_X+\eta_X)(\varepsilon_M+\eta_M)}$$

따라서 $\eta_X\eta_M \gtreqless \varepsilon_X\varepsilon_M$(또는 $\frac{\eta_X}{\varepsilon_X} \gtreqless \frac{\varepsilon_M}{\eta_M}$)에 따라 $\frac{dTOT}{dE} \gtreqless 0$이 됨을 알 수 있다.

즉 평가절하가 교역조건을 개선시키기 위해서는 양국의 수입수요탄력성의 곱이 양국의 공급탄력성의 곱보다 커야 됨($\eta_X \cdot \eta_M > \varepsilon_X \cdot \varepsilon_M$)을 의미한다. 그

$\frac{P_X^*}{X}$)이고 η_M은 외국상품에 대한 자국의 수입수요탄력성($-\frac{dM}{dP_M} \cdot \frac{P_M}{M}$)을 나타낸다. 그런데 마샬-러너조건은 양국의 공급탄력성이 무한대(ε_X 및 $\varepsilon_M \to \infty$)일 때의 무역수지 개선조건이므로 우측 첫째 항의 분모와 분자를 ε_X로 나누고, 둘째 항의 분모·분자를 ε_M으로 나눈 후 ε_X와 ε_M에 각각 무한대를 취하면 $\frac{dTB}{dE} = X\eta_X - M(1-\eta_M)$으로 축소된다. 따라서 무역수지의 균형상태에서는 $X=M$이므로 이를 이용하면 $\frac{dTB}{dE} > 0$이 되기 위한 조건은 $\eta_X+\eta_M>1$이 된다. 이에 대한 구체적인 도출과정은 다음을 참조할 것.

H.R. Heller, *International Monetary Economics*, Prentice-Hall, 1974, pp.106–9.

2) $\frac{dTOT}{dE} = \frac{d(P_X/P_M)}{dE} = \frac{d(P_X/EP_M^*)}{dE} = \frac{dP_X}{dE} - \frac{dP_M^*}{dE} - 1$이므로 여기에 $\frac{dP_X}{dE} = \frac{\eta_X}{\varepsilon_X+\eta_X}$와 $\frac{dP_M^*}{dE} = -\frac{\eta_M}{\varepsilon_M+\eta_M}$을 대입하여 정리하면 식 (8. 3)과 같이 된다.

러나 현실적으로 평가절하가 교역조건을 개선시키는 경우는 거의 없다. 왜냐하면 공급탄력성은 수입수요탄력성보다 훨씬 클 뿐만 아니라 극단의 경우 무한대가 되는 것이 일반적이기 때문이다.

이상에서 살펴본 바와 같이 평가절하가 무역수지를 개선시킬 것인가 하는 문제는 특히 후진국에 있어서 중요한 문제이다. 왜냐하면 후진국의 경우 수입구조는 원자재, 기초소재, 자본재 등에 집중되어 있기 때문에 수요의 가격탄력성이 비탄력적이어서 평가절하는 오히려 수입액을 증대시키는 반면 수출상품은 농산물 등 주로 1차산품인 관계로 역시 가격탄력성이 비탄력적이어서 평가절하가 오히려 수출액을 감소시킴으로써 적어도 단기에는 무역수지가 악화될 뿐만 아니라 교역조건도 악화되기 때문이다.

사실상 평가절하의 효과에 대한 회의(懷疑)는 제2차 세계대전이 끝나면서 1940년대에 소위 **탄력성 비관론**(elasticity pessimism)으로 나타났다. 탄력성 비관론이 대두된 근본적인 배경은 양국의 수입수요의 가격탄력성이 너무 낮아 마샬-러너조건이 충족되지 않았기 때문에 실제로는 평가절하를 했음에도 불구하고 무역수지는 개선되는 것이 아니라 오히려 악화되는 실증적 분석에 그 근거를 두고 있다.[3)]

적어도 이론적으로는 평가절하가 무역수지를 개선시킬 것으로 인식되고 있음에도 불구하고 실제로는 평가절하 직후에 오히려 무역수지가 악화되다가 시간이 경과함에 따라 점차 개선되는 형태가 발견되곤 하는데 이것이 소위 **J-커브효과**(J-curve effect)이다. 다시 말해 J-커브효과란 평가절하가 단기적으로는 무역수지의 적자를 초래하지만 장기적으로는 흑자로 전환되는 현상을 말하는데 시간경과와 더불어 무역수지변동 모양이 마치 영문자의 J자를 닮았기 때문에 J-커브효과라고 부른다.

[그림 8-1]에서 어느 특정시점인 t_0기에 무역수지개선을 위해 평가절하를 단행하였을 때 무역수지적자폭이 확대되면서 t_1기에 가장 크다가 그 후부터 적자폭이 감소되고 t_2기에 이르러서 흑자로 전환되어 무역수지변동 모양이 J자(字)를 닮고 있다.

J-커브현상이 발생하는 원인은 단기적으로 수출상품에 대한 외국의 수입

3) F. Machlup, "Elasticity Pessimism in International Trade," *International Payments, Debts and Gold*, Scribners, New York, 1964, Chapter 2.

그림 8-1 평가절하의 J-커브효과

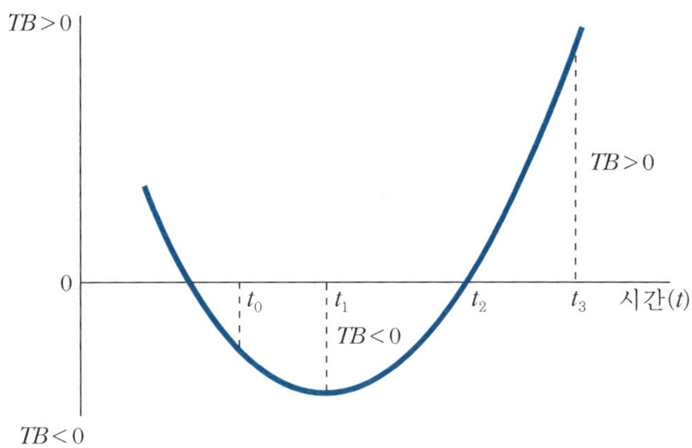

수요가 비탄력적인 경우 평가절하가 외환수취액을 감소시키는데 대해 수입의 경우에는 국내수요가 비탄력적이면 평가절하에도 불구하고 외환지급액에는 변동이 없기 때문에 단기에 무역수지적자를 초래하지만[4] 장기적으로는 수출입수요의 가격탄력성이 탄력적이 되면서 평가절하의 효과가 무역수지를 개선시키기 때문이다.

수출입수요의 가격탄력성이 낮은 이유로는 경제제도, 경제정책, 대체재의 존재유무, 가격의 경직성 등 여러 가지 요인들이 있을 수 있는데 특히 여기서 주요 원인으로는 수출입가격에 대한 **환율전가**(exchange rate pass-through)가 완전히 이루어지지 않는다는 데 있다. 이는 사람들이 평가절하를 인식하는 데 일정한 인식시차가 존재할 뿐만 아니라 수출입절차, 생산 및 상품인도에 따른 실행시차 등이 존재하기 때문이다. 그러나 이와 같은 시차는 주로 단기현상으로 나타나는 것으로 분석되고 있으며 장기에는 수출입수요의 가격탄력성은 증가하는 것으로 평가되고 있다.

이와 같은 J-커브효과가 발생된 한 예로 1967년 11월 영국이 대미달러화

4) 외국통화표시 수출액을 V_X^*라고 하면 $V_X^* = P_X^* \cdot X$이고 $P_X^* = P_X/E$이므로 평가절하는 외국통화표시 수출가격을 하락시킨다. 따라서 외국의 수입수요의 가격탄력성이 비탄력적($\eta_X < 1$)이면 수출액 V_X^*는 감소한다. 이에 대해 외국통화표시 수입액을 V_M^*라고 하면 $V_M^* = P_M^* \cdot M$이므로 P_M^*가 단기에 고정되면 평가절하에도 불구하고 외국통화표시 수입액은 불변이다. 따라서 이 경우의 외국통화표시 무역수지 $TB^* = V_X^* - V_M^*$는 평가절하로 인해 단기에 적자가 된다.

에 대해 파운드화의 평가절하를 16.7%로 단행했는데 1968년 상반기에 무역수지적자가 확대되다가 그 후부터는 점차적으로 개선되는 것으로 나타난 경우를 들 수 있다.

그런데 흥미 있는 일은 1980년대에 들어와서 평가절하가 무역수지를 개선시키는지에 대한 회의론적인 문제가 또다시 제기되었다는 점이다. 문제의 발단은 1980년대 후반에 미국의 환율변동과 무역수지간의 상관관계가 없는 것같이 나타나면서 비롯되었다. 왜냐하면 1985~91년 기간중 달러가치는 연평균 5.3%로 계속 하락하였음에도 불구하고 무역수지적자폭은 1985~87년중에 매년 확대되었기 때문이다. 즉 미국의 무역수지적자는 1985년에 1,221억 8천만 달러, 1986년에 1,450억 5천만 달러, 1987년에 1,595억 6천만 달러로 계속 증가하였다. 그러다가 1988년에 가서야 1,269억 6천만 달러의 적자를 기록함으로써 전년도에 비해 326억 달러가 개선되었으며 이같은 개선추세는 1992년까지 지속되었다.[5)]

이와 같이 미국 달러가치가 지속적으로 하락함에도 불구하고 무역수지적자폭이 오히려 확대된 원인규명을 위한 많은 연구들이 이루어졌는데 주요한 것들로는 다음 두 개의 이론이 설득력 있는 것으로 평가되고 있다.

첫째, 평가절하가 저축과 투자에 미치는 영향이 미미하다는 것이다. 그 결과 비록 평가절하가 이루어진다고 하더라도 다른 요인에 의해 저축을 상회한 투자나 재정적자가 증가하면 무역수지적자를 초래하여 궁극적으로는 경상수지적자로 이어진다.[6)]

둘째, 불확실성하에서 매몰비용(sunk cost)으로 인한 **경제이력현상**

5) 미달러화의 특별인출권(SDR)에 대한 연말기준 환율은 1984년에 0.9802달러에서 1985년에 1.0984달러로 상승추세로 반전되어 1991년에 1.4304달러까지 상승하였으며 1992년에는 1.3750달러로 다시 하락하였음. 관련 통계자료는 IMF, *International Financial Statistics*, Yearbook 1996을 참조할 것.

6) 이와 관련된 항등식 $CA=(S-I)+(T-G)$에 대해서는 제5장 제5절의 방정식 (5. 8)을 참조할 것. 미국의 환율변동과 무역수지변화간의 시차(time lag)관계를 경제이력현상으로 분석한 논문으로는 다음을 참조할 것. A. Dixit, "Hysteresis and the Duration of the J-Curve," *Japan and the World Economy* 6 (1994), pp.105-15; R. Baldwin, "Hysteresis in Import Prices: The Beachhead Effect," *American Economic Review* 78 (September 1988), pp.773-85; R. Baldwin and P. Krugman, "Persistent Trade Effects of Large Exchange Rate Shocks," *Quarterly Journal of Economics* 104 (November 1989), pp.635-54.

(economic hysteresis) 때문에 평가절하에도 불구하고 무역수지적자가 확대될 수 있다. 여기서 매몰비용이라 함은 경제주체가 의사결정을 하여 그 결정을 실행한 이후에 발생되는 비용 중 회수할 수 없는 비가역적 비용(irreversible cost)을 말한다. 투자를 통해 시설확장을 하여 생산활동을 하다가 그 산업으로부터 탈퇴하는 경우 일부 시설에 대한 비용은 회수가능하지만 이미 기계의 노후화된 비용이나 광고선전비용은 회수할 수 없는 매몰비용이다.

한편, 경제이력현상(經濟履歷現象)이란 경제적 변화를 유발한 원인이 제거되었음에도 불구하고 종전의 경제상태에로의 회복이 되지 않는 현상을 말한다. 경제이력현상에 대한 개념은 과학분야의 전자기(electromagnetism)에서 도입된 것이다. 예를 들어 프랑스 생수(mineral water)회사가 시설투자와 광고선전비용 등 막대한 매몰비용을 들여 미국 생수시장(sparkling water market)에 진입하여 판매를 하고 있던 중 달러가치가 하락하면 프랑스 생수회사는 더 많은 프랑화(환차익)를 받게 되어 판매가 촉진됨으로써 미국으로서는 수입액이 증가하여 무역수지를 악화시킬 것이다. 반대로 달러가치가 상승하면 프랑스 회사는 미국시장으로부터 탈퇴(exit)하기에는 너무나 많은 매몰비용이 투입되었을 뿐만 아니라 불확실성이 존재하므로 달러가치가 하락할 때까지 대기(waiting)하면서 적은 양이지만 판매를 지속할 것이다. 이같은 대기전략은 매몰비용을 감안하여 미달러가치가 손익분기점보다도 훨씬 낮은 수준까지 하락하더라도 미국시장에 남아 있게 할 것이다. 물론 환율절상폭이 지나치게 크고 장기간 지속되어 손실을 도저히 보상할 수 없을 수준이라고 판단되면 미국시장으로부터 철수할 것이다. 이와 같이 특정시장에의 진입과 탈퇴가 비탄력적인 경우 평가절하가 이루어진다고 하더라도 매몰비용과 장래에 대한 불확실성으로 인해 평가절하국의 무역수지는 장기간 동안 적자가 될 수 있다. 사실상 경제이력현상은 최근에 이르러 신규사업이 기존시장에의 진입과 탈퇴에 대한 의사결정이론으로 정립되고 있는 중이다. 경제이력현상을 일명 **교두보효과**(beachhead effect)라고도 한다.

제 2 절 총지출접근방법

총지출접근방법(absorption approach)은 국민경제 전체를 대상으로한 거시적 접근방법으로 현실적으로 가장 널리 이용되는 분석방법이다. 총지출접근분석은 다음과 같은 국민소득 항등식으로부터 출발한다.

$$B = Y - A \tag{8. 4}$$

단, B = 경상수지
Y = 국민총생산(국민총소득)
A = 국내총지출($C+I+G$: 소비+투자+정부지출)

여기서 알 수 있는 바와 같이 총지출접근방법은 자본수지를 고려하지 않은 경상수지에 분석의 초점을 두고 있을 뿐만 아니라, 탄력성접근방법에서 살펴본 바와 같이 수요의 가격탄력성이 비탄력적인 경우에 발생되는 탄력성 비관론을 제기시키지 않고 종합적인 분석을 유도하고 있는데 알렉산더(S.S. Alexander)에 의해 처음으로 제시된 이론이다.[7)]

위의 식으로부터 알 수 있는 바와 같이 평가절하가 경상수지에 미치는 효과는 총생산에 미치는 효과와 총지출에 미치는 효과에 따라 달라질 수 있다($\frac{dB}{dE} = \frac{dY}{dE} - \frac{dA}{dE}$). 다시 말해 평가절하가 국민총생산의 증대($\frac{dY}{dE} > 0$)를 초래하는 동시에 국내총지출을 감소($\frac{dA}{dE} < 0$)시키는 방향으로 작용하면 경상수지는 개선($\frac{dB}{dE} > 0$)된다. 그렇다고 하면 평가절하가 과연 이와 같은 방향으로 작용하는지 알아보자.

총지출접근방법하에서의 평가절하는 기본적으로 **총지출전환효과**(expenditure-switching effect)와 **총지출감소효과**(expenditure-reducing effect)에 의해 경상수지를 개선시키는 것으로 나타난다.

먼저 총지출전환효과를 살펴보면 평가절하는 수입상품의 국내수입가격($P_M = EP_M^*$)의 상승을 통해 국내소비자는 수입상품수요에서 국산대체상품으로 수요를 전환한다. 그리고 해외시장에서도 평가절하로 인해 외화표시 수출상품

7) S.S. Alexander, "The Effect of a Devaluation on a Trade Balance," *IMF Staff Papers* (April 1952), pp.359–73.

가격($P_X^* = P_X/E$)이 하락했으므로 외국소비자는 타국상품으로부터 평가절하국의 수출상품으로 수요전환을 하게 된다. 따라서 국내상품에 대한 국내 및 해외 수요증대로 수출상품생산과 수입대체상품생산이 증가하기 때문에 총생산이 증가($Y\uparrow$)하게 되어 경상수지가 개선된다.

한편, 평가절하로 인한 총지출감소효과($A\downarrow$)는 교역조건의 악화, 실질현금잔고효과 그리고 소득재분배효과 등의 직접적인 경로를 통해 경상수지를 개선시킨다.

첫째, 평가절하는 대외교역조건을 악화($\frac{P_X^*}{P_M^*}\downarrow$)시킴으로써 국민소득의 일부가 해외로 유출되는 효과를 초래하고 이는 총지출을 감소시키는 것으로 나타난다.

둘째, 평가절하는 수출수요증대와 수입수요억제로 인한 국내상품에 대한 수요전환으로 물가상승을 유도하고 이는 실질현금잔고(M^S/P)의 하락을 가져와 통화공급(M^S)의 추가적인 증가가 수반되지 않는 한 실질현금잔고를 일정수준으로 유지하기 위해 소비 및 투자지출을 감소시켜 국내총지출(A)의 감소를 통해 경상수지를 개선시킨다.

셋째, 평가절하로 인해 국내물가가 등귀하면 한계소비성향이 높은 임금소득자로부터 한계소비성향이 낮은 이윤 또는 자본소득자에로 소득재분배를 통해 소비지출감소가 수반되므로 소득재분배효과에 의해 총지출(A)을 감소시켜 경상수지를 개선시킨다.

이 외에도 총지출감소효과로는 평가절하로 인한 수입상품가격의 상승이 상대적으로 저렴한 국산대체상품으로 수요전환을 일으키겠으나 그것이 필수품이 아니면 아예 소비지출을 단념함으로써 소비를 줄이고 투자의 경우에는 수입원자재 또는 시설재의 가격상승으로 투자억제를 통해 총지출을 감소시킴으로써 경상수지를 개선시킨다.

이상에서 고찰한 총지출접근방법에서 유의할 사항은 평가절하가 총생산(Y)의 증대를 통해 국제수지를 개선시키기 위해서는 ① 국내상품과 외국상품 간에 대체관계가 있어야 하며, ② 평가절하 이전에 유휴자원이 존재하여 공급이 탄력적으로 이루어질 수 있어야 한다. 이와 같은 접근방법은 산업구조가 고도로 발달된 선진국과 같이 수요부족으로 인한 불경기가 존재하는 경우에 더욱 설득력 있는 접근모형이다. 그러나 후진국과 같이 유휴시설이 부족하여 만성적인 인플레이션을 겪는 상태에서는 평가절하의 효과는 단기적인 효과에 그치게 된다.

끝으로, 지적할 수 있는 사항은 평가절하가 국내상품에로의 수요전환으로 이어지기 위해서는 물가안정을 위한 긴축재정·금융정책 등이 병행되는 것이 바람직하다는 점이다. 이에 대해서는 제10장 2절에서 고찰하게 될 대내외 동시균형달성을 위한 정책수단의 결합 문제에서 다시 자세히 다루기로 한다.

제3절 가격-소득 접근방법

가격-소득 접근방법(price-income approach to the theory of devaluation)은 평가절하에 의한 가격변동뿐만 아니라 소득변동에 의한 무역수지변동을 분석하는 방법이다. 따라서 이는 탄력성접근방법에 의한 가격변동효과에다 케인즈의 소득승수이론의 소득변동효과와 총지출접근방법을 감안한 분석이다.

제6장 제1절에서 고찰한 바와 같이 케인지언의 소득승수이론은 평가절하에 의한 상대가격변동효과가 완전히 배제된 결과 수출이 외국소득의 증가함수로만 정의되었다. 이에 대해 탄력성접근방법은 평가절하로 인한 소득변화를 전혀 고려하지 않았기 때문에 역시 평가절하의 효과를 분석하는 데 미흡하므로 두 접근방법을 종합하여 분석하려는 시도는 당연한 일이다. 하버거(A.C. Harberger, 1950), 라우젠-메츨러(S.Laursen-L.A. Metzler, 1950) 등이 분석했는데 존슨(H.G. Johnson, 1976)은 이를 '정교한 케인지언 접근방법'(sophisticated Keynesian approach)이라고 명명하고 있다.[8)]

가격-소득 접근방법의 기본모형은 다음과 같은 정의식, 균형식 및 행태방정식들로 구성되고 있다.[9)]

8) H.G. Johnson, "Elasticity, Absorption, Keynesian Multiplier, Keynesian Policy and Monetary Approaches to Devaluation Theory: A Simple Geometric Exposition," *American Economic Review* 66 (June 1976), pp.448-52.

9) R.M. Stern, *The Balance of Payments: Theory and Economic Policy*, Aldine Publishing Co., Chicago, 1973, Chapter 7.

무역수지 정의식: $TB = PX - EP^{*}M$ (8. 5)

균형식: $Y = A + TB$ (8. 6)

국내총지출의 행태방정식:

$$\frac{A}{P^{i}} = \overset{(+)}{A}\left(\frac{Y}{P^{i}}\right) \quad (8.\ 7)$$

물가수준의 정의식:

$$P^{i} = \alpha EP^{*} + (1-\alpha)P \qquad 0 \leq \alpha \leq 1 \quad (8.\ 8)$$

수출의 행태방정식:

$$X = X(\overset{(+)}{Y^{*}},\ \overset{(-)}{P/E},\ \overset{(+)}{P^{*}}) \quad (8.\ 9)$$

수입의 행태방정식:

$$M = M(\overset{(+)}{Y},\ \overset{(+)}{P},\ \overset{(-)}{EP^{*}}) \quad (8.\ 10)$$

위의 식에 포함되어 있는 변수들은 앞의 탄력성 분석과 동일한 변수들이고 다만 A와 Y는 각각 명목국내총지출과 명목소득을 의미하며 P^{i}는 물가지수로서 국내물가(P)와 수입물가(EP^{*})로 가중평균한 물가지수를 의미한다.

따라서 식 (8. 7)은 명목국내총지출(A)을 가중평균물가수준(P^{i})으로 나눈 실질국내총지출(A/P^{i})을 의미하는데 이는 실질소득(Y/P^{i})의 증가함수로 표시되고 있다.

한편 식 (8. 5)부터 식 (8. 10)에 대해 전미분을 취하여 양국의 수입수요탄력성(η_X, η_M)과 본국의 한계수입성향(m)으로 표시하면 다음과 같이 평가절하가 무역수지를 개선시킬 조건이 도출된다.

$$\eta_X + \eta_M > 1 + m \quad (8.\ 11)$$

즉 평가절하가 무역수지를 개선시키기 위해서는 마샬-러너조건에 추가하여 우측에 국내한계수입성향(m)을 합한 것이어야 됨을 의미한다. 따라서 탄력성접근방법에서의 마샬-러너조건보다 제약적 조건이 요구되고 있는데 이 경우의 마샬-러너조건은 무역수지개선을 위한 필요조건일 뿐 충분조건이 되지 못함을 알 수 있다.

식 (8. 11)이 마샬-러너조건과 다른 이유는 식 (8. 7)에서 연유되는데 탄력성접근방법과는 달리 소득변수를 감안하여 물가수준(P^i)의 변동이 실질국내총지출(A/P^i)에 미치는 영향을 반영하고 있기 때문이다. 이를 일명 지출에 대한 교역조건효과(terms of trade effect on expenditures)라고도 한다.

끝으로, 가격-소득 접근방법과 관련하여 외국의 반향효과(foreign repercussion effect)가 존재하는 경우에 평가절하가 무역수지를 개선시킬 조건을 생각해 보자. 외국의 반향효과가 있는 경우에는 식 (8. 6)~(8. 8)에 대응한 외국의 소득균형식, 총지출 행태방정식, 물가수준의 정의식이 추가로 필요하다. 이 경우 평가절하가 무역수지(또는 경상수지)를 개선시킬 조건은 다음과 같이 주어진다.[10)]

$$\eta_X + \eta_M > 1 + m + m^* \qquad (8.\ 12)$$

이를 **하버거조건**(Harberger condition)이라고 하는데 외국의 반향효과가 있는 경우에는 반향효과가 없는 경우인 조건 (8. 11)에다 외국의 한계수입성향을 추가로 합한 것으로 나타낸다. 따라서 마샬-러너조건이나 반향효과가 없는 경우보다 훨씬 제약적임을 알 수 있다

만약 위의 하버거조건이 충족되지 않는다면 평가절하는 오히려 무역수지를 악화시키는데 이 경우에는 소위 **라우젠-메츨러효과**(Laursen-Metzler effect)가 발생한다. 라우젠-메츨러효과란 평가절하가 교역조건을 악화시켜 저축감소(지출증대)를 유발하여 무역수지를 악화시키는 경우를 말한다. 즉 평가절하로 교역조건이 악화되면 소비자들은 종전의 생활수준(standard of living)을 일정하게 유지하기 위해 저축감소를 통해 지출을 늘리기 때문에 발생한다. 저축

10) 식 (8. 11)과 식 (8. 12)에 대한 구체적인 도출과정은 R.M. Stern(1973), *op.cit.*, pp.206-10을 참조할 것. 식 (8. 12)는 원래 하버거가 도출하였기 때문에 그의 이름을 따서 하버거조건이라고 하는데 이에 대해서는 다음을 참조할 것.
A.C. Harberger, "Currency Depreciation, Income, and the Balance of Trade," *Journal of Political Economy* 58 (February 1950), pp.47-60 (reprinted in R. Caves and H.G. Johnson, eds., *Readings in International Economics*, American Economic Association(AEA), 1968, pp.341-58).

그림 8-2 평가절하와 라우젠-메츨러효과

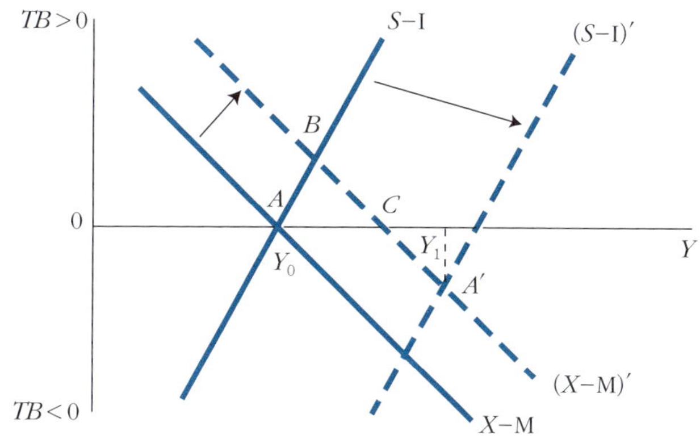

을 소득과 대외교역조건(P_X^*/P_M^*)의 증가함수라고 하면 저축함수는 $S=S(Y,\ P_X^*/P_M^*)$로 표시된다. 따라서 [그림 8-2]와 같이 최초의 균형점인 A에서 평가절하를 하면 순수출($X-M$)곡선과 저축-투자($S-I$)곡선 모두가 우측으로 이동하되 저축-투자곡선이 더 큰 폭으로 이동하여 새로운 균형점은 A'이 된다. 점 A'에서 소득은 종전보다 증가했으나 평가절하에 따른 교역조건의 악화로 저축이 감소함으로써 무역수지는 적자($TB<0$)가 된다.[11] 그러나 하버거조건이 만족되면 $(S-I)'$ 곡선은 점 B와 점 C의 중간을 통과함으로써 새로운 균형을 이루고 무역수지도 개선될 것이다.

지금까지 살펴본 탄력성접근방법, 총지출접근방법 그리고 가격-소득접근방법들은 평가절하가 무역수지 또는 경상수지에 미치는 효과분석에 초점을 두고 있기 때문에 자본수지를 포함한 종합수지에 대한 분석이 미흡하다. 더욱이 화폐시장이 명시적으로 감안되지 못하고 있는데 이하에서는 개방거시경제 측면에서 생산물시장, 화폐시장 그리고 국제수지(종합수지)를 모두 감안한 종합분석을 시도함으로써 평가절하가 국민소득, 이자율, 국제수지에 미치는 영향을 분석해 보기로 한다.

---

11) R.C. Caves, J.A. Frankel, and R.W. Jones, *World Trade and Payments: An Introduction*, 5th ed., Harper Collins Publishers, New York, 1990, pp.430–2; S. Laursen and L.A.Metzler, "Flexible Exchange Rates and the Theory of Employment," *Review of Economics and Statistics* 32 (November 1950), pp.281–99.

제4절 시장접근방법: *IS-LM-BP*곡선접근

여기서 시장접근방법이라 함은 생산물시장, 화폐시장 그리고 국제수지(외환시장)를 모두 감안하여 평가절하를 포함한 정책효과를 비교정태분석에 의해 종합적으로 분석하는 방법을 지칭하기로 한다.

그런데 평가절하의 효과는 그 국가의 경제구조, 경제제도 및 정책, 경제개방정도 등에 따라 크게 달라지는데 이와 같은 범주는 다음과 같이 ① 케인지언모형(Keynesian model), ② 먼델-플레밍모형(Mundell-Fleming model), ③ 통화론적 접근모형(monetary approach) 등으로 대별할 수 있다. 이하에서는 어느 모형이든간에 최초에 국민경제가 대내외균형상태에 있다고 가정하고 평가절하의 효과를 고찰하기로 한다.

1 케인지언모형

1950년대의 조정가능 고정환율제도인 IMF체제에서 채용된 모형으로 **케인지언모형**(Keynesian model)을 들 수 있다. 이의 기본가정으로는 ① 국내 및 외국물가(P와 P^*)는 단기에 고정, ② 자본의 불완전이동성(imperfect capital mobility), ③ 중앙은행의 완전중화정책(full-sterilization policy)의 실시 등으로 구성되고 있다.

이들 가정이 의미하는 바를 구체적으로 보면 첫번째 가정은 국내외 물가수준의 고정으로 공급이 비탄력적임을 의미한다. 두 번째 가정은 국가간의 자본이동이 존재하되 자본의 이동성이 낮은 경우를 상정하고 있다. 이해를 돕기 위해 자본이동성에 대한 가정을 보다 구체적으로 살펴보자. 국제자본거래가 원활한가 아닌가는 기본적으로 자본의 완전이동성의 보장여부와 자본의 완전대체성의 정도에 의존한다. **자본의 완전이동성**(perfect capital mobility)이라 함은 국제자본거래에 있어서 거래비용 및 각종 규제가 개재하지 않기 때문에 자본의 자유로운 이동이 가능한 상태를 말한다. 이에 대해 **자본의 완전대체성**

(perfect capital substitutability)이라 함은 경제주체(economic agents)들이 국내채권과 외국채권의 보유구성에 무차별한 경우로서 국내외 채권이 동질적(homogeneous)임을 의미한다. 비록 자본의 완전이동성이 보장된다고 하더라도 경제주체들이 보유하려는 채권에 대해 어느 특정국의 채권에 특별한 선호(preference)를 갖는다고 한다면 국제자본거래는 원활하지 못하게 된다. 그러나 이하에서 자본의 완전이동성이라고 할 때에는 자본의 완전대체성 또한 충족된 것으로 간주할 것이다. 그리고 자본의 불완전이동성은 자본거래비용이라든가 자본유출입에 따른 규제 또는 금융자산에 편중된 선호(biased preference) 등으로 국제간에 자본의 거래가 자유롭지 못하고 제약을 받는 경우를 지칭하기로 한다.

따라서 자본의 불완전이동성을 이자율과 관련하여 볼 때 국내금리(i)와 국제금리(i^*)간에 차이($i \neq i^*$)가 존재하고 자본수요에 대한 이자율탄력성이 비탄력적임을 의미한다. 즉 이자율의 변동이 크다고 하더라도 자본의 유출입은 상대적으로 작음을 의미한다.

만약 자본의 이자율탄력성이 비탄력적이라고 하면 국제수지결정에 자본수지가 기여하는 정도는 미약하기 때문에 국제수지는 결국 경상수지에 의해 주도적(dominating)으로 결정됨을 의미한다. 따라서 국제수지균형곡선인 BP곡선은 화폐시장균형곡선인 LM곡선보다 기울기가 가파른 곡선이 된다. 그리고 극단적인 케인지언모형과 같이 국가간에 자본이동이 전혀 이루어질 수 없는 경우의 BP곡선은 수직선이 된다. 따라서 국제수지는 경상수지에 의해 주도적으로 결정된다.

끝으로, 중앙은행이 완전중화정책을 실시한다는 가정은 국제수지가 흑자상태에 있는 경우 이를 국내신용 또는 순기타자산 등의 감소를 통해 통화환수를 하기 때문에 국제수지불균형에 따른 통화변동이 없음을 뜻한다. 따라서 국제수지가 흑자라고 해도 LM곡선이 이동될 이유가 없다.

이와 같은 기본가정하에 평가절하가 단행되면 환율변수가 포함되어 있는 IS곡선과 BP곡선이 동시에 우측으로 이동하므로 실질국민소득의 증가($Y\uparrow$)와 국내이자율의 상승($i\uparrow$)을 초래하는 동시에 국제수지를 개선($B>0$)시킨다.

이를 [그림 8-3]을 통해 보면 최초에 IS-LM-BP곡선이 만나는 점 A에서 대내외균형을 이루고 있었는데 평가절하로 인해 고정된 국내외물가(P 및 P^*)

하에서 수입상품의 상대가격 즉 실질환율(EP^*/P)이 상승하여 IS곡선은 IS'으로 이동하는 동시에 BP곡선도 BP'으로 이동하였음을 알 수 있다. 그에 따라 새로운 대내균형점은 A'에서 결정되고 균형국민소득은 Y_0에서 Y_1으로 증가하는 동시에 이자율도 i_0에서 i_1으로 상승하였다. 왜 국민소득과 이자율이 증가하는가? 평가절하로 인해 수출이 증대되고 수입이 감소됨에 따라 무역수지가 개선되고 이는 소득승수를 통해 국민소득을 증대시킨다. 그리고 국민소득증대는 주어진 화폐공급하에서 거래적 화폐수요의 증대를 통해 이자율을 상승시킨다.

뿐만 아니라 평가절하는 직접적으로 경상수지를 개선시키고 이자율의 상승으로 비록 자본의 이자율탄력성이 낮지만 자본유입을 수반함으로써 종합수지인 국제수지는 개선($B>0$)된다. 물론 국제수지의 개선은 주로 경상수지의 개선에 기인된다. 그림에서 BP'이 새로운 대내균형점 A'의 우측에 놓임은 이를 반영하고 있다. 그림에서 IS곡선의 이동폭보다 BP곡선의 이동폭이 더 크다는 데 유의할 필요가 있다.[12)]

요약하면 환율과 물가가 고정된 소규모개방경제하에서 자본의 이동성이 낮은 경우 평가절하는 국민소득 증대($Y\uparrow$), 이자율 상승($i\uparrow$), 국제수지개선

그림 8-3 케인지언모형하에서의 평가절하의 효과

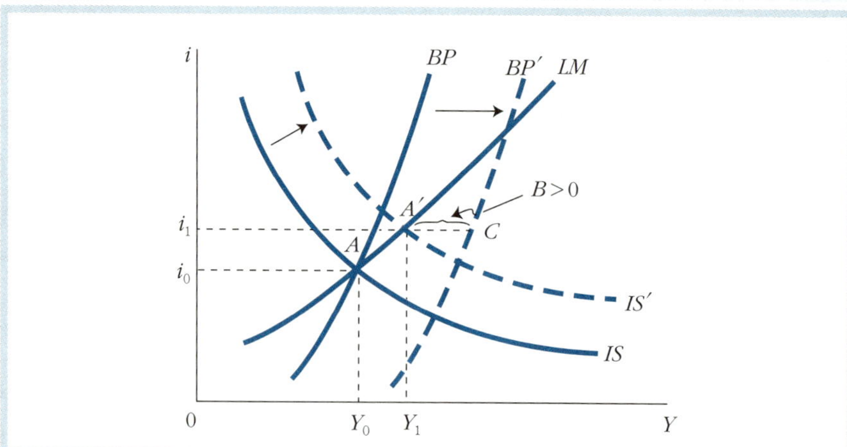

12) 다른 조건이 일정불변일 때 평가절하에 의한 소득승수는 IS곡선에서 식 (7. 9)로부터 $\left.\frac{dY}{dq}\right|_{IS}=\frac{Tq}{s+m}$만큼 우측으로 이동하는 데 비해 BP곡선은 식 (7. 30)으로부터 $\left.\frac{dY}{dq}\right|_{BP}=\frac{Tq}{m}$만큼 우측이동하므로 BP곡선이 IS곡선보다 더 큰 폭으로 우측 이동됨을 알 수 있다.

($B>0$)효과를 수반한다. 이와 같은 평가절하의 효과를 수리적으로 분명하게 도출하는 방법이 비교정태분석(comparative-static analysis)인데 이에 대한 도출 결과는 이 장 [부록]의 식 (8A. 5)와 같다. 그런데 여기서 유의해야 할 사항은 위의 결과가 단기효과(short-run effect)라는 사실이다. 평가절하의 장기효과(long-run effect)는 곧 고찰하게 될 통화론자모형과 같이 잠정효과에만 그치고 최초의 균형상태로 복귀되는 결과를 갖는다. 즉 국제수지의 불균형은 장기적으로 자동조정(automatic adjustment)된다.

이와 같은 자동조정메커니즘은 위의 케인지언모형을 통해서도 설명될 수 있다. 앞에서 설정한 케인즈의 단기 기본가정들 중 첫번째 가정과 세 번째 가정을 완화하여 물가가 신축적(flexible)이고 중화정책도 사용하지 않는다고 하면 [그림 8-3]에서 평가절하 후의 대외불균형상태인 점 A'은 지속될 수 없다. 점 A'에서 국제수지흑자는 통화증가를 초래하여 LM곡선을 우측으로 이동시켜 소득을 증대시킬 것이지만 통화증가와 소득증대는 또한 물가상승을 초래하기 때문에 LM곡선을 다시 원위치방향으로 좌측이동시킬 뿐만 아니라 물가상승으로 인해 평가절하가 상쇄됨으로써 IS곡선과 BP곡선도 동시에 원래수준으로 좌측이동시킴으로써 최초의 균형점 A에서 장기균형을 이루기 때문이다. 따라서 장기적으로는 소득, 금리, 국제수지에 대해 영향을 미치지 못하고 물가상승만을 유도한 결과로 나타난다.

그러나 문제는 자동조정되는 그 장기란 얼마나 오랜 기간이냐 하는 데에 논쟁이 있다. 통화론자들은 기본적으로 자동조정메커니즘을 중시하여 정책불개입을 주장하는 데 대해 케인지언들은 자동조정이 될 때까지 고통을 감수하여 기다리는 것보다는 적극적으로 정책개입을 통해 대내외불균형을 시정해야 된다고 주장하고 있다. 이러한 양 학파간의 논쟁은 평가절하효과뿐만 아니라 후에 고찰할 재정·금융정책효과에서도 개재되고 있다.

2 먼델-플레밍모형

1962년에 먼델(R.A. Mundell)과 플레밍(J.M. Fleming)은 각각 상이한 환율제도에 따른 재정·금융정책의 효과를 발표했는데 이들 각자의 연구결과가 동일하여 이들의 모형을 합하여 **먼델-플레밍모형**(Mundell-Fleming model)이라고 부른다.[13] 이들의 기본가정은 소규모개방경제를 가정하여 ① 물가가 단기에 고정되었으며, ② 자본의 완전이동성(perfect capital mobility)이 보장되며, ③ 중앙은행은 중화정책을 사용하지 않는다(non-sterilization policy)는 것으로 구성되어 있다. 우선 첫번째 가정은 케인지언모형과 동일하지만 두 번째와 세 번째 가정이 다르다.

자본의 완전이동성에 대한 가정은 국내이자율(i)이 국제이자율(i^*)에 의해 고정됨을 의미한다. 따라서 BP곡선은 횡축과 수평선이 된다. 세 번째 가정은 자본의 자유로운 유출입을 허용하기 때문에 단기에서조차도 중앙은행이 중화정책을 사용할 수 없음을 의미한다. 따라서 국제수지의 불균형에 따라 LM곡선도 이동하게 된다. [그림 8-4]는 이들 모형에 입각한 평가절하의 효과를 보여 주고 있다.

최초의 대내외균형점 A에서 평가절하로 인해 IS곡선은 IS'과 같이 우측으로 이동하지만 BP곡선은 고정된 국제이자율(i^*) 수준에서 수평선이므로 이동하지 않는다. 따라서 국민소득(Y)이 증가하고 국내이자율(i)이 상승함에 따라

그림 8-4 먼델-플레밍모형하에서의 평가절하의 효과

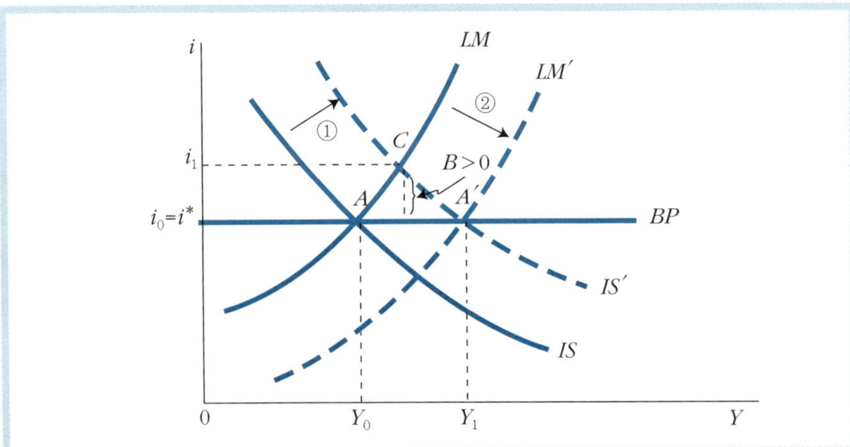

13) R.A. Mundell, "The Appropriate Use of Monetary and Fiscal Policy for Internal and External Stability," *IMF Staff Papers* 9 (March 1962), pp. 70-7.
J. M. Fleming, "Domestic Financial Policies Under Fixed and Under Floating Exchange Rates," *IMF Staff Papers* 9 (November 1962), pp. 369-79.

즉각적으로 자본유입을 초래함으로써 자본수지흑자에 주도되어 점 C에서와 같이 국제수지는 흑자($B>0$)가 된다.

그런데 점 C가 균형상태가 될 수 없음에 유의해야 한다. 왜냐하면 자본의 자유로운 이동이 허용되는 상태에서 중앙은행이 고정환율제도를 유지하는 동시에 국제수지흑자를 완전히 중화시킬 수 없기 때문이다. 국내이자율상승으로 유발되는 즉각적인 대량의 자본유입에 따른 국제수지흑자는 순외화자산증가($\Delta NFA>0$)로 나타내므로 이를 상쇄시키기 위해서는 국내신용 또는 기타자산을 감소시켜야 하는데 중앙은행이 고정환율제도를 계속 유지시키는 한 이것은 사실상 불가능하다. 따라서 중앙은행은 통화증가를 허용하게 되고 그 결과 LM곡선은 LM'으로 우측이동하여 새로운 대내외균형은 점 A'에서 이루어진다. 점 A'에서 보는 바와 같이 통화증가에 따라 국내이자율은 i_1에서 원래의 수준($i_0=i^*$)으로 하락하고 다시 자본유출로 국제수지흑자도 소멸되어 균형에 이르지만 소득은 Y_0에서 Y_1으로 증가하는 것으로 나타난다.

요약하면 환율과 물가가 고정된 소규모개방경제에서 자본의 완전이동성이 보장되는 경우의 평가절하는 국민소득증대에만 기여하고 이자율이나 국제수지는 잠정적 효과(transitory effect)에 그쳐 최종적으로는 국제수지나 이자율에 영향을 미치지 않는다. 이와 같은 결과는 기본적으로 자본의 완전이동성으로 인해 국내이자율(i)이 국제이자율(i^*)에 고정된다는 사실에 기인된다.

3 통화론적 접근방법

통화론적 접근방법(monetary approach)은 1970년대에 정립되면서 크게 발전해 온 중요한 이론으로서 현대의 포트폴리오 밸런스 접근방법(portfolio-balance approach)의 모체가 되고 있다. 그리고 분석대상에 따라 국제수지조정, 환율결정, 평가절하에 대한 통화론적 접근방법 등 다양한 명칭으로 전개되고 있으며 분석모형도 그 수를 헤아릴 수 없이 많다.

통화론적 접근방법의 특징은 국제수지를 기본적으로 화폐현상(monetary phenomenon)으로 파악하는 데 있다.[14] 즉 화폐시장이 균형이면 국제수지도

14) 통화론적 접근방법의 기본개념과 여타 접근방법과의 차이점을 잘 설명한 것으로는 다음을

균형을 이루고 화폐시장이 불균형을 이루면 국제수지도 불균형을 이룬다고 보는 견해이다. 그러나 국제수지의 불균형은 항구적(permanent)이 아니라 일시적 불균형으로 파악하고 있는데 그 이유는 물가와 이자율의 조정메커니즘을 통해 화폐시장이 균형상태로 회복되고 국제수지 또한 균형에 이르기 때문이다. 그런데 여기서 유의해야 할 사항은 통화론적 접근방법은 전통적인 평가이론에서의 유량(flow)접근이 아닌 저량(stock)접근이라는 점이다. 이에 대한 대표적인 분석방법으로 널리 이용되고 있는 모형은 돈부쉬(R. Dornbusch, 1973)의 접근방법이다. 그러나 여기서는 앞의 분석과 일관성을 유지하기 위해 *IS*-*LM*-*BP*모형에 의해 통화론적 접근방법에 의한 평가절하효과를 먼저 분석하고 돈부쉬모형에 의한 분석은 별도로 다루기로 한다.

통화론적 접근방법의 기본가정은 ① 구매력평가(purchasing power parity)가 성립하고($P=EP^*$), ② 자본의 완전이동성(perfect capital moility)이 보장되며, ③ 중앙은행은 중화정책을 사용하지 않는다(non-sterilization policy)는 것이다.

가정 ②와 ③은 먼델-플레밍모형에서의 가정과 동일하고 가정 ①만이 다르다. 가정 ①은 상품가격의 완전신축성(perfect flexible price of commodities)을 가정하는데 이는 다시 두 경우로 나누어 생각할 수 있다. 장단기 전체적으로 구매력평가가 성립되면 일물일가의 법칙이 성립하는데 이와 같은 기본가정을 하고 있는 모형을 **통화론자모형**(monetarist model)이라고 한다. 이에 대해 구매력평가가 오직 장기에만 성립되고 단기에는 경직적 가격(sticky price)으로 인해 성립되지 않는 경우를 들 수 있다.

먼저 상품가격이 단기에 경직적이다가 장기에만 구매력평가가 성립되는 경우에 평가절하의 효과를 분석해 보자. 단기에 양국의 물가가 고정된 상태에서 평가절하가 이루어지면 실질환율이 상승($q\equiv\frac{EP^*}{P}\uparrow$)하여 *IS*곡선이 우측으로 이동하고 그 결과 소득증가($Y\uparrow$)와 이자율상승($i\uparrow$)을 초래할 것이다. 이자

참조할 것.

H.G. Johnson, "Towards a General Theory of the Balance of Payments," in J.A. Frankel and H.G. Johnson, eds., *The Monetary Approach to the Balance of Payments*, University of Toronto Press, 1976, Chapter 2.

———, Elasticity, Absorption, Keynesian Multiplier, Keynesian Policy, and Monetary Approaches to Devaluation Theory: A Simple Geometric Exposition," *American Economic Review* 66 (June 1976), pp.448-52.

율상승은 자본의 완전이동성이 보장되므로 즉각적인 자본유입을 유발함으로써 국제수지는 자본수지흑자에 주도되어 흑자(개선)가 될 것이다. 국제수지흑자는 가정 ③에 의해 통화증발을 수반하므로 [그림 8-5]에서와 같이 *LM*곡선을 우측으로 이동시켜 균형국민소득은 Y_0에서 Y_1까지 증가하게 된다.

[그림 8-5]에서 점 A'은 단기균형상태를 보여 주고 있는데 이는 먼델-플레밍모형과 동일한 결과임을 알 수 있다. 그러나 시간경과와 더불어 구매력평가가 성립하기 위해 상품시장에서 국내물가가 상승하기 시작하여 국내물가는 정확히 평가절하율만큼 상승하여 최초의 $P<EP^*$에서 $P=EP^*$가 되고 그 결과 $q\equiv\frac{EP^*}{P}$는 원래수준으로 하락한다. 따라서 *IS*곡선은 이제 IS'에서 원래수준으로 좌측이동하는 동시에 화폐시장에서는 물가상승에 따른 실질현금잔고(M^S/P)의 하락으로 *LM*곡선도 LM'에서 원래수준으로 좌측 이동한다.

요약하면 경직적인 가격구조하에서의 평가절하효과는 단기에는 소득증대, 이자율상승과 국제수지를 개선시키는 것으로 나타나지만 이 효과는 잠정효과(transitory effect)에 불과하고 장기적으로는 소득과 이자율에 전혀 영향을 미치지 못하고 평가절하율만큼 정확히 물가만 상승시키는 결과를 가져왔음을 알 수 있다. 주지하는 바와 같이 통화론자들은 자동조정메커니즘을 신봉하는 정책불개입론자들이다. 왜냐하면 평가절하는 소득이나 국제수지변경에 유효정책수단이 되지 못한다는 정책의 무력성을 주장하고 있기 때문이다.

그림 8-5 통화론적 접근방법하에서의 평가절하의 단기 및 장기효과

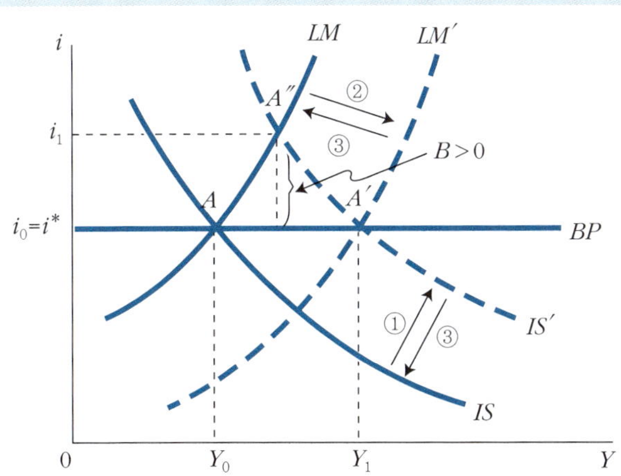

한편, 구매력평가가 단기에도 성립되어 대내외불균형이 즉각적으로 시정되는 경우에는 어떠한 결과를 초래하게 될까? 이 경우에는 오직 *LM*곡선만이 좌측으로 이동했다가 다시 원래수준으로 회복되어 역시 평가절하는 물가상승만을 초래할 뿐이다. 그리고 소득에 미치는 잠정효과는 소득은 감소했다가 원래수준으로 회복되는 양상을 띠게 된다. 그림에 의한 설명은 독자에게 맡겨두기로 한다.

돈부쉬모형에 의한 분석

지금까지 설명한 통화론적 접근방법에 의한 평가절하의 효과분석은 개방거시경제를 구성하고 있는 생산물시장, 화폐시장 그리고 국제수지를 모두 감안한 종합분석이었다. 따라서 국민소득뿐만 아니라 이자율과 물가가 국제수지를 결정하는 데 중요한 역할을 수행하고 있음을 보여 주고 있다.

그러나 *IS*-*LM*-*BP*모형에 의한 분석은 유량개념(flow concept)의 접근방법이란 점에서 통화론적 접근방법의 특징 중 하나인 저량개념(stock concept)의 분석을 고려하지 않고 있다. 이하에서는 비록 이자율을 감안하지 않고 무역수지만을 분석대상으로 삼고 있음에도 불구하고 통화론적 접근방법의 실체를 잘 반영하고 있는 돈부쉬(R. Dornbusch)의 국제수지결정모형을[15] 통해 평가절하의 효과를 분석해 보기로 한다. 결론적으로 말하면 이 경우에도 앞서 분석한 결과와 동일한 결론에 도달하게 된다.

돈부쉬가 설정한 기본가정으로는 ① 2개 국가(본국과 외국), 2개 통화, 1개 상품만이 존재하고, ② 화폐수요는 케임브리지학파(Cambridge School)의 현금잔고방정식에 의해 결정되며,[16] ③ 구매력평가가 성립한다는 것이다. 특히 위의 가정 ②는 화폐수요가 이자율과 독립적으로 결정됨을 의미하며 따라서 이자율 변동에 따른 국제간 자본이동이 없음을 뜻한다. 뿐만 아니라 금융자산은 오직 화폐만으로 구성되고 있음을 가정하고 있다. 가정 ①과 ②에 의해 본국과 외국의 화폐수요함수는 다음과 같이 식 (8. 13)으로 주어진다. 단, 변수의 우측

---

15) R. Dornbusch, "Devaluation, Money, and Non-Traded Goods," *American Economic Review* (December 1973), pp.871–83(reprinted in J.A. Frenkel and H.G. Johnson, eds., *The Monetary Approach to the Balance of Payments*, 1976, pp.168–86).

16) 현금잔고방정식에 대한 설명은 제7장 2절의 주석 10을 참조할 것.

상단에 첨부된 $*$(star)표시는 외국변수를 나타낸다.

$$L = kPY; \quad L^* = k^* P^* Y^* \tag{8. 13}$$

단, L, L^* = 국내 및 외국의 화폐수요
k, k^* = 마샬의 k로서 명목소득(PY, P^*Y^*) 중 화폐로 보유하려는 비율
P, P^* = 국내 및 외국의 물가수준
Y, Y^* = 국내 및 외국의 실질국민소득

한편, 자국통화표시 환율을 E라고 하면 가정 ③의 구매력평가는 세계에 존재하는 1개 상품에 대해 일물일가의 법칙이 성립됨을 의미하는데 다음과 같다.

$$P = EP^* \tag{8. 14}$$

일국의 거주자들의 명목지출은 명목국민소득에서 화폐의 형태로 퇴장(hoarding)시킨 화폐의 퇴장을 뺀 차액으로 정의된다. 지금 Z와 Z^*를 각각 본국과 외국의 명목지출이라고 하고 H와 H^*를 각각 본국과 외국의 화폐의 퇴장(退場)이라고 하면 양국의 지출함수는 다음과 같이 주어진다.

$$Z = PY - H; \quad Z^* = P^* Y^* - H^* \tag{8. 15}$$

여기서 **화폐의 퇴장**(hoarding of money)이라 함은 명목소득(PY)보다 명목지출(Z)을 적게 함으로써 과소지출(underspending)의 결과로 인한 화폐의 축적(accumulation of money)을 말한다. 예를 들어 국내거주자가 외국에 상품을 수출하여 명목국민소득이 증가한 데 반해 지출이 상대적으로 적으면 지출을 상회한 명목국민소득($PY-Z$)은 다른 금융자산이 존재하지 않는 상태에서는 화폐로 보유하게 되는데 이것이 화폐의 퇴장(H)이다. 따라서 화폐의 퇴장은 바로 무역수지흑자를 나타낸다.

지금 양국의 화폐공급을 M과 M^*로 표시하면 이는 일정시점에서 파악한 저량개념으로서 저량화폐공급(stock supply of money)을 나타내며 식 (8. 13)으로 주어진 현금잔고방정식도 화폐에 대한 저량수요(stock demand for money)를 나타낸다. 그렇다고 하면 어떻게 유량개념의 화폐퇴장함수를 정의할 수 있는

가 하는 문제가 제기된다. 잘 아는바와 같이 저량의 변수를 유량의 변수로 전환시키는 방법은 저량의 차분(difference)형태로 변형시키든지 저량변수를 설명변수로 한 함수형태로 전환해야 된다. 이와 같은 목적에서 돈부쉬는 다음 식 (8. 16)과 같이 화폐에 대한 저량초과수요($L-M$)가 계수 π에 의해 조정되는 함수형태로 표시하여 유량의 퇴장함수를 정의하고 있다.

$$H=\pi(L-M)=H(\overset{(+)}{P},\ \overset{(-)}{M}) \qquad (8.\ 16)$$
$$H^*=\pi^*(L^*-M^*)=H^*(\overset{(+)}{P^*},\ \overset{(-)}{M^*})$$

위의 첫번째 방정식의 마지막 우측항 $H(P,\ M)$는 화폐의 퇴장함수를 나타내는데 이는 물가의 증가함수이지만 화폐공급량의 감소함수임을 나타내 주고 있다. 왜냐하면 $L=kPY$이고 고전학파는 k와 Y(완전고용하의 실질국민소득)가 일정하다는 기본가정을 하고 있기 때문이다.

그런데 단일 상품만이 존재하는 세계상품시장의 균형은 세계명목소득($PY+P^*Y^*$)과 세계명목지출($Z+Z^*$)이 같아질 때 이루어진다. 이를 달리 표현하면 본국의 퇴장이 외국의 역퇴장(dishoarding)과 같을 때 세계상품시장의 균형이 성립한다. 역퇴장은 퇴장의 반대이므로 퇴장에 (−)부호를 부여한 것과 같다. 따라서 외국의 역퇴장을 환율에 의해 본국화폐로 표시하고 세계화폐시장의 균형조건으로 나타내면 다음 식 (8. 17)과 같이 된다.

그림 8-6 퇴장함수를 이용한 평가절하의 단기효과

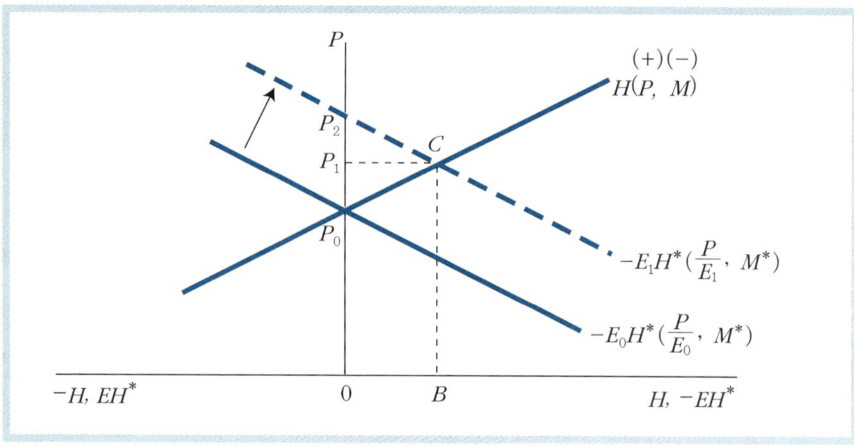

$$H = -EH^{*} \tag{8. 17}$$

이제 식 (8. 16)과 (8. 17)을 이용하여 평가절하의 효과를 분석해 보자. [그림 8-6]과 같이 H와 P로 표시된 평면 위에 본국의 퇴장함수는 우상향의 곡선이 되고 외국의 역퇴장함수는 우하향의 곡선으로 나타난다. 그리고 최초에 P_0에서 양국이 균형을 이루고 있었다고 하면 두 곡선은 P_0에서 서로 교차한다.

만약 본국이 평가절하를 단행하면 외국통화표시 수출가격(P/E)이 하락하여 외국의 역퇴장곡선($-EH^{*}$)은 종축방향으로 상향이동하여 단기적으로는 점 C에서 균형을 이룬다. 외국은 수입으로 인한 초과지출로 실질잔고의 감소를 초래한 반면 본국은 수출증대로 인한 실질잔고가 증가해 본국의 퇴장은 $\overline{OB}$ 만큼 증대하는데 이는 무역수지흑자를 반영한다. 그러면 왜 국내물가가 P_0에서 P_1으로 상승하는가? 오직 1개의 상품만이 존재하므로 외국의 본국 상품에 대한 초과지출은 본국 상품에 대한 초과수요를 의미하므로 본국의 국내물가는 상승해야 한다.

요약하면 단기에는 평가절하국의 소득증대와 무역수지흑자를 초래하는 반면 외국의 소득감소와 무역수지적자를 수반한다. 그러나 이는 모두 잠정효과임에 유의해야 한다. 왜냐하면 단기효과의 이면에는 식 (8. 14)의 구매력평가조건에서 가격의 경직성을 가정하여 평가절하율이 국내물가상승률보다 커서 $P < EP^{*}$의 관계에 있음을 암시하고 있다.[17]

그러나 위의 단기효과인 국내화폐퇴장의 증가는 화폐공급의 증대를 의미할 뿐만 아니라 물가상승압력을 받고 있음을 의미한다. 따라서 장기적으로 국내퇴장함수는 상향으로 이동해야 하고 외국의 역퇴장함수는 하향이동해야 함을 의미한다. 그 결과 최종적인 장기균형점은 양국의 화폐저량의 상대적 크기(relative size of money stock)에 의존한다. [그림 8-7]은 양국의 화폐공급의 크기가 비슷한 경우를 가정하여 장기균형이 어떻게 이루어지는가를 보여 주고 있다.

---

17) 사실상 돈부쉬(R. Dornbusch)는 그의 논문에서 $\hat{E} > \hat{P} > 0$의 관계를 수식으로 도출하고 있으며 본국이 소규모개방경제이면 $\hat{E} = \hat{P}$가 성립됨을 증명하고 있다. 여기서 ^(hat)은 증가율을 나타낸다.

그림 8-7 퇴장함수를 이용한 평가절하의 장기효과

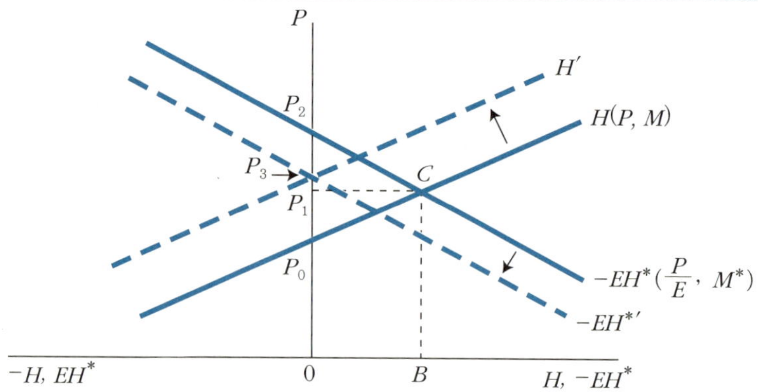

[그림 8-7]은 위의 [그림 8-6]에서 단기균형점 C로부터 시간경과와 더불어 본국의 퇴장곡선은 H에서 H'으로 상향이동하고 외국의 역퇴장곡선은 $-EH^*$에서 $-EH^{*'}$으로 하향이동하여 장기균형이 물가수준 P_3에서 결정됨을 보여 주고 있다. 따라서 평가절하의 장기효과는 국민소득이나 무역수지에 전혀 영향을 미치지 못하고 물가수준만 P_0에서 P_3로 상승시키는 결과를 초래하고 있음을 알 수 있다. 여기서도 국제수지불균형이 장기적으로 자동조정되고 있음을 보이고 있어 통화론자의 기본주장을 뒷받침해 주고 있다.

제5절 비교역재와 평가절하

지금까지 설명한 평가절하에 대한 효과분석은 모든 재화가 교역재(traded goods)라는 가정하에 전개해 왔다. 그러나 현실적으로는 국제무역거래가 되지 않고 국내에서 생산하여 국내수요에만 충당되는 **비교역재**(non-traded goods)가 존재한다. 수송비가 높거나 정부의 수출입규제로 인해 무역거래에 전혀 참여할 수 없는 재화라든가 또는 국내소비에 충당되는 주택, 교육, 의료, 국방 등의 서비스는 모두 비교역재이다.

논의를 간단히 하기 위해 소규모개방경제가 주어진 생산요소를 완전고용하여 교역재와 비교역재만을 생산한다고 가정하면 **생산가능곡선**(production possibility curve)은 [그림 8-8]과 같다. 잘 아는 바와 같이 생산가능곡선이 원점에 대해 오목(concave)한 것은 기회비용이 체증함을 나타내 주고 있다. 그리고 생산가능곡선의 기울기인 한계변환율(marginal rate of transformation: MRT)은 기회비용을 나타낸다.

지금 Q_N과 Q_T를 각각 국민경제가 생산하는 비교역재와 교역재의 산출량이라고 하고 그에 대응한 국내통화표시 가격을 각각 P_N과 P_T라고 하면 국민경제의 예산선(GG)의 기울기는 비교역재의 상대가격인 P_N/P_T로 주어진다.[18)]

[그림 8-8]은 최초에 생산자와 소비자 모두가 주어진 상대가격 P_N/P_T로 각각 생산과 소비를 하고 있음을 보여 주고 있다. 왜냐하면 예산선 FF와 GG는 서로 평행선으로 그려져 있기 때문이다. 더욱이 사회무차별곡선과 예산선이 접하는 점 B는 점 A로부터 수직선상 위에 놓인 점으로 표시되고 있는데 이는 비교역재의 경우는 산출량(Q_{N_0})과 소비량(D_{N_0})이 동일하지만 교역재는 $\overline{AB}$

그림 8-8 교역재와 비교역재의 생산과 소비

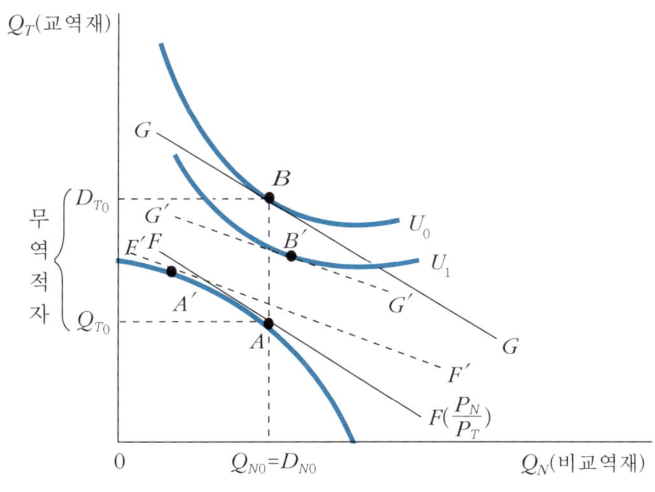

18) W.J. Ethier, *Modern International Economics*, 2nd ed., W.W. Norton & Company, New York, 1988, pp.488–9.
W.E.G. Salter, "Internal and External Balance: The Role of Price and Expenditure Effects," *Economic Record* (August 1959), pp.226–38.

만큼의 초과수요($D_{T_0}-Q_{T_0}$)가 발생하여 무역적자(trade deficit)를 이루고 있음을 의미한다. 여기서 D_N과 D_T는 각각 비교역재와 교역재의 수요량(소비량)을 표시하고 있다.

이와 같은 상태에서 교역재의 무역적자를 개선하기 위해 평가절하를 단행하였다고 하면 교역재 가격(P_T)이 상승하여 비교역재의 상대가격은 하락(P_N/P_T ↓)하게 되는데 [그림 8-8]에서 점선으로 표시된 새로운 예산선 $F'F'$과 $G'G'$의 기울기가 완만하게 그려진 것은 이를 반영하고 있다.

그 결과 국민경제의 주어진 자원에서 비교역재에 투입되었던 자원의 일부가 상대적으로 높은 가격을 받을 수 있는 교역재생산에 투입됨으로써 교역재 생산량이 증가하여 새로운 생산점은 A'에서 이루어질 것이다. 그러나 소비의 경우에는 교역재 가격이 상대적으로 높아졌으므로(P_N/P_T↑) 교역재에 대한 소비를 줄이고 비교역재의 소비를 증가시킴으로써 점 B'에서 소비균형을 이룰 것이다. 다음의 [그림 8-9]는 [그림 8-8]로부터 평가절하로 인해 상대가격이 하락한 후의 새로운 생산균형점 A'과 소비균형점 B'을 별도로 표시한 것이다.

[그림 8-9]에서 보는 바와 같이 평가절하는 일차적으로 무역수지적자폭을 $D_{T_0}-Q_{T_0}$에서 $D_{T_1}-Q_{T_1}$으로 축소시킴으로써 무역수지를 개선시켰으나 외국수입으로 충당할 수 없는 비교역재의 경우는 초과수요($D_{N_1}-Q_{N_1}$)가 유발되었음

그림 8-9 비교역재가 존재하는 경우 평가절하의 효과

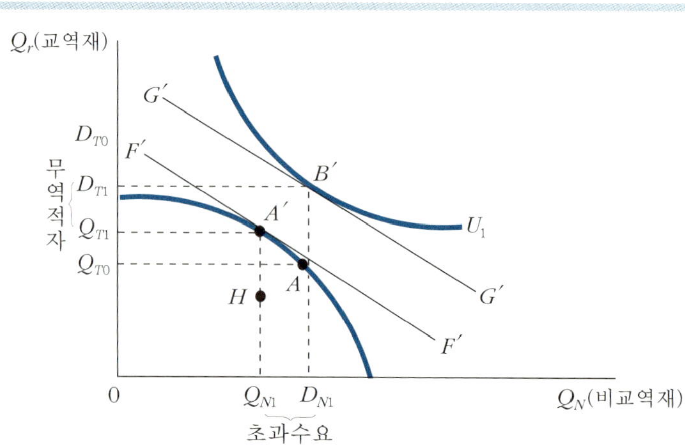

을 알 수 있다. 즉 평가절하는 교역재에 존재하던 최초의 초과수요(무역수지적자)를 비교역재로 전가시킨 결과로 나타난다.

그렇다고 하면 평가절하의 효과는 여기서 그칠 것인가 하는 의문이 제기되는데 그렇지 않다. 왜냐하면 비교역재에 대한 초과수요는 필연적으로 비교역재의 가격(P_N)을 상승시킴으로써 비교역재의 소비를 줄이는 반면 생산은 증대되는 조정과정을 통해 예산선 $G'G'$ 은 점 A' 방향으로 이동하여 생산과 소비의 균형이 이루어질 것이다. 그리고 평가절하의 효과가 대폭적이면 소비는 생산가능곡선 내부의 점 H에서 이루어짐으로써 무역수지는 흑자가 될 수도 있다. 따라서 최종적으로 점 B' 과 점 H 사이의 어느 점에서 균형이 결정되는가는 교역재와 비교역재 수요에 대한 소득탄력성에 의해 결정될 것이다.

요약하면 비교역재가 존재하는 경우에 평가절하는 일차적으로 무역수지를 개선시키지만 비교역재의 초과수요로 나타나고 시간이 경과함에 따라 비교역재는 균형을 이루고 무역수지는 더욱 개선되어 균형을 이루거나 흑자가 된다.

제6절 평가절하의 효과에 대한 종합논평

지금까지 논의해 오고 학계에서 지적되는 평가절하의 효과에 대해 국제수지조정정책으로서의 한계점을 중심으로 간략하게 논평해 보기로 한다.

첫째, 국내외수입수요의 가격탄력성이 비탄력적이어서 마샬-러너조건이 충족되지 않으면 평가절하는 오히려 무역수지를 악화시킨다.

둘째, 라우젠-메츨러효과(Laursen-Metzler effect)가 존재하는 경우에도 평가절하는 무역수지를 악화시킨다. 이는 외국의 반향효과가 존재하는 경우로서 무역수지가 개선되기 위해서는 하버거조건(Harberger condition)인 $\eta_X + \eta_M > 1 + m + m^*$가 충족되어야 한다.

셋째, 통화론적 접근방법에서 알 수 있는 바와 같이 국제간에 자본의 완전이동성이 보장되고 상품가격이 완전신축적인 경제하에서의 평가절하는 국민소득과 국제수지에 잠정효과만을 가질 뿐 장기적으로는 전혀 영향을 미치지 않으며 오히려 국내물가만을 상승시키는 결과를 초래한다.

넷째, 국내인플레이션이 극심하고 국제수지적자가 소폭적일 때의 평가절하는 인플레이션을 가중시켜 수요부족에 따른 경기침체를 심화시키므로 평가절하는 효율적인 정책수단이 되지 못한다. 이 경우에는 오히려 물가억제를 위해 총수요관리정책으로서 긴축재정·금융정책이 주된 정책수단이 되어야 하고 평가절상을 보조적으로 사용하는 것이 바람직하다.

다섯째, 평가절하에 대한 기대가 만연하는 경우에 평가절하를 적기에 실시하지 못하면 환투기, 상품투기 등으로 오히려 평가절하 직후의 경기침체를 유발할 수 있다.

여섯째, 외채가 많은 국가가 평가절하를 실시하면 자국통화표시 원리금상환액의 증대로 경기침체를 유발할 수 있다.

끝으로, 평가절하는 기본적으로 인근궁핍화정책(beggar-thy-neighbor policy)이므로 상대국의 보복 또는 경쟁적인 평가절하가 실시되면 오히려 역효과를 수반하게 된다.

요 약

1. 평가절하(devaluation)는 환율인상에 따른 통화의 가치하락을 의미한다. 일반적으로 평가절하의 단기효과로는 외국통화표시 수출가격의 하락과 자국통화표시 수입가격을 상승시킴으로써 총지출전환효과와 총지출감소효과를 통해 경상수지를 개선시킨다. 경상수지의 개선은 국민소득을 증가시키는 동시에 금리상승을 초래함으로써 자본수지도 개선되어 종합수지 또한 개선된다. 뿐만 아니라 수출증대와 수입억제 그리고 국민소득증대는 국내물가상승을 유도한다. 그러나 이와 같은 일반적인 단기효과는 평가절하국의 경제구조, 경제제도 및 정책, 경제개방 정도에 따라 상이하게 나타나기 때문에 평가절하에 대한 효과를 분석하는 이론도 다양한 형태로 발전되어 왔다.

2. 탄력성접근방법은 평가절하가 수출입상품의 상대가격변동을 통해 무역수지에 미치는 영향을 분석하는 부분균형분석이다. 이 경우 평가절하가 무역수지를 개선시키기 위해서는 양국 수입수요의 가격탄력성의 합이 1보다 커야 되는 마샬-러너조건(Marshall-Lerner condi-tion)이 충족되어야 한다. 탄력성접근방법은 국민소득, 지출, 통화변동 및 자본이동이 분석에서 감안되지 않은 결점을 갖고 있다. 그리고 마샬-러너조건이 충족되지 않으면 J-커브효과가 발생할 수 있다.

3. 평가절하에도 불구하고 무역수지가 지속적으로 악화될 수 있다. 그 이유는 불확실성하에서 매몰비용의 존재로 인한 경제이력현상(economic hysteresis)에 기인한다. 경제이력현상이란 경제적 변화를 유발한 원인이 제거되었음에도 불구하고 종전의 경제상태로의 회복이 되지 않는 현상을 말하는데 일명 교두보효과(beachhead effect)라고도 한다.

4. 총지출접근방법(absorption approach)은 국민경제전체를 대상으로 한 거시적 접근방법으로서 기본모형은 $B=Y-A$로 주어진다. 구체적으로

평가절하는 총지출전환효과($Y\uparrow$)와 총지출감소효과($A\downarrow$)에 의해 경상수지를 개선시키며 총지출감소효과는 교역조건의 악화, 실질현금잔고효과, 소득재분배효과 등의 경로를 통해 경상수지를 개선시킨다. 그러나 총지출접근방법은 이자율변동에 따른 자본수지를 감안하지 못하고 있는 단점을 갖고 있다.

5. 가격-소득접근방법(price-income approach)은 탄력성접근방법, 소득승수 접근방법, 총지출접근방법을 모두 고려한 종합분석으로서 이 경우에 평가절하가 무역수지를 개선시킬 조건은 양국의 수입수요탄력성의 합이 한계수입성향에 1을 합한 것($1+m$)보다 커야 된다. 또한 외국의 반향효과가 있는 경우에는 하버거조건(Harberger condition)인 $\eta_X+\eta_M>1+m+m^*$가 충족될 때 평가절하는 무역수지(또는 경상수지)를 개선시킨다.

6. 라우젠-메츨러효과(Laursen-Metzler effect)란 평가절하가 교역조건을 악화시켜 저축감소(지출증대)를 유발하여 무역수지를 악화시키는 경우를 말한다. 이 경우에도 하버거조건이 충족되어야 무역수지가 개선된다.

7. 평가절하의 효과는 *IS-LM-BP*모형에 의해서 총수요측면에서 종합적으로 분석할 수 있는데 이 경우 자본의 이자율탄력성과 물가의 경직성 정도에 따라 그 효과가 크게 달라진다.

① 케인지언모형은 물가가 고정되고 자본의 이자율탄력성이 비탄력적인 경우에 해당되는데 평가절하는 국민소득과 이자율의 상승을 가져오며 국제수지도 개선된다. 그리고 국제수지흑자는 주로 경상수지흑자에 기인된다.

② 먼델-플레밍(Mundel-Fleming)모형은 물가가 고정되고 자본의 완전이동성이 보장되는 경제모형으로서 평가절하는 국민소득증대를 초래하지만 이자율과 국제수지에 미치는 효과는 잠정효과(transitory effect)에 불과하다.

③ 통화론적 접근방법(monetary approach)은 구매력평가가 성립하여 물가의 완전신축성과 자본의 완전이동성이 보장되는 경제모형으로서

이 경우에 평가절하는 국민소득, 이자율, 국제수지에 모두 잠정효과만을 가질 뿐 최종적으로는 물가만 상승시키는 결과를 초래한다.

8. 화폐의 퇴장(hoarding of money)은 명목소득보다 명목지출을 적게 함으로써 과소지출의 결과로 인한 화폐의 축적을 말하는데 이는 무역수지흑자와 같다. 돈부쉬는 유량의 퇴장함수를 이용하여 평가절하의 효과를 분석하여 통화론적 접근방법과 동일한 결과를 도출하고 있다.

9. 비교역재가 존재하는 경우에 평가절하는 일차적으로 무역수지를 개선시키지만 비교역재의 초과수요로 나타난다. 그러나 시간이 경과함에 따라 비교역재의 가격상승으로 비교역재 부문도 균형을 이루고 무역수지는 더욱 개선되어 균형을 이루거나 흑자가 된다.

10. 평가절하의 한계점으로는 그 국민경제가 직면하는 여건에 따라 다양한 형태로 존재하는데 탄력성접근방법이 중시되는 경제하에서는 마샬-러너조건이 충족되지 않을 만큼 수요의 가격탄력성이 비탄력적이면 평가절하는 오히려 무역수지를 악화시킨다(이 외의 한계점들은 요약형태로 기술한 6절을 참고할 것).

부 록

고정환율제도하에서의 평가절하와 확장재정 · 금융정책에 대한 비교정태분석

본 [부록]에서는 제7장에서 살펴본 생산물시장, 화폐시장, 국제수지 균형식을 이용하여 환율과 물가가 고정된 경우에 평가절하가 국민소득, 이자율, 국제수지에 미치는 영향을 비교정태분석(comparative-static analysis)을 통해 도출해 보기로 한다. 그리고 다음의 제9장에서 고찰할 고정환율제도하에서의 확장재정정책과 확장금융정책의 효과도 미리 도출함으로써 앞으로 논의하는 데 참고하기로 한다.

제7장에서 이미 도출한 시장균형식(7. 8), (7. 24) 그리고 식 (7. 29)를 그대로 옮기면 다음의 식 (8A. 1)~(8A. 3)과 같다.

1. 기본모형

생산물시장의 균형식:

$$Y = C(Y) + I(i) + G + T(Y,\ Y^*,\ q \equiv \frac{EP^*}{P}) \qquad (8A.\ 1)$$

$$0 < C'(Y) < 1,\ I'(i) < 0,\ T_y = -m < 0,\ T_{y^*} = m^* > 0,\ T_q > 0$$

화폐시장의 균형식:

$$\frac{M^S}{P} = L(Y,\ i) \qquad (8A.\ 2)$$

$$L_y > 0,\ L_i < 0,\ M^S = DC + NFA$$

국제수지의 균형식:

$$B = T(Y,\ Y^*,\ q) + K(i) \qquad (8A.\ 3)$$

$$T_y = -m < 0,\ T_{y^*} = m^* > 0,\ T_q > 0,\ K'(i) > 0$$

이들 식 (8A. 1)~(8A. 3)의 양변에 전미분을 취한 연립미분방정식은 본문의 식 (7. 9), (7. 25), (7. 30)과 같이 주어지므로 이를 행렬형(matrix form)으로 표시하면 다음과 같이 식 (8A. 4)로 주어진다.

$$\begin{bmatrix} s+m & -I'(i) & 0 \\ L_y & L_i & 0 \\ m & -K'(i) & 1 \end{bmatrix} = \begin{bmatrix} dY \\ di \\ dB \end{bmatrix} \begin{bmatrix} dG+T_q dq+m^* dY^* \\ dM^s dP \\ T_q dq+m^* dY^* \end{bmatrix} \quad (8A.\ 4)$$

단, $|J| = [(s+m)L_i + I'(i)L_y] < 0$

2. 평가절하의 효과

위의 식 (8A. 4)는 케인지언모형과 같이 물가가 고정되고 자본의 불완전이동성을 가정하고 있으며 중앙은행의 완전중화정책을 가정하고 있다. 따라서 평가절하의 효과는 크래머공식(Cramer's rule)을 이용하여 다음의 식 (8A. 5)와 같이 쉽게 도출되는데 이는 케인지언모형의 결과와 동일하다.

$$\frac{\partial Y}{\partial q} = \frac{L_i T_q}{|J|} > 0; \quad \frac{\partial i}{\partial q} = -\frac{L_y T_q}{|J|} > 0; \quad (8A.\ 5)$$

$$\frac{\partial B}{\partial q} = -\frac{T_q}{|J|}[L_y K'(i) - sL_i - I'(i)L_y] > 0$$

즉, 평가절하로 인한 실질환율($q \equiv \frac{EP^*}{P}$)의 상승은 실질국민소득(Y)과 이자율(i)을 증가시킬 뿐만 아니라 국제수지(B)를 개선시킨다.

3. 확장재정정책의 효과(설명은 제9장을 참조)

$$\frac{\partial Y}{\partial G} = \frac{L_i}{|J|} > 0; \quad \frac{\partial i}{\partial G} = -\frac{L_y}{|J|} > 0; \quad (8A.\ 6)$$

$$\frac{\partial B}{\partial G} = -\frac{1}{|J|}[L_y K'(i) + mL_i] \lesseqgtr 0$$

따라서 확장재정정책은 소득과 이자율은 증가시키지만 국제수지에 미치는 영향은 불분명(ambiguous)하다. 만약 자본의 이자율탄력성이 비탄력적이어서 경상수지가 주도적으로 국제수지를 결정하는 경우[$-\frac{mL_i}{L_y} > K'(i)$]에는 $\frac{\partial B}{\partial G} < 0$이 되어 국제수지를 악화시키지만 자본의 이자율탄력성이 높아 자본수지가 국제수지를 주도적으로 결정하는 경우[$-\frac{mL_i}{L_y} < K'(i)$]에는 국제수지는 흑자($\frac{\partial B}{\partial G} > 0$)가 된다.

4. 확장금융정책의 효과 (설명은 제9장을 참조)

$$\frac{\partial Y}{\partial M^s}=\frac{I'(i)}{|J|}>0; \quad \frac{\partial i}{\partial M^s}=\frac{(s+m)}{|J|}<0; \qquad (8A.\ 7)$$

$$\frac{\partial B}{\partial M^s}=\frac{1}{|J|}[(s+m)K'(i)-mI'(i)]<0$$

즉, 확장금융정책은 이자율감소와 소득증대를 수반하고 국제수지는 자본의 이자율탄력성과 관계없이 분명하게 적자가 됨을 알 수 있다.

제 9장 고정환율제도하에서의 재정 · 금융정책의 효과

개 요

이 장에서는 고정환율제도하에서의 확장재정정책과 확장금융정책의 효과를 살펴보게 된다. 재정 · 금융정책은 물가안정과 완전고용국민소득의 달성 그리고 국제수지불균형의 시정 등 국민경제목표를 달성하기 위한 총수요관리정책으로서 중요한 역할을 담당한다.

그런데 이들 정책은 경제구조, 경제제도 및 여타 경제정책, 경제개방화 정도 등에 따라 상이한 결과를 가질 뿐만 아니라 파급효과에 대한 단기 및 장기의 구분, 경제주체들의 반응 여하에 따른 기대 등에도 지대한 영향을 받는다. 따라서 이 장에서는 문제를 단순화시키고 양대 정책효과의 핵심을 파악하기 위해 제7장에서 이용한 단순 개방거시경제모형을 이용하여 논의를 전개해 나가기로 한다. 환율과 물가를 고정시킴으로써 경제주체들이 가질 수 있는 환율 및 물가변동에 따른 기대는 존재하지 않는 것으로 가정한다. 기대가 존재하는 경제하에서의 정책효과는 제4편에서 다루게 된다.

제1절에서는 고정환율제도를 채택하는 소규모개방경제하에서 국가간의 자본이동성 정도에 따른 확장재정정책의 효과를 고찰하고 제2절에서는 확장금융정책의 효과를 살펴본다. 그리고 나서 제3절에서는 두 정책만을 이용하여 대내외균형의 동시달성에 대한 가능성을 먼델의 정책배정준칙을 통해 알아보고 그에 따른 문제점들을 고찰하게 된다.

제1절 재정정책의 효과

재정정책(fiscal policy)은 정부지출 또는 조세수입을 변경시켜 국민경제의 목표를 달성하려는 경제정책을 말한다. 이는 환율정책 및 금융정책과 함께 국제수지조정정책으로서 중요할 뿐만 아니라 총수요관리정책의 일환으로서 중요한 위치를 차지하고 있다.

그런데 정부가 재정정책을 실시하기 위해서는 재원조달이 뒷받침되어야 한다. 일반적으로 정부의 조세수입을 초과한 재정지출증대로 재정적자가 발생하는 경우에 적자보전(financing deficit)은 통화증발, 국공채발행증대, 해외차입 등의 방법으로 충당된다.[1)]

그러나 이하에서는 논의를 단순화하기 위해 첫째로 재정정책은 정부지출에 의해서만 행해진다고 가정한다. 왜냐하면 비록 적자재정 또는 흑자재정과 같이 재정수지가 불균형상태에 있다고 하더라도 재정정책의 효과를 파악하는 것은 균형재정상태에서 파악하는 것과 동일하기 때문이다.

둘째로는 재정적자보전이 정부의 국공채발행에 의해서만 이루어질 뿐 통화증발(printing money)이나 해외차입에 의해서는 이루어지지 않는다고 가정한다. 국공채발행에 의한 정부지출증대는 통화당국의 화폐공급에 영향을 주지 않는다. 그러나 통화증발에 의해 재원조달을 하는 경우에는 재정정책이 금융정책과 상호 독립적이 아니라 동일한 정책이 되므로 재정정책의 효과를 파악할 수가 없다. 또한 해외차입에 의한 재원조달 경우에도 해외차입이 자본수지를 통해 국제수지에 포함되어 중앙은행의 순외화자산에 반영되기 때문에 재정정책이 국제수지에 미치는 순수한 효과를 분석하기가 어려울 뿐만 아니라 금융정책과 연관된다.

셋째로는 고정환율제도하에 국내외물가는 모두 고정된 것으로 가정한다. 환율과 국내외물가가 고정되었으므로 실질환율(EP^*/P)도 또한 고정된다. 그

1) 이를 정부의 예산제약(budget constraint)이라고 하는데 예산제약식은 $G-TX=\Delta M^S+\Delta B^G+\Delta D^F$로 정의된다. 여기서 G와 TX는 각각 정부지출과 조세수입을 나타내고 ΔM^S, ΔB^G 그리고 ΔD^F는 각각 통화증발, 국공채발행증대, 해외차입증대를 표시한다.

러나 후에 물가의 고정에 대한 가정을 완화(relaxation)시켜 보다 현실적인 접근이 이루어질 것이다.

넷째로는 자본의 완전이동성이 보장되는 경우를 제외하고는 모든 경우에 중앙은행이 완전중화정책(full-sterilization policy)을 실시하고 있다고 가정한다. 따라서 국제수지의 불균형에 따른 통화변동은 없으며 *LM*곡선도 이동할 이유가 없다.

이하에서는 위의 기본가정하에 확장재정정책의 효과를 고찰하되 국가간에 자본이동이 불완전한 경우와 자본이동이 완전히 자유로운 경우로 나누어 살펴보기로 한다.

다만 여기서 유의할 사항은 위의 모든 가정들은 재정정책의 효과를 분명하게 파악하기 위해 설정된 것이다. 그러나 가정을 완화하여 물가가 신축적이든가 중화정책을 사용하지 않는 경우라든가 또는 변동환율제도로 가정하면 그 효과는 크게 달라지게 되는데 이와 관련된 논의는 앞으로 하나씩 살펴보게 될 것이다.

1 자본이동이 불완전한 경우

이미 여러 차례에 걸쳐 논의한 바와 같이 자본의 이동성 정도는 *BP*곡선의 기울기를 결정한다. 국가간에 자본이동이 전혀 이루어질 수 없는 경우의 *BP*곡선은 수직선이 되고 자본이동이 허용되지만 이동정도가 낮은 경우의 *BP*곡선은 수직선은 아니지만 *LM*곡선보다 가파른(기울기가 큰) 곡선이 된다.

[그림 9-1]은 자본이동성이 낮아 자본의 이자율탄력성이 비탄력적인 경우에 대내외균형이 최초에 점 *A*에서 이루어지고 있음을 보여 주고 있다. 즉 점 *A*에서 균형국민소득과 균형이자율이 각각 Y_0와 i_0에서 결정되고 *BP*곡선도 점 *A*를 통과하므로 국제수지의 균형상태를 반영하고 있다.

이와 같은 상태에서의 확장재정정책은 실물시장에서 총수요를 증가시켜 소득증가($Y\uparrow$)와 이자율상승($i\uparrow$)을 수반한다. [그림 9-1]에서 재정지출확대로 인해 *IS*곡선이 우측으로 이동하여 최초의 균형점 *A*에서 새로운 균형점 *A'*에 이른다. 재정지출증가는 일차적으로 재정지출승수를 통해 소득을 Y_0에서

그림 9-1 고정환율제도하에서 자본이동성이 낮은 경우의 확장재정정책 효과

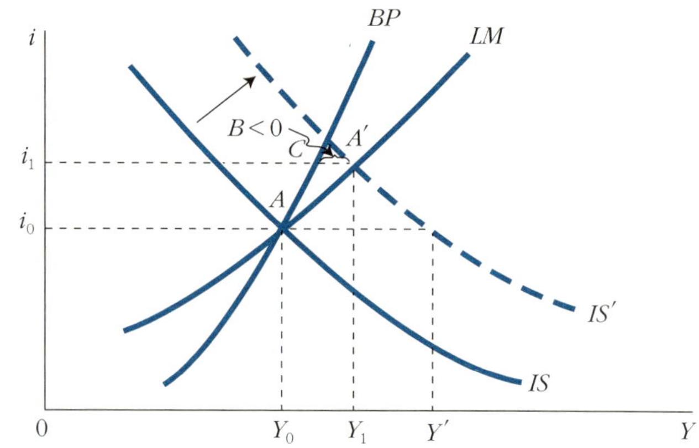

Y' 까지 증가시키고, 이차적으로는 주어진 실질화폐공급하에서 소득증가에 따른 화폐수요증가로 이자율을 상승시킨다. 그런데 이자율이 상승하는 이면을 보면 정부가 재정지출증대를 위해 국공채발행을 증가시키기 때문에 채권가격이 하락하고 이자율은 상승하게 된다. 그리고 이자율상승은 투자수요를 감소시켜 소득을 감소시키는데 그림에서 소득수준이 Y' 에서 Y_1으로 감소한 것은 이를 반영한 **구축효과**(crowding-out effect) 때문이다. 구축효과라 함은 이자율 상승으로 투자나 소비를 감소시켜 소득을 감소시키는 효과를 말한다.

구축효과를 감안한 재정지출증가의 효과는 최종적으로 소득을 Y_0에서 Y_1으로 증가시키고 이자율을 i_0에서 i_1으로 상승시켰음을 알 수 있다. 그런데 대외적으로는 소득증가에 따른 수입증가로 무역수지는 적자를 초래하는 반면 이자율상승을 통한 자본유입이 수반됨으로써 자본수지는 흑자가 되어 종합수지(overall balance)인 국제수지는 적자인지 흑자인지 불분명(ambiguous)하다. 그러나 자본의 불완전이동성으로 자본의 이자율탄력성이 비탄력적이면 자본수지의 흑자폭은 미미한 수준에 머물게 되어 결국 국제수지는 경상수지가 주도적으로 결정함으로써 경상수지적자폭($B_T<0$)이 자본수지흑자폭($B_K>0$)보다[2)]

2) 독자 중에는 국제수지에 대한 기호로 인해 혼란이 있을 것 같아 부연설명하면 경상수지는 CA, T, B_T로 표시되고 있는데 수식 또는 설명의 편의를 위해 상황에 따라 세 가지 중 하나를 사용하고 있다. 그러나 무역수지는 TB(trade balance)로 표시되었다. 한편 자본수지는

크게 되어 [그림 9-1] 에서와 같이 국제수지는 i_1에서 $\overline{A'C}$ 만큼 적자($B<0$)를 기록하게 된다. 이와 같은 확장재정정책이 대내외경제에 미치는 효과에 대한 파급경로를 표시하면 다음과 같다.

$$G\uparrow \longrightarrow \begin{cases} Y\uparrow \longrightarrow M(Y)\uparrow \longrightarrow B_T<0 \\ i\uparrow \longrightarrow K(i)\uparrow \longrightarrow B_K>0 \end{cases} \Rightarrow B \lesseqgtr 0\,(\text{불분명})$$

자본이동성이 낮은 경우의 확장재정정책 효과를 요약하면 일차적으로 소득을 증가($Y\uparrow$)시키고 이차적으로는 주어진 화폐공급하에서 화폐수요를 증대시켜 이자율을 상승($i\uparrow$)시킨다. 그 결과 [그림 9-1] 에서 보는 바와 같이 대내경제는 IS'곡선과 LM곡선이 만나는 점 A' 에서 새로운 대내균형이 이루어지고 점 A' 에서 BP곡선까지의 거리는 국제수지적자($B<0$)를 나타낸다.[3] 그리고 중앙은행이 완전중화정책을 실시한다고 가정하였으므로 국제수지적자에 따른 통화공급은 변하지 않는다.

한편, 자본의 이동은 불완전하지만 자본의 이동성이 높아 자본의 이자율

그림 9-2 고정환율제도하에서 자본이동성이 높은 경우의 확장재정정책 효과

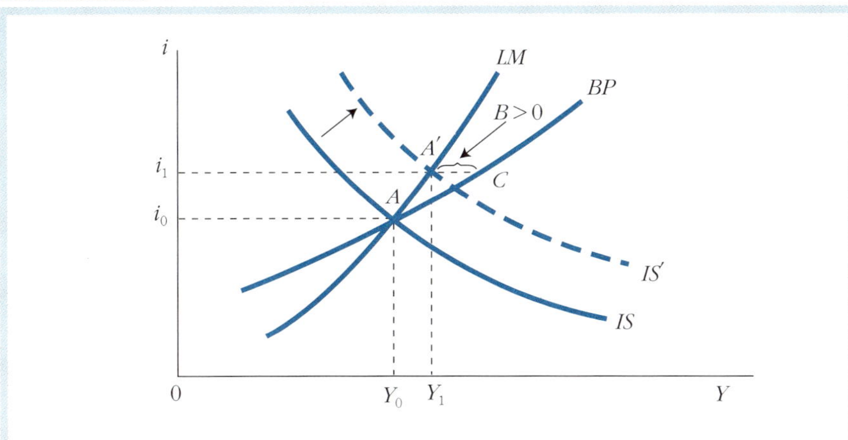

KA, B_K 또는 행태방정식에서는 $K(i)$로 표시되고 있다. 그리고 국제수지는 종합수지 B(또는 BP)로 표시되고 있다.

3) 확장재정정책의 효과에 대한 비교정태분석 결과는 앞의 제8장 [부록]의 식 (8A. 6)과 같다 ($\frac{\partial Y}{\partial G}>0$, $\frac{\partial i}{\partial G}>0$, $\frac{\partial B}{\partial G}\lesseqgtr 0$).

탄력성이 높은 경우에는 경상수지적자폭보다는 자본수지흑자폭이 더 크기 때문에 종합수지는 흑자가 된다. *IS*－*LM*－*BP*곡선형태로는 앞의 [그림 9－2]와 같이 *BP*곡선의 기울기가 *LM*곡선의 기울기보다 작은 경우에 해당된다. 따라서 확장재정정책의 효과는 앞의 경우와 마찬가지로 소득과 이자율을 모두 상승시키지만 국제수지는 오히려 흑자로 나타난다.

앞의 [그림 9－2]에서 새로운 균형점 A'에서 소득은 Y_0에서 Y_1으로 증가하고 이자율도 i_0에서 i_1으로 상승했으며 국제수지는 $\overline{A'C}$ 만큼 흑자가 되었음을 알 수 있다. 이를 국제수지 구성면에서 보면 경상수지는 적자이지만 자본수지는 흑자가 되었을 뿐만 아니라 자본수지흑자폭이 경상수지적자폭보다 크기 때문에 종합수지 전체로는 흑자로 나타난 것이다. 그리고 여기서도 국내물가는 고정된 것으로 가정하고 있을 뿐만 아니라 통화당국이 완전중화정책을 사용하는 것으로 가정했기 때문에 국제수지흑자에도 불구하고 통화변동에는 영향을 미치지 않으며 그 결과 *LM*곡선 또한 이동하지 않는다.

2 자본이동이 완전한 경우

여기서는 국가간에 자본이동이 자유로워 자본의 이자율탄력성이 무한대인 경우에 확장재정정책의 효과를 살펴보기로 한다. 앞에서와 같이 실물시장에서 환율과 물가가 고정되었을 뿐만 아니라 금융시장에서도 국내금리(i)는 국제금리(i^*)에 고정되는 소규모개방경제를 가정한다. 따라서 이 경우 중앙은행의 중화정책은 의미가 없게 된다.[4] 왜냐하면 확장재정정책의 실시로 잠정적으로 국내금리가 국제금리수준보다 높아지면 즉각적인 대량의 자본유입을 초래하기 때문에 중앙은행은 고정환율제도를 포기하든가 통화공급증대를 허용하든가 아니면 평가절상을 하든가 어느 하나를 선택해야 된다. 따라서 중앙은행이 종전과 동일한 수준의 고정환율을 유지하려고 한다면 중앙은행의 선택은 통화공급증대를 허용하는 수밖에 없다. 그 결과 국제수지흑자는 통화공급증가로 나타나므로 *LM*곡선은 우측으로 이동하게 된다.

---

4) 이와 같은 가정하의 모형을 **먼델-플레밍모형**(Mundell-Fleming model)이라고 했음을 상기할 것(제8장 4절 2항을 참조).

그림 9-3 고정환율제도하에서 자본의 완전이동성이 보장되는 경우의 확장재정정책 효과

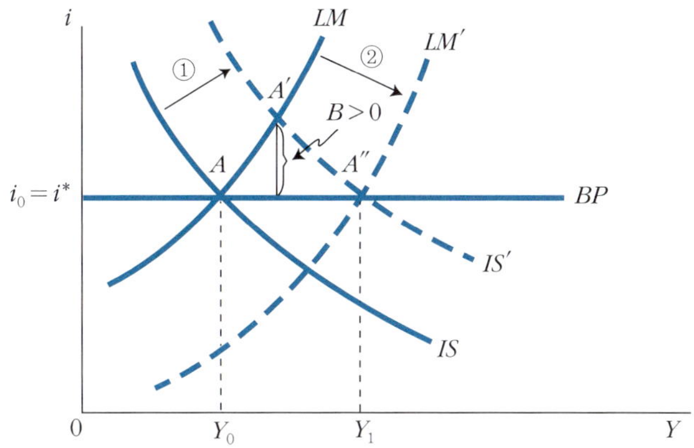

[그림 9-3]은 자본의 완전이동성을 반영하여 수평선의 *BP*곡선과 대내균형을 결정하는 *IS*-*LM*곡선이 최초에 점 *A*에서 교차하여 대내외동시균형을 이루고 있음을 보여 주고 있다. 이제 정부가 확장재정정책을 실시하면 *IS*곡선은 우측으로 이동하여 점 *A′*에서 새로운 *IS′*곡선과 종전의 *LM*곡선이 만나 대내균형을 이루지만 국제수지는 흑자($B>0$)가 되었다. 그러나 이 점 *A′*은 균형상태로 지속될 수 없는 잠정경로(transitory path)에 지나지 않는다. 왜냐하면 중앙은행이 고정환율제도를 유지하기 위해 중화정책을 사용할 수 없으므로 국제수지흑자에 따른 통화증가로 *LM*곡선이 *LM′*으로 우측이동하여 점 *A″*에서 최종균형이 이루어진다. 따라서 국내이자율은 하락하여 다시 국제이자율(i^*)로 수렴하게 되고 자본유출이 수반됨으로써 국제수지는 균형을 이루게 되지만 소득은 Y_0에서 Y_1으로 증가한다.

요약하면 고정환율제도하에서 자본의 완전이동성이 보장되는 경우의 확장재정정책은 금리와 국제수지에 대해서는 영향을 미치지 못하지만 실질소득 증대에는 **유효정책수단**(effective policy instrument)이 된다. 이는 고정환율제도하에서의 먼델-플레밍모형(Mundell-Fleming model)의 특징이다.

제2절 금융정책의 효과

금융정책(monetary policy)은 금융정책당국이 통화량이나 금리수준을 조절하여 국민경제목표를 달성하려는 경제정책을 말한다. 이와 같은 금융정책의 체계는 ① 최종목표(goals), ② 운용목표(operating targets), ③ 정책수단(policy instruments)으로 구성되는데, 현대 국가들의 최종목표는 물가안정과 높은 경제성장의 실현을 통한 완전고용수준의 달성인 대내경제목표와 국제수지균형의 달성인 대외경제목표를 동시에 충족시키는 데 두고 있다. 그리고 운용목표는 이러한 최종목표들을 달성하기 위해 설정되는 질적 지표로서의 시장금리와 통화총량을 말하는데 단기금리, 본원통화, 지급준비금 등이 이에 해당된다. 그리고 M_1, M_2, M_3 등 통화총량으로서의 각종 통화지표들을 금융정책의 중간목표(intermediate targets)라고 한다. 끝으로 금융정책수단은 금융정책의 운용목표인 시장금리와 통화총량을 조절 · 통제하기 위해 정책당국이 사용할 수 있는 정책도구로서 양적 수단과 질적 수단을 지칭한다. 잘 아는 바와 같이 양적 금융정책수단은 통화당국이 공여하는 자금의 용도와 배분에 관계하지 않고 통화신용의 공급을 무차별적으로 조절함으로써 국민경제의 어느 특정부문이 아니라 국민경제 전반에 걸쳐 영향을 미쳐 소기의 정책목표를 달성하고자 하는 금융정책수단들을 말한다. 이는 지급준비율정책, 공개시장조작, 재할인율정책 등으로 대별되는데 이와 같은 정책수단 중 공개시장조작 및 재할인율정책은 기본적으로 중앙은행의 창구를 통해 시중에 흘러나가는 본원통화에 영향을 미치고 지급준비율정책은 통화승수에 영향을 미침으로써 예금은행들이 신용창조에 의해 창출하는 파생적 예금(derivative deposits)에 영향을 미친다는 점에서 이들 모두를 간접규제수단이라고 한다.

이에 대해 질적 금융정책수단은 통화당국이 예금은행들이 공급하는 신용의 규모나 배분에 대한 직접적인 규제, 이자율에 대한 직접통제, 특정 경제부문의 선별적인 통제 등 차별적 신용규제수단들을 말한다. 이의 구체적인 수단으로는 대출한도제, 국내여신한도제, 금리규제, 제도금융 및 특별자금지원제도 등이 있는데 이들은 모두 특정부문에 대해서만 선별적으로 적용된다는 점에서 선별적 금융정책수단이라고도 하며 직접적인 규제성격을 갖고 있기 때문에 직접규제수단이라고도 한다.

이하에서도 논의를 간단히 하기 위해 금융정책에 대해 다음과 같은 기본 전제를 설정하기로 한다.

첫째로는 금융정책수단은 양적 금융정책수단에만 국한시키되 특히 신용증대 또는 공개시장조작에 의한 국공채매입을 통해 화폐공급을 증대시킨다고 가정한다.

둘째로는 고정환율제도를 가정하며 국내 및 외국물가수준은 모두 고정된 것으로 가정한다.

셋째로는 자본이동이 불완전한 경우에는 중앙은행이 완전중화정책을 실시하고 자본이동이 자유로운 경우에는 실시하지 않는다.

이와 같은 기본전제하에서의 금융정책도 재정정책과 마찬가지로 자본의 이동성 정도에 따라 그 효과가 달라지므로 여기서도 자본이동이 불완전한 경우와 자본이동이 완전히 자유로운 경우로 나누어 차례로 고찰하기로 한다.

1 자본이동이 불완전한 경우

통화당국이 통화신용을 증대시키거나 공개시장조작으로 국공채를 매입하거나 어느 경우든 통화량을 증가시킨다. 통화량의 증가는 일차적으로 금리수준을 하락시키고 금리하락은 투자를 증가시켜 투자승수배만큼 소득을 증대시킨다. [그림 9-4]에서 최초에 점 A에서 대내외균형상태를 이루어 균형국민소득 및 균형이자율이 각각 Y_0, i_0로 결정되고 국제수지는 균형($B=0$)상태에 있다고 하자. 이제 통화공급량을 증가($M^S\uparrow$)시킴에 따라 LM곡선이 우측으로 이동하게 되어 종전의 소득수준 Y_0에서는 이자율은 i'까지 하락하게 된다. 이자율하락으로 투자가 증가하여 국민소득을 증대시키는 동시에 화폐시장에서 이자율의 상승압박요인으로 작용하게 된다. 그 결과 이자율은 화폐시장과 실물시장을 동시에 균형시키는 점 A'까지 상승하여 대내균형이 달성된다.

그런데 대외적으로는 소득증가에 따른 수입증대로 경상수지의 적자를 초래하는 동시에 금리하락에 따른 자본유출로 자본수지적자가 되기 때문에 국제

그림 9-4 고정환율제도하에서 자본이동성이 낮은 경우의 확장금융정책 효과

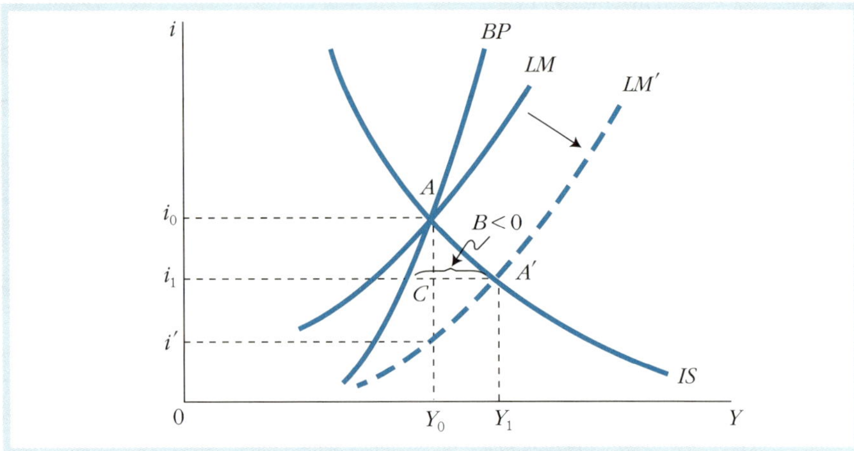

수지(종합수지)는 분명하게 적자($B<0$)로 나타난다. [그림 9-4]에서 새로운 대내균형점 A'에서 BP곡선에 이르는 거리 $\overline{A'C}$는 주어진 균형이자율 i_1에서의 국제수지적자를 반영한다. 환율과 국내외물가수준이 고정되었고 완전중화정책을 사용하므로 새로운 대내균형은 점 A'에서 이루게 된다. 그 결과 확장금융정책은 이자율하락, 소득증가, 국제수지적자의 결과를 초래함을 알 수 있다.

이와 같은 확장금융정책의 효과에 대한 파급경로를 표시하면 다음과 같다.

$$M^S\uparrow \longrightarrow i\downarrow \begin{cases} \longrightarrow I(i)\uparrow \longrightarrow Y\uparrow - M(Y)\uparrow \longrightarrow B_T<0 \\ \longrightarrow K(i)\downarrow \longrightarrow B_K<0 \end{cases} \Rightarrow B<0$$

앞서 분석한 확장재정정책과 비교할 때 대내적으로 확장재정정책은 투자승수를 통해 일차적으로 소득증가를 수반하고 이는 주어진 화폐공급의 제약으로 이자율을 상승시키는 파급경로를 갖는 데 대해 확장금융정책은 일차적으로 이자율을 하락시키고 이것이 투자유인으로 작용하여 소득을 증가시키는 간접적 파급경로는 밟는다는 것이 다르다. 그리고 대외적으로는 확장재정정책은 국제수지결정에 경상수지가 주도적인가 아니면 자본수지가 주도적인가에 따라 적자가 될 수도 있고 흑자가 될 수도 있는 불분명한 상태가 되는 데 반해 확장금융정책의 경우에는 어느 효과가 주도적이냐에 관계없이 종합수지는 분

그림 9-5 고정환율제도하에서 자본이동성이 높은 경우의 확장금융정책 효과

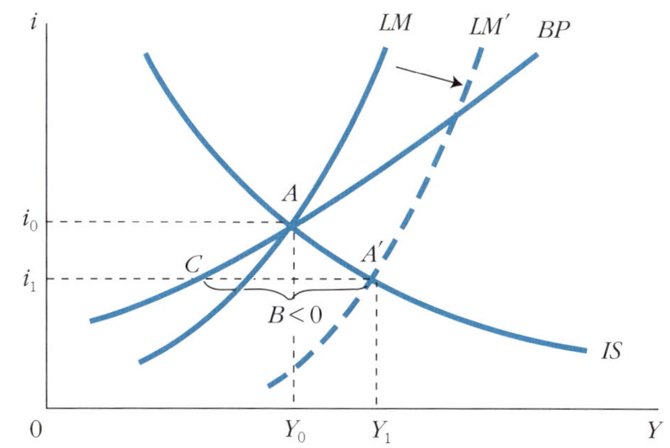

명하게 적자를 초래한다는 점이 상이하다. 이를 보기 위해 우선 *LM*곡선의 기울기가 *BP*곡선의 기울기보다 큰 경우를 보자. 즉 자본의 이동성이 높아 자본의 이자율탄력성이 완전탄력적은 아니지만 탄력적인 경우를 [그림 9-5]로 고찰해 보자.

비록 자본이동성이 높은 경우라 하더라도 확장금융정책 후의 새로운 균형점 A'에서 *BP*곡선까지의 거리 $\overline{A'C}$는 적자를 나타내고 있음을 알 수 있다.

2 자본이동이 완전한 경우

이제 앞서 고찰한 재정정책의 경우와 마찬가지로 자본의 완전이동성이 보장되므로 *BP*곡선은 수평선이 된다. 다음 [그림 9-6]에서 점 A는 최초의 대내외균형을 나타낸다. 통화공급증가로 *LM*곡선이 우측으로 이동하게 되어 잠정적으로 국내이자율하락과 소득증가를 초래하는 동시에 자본수지적자가 주도하여 국제수지는 적자가 된다. 이는 국제이자율(i^*)보다 낮은 국내이자율(i)로 인해 자본유출과 투자증가에 따른 소득이 증가했음을 의미한다. 그러나 이 점 A'은 잠정효과(transitory effect)만을 보여 주고 있다. 왜냐하면 자본의 완전이동성이 보장되는 경우에는 중앙은행이 중화정책을 실시할 수 없기 때문에

그림 9-6 고정환율제도하에서 자본의 완전이동성이 보장되는 경우의 확장금융정책 효과

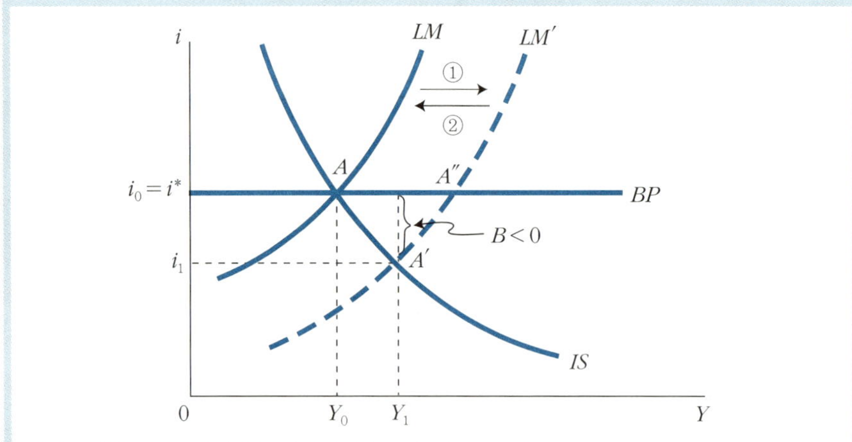

국제수지적자는 중앙은행의 순외화자산의 감소를 통해 통화감소를 수반하게 되고 *LM*곡선을 다시 원래 위치로 좌측이동시킴으로써 이자율, 소득, 국제수지는 원상태로 돌아가게 된다. 따라서 고정환율제도하에서 자본의 완전이동성이 가정되는 경우에는 확장금융정책은 실질소득증가에 유효정책수단이 되지 못한다. 이는 앞서 동일 모형하에서 분석한 확장재정정책과는 상반된 결과인데 확장재정정책은 실질소득증대에 유효정책수단임은 이미 지적한 바와 같다.

제3절 대내외균형달성을 위한 재정·금융정책의 결합

1 먼델모형에 의한 정책결합

정책배정 문제와 대내외균형곡선

이 절에서는 앞에서 분석한 재정정책과 금융정책을 결합(policy mix)하여 국민경제의 소망수준으로서 대내외균형을 동시에 달성할 수 있겠는가 하는 문제를 생각해 보기로 한다.

일반적으로 n개의 상호독립적인 정책목표(policy targets)를 달성하기 위해서는 n개의 정책수단(policy instruments)이 필요한데 이를 틴버겐의 원칙(Tinbergen's principle)이라고 한다.[5] 그리고 이들 정책목표들 중 특정 정책목표 하나에 어떠한 정책수단 하나만을 배정함으로써 궁극적으로 국민경제가 달성하기를 원하는 수준에 도달할 수 있겠는가 하는 문제를 정책배정 문제(policy assignment problem)라고 한다. 이와 같은 정책배정 문제를 개방경제에 적용하여 정책수단의 배정준칙을 정립시킨 학자가 먼델(Mundell)인데 이하에서는 먼델모형을 통해 고찰하기로 한다.[6]

이를 위한 첫번째 가정으로 정책당국은 오직 두 개의 독립적인 정책목표만을 갖고 있으며 구체적으로는 대내정책목표로서 완전고용국민소득($\bar{Y}$)의 달성과 대외정책목표로서 국제수지균형($\bar{B}$)의 달성에 두고 있다고 가정하자.[7]

두 번째 가정으로는 정책목표를 달성하기 위한 정책수단도 오직 두 개로서 재정정책과 금융정책만을 사용한다고 가정한다.

이와 같은 기본가정하에 대내외정책목표인 $\bar{Y}$와 $\bar{B}$를 달성하기 위한 정책함수는 다음과 같이 정부지출(G)과 이자율(i)만의 함수로 표시할 수 있다. 여기서 정부지출과 이자율은 각각 재정정책수단과 금융정책수단을 나타낸다. 따라서 이자율상승은 긴축금융정책을 의미하고 이자율하락은 확장금융정책을 나타낸다.

$$\bar{Y} = Y(\overset{(+)}{G},\ \overset{(-)}{i}) \tag{9. 1}$$

$$\bar{B} = B(\overset{(-)}{G},\ \overset{(+)}{i}) \tag{9. 2}$$

첫번째 식 (9. 1)은 대내균형달성을 위한 정책수단으로서 재정지출을 증대($G\uparrow$)시키거나 화폐공급을 증대시켜 이자율이 하락($i\downarrow$)하면 소득(Y)을 증가시켜 대내정책목표인 완전고용국민소득수준($\bar{Y}$)을 달성할 수 있음을 의미한다.

이에 대해 두 번째 식 (9. 2)는 재정지출을 증대시키거나 화폐공급증가로

5) J. Tinbergen, *Economic policy: Principles and Design*, North-Holland,, Amsterdam, 1956.

6) R.A. Mundell, "The Appropriate Use of Monetary and Fiscal Policy for Internal and External Stability," *IMF Staff Papers* 9 (March 1962), pp.70-7.

7) $\bar{Y}$와 $\bar{B}$는 반드시 완전고용국민소득수준과 국제수지균형의 상태일 필요는 없다. 일국이 바라는 소망수준(desired level)의 국민소득이나 국제수지수준이라고 가정해도 상관이 없다.

이자율을 하락시키면 국제수지는 악화됨을 의미한다. 따라서 국제수지가 적자인 경우 재정지출을 줄이거나 긴축금융정책을 통해 이자율을 상승시켜 국제수지적자를 개선함으로써 대외균형수준($\bar{B}$)에 도달할 수 있음을 의미한다. 역으로 국제수지가 흑자인 경우에는 확장재정정책이나 확장금융정책을 통해 국제수지균형이 달성될 수 있다. 특히 식 (9. 2)와 관련하여 지적해야 할 사항은 앞의 제1절에서 분석한 바와 같이 확장재정정책의 경우에는 자본의 이자율탄력성에 따라 적자일 수도 있고 흑자일 수도 있기 때문에 그 효과가 불분명한 것으로 나타났다. 그럼에도 불구하고 식 (9. 2)에서 재정지출증대가 국제수지적자를 초래한다는 가정은 재정지출증대의 직접적인 효과인 소득증가만을 감안하고 있기 때문이다.

왜냐하면 재정지출증대는 일차적으로 소득증가를 수반하고 그 결과 수입을 유발함으로써 국제수지적자를 초래하기 때문이다. 그러나 재정지출증대는 소득증가를 통해 이차적으로 이자율상승을 초래하기 때문에 자본유입으로 인해 국제수지가 개선되는데 식 (9. 2)는 이와 같은 재정지출증대의 국제수지개선효과는 감안하지 않고 있음에 유의해야 된다.

한편 두 함수는 다음의 [그림 9－7]과 같이 재정지출(G)과 이자율(i)의 평면상에 우상향의 곡선으로 표시된다.[8] 다음 [그림 9－7]에서 횡축은 재정지출(G)을 나타내며 종축은 금융정책에 따른 이자율(i)수준을 각각 표시하고 있다. 원점에서 횡축방향으로 멀어질수록 확장재정정책규모가 커짐을 의미하고 횡축의 우측에서 원점방향으로의 이동은 재정지출을 감소시키는 긴축재정정책을 나타낸다. 이에 대해 원점에서 종축방향으로 멀어질수록 긴축금융정책 규모가 커져 이자율이 상승함을 의미하고 반대로 원점방향으로 내려올수록 확장금융정책의 규모가 커져 이자율이 하락함을 의미한다.

그리고 그림 (a)의 $Y=\bar{Y}$ 곡선은 두 정책을 결합하여 완전고용국민소득이 달성되는 대내균형점들의 궤적들을 연결한 대내균형곡선(internal balance schedule)을 나타낸다. $Y=\bar{Y}$ 균형곡선의 우측은 완전고용수준의 소득 $\bar{Y}$보다

---

8) 식 (9. 1)과 (9. 2)에서 $\frac{\partial Y}{\partial i}<0$이고 $\frac{\partial B}{\partial i}>0$이므로 대내 및 대외균형곡선의 기울기는 각각 $\frac{di}{dG}\Big|_{d\bar{Y}=0}=-\frac{\partial Y/\partial G}{\partial Y/\partial i}>0$과 $\frac{di}{dG}\Big|_{d\bar{B}=0}=-\frac{\partial B/\partial G}{\partial B/\partial i}>0$이 되어 모두 우상향곡선이 된다.

그림 9-7 대내 및 대외균형곡선의 형태

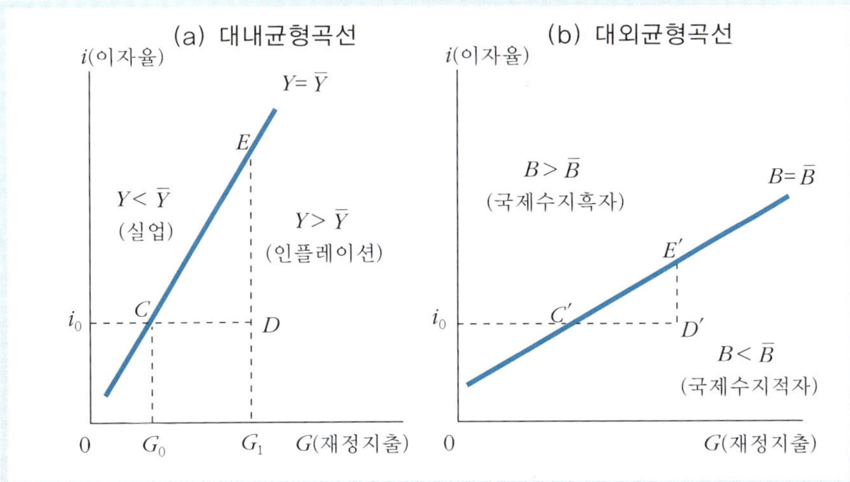

실제소득 Y가 높으므로($Y > \bar{Y}$) 인플레이션을 반영하고 균형곡선의 좌측은 수요부족($Y < \bar{Y}$)으로 인한 경기침체로 실업을 나타낸다.

이를 보기 위해 균형곡선의 우측에 있는 점 D를 보면 주어진 이자율(i_0)에서 균형을 달성하는 재정지출수준(G_0)보다 높은 재정지출(G_1)로 인해 소득이 증가하고 초과수요가 발생하여 인플레이션을 나타낸다. 시각을 달리하여 점 E에서 수직선 밑에 점 D를 보면 주어진 재정지출(G_1)에서 이자율은 대내균형을 달성하는 데 필요한 균형이자율보다 낮기 때문에 투자, 소비 등 총수요증대로 소득증가에 따른 인플레이션을 나타낸다. 마찬가지 논리로 대내균형곡선의 좌측은 경기침체를 반영하여 실업($Y < \bar{Y}$)을 나타낸다.

한편, 그림 (b)의 대외균형곡선인 $B = \bar{B}$곡선도 우상향곡선으로 균형곡선의 우측은 실제 국제수지가 균형국제수지($\bar{B}$)보다 작아 국제수지적자($B < \bar{B}$)를 나타내고, 곡선의 좌측은 국제수지흑자($B > \bar{B}$)를 나타낸다. 예를 들어 그림 (b)에서 대외균형곡선상의 점 C'으로부터 우측 수평선 방향의 점 D'은 주어진 이자율에서 실제 정부지출이 균형수준보다 크기 때문에 소득증가에 따른 수입증가로 국제수지가 적자상태에 있음을 나타내고 있다. 시각을 달리하여 점 E'에서 수직선 방향의 밑에 있는 점 D'은 주어진 정부지출하에서 이자율이 균형수준 E'보다 낮으므로 확장금융정책을 의미하고 그 결과 이자율이 균형수준보다 낮기 때문에 자본유출로 인한 국제수지적자를 나타낸다. 마찬가지 원리로 $B=\bar{B}$ 균형곡선의 좌측은 국제수지흑자상태를 반영한다.

그렇다고 하면 두 곡선 중 어느 곡선의 기울기가 보다 크겠는가? 결론적으로 말하여 대내균형곡선($Y=\bar{Y}$ 곡선)의 기울기가 대외균형곡선($B=\bar{B}$ 곡선)의 기울기보다 커서 대내균형곡선이 상대적으로 가파른 곡선이 된다.

그 이유를 생각해 보자. 그림 (a)에서 주어진 이자율(i_0)에서 $\overline{CD}$ 만큼 재정지출증대로 인해 소득이 $\Delta Y(Y>\bar{Y})$만큼 증가하였다고 하면 이자율은 ΔY를 감소시킬 정도로 상승해야 새로운 대내균형점 E에 도달하게 된다. 이에 대해 그림 (b)에서는 동일규모($C'D'\equiv CD$)의 재정지출증대에 따른 국제수지적자는 주어진 이자율(i_0)에서 한계수입성향(m)과 소득증가(ΔY)의 곱인 $m\Delta Y$만큼 유발되므로 새로운 국제수지균형점 E' 에 도달하기 위해서는 $m\Delta Y$를 감소시킬 정도로 이자율이 상승해야 된다. 그런데 $0<m<1$이기 때문에 $\Delta Y>m\Delta Y$의 관계가 성립하므로 대내균형달성을 위한 이자율상승폭이 대외균형달성을 위한 이자율상승폭보다 커야($ED>E'D'$) 됨을 의미한다.[9] 따라서 재정지출과 이자율은 정(+)의 관계를 가지므로 두 균형곡선 모두가 우상향의 곡선일 뿐만 아니라 대내균형곡선의 기울기가 대외균형곡선의 기울기보다 큼을 알 수 있다. 사실상 자본의 이자율탄력성이 높으면 높을수록 대외균형곡선은 수평선에 가까워지는 데 대해 대내균형곡선은 이자율보다는 소득에 더욱 큰 영향을 받기 때문에 대내균형곡선이 상대적으로 가파른 곡선(steeper curve)이 된다. 이와 같은 두 곡선간의 기울기의 차이는 기본적으로 다음에서 논의될 먼델의 유효시장분류원칙에서 비롯된다.

먼델의 정책배정준칙

이상에서 논의한 두 개의 균형곡선을 이용한 대내 및 대외균형의 동시달성은 두 곡선이 만나는 점에서 이루어진다. 다음의 [그림 9-8]에서 점 Q는 대내외균형이 동시에 달성되는 점을 보여 주고 있다. 그런데 점 Q 이외의 점 A 또는 J와 같이 국민경제가 불균형상태에 있다고 할 때 하나의 정책목표에 하나의 정책수단을 배정(assignment)함으로써 안정적 조정(stable adjustment)을

9) R. Shone, *Open Economy Macroeconomics: Theory, Policy and Evidence*, Harvester Wheat-sheaf, London, 1989, p.170.

통해 대내외균형을 동시에 달성할 수 있겠는가 하는 문제가 제기된다. 이에 대한 해답이 먼델의 정책배정준칙이다.

이는 주어진 정책목표들 중에서 특정 정책목표에 상대적으로 큰 영향을 미치는 정책수단을 배정해야 된다는 준칙을 말하는데 이를 먼델의 유효시장분류원칙(Mundell's Principle of Effective Market Classification)이라고도 한다.

따라서 먼델의 정책배정준칙인 **유효시장분류원칙**에 따르면 재정정책수단은 국제수지보다는 소득에 상대적으로 큰 영향을 미치므로 대내불균형시정을 위해 배정하고, 금융정책수단은 소득보다는 국제수지에 상대적으로 큰 영향을 미치므로 국제수지불균형 시정을 위해 배정해야 됨을 의미한다. 이와 같은 정책배정준칙을 따를 때 안정적인 조정과정을 통해 대내외불균형이 시정되어 종합균형에 이르게 된다.

[그림 9-8]에서 점 $A \to J \to K \to L \to M \to N$은 먼델의 정책배정준칙에 따라 정책을 배정함으로써 대내외불균형이 시정되어 종합균형점 Q에 수렴하고 있음을 보여 주고 있다. 이를 보기 위해 준칙에 따라 대내불균형 시정을 위해서는 재정정책을 사용하고, 대외불균형 시정을 위해서는 금융정책을 사용하고

그림 9-8 대내외불균형 시정을 위한 재정 · 금융정책의 결합

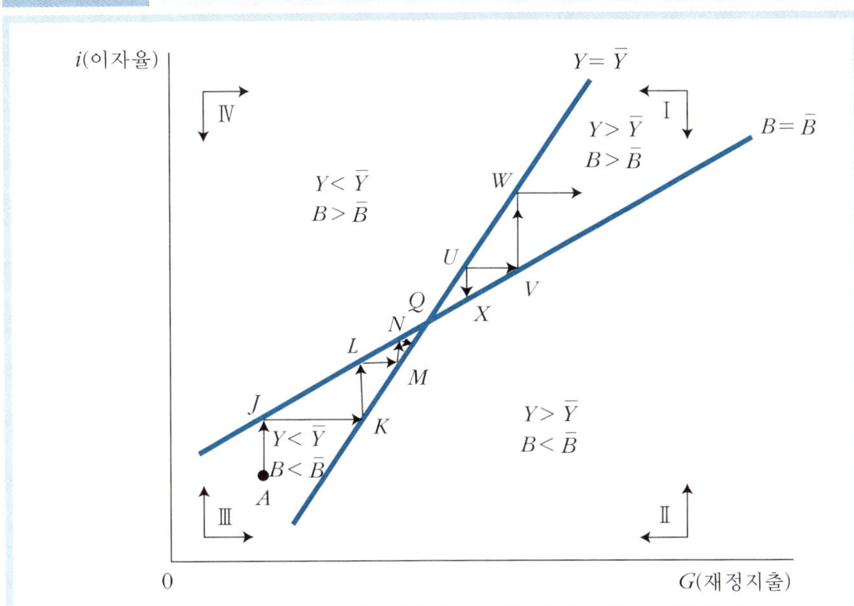

있다고 하자. 점 A는 실업과 국제수지적자 상태를 반영하고 있는데 정책당국이 먼저 국제수지를 개선하기 위해 긴축금융정책을 통해 이자율을 증가시키면 점 J 방향으로 이동하게 된다. 그러나 점 J는 자본유입을 통해 국제수지가 개선됨으로써 대외균형은 달성되었으나 대내균형곡선($Y=\overline{Y}$)의 좌측에 위치하고 있으므로 여전히 실업상태에 있다. 따라서 실업을 감소시키기 위해 준칙에 따라 재정지출을 증가시키는 확장재정정책을 사용하면 점 K 방향으로 이동하게 된다. 이제 점 K에서는 완전고용을 보장하는 대내균형은 달성되었으나 국제수지는 적자를 나타낸다. 따라서 자본유입을 통해 국제수지적자를 개선하기 위해서는 긴축금융정책을 통해 점 L 방향으로 이자율을 상승시켜야 된다. 이와 같은 정책배정과정을 반복함으로써 최종적으로는 대내외경제가 동시에 균형을 이루는 점 Q에 수렴하게 될 뿐만 아니라 점 Q는 안정적인 균형상태가 된다.

그러나 반대로 준칙을 따르지 않고 대내불균형 시정을 위해 금융정책을 사용하고 대외불균형 시정을 위해 재정정책을 사용하면 종합균형점 Q에서 점차 멀어지는 불안정적(unstable)인 확산형이 된다. [그림 9-8]에서 점 $U \rightarrow V \rightarrow W$의 경우는 이와 같은 상태를 반영하고 있다.

먼델모형의 문제점

먼델모형에서의 정책배정준칙은 주어진 정책목표에 상대적으로 큰 영향을 주는 정책수단을 사용하라는 비교우위준칙(rules of comparative advantage)이다. 그러나 이에는 다음과 같은 문제점들이 내포되어 있다.

첫번째로는 재정지출은 이자율에 별로 영향을 미치지 않는 것으로 가정하고 있다는 점이다. 그러나 재정지출은 이자율에 영향을 미치고 이는 자본수지에도 영향을 미친다.

두 번째로는 국제수지에 많은 영향을 미치는 환율변경, 관세율조정을 포함한 수출입규제 등 지출전환정책(expenditure-switching policies)들을 배제시키고 있다. 재정 · 금융정책수단은 기본적으로 지출변경정책(expenditure-changing policies)으로 국내외 상품수요에 대한 지출수준을 변경시키는 정책이므로 대내외 동시균형달성을 위해서는 지출전환정책이 병행실시될 때 조정속도의 증가 및 효율적 방법이 될 것이다. 더욱이 정책목표를 무역수지개선에 두는

경우가 많은데 이 경우에 재정·금융정책수단은 효율적 수단이 되지 못한다.[10)]

세 번째로 지적될 수 있는 문제로는 총수요의 구성을 무차별한 것으로 가정하고 있다는 점이다. 예를 들어 긴축금융정책을 통해 이자율을 상승시켜 대외균형을 회복하려는 정책은 민간부문의 투자를 감소시켜 경제성장의 장애요인이 될 수 있다. 이 경우 이자율의 상승으로 민간부문의 소비와 투자활동이 위축되는 대신 정부부문의 역할이 증대되어 결국 정부주도의 경제운용체제의 가능성을 내포하고 있다.

네 번째 문제로는 대외경제목표를 국제수지균형에 둔 결과 국제수지의 구성은 문제가 되지 않는 것으로 가정하고 있다. 즉 경상수지가 적자인 상태에서 자본수지가 흑자가 되어도 국제수지만 균형상태에 이르면 상관이 없다는 가정과도 같다($B=CA+KA$이므로 $B=0$이고 $CA<0$이면 $-CA=KA$). 그러나 현실적으로 국제수지의 구성이 무차별(indifferent)해도 상관이 없는 것은 아니다. 자본수지의 흑자는 외채누적을 의미하며 이는 장기적으로 원리금상환압력으로 작용하게 되고 이자상환은 서비스수지와 소득수지를 악화시켜 경상수지를 더욱 적자로 만들게 되므로 결국 국제수지균형을 위해서는 정부지출을 축소하여 수입을 감소시키거나 이자율을 더욱 높여 자본유입을 촉진해야 하는 문제를 발생시킨다. 뿐만 아니라 외채조달이 경제의 생산능력증대를 통해 현재의 소비증대에 있는 것이 아니라면 장래소비를 현재소비로 대체하는 것에 불과하므로 외채를 상환하기 위해서는 장래(차세대)소비가 희생되어야 함을 의미한다.

다섯 번째로는 자본의 이자율탄력성이 지극히 낮은 후진국의 경우 이를 적용하기가 어렵고 또한 재정지출의 적자보전을 통화증발로 충당하는 경우에는 재정·금융정책은 상호 독립적이 아니라 하나의 정책이 된다.

끝으로, 정책을 인식하고 시행하는 데에는 일정한 시차(time lags)가 존재할 뿐만 아니라 정책효과가 발생하는 데에도 일정한 시차가 존재한다. 따라서 시차를 정확히 예측할 수만 있다면 시차만큼 정책을 앞당겨 실시하면 될 것이다. 그러나 현실은 예측하기 어려운 불확실한 요인들이 존재하기 때문에 시차를 정확히 예측한다는 것은 쉬운 일이 아니다. 더욱이 불확실성(uncertainty)이

---

10) 대내외균형 달성을 위한 종합정책체계에 대해서는 제10장 2절에서 다루게 된다.

존재할 때에는 장래에 대한 기대(expectation)가 존재하게 되고 기대는 후에 고찰하는 바와 같이 아주 상이한 결과를 초래한다.

2 IS-LM-BP곡선을 이용한 정책배정

여기서는 재정·금융정책만을 통한 대내외불균형 시정 문제를 *IS-LM-BP*곡선을 이용하여 설명해 보기로 한다. 편의상 다음과 같이 물가가 고정된 경우와 물가가 신축적인 경우로 나누어 고찰한다.

물가가 고정된 경우

본문의 내용과 같이 먼저 물가가 고정된 경우 *IS-LM-BP*곡선으로는 어떻게 대내외불균형이 시정될 수 있는지 알아보기 위해 경제상태가 다음 [그림 9-9]와 같다고 하자. *IS*곡선과 *LM*곡선이 만난 점 *A*는 [그림 9-8]의 점 *A*와 동일한 상태를 반영하고 있다. 이 점에서 볼 때 대내적으로는 실제국민소득(Y_0)은 완전고용국민소득($\bar{Y}$)보다 작아 실업이 존재하고 있음을 보여 주고 있고 대외적으로는 국제수지적자($\overline{AC}$)상태를 반영하고 있다.

따라서 완전고용소득수준에 도달하기 위해 확장재정정책(expansionary

그림 9-9 물가가 고정된 경우의 대내외불균형 조정

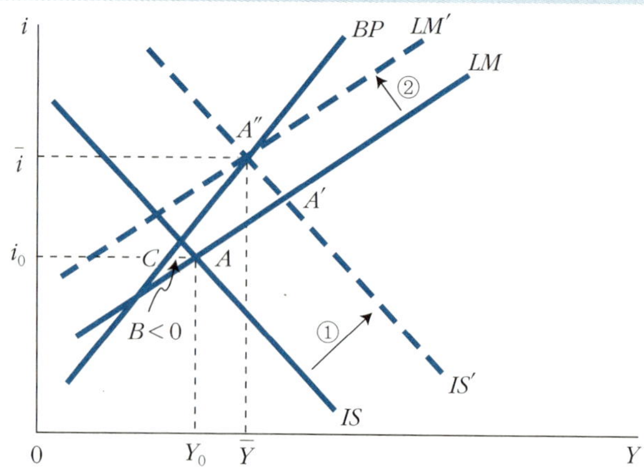

fiscal policy)을 실시하면 *IS*곡선은 *IS*′으로 이동하여 점 *A*′에 이른다. 소득증대로 인해 국제수지적자폭은 확대되는데 이를 개선하기 위해 긴축금융정책(tight monetary policy)을 실시하면 *LM*곡선은 좌측으로 이동하고 최종적으로 *A*″에서 세 곡선이 만나 완전고용국민소득과 국제수지균형이 달성된다. 그러나 현실적으로는 두 정책을 개별적으로 사용하기보다는 확장재정정책을 실시하는 동시에 긴축금융정책을 병행실시함으로써 소득증가에 따른 무역수지적자를 금리상승에 의한 자본유입으로 상쇄시킴으로써 대내외균형을 달성시키는 방법이 사용된다. 여기서 물가는 고정된 것으로 가정하고 있으므로 *BP*곡선은 이동하지 않는다. 따라서 앞에서 살펴본 먼델의 정책배정준칙과 동일한 결과가 되고 있음을 알 수 있다.

물가가 신축적인 경우

여기서는 기본가정을 대폭 수정하여 고정환율제도하에 신축적인 물가(flexible price)와 중앙은행의 중화정책이 전혀 없는 경우를 분석하기로 한다. 이 경우에는 흥미 있는 결과가 도출되는데 아무런 정부개입 없이도 자기보정(self-liquidating)에 의해 대내외불균형이 자동조정된다. 이를 보기 위해 [그림 9-10]에서 최초의 점 *A*에서 실업($Y<\bar{Y}$)과 국제수지적자($B<0$)가 병존하고 있다고 가정하자. 중화정책이 없으므로 국제수지적자는 통화감소로 나타나

그림 9-10 물가가 신축적인 경우 대내외불균형의 자동조정과정

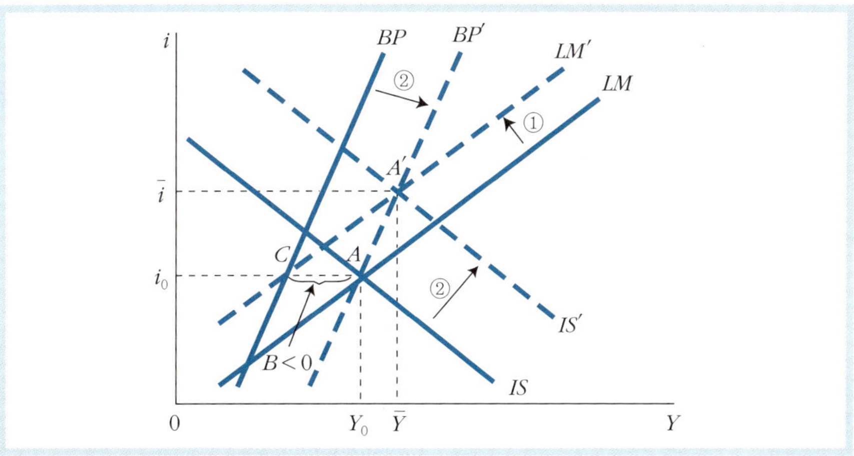

*LM*곡선을 좌측이동시켜 *LM*′과 같이 될 것이다. 통화감소는 두 경로를 통해 국제수지를 개선시킨다.

첫번째 경로로는 이자율상승으로 자본유입을 통해 자본수지를 개선시키고, 두 번째 경로로는 국내물가하락으로 수입상품의 상대가격인 실질환율(EP^*/P)을 상승시켜 무역수지를 개선시킴으로써 종합수지는 적자에서 균형상태에 이른다. 그리고 실질환율의 상승은 *IS*곡선과 *BP*곡선을 동시에 우측으로 이동시켜 점 *A*′에서와 같이 *LM*′, *IS*′, *BP*′이 만나 대내외균형이 동시에 달성된다. 이와 같은 자동조정메커니즘을 주장하는 학파가 통화론자(monetarist)들로서 이들은 대내외불균형에 따른 정책개입을 강력히 반대하는 데 대해 케인지언(Keynesian)들은 적극적인 정책개입을 주장함으로써 서로 상반된 견해를 갖고 있음은 이미 앞서 설명한 바와 같다.

요 약

1. 재정 · 금융정책은 물가안정과 완전고용국민소득의 실현, 그리고 국제수지불균형의 시정 등 국민경제목표를 달성하기 위한 총수요관리정책으로서 중요한 역할을 담당한다.

2. 고정환율제도하에서의 확장재정정책(expansionary fiscal policy)은 일차적으로 실질국민소득을 상승시키고 이차적으로는 금리상승을 초래하지만 국제수지에 대한 효과는 불분명하다. 만약 국가간의 자본이동성이 낮아 자본의 이자율탄력성이 비탄력적이면 확장재정정책은 경상수지적자의 주도로 국제수지는 악화(최초의 균형에서 적자로 전환)되지만 반대로 자본의 이동성이 높아 자본의 이자율탄력성이 탄력적이면 자본수지흑자 주도로 국제수지는 개선(흑자)된다. 확장재정정책의 효과에 대한 파급경로는 다음과 같이 요약된다.

$$G\uparrow \longrightarrow \begin{cases} Y\uparrow \longrightarrow M(Y)\uparrow \longrightarrow B_T < 0 \\ i\uparrow \longrightarrow K(i)\uparrow \longrightarrow B_K > 0 \end{cases} \Rightarrow B \gtreqless 0 \text{ (불분명)}$$

3. 고정환율제도하에서의 확장금융정책(expansionary monetary policy)은 일차적으로 금리하락을 초래하고 이는 투자증대를 통해 이차적으로 실질국민소득을 증대시키는 한편 자본의 이동성 정도와는 관계없이 분명하게 국제수지를 악화(적자)시킨다.

   국제수지에 대한 확장금융정책의 효과가 자본이동성 정도에 따라 차이가 있다고 하면 국제수지 구성의 차이만이 있을 뿐이다. 즉 자본의 이동성이 낮은 경우에 국제수지적자는 경상수지적자폭이 자본수지적자폭보다 크고, 반대로 자본의 이동성이 높은 경우에는 경상수지적자폭보다는 자본수지적자폭이 큰 상태로 종합수지의 적자가 결정된다. 확장금융정책의 파급경로는 다음과 같이 요약된다.

$$M^S\uparrow \rightarrow i\downarrow \begin{cases} \rightarrow I(i)\uparrow \rightarrow Y\uparrow \rightarrow M(Y)\uparrow \rightarrow B_T<0 \\ \rightarrow K(i)\downarrow \rightarrow B_K<0 \end{cases} \Rightarrow B<0$$

4. 국가간에 자본의 완전이동성이 보장되어 자본의 이자율탄력성이 무한대인 경우 고정환율제도하에서의 확장재정정책은 실질소득증대에 유효정책수단이지만 확장금융정책은 실질소득증대에 유효정책수단이 되지 못한다. 그리고 금리와 국제수지에 대한 두 정책은 모두 잠정효과만을 가질 뿐 최종적으로는 전혀 영향을 미치지 못한다.

5. 재정정책과 금융정책만을 사용한 대내외균형의 동시달성 문제는 먼델의 정책배정준칙(rules of policy assignment)에 의해 달성될 수 있는데 대내불균형 시정을 위해서 재정정책을 사용하고 대외불균형인 국제수지불균형 시정을 위해서는 금융정책을 사용하는 것이 효율적인 정책수단이다. 이 경우에 달성되는 대내외균형은 안정적이다.

제10장 국제수지의 조정이론과 정책: 총수요관리측면

개 요

이 장에서는 국제수지조정에 관한 이론과 정책을 총수요관리측면에서 종합적으로 살펴보게 된다.

국제수지조정이론은 시대에 따라 그리고 보는 관점에 따라 다양한 형태로 발전되어 왔으나 모두 상호간에 유기적이고 일관성 있는 이론으로 정립되어 왔다. 우선 제1절에서는 국제수지조정이론의 양대 근간을 이루고 있는 케인지언 접근방법과 통화론적 접근방법을 각각 고찰하고 두 이론을 결합하는 방법을 모색하게 된다. 그리고 나서 이들 모형과 탄력성접근방법 및 총지출접근방법간의 상호 연관성을 규명한다. 제2절에서는 국제수지조정정책을 종합적으로 고찰하게 되는데 먼저 경상수지불균형과 인플레이션 또는 실업존재로 인한 대내외불균형 문제를 동시에 시정하는 정책수단의 종합체계와 정책결합방법을 이해하게 된다. 이를 위해 대내균형곡선(*DD*곡선)과 대외균형곡선(*FF*곡선)을 각각 도출하고 이 두 곡선을 이용하여 대내외균형의 동시달성을 위한 효율적 정책수단들의 동원과 결합 문제가 논의된다. 또한 국제수지조정 문제는 경상수지 이외에도 자본수지조정 문제가 포함되므로 자본수지조정을 위한 자본유출입에 대한 규제정책들로는 어떤 수단들이 있는지 살펴보게 된다.

제 1 절 국제수지 조정이론

국제수지조정에 관한 이론은 크게 금본위제도하에서 정립된 데이비드 흄(David Hume)의 가격-정화플로우 조정이론(price-specie-flow mechanism)을 필두로 탄력성접근방법, 케인지언 접근방법, 가격-소득 접근방법, 총지출접근방법, 통화론적 접근방법 등으로 발전되어 왔다. 이와 같은 이론들은 대부분은 제8장의 평가절하의 효과를 분석하면서 이미 고찰한 바 있으며 다만 가격-정화플로우 조정이론은 제15장 1절의 금본위제도에서 다루게 된다.

이 절에서는 현대 국제수지 조정이론의 양대 근간을 이루고 있는 케인지언 접근방법과 통화론적 접근방법을 각각 고찰하고 이들 두 접근방법을 종합(synthesis)하여 균형국민소득과 균형국제수지가 어떻게 결정되는가를 살펴보기로 한다.

1 케인지언 접근방법

국제수지에 대한 케인지언 접근방법(Keynesian approach to the balance of payments)은 기본적으로 생산물시장의 총수요($Y^D=C+I+G+X-M$)와 화폐시장($M^S/P=L(Y, i)$)이 반영된 국제수지의 결정모형인 다음 식 (10. 1)로 요약된다.

$$B=T(Y, Y^*, \frac{EP^*}{P})+K(i) \qquad (10.\ 1)$$

경상수지(T)는 국내소득(Y)의 감소함수인 반면 외국소득(Y^*)과 실질환율(EP^*/P)의 증가함수를 나타내는 동시에 자본수지(K)는 이자율(i)의 증가함수임은 이미 여러 차례에 걸쳐 설명한 바와 같다.

2 통화론적 접근방법

국제수지에 대한 통화론적 접근방법(monetary approach to the balance of payments)은 국제수지불균형을 화폐수요와 화폐공급간의 차이로 인해 발생되는 화폐현상(monetary phenomenon)으로 파악하는 방법을 말한다.

명목화폐수요를 M^D, 명목화폐공급을 M^s라고 하면 이미 여러 차례에 걸쳐 살펴본 바와 같이 $M^D = P \cdot L(Y, i)$로 정의되며 명목화폐공급은 순기타자산(NOA)을 포함한 국내신용(DC)과 순외화자산(NFA)의 합계로 정의되므로 $M^s = DC + NFA$가 된다. 그리고 화폐시장의 균형식 $M^s = M^D$로부터 증가분을 취하면 다음과 같이 증가분형태의 균형식이 성립된다.

$$\Delta M^s = \Delta M^D \qquad (10.\ 2)$$

한편, 화폐공급에 대해서도 증가분의 형태가 성립되므로 $\Delta M^s = \Delta DC + \Delta NFA$가 된다. 그런데 자국통화표시 명목국제수지를 B_N이라고 하면 ΔNFA는 B_N과 같으므로 위의 식 (10. 2)의 좌변에 있는 ΔM^D를 $\Delta DC + B_N$으로 대체하면 $\Delta DC + B_N = \Delta M^D$로 표시된다. 따라서 통화론적 접근방법의 기본방정식은 다음과 같이 주어진다.[1)]

$$B_N = \Delta M^D - \Delta DC \qquad (10.\ 3)$$

위의 식 (10. 3)이 의미하는 바는 화폐수요를 초과한 국내신용증대로 화폐의 초과공급($\Delta DC > \Delta M^D$)이 발생하면 명목국제수지는 적자($B_N < 0$)가 됨을 의미하고 반대로 화폐에 대한 초과수요($\Delta M^D > \Delta DC$)가 발생하면 명목국제수지는 흑자($B_N > 0$)가 됨을 의미한다.

$\Delta DC > \Delta M^D$인 경우에 국제수지가 적자($B_N < 0$)가 되는 이유를 생각해 보자. 이는 중앙은행이 국내거주자들이 보유하기를 원하는 수요 이상으로 화폐의 초과신용창출(excess credit creation)을 함으로써 중앙은행의 순외화자산(NFA)이

---

1) F.L. Rivera-Batiz and L. Rivera-Batiz, *International Finance and Open Economy Macroeconomics*, 2nd ed., Macmillian Publishing Company, New York, 1994, Chapter 20을 참조.

감소하기 때문에 국제수지적자를 의미한다. 국내거주자들이 국내통화의 초과잔고를 갖고 있다고 하면 국민경제 전체적으로 볼 때 초과잔고를 외국상품구입이나 자본이득을 얻을 수 있는 주식, 채권 등의 해외유가증권을 구입하는 데 지출하게 될 것이다. 그 결과 국내거주자들은 외국재화나 해외금융자산구입을 위한 외환수요에 따라 중앙은행의 국제지불준비자산(international reserves), 즉 순외화자산보유액이 감소하게 되어 국제수지는 적자를 나타내게 된다.

반대로 화폐에 대한 초과수요변동분($\varDelta M^D > \varDelta DC$)이 국제수지흑자($B_N > 0$)로 나타나는 것은 지출을 위해 개인과 기업들이 보유하는 외화자산들을 매각하여 화폐로 보유하려 하기 때문에 중앙은행의 외화자산이 증가되어 결과적으로 국제수지흑자가 됨을 의미한다.

이제 위의 명목국제수지 B_N을 케인지언 접근모형식 (10. 1)의 실질국제수지 B와 일관성 있게 표시하기 위해 식 (10. 3)의 양변을 물가수준(P)로 나누고 B_N/P를 B로 놓으면($B = B_N/P$) 자국통화표시 실질국제수지의 결정식은 다음의 식 (10. 4)와 같게 된다.[2)]

$$B = \frac{1}{P}(\varDelta M^D - \varDelta DC) \qquad (10.\ 4)$$

그런데 명목화폐수요는 $M^D = P \cdot L(Y,\ i)$이므로 식 (10. 4)가 의미하는 바는 주어진 $\varDelta DC$에서 소득이 증가하면 화폐에 대한 실질수요증가로 국제수지는 흑자가 되고 이자율이 상승하면 화폐에 대한 실질화폐수요의 감소로 국제수지는 적자가 됨을 표시해 주고 있다.

여기서 우리는 통화론적 접근방법이 지금까지 고찰한 케인지언 모형과는 정반대의 논리로 전개되고 있음을 알 수 있다. 케인지언 접근방법과 같이 통상적 관념(conventional wisdom)에 의하면 소득증가는 수입을 증대시켜 국제수지적자를 초래하고 이자율이 상승하면 자본유입을 통해 국제수지흑자가 발생한다. 따라서 통화론적 접근방법은 일반적인 상식을 벗어난 아주 다른 이론인가 하는 의문이 제기된다. 그러나 그렇지 않다. 이와 같은 두 이론은 한쪽만을 강조하는 데 문제가 있다. 어느 이론이든 그 자체로서는 옳은 이론이다. 이는 마치

---

2) 제8장 4절에서 살펴본 화폐의 퇴장함수식 (8. 16)인 $H = \pi(L - M)$과 동일한 내용임에 유의할 것.

총공급은 물가의 증가함수이고 총수요는 물가의 감소함수라는 원리와 같다. 물가가 오르면 공급이 증대된다는 것은 공급측면만을 강조한 결과이고 물가가 상승하면 수요가 감소한다는 것은 수요측면만을 강조한 결과이다. 그러나 어느 한 측면만을 볼 때에는 그 자체로서 잘못된 것이 아니다. 그럼에도 불구하고 수요와 공급에 의해 균형물가와 균형수급량이 결정되듯이 위의 두 접근방법을 종합하여 소득과 국제수지, 이자율과 국제수지간의 균형량이 동시에 결정될 때에 일관성 있는 분석이 된다.

3 케인지언과 통화론적 접근방법의 종합

케인지언 접근방법이나 통화론적 접근방법이 개별적으로 볼 때 그 자체가 국제수지결정에 부분적인 모형이라고 하면 두 접근방법을 종합(synthesis)하여 적정국제수지를 결정하는 방법이 필요하다.[3] 편의상 국제수지에 대한 두 접근모형을 다시 옮겨 쓰면 다음과 같다.

케인지언 접근모형:

$$B = T(Y,\ Y^*,\ \frac{EP^*}{P}) + K(i) \qquad (10.\ 1)$$

통화론적 접근모형:

$$B = \frac{1}{P}(\Delta M^D - \Delta DC) \qquad (10.\ 4)$$

단, $\Delta M^D = P \cdot L(Y,\ i)$

먼저 식 (10. 1)을 소득과 국제수지로 표시되는 $(Y,\ B)$의 평면상에 그린 곡선을 KK곡선이라고 하면 소득과 국제수지는 역(-)의 관계에 있으므로 KK곡선은 다음의 [그림 10-1]과 같이 우하향의 곡선이 된다.[4]

한편, 통화론적 접근모형인 식 (10. 4)를 $(Y,\ B)$의 평면상에 그린 곡선을

3) J.A. Frenkel, T. Gylfason, and J.F. Helliwell, "A Synthesis of Monetary and Keynesian Approaches to Short-Run Balance of Payments Theory," *Economic Journal 90* (September 1980), pp. 582–92.

4) KK곡선의 기울기는 $\frac{dB}{dY}\Big|_{KK} = T_y = -m < 0$임.

MM곡선이라고 하면 여기서는 소득과 국제수지간에 정(+)의 관계에 있으므로 [그림 10-1]과 같이 우상향의 곡선이 된다.[5] 따라서 균형국민소득(Y_0)과 적정 국제수지(B_0)는 두 곡선이 만나는 점 A에서 결정된다. 여기서 적정국제수지라고 표현한 것은 앞에서 균형국제수지는 $B=0$을 의미했으나 여기서의 B는 국민경제가 달성하고자 하는 수준의 국제수지를 의미한다.

이 때 만약 평가절하가 이루어졌다고 하면 어떻게 되겠는가? 식 (10. 1)에서 평가절하는 실질환율(EP^*/P)을 상승시켜 KK곡선은 $K'K'$으로 우측이동하게 되고 그 결과 새로운 균형점 A'에서 국민소득은 Y_0에서 Y_1으로 증가하는 동시에 국제수지도 종전의 B_0에서 B_1으로 개선된다.

한편, 통화당국이 국내신용을 증가시키면 주어진 KK곡선에서 MM곡선이 우측으로 이동하여 소득증대와 국제수지감소를 초래하는 것으로 나타난다.

그림 10-1 케인지언과 통화론적 접근방법의 종합

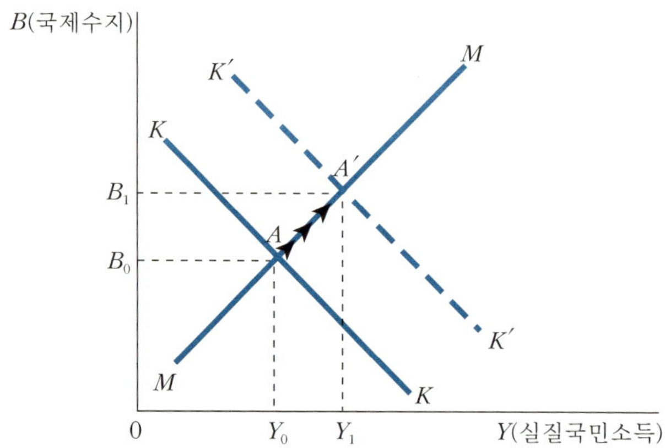

5) MM곡선의 기울기는 $\frac{dB}{dY}\Big|_{MM}=L_y>0$임.

4 국제수지 조정이론들간의 상호관계

제8장에서 평가절하의 효과를 분석하기 위해 여러 가지 접근방법들에 대한 기본가정과 특성들을 살펴본 바 있다. 여기서는 탄력성접근방법, 총지출접근방법, 케인지언 접근방법 그리고 통화론적 접근방법에 대한 각 모형들간의 근본적인 차이점과 연관관계를 간략히 설명하기로 한다.[6)]

첫번째로 탄력성접근방법(elasticity approach)은 상대가격변동, 특히 평가절하가 무역수지에 미치는 영향을 분석한다. 따라서 탄력성접근방법은 상품수출과 수입간의 차이인 무역수지에 분석초점을 두고 있다.

$$TB = X - M \qquad (10.\ 5)$$

단, TB = 무역수지
X = 상품수출
M = 상품수입

두 번째로 총지출접근방법(absorption approach)은 환율, 관세율, 재정 · 금융정책 등의 변경이 소득과 지출에 상이한 영향을 미치고 이로 인한 소득과 지출간의 격차가 경상수지를 결정한다는 분석방법이다.

$$T = Y - A \qquad (10.\ 6)$$

단, T = 경상수지(재화 및 서비스의 순수출)
Y = 국내총생산 = 국민총소득
A = 국내총지출($C + I + G$)

따라서 탄력성접근방법에서 정의되는 상품의 순수출에 서비스(services)의 순수출을 포함시키면 총지출접근방법의 경상수지가 결정되고 역으로 총지출접근방법에서 서비스거래를 제외한 재화의 순수출로 국한시키면 탄력성접근방법으로 축소된다. 또한 자본수지가 포함되어 있는 케인지언모형인 식 (10. 1)에서 자본수지를 제외하면 탄력성, 총지출 그리고 케인지언 접근방법은 다음과 같이 동일한 방정식이 된다.

6) F.L. Rivera-Batiz and L. Rivera-Batiz, *op.cit.*, pp.462-3.

$$T = X - M = Y - A = T(Y,\ Y^*,\ \frac{EP^*}{P}) \qquad (10.\ 7)$$

단, T=경상수지

$X-M$=재화 및 서비스의 순수출

$Y-A$=총소득과 총지출간의 차이

EP^*/P=수입상품의 상대가격(실질환율)

한편, 자본수지를 감안한 총지출접근방법과 케인지언 접근방법간의 관계를 보기 위해 총지출접근방법의 기본모형인 $T=Y-A$에서 양변에 자본수지를 더하면 $T+K=(Y-A)+K$가 된다. 이는 바로 종합수지의 결정식인 $B=(Y-A)+K$가 되므로 다음과 같이 케인지언 모형과 같게 된다.

$$B = (Y-A) + K = T(Y,\ Y^*,\ \frac{EP^*}{P}) + K(i) \qquad (10.\ 8)$$

위의 식 (10. 7)과 (10. 8)로부터 알 수 있는 바와 같이 탄력성, 총지출, 케인지안 접근방법들은 국제수지의 결정을 실물경제측면에서 접근하고 있는 일관성(consistent) 있는 분석들이며 차이점이 있다고 하면 국제수지를 구성하고 있는 계정들 중에 어느 계정까지만을 포함시켜 분석하고 있느냐 하는 것만이 다를 뿐이다.

끝으로, 통화론적 접근방법과의 관계를 보면 케인지언 접근방법이 실물측 요인에 의해 국제수지의 결정문제를 다루고 있는데 대해 통화론적 접근방법은 화폐측 요인에 의해 국제수지가 결정된다고 파악하고 있는 것이 다르다. 따라서 실물측면과 화폐측면을 동시에 고려한 국제수지의 결정방법이 보다 설득력 있는 접근이라고 하겠다. 즉 두 접근방법에 의해 다음과 같이 국제수지가 결정된다.

$$B = T(Y,\ Y^*,\ \frac{EP^*}{P}) + K(i) = \frac{1}{P}(\Delta M^D - \Delta DC) \qquad (10.\ 9)$$

또한 식 (10. 8)을 감안할 때 총지출접근방법과 통화론적 접근방법에 의해서도 국제수지가 결정될 수 있음을 보여 주고 있어 각 접근방법들은 모두 상호연관이 되고 있을 뿐만 아니라 일관성 있는 분석이라고 하겠다.

제2절 국제수지 조정정책

1 경제정책목표와 정책수단의 동원 문제

일국의 일반적인 경제정책목표는 대내적으로는 물가안정과 완전고용수준의 달성 및 유지에 두고 있으며 대외적으로는 국제수지균형의 달성에 두고 있다. 그러나 대내균형과 대외균형을 동시에 달성하는 데는 흔히 상충관계(trade-off)의 경우가 많기 때문에 효율적 정책수단(efficient policy instruments)이 동원되어야 한다.

효율적 정책수단이라 함은 최소의 사회비용으로 특정 정책목표를 달성하는 정책수단으로서 타정책에 비해 비교우위가 있는 정책수단을 말한다. 예를 들어 국내경기의 불황에 따른 높은 실업이 발생하는 가운데 국제수지 또한 적자인 경우에는 긴축재정 · 금융정책 등 국내총수요억제정책은 국제수지를 개선시킬 수는 있으나 국내경제를 더욱 침체시켜 대내정책목표를 동시에 달성할 수 없게 된다.

그러나 경기과열로 인해 높은 인플레이션이 지속되는 가운데 국제수지적자가 병존하는 경우에는 긴축정책을 통한 국내수요억제정책은 인플레이션을 억제시키는 동시에 국제수지 또한 개선시키기 때문에 효율적인 정책수단이 된다. 따라서 어느 정책수단을 동원하는 것이 효율적인 정책수단인가 하는 문제는 경제상황에 따라 판단되어야 할 문제이다.

이하에서는 총지출접근방법에 근거하여 총수요측면에서 경상수지불균형과 대내불균형 시정을 위한 종합정책체계와 정책결합(policy mix) 문제를 다루기로 한다.[7)]

---

7) 이하의 논의는 다음 자료가 많이 원용되었음. 한국은행, 「한국의 국제수지」, 1975, pp.44-56과 R.A. Mundell, "The Monetary Dynamics of International Adjustment under Fixed and Flexible Exchange Rates," *Quarterly Journal of Economics* 74(1960), pp.227-57. 그리고 T.W. Swan, "Longer-Run Problems of the Balance of Payments," in R.E. Caves and H.G. Johnson, eds., *Readings in International Economics*, American Economic Association, 1968, pp.455-64.

2 경상수지와 대내불균형 조정정책

총지출접근방법은 앞서 고찰한 바와 같이 경상수지(T)가 국내총생산 또는 국민총소득(Y)과 국내총지출($A=C+I+G$)간의 차이, 즉 $T=Y-A$로 결정되므로 국내총생산이 국내총지출을 초과($Y>A$)하면 경상수지는 흑자($T>0$)가 되고, 국민총생산이 국내총지출보다 작으면($Y<A$) 경상수지는 적자($T<0$)를 초래한다. 따라서 국제수지불균형을 시정하기 위한 조정정책은 국내총생산(Y)을 변경시키거나 국내총지출(A)을 변경시키는 정책으로 대별된다.

알렉산더(S.S. Alexander)와 존슨(H.G. Johnson)은 이와 같은 양대정책을 **지출감소정책**(expenditure-reducing policies)과 **지출전환정책**(expenditure-switching policies)으로 대별하고 있다.[8)]

여기서 지출감소정책이라 함은 긴축금융 및 긴축재정정책에 의해 국내총지출($A=C+I+G$)을 감소시켜 수입수요의 억제를 통해 국제수지를 개선시키는 정책을 말한다.

한편, 지출전환정책이란 자국통화의 평가절하, 수입관세율인상 등 수입상품의 상대가격(P^*/P)을 상승시켜 외국상품으로부터 자국상품으로의 수요전환을 일으켜 국내총생산의 증가를 통해 국제수지를 개선시키는 정책을 말한다.[9)]

지금 국제수지(정확히는 경상수지)가 적자인 경우 이의 개선을 위한 **종합정책수단**들을 열거하면 다음과 같다.

---

8) S.S. Alexander, "The Effect of a Devaluation on a Trade Balance," *IMF Staff Papers*(April 1952), pp.359－73; H.G. Johnson, "Towards a General Theory of Balance of Payments," in J.A. Frenkel and H.G. Johnson, eds., *The Monetary Approach to the Balance of Payments*, University of Toronto Press, Toronto and Buffalo, 1976, pp. 46－63.

9) 자국통화표시 수입상품의 상대가격은 엄격히 EP^*/P이다. 그리고 이를 상승시키는 요인은 외국통화표시 수입상품가격(P^*)을 올리거나 자국통화표시 국내가격 P를 감소시키는 요인으로 구분된다. 이들 요인을 지출전환정책의 측면에서만 고려하면 수입상품의 자국통화표시 가격(EP^*)을 상승시키는 요인으로는 평가절하($E\uparrow$), 관세율인상($EP^*(1+t)\uparrow$), 수입할당제 실시, 수입담보금제도 등이 있으며, 국내가격을 하락시키는 요인으로는 수출보조금지급(s)을 통해 국내공급가격($P(1-s)$)을 인하시키는 방법 등이 있다.

(1) 지출감소정책

• 긴축금융 및 긴축재정정책

(2) 지출전환정책

① 평가절하

② 수출입규제정책

• 수입억제정책: 수입관세율인상,
　　수입할당제,
　　수입담보금제도 등

• 수출지원정책: 수출보조금지급,
　　연불수출지원 등

• 외환관리규제: 실수요원칙의 적용, 외환집중제, 외환포지션관리 등

이제 분석을 쉽게 하기 위해 대내균형곡선인 DD곡선과 대외균형곡선인 FF곡선을 이용하기로 한다. 여기서 대내균형곡선(DD곡선)은 국내총지출(A)과 상대가격(P^*/P)으로 표시한 평면상에 실질소득수준(Y)이 완전고용국민소득수준($\bar{Y}$)과 같아지는 균형점들을 연결한 곡선을 말한다. 그리고 대외균형곡선(FF 곡선)은 실제국제수지(B)가 균형국제수지($\bar{B}$)와 같아지는 균형점들을 연결한 곡

그림 10-2 대내균형곡선(DD곡선)

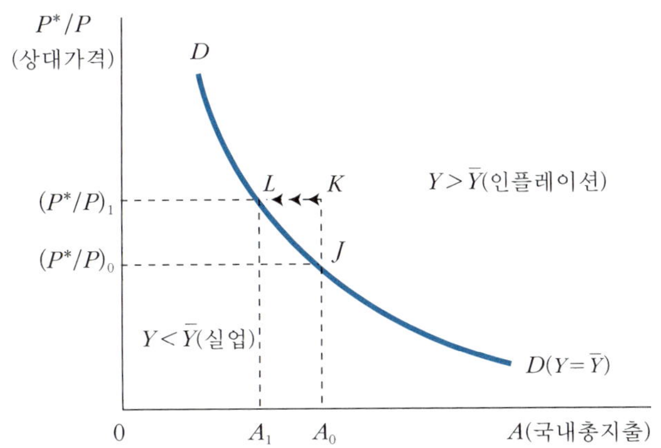

선을 말하는데 균형국제수지($\bar{B}$)는 국민경제가 달성하고자 하는 목표국제수지라고 이해해도 상관이 없다.

앞의 [그림 10-2]에서 보는 바와 같이 대내균형곡선은(DD곡선) 총지출(A)과 상대가격(P^*/P)의 평면상에 우하향의 곡선이 된다. 그 이유를 이해하기 위해 지금 대내균형곡선인 DD곡선 선상 이외의 어느 한 점을 잡아보자. 예컨대 점 J로부터 수직선상에 위치한 점 K는 주어진 국내총지출(A_0)에서 균형물가수준인$(P^*/P)_0$보다 높기 때문에 수입은 감소되는 데 반해 외국에서는 국내상품에 대한 수요전환으로 수출증대가 발생하여 완전고용소득수준을 상회한 소득증가로 실물시장에서 초과수요가 발생하고 그 결과 인플레이션이 유발됨을 의미한다. 따라서 점 K에서 완전고용소득수준에 이르기 위해서는 상대가격의 상승에 대응하여 점 L방향으로 국내총지출을 감소시켜야 한다. 즉 국내총지출과 상대가격간에는 역의 관계가 성립하기 때문에 DD곡선은 우하향곡선이 된다. 그러므로 DD곡선의 우측은 모두 인플레이션($Y>\bar{Y}$) 상태를 나타내고 좌측은 경기침체로 인한 실업($Y<\bar{Y}$)상태를 반영한다.

한편, 대외균형곡선인 FF곡선($B=\bar{B}$)은 다음의 [그림 10-3]과 같이 우상향곡선이 된다.

[그림 10-3]에서 주어진 국내총지출 A_0에서 수입상품의 상대가격이 $(P^*/P)_0$에서 $(P^*/P)_1$으로 상승하였다고 하면 수출증대와 수입감소로 인해 국제수지

그림 10-3 대외균형곡선(FF곡선)

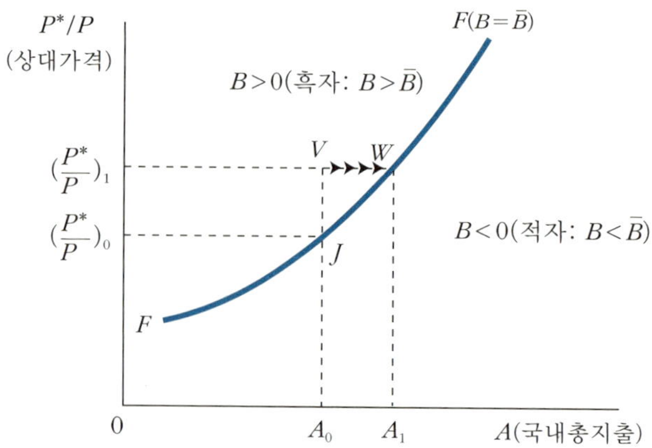

그림 10-4 대내외균형의 동시달성을 위한 정책결합

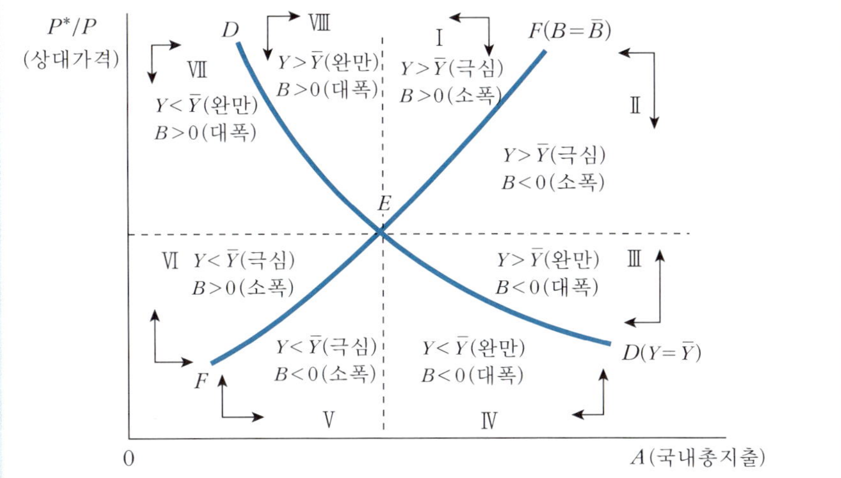

는 흑자가 된다. 따라서 국제수지흑자를 감소시켜 균형상태가 되도록 하려면 상대가격의 상승에 대응한 점 V에서 W방향으로 총지출을 증가시켜야 된다. 그러므로 상대가격과 총지출간에는 정(+)의 관계가 성립하기 때문에 FF곡선은 우상향곡선이 된다. 그리고 FF곡선의 좌측은 국제수지흑자($B>0$)를 나타내고 곡선의 우측은 국제수지적자($B<0$)를 나타낸다.

이제 위에서 도출한 두 곡선을 이용하여 대내외균형의 동시달성을 위한 정책수단의 결합 문제를 고찰해 보자. [그림 10-4]는 두 곡선이 만나는 점 E에서 대내외균형이 달성되고 있음을 보여 줄 뿐만 아니라 경제가 불균형상태인 경우에 정책수단의 배정방향을 제시해 주고있다.

지금 제Ⅱ상한과 제Ⅲ상한에서와 같이 인플레이션과 국제수지적자가 병존하는 경제상태에 대한 종합정책을 생각해 보자. 이 경우에는 총지출감소정책이 **주된 정책수단**이 되어야 하고 지출전환정책은 **보조적인 정책수단**이 되어야 한다. 긴축재정 · 금융정책을 통한 지출감소는 인플레이션을 억제하는 동시에 국제수지적자까지도 개선시킨다. 그러나 긴축재정 · 금융정책은[10] 국내경기침체

10) 여기서 긴축재정 · 금융정책이라 함은 긴축재정정책을 사용하든가 또는 긴축금융정책을 사용한다는 의미임.

를 유발하므로 수요부족에 따른 경기침체를 방지하기 위해서는 지출전환정책이 보조적으로 사용되어야 한다. 그런데 지출전환정책은 인플레이션과 국제수지적자폭의 정도에 따라 달라진다. 예컨대 제Ⅲ상한과 같이 인플레이션은 완만하지만 국제수지적자폭이 대폭적인 경우에는 일차적으로는 국제수지개선에 정책초점을 두어 다소의 인플레이션을 유발하더라도 평가절하(또는 관세율인상 등 지출전환정책)를 실시하고, 제Ⅱ상한과 같이 국제수지적자가 소폭적이고 인플레이션이 극심한 경우에는 국제수지보다는 인플레이션억제에 정책초점을 두어 긴축재정 · 금융정책과 함께 평가절상을 실시하는 것이 바람직하다. 제Ⅱ상한이나 제Ⅲ상한과 같이 동일한 형태의 대내외불균형상태(인플레이션과 국제수지적자)에서 종합균형점 E의 방향으로 두 화살표가 동일하게 왼쪽방향(←)으로 표시된 것은 지출감소정책이 주된 경제정책수단이어야 함을 표시해 주고 있으며, 두 상한에서 상하로 상반된 화살표 방향은 보조적 정책수단의 방향을 나타낸다. 그러므로 제Ⅱ상한에서는 P^*/P를 하락(↓)시키는 정책이 보조정책수단이고 제Ⅲ상한에서는 P^*/P를 상승(↑)시키는 정책이 보조정책수단이 된다.

여타 상한들에 대해서도 마찬가지이다. 제Ⅰ상한과 제Ⅷ상한이 한 조가 되어 경제의 비슷한 상황을 나타내고 있고, 제Ⅳ상한과 제Ⅴ상한, 그리고 제Ⅵ상한과 제Ⅶ상한도 유사한 경제상황을 나타낸다.

하나의 예를 더 들면, 제Ⅰ상한과 제Ⅷ상한은 모두 국민경제가 대내적으로는 인플레이션을 겪고 있고 대외적으로는 국제수지흑자상태에 있음으로써 대내외불균형상태를 나타내고 있다. 따라서 두 상한에서 같은 방향의 화살표로 표시되고 있는 수입상품의 상대가격 P^*/P를 인하(↓)시키는 지출전환정책이 주된 정책수단이 되어야 하고 지출변경정책은 보조정책수단으로 사용되어야 한다. 그리고 제Ⅰ상한과 같이 소폭적인 국제수지흑자와 극심한 인플레이션이 병존하는 경우의 보조정책수단은 지출감소정책이 됨으로써 인플레이션억제에 정책초점을 두어야 함을 의미한다. 그러나 제Ⅷ상한같이 완만한 인플레이션에 대폭적인 국제수지흑자가 병존하는 경우의 보조정책수단은 국제수지흑자의 감소에 정책초점을 두어 총지출확대를 통해 국제수지흑자폭을 감소시키는 방향으로 운용되어야 함을 보여 주고 있다.

앞의 [그림 10-4]에 근거하여 경제상태별로 동원되어야 할 정책수단의 결합을 요약하면 다음의 [표 10-1]과 같다.

표 10-1 대내외불균형의 동시달성을 위한 정책수단의 결합

경제상태		부문	필요한 정책방향	
경상수지	대내경제		P^*/P(국제가격/국내가격)	A(국내총지출)
흑 자	인플레	I	*인 하	억 제
		VIII	*인 하	확 장
적 자	인플레	II	인 하	*억 제
		III	인 상	*억 제
적 자	실 업	IV	*인 상	억 제
		V	*인 상	확 장
흑 자	실 업	VI	인 상	*확 장
		VII	인 하	*확 장

주: *표시는 주된 정책수단을 표시하고 나머지는 보조적 정책수단을 의미함.

정책결합 문제에 대한 논평

지금까지 논의한 대내외불균형 시정을 위한 정책결합(policy mix) 방법은 기본적으로 먼델의 정책모형을 기초로 작성된 것이다. 따라서 앞 장에서 지적한 바와 같이 먼델모형에 내재하고 있는 문제점 또한 적지 않지만 현실적으로는 대단히 유용한 정책방향을 제시하고 있다는 점에서 중요하다. 그러나 위의 종합 정책결합 문제와 더불어 아래와 같은 사항들이 추가로 고려되어야 한다.

첫째로는 총지출감소정책으로서 긴축재정정책과 긴축금융정책을 묶어서 마치 동일한 정책효과를 갖는 것으로 간주하고 있으나 양 정책은 상이한 효과와 파급경로를 갖는다는 점에서 엄격히 구분하여 사용되어야 한다. 따라서 두 정책 중 어느 한 정책의 배정은 먼델의 정책배정준칙에 따라 선택하는 것이 효율적인 방법이다. 예를 들어 제II상한에서와 같이 극심한 인플레이션과 소폭적인 국제수지적자가 병존하는 경제상태에서는 주된 정책수단인 긴축재정·금융정책 중 긴축재정정책을 사용하는 것이 극심한 대내불균형 시정에 우위성을 갖는 정책수단이다. 그러나 제III상한과 같이 인플레이션은 완만하지만 대폭적인 국제수지적자를 겪고 있는 상태에서는 대외불균형 시정에 우위성을 갖는 긴축금융정책이 배정되는 것이 바람직하다.

둘째로는 국제수지결정에 중요한 요인인 저축과 조세가 명시적(explicitly)으로 반영되지 못하고 있는 점을 지적할 수 있다. 경상수지결정모형은 관점을

달리하여 다음과 같이 정의할 수 있기 때문이다.[11)]

$$CA=(S-I)+(T-G) \qquad (10.\ 10)$$

따라서 국내저축(S)이 국내투자(I)보다 크거나 조세수입(T)이 정부지출(G)보다 크면 경상수지(CA)는 흑자가 되고 역으로 저축을 상회한 투자증대($I>S$)나 재정적자($G>T$)는 모두 경상수지를 악화시킨다. 그러므로 경상수지가 적자($CA<0$)인 경우 재정적자의 축소 또는 저축증대는 경상수지를 개선시키기 때문에 재정지출과 저축간의 유기적인 배합이 될 수 있도록 추진되어야 함을 시사해 주고 있다.

셋째로는 위의 정책배합 문제는 경상수지의 불균형 시정정책에만 국한시켰을 뿐 자본수지의 불균형 문제는 고려되지 못하고 있다는 점을 들 수 있다. 위의 식 (10. 10)이 의미하는 바와 같이 투자수요가 왕성하여 만성적인 저축부족이나 재정수지적자로 경상수지가 적자인 경우에 고정환율제도하에서의 적자보전방법은 중앙은행의 국제지불준비자산(international reserves)을 매각하거나 해외차입을 통해 조달할 수밖에 없다. 그러나 중앙은행이 보유하고 있는 국제지불준비자산은 한계가 있으므로 해외자본유입을 통한 재원조달이 용이한 방법이다. 그러나 자본유입은 언젠가는 원리금을 상환해야 할 외채부담(burden of debt)을 가중시킨다는 점에서 정책상에 배려가 있어야 한다. 뿐만 아니라 자본유출입이 자유로운 경우에 앞의 대내외불균형 시정에도 한계점을 갖는다. 예를 들어 대폭적인 국제수지적자와 완만한 인플레이션을 치유하기 위해 긴축금융정책을 실시한 경우 총수요를 억제함으로써 국내물가를 하락시켜 인플레이션을 진정시키고 경상수지를 개선할 수 있다. 그러나 긴축금융정책은 이자율상승을 수반하기 때문에 즉각적인 자본유입을 통해 경상수지가 개선되기도 전에 자본수지의 흑자를 초래함으로써 원래 목적의 경상수지개선이 아닌 자본수지가 개선됨으로써 자본수지에 주도되어 종합수지가 개선되는 결과를 초래하기 때문이다.

끝으로, 이상의 분석은 모두 총수요관리측면에서의 대내외불균형시정정책이란 점이다. 그러나 생산과 물가를 결정하는 총공급측면이 동시에 감안될 때

11) 제5장 5절 3항의 식 (5. 8)을 참조.

보다 종합적인 정책방향이 결정될 수 있다. 이는 후에 제11장에서 다루기로 하고 이하에서는 자본유출입에 따른 규제정책을 생각해 보기로 한다.

3 자본수지 조정정책

자본수지를 구성하고 있는 주요 계정은 공공 및 상업차관과 해외대출, 직접투자(direct investment) 등이다. 특히 자본수지와 관련하여 정책적으로 중점을 두는 경우는 자본수지흑자 문제이다. 비록 경상수지적자보전을 위한 수단으로 해외자본의 국내유입을 허용했다고 하더라도 장래 원리금상환 문제를 수반하기 때문이다. 뿐만 아니라 경상수지적자폭을 상회하여 자본수지흑자에 주도되어 국제수지가 흑자로 전환되는 경우에는 중앙은행의 시장개입이 병행되지 않는 한 국내통화증가를 유발하고 평가절상에 압박요인으로 작용함으로써 수출상품의 국제경쟁력을 약화시킬 가능성이 높기 때문이다. 따라서 정도의 차이는 있지만 각국들은 자본유출입에 대한 규제정책을 실시하고 있는데,[12] 그 논리적 근거들을 요약해 보면 ① 고정 및 관리변동환율제도하에서의 국제수지불균형 시정 또는 변동환율제도하에서 투기성 단기자본(hot money)의 유출입에 따른 환율의 과도한 변동성(excessive volatility)의 불식, ② 국내저축을 국내투자자금으로 사용토록 유도함으로써 외국인의 국내생산요소의 소유제한, ③ 경제안정화 및 구조조정계획을 저해하는 자본유출입의 억제, ④ 자본거래에 따른 증권거래세, 이자 및 배당소득세부과를 통한 조세수입증대 등을 들 수 있다. 그리고 규제방법 및 내용 중 중요한 것들을 유형별로 구분하면 다음과 같이 요약될 수 있다.

(1) 외국인의 국내직접투자 및 증권투자의 억제

외국자본의 국내유입을 억제하기 위해 외국인의 국내직접투자를 제한하거나 국내발행채권 및 주식 등 증권취득을 억제하기 위해 신고제, 승인제, 조세부

12) 최근의 자본자유화 추세에 대해서는 제16장 6절과 다음을 참조할 것. D.J. Mathieson and L. Rojas-Suárez, *Liberalization of the Capital Account: Experiences and Issues*, IMF Occasional Paper, No. 103, International Monetary Fund, March 1993.

과 등 각종 법규를 설치 · 운용하고 있다.

특히, 국내외금리차이, 주식매매차익, 환율변동에 따른 환차익 등의 목적으로 자본시장을 교란시키는 투기성 단기자본(hot money)에 대한 규제가 필요한데 이를 위한 장치로는 **가변예치의무제도**(Variable Deposit Requirement System: VDR), 유입자금의 일정기간 동안 국내거치제도 등을 들 수 있다. 가변예치의무제도는 국내에 유입된 외화자금의 일정비율을 무이자로 중앙은행에 예치시키는 제도를 말하는데 호주가 1972~74년에 실시한 바 있고 칠레가 1991년 이후 현재 실시하고 있다. 칠레는 주식자금 이외의 모든 자본유입의 30%를 무이자로 중앙은행에 예치토록 의무화하고 있을 뿐만 아니라 유입된 모든 외국자본은 최소한 일 년간 국내에 남아 있도록 규정하고 있다.

더욱이 최근에 파생금융상품거래 규모가 급격히 증가함에 따라 헤지 펀드(hedge fund)와 같은 투기성 단기자본이 국제금융시장을 교란시킴에 따라 **토빈세**(Tobin tax)를 부과하여야 한다는 논의가 계속 부상되고 있다. 토빈세란 투기성 단기외환거래에 대해 일정률의 거래세를 부과함으로써 거래비용을 높여 단기 환차익을 위한 투기적 외환거래수요를 감소시켜 외환시장의 단기불안정을 방지하려는 외환거래세를 말한다. 토빈(James Tobin)이 최초로 제안하였기 때문에 붙여진 이름이다. 토빈세는 매 거래시마다 부과되기 때문에 거래비용도 비례적으로 증가하여 거래유인이 감소됨으로써 투기성 단기자본의 유출입을 줄일 수 있다는 데 의의가 있다.

그러나 후진국들의 경우 선진국의 고도의 생산기술 및 경영기술을 습득한다는 차원에서 외국인의 국내직접투자에 대해서는 정책적으로 유치하는 경우가 많다.

(2) 내국인의 해외직접투자 및 증권투자의 억제

국내자본의 해외유출을 억제하기 위해 해외투자허가제, 거주자의 외화채권 또는 주식발행제한, 해외증권취득세 및 거래세, 배당세, 이자세 부과 등을 시행하고 있다. 미국의 경우에는 1963년 9월에 미국자본의 해외유출을 방지하기 위해 **이자평형세**(interest equalization tax)를 실시한 바 있다. 이자평형세라 함은 자본유출을 억제하기 위해 국내 거주자가 외국주식이나 채권 등의 유가증권을 매입하는 경우에 부과하는 세금을 말한다. 미국은 이 외에도 1965년에 해외신용공여규제계획(Foreign Credit Restraint Program: FCRP), 1968년에 해외직접투자규제(Foreign Direct Investment Regulation: FDIR) 등을 실시하여 자본유출을 억제하는 정책을 실시하였다. 해외신용공여규제계획은 은행을 포함한 보험회사 등 금융기관이 외국차입자에게 신용공여를 하는 경우에 그 한도를 자율적으로 제한하여 자본유출을 억제하는 프로그램을 말하며, 해외직접투자규제는 기업들의 해외직접투자를 규제하여 자본유출을 억제하는 방법을 말한다.

(3) 금융기관의 상호진출억제

비록 정부가 외국인의 국내투자를 금지시킨다 하더라도 국내에 외국금융기관의 지점개설 또는 현지법인설립 등을 허용하면 외국자본이 국내에 유입될 가능성이 높기 때문에 이들 금융기관의 진출을 금지 또는 억제하는 동시에 국내금융기관의 해외진출도 허가제, 승인제 등으로 규제하고 있다.

(4) 외환관리제도의 운용

내 · 외국인들에 대한 외환취득 및 한도에 규제를 행하고 실수요원칙의 적용, 외환예치집중제, 외국환은행의 포지션관리제도 등의 실시는 자본유출입에 영향을 미친다. 사실상 많은 국가들은 외환관리제도로서 '원칙금지 – 예외허용'(positive system)방식으로 운용해 왔다. 그리고 국가에 따라서는 이중환율정책을 실시하기도 한다. **이중환율정책**(two-tier or dual foreign exchange rates policy)이란 국제자본이동을 조정하기 위해 자본거래에 적용하는 환율과 경상거래에 적용하는 환율을 독립 · 분리시키려는 환율정책을 말한다. 이는 자본유출입에 따른 환율변동으로 인한 경상수지악화를 방지하기 위해 사용된다.

예를 들어 자본유입이 계속되는 경우 국제수지흑자로 인해 평가절상이 되면 실질환율(EP^*/P)이 하락하기 때문에 경상수지를 악화시키게 된다. 이 경우 자본시장에서의 환율은 외환의 수요 · 공급에 의해 결정되도록 하여 자본유입을 억제하고 경상거래에서는 환율을 일정수준으로 고정시켜 경상수지악화를 방지하려는 두 개의 환율제도로 운용하는 경우가 이에 해당한다. 그러나 이를 현실적으로 적용하는 데는 경상거래시장과 자본거래시장을 분리 운용한다는 것이 용이한 일이 아니어서 한계를 갖는다.

요 약

1. 국제수지에 대한 케인지언 접근방법은 실물시장에서 국제수지가 결정되는 것으로 파악하는 방법이며 국제수지에 대한 통화론적 접근방법은 화폐시장에서 화폐수요와 화폐공급간의 차이 때문에 국제수지 불균형이 발생한다고 보는 방법이다. 국제수지결정에 대한 두 접근모형은 다음과 같이 요약된다.

   케인지언 접근모형:
   $$B=T(Y,\ Y^*,\ \frac{EP^*}{P})+K(i)$$

   통화론적 접근모형:
   $$B=\frac{1}{P}(\Delta M^D-\Delta DC)$$

   따라서 두 접근방법을 결합하여 균형국민소득과 국제수지를 결정할 때 더욱 합리적인 접근방법이 된다.

2. 국제수지조정이론으로서 탄력성, 총지출, 케인지언, 통화론적 접근방법들은 모두 상호간에 유기적이고 일관성 있는 이론들이다. 왜냐하면 국제수지를 구성하고 있는 계정들 중 어느 계정까지를 분석대상으로 하느냐에 따라 동일한 결과를 가져오기 때문이다.

3. 대내외불균형 시정을 위한 정책결합은 최소의 사회비용으로 특정 경제목표를 달성하는 데 비교우위가 있는 정책수단들로 구성되어야 한다. 경상수지개선정책은 크게 지출감소정책과 지출전환정책으로 대별되는데 경상수지의 불균형 정도와 인플레이션 및 실업 정도에 따라 정책결합방법이 상이해진다.

4. 자본유출입에 대한 주요 규제정책으로는 국내 및 외국인의 직접투자 및 증권투자억제, 금융기관의 상호진출금지, 외환관리규제 등이 시행되고 있다.

제 4 편

기대, 물가, 환율변동과 경제안정화 정책

제11장 총수요 · 총공급의 종합균형

개 요

지금까지의 논의는 고정환율제도하에서 물가가 고정되었다는 가정하에 총수요측만을 대상으로 진행시켜 왔다. 그러나 재정 · 금융정책의 변경, 고정환율의 평가변경, 생산요소가격의 변동, 생산성변화 등 총수요 또는 총공급을 구성하는 외생적 요인들이 변하면 물가는 변동하기 마련이다.

따라서 이 장에서는 총수요와 총공급에 의해 균형국민소득과 균형물가수준의 결정과정을 살피고 총수요측 균형과 총공급측 균형에 교란(disturbance)이 발생한 경우 균형국민소득, 물가, 고용, 국제수지에 어떠한 영향을 미치는가를 분석하게 된다.

제1절에서는 이미 앞서 고찰한 생산물시장, 화폐시장, 국제수지균형식을 이용하여 개방거시경제하의 총수요곡선을 도출한다. 제2절에서는 단기에 자본투입량이 고정되었다는 가정하에 노동시장균형식과 국민경제 전체의 총생산함수로부터 총공급곡선을 도출하고 제3절에서 총수요와 총공급에 의한 종합균형과 외부충격의 영향을 이해하게 된다. 그리고 제4절에서는 앞 장에서 고찰한 총수요관리정책에 대응하여 총공급관리정책으로는 어떤 정책수단들이 있는지 살펴보고 마지막 제5절에서는 대내외불균형의 조정 문제를 총수요곡선과 총공급곡선을 이용하여 해결하는 방법을 알아본다.

제 1 절 총수요측 균형과 물가

1 총수요곡선의 도출

일국의 총수요는 경제주체인 가계, 기업, 정부, 해외부문의 재화 및 서비스에 대한 수요를 모두 합계한 것을 말한다. 그러나 총수요는 사후적으로 실현된 총지출국민소득과는 달리 사전적(ex-ante)으로 의도된 총지출의 개념이다. 개방거시경제하에서의 총수요측 균형(aggregate demand-side equilibrium)은 앞의 제7장에서 고찰한 바와 같이 생산물시장, 화폐시장, 국제수지가 동시에 균형을 이룰 때 달성된다. 그리고 세 시장의 동시적 균형을 보장해 주는 실질소득수준과 물가수준과의 관계를 나타낸 조합점들을 연결한 것이 **총수요곡선**(aggregate demand curve)이다. 일반적으로 총수요곡선은 실질소득과 물가수준(Y, P)의 평면상에 우하향의 곡선으로 나타난다. 왜냐하면 물가가 오르면 실질소득이 감소하고 물가가 하락하면 실질소득이 증가하여 물가와 실질소득간에는 역의 관계가 성립하기 때문이다.

그렇다고 하면 왜 물가와 실질소득간에는 역의 관계가 성립되는가? 그 이유는 물가변동이 실질잔고효과(real balance effect)와 무역효과(foreign trade effect)를 수반하여 실질소득을 변동시키기 때문이다. 물가가 하락하면 개인이 보유하고 있는 실질화폐잔고(M^S/P)를 증가시켜 소비증대를 초래하는데 이를 실질잔고효과 또는 **피구효과**(Pigou effect)라고 한다.[1)] 그런데 실질잔고효과는 물가하락의 경우 실질화폐공급증대와 동일한 결과이므로 이자율을 하락시키고 투자증가를 유도한다. 따라서 소비증대와 투자증대를 통해 소득 또한 증가하게 된다.

한편 두 번째의 무역효과는 물가하락으로 인한 실질환율(EP^*/P) 상승이 수

1) 케인지언의 유동성함정(liquidity trap)에서는 금융정책이 LM곡선을 이동시키지 못하기 때문에 실질소득증대에 효과가 없다는 주장에 대해 피구(A.C. Pigou)는 실질잔고효과에 의해 소비증가를 통해 실질소득이 증가된다는 반론을 폈기 때문에 그의 이름을 따서 피구효과라고 한다. 이 경우 소비함수는 $C=C(Y-t(Y),\ A/P)$로 정의될 수 있으며 A/P는 실질자산이고 $t(Y)$는 조세로서 소득의 증가함수이다.

출증대와 수입감소를 초래하여 무역수지를 개선시키는 효과를 말한다. 무역수지가 개선되면 실질소득도 승수를 통해 증가한다. 따라서 물가가 하락하는 경우 위의 두 효과를 통해 실질소득이 증가하는 것으로 나타나 물가와 실질소득간에는 역의 관계가 성립한다.

이제 이들 효과를 감안하여 *IS*–*LM*–*BP*곡선을 통해 총수요곡선을 도출해 보자.

다음의 [그림 11－1] 중 상단에 위치한 그림은 고정환율제도하에서 외국물가가 고정되고 자본의 이자율탄력성이 비탄력적인 경우를 가정한 케인지언모

그림 11-1 자본이동성이 낮은 경우의 총수요곡선의 도출

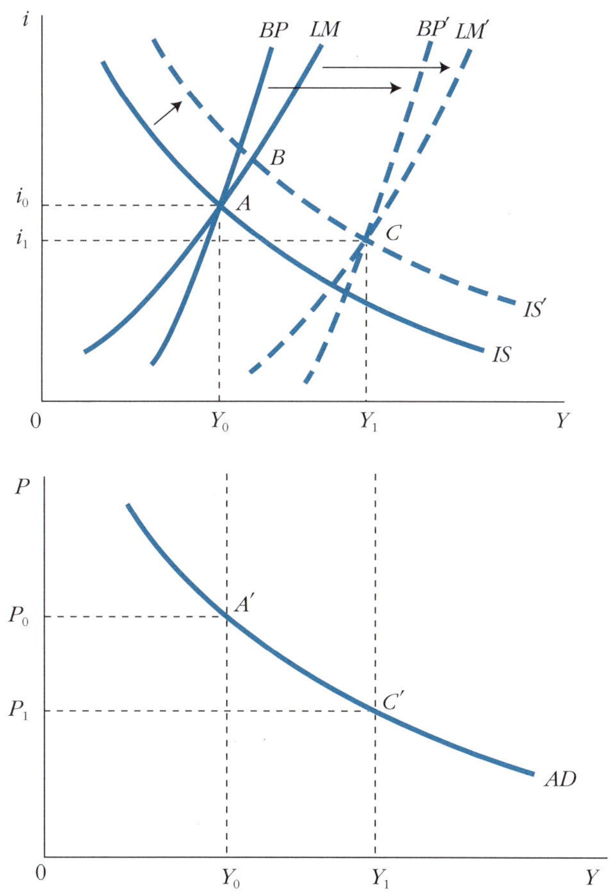

형에 입각하여 그린 것이다. 그림의 점 A는 최초에 균형이자율(i_0)과 균형국민소득(Y_0), 그리고 국제수지균형을 반영하여 총수요측이 균형상태에 있음을 보여주고 있다. 이와 같은 상태에서 물가가 하락하면 실질잔고효과에 의해 LM곡선이 LM'으로 우측이동을 하는 동시에 무역효과에 의해 IS곡선과 BP곡선도 우측이동을 한다. 생산물시장, 화폐시장, 국제수지 중 어느 부문의 조정속도가 빠르고 늦느냐에 따라 국제수지는 흑자 또는 적자가 되면서 조정과정을 거쳐 최종적으로는 새로운 균형점 C에 이르게 된다.[2] 따라서 물가하락은 이자율하락과 실질소득증대를 초래하고 두 균형점 A와 C에 대응한 균형점을 실질소득과 물가(Y, P)로 표시된 평면 위에 옮긴 것이 점 A'과 C'이다. 그리고 이와 같은 총수요측의 균형점들은 무수히 많을 것인데 이들의 배합점들을 연결한 것이 그림 하단에 위치한 총수요곡선(AD곡선)이다. 여기서 추가적으로 지적해 둘 사항은 신축적인 물가(flexible price)에서는 외생적 교란(external disturbances)에도 불구하고 점 C에서와 같이 대내외균형이 자동적으로 달성된다. 그러나 제8장의 평가절하의 효과에서 고찰한 바와 같이 경직적인 물가(sticky price)하에서는 국제수지는 불균형상태로 남게 된다.

두 번째로는 자본의 완전이동성이 보장되는 경우에도 우하향의 총수요곡선이 도출될 수 있는가 하는 문제이다. 물론 가능하며 차이점이 있다고 하면 국내금리는 국제금리에 고정되고 그에 따라 총수요곡선의 기울기의 크기만이 다를 뿐이다. 먼델-플레밍모형(Mundell-Fleming model)에서 물가가 고정되었다는 가정을 완화시켜 물가하락에 따른 총수요측 균형과 총수요곡선은 [그림 11-2]와 같이 된다. 최초의 점 A에서 물가하락으로 점 C에서 새로운 균형을 이루고 그에 따른 총수요곡선도 우하향곡선이 된다.

끝으로, 자본의 이동이 전혀 없는 경우의 총수요곡선은 어떠한 형태가 되겠는가? 이 경우에는 국제수지는 경상수지에 의해서만 결정되므로 총수요곡선은 경상수지가 이미 포함되어 있는 IS곡선과 LM곡선에 의해서만 결정되는데 [그림 11-3]은 이를 보여 주고 있다.

---

2) 독자 중에는 최종균형이 점 C보다 좌측의 어느 한 점에서 결정되어 이자율이 최초의 수준(i_0)보다 높을 수도 있지 않을까 하는 의문을 가질 수 있다. 그러나 그와 같은 결과는 발생하지 않는다. 그림은 기본적으로 비교정태분석에 입각하여 도출된 것이기 때문이다. 이에 대해서는 제8장 4절을 참조할 것.

그림 11-2 자본이동이 자유로운 경우의 총수요곡선의 도출

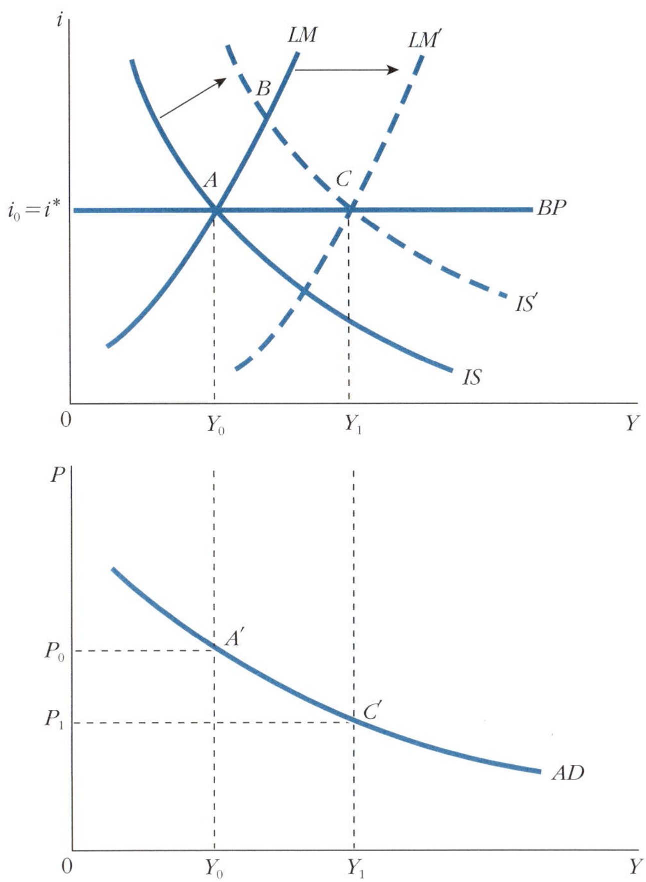

앞서 설명한 바와 같이 물가가 하락하는 경우 *IS*곡선과 *LM*곡선 모두가 우측으로 이동하여 실질소득은 Y_0에서 Y_1으로 증가하고 (Y, P)평면상에 우하향의 총수요곡선이 도출된다. 여기에 앞으로 논의를 전개하는 데 필요한 보조곡선으로서 경상수지균형곡선인 *TT*곡선을 추가해 보기로 한다. *TT*곡선은 [그림 11-4]와 같이 우하향곡선이지만 기울기의 절대치가 총수요곡선보다 완만한 곡선이 되며 *TT*곡선의 우측은 경상수지적자($B_T = T < 0$)를 나타내고 좌측은 흑자($B_T = T > 0$)를 나타낸다.[3)]

3) 제7장 3절의 방정식 (7. 29)로부터 $K(i) = 0$이므로 $B = T(Y, Y^*, \frac{EP^*}{P})$가 된다. 따라서 $T = 0$일

그림 11-3 자본이동이 없는 경우의 총수요곡선의 도출

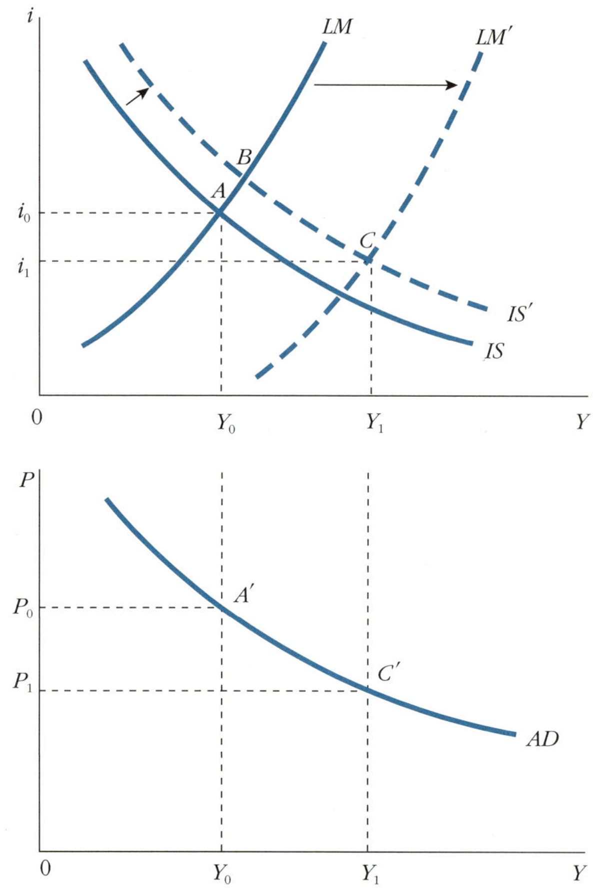

때 (Y, P)평면상의 기울기는 $\left.\frac{dP}{dY}\right|_{TT} = -\frac{m}{T_q} < 0$이므로 우하향곡선이 된다. 또한 생산물시장의 균형식과 화폐시장의 균형식으로부터 총수요곡선의 기울기는

$\left.\frac{dP}{dY}\right|_{AD} = -\frac{s+m+(I'(i)L_y/L_i)}{(I'(i)/L_i)+T_q} < 0$이므로 절대치 기준으로 AD곡선의 기울기가 크다.

그림 11-4 총수요곡선과 경상수지균형곡선의 형태

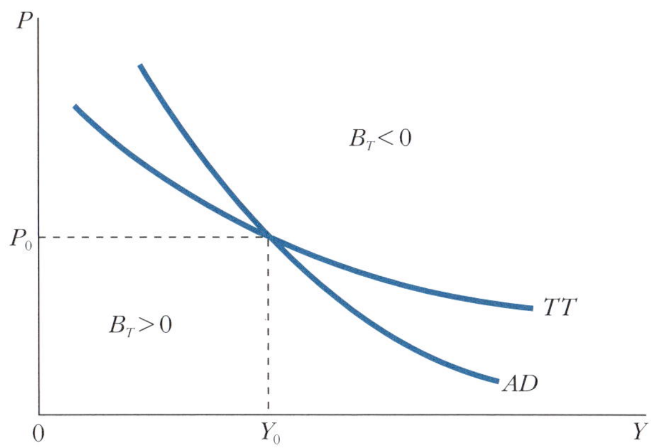

2 총수요곡선의 이동

총수요곡선은 실물시장, 화폐시장, 국제수지균형식(외환시장)에서 외생변수가 변하면 이동한다. 세 시장에서의 외생변수는 독립투자(I_0),정부지출(G), 조세

그림 11-5 총수요곡선의 이동

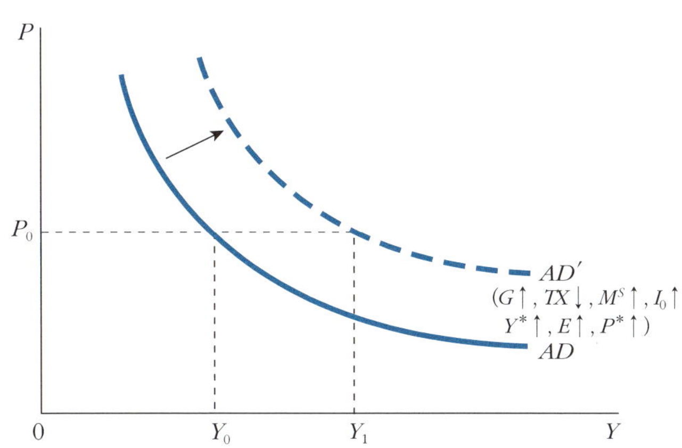

(TX), 화폐공급(M^S), 외국소득수준(Y^*), 고정환율(E), 외국물가(P^*) 등이다. 따라서 총수요함수는 다음과 같이 표시될 수 있다.

$$AD = D(\overset{(-)}{P}; \overset{(+)}{I_0}, \overset{(+)}{G}, \overset{(-)}{TX}, \overset{(+)}{M^S}, \overset{(+)}{E}, \overset{(+)}{Y^*}, \overset{(+)}{P^*}) \qquad (11.\ 1)$$

물가수준(P) 이외의 외생변수들이 변하면 총수요곡선 자체가 이동된다. 그런데 여기서 중요한 것은 물가가 고정되었다는 가정을 하는 경우에는 실질환율(EP^*/P)의 증가함수로 나타난다.

한편 경상수지균형곡선인 TT곡선은 외국소득수준, 환율, 외국물가가 변하면 이동한다.

그림 11-6 경상수지균형곡선의 이동

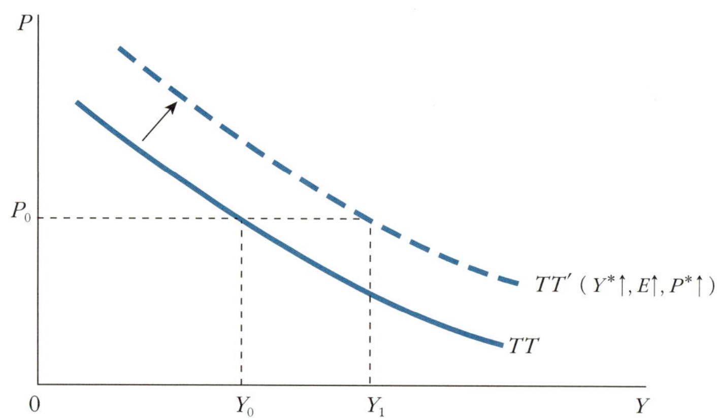

제2절 총공급측 균형과 물가

일국의 총공급은 기업들이 현재의 물가수준에서 기꺼이 판매하고자 하는 공급을 모두 합계한 것을 말하는데 사후적으로는 국내총생산(GDP)과 같다. 그리고 **총공급곡선**(aggregate supply curve)은 다른 요인들이 일정불변할 때 각 물가수준에 대응하여 기업들이 판매(공급)하고자 하는 총생산량의 조합점들을 연결한 곡선을 말하며 생산함수와 노동시장균형식으로부터 도출된다. 그러나 이의 도출과정은 경제학원론 수준이므로 이하에서는 앞으로 논의에 필요한 부분만을 중심으로 간략히 설명하기로 한다.[4)]

1 노동시장의 균형

노동에 대한 수요

기업은 일정한 생산기술로 생산요소를 투입하여 생산한 산출물(output)을 시장에 판매한다. 그런데 기업의 생산요소에 대한 수요는 생산물에 대한 수요에 따라 파생된다는 점에서 파생수요(derived demand)의 특성을 갖는다. 생산물에 대한 수요가 증가하면 생산증대를 위한 요소에 대한 수요도 증가하기 때문이다. 이제 국민경제를 대표하는 기업의 생산기술을 나타내 주는 단기생산함수가 다음과 같이 주어졌다고 하자.

$$Y = F(N, \bar{K}) \qquad (11.\ 2)$$

Y는 매기에 생산되는 생산량(product)을 나타내며 N과 $\bar{K}$는 각각 매기에 투입되는 노동량과 고정된 자본량을 표시한다. 따라서 윗식은 단기생산함수를 반영하고 있는데 이하에서는 생산량은 생산요소의 증가함수이지만 한계생산물체감의 법칙(law of diminishing marginal product)이 작용하는 것으로 가정하기로 한다. 즉 주어진 자본량에서 노동투입량을 계속 증가시키면 생산량은 증가하지만 노동의 한계생산물은 계속 감소한다.[5)]

한편, 생산물시장과 생산요소시장 모두가 완전경쟁시장이라고 가정한다. 따라서 기업은 가격수용자(price-taker)로서 시장에서 결정되는 상품가격(P)으로 판매해야 하고 생산요소는 시장에서 결정되는 명목임금(W)으로 노동을 고용해야 한다. 따라서 이윤극대화 기업의 노동에 대한 수요는 다음의 식 (11. 3)과 같이 노동의 한계생산물가치(value of marginal product of labor)와 명목임금이 같아

4) 총공급에 대한 상세한 내용으로는 W.H. Branson, *Macroeconomic Theory and Policy*, 3rd ed., Harper & Row, Publishers, New York, 1989, Chapters 6–7을 참조할 것.

5) 이상의 가정은 수학적으로 $F(0, 0)=0$, $F(N, 0)=0$, $F(0, \bar{K})=0$, $\frac{\partial F}{\partial N}=F_N>0$, $\partial^2 F/\partial N^2=F_{NN}<0$을 의미한다.

지는 수준에서 결정된다.

$$P \cdot MP_N = W \tag{11. 3}$$

기호(notation)표시를 간단히 하기 위해 노동의 한계생산물인 MP_N을 $f(N)$으로 대체하면 노동에 대한 수요함수는 다음과 같이 주어진다.[6)]

$$W = P \cdot f(N) \text{ 또는 } \frac{W}{P} = f(N) \tag{11. 4}$$

단, W = 명목임금
P = 생산물가격
$f(N)$ = 노동의 한계생산물로서
노동의 감소함수($f'(N) < 0$)

위의 식 (11. 4)가 의미하는 바를 생각해 보자. 노동의 한계생산물 $f(N)$은 기업이 노동 한 단위를 추가로 고용함으로써 추가되는 생산량이므로 완전경쟁시장에서 노동의 한계생산물가치인 $P \cdot f(N)$은 노동 한 단위를 추가로 고용함으로써 얻는 총수입의 증가분이다. 따라서 노동 한 단위의 고용에 따른 주어진 비용인 명목임금(W)보다 한계생산물가치가 크다고 하면 기업은 고용을 늘리려 할 것이고 반대로 명목임금이 상대적으로 높으면 노동에 대한 수요는 감소할 것이다. 따라서 이윤극대화를 추구하는 기업은 명목임금과 노동의 한계생산물가치가 같아지는 수준에서 노동수요를 결정하게 된다.

다음의 [그림 11 - 7] 의 (a)에서 노동의 한계생산물체감의 법칙을 반영하여 한계생산물가치($P \cdot f(N)$)는 우하향곡선으로 표시되고 있다. 그리고 점 A에서는 노동에 대한 수요가 증가됨을 나타내고 점 B에서는 노동수요를 줄이게 되어 최종적으로 점 E에서 노동수요가 결정됨을 보여 주고 있다. 그림 (b)는 종축에 실질임금으로 표시했을 뿐 논리는 위와 동일하다. 즉 그림 (a)와 (b)의 N_0^D는 동일 규모임을 표시한다.

6) 기업의 이윤을 π라 놓으면 $\pi = PF(N, \bar{K}) - (WN + r\bar{K})$이므로 이윤극대화의 제1차 필요조건으로부터 $\frac{\partial \pi}{\partial N} = P \cdot \frac{\partial F}{\partial N} - W = 0$이 된다. 그런데 $\frac{\partial F}{\partial N}$는 바로 노동의 한계생산물을 나타내므로 본문의 $MP_N \equiv f(N)$과 동일하다. 따라서 $P \cdot MP_N = W$ 또는 $P \cdot f(N) = W$로 표시된다. 그리고 생산함수에 대한 기본가정으로부터 $\frac{\partial^2 \pi}{\partial N^2} = P \cdot F_{NN} = P \cdot f'(N) < 0$가 되어 이윤극대화의 충분조건도 충족된다. 또한 식 (11. 4)에서 노동에 대한 수요함수(N^D)를 명시적으로 실질임금의 함수로 나타내면 $N^D = N^D(\frac{W}{P})$로 쓸 수 있다.

그림 11-7 노동에 대한 수요곡선

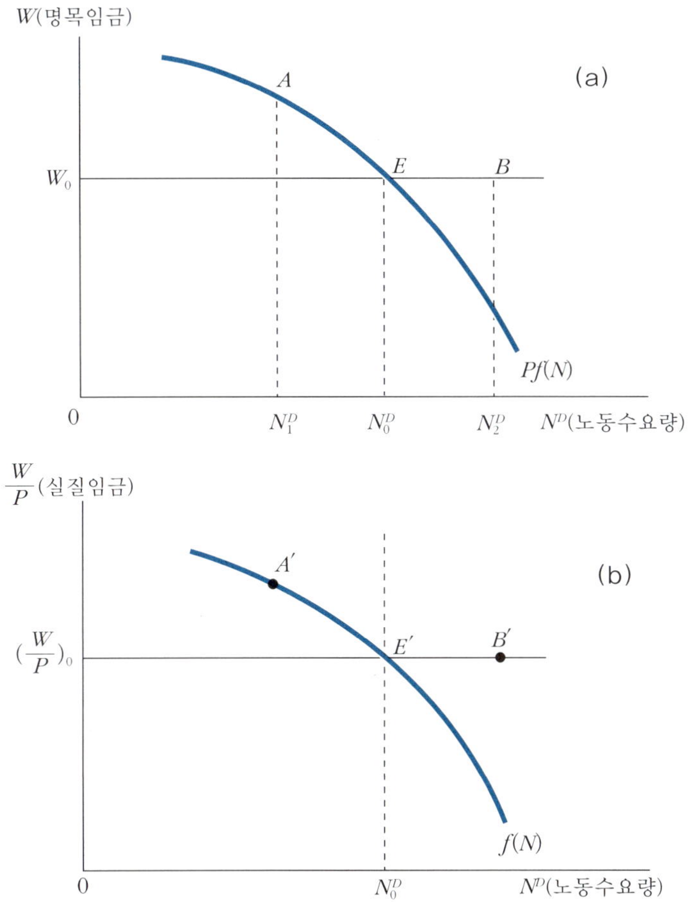

노동의 공급

근로자는 노동을 제공함으로써 얻을 수 있는 기대실질소득(expected real income)과 여가(leisure)를 배분하여 그의 효용을 극대화하는 수준에서 노동을 공급한다고 가정하자.

지금 기대실질소득과 기대물가수준을 각각 Y^e와 P^e라고 하면 Y^e는 기대실질임금($\frac{W}{P^e}$)에 노동공급량(N^S)을 곱한 것($Y^e = \frac{W}{P^e} \cdot N^S$)으로 정의된다. 그런데 노동공급량은 근로자의 주어진 총이용가능 노동시간(H)에서 여가시간(S)을 제외한 것($N^S=H-S$)이므로 근로자는 기대실질임금이 오를 것으로 예상되면 여가시간을 줄여 노동공급을 증가시킬 것이고, 반대로 기대실질임금이 하락할 것으로 예상되면 여가시간을 늘림으로써 노동공급을 줄일 것이다.

이와 같이 근로자는 기대실질소득과 여가의 배분을 통해 효용극대화를 실현시키기 위해 노동공급을 결정하게 되는데 노동의 공급함수는 다음과 같이 표시된다.[7)]

$$\frac{W}{P^e}=g(N),\ \ g'(N)>0 \tag{11. 5}$$

그리고 윗식을 달리 표시하면 다음과 같이 동일한 식이 된다.[8)]

$$W=P^e\cdot g(N) \text{ 또는 } \frac{W}{P}=\frac{P^e}{P}\cdot g(N),\ \ g'(N)>0 \tag{11. 6}$$

식 (11. 6)으로 표시된 노동의 공급함수가 의미하는 바는 완전경쟁시장에서 결정되는 명목임금(W)과 기대명목소득($P^e\cdot g(N)$)이 같아지는 수준에서 노동공급이 결정됨을 의미한다. 식 (11. 6)의 우측식은 단순히 좌측의 양변을 물가수준 P로 나누어 실질임금에 의해 노동공급이 결정되는 함수관계를 보여 주고 있을 뿐이다. 이를 그림으로 나타내면 노동공급곡선은 다음의 [그림 11－8]과 같이 우상향의 곡선이 된다.

[그림 11－8]에서 노동공급곡선이 우상향곡선이 되는 것은 임금상승시에 대체효과에 따른 노동공급효과가 소득효과에 따른 여가증가효과보다 크기 때문이다. 만약 소득의 일정수준에서 대체효과가 소득효과보다 작으면 노동보다는 여가를 더 선호하게 되어 후방굴절 노동공급곡선(backward-bending supply curve of labor)이 된다. 이와 같은 현상은 노동자의 소득수준, 지출수준, 연령 등

---

7) 여가는 정상재(normal goods)이며 구조적 실업 등으로 인한 비자발적 실업이 존재하지 않는 것으로 가정한다. 수학적으로는 다음의 라그랑지함수(Lagrange function) L의 극대화조건으로부터 도출된다. 단, 제2차 충분조건은 만족한다고 가정한다.
$L=U(Y^e,\ S)+\lambda[Y^e-\frac{W}{P^e}(H-S)]$, 단 λ는 라그랑지승수이며 제1차 필요조건은 $\frac{U_S}{U_{Y^e}}=\frac{W}{P^e}$과 $Y^S=\frac{W}{P^e}(H-S)=\frac{W}{P^e}N^S$로 주어진다. 따라서 소비자 균형이론과 동일한 논리로 노동의 균형공급은 기대실질소득(Y^e)으로 표시한 여가(S)의 한계대체율(MRS_{y^eS})이 기대실질임금(W/P^e)과 일치하는 점에서 결정된다. 한계대체율은 기대실질소득의 한계효용(U_{y^e})에 대한 여가의 한계효용(U_s)의 비율로 표시되고 있다.

8) 본문의 식 (11. 5)는 일 대 일의 함수관계에서 역함수가 존재하므로 노동공급은 기대실질임금의 증가함수인 $N^s=N(W/P^e)$, $N'(W/P^e)>0$으로 표시될 수 있다.

그림 11-8 노동의 공급곡선

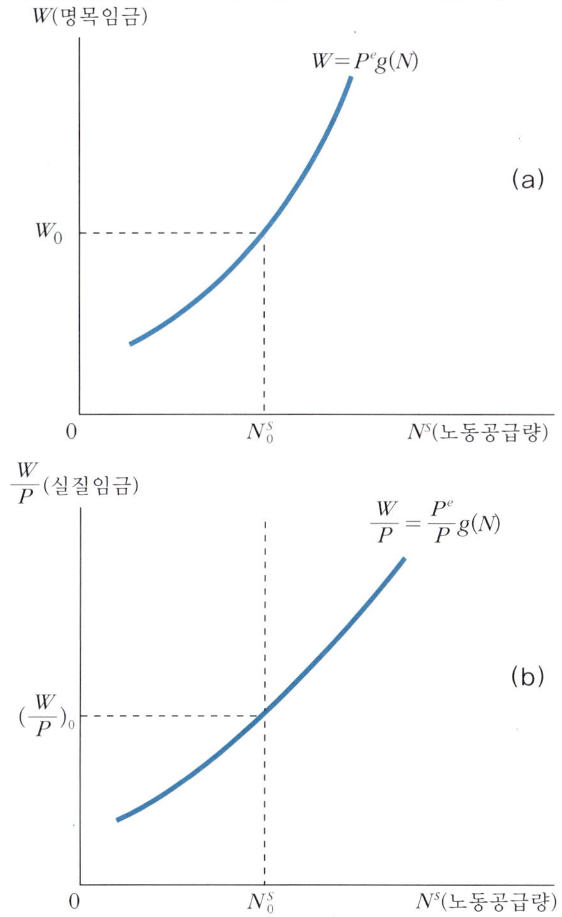

여러 가지 요인에 의해 결정되는데 이하에서는 단기에 우상향의 노동공급곡선만을 가정한다. 그리고 노동의 이동성이 제약을 받으면 받을수록 임금변동에 대한 노동공급이 비탄력적이 되어 가파른 우상향의 곡선이 되고 완전경쟁시장과 같이 산업간 노동이동이 자유로우면 완만한 우상향 곡선이 된다.

노동시장의 균형식

노동시장의 균형은 앞에서 생산함수를 감안하여 도출한 노동에 대한 수요함수와 노동의 공급함수가 일치되는 점에서 이루어지며 이때 노동의 균형수급량, 균형명목임금수준 또는 균형실질임금수준이 동시에 결정된다. 이를 요약하면 다음과 같이 식 (11. 7)~(11. 10)과 같다.

생산함수:

$$Y = F(N, \bar{K}),\ F_N \equiv f(N) > 0 \text{ 및 } f'(N) < 0 \qquad (11.\ 7)$$

노동의 수요함수:

$$W = P \cdot f(N) \text{ 또는 } \frac{W}{P} = f(N),\quad f'(N) < 0 \qquad (11.\ 8)$$

노동의 공급함수:

$$W = P^e \cdot g(N) \text{ 또는 } \frac{W}{P} = \frac{P^e}{P} \cdot g(N),\quad g'(N) > 0 \qquad (11.\ 9)$$

노동시장의 균형조건:

$$P \cdot f(N) = P^e \cdot g(N) \text{ 또는 } f(N) = \frac{P^e}{P} \cdot g(N) \qquad (11.\ 10)$$

다음의 [그림 11-9]는 균형실질임금(W_0/P_0) 또는 균형명목임금수준(W_0)과 균형노동수급량(N_0)이 우하향의 노동수요곡선과 우상향의 노동공급곡선이 만나는 점 A(또는 A')에서 결정되고 있음을 보여 주고 있다.

그림 11-9 노동시장의 균형

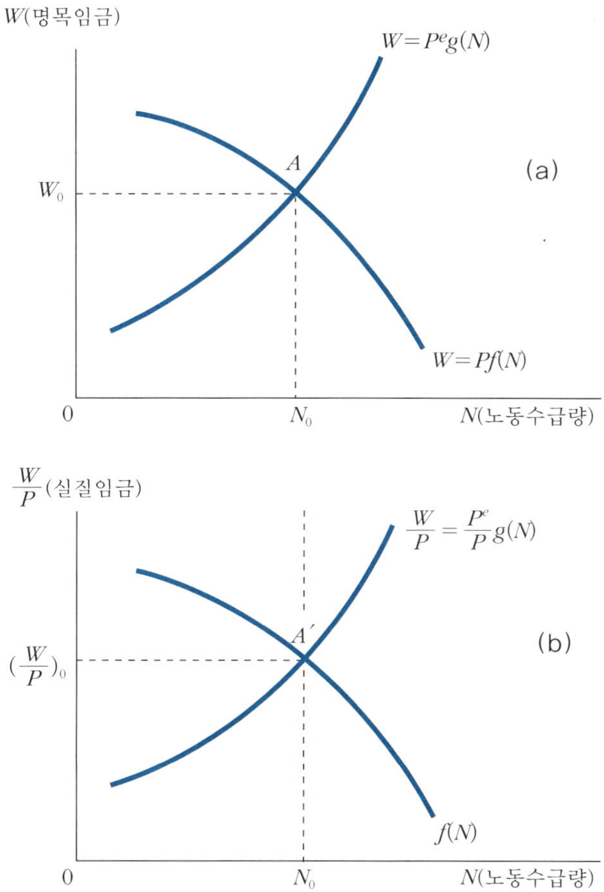

2 총공급곡선의 도출

총공급곡선의 형태는 실제물가(P)의 변동에 대응하여 기대물가(P^e)가 얼마만큼 빠른 속도로 조정되느냐에 따라 총생산(Y)과 물가(P)의 평면 위에 우상향 곡선 또는 수직선이 될 수도 있다.

실제로 물가가 오르면 주어진 명목임금수준하에서 실질임금이 하락하므로 생산자는 생산비용이 감소되기 때문에 노동수요를 증대시키지만 근로자 입장에서는 노동공급을 줄이려 할 것이다. 그러나 물가상승에 따라 근로자가 실제로 노동공급을 줄일 것인가 아니면 늘릴 것인가는 근로자가 예상하는 기대실질임금수준에 의해 결정된다.

이를 보기 위해 기대물가수준(P^e)을 다음과 같이 실제물가수준(P)의 증가함수라고 가정하자.

$$P^e = h(P), \ \ 0 \leq h'(P) \leq 1 \qquad (11.\ 11)$$

윗식의 의미를 이해하기 위해 먼저 두 개의 극단적인 경우를 고찰해 보자. 첫째 경우로는 $dP^e/dP = h'(P) = 0$이 되는 경우로서 이는 실제물가가 아무리 변해도 기대물가수준에는 전혀 영향를 주지 않는 정태적 기대(static expectation)를 의미한다. 이를 극단의 케인지언모형(extreme Keynsian case)이라고 하는데 이 경우에는 실제물가변동에 따라 노동의 수요곡선만 변동할 뿐 노동의 공급곡선은 움직이지 않는다. 극단의 케인지언모형이라고 부르는 이유는 케인즈의 소위 **화폐환상**(money illusion)에 연유한다. 화폐환상은 실질임금변동은 감안하지 않고 물가가 상승하고 있음에도 불구하고 명목임금이 상승하면 마치 소득이 증대된 것으로 착각하고 노동을 공급하는 경우를 말한다. 예를 들어 명목임금이 10% 상승하였을 때 물가도 10%가 상승하면 실질임금(W/P)은 사실상 변하지 않았음에도 불구하고 임금만이 상승한 것으로 착각하고 경제행위를 결정하는 경우가 이에 해당된다. 케인즈가 화폐환상을 가정한 이유는 정보의 불완전성, 물가상승에 대한 인식시차 등으로 근로자는 실질임금수준보다 명목임금수준에 더 높은 관심을 갖는다고 보았기 때문이다. 그 이유야 어떻든간에 화폐환상이 존재하는 경우에 물가변동이 기대물가에 영향을 미치지 못하므로 노동수요증가에 대응하여 노동공급 또한 증가하기 때문에 노동균형수급량도 증가하는 결과를 가져온다. 이와 같은 고용량증대는 또한 생산량을 증가시키며 이로부터 우상향곡선이 도출된다. [그림 11-10a]에서 점 B가 이에 해당된다.

한편, 두 번째 극단의 경우로서는 기대물가가 실제물가변동에 즉각적으로 반응하고 신속히 조정되는 고전경제학파(classical economic school)의 경우이다. 이는 $h'(P) = 1$인 경우로서 실제물가가 10% 상승하면 기대물가 또한 즉시 10%로 상향조정되는 경우이다. 이는 후에 고찰할 합리적 기대가설과 동일한 결과를

그림 11-10 총공급곡선의 도출

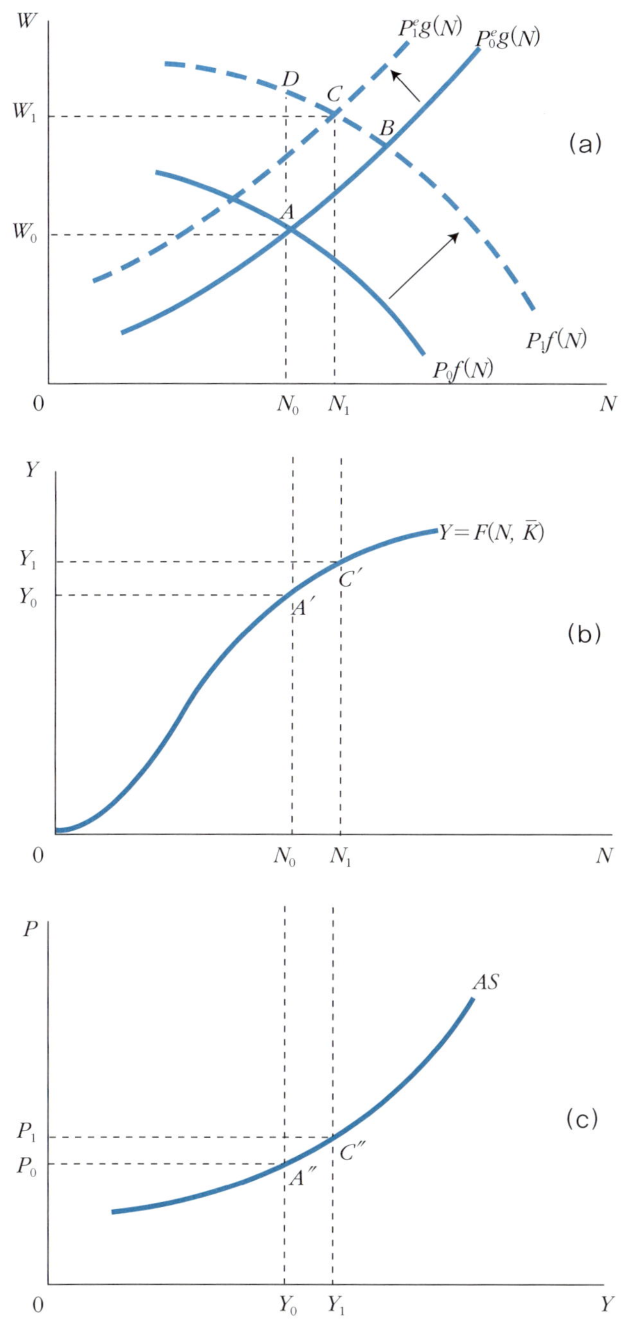

가져오는데 다만 조정과정과 경제주체의 기대형성(formation of expectations)에만 차이가 있을 뿐이다. 고전학파와 같이 실제물가변동에 따라 기대물가변동이 즉각적으로 조정되는 경우를 **완전예견**(perfect foresight)이라고 하는데 이 경우에는 기대실질임금(W/P^e)은 전혀 변동이 없게 되어 노동공급이나 노동수요에 전혀 영향을 미치지 않기 때문에 생산수준에도 변동이 없다. 따라서 이 경우의 총공급곡선은 수직선이 된다. [그림 11-10a] 에서 최초의 균형점 A에서 수직선상의 점 D까지 노동공급곡선인 $P_1^e \cdot g(N)$이 좌측으로 이동한다고 상정하면 왜 수직선의 총공급곡선이 도출되는지를 쉽게 이해할 수 있다. 사실상 고전학파는 노동의 수요 · 공급함수는 명목임금의 함수가 아니라 실질임금의 함수로 표시되며 또한 물가, 임금의 완전신축성(perfect flexibility)을 가정함으로써 생산은 항상 완전고용수준에서 이루어진다고 가정하고 있다.

이상의 두 극단적인 경우가 현실적으로 주는 시사점은 국가가 물가나 임금에 대한 엄격한 통제를 하거나 근로자의 화폐환상이 존재하는 경우에는 극단의 케인즈모형이 설득력을 갖게 되지만, 인플레이션이 지극히 높은 경우에는 고전학파의 완전예견의 경우가 설득력을 갖는다고 할 수 있다. 만성적인 인플레이션하에서는 실제물가에 대한 기대물가의 예상이 정확할 것이기 때문이다. 그러나 보다 현실적인 경우로는 경제구조, 경제제도, 정보의 불완전성, 인식시차의 존재 등으로 다음과 같은 일반적인 케인지언모형(general Keynesian case)이 설득력 있는 것으로 받아들여지고 있다.

끝으로 고려할 수 있는 경우로는 물가변동에 대응하는 경제주체가 예상하는 기대물가가 완만하게 조정되는 경우를 들 수 있는데 이를 **불완전예견**(imperfect foresight)이라고 하고 흔히 일반적인 케인지언 경우로 분류하고 있다. 이는 식 (11. 11)에서 $0 < h'(P) < 1$인 경우로서 기대물가의 조정이 이루어지기는 하되 완전예견과 같이 즉각적이고 신속히 이루어지지는 않는 경우이다. 이에 대응한 기대가설은 후에 고찰할 적응적 기대가설이나 회귀적 기대의 경우에 해당되는데 어느 경우에나 우상향의 총공급곡선이 도출된다.

불완전예견의 경우 총공급곡선의 도출과정을 다음의 [그림 11-10]을 이용하여 설명해 보자. 그림 (a)에서와 같이 최초에 점 A에서 노동시장이 균형을 이루고 있는 상태에서 실제물가가 P_0에서 P_1으로 상승함에 따라 노동의 수요곡선은 $P_0 \cdot f(N)$에서 $P_1 \cdot f(N)$으로 우측이동을 하고 있다. 근로자가 예상하는 기대물가는 실제물가상승률보다 작은 폭으로 증가하여 P_0^e에서 P_1^e로 상향조정되어 노동의 공급곡선은 $P_0^e \cdot g(N)$에서 $P_1^e \cdot g(N)$으로 좌측이동을 하고 있다. 그 결과 기대물가상승으로 인해 노동공급을 줄이기는 하되 수요증가폭보다 작게 감소함으로써 전체적인 노동공급량은 N_0에서 N_1으로 증대되고 명목임금 또한 W_0에서 W_1으로 상승되었음을 알 수 있다. 그림 (b)는 주어진 생산함수에서 고용증대로 인한 총생산이 Y_0에서 Y_1으로 증가했음을 보여 주고 있다. 그리고 그림 (c)에서는 총생산(Y)과 물가수준(P)으로 표시된 평면 위에 우상향의 총공급곡선(AS곡선)이 도출되고 있다.

이상에서 살펴본 바와 같이 불완전예견하에서의 물가상승은 고용증대와 생산증대를 초래하므로 물가와 생산간에는 정(+)의 방향으로 움직이므로 [그림 11 - 10] 의 (c)에서와 같이 우상향의 총공급곡선이 도출된다.[9)]

이상과 같이 기대물가수준이 전혀 조정되지 않는 극단적인 케인지언 경우($h'(P)=0$)나 불완전예견 ($0<h'(P)<1$)의 경우 모두 우상향의 공급곡선이 도출되는데 다만 차이점이 있다고 하면 불완전예견의 경우의 기울기가 보다 커서 가파른 곡선이 된다는 점이다.

3 총공급곡선의 이동

총공급곡선을 이동시키는 요인들로는 생산함수와 노동시장균형에 영향을 미치는 외생변수들로서 생산기술진보(T_H), 생산요소가격(W, r), 생산요소의 생산성(P_Q), 기대물가수준(P^e) 등이 해당된다. 따라서 총공급곡선은 다음과 같이 표시된다.

$$AS = S(\overset{(+)}{P};\ \overset{(+)}{T_H},\ \overset{(-)}{W},\ \overset{(-)}{r},\ \overset{(+)}{P_Q},\ \overset{(-)}{P^e}) \qquad (11.\ 12)$$

9) 수식으로 총공급곡선의 기울기는 노동시장의 균형식으로부터 도출된다. 즉 $P \cdot f(N) = P^e \cdot g(N)$을 전미분하고 최초에 $P = P^e = 1$로 놓고 $f(N) = g(N) = \omega$ 및 $dN = dY/f(N)$를 이용하면
$\frac{dP}{dY}\Big|_{AS} = \frac{g'(N) - f'(N)}{f(N)[\omega \cdot (1 - h'(P))]} > 0$, 단 $\omega = \frac{W}{P}$ 이고 $g'(N) > F'(N)$임.
만약 $h'(P) \to 1$로 접근하면 $dP/dY|_{AS} \to \infty$가 되어 총공급곡선은 수직선이 되고, $h'(P) \to 0$ 이면 역시 우상향곡선이 되며 다만 이 경우에는 기울기가 작아져 완만한 곡선이 된다.

그림 11-11 총공급곡선의 이동

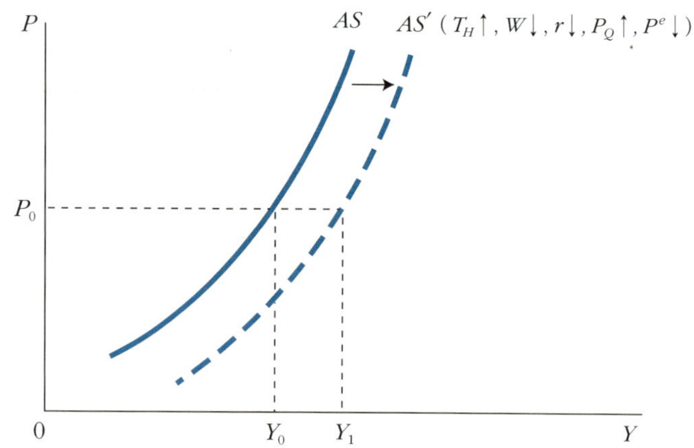

생산기술진보가 발생하면 종전의 노동고용량으로 더 많은 생산을 할 수 있고, 생산요소가격이 하락하면 생산비용이 절감되어 생산량이 증가한다. 마찬가지로 생산성증대도 생산증가를 수반한다. 물가에 대한 기대가 하락하면 근로자는 노동공급을 증가시키고 생산자는 물가하락 후에 판매하는 것보다는 현재 판매하는 것이 유리하므로 생산증대와 공급을 늘릴 것이기 때문이다. 위의 [그림 11-11]은 외생변수들이 변동함에 따라 총공급곡선이 이동되는 방향을 보여주고 있다.

제3절 종합균형과 외부충격의 영향

1 총수요·총공급의 종합균형

지금까지 고찰한 바와 같이 개방거시경제에서 총수요측 균형(aggregate demand-side equilibrium)은 생산물시장, 화폐시장, 국제수지균형식에 의해 동시적으로 결정되고, 총공급측 균형(aggregate supply-side equilibrium)은 국민경제의 총생산함수와 노동시장에 의해 결정된다.

총수요측 균형

생산물시장: $Y = C(Y) + I(i) + G + T(Y, Y^*, \frac{EP^*}{P})$ (11. 13)

화폐시장: $\frac{M^S}{P} = L(Y, i)$, 단, $M^S = DC + NFA$ (11. 14)

국제수지: $B = T(Y, Y^*, \frac{EP^*}{P}) + K(i)$ (11. 15)

총공급측 균형

단기생산함수: $Y = F(N, \bar{K})$, 단, K = 고정된 자본투입량 (11. 16)

노동시장: $P \cdot f(N) = P^e \cdot g(N)$, 단, $f'(N) < 0$, $g'(N) > 0$ (11. 17)

그림 11-12 총수요와 총공급에 의한 종합균형

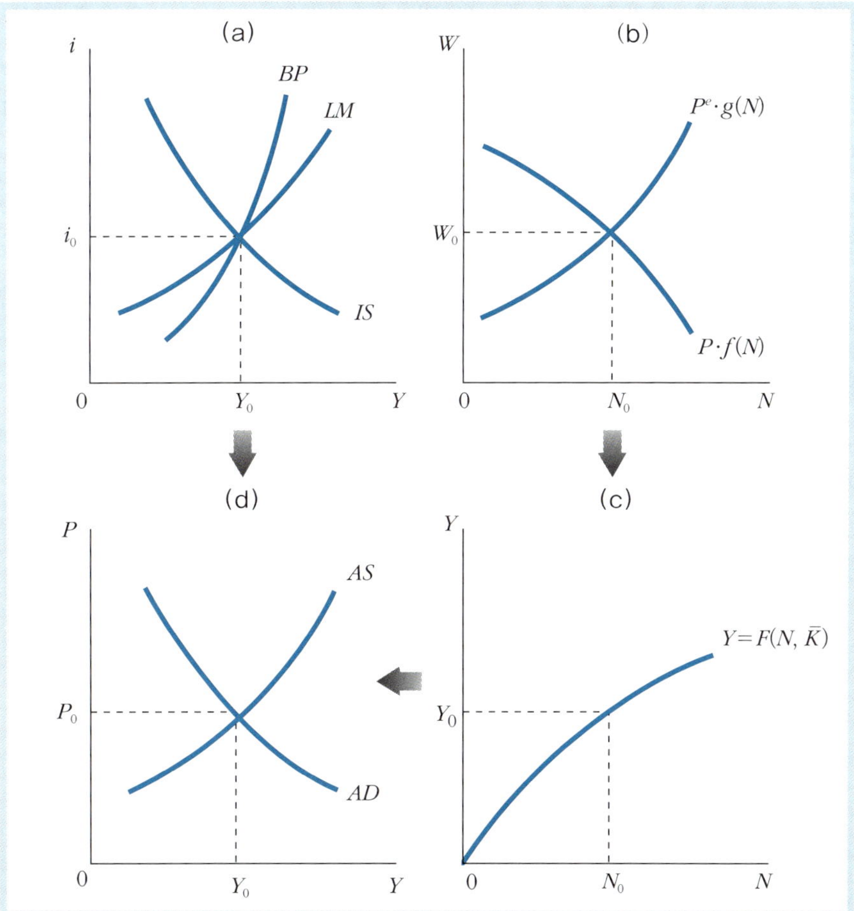

따라서 이들 시장으로부터 균형국민소득(Y_0), 균형이자율(i_0), 균형고용량(N_0), 균형물가수준(P_0)이 동시에 결정되며 그 과정을 나타낸 것이 앞의 [그림 11-12]이다. 그림 (a)는 총수요측 균형을 나타내고 그림 (b)와 (c)는 총공급측 균형을 나타낸다. 그리고 그림 (d)는 이로부터 각각 도출된 총수요곡선(AD)과 총공급곡선(AS)이 만나는 점에서 종합균형이 이루어지고 있음을 보여 주고 있다.

2 외부충격의 영향

현실 경제에서 경제주체들은 전혀 예상하지 못한 외부충격(external shocks)으로 인해 많은 영향을 받는다. 어느날 갑자기 정부가 임금 · 물가에 대한 동결조치를 취한다든가 대폭적인 평가절하를 단행하거나 갑자기 통화공급을 확대시키는 것 등은 모두 대내적인 충격들이다. 그런가 하면 두 차례에 걸쳐 경험했던 세계석유파동이나 미국 달러화의 금태환정지 등은 해외에서 연유된 충격들이다. 그런데 경제모형에서 이들 요인들을 모두 수용한다는 것은 현실적으로 불가능하다. 따라서 이하에서는 지금까지 논의해 온 모형 내에서 외생변수들의 변화가 국민경제에 어떠한 교란요인(disturbances)으로 작용하는지 살펴보기로 한다.

총수요측의 교란

총수요측의 교란요인은 총수요곡선을 이동시키는 외생변수들로 구성된다. 재정지출, 조세율, 독립투자, 화폐공급, 외국소득, 외국물가수준 등의 갑작스런 변동은 외생적으로 수요에 영향을 미치기 때문이다. 총수요측의 교란이 국민경제에 어떠한 영향을 미치는가를 알아보기 위해 [그림 11-13]과 같이 최초에 점 A에서 대내외균형을 이루고 있을 뿐만 아니라 하단의 그림 (b)에서는 점 B에서 종합균형을 이루고 있었다고 하자. 물론 고정환율제도를 상정하고 있다. 경제주체들이 전혀 예상하지 못한 상태에서 중앙은행이 대폭적인 통화공급을 증대시켰다고 하면 LM곡선을 LM'까지 우측으로 이동시킴으로써 이자율하락과 실질국민소득을 증대시키는 동시에 국제수지적자를 초래한다. 여기서 국제수지적자는 소득증대에 따른 수입증가와 이자율하락에 따른 자본유출로 경상수지와 자본수지가 모두 적자가 되기 때문이다.

그림 11-13 총수요측 교란의 영향

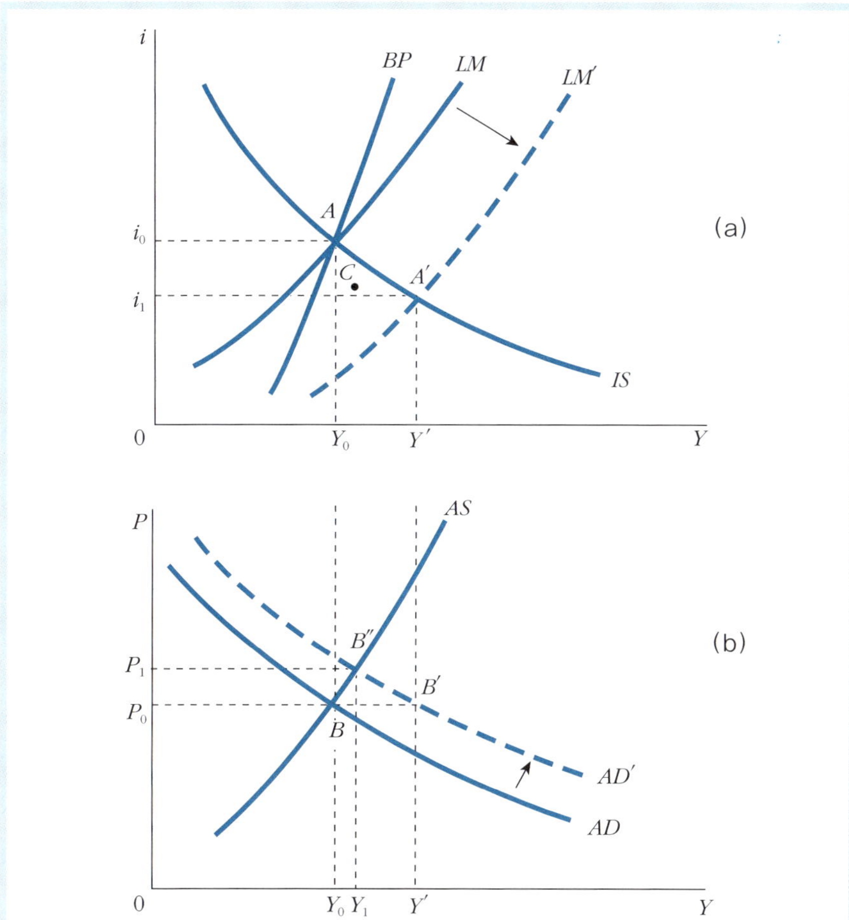

통화공급은 또한 총수요곡선을 우측으로 이동시켜 주어진 최초의 물가수준 P_0에서 점 A' 에 대응한 점 B' 에서 실물시장에 초과수요를 유발하기 때문에 단기 종합균형은 점 B'' 에서 이루어지고 그에 따라 새로운 균형국민소득과 균형물가수준은 각각 Y_1과 P_1이 된다. 물가상승은 실질잔고효과로 *LM*곡선을 좌측으로 이동시키고 무역효과에 의해 *IS*곡선과 *BP*곡선을 좌측으로 이동시킨다. 따라서 상단에 있는 그림 (a)에서 *IS*곡선과 *LM*곡선이 만나 이루는 새로운 단기 대내균형점은 점 *C* 부근에서 이루어지지만 국제수지는 적자로 남아 있게 된다. 그러나 장기적으로는 국제수지적자에 따른 통화감소와 물가하락을 통해 원래의 대내외균형상태로 자동조정된다. 다만 이 경우의 교란요인은 단 한 번(once-and-for-all)이어야 한다. 만약 통화공급을 항구적으로(permanently) 증가시킨다고 하면 총수요곡선은 계속 우측으로 이동하여 수요견인 인플레이션(demand-pull inflation)을 유발하고 그에 따른 실질환율의 하락은 수출경쟁력을 약화시켜 국제수지적자가 확대됨으로써 대내외불균형이 심화된다. 더욱이 후에 고찰하는 바와 같이 인플레이션 상태가 지속되면 물가에 대한 기대를 형성함으로써 총공급곡선까지 좌측으로 이동시켜 물가의 악순환이 발생할 수 있다.

요약하면 외부충격으로서 기대하지 않은 확장금융정책은 단기에 이자율하락, 실질국민소득증가, 물가상승, 국제수지적자를 초래한다. 그리고 확장금융정책이 단 한 번의 충격이면 장기적으로는 자동조정되어 원래의 균형상태로 회복되지만 항구적인 확장금융정책의 경우에는 수요견인 인플레이션과 실질소득감소, 국제수지적자 확대로 연결된다.

총공급측의 교란

국제원자재 가격의 폭등, 일기불순으로 인한 농산물 수확감소, 노사분규로 인한 생산중단이나 생산성을 상회한 대폭적인 임금인상 등은 모두 공급측의 교란요인으로 작용한다. 특히 1973년 10월과 1979년 말에 발생했던 국제석유가격파동으로 인해 우리나라를 포함한 많은 석유소비국들이 비용인상 인플레이션(cost-push inflation)과 경기침체가 혼합된 스태그플레이션(stagflation)을 경험한 것은 잘 아는 사실이다. 이하에서는 공급충격에 대한 영향분석으로 자주 원용되는 국제석유파동의 예를 들어 총공급측에 외생적 교란요인이 발생한 경우 국민소득, 물가, 국제수지에 어떠한 영향을 미치는지 살펴보기로 한다.

다음의 [그림 11-14]에서와 같이 최초에 점 A에서 안정적인 물가수준($\overline{P}$) 하에 완전고용국민소득($\overline{Y}$)으로 균형을 이루고 있는 상태에서 생산비용에 절대적인 영향을 미치는 국제석유가격이 인상되었다고 하자. 국제석유가격 인상은 국내생산비용을 상승시키므로 총공급곡선은 AS에서 AS'으로 좌측이동하게 되고 그 결과 국내물가수준은 $\overline{P}$에서 P_1으로 상승하는 반면 실질국민소득은 완전고용 국민소득수준($\overline{Y}$)에서 Y_1으로 감소하여 스태그플레이션(stagflation)을 겪게 된다. 또한 국내물가상승은 순수출을 감소시켜 국제수지적자를 초래한다. 만약 단기에 고용계약 등에 묶여 임금이 경직(wage rigidity)적이라고 하면 물가상승

그림 11-14 총공급측 교란의 영향

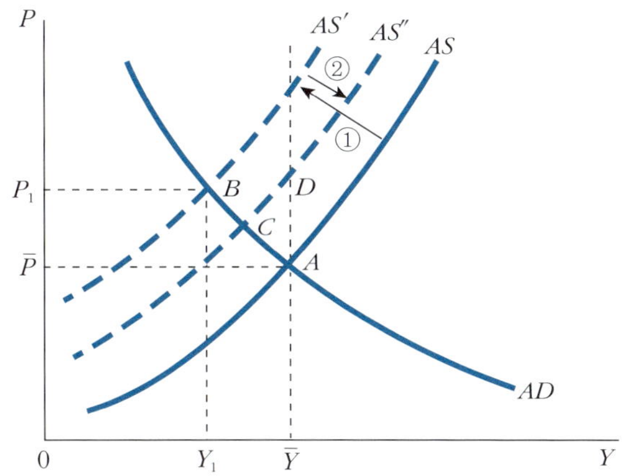

은 실질임금을 하락시켜 총공급곡선을 AS''으로 우측이동시켜 점 B에 비해 물가상승폭과 소득감소폭이 완화된 점 C에서 단기균형을 이룬다. 따라서 총공급충격의 단기효과는 물가상승, 소득감소 그리고 국제수지 적자를 초래한다.

여기서 총수요충격의 경우와 상이한 것은 총수요충격이 있는 경우에는 비록 인플레이션을 유발하기는 하나 장기적으로 최초의 완전고용소득수준으로 균형회복이 이루어지는 데 대해 총공급충격의 경우에는 특별한 정책개입 없이는 장기에도 점 C에 머물게 되어 물가상승에 실업을 수반한 경기침체 즉 스태그플레이션을 겪게 된다. 따라서 이 경우 자유방임정책(laisser-faire policy)이 최선의 정책(first-best policy)이 아님을 알 수 있다. 만약 완전고용소득수준을 달성하는 동시에 실업을 감소시키기 위해 확장재정 · 금융정책을 통해 실시했다면 총수요곡선은 점 D까지 우측으로 이동하여 완전고용소득수준을 달성하게 된다. 그러나 물가상승이라는 대가(cost)를 치루고서 완전고용이 달성되었다는 점에서 한계가 있다.

이와 같은 석유가격파동은 소규모개방경제에 보다 심각한 영향을 미친다. 왜냐하면 석유소비국이 소규모경제라고 하면 국제가격의 수용자(price-taker)로서 구매력평가조건($P=EP^*$)이 성립되기 때문이다. 즉 고정환율제도하에서 국제석유가격이 10% 상승하면 국내가격도 정확히 10% 상승한다. 따라서 소규모경

그림 11-15 소규모경제인 경우의 공급측 교란의 영향

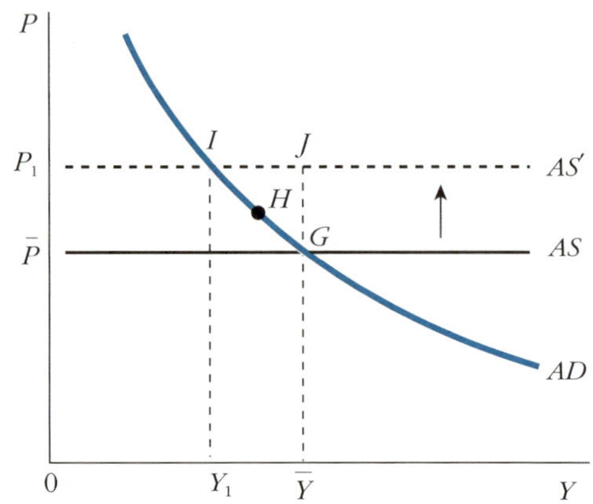

제의 총공급곡선은 가격에 대해 완전탄력적인 수평선이 된다. 주어진 총수요곡선에서 총공급곡선이 탄력적일수록 외국물가상승이 국내물가에 크게 전가(pass-through)되기 때문이다. [그림 11-15]에서 최초의 균형점 G에서 국제석유가격상승으로 총공급곡선이 AS'으로 이동하여 물가는 $\bar{P}$에서 P_1으로 상승하고 국민소득은 $\bar{Y}$에서 Y_1으로 하락하여 스태그플레이션(stagflation)이 발생되고 있음을 보여 주고 있다. 앞의 [그림 11-14]와 같이 우상향의 총공급곡선인 경우에는 점 H에서 새로운 균형이 이루어져 물가상승폭이 완화되고 소득감소폭도 완화됨을 알 수 있다.

이 경우에도 완전고용을 달성하기 위해 확장금융정책 등 총수요진작정책을 실시한다고 하면 AD곡선을 점 J까지 이동시키면 완전고용국민소득을 달성할 수 있겠으나 높은 물가수준은 진정되지 못하고 있음을 알 수 있다. 따라서 총수요관리정책은 완전고용과 인플레이션을 달성하는 데 충분조건이 아니며 총공급관리정책이 병행실시될 때 비로소 소기의 정책목표를 달성할 수 있다고 하겠다.

제4절 총공급관리정책

총수요관리정책은 이미 제10장 2절에서 국제수지조정정책의 일환으로 종합적으로 고찰한 바 있으므로 여기서는 총공급관리정책을 살펴보기로 한다. 총공급관리정책은 결국 총공급곡선의 이동요인인 외생변수들에 영향을 주어 소기의 정책목표를 달성하려는 일련의 공급정책들이라고 하겠다. 잘 아는 바와 같이 주요 총공급관리정책으로는 기술개발, 생산성향상, 생산요소비용의 절감 등이 대표적인 정책들이다. 이들 중 단기 총공급관리정책으로는 자주 이용되는 소득정책을 비롯하여 생산요소비용의 절감, 생산성증대정책 등이 있으며, 장기적으로는 기술개발 등이 대표적인 총공급관리정책이다. 그리고 물가에 대한 기대가 만연하는 경우 기대물가를 불식시키는 것도 지극히 중요한 정책에 속한다.

1 소득정책

소득정책(income policy)은 임금과 물가를 규제하여 물가안정을 기하고 소득에 영향을 미치는 정책을 말한다. 이에는 임금상승률을 노동생산성증가율의 범위 내에서 억제하려는 임금-물가 가이드포스트(wage-price guidepost)가 대표적이며 경제상황이 심각한 경우 임금과 물가를 일정수준으로 아예 동결시켜 통제하는 임금-물가통제(wage-price control)가 이에 속한다. 이를 좀더 구체적으로 살펴보자. 명목임금변동률을 $\hat{W}$, 노동생산성의 변동률을 $\widehat{Y/N}$, 그리고 물가변동률을 $\hat{P}$이라고 하면 이들 세 변동률간에는 다음과 같은 관계가 성립한다.[10)]

$$\hat{P} = \hat{W} - (\widehat{Y/N}) \qquad (11.\ 18)$$

10) 완전경쟁시장과 완전고용상태에서 국민경제 전체로 볼 때 총생산액과 생산요소의 총투입액은 사후적으로 동일하므로 $PY = WN + rK$가 성립한다. 따라서 양변을 Y로 나누면 $P = \frac{W \cdot N}{Y} + \frac{r \cdot K}{Y}$가 된다. 그런데 단기에는 자본은 고정되었으므로 이를 무시하면 $P = W/(Y/N)$으로 표시되므로 양변에 대수를 취해 시간에 대해 전미분을 취하면 본문의 식 (11. 18)과 같게 된다.

따라서 임금상승률이 노동생산성증가율보다 크면($\hat{W} > \widehat{Y/N}$) 물가는 상승($\hat{P} > 0$)하게 되고, 반대로 임금상승률보다 노동생산성증가율이 크면($\widehat{Y/N} > \hat{W}$) 물가하락($\hat{P} < 0$)을 유도한다. 소득정책은 임금인상을 허용하되 생산성증가율 범위 내에서 억제하여 물가안정을 실현하고 실질소득증가를 유도하려는 정책임을 알 수 있다.

우리나라의 1972년 8 · 3조치는 바로 임금-물가통제이며 1986년 이후 국제수지가 흑자로 전환되면서 노사분규로 인한 임금인상협상에 임금-물가 가이드포스트 제시는 소득정책의 일환으로 이루어진 것이다. 그런데 임금-물가통제와는 달리 임금-물가 가이드포스트는 말 그대로 가이드에 그칠 뿐 법적 구속력이 없는 것이 특징이다. 특히 미국은 1962~65년과 1969~72년에 걸쳐 임금-물가 가이드포스트를 적극 실시했는데 시행 중 여러 번의 중단을 겪는 시행착오를 일으켰다. 그 이유는 임금-물가 가이드포스트제도를 현실적으로 실시하는 데 어려움이 있기 때문인데 그 주요 내용은 다음과 같은 것들을 들 수 있다.

첫째로는 임금-물가 가이드포스트의 실시는 근로자나 자본가 모두에게 일정한 소득분배율을 의미하므로 동조를 얻기 어렵다는 점이다. 만약 노동의 생산성증대에도 불구하고 임금인상률을 생산성증가율로 묶어 둔다면 근로자에게 돌아오는 몫의 비율은 종전과 동일하므로 근로자들이 반대를 하기 때문이다.[11)]

둘째로는 임금-물가 가이드포스트는 법적 구속력이 없는 행정지도에 불과하므로 가격선도기업과 같은 대기업이 물가를 인상한다든가, 강력한 노동조합이 임금을 인상하면 효과가 없게 되고 또한 선거 등 정치적 이유로 유권자의 권익주장과 엇갈리게 되면 이를 계속 실시하기가 어렵게 된다.

셋째로는 완전경쟁시장부문과 독과점부문이 공존하는 경우 독과점에 가이드포스트를 실시한다고 하면 완전경쟁부문은 이를 인식하지 못한 상태에서 초과수요가 발생하여 그로 인한 물가상승이 독과점시장까지 파급되어 가이드포스트를 계속 실시하기가 어렵게 된다.

이 외에도 기대가 존재한다든가 인플레이션의 반영으로 근로자가 상대적 불이익을 받는 경우 이를 실시하는 데는 한계가 있다.

---

11) 노동소득분배율을 S_N이라고 하면 $S_N = WN/PY$이므로 이를 달리 표시하면 $S_N = (W/P)/(Y/N)$이 되므로 변동률로 나타내면 $\hat{S}_N = \widehat{(W/P)} - \widehat{(Y/N)}$이 된다. 따라서 생산성증가율$\widehat{(Y/N)}$과 실질임금상승률$\widehat{(W/P)}$이 같으면 소득분배변동률은 종전과 동일($\hat{S}_N = 0$)하게 된다.

2 생산성증대정책

기술진보나 자본축적은 생산요소의 생산성(productivity)을 증대시켜 총공급곡선을 우측으로 이동시킨다. 따라서 생산성증가는 물가상승을 수반하지 않고 생산을 증대시켜 소득을 증가시키는 가장 바람직한 정책이다. 또한 생산성증가는 비록 임금-물가 가이드포스트를 실시한다고 하더라도 생산성증대만큼 실질임금상승을 유도함으로써 근로자에게 이익이 된다. 지금 근로자가 장래물가에 대해 완전예견(perfect foresight)을 한다고 가정하자. 뿐만 아니라 정부는 임금-물가 가이드포스트를 실시하여 임금상승률은 생산성증가율만큼 증가한다고 가정하자. 그러면 생산성증가는 소득을 증가시키지만 물가에는 영향을 미치지 않는데 이를 그림으로 설명하여 보기로 한다.

다음의 [그림 11-16a]에서 생산성(Y/N)증대는 항상 노동의 한계생산물($MP_N = f(N)$)을 증가시켜 주어진 물가수준 P_0에서 노동의 한계생산물가치(value of marginal product of labor)곡선을 $P_0 f_0(N)$에서 $P_0 f_1(N)$으로 우측이동시킨다. 그 결과 노동수요가 증대되고 임금이 상승하여 주어진 기대하에서 노동의 공급곡선 또한 좌측으로 이동하여 고용수준은 종전과 동일한 N_0에서 결정되고 다만 명목임금만이 W_0에서 W_1으로 상승하였다. 이를 그림 (b)를 통해 보면 생산성증가로 인해 N_0에서 생산수준이 Y_0에서 Y_1으로 증가했음을 알 수 있다. 특히 점 C와 점 C'에서의 생산함수의 기울기는 주어진 자본량 $\bar{K}$에서 노동의 한계생산물($MP_N = f(N)$)을 나타내며 생산성증대 후의 점 C'에서의 기울기가 최초의 점 C에서의 기울기보다 크다. 그 결과 그림 (c)에서와 같이 물가는 종전과 동일수준인 P_0를 유지하고 있는 데 비해 생산은 Y_0에서 Y_1으로 증가했음을 알 수 있다.

총공급관리정책으로는 위의 소득정책이나 생산성증대정책 이외에도 연구개발(Research and Development: R&D)지출에 의한 기술개발과 경영합리화를 통한 원가절감 등 총공급곡선을 우측으로 이동시키는 많은 정책들이 있다. 특히 개발도상국과 같이 투자의욕이 왕성하여 만성적인 자본부족을 겪는 국가의 경우에는 금리가 생산비용으로서 차지하는 비중이 높아 긴축금융정책이 오히려 인플레이션을 유발할 수 있다. 특히 법인세, 투자세 등은 총수요측면뿐만 아니

그림 11-16 생산성증대의 효과

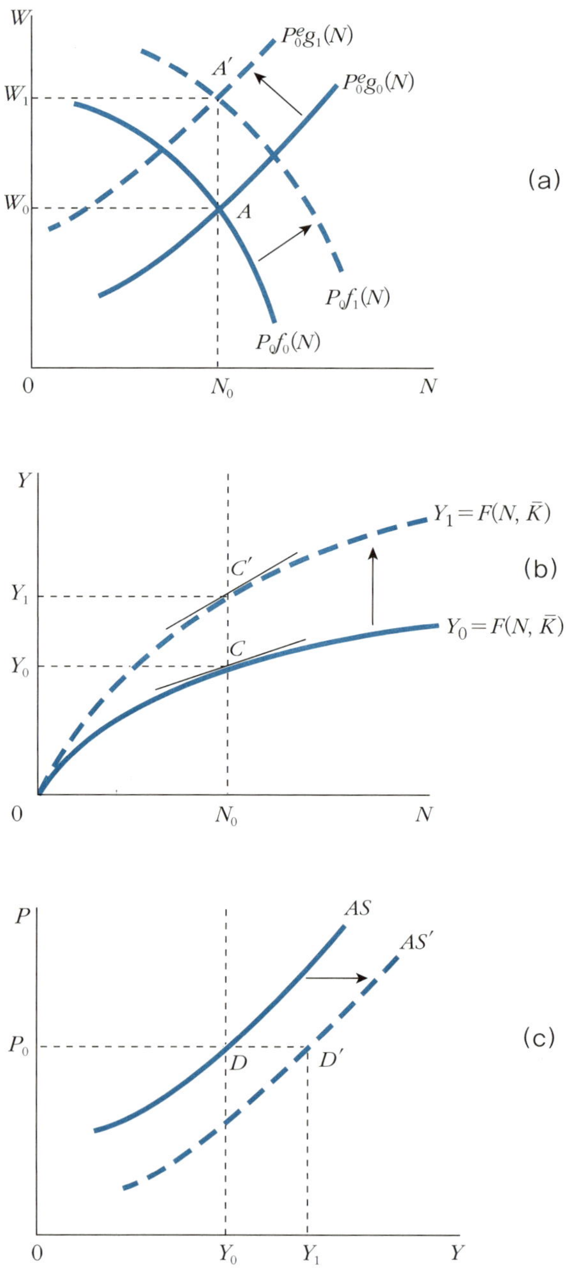

라 총비용을 구성하고 있어 이의 중요성을 인정하여 1970년대 후반에는 소위 공급중시경제(supply-side economy)가 등장하게 되었다.

제5절 총수요·총공급관리정책의 응용

여기서는 지금까지 논의해 온 총수요와 총공급관리정책을 이용하여 바람직하지 못한 국민경제상태를 시정하여 소기의 경제목표를 달성하는 문제를 예시적으로 살펴보기로 한다.[12)]

다음의 [그림 11－17]의 점 H에서와 같이 최초에 실업과 경상수지적자가 병존하고 있다고 가정하자.

그림에서 $\bar{Y}$는 완전고용수준의 국민소득을 나타내고 Y_0는 최초의 실제국민소득을 나타내므로 $\bar{Y}-Y_0$만큼의 소득 갭(gap)이 발생하여 실업이 존재하고 있음을 보여 주고 있다.

그림 11－17 총수요·총공급관리정책에 의한 대내외불균형 시정

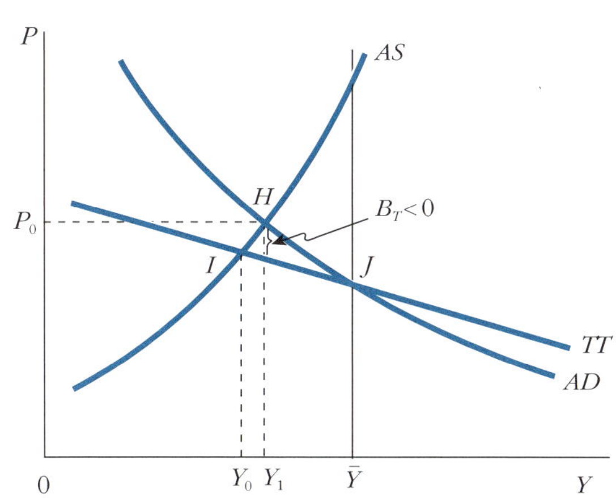

12) F.L. Rivera-Batiz and L. Rivera-Batiz, *International Finance and Open Economy Macroeconomics*, 2nd ed., Macmillan Publishing Company, New York, 1994, pp.471－80.

지금 국제수지적자를 개선하기 위해 긴축재정·금융정책만을 사용하면 총수요곡선이 좌측으로 이동하여 점 I로 수렴하게 되어 국제수지적자는 개선된다. 그러나 이는 소득감소의 희생을 바탕으로 이루어져 실업을 더욱 증대시키는 결과가 된다. 따라서 긴축정책과 함께 평가절하를 병행하면 점 H 부근에서 대내외균형이 달성된다. 긴축정책으로 인한 소득감소와 평가절하로 인한 소득증대가 상쇄(실제로는 탄력성에 따라 상이해짐)된다고 하면 총수요곡선은 이동이 없고 다만 평가절하로 인해 경상수지균형곡선인 TT곡선만이 우상향으로 이동하여 점 H에서 균형을 이루게 된다. 그러나 점 H에서의 균형은 실업이 존재하고 있으므로 바람직한 대내균형상태가 아니다. 이는 총수요관리정책만으로는 물가상승을 수반하지 않고 완전고용수준에 도달하는 데는 한계가 있음을 의미한다. 따라서 물가안정하에 완전고용과 국제수지개선을 달성하기 위해서는 총공급관리정책이 필요하다. 예를 들어 생산성향상을 통해 총공급곡선을 점 J로 이동시키면 세 곡선이 만나는 점에서 물가하락, 완전고용국민소득과 국제수지균형을 동시에 이룰 수 있다.

요 약

1. 개방거시경제하에서 총수요곡선은 생산물시장, 화폐시장, 국제수지균형식에 의해 도출되며 실질국민소득과 물가로 표시한 평면상에 우하향곡선으로 나타난다. 총수요측의 외생적 요인인 재정지출, 화폐공급, 환율수준, 외국물가수준 등이 변하면 총수요곡선 자체가 이동한다.

2. 총공급곡선은 단기에 자본투입량이 고정되었다는 가정하에 노동시장의 균형식과 국민경제 전체의 총생산함수에 의해 도출되며 실질국민소득과 물가로 표시한 평면상에 우상향곡선이 된다. 그리고 생산요소가격, 생산성, 기술수준 등이 변하면 총공급곡선 자체가 이동한다.

3. 국민경제 전체의 종합균형은 총수요곡선과 총공급곡선이 교차하는 점에서 이루어지며, 이 때 균형국민소득과 균형물가가 결정되는 동시에 총수요측의 균형이자율과 총공급측의 균형고용량 및 균형실질임금수준이 각각 결정된다.

4. 총수요측의 교란요인으로 기대하지 않은 확장금융정책을 실시한 경우의 단기효과는 이자율하락, 실질소득증대, 국제수지적자, 물가상승으로 나타난다. 그러나 물가가 고정된 것으로 가정한 *IS*−*LM*−*BP*곡선에 의해 결정되는 국민소득수준보다는 적게 되는데, 이는 물가변동으로 인해 소득증대가 일부 상쇄되기 때문이다. 장기효과는 대내외불균형이 자동조정되어 원래의 균형상태로 회복되는 결과를 갖는다.

5. 국제석유파동과 같이 총공급충격이 발생한 경우는 총수요충격보다 국민경제에 미치는 영향이 크다. 이 경우 스태그플레이션을 유발할 수 있으며 장기적으로도 자동조정이 되지 않기 때문에 총수요 및 총공급관리정책이 필요하다. 그리고 총공급관리정책의 주요 수단으로는 소득정책, 생산성증대정책, 생산기술향상, 비용절감을 위한 경영합리화 등이 있다.

제12장 변동환율제도하에서의 재정·금융정책의 효과

개 요

이 장에서는 변동환율제도하에서 확장재정정책과 확장금융정책이 국민경제에 미치는 영향을 분석한다. 변동환율제도하에서의 정책효과를 이해하는 일은 대단히 중요한 의미를 갖는데 그 이유는 앞으로의 논의를 이해하는 데 필요할 뿐만 아니라 현실적으로도 국제통화제도가 변동환율제도로 운용되고 있어 정책방향설정에 대한 현실감각을 증진시키는 데 도움이 되기 때문이다.

여기서 논의되는 정책효과는 이미 제9장에서 다룬 고정환율제도하에서의 정책효과와 대단히 유사한 파급경로를 갖는데 다만 고정환율제도하에서의 국제수지불균형은 변동환율제도하에서는 환율변동으로 나타나고 환율변동은 다시 실질국민소득, 금리, 물가에 영향을 미치게 되어 그 크기가 달라질 뿐이다.

처음에는 물가가 고정되었다는 가정하에 확장재정정책과 확장금융정책의 효과를 각각 고찰하고 후에 가정을 완화하여 신축적인 물가하에 이들의 정책효과를 살펴보기로 한다.

그리고 최근에는 금융자유화와 더불어 포트폴리오 밸런스모형이 중요시되고 있는데 단순모형을 설정하여 통화공급량, 국내채권, 외국채권 등 자산증가의 효과 및 공개시장조작의 효과를 고찰할 것이다.

제 1 절 변동환율제도하의 개방거시 기본모형

변동환율제도(flexible or floating exchange rate regime)는 외환의 가격인 환율이 외환의 수요 · 공급에 의해 결정되는 환율제도를 말한다. 따라서 국제수지 흑자가 발생하면 외환시장에 외환공급이 증대하게 되어 환율하락으로 나타나고 국제수지적자가 발생하면 외환시장에서 외환에 대한 수요증대로 환율상승으로 나타난다. 그리고 변동환율제도에서 외환수급에 의한 환율상승을 평가하락(depreciation)이라고 하고 환율하락을 평가상승(appreciation)이라고 함은 이미 설명한 바 있다.[1)]

이와 같은 국제수지적자 또는 흑자가 환율변동으로 나타나는 순수변동환율제도(clean floating exchange rate system)하에서는 환율의 가격조정기능을 통해 국제수지는 항상 균형을 이룬다. 그러나 관리변동환율제도라고 하면 국제수지 불균형과 환율변동이 공존하게 되지만 이하에서는 분석을 간단하게 하기 위해 순수변동환율제도를 가정하여 논의를 전개하기로 한다. 따라서 고정환율제도와 근본적으로 다른 차이점은 환율이 모형 내에서 결정되는 내생변수(endogeneous variable)가 되며 국제수지는 항상 균형($B=0$)상태가 된다는 점이다. 국제수지가 균형이라고 해서 경상수지도 균형이고 자본수지도 균형이라는 의미는 아니다. 여기서의 균형은 종합수지만이 균형이란 의미임에 유의해야 한다.

이제 분석을 단순화하기 위해 국내 및 외국물가(P, P^*)가 고정되었다고 가정하고 변동환율제도하에서의 총수요측 균형식들을 다시 정리해 보자.[2)]

생산물시장의 균형식:

$$Y=C(Y)+I(i)+G+T(Y,\ Y^*,\ EP^*/P) \tag{12. 1}$$

화폐시장의 균형식:

$$\frac{M^S}{P}=L(Y,\ i),\quad M^S=DC+NFA \tag{12. 2}$$

1) 제1장 1절을 참조.

2) 제7장에 있는 식 (7. 8), (7. 24) 및 (7. 29) 또는 제8장 [부록]의 방정식 (8A. 1)~(8A. 3)을 참조.

국제수지의 균형식:

$$B=0=T(Y,\ Y^*,\ EP^*/P)+K(i) \tag{12. 3}$$

외생변수: G, M^S, P, P^*, Y^*, i^*
내생변수: Y, i, E, C, I, L, T, K
(외생변수를 제외한 모든 변수)

위의 행태방정식(behavioral equations)들로부터 알 수 있는 바와 같이 실물시장, 화폐시장, 국제수지균형식 내에 있는 설명변수들은 고정환율제도하의 기본모형과 동일하다. 다만 경상수지의 설명변수인 실질환율변수(EP^*/P)가 고정환율제도에서는 주어진 외생변수였으나 여기서는 환율변동에 따라 변하는 내생변수라는 점과 국제수지의 균형식이 $B=0$으로 주어졌다는 점만이 다르다. 그러나 변동환율제도하에서의 자본수지결정모형인 $K(i)$는 국내외금리차이와 기대환율변동률($x=(E^e-E)/E$)을 감안한 모형이 되는 것이 바람직하지만 여기서는 간단히 고정환율제도와 동일한 모형으로 가정하고 다음 장에서 기대변수를 구체적으로 도입하여 분석하기로 한다.

한편, 변동환율제도하에서의 재정 · 금융정책이 실질국민소득, 이자율 그리고 환율에 미치는 효과는 자본의 이동성 정도에 따라 달라지는데 이하에서는 재정정책을 먼저 고찰하고 이어 금융정책을 살펴보기로 한다.

제2절 재정정책의 효과

재정지출증대에 의한 확장재정정책(expansionary fiscal policy)은 재정지출승수를 통해 실질국민소득을 증대시키고 이자율을 상승시킨다. 그리고 환율제도가 고정환율제도이고 자본의 이자율탄력성이 비탄력적인 경우에는 경상수지적자에 주도되어 종합수지는 적자를 기록한다. 고정환율제도에서는 환율을 일정수준으로 유지하기 위해 중앙은행은 중화정책(sterilization policy)을 실시함으로써 국제수지불균형은 적어도 단기에는 불균형상태로 남게 된다.

그러나 변동환율제도하에서는 국제수지불균형은 환율변동으로 나타나기 때문에 고정환율제도하에서의 국제수지적자는 변동환율제도하에서 평가하락

(depreciation)의 결과로 나타나고, 국제수지흑자는 평가상승(appreciation)의 결과로 나타난다. 주어진 물가수준하에서 환율이 상승하는 경우에는 지출전환효과로 수출이 증대하는 반면 수입은 억제되기 때문에 실질소득은 고정환율제도보다 더욱 증가한다. 그러나 반대로 확장재정정책이 환율하락을 수반하는 경우에는 실질소득은 고정환율제도보다 작은 폭으로 증가하게 된다. 이와 같은 변동환율제도하에서의 확장재정정책에 대한 파급경로를 고정환율제도하에서의 효과를 감안하여 종합적으로 표시하면 다음과 같다.

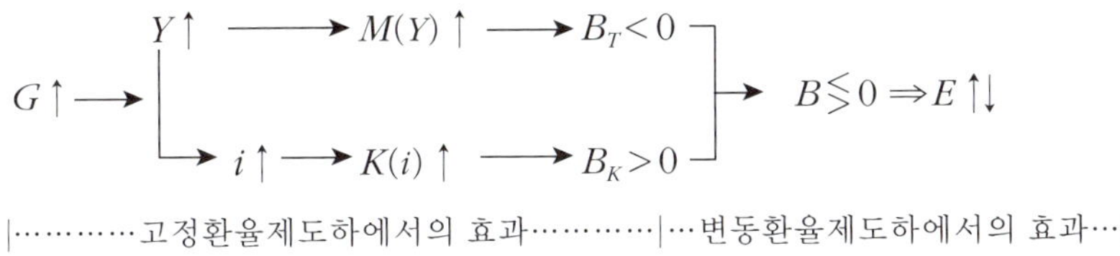

위의 파급경로에서 보는 바와 같이 재정지출증대($G\uparrow$)는 일차적으로 재정지출승수를 통해 실질소득을 증가($Y\uparrow$)시키고 이는 화폐수요증대를 수반함으로써 이자율을 상승($i\uparrow$)시킨다. 그리고 실질소득증가는 수입증대($M(Y)\uparrow$)를 통해 경상수지를 악화($B_T<0$)시키는 반면 이자율상승은 자본수지흑자($B_K>0$)를 초래한다. 따라서 고정환율제도라고 하면 국제수지는 적자 또는 흑자와 같이 단기에 불균형상태로 남지만 변동환율제도하에서는 환율상승($E\uparrow$) 또는 환율하락($E\downarrow$)으로 나타나고 이는 다시 실질국민소득과 이자율에 영향을 미치게 된다. 이와 같은 파급경로를 자본의 이동성 정도에 따라 좀더 구체적으로 살펴보기로 하자.

1 자본이동이 불완전한 경우

금융거래비용, 금융규제조치, 금융상품간의 불완전대체성 등의 존재로 인해 국가간에 자본이동이 자유롭지 못한 경우로는 크게 자본의 이동성이 낮은 경우와 높은 경우로 구분할 수 있다.

자본의 이동성이 낮다는 것은 곧 자본의 이자율탄력성이 비탄력적임을 의미하므로 *LM*곡선의 기울기보다 *BP*곡선의 기울기가 큰 경우로서 [그림 12-1(a)]와 같다. 이에 대해 자본의 이동성이 높은 경우는 자본의 이자율탄력성이

그림 12-1 변동환율제도하에서의 확장재정정책의 효과

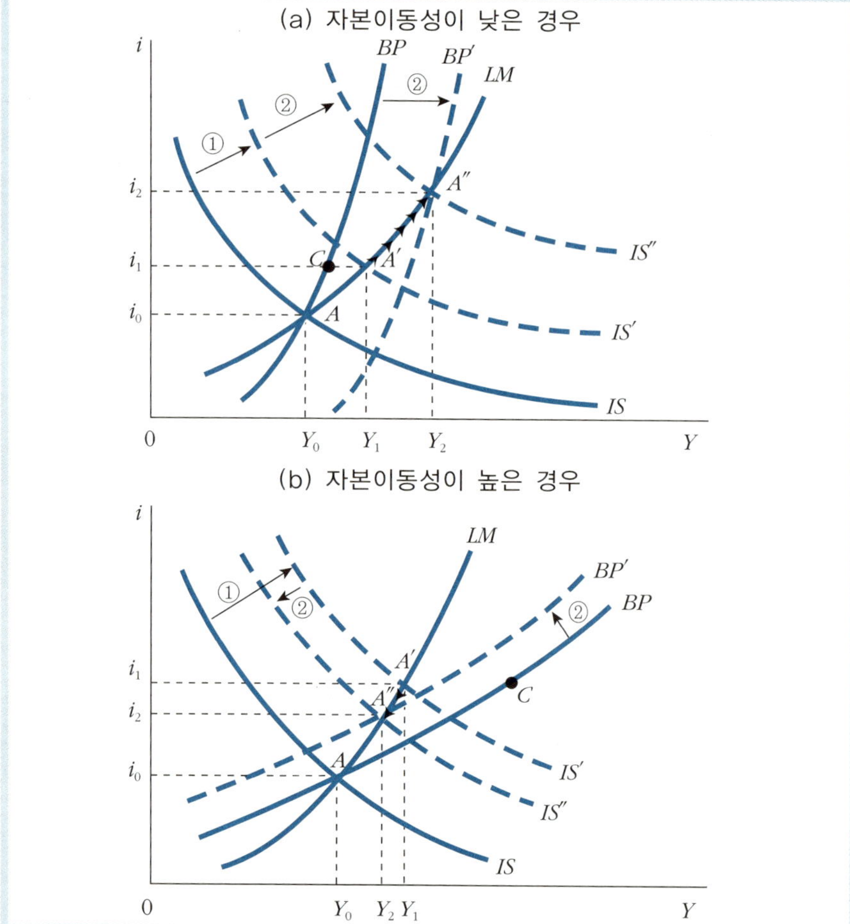

탄력적이기는 하지만 완전탄력적이 아닌 경우를 지칭하는데 이 때에는 *LM*곡선의 기울기보다 *BP*곡선의 기울기가 작은데 [그림 12-1(b)]는 이를 반영하고 있다.

이제 어느 경우에나 최초에 *IS*-*LM*-*BP*곡선이 교차하는 대내외균형점 *A*에서 정부가 재정지출증대에 의해 확장재정정책을 실시한다고 가정하자. 따라서 *IS*곡선은 *IS*′으로 우측이동하게 되고 실질국민소득증가와 이자율이 상승한 점 *A*′에서 대내균형을 이루고, 고정환율제도라고 하면 국제수지는 자본의 이동성 정도에 따라 적자 또는 흑자의 불균형상태가 된다. 따라서 그림 (a)와 (b)의 점 *A*′은 고정환율제도하에서의 확장재정정책의 효과에 해당한다. 그러나 점 *A*′

은 변동환율제도하에서는 대내균형점으로 남아 있을 수가 없다.

왜 그런가를 이해하기 위해 우선 자본의 이동성이 낮은 경우를 보면 그림 (a)에서 점 A'과 BP곡선상의 점 C까지의 거리는 국제수지적자를 의미하므로 변동환율제도하에서는 환율상승으로 나타난다. 따라서 고정된 국내외물가수준하에서 환율상승은 실질환율(EP^*/P)을 상승시킴으로써 IS곡선을 IS'에서 IS''까지 우측으로 이동시키는 동시에 BP곡선 또한 BP'까지 우측으로 이동시킨다. 그 결과 고정환율제도에 비해 더 큰 폭으로 실질소득증대와 이자율상승을 초래했을 뿐만 아니라 점 A''에서 새로운 대내외균형이 동시에 달성되었다.

이에 대해 그림 (b)와 같이 자본이동성이 높은 경우는 점 A'에서 BP곡선상의 점 C까지의 거리는 국제수지흑자를 반영하므로 변동환율제도하에서 환율하락으로 나타난다. 환율하락은 실질환율의 하락을 의미하므로 IS곡선은 IS'에서 IS''으로 좌측이동하고 BP곡선도 BP'으로 좌측이동함으로써 점 A''에서 새로운 대내외균형이 달성된다. 하지만 이 경우에는 고정환율제도에 비해(점 A') 실질소득감소와 이자율하락을 초래했음을 알 수 있다. 그러나 변동환율제도하에서의 확장재정정책의 최종결과는 점 A''으로서 최초의 균형점 A에 비해 실질소득증가와 이자율상승으로 나타났음을 간과해서는 안 된다. 독자 중에는 IS곡선이 IS'에서 원래수준까지 좌측이동하지 않겠느냐 하는 의문을 제기할지도 모르나 그렇지는 않다. 그 이유는 이 장 끝에 있는 [부록 I]의 비교정태분석 결과에 기초하여 도출된 그림이기 때문이다. 그리고 앞의 두 그림을 통해 쉽게 유추할 수 있는 것은 자본의 이동성이 높으면 높을수록 확장재정정책의 효과는 감소된다는 점이다. 즉 자본의 이자율탄력성이 높으면 높을수록 실질소득증가폭이 작을 뿐만 아니라 이자율상승폭도 작아진다. 그렇다고 하면 국가간에 자본이동이 완전히 자유로운 경우에는 확장재정정책은 실질소득이나 이자율에 전혀 영향을 미치지 못한다는 논리인데 과연 이것이 사실이겠는가 하는 의문이 제기된다.

결론부터 말하면 적어도 물가가 고정되고 순수변동환율제도하에 자본의 자유로운 이동이 보장되는 경우 재정정책 변경은 실질소득이나 이자율변경에 유효정책수단이 아니다. 그 이유를 살펴보자.

2 자본이동이 완전한 경우

국제간에 자본이동이 완전히 자유로운 경우 국내외금리차($i \neq i^*$)가 발생하면 즉각적으로 자본이동이 수반되므로 *BP*곡선은 [그림 12-2]와 같이 국제금리수준(i^*)에서 수평선이 된다. 따라서 확장재정정책은 *IS*곡선을 *IS'*과 같이 우측으로 이동시켜 국내이자율을 상승시키므로 고정환율제도라고 하면 자본수지흑자로 인해 국제수지흑자(점 *A'*에서 *BP*곡선까지의 거리)가 발생한다. 그러나 변동환율제도하에서는 국제수지흑자는 바로 환율하락으로 나타나므로 실질환율이 하락하여 *IS* 곡선은 원위치로 이동한다.

따라서 확장재정정책은 실질소득이나 이자율변동에 영향을 미치지 못한다. 다만 잠정적으로 점 *A'*에서와 같이 실질소득증대와 이자율상승을 수반하지만 최종적으로는 원래의 수준으로 회복되고 다만 환율의 평가상승만을 초래한다. 이는 먼델-플레밍모형(Mundell-Fleming model)의 결과임은 이미 제8장과 제9장에서 살펴본 바 있다.

이제 지금까지 논의한 확장재정정책의 효과를 종합적으로 요약해 보자.

그림 12-2 변동환율제도하에서 자본의 완전이동성이 보장되는 경우의 확장재정정책의 효과

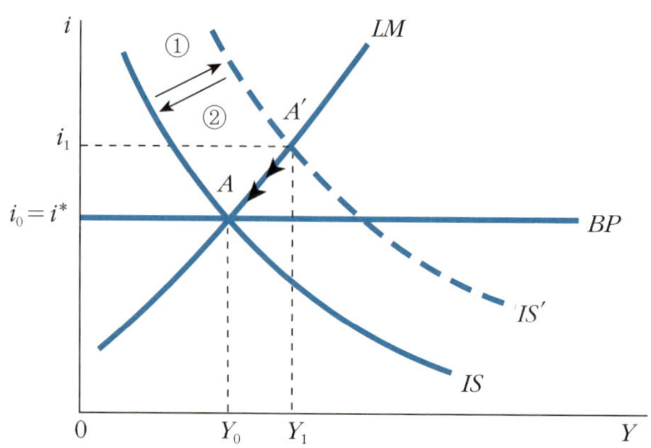

자본이동이 불완전하고 물가가 고정된 변동환율제도하에서의 확장재정정책은 실질소득증대($Y\uparrow$)와 이자율상승($i\uparrow$)을 초래하지만 환율에 대해서는 자본의 이자율탄력성이 비탄력적인 경우에는 환율상승($E\uparrow$)을 초래하고 이자율탄력성이 탄력적이든가 완전탄력적이면 환율하락($E\downarrow$)을 초래한다. 그리고 재정정책실시에 따른 실질소득증가와 이자율상승폭은 자본의 이동성이 낮으면 고정환율제도보다 높게 된다. 따라서 변동환율제도하에서의 확장재정정책은 자본의 이동성이 높으면 높을수록 실질소득과 이자율에 대한 영향이 작아지고 극단의 경우 자본의 완전이동성이 보장될 때에는 전혀 영향을 미치지 못한다.

제 3 절 금융정책의 효과

여기에서는 앞의 확장재정정책의 효과분석의 경우와 마찬가지로 물가는 고정되었으나 환율이 변동하는 경우에 확장금융정책의 효과를 분석하기로 한다.

고정환율제도하에서 고찰한 바와 같이 확장금융정책(expansionary monetary policy)의 경우에는 자본의 이동성 정도와는 관계없이 명백하게 국제수지적자를 수반한다. 따라서 외환시장에서 외환의 초과수요가 발생하고 변동환율제도하에서는 환율상승(평가하락)을 통해 대내외균형이 달성된다.

확장금융정책의 파급경로를 나타내면 다음과 같다.

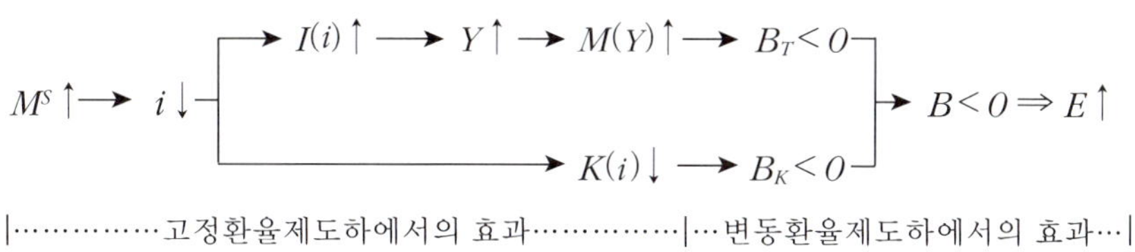

따라서 확장금융정책의 효과는 대내적으로는 이자율하락($i\downarrow$)과 실질소득증대($Y\uparrow$)를 가져오고 대외적으로는 자본의 이동성과 관계없이 환율상승($E\uparrow$)을 초래한다.

1 자본이동이 불완전한 경우

확장금융정책의 경우에는 앞에서 살펴본 확장재정정책과 같이 정책효과의 방향이 상반되는 일은 발생하지 않고 다만 크기만 달라진다. 자본의 이자율탄력성이 비탄력적이든 탄력적이든간에 확장금융정책은 최종적으로 이자율하락(i↓)과 실질소득증대(Y↑) 그리고 환율상승(E↑)을 초래하며 대내외균형이 동시에 달성된다. 그리고 환율상승은 다시 실질소득을 증대시키고 그에 따라 이자율 또한 상승시킴으로써 고정환율제도보다 실질소득은 더욱 증가한 것으로 나타나지만 이자율은 고정환율제도보다 높은 수준이되 최초의 균형수준보다는 낮은 수준에서 결정된다. 이상의 논의를 다음의 [그림 12-3]으로 설명해 보자.

그림 (a)와 (b)의 점 A는 모두 최초에 대내외균형을 이루고 있음을 보여주고 있다. 통화공급을 늘리면 일차적으로 LM곡선이 LM'으로 우측이동하여 이자율은 i_1까지 하락하고 실질소득은 Y_1까지 증가함으로써 점 A'에서 대내균형을 이루는데 점 A'은 고정환율제도하에서의 효과를 반영하고 있다. 대내균형점 A'이 최초의 BP곡선의 우측에 놓여 있으므로 두 그림 모두는 국제수지가 적자상태임을 보여 주고 있다. 그러나 변동환율제도하에서 국제수지적자는 환율상승으로 나타나므로 실질환율의 상승을 통해 IS곡선과 BP곡선이 각각 IS'과 BP'으로 우측이동함으로써 점 A''에서 새로운 대내외균형을 이룬다. 따라서 두 그림 모두 최초의 균형점 A와 최종균형점 A''과 비교할 때 실질소득증가와 이자율하락으로 나타난다. 그러나 최종균형점을 고정환율제도하의 효과를 반영하는 점 A'과 비교하면 실질소득과 이자율 모두가 상승한 것으로 나타나고 있다.

따라서 확장금융정책의 경우 자본의 이동성이 크면 클수록 소득증가폭은 커진 반면 이자율하락폭은 작아졌음을 알 수 있다.

2 자본이동이 완전한 경우

자본의 완전이동성이 보장되는 경우의 확장금융정책은 이자율에는 영향을

그림 12-3 변동환율제도하에서의 확장금융정책의 효과

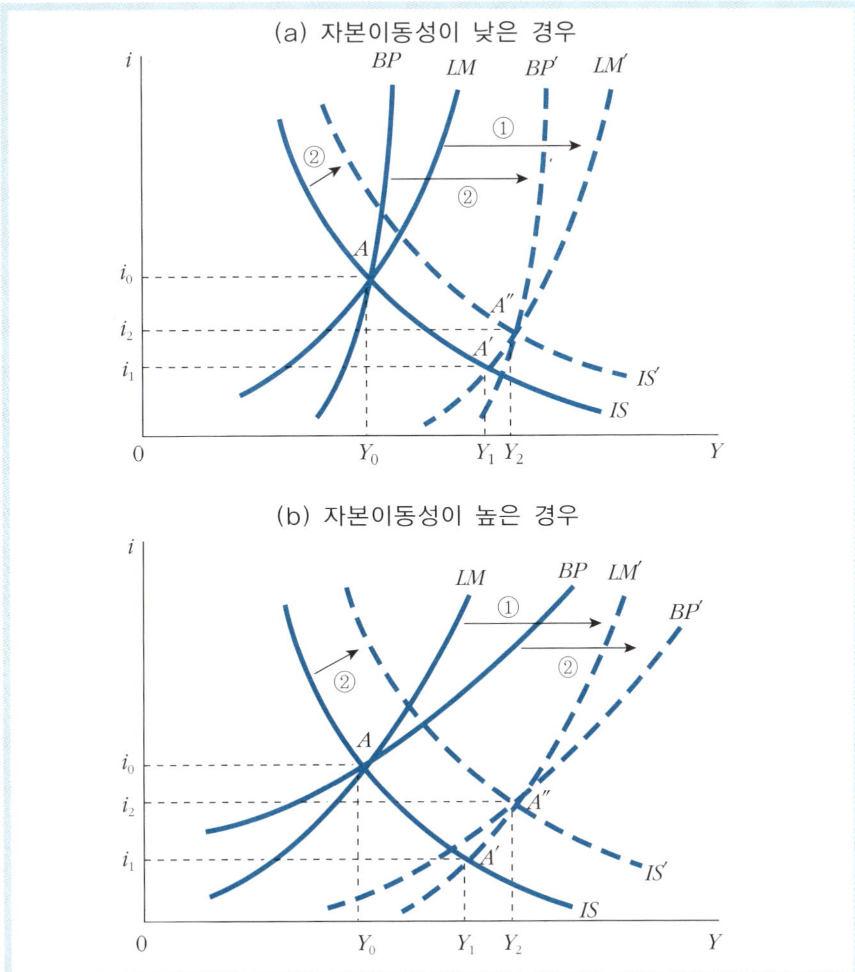

미치지 않으나 실질소득증대에는 유효정책(effective policy)수단이 된다. 이 또한 먼델-플레밍모형(Mundell-Fleming model)의 결과로서 앞에서 분석한 확장재정정책과 상반되는 결과이다.

[그림 12-4]에서 보는 바와 같이 자본이동이 완전히 자유로우므로 *BP*곡선은 국내외금리수준이 같은 $i=i^*$에서 수평선이 된다. 점 *A*에서 최초의 대내외균형을 이루고 있다가 확장금융정책으로 인해 *LM*곡선이 우측으로 이동하여 고정환율제도라면 국제수지적자를 초래하나 변동환율제도하에서는 환율상승으

그림 12-4 변동환율제도하에서 자본의 완전이동성이 보장되는 경우의 확장금융정책의 효과

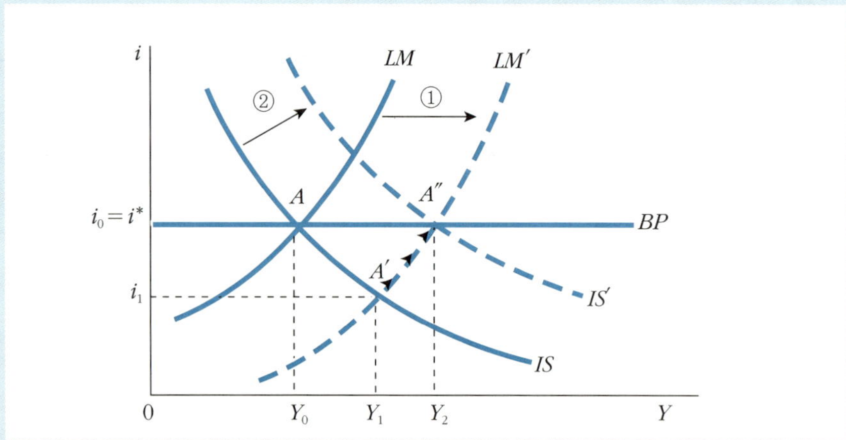

로 나타나 실질환율이 상승함으로써 *IS*곡선을 우측으로 이동시켜 최종적으로 점 A''에서 새로운 대내외균형을 이룬다. 그 결과 소득은 Y_0에서 Y_2로 증가하고 이자율은 잠정적으로 하락했다가 최종적으로는 다시 국제금리수준인 i^*와 같아져 결국 이자율에는 영향을 미치지 못하고 다만 실질소득증대와 환율상승(평가하락)만을 초래하게 된다.

이상에서 논의한 확장금융정책에 대한 효과를 종합적으로 요약해 보자.

자본이동이 불완전하고 물가가 고정된 변동환율제도하에서의 확장금융정책은 이자율하락과 실질소득증대 그리고 환율상승을 초래한다. 다만 자본의 이자율탄력성이 완전탄력적인 경우에만 이자율에 대해 영향을 미치지 못하는데 그 이유는 국내이자율이 국제이자율에 고정되기 때문이다. 그리고 고정환율제도에 비해 이자율하락폭은 작아지지만 실질소득증가폭은 크게 된다. 즉 자본의 이자율탄력성이 탄력적일수록 이자율하락폭은 작아지지만 실질소득은 크게 증대되며 자본의 이자율탄력성이 완전탄력적일 때 소득증가폭이 가장 크다.

제4절 신축적인 물가와 재정 · 금융정책의 효과

지금까지의 논의는 고정된 물가(fixed price)하에서의 재정 · 금융정책에 대한 효과에 분석초점을 두어 왔다. 그러나 이들 두 정책은 모두 총수요에 영향을 미침으로써 국내물가를 자극한다. 이제 물가가 고정되었다는 가정을 완화하여 신축적인 물가(flexible price)하에서의 정책효과를 알아보기로 하자.

앞서 고찰한 바와 같이 변동환율제도하에서는 재정정책보다는 금융정책이 실질소득변경에 보다 유효한 정책수단이므로 이하에서는 확장금융정책의 효과만을 간략히 고찰하고 나머지는 독자의 분석으로 남겨 두기로 한다.

최초에 주어진 물가수준(P_0)하의 $IS-LM-BP$곡선이 만나는 점 A에서 균형이자율과 균형국민소득이 결정되고 아울러 대내외균형을 이루고 있었다고 하자. 이를 실질국민소득과 물가수준(Y, P)의 평면상에 옮겨 놓은 것이 [그림 12-5(a)]이다. 물론 그림에서 Y_0는 완전고용국민소득을 나타내며 P_0는 최초에 주어진 균형물가수준을 의미한다.

확장금융정책으로 총수요곡선이 AD에서 AD'으로 우측이동하여 단기에는 점 A'에서와 같이 실질소득증대와 물가상승을 초래한다. 그런데 확장금융정책은 또한 환율상승을 초래하므로 실질환율(EP^*/P)이 어떻게 변할지는 불분명하다. 그러나 일반적으로 단기에는 물가상승률보다는 환율상승률이 커서 실질환율도 상승하는데 [그림 12-5]의 하단에 있는 그림 (b)에서 점 C'은 이를 보여주고 있다. 그렇다고 하면 단기에 왜 환율상승률이 물가상승률보다 크다고 할 수 있는가? 이는 구매력평가조건으로부터 쉽게 유추할 수 있다. 구매력평가가 성립($P=EP^*$)하면 고정된 외국물가수준에서 환율상승률과 국내물가상승률은 동일 ($\hat{P}=\hat{E}$)하게 된다. 그러나 비교역재의 존재, 수송비의 존재, 그리고 단기에 외환시장보다는 상품시장의 조정속도가 느리기 때문에 구매력평가가 성립되기 어려우므로 환율상승률이 물가상승률보다 크다고 할 수 있다. [그림 12-5]에서 점 A'이나 점 C'은 모두 단기효과를 반영하는 점들이며 장기적으로는 지속될 수 없는 균형점들이다. 장기적으로는 물가상승에 따른 실질임금(W/P)하락을

그림 12-5 신축적인 물가하의 확장금융정책의 효과

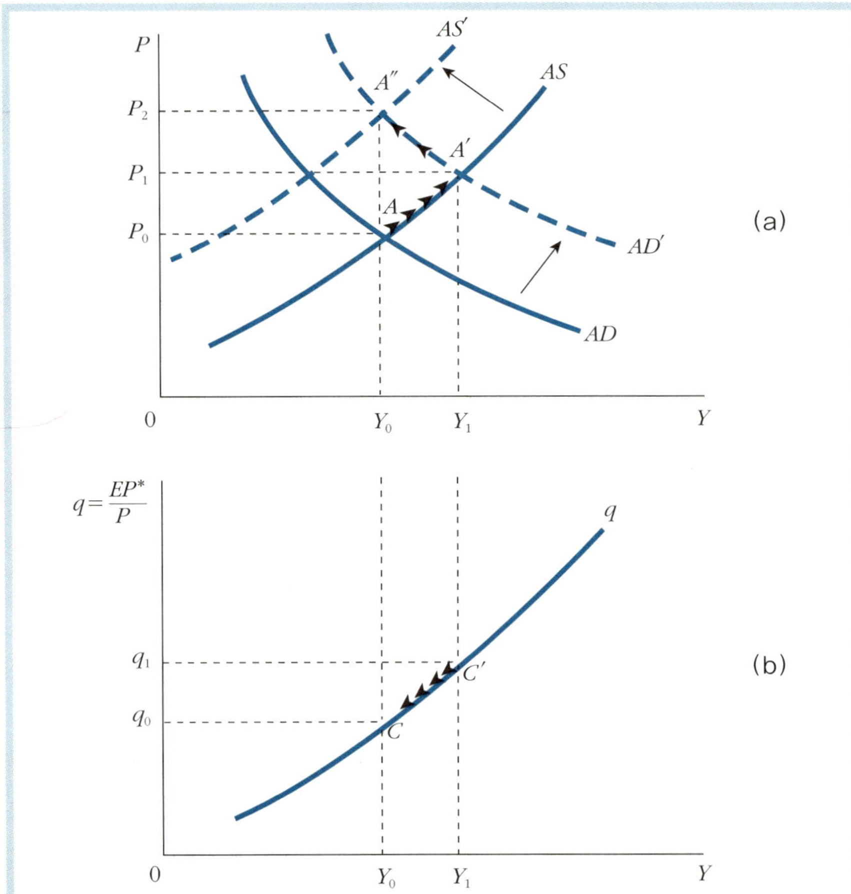

조정하여 새로운 고용계약체결시에 명목임금을 인상함으로써 총공급곡선이 AS'과 같이 좌측이동됨에 따라 물가는 더욱 상승하고 그에 따라 실질환율은 점차 하락하기 시작한다. 이와 같은 조정과정을 거쳐 장기의 최종균형은 그림에서 점 A''과 점 C에서 이루어져 실질소득은 원래수준이 되고 환율상승에 따른 인플레이션만을 유발한 결과로 나타난다. 그런데 여기서 유의할 점은 장기의 환율상승률과 물가상승률은 모두 통화증가율과 똑같다는 사실이다. 그 이유는 자본의 완전이동성이 보장되고 최초에 완전고용수준이면 통화증가율은 물가상승률과 동일하고, 구매력평가조건에 의해 물가상승률과 환율상승률 또한 동일해지기 때

문이다.[3)]

요약하면 신축적인 물가와 자본의 완전이동성이 보장되는 변동환율제도하에서의 확장금융정책은 단기에 이자율하락(i↓), 실질소득증대(Y↑), 물가상승(P↑) 그리고 실질환율의 상승(EP^*/P↑)을 초래한다. 그러나 장기에는 이자율, 실질소득, 실질환율에 대해 영향을 미치지 못하고 명목환율상승률과 동일한 비율로 물가를 상승시키는 결과를 초래한다.

제 5 절 포트폴리오 밸런스모형과 정책효과

앞의 제2절과 제3절에서 고찰한 재정 · 금융정책의 효과는 금융자산으로서 국내통화 이외에는 국내채권이나 외국채권의 존재를 명시적으로 고려하지 않고 분석하였다. 그러나 현실적으로 이들 자산증감은 금리 및 환율변동을 초래하고 국민경제에 영향을 미치므로 이들 자산을 모형 내에 도입하여 분석하는 포트폴리오 밸런스모형(portfolio balance model)을 이해할 필요가 있다.

포트폴리오 밸런스모형은 ① 자본의 완전이동성, ② 자본의 불완전대체성을 기본가정으로 하고 있다. 자본의 완전이동성은 이미 설명한 바와 같이 자본통제 등과 같은 제약조건이 없어 국가간에 자본이동이 완전히 자유로운 경우를 말하며, 자본의 불완전대체성은 국내자산과 외국자산을 완전대체재가 아닌 이질적인 것으로 보고 자산보유에 차별을 두는 경우로서 이는 환위험프리미엄(exchange risk premium)이 존재하여 커버되지 않은 이자평가조건이 성립되지 않음을 의미한다.[4)] 이와 같은 기본가정에 분석을 단순화하기 위해 가정을 추가하기로 한다. 추가적인 가정으로 ③ 국내투자가들은 위험기피자이며, ④ 자산은 무위험자산인 국내통화와 위험자산인 국내채권 및 외국통화표시 외국채권으로 구성되며 국내채권은 국내이자율로 발행되며 외국채권은 외국이자율로 발행된다. ⑤ 소규모개방경제를 가정하여 통화량과 국내채권은 비교역자산(nontraded assets)인 반면 외국채권은 교역자산이라고 가정하자. 또한 편의상 환율변동에

3) 보다 상세한 논의는 제13장 4절을 참조할 것.

4) 환위험프리미엄의 정의 및 결정요인 등에 관한 상세한 내용은 제14장을 참조할 것.

대한 정태적 기대, 즉 기대환율변동률은 0이라고 가정하기로 한다.[5)]

이상과 같은 가정하에 이하에서는 기본모형을 설정하고 통화량, 국내채권, 외국채권 등의 공급증가가 환율과 금리에 미치는 영향을 분석해 보기로 한다(비교정태분석 결과에 대해서는 이 장의 [부록 II]를 참조할 것).

1 포트폴리오 밸런스모형

포트폴리오 밸런스의 기본모형은 다음과 같이 화폐시장의 균형식, 국내채권시장의 균형식, 외국채권시장의 균형식 그리고 부(富)의 제약조건(wealth constraints)으로 구성된다.

화폐시장의 균형식:

$$M = m(\overset{(-)}{i}, \overset{(-)}{i^*})W \tag{12. 4}$$

국내채권시장의 균형식:

$$B = b(\overset{(+)}{i}, \overset{(-)}{i^*})W \tag{12. 5}$$

외국채권시장의 균형식:

$$EF = f(\overset{(-)}{i}, \overset{(+)}{i^*})W \tag{12. 6}$$

부(富)의 제약조건:

$$W = M + B + EF \tag{12. 7}$$

단, M=통화공급량

5) 이에 대해서는 W.H. Branson, H. Halttunen, and P. Masson, "Exchange Rates in the Short Run: The Dollar-Deutschmark Rate," *European Economic Review* 10 (1977), pp. 303 – 24를 참조할 것. 기대환율변동률을 감안한 포트폴리오 밸런스모형에 관해서는 W.H. Branson, "Macroeconomic Determinants of Real Exchange Risks," in R.J. Herring, ed., *Managing Foreign Exchange Risk*, Cambridge University Press, 1983; R. MacDonald and M.P. Taylor, eds., *Exchange Rates and Open Economy Macroeconomics*, Cambridge: Basil Blackwell Inc., Chapter 1, 1989 등을 참조할 것.

m = 부(wealth) 중 화폐로 보유하기를 원하는 비율(M/W)
i = 국내이자율
i^* = 외국이자율
B = 국내채권공급량
b = 부 중 국내채권으로 보유하기를 원하는 비율(B/W)
E = 국내통화표시 환율
F = 외국통화표시 외국채권공급량
f = 부 중 자국통화표시 외국채권(EF)으로 보유하기를 원하는 비율(EF/W)
W = 부(富)
$m+b+f=1.$

총자산, 즉 부 중 자산보유비율인 m, b, f는 모두 국내이자율 i와 외국이자율 i^*의 함수로 표시되고 있는데 i와 i^* 위의 부호는 변화방향을 나타낸다. 따라서 무위험자산인 M에 대한 수요는 위험자산수익률인 i와 i^*에 대해 감소함수인 반면 위험자산인 B와 F는 그 자신의 수익률에는 증가함수이지만 타 위험자산 수익률에는 감소함수임을 알 수 있다.

한편, 화폐시장의 균형곡선을 MM곡선이라고 하면 [그림 12 - 6]에서 보는 바와 같이 국내이자율(i)과 환율(E)로 표시된 평면상에 우상향곡선이 된다. 그 이유는 국내이자율이 상승하면 화폐수요가 하락함으로써 화폐의 초과공급이 발생하므로 화폐시장이 균형을 유지하기 위해서는 환율이 상승하므로 국내이자율과 환율변동방향이 정(+)의 관계에 있기 때문이다. 그리고 국내채권시장의 균형식을 BB곡선이라고 하고 외국채권시장의 균형곡선을 FF곡선이라고 하면 두 곡선은 모두 우하향곡선이 된다. 그 이유를 보면 국내이자율이 상승하면 국내채권가격이 하락하기 때문에 주어진 부의 제약조건하에서 자산보유자들은 외국채권을 매각하고 국내채권을 매입하려고 할 것이다. 그 결과 외국채권에 비해 국내채권의 가치가 상승하므로 이들 시장이 균형을 이루기 위해서는 환율이 하락한다. 따라서 이자율과 환율간에 역의 관계가 성립하므로 우하향곡선이 된다.[6)]

6) 식 (12. 7)을 식 (12. 4)~(12. 6)에 대입하여 전미분을 취하여 MM곡선, BB곡선, FF곡선 각각에 대한 기울기를 구하면 다음과 같다.

$$\frac{dE}{di}\bigg|_{MM} = -\frac{Wm_i}{mF} > 0, \quad \frac{dE}{di}\bigg|_{BB} = -\frac{Wb_i}{bF} < 0, \quad \frac{dE}{di}\bigg|_{FF} = \frac{Wf_i}{F(1-f)} < 0.$$

단, m_i, b_i, f_i는 편도함수임.

그림 12-6 화폐, 국내채권, 외국채권시장의 동시균형

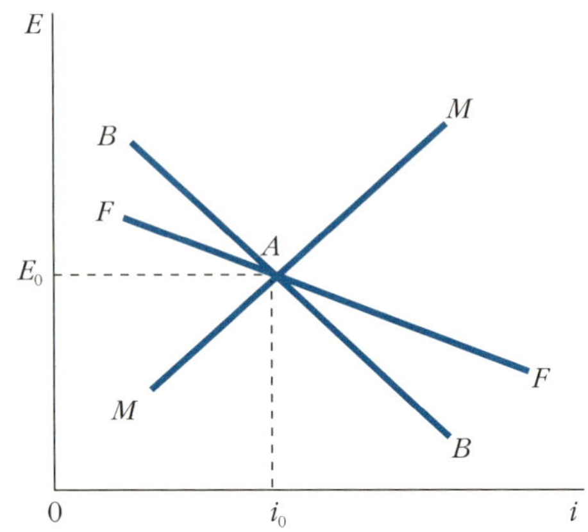

그런데 BB곡선보다 FF곡선의 기울기가 완만한 이유는 국내채권수요는 국내이자율에 대해 외국채권보다 탄력적인 반면 외국채권수요는 환율에 보다 탄력적이기 때문이다. 예를 들어 국내이자율이 상승하면 국내채권수요 증가율보다 외국채권수요 감소율이 작아지기 때문에 외국채권시장의 균형회복을 위한 환율하락률이 국내채권시장의 균형회복을 위한 환율하락률보다 낮다. 그리고 [그림 12-6]에서 세 균형곡선이 만나는 점 A에서 자산시장의 동시균형이 달성되며 균형이자율 i_0와 균형환율 E_0가 각각 결정된다.

2 통화 및 국내외채권 공급증가의 효과

이상에서 분석한 기본모형과 그림에 기초하여 통화량, 국내채권, 외국채권 등 금융자산의 공급증가가 외생적으로 이루어진 경우 국내이자율과 환율에 미치는 영향을 분석해 보기로 하자.

통화공급량 증가의 효과

통화당국이 외생적으로 통화공급량을 증가시키면 민간보유 부가 증가하므로 위험자산이지만 수익자산인 국내채권이나 외국채권을 살 여유가 생긴다. 따

라서 통화공급량 증가는 국내채권에 대한 수요증대를 유발하여 국내채권 가격 상승과 국내이자율하락을 초래하는 동시에 외국채권에 대한 수요도 증가하여 환율상승을 초래한다. 왜냐하면 외국채권에 대한 수요증가는 외환수요증가와 같으므로 환율상승으로 나타나기 때문이다. [그림 12-7]에서 최초에 점 A에서 동시균형을 이루고 있는 상태에서 통화량을 증가시키면 MM곡선은 $M'M'$으로 좌측이동하고, 국내채권수요증가는 주어진 환율에서 국내채권시장의 균형을 유지시키기 위해 이자율이 하락하여야 하므로 BB곡선을 좌하향 방향으로 이동시켜 $B'B'$ 곡선이 된다. 그리고 외국채권수요증가는 주어진 국내이자율에서 외국채권 시장의 균형을 유지시키기 위해 환율이 상승하여야 하므로 FF곡선을 우상향 방향의 $F'F'$ 곡선으로 이동시킨다.

그 결과 점 A'에서 새로운 최종균형이 달성되고 그 때의 균형이자율 i_1과 균형환율 E_1이 각각 결정되어 이자율하락과 환율상승의 결과로 나타난다.[7)]

국내채권 공급증가의 효과

정부가 외생적으로 국내채권공급(B)을 증가시키면 민간보유자산, 즉 부(富)

그림 12-7 통화공급량 증가의 효과

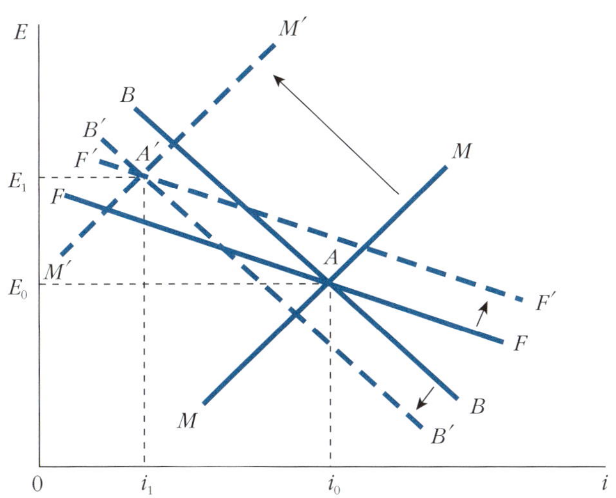

7) 이에 대한 비교정태분석 결과는 이 장의 [부록 Ⅱ]를 참조할 것.

가 증가할 뿐만 아니라 채권가격이 하락하여 이자율이 상승한다. 이자율상승은 국내채권수익률의 증가를 의미하므로 자산보유자들은 외국채권을 매각하여 국내채권으로 보유하려는 대체효과(substitution effect)를 초래하기 때문에 환율하락으로 나타난다. 그러나 국내채권증가에 따른 부의 증가는 외국채권을 보유하려는 수요를 증대시키는 부의 효과(wealth effect)를 유발함으로써 환율을 상승시킨다. 따라서 국내채권 공급증가에 따른 환율변동방향은 모호해지는데 만약 대체효과가 부의 효과보다 크면 환율하락으로 나타나고 반대로 대체효과보다 부의 효과가 크면 환율상승으로 나타난다.

즉 국내채권과 외국채권간의 대체관계가 밀접하면 주어진 이자율에서 대체효과가 주도적(dominant)이 되어 부의 효과보다 크므로 환율하락을 초래하고 반대로 두 채권간의 대체관계가 작으면 부의 효과가 대체효과를 압도하여 환율상승으로 나타난다.

예시적으로 대체관계가 밀접(close)하여 큰 경우를 생각해 보기로 한다.

[그림 12-8]에서 보는 바와 같이 외생적으로 국내채권이 증가하면 BB곡선과 FF곡선 모두 $B'B'$과 $F'F'$ 같이 우측으로 이동한다. 또한 무수익자산인 통화량보유도 줄여 수익자산인 국내채권과 외국채권으로 보유하려고 하기 때문

그림 12-8 국내외채권간의 대체관계가 큰 경우 국내채권 공급증가의 효과

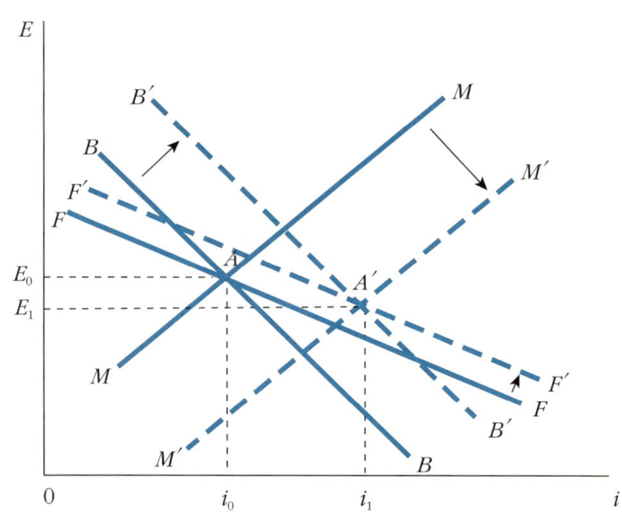

에 보유통화량감소로 MM곡선도 우측으로 이동하여 $M'M'$ 곡선이 된다. 그 결과 최종균형은 점 A' 에서 균형이자율 i_1과 균형환율 E_1으로 결정되어 이자율상승과 환율하락으로 나타난다.

한편, 국내외채권간의 대체관계가 작은 경우에는 부의 효과가 대체효과보다 크기 때문에 국내채권수요보다는 외국채권수요가 크므로 외국채권시장의 균형곡선의 이동폭이 커져 환율 및 이자율 모두 상승하는데 그림의 형태가 어떻게 될 것인지는 독자의 과제로 남겨 두기로 한다.

외국채권 공급증가의 효과

외국채권의 외생적 증가는 경상수지가 흑자인 경우에 발생한다. 그 결과 국내자산시장에서는 외국채권의 초과공급이 발생하므로 국내자산보유자들은 그들의 포트폴리오를 재구성하기 위해 외국채권의 일부를 매각하기 때문에 환율하락을 초래한다. 그리고 만약 외국채권증가가 환율하락으로 완전히 상쇄되면 외국채권의 가치(EF)는 종전과 동일하여 부(W)의 가치에도 영향을 받지 않으므로 통화량이나 국내채권도 종전과 같기 때문에 국내이자율(i)은 최초의 수준과 동일하다. 이는 주어진 이자율하에서 환율하락에 따른 새로운 균형을 유지하기

그림 12-9 외국채권 공급증가의 효과

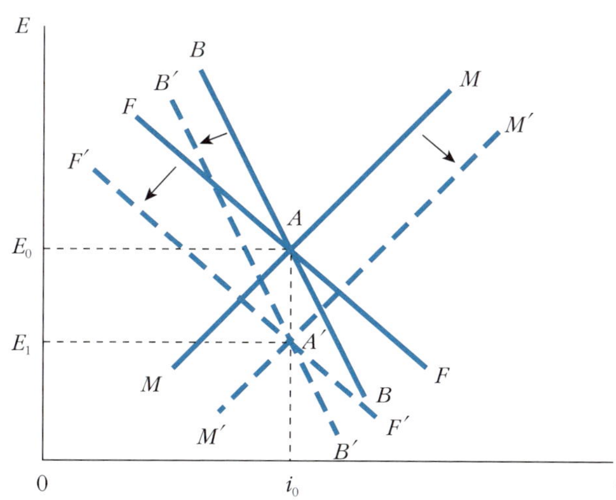

위해 MM곡선과 BB곡선이 FF곡선의 이동비율과 동일비율로 이동함을 의미한다.

[그림 12-9]에서 최초의 점 A에서 새로운 균형점 A'으로 이동하여 균형이자율은 종전과 동일한 i_0와 같으나 균형환율은 E_0에서 E_1으로 하락한다.

그러나 위의 경우와는 달리 외국채권증가율이 환율하락률보다 크면 외국채권가치가 증가하여 부는 증가하며, 반대로 외국채권증가율이 환율하락률보다 적으면 부는 감소함으로써 자산보유자들이 포트폴리오를 재구성하려 하기 때문에 국내이자율은 증가할 수도 있고 감소할 수도 있어 결과적으로 환율은 하락하지만 이자율의 변동방향은 불분명한 결과로 나타난다.

3 공개시장조작의 효과

공개시장조작(open market operation)이란 중앙은행이 증권시장에서 국공채, 외국채권 등 유가증권을 매입 또는 매각함으로써 통화량을 조절하여 이자율과 환율에 영향을 미치는 정책수단을 지칭한다. 이는 지급준비율정책, 재할인율정책과 함께 통화정책의 중요한 간접규제수단이다. 이하에서는 국내채권매입, 외국채권매입, 국내채권과 외국채권을 결합한 공개시장조작의 효과를 각각 고찰해 보기로 한다.

국공채매입에 의한 공개시장조작

중앙은행이 민간부문으로부터 통화를 대가로 정부의 국공채(B)를 매입하는 경우에는 통화량증가, 국공채가격상승, 이자율하락, 환율상승의 결과를 초래한다.

[그림 12-10]에서 중앙은행이 국공채를 매입하면 통화량증대($\Delta M+\Delta B=0$)로 FF곡선을 따라 MM곡선이 $M'M'$으로 이동하는 동시에 BB곡선은 $B'B'$으로 이동한다. 그 결과 새로운 균형점 A'에서 균형이자율 i_1과 균형환율 E_1이 각각 결정된다.

외국채권매입에 의한 공개시장조작

중앙은행은 자산보유자들로부터 통화를 대가로 외국통화표시 외국채권을

그림 12-10 국공채매입에 의한 공개시장조작의 효과

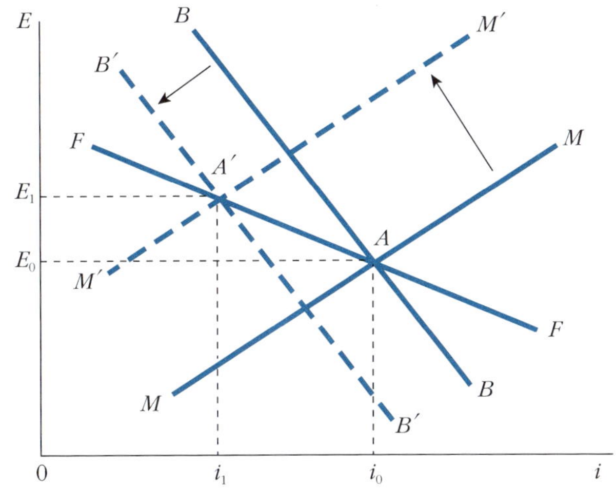

매입하는 공개시장조작($\Delta M+E\Delta F=0$)을 수행할 수 있다. 이 경우에도 외국채권 매입에 따른 통화량증대로 환율상승과 이자율하락을 초래한다.

그림 12-11 외국채권매입에 의한 공개시장조작의 효과

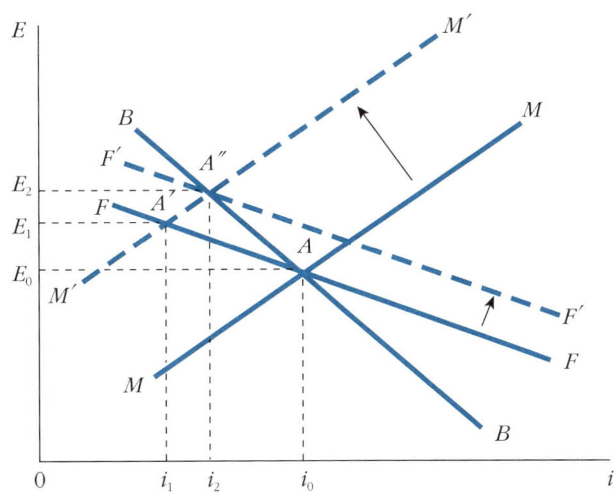

[그림 12-11]에서 외국채권매입과 그에 따른 통화량증대는 BB곡선을 따라 FF곡선의 $F'F'$으로의 이동과 MM곡선의 $M'M'$으로의 이동을 초래한다. 그 결과 최초의 자산균형점 A에서 A''으로 새로운 균형이 달성되어 균형환율은 E_0에서 E_2로 상승한 반면 균형금리는 i_0에서 i_2로 하락한다.

이와 관련하여 다음 세 가지 사항에 유의할 필요가 있다.

첫째, 포트폴리오 밸런스모형은 자산간의 불완전대체성을 가정하고 있는데 만약 국내채권과 외국채권이 완전대체재(perfect substitutes)이면 BB곡선과 FF곡선은 완전 일치하여 외국채권에 의한 공개시장조작의 효과는 국내채권에 의한 공개시장조작의 효과와 동일한 결과로 나타난다는 점이다.

둘째, 점 A'은 앞의 [그림 12-10]에서의 점 A'과 동일한 점이다. 따라서 환율에 미치는 효과는 국내채권에 의한 공개시장조작의 경우보다 외국채권에 의한 공개시장조작의 경우가 크며($E_2 > E_1$), 금리에 미치는 효과는 외국채권에 의한 공개시장조작의 경우보다 국내채권에 의한 공개시장조작의 경우에 하락폭이 크다($i_1\downarrow > i_2\downarrow$)는 점이다. 그 이유는 국내채권에 의한 공개시장조작의 효과는 일차적으로 국내이자율에 직접 영향을 미치는 것으로 나타나는 반면 외국채권에 의한 공개시장조작의 효과는 환율에 직접적으로 영향을 미치기 때문이다.

셋째, 이는 외환시장개입의 한 유형인 비중화개입(nonsterilized intervention)이라는 점이다. 더욱이, 외환시장에서 외환인 외국채권매입 규모와 동일한 규모의 통화를 증가시키기 때문에 완전비중화개입이다. 외환시장개입의 효과에 대해서는 제14장에서 상세히 설명하고 있다.

외국채권매입 및 국내채권매각에 의한 공개시장조작

중앙은행이 외국채권을 매입하는 동시에 국내통화매각액과 동일규모에 해당하는 국내채권을 매각하는 공개시장조작($\Delta B + E\Delta F = 0$)은 국내통화량의 변동을 수반하지 않는 외환시장개입인데 이를 **중화개입**(sterilized intervention) 또는 불태화개입이라고 한다. 중앙은행이 자산보유자들로부터 외국채권을 매입하는 동시에 국내채권을 매각함으로써 시중에는 외국채권에 대한 초과수요가 발생하는 반면 국내채권에 대해서는 초과공급이 발생하여 환율상승, 국내채권가격하락에 따른 국내이자율상승으로 나타나지만 민간이 보유하고 있는 통화량에는 변함이 없다.

그림 12-12 외국채권매입과 동시에 국내채권매각에 의한 공개시장조작의 효과

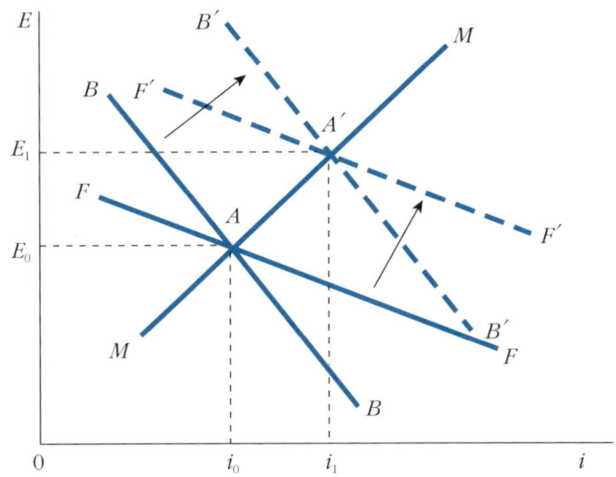

[그림 12-12]에서 외국채권매입으로 FF곡선은 MM곡선을 따라 $F'F'$으로 이동하는 동시에 국내채권매각에 따라 BB곡선도 $B'B'$으로 이동함으로써 점 A'에서 새로운 균형이 이루어져 균형환율 E_1과 균형이자율 i_1이 각각 결정된다.

지금까지 살펴본 내용들은 모두 자산스톡(asset stock)의 변화와 공개시장조작에 따른 단기효과를 나타내는데 이들 효과를 종합적으로 요약하면 다음의 [표 12-1]과 같다.

표 12-1 금융자산증가 및 공개시장조작의 효과 요약

	자산스톡 증가의 효과			공개시장조작의 효과		
	ΔM	ΔB	ΔF	$\Delta M=-\Delta B$	$\Delta M=-E\Delta F$	$\Delta B=-E\Delta F$
이자율	−	+	0[1)]	−	−	+
환 율	+	?	−	+	+	+

주: 1)외국채권증가율과 환율하락률이 동일한 경우임. 그러나 두 변동률이 상이하면 이자율 변동방향은 불분명해짐.

요 약

1. 고정환율제도하에서의 국제수지불균형은 변동환율제도하에서는 환율변동으로 나타나기 때문에 국제수지는 항상 균형을 이룬다. 그러나 관리변동환율제도라고 하면 국제수지불균형과 환율변동이 함께 공존한다.
2. 변동환율제도하에서 물가가 고정된 경우의 확장재정정책은 단기에 실질소득증대, 이자율상승과 환율변동을 초래한다. 환율의 경우에는 자본의 이자율탄력성이 비탄력적이면 평가하락(depreciation)을 초래하지만 이자율탄력성이 탄력적이든가 완전탄력적이면 평가상승(appreciation)을 초래한다.
3. 확장재정정책이 실질소득증대에 미치는 효과는 자본의 이동성이 낮으면 고정환율제도보다 크지만 자본의 이동성이 높으면 고정환율제도보다 작다. 그리고 자본의 완전이동성이 보장되는 경우에는 실질소득증대에 유효정책수단이 되지 못한다.
4. 확장금융정책은 자본의 이동성이 높든 낮든간에 이자율하락과 실질소득증대, 그리고 환율상승을 초래한다. 자본의 완전이동성이 보장되는 경우에도 실질소득증대에 유효정책수단이 되며 다만 이자율은 국제금리수준에서 고정되기 때문에 변동이 없으며 환율은 상승하는 것으로 나타난다.
5. 물가가 신축적인 경우의 확장금융정책은 단기에 이자율하락, 소득증대, 물가와 실질환율의 상승으로 나타나지만 장기에는 소득과 실질환율에 영향을 미치지 못하고 다만 통화증가율과 동일비율로 명목환율상승과 물가상승만을 초래한다.
6. 포트폴리오 밸런스모형에서 자산스톡의 증가는 이자율과 환율에 영향을 미치는데 이자율의 변동방향이 불분명한 경우는 외국채권공급의 증가 경우이며 환율변동방향이 불분명한 경우는 국내채권공급을 증가시킬 때이다. 그러나 공개시장조작의 효과는 이자율 및 환율의 변화방향이 분명하게 나타난다.

부 록

Ⅰ. 변동환율제도하에서의 확장재정 · 금융정책에 대한 비교정태분석

본 [부록]에서는 제1절에서 살펴본 생산물시장, 화폐시장, 국제수지의 균형식들을 이용하여 물가가 고정된 변동환율제도하에서 확장재정정책과 확장금융정책이 실질국민소득, 이자율 그리고 환율에 미치는 영향을 비교정태분석(comparative-static analysis)을 통해 도출해 보기로 한다.

제1절의 시장균형식 (12. 1), (12. 2) 그리고 (12. 3)을 그대로 옮기면 다음의 식 (12A. 1)~(12A. 3)이 된다.

1. 기본모형

생산물시장의 균형식:

$$Y=C(Y)+I(i)+G+T(Y,\ Y^*,\ q\equiv\frac{EP^*}{P}) \tag{12A. 1}$$

$$0<C'(Y)<1,\ I'(i)<0,\ T_y=-m<0,\ T_{y^*}=m^*>0,\ T_q>0$$

화폐시장의 균형식:

$$\frac{M^S}{P}=L(Y,\ i) \tag{12A. 2}$$

$$L_y>0,\ L_i<0,\ M^S=DC+NFA,\ DC=GDC+PDC+NOA$$

국제수지의 균형식:

$$B=0=T(Y,\ Y^*,\ q)+K(i) \tag{12A. 3}$$

$$T_y=-m<0,\ T_{y^*}=m^*>0,\ T_q>0,\ K'(i)>0$$

위의 식들 중 외생변수들은 $G,\ M^S,\ P,\ P^*,\ Y^*$이고 그 외의 모든 변수들은 내생변수로서 $Y,\ i,\ E$(또는 q), $C,\ I,\ L,\ T,\ K$ 등이 이에 속한다.

이들 식 (12A. 1)~(12A. 3)의 양변에 전미분을 취한 연립미분방정식을 행렬형(matrix form)으로 표시하면 다음과 같이 식 (12A. 4)로 주어진다.

$$\begin{bmatrix} s+m & -I'(i) & -T_q \\ L_y & L_i & 0 \\ m & -K'(i) & -T_q \end{bmatrix} \begin{bmatrix} dY \\ di \\ dq \end{bmatrix} = \begin{bmatrix} dG+m^* dY^* \\ dM^S - dP \\ m^* dY^* \end{bmatrix} \quad (12A.\ 4)$$

단, $|D| = T_q[L_y K'(i) - sL_i - I'(i)L_y] > 0.$

2. 확장재정정책의 효과

$$\frac{\partial Y}{\partial G} = -\frac{L_i T_q}{|D|} > 0; \quad \frac{\partial i}{\partial G} = \frac{L_y T_q}{|D|} > 0; \quad \frac{\partial q}{\partial G} = -\frac{1}{|D|}[L_y K'(i) + mL_i] \lesseqgtr 0 \quad (12A.\ 5)$$

따라서 확장재정정책(expansionary fiscal policy)은 소득과 이자율은 증가시키지만 환율에 미치는 영향은 불분명(ambiguous)하다. 만약 자본의 이자율탄력성이 비탄력적이어서 경상수지가 주도적으로 국제수지를 결정하는 경우 $[-\frac{mL_i}{L_y} > K'(i)]$의 변동환율제도하에서는 $\frac{\partial q}{\partial G} > 0$이 되어 환율상승으로 나타나며, 반대로 자본의 이자율탄력성이 높아 자본수지가 국제수지를 주도적으로 결정하는 경우 $[-\frac{mL_i}{L_y} < K'(i)]$의 변동환율제도하에서는 $\frac{\partial q}{\partial G} < 0$이 되어 환율하락(따라서 고정된 물가하에 실질환율하락)으로 나타난다.

3. 확장금융정책의 효과

$$\frac{\partial Y}{\partial M^S} = -\frac{T_q}{|D|}[I'(i) - K'(i)] > 0; \quad \frac{\partial i}{\partial M^S} = -\frac{sT_q}{|D|} < 0;$$

$$\frac{\partial q}{\partial M^S} = \frac{1}{|D|}[(s+m)K'(i) - mI'(i)] > 0 \quad (12A.\ 6)$$

즉 확장금융정책(expansionary monetary policy)은 이자율감소와 소득증대를 초래하는 동시에 자본의 이자율탄력성과 관계없이 분명하게 환율상승을 초래한다.

II. 포트폴리오 밸런스모형에서의 비교정태분석

1. 기본모형

화폐시장의 균형식:

$$M = m(i, i^*)W \qquad (12A.\ 7)$$

$m_i < 0,\ m_{i^*} < 0.$ 단, $m_i = \partial m / \partial i,\ m_{i^*} = \partial m / \partial i^*$

채권시장의 균형식:

$$B = b(i, i^*)W \qquad (12A.\ 8)$$

$b_i > 0,\ b_{i^*} < 0$

외국채권시장의 균형식:

$$EF = f(i, i^*)W \qquad (12A.\ 9)$$

$f_i < 0,\ f_{i^*} > 0$

부(富)의 제약조건:

$$W = M + B + EF \qquad (12A.\ 10)$$

브랜슨-홀투넨-마송(Branson, Halttunen, and Masson, 1977)의 연구논문에 있는 연립미분방정식(10)을 도출하면 다음과 같다. 위의 식 (12A. 10)을 (12A. 7)과 (12A. 8)에 각각 대입한 후 전미분을 취하여 행렬형으로 표시하면 다음의 식 (12A. 11)과 같이 된다. 다만, 유일한 교역재인 외국채권시장은 제외시켰다.

$$\begin{bmatrix} Wm_i & mF \\ Wb_i & bF \end{bmatrix} \begin{bmatrix} di \\ dE \end{bmatrix} = \begin{bmatrix} (1-m)dM - mdB - mEdF - Wm_{i^*}di^* \\ -bdM + (1-b)dB - bEdF - Wb_{i^*}di^* \end{bmatrix} \qquad (12A.\ 11)$$

단, $|J| = WF(bm_i - mb_i) < 0$

2. 통화 및 국내외채권 공급증가의 효과

통화공급량 증가의 효과:

$$\frac{\partial i}{\partial M} = \frac{bF}{|J|} < 0; \quad \frac{\partial E}{\partial M} = -\frac{W}{|J|}[bm_i + (1-m)b_i] > 0 \qquad (12A.\ 12)$$

앞의 $\partial E/\partial M$의 경우 $m+b+f=1$, $b_i+m_i+f_i=0$인 사실을 감안하면 $(1-m)b_i>-bm_i>0$이 되므로 $|J|<0$을 고려할 때 정(+)의 부호를 갖는다.

국내채권 공급증가의 효과:

$$\frac{\partial i}{\partial B}=-\frac{mF}{|J|}>0;\quad \frac{\partial E}{\partial B}=\frac{W}{|J|}[(1-b)m_i+mb_i]\lesseqgtr 0 \tag{12A. 13}$$

여기서 $\frac{\partial E}{\partial B}$의 부호는 불분명함을 알 수 있다.

외국채권 공급증가의 효과:

$$\frac{\partial i}{\partial F}=0;\quad \frac{\partial E}{\partial F}=\frac{EW}{|J|}[mb_i-bm_i]<0 \tag{12A. 14}$$

3. 공개시장조작의 효과

국공채매입에 의한 공개시장조작은 $\Delta M=-\Delta B$이므로 식(12A. 11)의 우측항에서 $-dB$를 dM으로 대체하여 비교정태분석을 행하면 된다. 마찬가지 원리로 외국채권매입에 의한 공개시장조작($\Delta M=-E\Delta F$)은 $-EdF$ 대신 dM으로 대체하고, 외국채권매입과 동시에 국내채권매각에 의한 공개시장조작($\Delta B=-E\Delta F$)은 $-EdF$ 대신 dB로 대체하여 비교 정태분석을 행하면 되는데 그 결과는 다음과 같다.

국공채매입에 의한 공개시장조작의 효과:

$$\frac{\partial i}{\partial M}=\frac{1}{|J|}(bF+mF)<0;\quad \frac{\partial E}{\partial M}=-\frac{W}{|J|}(m_i+b_i)>0 \tag{12A. 15}$$

외국채권매입에 의한 공개시장조작의 효과:

$$\frac{\partial i}{\partial M}=\frac{bF}{|J|}<0;\quad \frac{\partial E}{\partial M}=-\frac{Wb_i}{|J|}>0 \tag{12A. 16}$$

외국채권매입과 동시에 국내채권매각에 의한 공개시장조작의 효과:

$$\frac{\partial i}{\partial B}=-\frac{mF}{|J|}>0;\quad \frac{\partial E}{\partial B}=\frac{Wm_i}{|J|}>0 \tag{12A. 17}$$

제 13장 기대와 경제정책의 효과

개 요

기대(expectation)는 국민경제에 지대한 영향을 미친다. 물가, 금리, 환율 등 가격변수들의 변동방향에 대한 기대는 총수요와 총공급에 영향을 미칠 뿐만 아니라 역으로 성장, 고용, 국제수지상태 등에 대한 경제뉴스나 정책변경은 기대형성에 영향을 미친다. 따라서 경제주체들이 어떠한 기대를 갖고 있느냐에 따라 경제정책의 파급효과도 상이해지기 때문에 기대이론에 대한 이해가 중요하다.

이 장에서는 먼저 경제주체들의 기대를 모형화한 이론들을 살펴보고 기대가 존재하는 경제하에서의 정책효과로서 평가절하의 효과와 확장금융정책의 효과를 분석 · 고찰하게 될 것이다. 고정환율제도하에서 평가절하에 대한 기대가 만연하고 있음에도 불구하고 평가절하를 지연시킨 경우 국민경제에 어떠한 영향을 미치는지도 함께 살펴보게 된다.

그리고 변동환율제도하에서의 기대하지 않은 확장금융정책이 환율의 오버슈팅(overshooting of exchange rate)현상을 발생시키는 과정을 상세하게 다루는데 이는 1980년대 이후 선진공업국들이 경험하고 있는 환율의 급격한 변동양상을 설명해 주는 이론적 근거가 되고 있을 뿐만 아니라 이를 이해하면 실질환율의 오버슈팅현상에 대한 분석도 용이해진다.

끝으로, 회귀적 기대가 결부된 먼델-플레밍모형에서의 정책효과는 어떻게 상이해지는지 분석해 보기로 한다.

제 1 절 기대와 경제정책간의 관계

1 기대의 형성

제 11장에서 완전예견과 불완전예견하에 총공급곡선을 도출하면서 살펴본 바와 같이 기대(expectation)는 물가, 금리, 환율 등 가격변수들에 영향을 미치고 총수요 및 총공급변동에 영향을 미친다. 따라서 경제주체들이 불확실한 장래에 대해 어떻게 기대를 형성(formation of expectations)하고 있느냐 하는 것을 파악할 수만 있다면 정책방향설정에 대단히 중요한 유인(incentive)을 제공한다고 할 수 있다. 예를 들어 어느 개인이 장차 승용차를 구매할 계획을 갖고 있다고 하자. 이 사람이 자동차생산량에 대한 추세, 앞으로의 가격전망 등을 감안하여 자동차가격이 3개월 이후에는 오를 것이라고 기대하고 있을 때 다른 사람들도 똑같은 기대를 갖고 있다고 하면, 자동차에 대한 수요는 3개월이 되기도 전에 증가하여 자동차가격을 상승시킬 것이다. 그러나 반대로 자동차를 구매할 계획을 가진 사람들 대부분이 3개월이 지나도 가격은 변하지 않을 것으로 기대한다고 하면 적어도 기대에 의한 자동차가격은 영향을 받지 않을 것이다.

특히, 국제금융거래와 관련하여 외국주식이나 외국채권과 같은 금융자산을 매매함으로써 자본이득을 얻으려는 투자가들의 경우에는 국내외 이자율이나 환율, 물가 등에 대해 끊임없이 예측을 하고 그 예측이 확실할 것으로 기대한다고 하면 그에 따라 투자행위를 결정할 것이다. 그리고 그와 같은 기대에 의한 투자행위는 자본유출입을 초래하여 환율과 금리를 변동시킬 뿐만 아니라 물가에 영향을 미친다. 그리고 역으로 예상하지 못한 정책변경이나 경제뉴스(economic news)는 기대형성에 영향을 미치기 때문에 기대와 정책변경은 상호연관관계를 갖는다. 사실상 1980년대에 들어와 선진공업국들이 경험하고 있는 환율의 급격한 변동은 바로 이와 같은 기대와 정책간의 연동관계로부터 비롯되었다고 하겠다.

그러면 경제주체들이 어떻게 기대를 형성하는지를 이론적으로 고찰해 보자. 다만 많은 기대가설 중에 앞으로의 논의에 필요한 적응적 기대(adaptive expectation), 합리적 기대(rational expectation), 회귀적 기대(regressive expectation)에만 분석초점을 두기로 한다.

적응적 기대가설

적응적 기대가설(adaptive expectation hypothesis)은 경제주체들이 과거의 경험에 비추어 장래를 예상하며, 예기치 못한 외생적 경제충격(exogeneous economic shocks)이 발생하면 과거의 경험에 입각하여 예상오차를 수정하여 적응한다는 가설을 말한다. 물가에 대한 적응적 기대를 수식으로 표시하면 다음과 같이 정의된다.[1)]

$$P_t^e - P_{t-1}^e = \delta(P_{t-1} - P_{t-1}^e) \qquad (13.\ 1)$$

단, P_t^e, $P_{t-1}^e = t$기와 $t-1$기의 기대물가수준
$P_{t-1} = t-1$기의 실제물가수준
$\delta =$ 조정계수로서 $0<\delta<1$

윗식이 의미하는 바는 경제주체들이 예상하는 t기의 기대물가(P_t^e)는 전기의 실제물가수준(P_{t-1})과 기대물가수준(P_{t-1}^e)간의 차이인 예상오차($P_{t-1} - P_{t-1}^e$)를 조정계수 δ배만큼 수정하여 기대를 형성한다는 것이다. 여기서 파라미터인 조정계수 δ는 기대물가수준이 과거의 잘못에 대응하여 얼마만큼 빨리 조정되느냐 하는 조정속도의 크기를 반영한다. 만약 $\delta=0$이면 기대가 전혀 없는 극단적인 케인지언 경우와 같고, $\delta=1$이면 기대물가는 실제물가수준변동에 즉각적으로 조정되는 완전예견의 고전학파모형과 같은 결과를 가져온다. 위에서 조정계수가 $0<\delta<1$이라는 가정은 위의 두 극단의 경우를 제외한 경우로서 조정속도가 완만하게 이루어짐을 의미한다.

윗식은 $P_t^e = P_{t-1}^e + \delta(P_{t-1} - P_{t-1}^e)$과 같으므로 물가상승률을 ^으로 표시하면 실제물가와 기대물가간에는 $\hat{P}_t > \hat{P}_t^e > \hat{P}_{t-1}^e$의 관계가 성립한다.[2)]

---

1) 이는 P. Cagan(1956), M. Friedman(1957) 등이 세운 가설로서 전진적 기대가설(progressive expectation hypothesis) 또는 오차습득가설(error learning hypothesis)로도 불리며 수식에 있어서도 $P_t^e - P_{t-1}^e = \delta(P_t - P_{t-1}^e)$로 표시되기도 한다.

2) 적응적 기대에 의한 현재의 기대물가수준(P_t^e)은 과거의 실제물가수준(P_{t-1}, P_{t-2} 등)에 대한 가중평균치로 표시될 수 있다. 그리고 가중치는 기대형성과 가장 가까운 전분기가 가장 크고 과거로 거슬러 올라갈수록 작게 된다. 왜 그런가를 보기 위해 식 (13. 1)을 $t-1$기에 대해 적

즉 실제물가상승률(P_t)이 10%라고 하면 사람들이 예상하는 기대물가상승률(P_t^e)은 10%보다 작게 상승하고 이는 전기의 기대물가상승률(P_{t-1}^e)보다는 큼을 의미한다. 따라서 실제물가가 계속 오를 때 기대물가를 과소예측함으로써 일정한 규칙성을 갖는 체계적 오차(systematic errors)를 범하게 된다. 이와 같은 적응적 기대가설은 앞에서 분석한 일반적인 케인즈모형의 불완전예견(imperfect foresight)과 같은 결과를 초래함을 쉽게 알 수 있다. 이 경우 우리는 총공급곡선이 생산(Y)과 물가(P)의 평면 위에 우상향의 곡선으로 나타난다는 것도 고찰한 바와 같다.

합리적 기대가설

합리적 기대가설(rational expectation)은 경제주체들이 장래의 경제변수를 예측할 때 이용가능한 모든 관련정보(relevant information)를 이용하여 합리적으로 예측한다는 가설을 말한다.[3] 이와 같은 합리적 기대가설은 적응적 기대가설에서 발생되는 체계적 오차를 초래하지 않는다. 즉 기대오차는 비체계적(unsystematic)이다. 예를 들어 현재로는 이용가능하지 않은 정보라든가 전혀 예측할 수 없었던 기대하지 않은 외부충격(external shocks)과 같은 교란요인들을 확률교란(random disturbances)으로 처리함으로써 비체계적인 기대오차(unsystematic expectation errors)가 되고 이들 기대오차의 기대치는 0이 된다.

기대물가(P_t^e)에 대한 합리적 기대가설을 수식으로 표시하면 다음과 같다.

$$P_t^e = \varepsilon(P_t \mid I_{t-1}) \tag{13. 2}$$

I_{t-1}은 $t-1$기에 주어진 이용가능한 모든 관련정보를 나타내며 ε는 기대치를 구하는 기대연산자(expectation operator)를 나타낸다. 따라서 기대물가는 정보조건부 실제물가의 기대치(expected value)를 의미한다.

용하면 $P_{t-1}^e = P_{t-2}^e + \delta(P_{t-2} - P_{t-2}^e)$가 성립되므로 이를 식 (13. 1)에 대입하여 정리하면 $P_t^e = \delta P_{t-1} + \delta(1-\delta)P_{t-2} + (1-\delta)^2 P_{t-2}^e$가 된다. 더욱이 $t-2$기, $t-3$기에 대해서도 이와 같은 과정을 반복적으로 전개하면 $P_t^e = \delta P_{t-1} + \delta(1-\delta)P_{t-2} + \delta(1-\delta)^2 P_{t-3} + \cdots\cdots = \delta\sum_{k=1}^{\infty}(1-\delta)^{k-1}P_{t-k}$와 같이 되어 P_t^e는 과거의 실제물가수준인 $P_{t-1}, P_{t-2}\cdots\cdots$ 등의 가중평균치가 됨을 알 수 있다.

3) 합리적 기대가설은 1961년에 무스(J.F. Muth)가 간단한 수요함수와 공급함수를 이용하여 균형분석을 하면서 모형화된 이래 루카스(R.E. Lucas, Jr.), 사전트(T.J. Sargent), 왈라스(N. Wallace), 배로(R.J. Barro) 등에 의해 크게 발전되어 왔다.

경제주체들은 물가에 영향을 미치는 소비, 투자, 정부정책, 환율 등 이용가능한 모든 정보에 의해 경제구조(economic structure)를 모두 알고 있는 것처럼 행동한다고 가정한 것이다.

적응적 기대가설에서는 관련정보를 무시하고 과거의 물가행태만을 고려하여 예측을 하는 데 대해 합리적 기대가설은 모든 정보를 이용하여 장래에 대해 단기뿐만 아니라 장기에도 평균적(on the average)으로 정확히 예측하기 때문에 $P^e=P$가 된다.

또한 합리적 기대가설은 고전학파의 완전예견과 결과는 유사하지만 기대형성의 내용면에서는 완전예견이 장래에 대해 단순히 완전정보를 가정하고 있는 데 대해 합리적 기대는 불확실성이 존재할 때에도 확률적으로 완전예견을 가정하고 있다는 점에서 다르다고 하겠다. 그러나 어느 경우이든간에 총공급곡선이 수직선이 되기 때문에 총수요관리정책의 무력성(ineffectiveness in policy)을 주장하는 근거가 되고 있다.

그러나 합리적 기대학파의 주장에 대해 현실적으로 타당성을 갖느냐 하는 데 대해 많은 비판이 따르고 있는데 특히 케인즈학파는 다음과 같은 반론을 제기하고 있다.

첫번째 비판으로는 개인이 비록 현재와 장래 가격에 대해 완전히 인식하고 있다고 하더라도 현실적으로는 노동계약의 구속 등으로 임금의 경직성이 존재하기 때문에 실제물가와 기대물가가 즉각적으로 같아질 수 없다고 주장하고 최소한 단기정책은 유효한 정책이라고 주장한다.

두 번째로는 소비자, 생산자, 정부 등과 같이 분권화된 경제(decentralized economy)하에서 석유파동과 같은 외부충격으로 인한 균형이탈은 즉시 회복되기가 어렵다는 것이다.

세 번째로는 불확실성(uncertainty)이 존재하는 경제에서는 기업이나 근로자나 모두 불완전한 정보에 직면하게 되므로 물가변동에 대한 인식시차가 존재하게 되어 실제물가와 기대물가는 괴리될 수밖에 없다고 주장한다.

끝으로, 외부충격이나 정책이 종전의 양상과 얼마나 유사한가에 따라 기대형성에 영향을 미치므로 역시 합리적 기대가설이 단기에 성립되는 것이 어렵다고 주장한다. 왜냐하면 유사성이 높으면 높을수록 합리적 기대가설에 가까워지겠으나 유사한 충격은 그리 흔하지 않기 때문이다.

회귀적 기대가설과 기대부가 총공급곡선

앞의 두 가설에서 고찰한 바와 같이 적응적 기대가설은 관련정보를 무시하고 과거의 물가행태만을 고려하여 수정해 나가는 방식으로 기대를 조정하는 데 대해 합리적 기대는 이용가능한 모든 정보를 이용하여 장래물가를 평균적으로 정확히 예측함으로써 기대물가가 실제물가수준과 같은($P_t^e = P_t$) 결과를 가져온다.

그러나 현실경제에서 합리적 기대가설이 주장하는 것과 같이 실제물가변동에 대응하여 기대물가가 즉각적이고 신속히 조정되는 경우는 오히려 예외적이라고 할 수 있다. 경제에 통화공급을 지속적으로 주입시킨다든가 인플레이션이 지속되는 경우에는 실제인플레이션율과 기대인플레이션율이 동일한 비율로 움직여 합리적 기대가설은 타당성을 가질 수 있다. 그러나 이러한 경제는 전후 독일이나 1970년대에 경제정책실패로 인한 남미경제의 경우를 제외하고는 일반적인 경제현상이라고 할 수 없다.

오히려 현실적으로는 고용계약의 비탄력성으로 인한 임금의 경직성, 독과점시장으로 인한 물가의 경직성, 경제통제에 따른 정보의 이용제약성과 부정확성, 그리고 정부에 비해 상대적으로 소비자, 생산자의 이용가능한 정보의 제약성 등으로 기대경제변수는 실제경제변수의 변동에 대해 조정속도가 느린 것이 일반적이다. 만약 현실이 이와 같다고 하면 적응적 기대모형이 보다 설득력 있는 가설로 받아들여질 수 있다. 그러나 여기에 함정이 있음을 간과해서는 안 된다. 앞서 지적한 바와 같이 적응적 기대가설은 과거의 물가수준과 같은 경제변수의 행태에만 기초하여 기대를 설정한다는 사실이다. 따라서 합리적 기대가설과 같이 모든 정보를 이용하여 기대를 조정한다는 내용과는 아주 다른 의미를 갖고 있음에 유의할 필요가 있다. 그렇다고 하면 이용가능한 모든 정보를 이용하되 적응기대가설과 같이 기대조정속도가 완만한 경우의 기대모형이 필요하게 되는데 이것이 다음의 **회귀적 기대가설**(regressive expectation hypothesis)이다.

회귀적 기대라 함은 물가의 경우 실제물가(P)와 기대물가(P^e)간의 편차(deviation)가 발생한 경우 경제주체들이 시간경과와 더불어 이를 인식하고 기대물가수준을 실제물가수준으로 수정해 나감으로써 장기에는 기대물가가 실제물가수준으로 회귀하는 기대를 말한다.

이를 수식으로 표시하면 다음과 같다. 지금 Z을 실제총생산(Y)과 완전고용수준의 총생산(Y_F)간의 차이, 즉 인플레이션 갭(inflation gap)을 $Z=Y-Y_F$라고 하자. 그러면 총공급에 대한 회귀적 기대방정식은 다음과 같이 표시된다.

$$Z=\beta\left(\frac{P-P^e}{P^e}\right) \tag{13. 3}$$

단, $Z=Y-Y_F$(인플레이션 갭)

β=파라미터로서 회귀조정계수

따라서 기대물가(P^e)가 실제물가(P)에 수렴(회귀)될 때에만 $Z=0$, 즉 $Y=Y_F$가 되고 그렇지 못한 $P\neq P^e$인 경우에는 $Z\neq 0$이 됨을 의미한다.[4)]

위의 식 (13. 3)으로 표시되는곡선을 특히 기대부가 총공급곡선(expectation-augmented aggregate supply curve)이라고 하는데 이를 방정식으로 표시하면 다음과 같다.

$$Y=Y_F+\beta\left(\frac{P-P^e}{P^e}\right) \tag{13. 4}$$

위의 기대부가 총공급곡선이 의미하는 바를 보면 생산자는 예상하지 못한 물가변동(unanticipated price change; price surprise)의 경우에만 생산변동을 초래함을 알 수 있다. 예컨대 기대하지 않은 물가상승($P-P^e\uparrow$)은 총생산증대($Y\uparrow$)로 나타나고 기대하지 않은 물가하락($P-P^e\downarrow$)은 총생산감소($Y\downarrow$)를 초래한다. 즉 실제물가변동률(P)이 기대물가변동률(P^e)보다 클 때($P>P^e$)에 생산증대가 이루어짐을 의미한다. 물가와 총공급은 정(+)의 관계에 있으므로 기대부가 총공급곡선(AS)은 [그림 13-1]과 같이 우상향의 기울기를 갖는다.

그림에서 최초에 $P_0=P_0^e$와 Y_F의 수준인 점 A에서 총공급측균형을 이루고 있을 때 기대하지 않은 물가상승($P-P^e\uparrow$)이 발생하면 단기에 생산자는 총공급곡선을 따라 균형점 A'으로 이동하여 생산수준은 Y_F에서 Y_1으로 증가한다. 물가상승이 기대하지 않은 것이었으므로 기대물가수준은 종전의 수준 P_0^e에 머물게 되어 점 A'에서는 $P_1>P_0^e$가 되고 그 결과 생산 또한 증가하여 $Y_1>Y_F$의 상태가 된다. 근로자들은 물가상승을 인식하고 고용계약에 이를 반영시킴으로써 명

4) 이와 같은 회귀적 기대모형은 기대부가 공급곡선 이외에 돈부쉬(R. Dornbusch)의 기대환율변동률에 대한 결정모형 $i-i^*=\theta(\bar{e}-e)$ 이 있는데, 이 장의 4절을 참조할 것. 회귀적 기대가설은 원래 토빈(J. Tobin, 1958)이 투기적 화폐수요에 대한 모형을 설정하기 위해 정립하면서 발전되어 온 기대가설이다.

그림 13-1 기대부가 총공급곡선과 이동

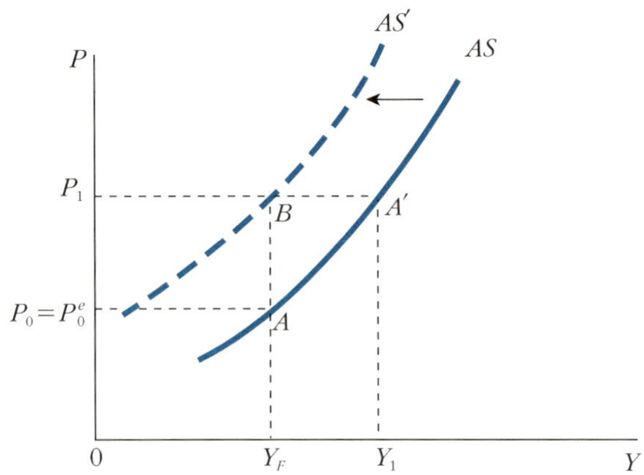

목임금 또한 상승하기 시작한다. 그 결과 실질임금의 상승으로 총공급곡선은 좌측으로 AS' 까지 이동하게 된다. 즉 기대물가(P^e)가 상승하면 총공급곡선은 좌측으로 이동하는데 시간이 경과됨에 따라 P_0^e는 P_1과 같아지도록 회귀($P_0^e = P_1$)함으로써 장기의 생산수준도 Y_1에서 Y_F로 회귀($Y = Y_F$) 하게 된다. 따라서 회귀적 기대모형하에서도 장기총공급곡선(LAS)은 점 A와 점 B를 연결한 Y_F수준에서 수직선이 되어 장기에는 합리적 기대모형과 같은 결과가 된다. 다만 회귀적 기대모형은 기대가 시차를 두고 조정되는 적응적 기대가설을 수용하는 동시에 모든 정보를 이용하여 합리적으로 예측하는 합리적 기대가설을 포함함으로써 시간경과와 더불어 균형이동을 파악하는 잠정경로(transitory path)를 알 수 있다는 데 장점이 있다.

물론, 기대부가 총공급곡선의 경우에도 기대물가 이외의 다른 요인들이 변동하면 총공급곡선 자체가 이동하는데 생산비용하락이나 생산기술수준향상 등이 총공급곡선을 우측으로 이동시킴은 일반적인 총공급곡선의 경우와 같다.

2 기대와 정책효과간의 관계

현실경제에서 기대는 작든 크든간에 경제변수들에 영향을 미침으로써 경제정책효과의 크기에 영향을 주고 심지어는 정책효과가 전혀 없는 정책무력성을 초래하기도 한다.

기대가 존재하는 경제하에서 정책효과는 일반적으로 다음의 경우에 따라 상이해진다.

① 경제주체들이 경제정책을 사전에 기대하고 있었는가 아니면 전혀 기대하지 못했었느냐에 따라 달라지며,
② 경제정책이 단 한 번의 변경(once-and-for-all change)으로 그치느냐 아니면 지속적인 정책변경이냐에 의존하며,
③ 기대가 시차를 두고 부분적으로 조정되는 적응적 기대형태냐 아니면 즉각적이고도 완전히 조정되는 완전예견 내지는 합리적 기대형태냐에 따라 달라진다.
④ 끝으로 정책시행이 기대에 부응하여 적기에 이루어졌느냐 아니면 기대와는 달리 지연된 정책시행이었으냐에 따라 달라진다.

이하에서는 기대가 형성되고 있는 경제에서 고정환율제도와 변동환율제도하에서의 정책효과를 살펴보기로 한다. 다만 고정환율제도하에서는 예시적으로 평가절하의 효과만을 고찰하고 변동환율제도하에서는 확장금융정책의 효과만을 대표적으로 분석해 보기로 한다.

제2절 기대와 평가절하의 효과

우리는 이미 제8장에서 물가가 고정되고 기대가 없는 정태적 기대(static expectation)하에서 평가절하의 효과를 상세히 분석한 바 있는 데 이 경우의 평가절하는 실질국민소득 증대와 이자율상승 그리고 국제수지를 개선시키는 결과로 나타났다. 기대가 존재하는 경제에서도 과연 이와 동일한 결과를 초래하는지를 살펴보자.

다음의 [그림 13-2]에서 최초에 총수요곡선과 총공급곡선이 만나는 점 A에서 대내외균형을 이루고 있었다고 하자.

그림 13-2 기대하의 평가절하의 효과

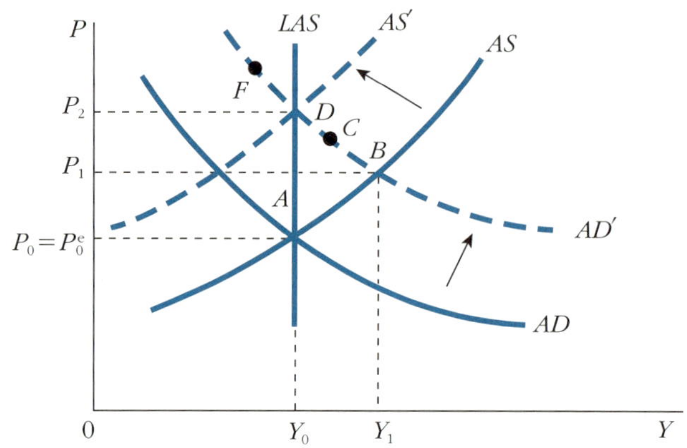

지금 경제주체들이 전혀 예상하지 못한 평가절하(unanticipated devaluation)에 직면하였다고 하면 실질환율(EP^*/P)이 상승하므로 총수요곡선은 AD'으로 우측이동하여 점 B에서 단기균형을 이룬다. 실질환율의 상승은 지출전환효과에 의한 수출증대와 수입감소를 통해 무역수지를 개선시키는 동시에 총수요를 증가시켜 물가는 P_1으로 상승한다.

이는 기대하지 않은 물가상승($P-P^e\uparrow$)과 같으므로 총생산은 총공급곡선상의 점 B만큼 증가하게 되고 물가는 $P_1>P_0^e$ 상태에 있게 된다. 또한 평가절하는 이자율상승을 통해 자본유입을 초래하기 때문에 국제수지는 전체적으로 흑자가 된다. 국제수지흑자를 중앙은행이 완전히 중화(sterilization)시킨다고 하면 점 B는 단기균형점이 된다.

그러나 시간이 경과함에 따라 근로자는 실제물가가 상승했음을 인식하면서 기대물가를 상향조정하게 되고 그에 따라 총공급곡선은 점 D의 방향으로 이동하게 된다.

즉 기대부가 총공급곡선 $Y=Y_F+\beta\left(\dfrac{P-P^e}{P^e}\right)$에서 P^e가 상승함에 따라 총공급곡선은 좌측으로 이동하기 시작한다. 만약 기대가 적응적 기대라고 하면 물가상승시에는 항상 $\hat{P}>\hat{P}^e$의 관계에 있으므로 점 C와 같은 수준에서 결정되기 때문에 기대가 없는 경우보다 총생산의 증가폭은 작아졌으나 아직도 최초의 생산수준(Y_0)보다는 증가한 상태에 있게 된다.

그러나 평가절하가 사전에 예상되었던 평가절하(anticipated devaluation)라고 하면 경제주체들이 갖는 기대물가수준은 실제물가수준과 같아지게 되어 총공급곡선도 AS' 으로 좌측이동을 하기 때문에 점 D에 이르고 심지어 장기균형 점 D를 오버슈팅(overshooting)[5)]한 점 F까지 이를 가능성이 있다. 그러다가 물가수준이 장기수준을 상회했음을 인식하면서 최종적으로는 점 D에서 장기균형을 이루게 된다.

끝으로, 합리적 기대라고 하면 단기나 장기에 구애됨이 없이 모든 자료를 이용하여 완전예견을 하는 경우이므로 $P^e=P$가 되어 평가절하는 실질소득에 영향를 미치지 못하고 물가만이 상승한 점 D에 정확히 이른다. 물론 이 경우에는 물가의 오버슈팅현상은 발생하지 않는다. 이상의 논의를 요약하면 다음과 같다.

① 기대하지 않은 평가절하의 효과:
- 적응적 기대인 경우: 실질소득증가($Y\uparrow$) 및 물가상승($P\uparrow$)과 국제수지가 개선($B>0$)된다.
- 합리적 기대인 경우: 실질소득은 변동이 없고($Y=Y_0$) 물가만이 상승($P\uparrow$)한다.

② 기대된 평가절하의 효과:
- 어느 경우에나 실질소득에는 변동이 없고($Y=Y_0$) 물가만이 상승($P\uparrow$)한다.

다음으로는 국제수지적자 등 경제상황에 비추어 경제주체들이 사전에 평가절하를 기대하고 있는 상태에서 관계당국이 실기(失機)하여 늦게 평가절하가 이루어졌다고 하면 어떠한 결과가 초래되는지를 생각해 보자. 결론부터 말하면 이 경우에는 스태그플레이션(stagflation)현상을 초래한다.

왜 그런가를 이해하기 위해 먼저 기대평가절하율과 이자율간의 관계를 보자. 제2장에서 커버되지 않은 이자평가조건은 $i=i^*+x$로 주어졌었다.[6)] 여기서 i와 i^*는 각각 국내 및 외국이자율이고 $x=((E^e-E)/E)$는 기대평가절하율을 나타낸다.

5) 오버슈팅(overshooting)이란 실제물가수준이 장기균형수준을 상회하여 이탈하는 현상을 말하는데 구체적인 내용은 이 장의 4절에 있는 명목환율의 오버슈팅을 참조할 것.

6) 보다 구체적인 논의는 다음의 3절 또는 제2장 2절을 참조할 것.

따라서 곧 평가절하가 있을 것이라는 기대가 만연하고 있다고 하면 기대평가절하율(x)이 오르고 그 결과 이자율도 상승하기 때문에 투자와 소비수요를 위축시켜 총수요곡선은 좌측으로 이동한다. [그림 13-3]에서 총수요곡선이 AD에서 AD'으로 이동한 것은 이를 반영하고 있다. 이와 동시에 총공급측에서도 근로자는 평가절하로 물가가 상승할 것으로 보고 그들의 기대물가(P^e)를 상향조정하여 그들의 고용계약시에 임금인상을 반영시킴으로써 총비용이 증가하여 총공급곡선은 좌측으로 이동하게 된다. 따라서 새로운 균형은 점 A''에서 이루어진다. 그 결과 실제로는 평가절하가 이루어지지 않았음에도 불구하고 평가절하에 대한 사전적인 기대형성으로 인해 실질소득수준은 Y_0에서 Y_1으로 감소한 반면 물가는 P_0에서 P_2로 상승하여 소위 스태그플레이션을 초래하고 있다. 만약 정부가 평가절하가 필요함에도 불구하고 어떠한 이유에서 평가절하를 계속 지연시키면 사태는 점 A''보다 더 악화될 수도 있다. 그리고 늦게나마 정부가 평가절하를 단행하였다고 하면 이제는 물가상승과 실질소득감소라는 비용만 치루었을 뿐 최초의 균형상태인 점 A와 동일한 상태에 머물게 된다. 이는 평가절하가 절박함에도 불구하고 정부가 실기(miss an opportunity)하여 지연된 평가절하를 실시함으로써 사태를 오히려 악화시키는 경우를 보여 주고 있다. 더욱 중요한 사실은 정부의 정책에 신뢰성이 없는 경우에는 평가절하에도 불구하고 점 A로 완전회복이 되지 않을 수도 있다는 점이다. 왜냐하면 일단 상승한 임금은 하

그림 13-3 기대하의 평가절하의 지연효과

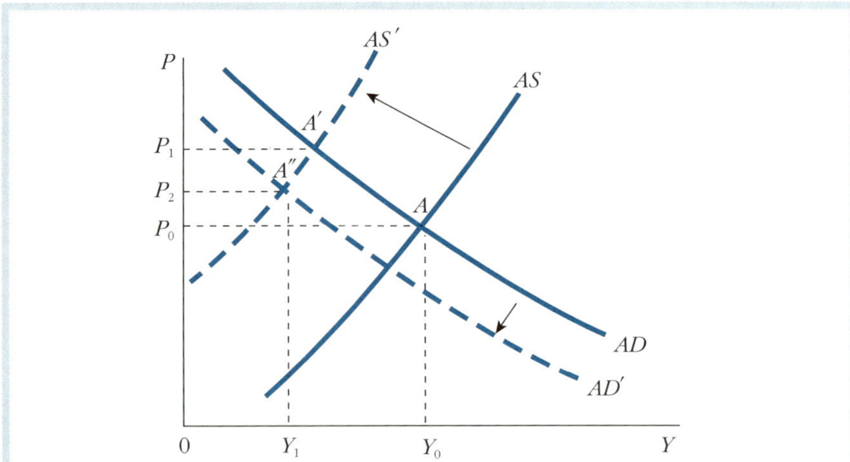

향경직성으로 인해 물가도 하향경직성이 되어 물가하락이 이루어지지 않을 수 있기 때문이다.

이상에서 살펴본 바와 같이 기대는 정책효과에 대해 다양한 형태로 작용하게 되는데 독자는 기대물가가 존재하는 고정환율제도하에서의 재정 · 금융정책에 대해서도 쉽게 분석할 수 있을 것이다. 왜냐하면 재정 · 금융정책도 평가절하와 마찬가지로 총수요관리정책이기 때문이다.

제3절 기대, 환율, 금리 및 물가의 연동관계

1 국제자본의 이동원리

환율에 대한 기대가 존재하는 경우 환율과 금리간의 연동관계를 알아보기 위해 국제단기자본의 이동원리를 이해하기로 한다. 이를 위해 국가간 자본이동에 아무런 제약조건이 없어 자본이 자유롭게 이동하되 경직적 물가(sticky price)를 가정한다. 경직적 물가란 외생적 충격에도 불구하고 단기에는 가격이 고정되었으나 시간이 경과함에 따라 가격이 변동함을 의미한다. 이는 또한 실물시장에서 단기에는 구매력평가가 성립되지 않고 장기에만 성립함을 의미한다. 국제단기자본의 이동원리는 선물환이 개재되는 경우에는 제2장 2절의 이자재정거래에 성립되는 '커버된 이자평가조건'에 의해서도 설명되지만 투기성 단기자본(hot money)과 같은 국제자본이동원리는 '커버되지 않은 이자평가조건'(uncovered interest parity condition)으로 설명된다.

이해를 돕기 위해 구체적인 예를 들어 보기로 하자.

한국인 투자가가 3개월간 이용가능한 유휴자금 100만 원을 보유하고 있으며 한국과 미국 중 어느 국가에 투자하는 것이 유리한지 투자대상국가의 선택문제를 고려하고 있다고 가정하자. 그리고 한국의 정부채권 금리는 3개월 기준으로 10%이고 미국 재무성발행 재정증권의 금리는 3개월 기준으로 5%라고 가정하자. 또한 원화의 대미달러화 환율이 1,000₩/$이며 3개월 후의 기대환율은 E^e=1,200₩/$으로 20% 상승할 것으로 예상하고 있다고 가정하면 국내채권에 투자한 경우의 3개월후의 원리금합계(R^{KOR})는 다음과 같다.

국내채권에 투자한 경우 3개월 후의 원리금합계:

$$\begin{aligned} R^{KOR} &= ₩1{,}000{,}000(1+0.10) \\ &= ₩1{,}100{,}000 \end{aligned}$$

3개월 후의 예상환율이 실제로 달러당 1,200원이 되었다고 하면 미국에 투자한 경우의 원리금합계($R^{U.S}$)는 다음과 같다.

미국재정증권에 투자한 경우 3개월 후의 원리금합계:

$$\begin{aligned} R^{U.S} &= \frac{₩1{,}000{,}000}{1{,}000}(1+0.05)(1{,}200₩/\$) \\ &= \$1{,}050 \times 1{,}200₩/\$ \\ &= ₩1{,}260{,}000 \end{aligned}$$

따라서 국내채권에 투자하는 경우보다 미국 재정증권에 투자하는 경우에 ₩160,000($R^{U.S} - R^{KOR}$ = ₩1,260,000 − ₩1,100,000)의 투자수익을 더 얻게 되어 미국 재정증권에 투자하는 것이 유리함을 알 수 있다. 즉, 양국 간의 금리차이를 감안하더라도 미국에 투자하는 경우가 원금에 대해 16%의 자본이득을 더 가져온다. 따라서 자본은 국내에서 미국으로 유출된다.

이상의 예를 이용하여 국제단기자본의 이동원리를 수식으로 정식화시켜 보기로 한다.

위의 투자원금 100만원 대신 1원을 국내에 투자하는 경우의 원리금합계는 $R=(1+i)$이고, 외국에 투자하는 경우의 원리금합계는 $R^*=(E^e/E)(1+i^*)$가 된다. 여기서 ∗표시는 외국변수를 나타낸다.

따라서 만약 $\frac{E^e}{E}(1+i^*) > (1+i)$이면 외국에 투자하는 것이 유리하므로 국내자본이 외국으로 유출되고 반대로 만약 $\frac{E^e}{E}(1+i^*) < (1+i)$이면 국내투자가 유리하므로 외국자본은 국내로 유입된다.

그렇다고 하면 자본유출 또는 유입이 발생하지 않는 균형은 어떻게 달성되는가를 생각해 보자.

$\frac{E^e}{E}(1+i^*) > (1+i)$인 경우 주어진 E^e와 i^*하에서 다음과 같은 경제현상이 수반된다.

① 해외투자가 유리하므로 국내자본의 해외유출이 발생
② 해외투자를 위해 외환수요 증대→환율상승(E↑)
③ 국내자본의 해외유출로 국내통화량 감소→국내이자율 상승(i↑)

최종적으로 ①~③에 의해 $\frac{E^e}{E}(1+i^*)=(1+i)$가 성립하여 더 이상의 자본 유출입이 발생하지 않는 균형을 이룬다. 위 식을 '커버되지 않은 이자평가조건'(uncovered interest parity condition)이라 하며 흔히 이자평가조건이라고 하면 이를 지칭한다.

$\frac{E^e}{E}(1+i^*)<(1+i)$인 경우에는 위와 반대 현상이 발생하여 ① 국내투자가 유리하므로 외국자본의 국내유입발생, ② 외환공급증대로 환율하락, ③ 국내통화량 증가로 국내이자율이 감소함으로써 최종적으로 자본유출입이 발생하지 않은 커버되지 않은 이자평가조건이 성립한다.

그런데 현실적으로는 다음과 같이 기대환율변동률이 국내외 금리차이에 의해 결정되는 커버되지 않은 이자평가조건이 보다 널리 이용된다. 이를 보기 위해 기대환율변동률을 $x=\frac{E^e-E}{E}$로 정의하면 $\frac{E^e}{E}=x+1$ 이므로 이를 위의 커버되지 않은 이자평가조건에 대입하고 xi^*를 무시(대단히 작은 값)하면 $x=i-i^*$가 된다.

즉, $i=i^*+x$, 단, $x=\frac{E^e-E}{E}$이며 $i=i^*+x$ 역시 커버되지 않은 이자평가조건을 나타낸다.

만약 $i^*+x>i$ 이면 외국자본이득률 i^*+x가 국내자본이득률인 이자율 i 보다 크므로 국내자본의 해외유출이 발생한다. 자본유출은 환율상승(E↑)을 초래하여 기대환율변동률의 하락 $\left(\downarrow x=\frac{E^e-E}{E}\right)$을 수반하는 동시에 국내통화량감소로 국내이자율 상승(i↑)으로 최종적으로는 커버되지 않은 이자평가조건인 $i=i^*+x$가 성립한다. 반대로 $i>i^*+x$이면 외국자본의 국내유입이 발생하며 그 결과 환율하락을 통한 기대환율변동률의 상승(x↑)과 국내이자율 하락(i↓)으로 $i=i^*+x$가 성립한다.

그리고 이상과 같은 자본이동원리에 의해 성립되는 커버되지 않은 이자평가조건은 외환시장의 균형을 나타낸다.

지금까지 논의한 국제단기자본의 이동원리를 통해 환율, 금리, 자본유출입 간의 관계를 나타내면 [그림 13-4]와 같다. 횡축에 국내 및 외국자본이득률을

그림 13-4 환율, 금리, 자본유출입간의 관계

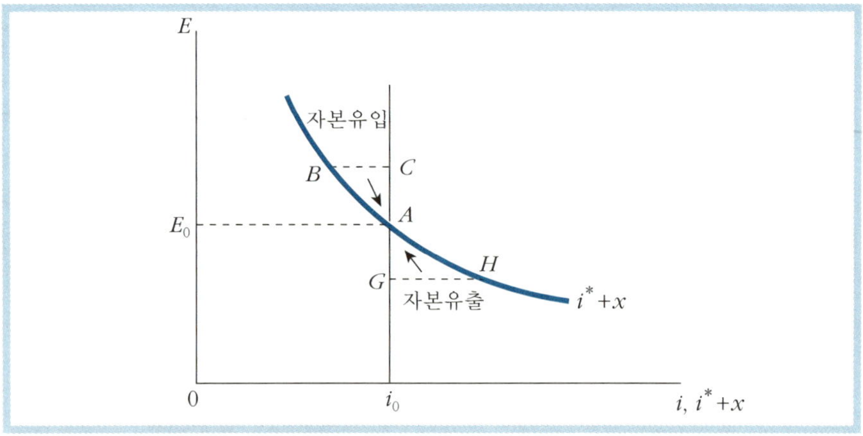

그림 13-5 국내외금리가 상승한 경우

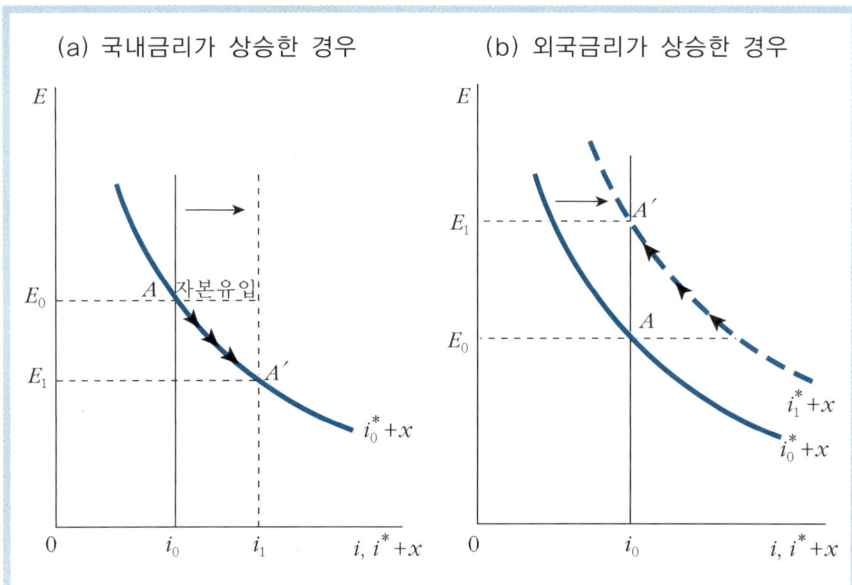

표시하고 종축에 환율을 표시하자.

[그림 13-4]에서 국내금리가 i_0에서 고정되었다고 가정하면 BC는 $i>i^*+x$의 상태를 나타내므로 외국자본의 국내유입을 초래하고 그 결과 환율하락을 통해 기대환율변동률이 상승하여 점 A에서 $i=i^*+x$로 균형을 이룬다. 한편 $\overline{GH}$는

$i<i^*+x$이므로 국내자본의 해외유출을 초래하여 환율상승을 통해 기대환율변동률 하락으로 역시 점 A에서 균형이 달성됨을 보여 주고 있다.

한편, [그림 13-5]는 국내금리 또는 외국금리가 변동한 경우 새로운 균형달성과정을 보여 주고 있다. 그림 (a)에서 최초의 균형상태에서 국내금리가 i_0에서 i_1으로 상승하였다고 하면 환율 E_0수준에서는 $i>i^*+x$가 되어 자본유입이 발생하고 그 결과 환율이 E_0에서 E_1으로 하락하여 점 A'에서 새로운 균형이 달성되고 있음을 보여 주고 있다. 이에 대해 그림(b)에서는 외국금리가 상승($i_1^*>i_0^*$)한 경우로서 환율 E_0수준에서는 $i^*+x>i$이므로 자본유출이 발생하여 환율은 E_0에서 E_1으로 상승하여 점 A'에서 새로운 균형이 달성되고 있음을 보여 주고 있다.

2 통화, 금리, 환율간의 연동관계

다음으로 통화, 금리, 환율간의 관계를 생각해 보자. 다만 단기에 물가는 고정된 경직적 가격이라고 가정하자. 이미 제12장 3절에서 살펴 본 바와 같이 통화량을 증가시키면 금리하락과 환율상승이 초래됨을 알고 있다. 이같은 사실을

그림 13-6 통화량증가 경우의 금리와 환율간의 연동관계

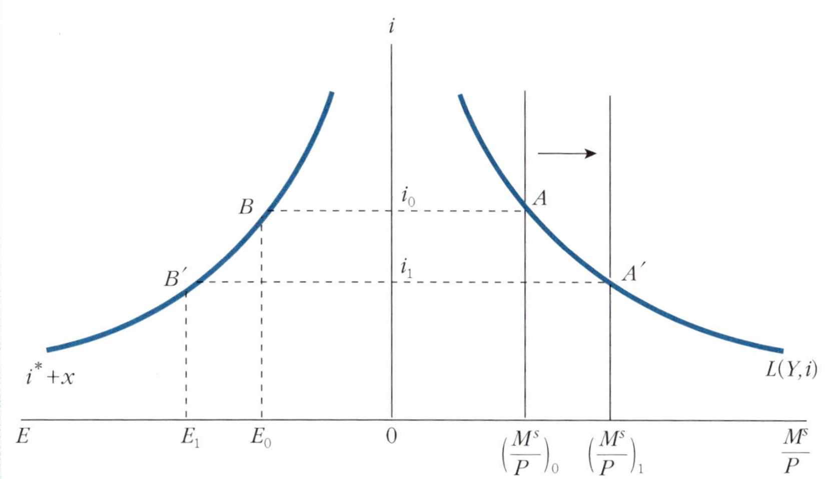

앞의 그림을 이용하여 확인하여 보기로 하자. 지면을 절약하기 위해 [그림 13-6]과 같이 좌측 횡축에 환율을 표시하고 종축에 이자율을 표시하여 외환시장의 균형상태를 나타내도 의미가 변하지 않는다. [그림 13-4]를 이용하여 통화량 증가의 효과를 보려면 [그림 13-6]과 같이 된다. 그리고 [그림 13-6]의 우측에는 화폐시장의 균형상태를 보여 주고 있다.

최초에 화폐시장은 실질화폐수요($L(Y, i)$)와 실질화폐공급량 $\left(\frac{M^S}{P}\right)$ 이 만나는 점 A에서 균형을 이루고 있고 외환시장은 국내금리 i와 외국자본이득률 i^*+x가 만나는 점 B에서 균형을 이루고 있다고 가정하자. 이제 통화량을 $\left(\frac{M^S}{P}\right)_0$에서 $\left(\frac{M^S}{P}\right)_1$으로 증가시키면 금리는 i_0에서 i_1으로 하락하고 그에 따라 환율은 E_0에서 E_1으로 상승하여 새로운 균형은 각각 점 A'과 B'에서 이루어져 앞에서 언급한 통화, 금리, 환율간에 일관된 연동관계가 성립되고 있음을 알 수 있다.

3 실질금리와 기대실질환율변동률간의 관계

지금까지는 물가가 경직적인 경우를 가정하였다. 그러나 투자가는 투자결정에 있어서 명목이자율만을 고려하는 것이 아니다. 투자가는 장차 물가변동이 어떻게 될 것인가에 따라 투자수익률이 크게 변동하기 때문에 생산자의 기계설비 또는 공장건물에 대한 투자결정에 명목이자율뿐만 아니라 실질이자율(real interest rate)을 고려하여 투자를 결정한다. 실질이자율은 명목이자율에서 물가상승률을 뺀 차이를 말한다.

그러나 현실적으로 장래에 대한 물가상승률을 정확히 예측할 수 없기 때문에 예상인플레이션율(anticipated rate of inflation)을 이용하여 실질이자율을 계산하는데 이 경우의 실질이자율은 예상실질이자율을 의미한다. 지금 실질이자율을 r, 예상인플레이션율을 $\pi(=\hat{P}^e)$라고 표시하면 실질이자율은 다음과 같이 정의된다.

$$r = i - \pi \qquad (13.\ 5)$$

식 (13. 5)를 일명 피셔방정식(Fisher equation)이라고도 한다.[7] 이제 외국의

7) 피셔의 교환방정식 $MV=PT$와 혼용하지 말 것. 피셔방정식은 원래 실질이자율은 실물자본의

물가가 고정되었다는 가정하에 명목이자율 $i=i^*+x$와 같으므로 이를 식 (13. 5)에 대입하면 다음과 같이 된다.

$$r=(i^*+x)-\pi \tag{13. 6}$$

윗식으로부터 알 수 있는 바와 같이 기대환율변동률이 상승하거나 예상인플레이션율이 하락하는 경우 양국의 기대수익률이 같아지기 위해서는 국내실질이자율도 증가해야 됨을 의미한다. 이제 한 단계 더 나아가 외국의 물가변동률을 감안하여 국내외실질이자율, 국내외예상인플레이션율, 그리고 기대환율변동률간의 연동관계를 살펴보자. 위의 식 (13. 6)에서 국내실질이자율은 $r=i-\pi$이므로 이에 대응한 외국의 실질이자율 또한 $r^*=i^*-\pi^*$로 표시된다. 따라서 식 (13. 6)의 i^* 대신 $r^*+\pi^*$를 대입하면 국내실질이자율은 다음과 같이 표시된다.

$$\begin{aligned} r&=i^*+x-\pi \\ &=r^*+x+\pi^*-\pi \end{aligned} \tag{13. 7}$$

지금 실질환율의 기대변동률을 $\hat{q}^e$라고 놓으면 이는 다음과 같이 정의된다.[8)]

$$\hat{q}^e=x+\pi^*-\pi \tag{13. 8}$$

즉 기대명목환율변동률 x가 오르면 기대실질환율변동률인 $\hat{q}^e$도 상승하고 국내인플레이션율 π가 상승하면 $\hat{q}^e$는 하락함을 알 수 있다. 이제 $\hat{q}^e$를 이용하여 식 (13. 7)을 달리 표시하면 다음과 같이 된다.

$$r=r^*+\hat{q}^e \qquad \text{단, } \hat{q}^e=x+\pi^*-\pi \tag{13. 9}$$

따라서 기대환율변동률(x)이 상승하거나 외국 및 국내간의 예상인플레이션율 차이($\pi^*-\pi$)가 상승하여 $r<r^*+\hat{q}^e$가 되면 해외투자가 유리하므로 자본유출

사용료로 지불되는 자연이자율이며 명목이자율은 화폐자본에 대한 화폐이자율을 지칭하고 있다.

8) 실질환율 $q=EP^*/P$를 변동률로 표시하면 $\hat{q}=\hat{E}+\hat{P}^*-\hat{P}$이므로 이를 기대환율변동률과 기대물가변동률로 나타내면 식 (13. 8)과 같다. 이에 대한 상세한 논의는 F. L. Rivera-Batiz and L. Rivera-Batiz, *International Finance and Open Economy Macroeconomics*, Macmillan Publishing Company, New York, 1994, pp.518–21을 참조할 것.

이 발생하고, 반대로 $r > r^* + \hat{q}^e$가 되면 자본유입이 초래된다. 예를 들어 기대환율변동률 x가 10%이고 외국예상인플레이션율 π^*가 6%, 그리고 국내인플레이션율 π가 7%라고 하면 기대실질환율변동률 $\hat{q}^e$는 9%(=10%+6%−7%)가 된다. 따라서 국내실질금리가 8%인데 대해 외국실질금리가 5%라고 하면 외국금융자산에 투자하는 경우의 자본이득률은 14%가 되므로 국내자본은 해외로 이동하게 된다.

제4절 환율의 오버슈팅

1976년 돈부쉬(R. Dornbusch)는 환율동태(exchange rate dynamics)모형을 설정하고 경직적 물가(sticky price)하에서 자본이동이 자유로우며 기대(expectation)가 존재하는 경제구조하에서 기대하지 않은 통화공급증가는 명목환율의 오버슈팅(overshooting)을 초래한다고 주장하였는데 이 이론이 발표된 이후 많은 학자들에 의해 크게 발전되어 왔다. 본절에서는 돈부쉬의 논문을 기초로 환율의 오버슈팅현상을 분석하기로 한다.[9)]

환율의 오버슈팅(overshooting of exchange rate)이라 함은 실제환율이 기대하지 않은 외부충격(external shocks)으로 인해 장기균형환율수준을 상회하여 이탈하는 현상을 말한다. 오버슈팅현상은 명목환율뿐만 아니라 실질환율에도 발생가능하며 또한 환율 이외에 물가, 금리, 주가 등의 가격변수들이 그들의 장기균형수준을 상회하여 이탈하는 경우가 있을 수 있다. 본절에서는 명목환율이 장기균형 명목환율을 상회하는 경우에 국한하여 분석하기로 한다.

1 기본모형

돈부쉬 모형의 기본가정은 ① 상품 및 자본시장의 소규모개방경제, ② 자본

9) R. Dornbusch, "Expectations and Exchange Rate Dynamics," *Journal of Political Economy* 84 (December 1976), pp. 1161–76.

의 완전이동성과 환율에 대한 회귀적 기대, ③ 경직적 물가(sticky price)와 완전 고용으로 구성되어 있다.

첫번째 가정은 외국물가(P^*)와 외국금리(i^*)는 외생적으로 주어져 고정되었음을 의미한다. 두 번째 가정은 다음에서 보는 바와 같이 커버되지 않은 이자평가조건(uncovered interest parity condition)이 성립하되 경제주체들이 환율에 대해 형성하는 기대는 회귀적 기대 형태로 이루어지고 있음을 의미한다. 그리고 마지막 세 번째 가정은 단기에는 가격이 고정되어 구매력평가가 성립되지 않지만 장기에는 구매력평가가 성립됨을 의미한다. 즉, 단기에는 국내외 상품은 불완전 대체재이지만 장기에는 완전대체재임을 뜻한다. 완전고용 가정은 국민소득이 장단기에 고정되었음을 의미한다. 그리고 두 번째 가정과 세 번째 가정에 비추어 볼 때 외생적 충격이 발생하면 상품시장(실물시장)보다 금융시장의 조정속도가 빠르다는 것을 나타낸다. 이상과 같은 기본 가정하에 설정된 돈부쉬모형은 다음과 같다. 가정 ②에 의해 국가간에 자본의 완전이동성이 보장되고 국내외금리차이($i-i^*$)가 기대환율변동률(x)에 의해 조정되는 커버되지 않은 이자평가가 성립한다.

$$i=i^*+x \qquad (13.\ 10)$$

그리고 기대환율변동률은 장기균형환율($\bar{e}$)과 실제환율(e)간의 차이 ($\bar{e}-e$)가 파라미터 θ에 의해 조정되는 회귀적 기대(regressive expectation)를 가정한다.

$$x=\theta(\bar{e}-e) \qquad (13.\ 11)$$

윗식 (13. 11)로부터 알 수 있는 바와 같이 장기균형환율($\bar{e}$)이 실제환율(e)보다 크면, 즉 $\bar{e}>e$면 $x>0$이 되고, 반대로 $\bar{e}<e$면 $x<0$이 된다. 식 (13. 11)을 식 (13. 10)에 대입하면 이자율과 기대환율변동률간의 관계는 다음 식 (13. 12)와 같이 된다.

$$i=i^*+\theta(\bar{e}-e) \qquad (13.\ 12)$$

한편, 화폐시장의 균형식은 $\frac{M^S}{P}=L(Y,\ i)$ 임을 알고 있다. 그런데 화폐수요함수의 구체적인 형태로는 케이건(P. Cagan)함수[10]를 원용하고 있는데 $L(Y,\ i)=$

10) P. Cagan, "The Monetary Dynamics of Hyperinflation," in M. Friedman, ed., *Studies in the*

$Y^{\phi} exp(-\lambda i)$의 형태로 주어진다. 여기서 exp는 지수(exponent)를 나타낸다.

$$\frac{M^S}{P} = Y^{\phi} exp(-\lambda i) \qquad (13.\ 13)$$

윗식 (13. 13)의 양변에 자연대수(natural logarithm)를 취하고 이들 변수를 소문자로 표시하면 화폐시장의 균형식은 다음과 같다.[11]

$$m - p = \phi y - \lambda i \qquad (13.\ 14)$$

여기서 ϕ와 λ는 각각 화폐수요의 소득탄력성과 이자율 반탄력성(semi-elastisty)을 나타낸다. 식 (13. 12)를 식 (13. 14)에 대입하면 화폐시장의 단기균형식이 된다.

$$m - p = \phi y - \lambda(i^* + \theta(\bar{e} - e)) \qquad (13.\ 15)$$

한편, 장기에는 실제환율(e)이 장기균형환율($\bar{e}$)로 수렴하므로 기대환율변동률(x)은 0이 되고 그에 따라 $i = i^*$가 된다. 따라서 화폐시장의 장기균형식은 다음과 같이 주어진다.

$$m - \bar{p} = \phi y - \lambda i^* \qquad (13.\ 16)$$

윗식 (13. 16)에서 $\bar{p}$는 장기균형물가수준을 나타내며 m과 y는 모두 외생적으로 주어졌으므로 단기나 장기 모두 같은 값이므로 특별히 장기변수라는 표시가 필요없다.

이제 식 (13. 15)에서 식 (13. 16)을 빼서 정리하면 다음과 같이 환율과 물가간의 관계식이 성립한다.

$$e = \bar{e} - \frac{1}{\lambda\theta}(p - \bar{p}) \qquad (13.\ 17)$$

윗식은 돈부쉬모형의 핵심 방정식(key equation)으로 자산시장균형식이다. 이의 그래프를 QQ곡선이라고 하자.

윗식이 의미하는 바를 생각해 보자. 만약 실제물가가 장기물가수준보다 높

Quantity Theory of Money, Universiry of Chicago Press, 1956, pp.25-117.

11) $InM^S - InP = \phi\, InY - \lambda i$. 따라서 자연대수로 표시된 변수를 소문자로 표시하면 $m - p = \phi y - \lambda i$가 된다.

아 $p>\bar{p}$ 이면 실질화폐잔고($m-p$)가 감소하여 이자율이 상승하고 그에 따라 즉각적으로 자본유입이 되어 단기에는 환율하락으로 장기균형환율보다 작게(e $<\bar{e}$)됨을 의미한다. 따라서 물가와 환율간은 반대방향으로 움직이므로 QQ곡선은 우하향곡선이 되는데[12] [그림 13-7]은 이를 보여 주고 있다.

한편, 실물시장에서는 경직적인 물가를 가정하고 있으므로 단기에는 구매력평가가 성립되지 않지만 장기에는 다음과 같이 구매력평가가 성립한다.

$$\bar{p}=\bar{e} \tag{13. 18}$$

원래 구매력평가는 $P=EP^*$로 정의되지만 $P^*=1$이라 가정하면 $P=E$가 된다. 따라서 양변에 자연대수를 취하여 소문자로 놓고 장기표시로 바(bar)를 부여하면 식 (13. 18)과 같게 된다.

독자중에는 단기의 실물시장은 어떻게 되는지 궁금해 할지도 모른다. 그러나 돈부쉬모형에서 환율의 오버슈팅현상에 대한 설명은 지금까지 설명한 모형만으로도 충분하기 때문에 단기의 실물시장에 대한 구조방정식은 제외시킨 것이다.[13]

그림 13-7 화폐시장과 실물시장의 동시균형

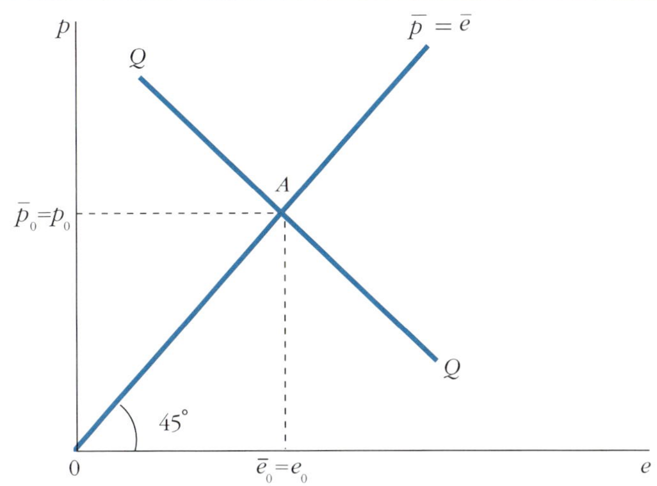

12) QQ곡선의 기울기: $\frac{dp}{de}=-\lambda\theta<0$으로 우하향곡선임.

13) 자연대수로 표시한 실물시장 구조방정식은 다음과 같다.

따라서 화폐시장과 실물시장의 동시균형은 QQ곡선과 우상향의 45° 직선인 구매력평가선이 만나는 점 A에서 달성된다.

2 환율의 오버슈팅

경제가 최초에 [그림 13-8]의 점 A 에서 장단기 환율($\bar{e}_0=e_0$)과 장단기 물가수준($\bar{p}_0=p_0$)으로 균형을 이루고 있다고 가정하자. 그런데 중앙은행이 경제주체들이 기대하지 않은 상태에서 갑작스럽게 통화공급(m)을 증가시키면 QQ곡선은 $Q'Q'$ 으로 우측이동하게 된다.

그 결과 새로운 단기균형은 점 A' 에서 이루어져 환율은 장기균형환율 $\bar{e}''$ 을 상회하여 e' 까지 상승함으로써 $\bar{e}''e'$ 만큼 환율의 오버슈팅(overshooting)을

그림 13-8 기대하지 않은 통화공급증대에 따른 장단기 환율변동 (자본이동성이 높은 경우)

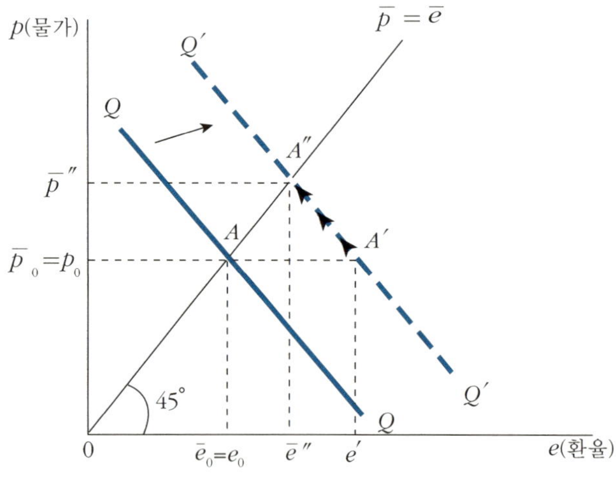

총수요: $d=u+\gamma y+\delta(e-p)-\delta i$

물가변동률방정식: $\dot{p}=\pi(d-y),\ \pi>0$

총수요는 소득(y), 실질환율($e-p$)의 증가함수이지만 이자율(i)에 대해서는 감소함수이다. u는 소득, 실질환율, 이자율 이외에 총수요에 영향을 미치는 모든 외생변수(예컨대, 정부지출, 외국소득 등)를 나타낸다. 물가변동률($\dot{p}$)은 초과수요($d-y$)에 의해 결정됨을 의미한다.

초래한다. 그 이유는 경직적인 물가하에서 자본의 완전이동성을 가정하고 있으므로 기대하지 않은 통화공급 증가로 인해 경제주체들은 기대하지 않은 화폐의 초과공급을 갖게 되어 이자율이 즉각 하락하여 자본유출을 수반함으로써 환율 상승으로 이어지기 때문이다.

장기에는 통화공급증가에 따라 물가도 서서히 상승하여 $\bar{p}''$에 이른다. 그리고 금융자산보유자는 실제환율이 장기균형환율보다 높기 때문에($e>\bar{e}$) 실제환율이 장기 균형환율수준까지 하락(회귀)할 것을 기대하여 보유자산을 조정함으로써 실제환율 e'은 새로운 장기균형 환율 $\bar{e}''$으로 수렴한다. 새로운 균형점 A''은 통화공급 증가율만큼 장기균형환율이 상승되었음을 반영할 뿐만 아니라 구매력평가에 의해 장기환율상승율과 동일비율로 물가가 상승하였음을 보여주고 있다($\Delta m = \Delta \bar{e} = \Delta \bar{p}$).

[그림 13-9]는 앞의 그림에 대응하여 명목환율의 오버슈팅현상을 그린 것이다. 즉 일정시점 t_0기에 기대하지 않은 확장금융정책으로 실제환율 e가 새로운 장기균형환율 $\bar{e}''$을 상회하여 e'까지 상승하였다가 시간이 경과함에 따라 $\bar{e}''$에 수렴되는 과정을 보여 주고 있다.

다음으로 생각할 수 있는 것은 경제주체가 기대하지 않은 통화공급을 증가시키면 항상 환율의 오버슈팅이 발생하는가에 대한 문제이다. 위의 환율의 오버슈팅 현상은 기본적으로 경직적인 물가하에서 자본의 완전이동성 때문에 발생

그림 13-9 명목환율의 오버슈팅과 조정경로

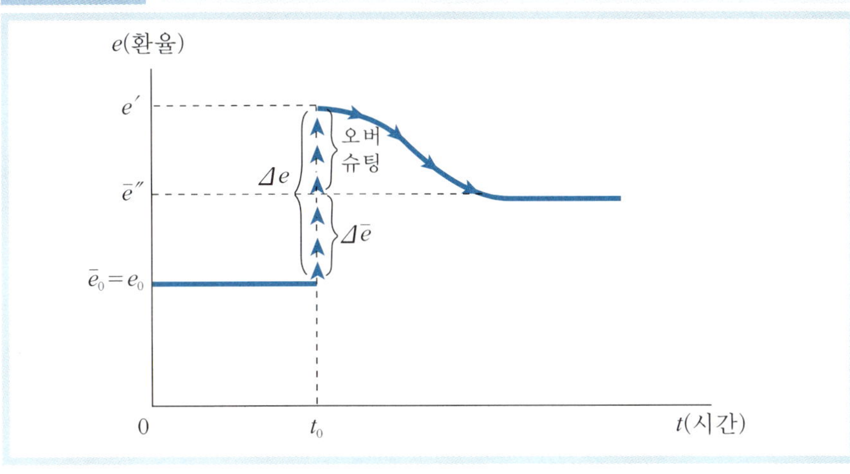

그림 13-10 기대하지 않은 통화공급증대에 따른 장단기 환율변동 (자본이동성이 낮은 경우)

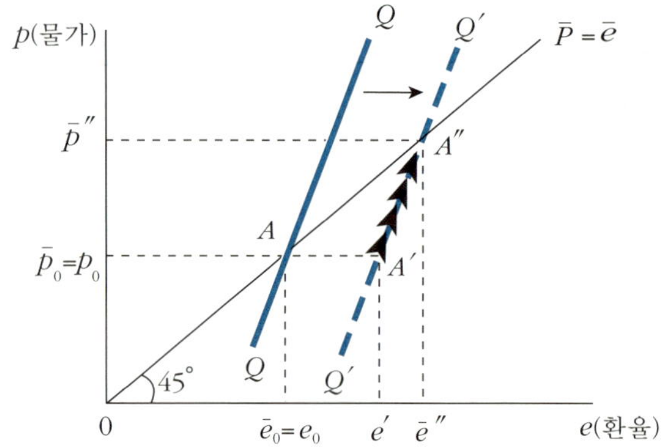

한 것이다. 만약 경직적인 물가와 자본의 이동성이 낮다고 하면 오히려 **환율의 언더슈팅**(undershooting of exchange rate)이 발생한다.[14)]

이를 보기 위해 자본의 불완전이동성을 가정한 국제수지 결정모형이 다음과 같다고 하자.

$$B = T(e-p) + \beta(i - i^* - x), \text{ 단, } x = \theta(\bar{e} - e) \quad (13.\ 19)$$

즉, 국제수지는 실질환율의 함수로서의 경상수지 $(T(e-p))$와 자본수지 $(\beta(i-i^*-x))$의 합계로 결정된다. $\beta \to \infty$이면 자본의 완전이동성을 의미하고, $\beta \to 0$ 이면 자본이동이 없는 경우임은 이미 제7장 4절의 자본이동성 정도의 측정방법에서 살펴본 바와 같다. β가 대단히 작아 자본의 이동성이 낮다고 가정하면 앞의 QQ곡선은 우상향 곡선이 된다.

[그림 13-10]에서 보는 바와 같이 경제주체들이 기대하지 않은 통화공급 증가는 QQ곡선을 $Q'Q'$ 으로 이동시켜 단기의 실제환율은 e' 까지 상승한다. 따라서 새로운 장기균형점 A''에서 $e'\bar{e}''$만큼 환율의 언더슈팅이 발생한다. 그 이유는 단기에 경직적인 물가에서 통화공급 증가에도 불구하고 물가는 $\bar{p}_0 = p_0$에 머물러 있는 상태에서 통화공급 증가에 따른 이자율 하락으로 자본유출이 발생

14) J.A. Frenkel and C. A. Rodriguez, "Exchange Rate Dynamics and the Overshooting Hypothesis," *IMF Statt Papers* 29 (March 1982), pp. 1–30.

그림 13-11 명목환율의 언더슈팅과 조정경로

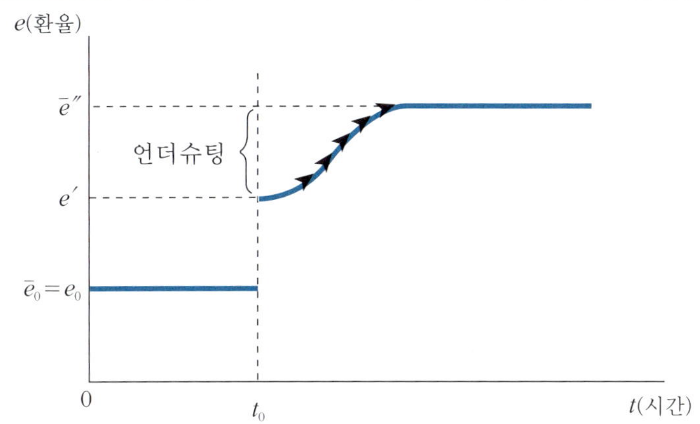

하고 경상수지 개선을 통해 균형을 유지하기 위해서는 환율이 상승하여야 하기 때문이다. 시간이 경과함에 따라 물가도 상승하고 환율도 구매력평가수준의 장기균형환율과 같아질 때까지 상승하여 점 A''에서 새로운 장기균형을 이룬다. [그림 13-11]은 시간경과와 더불어 명목환율의 조정경로를 보여 주고 있다.

환율의 오버슈팅현상에 대한 논평

지금까지 살펴본 돈부쉬(R. Dornbusch)의 환율동태(exchange rate dynamics) 모형은 현실적으로 환율의 변동성(volatility)을 설명해 주는 이론적 근거를 제시하였다는 점에서 획기적인 모형으로 평가되고 있다. 경직적인 물가구조를 가정하여 실물시장의 조정속도가 느린 데 대해 금융시장에서의 조정속도는 즉각적(instantaneous)일 뿐만 아니라 환율조정메커니즘이 회귀적 기대를 따른다는 가정을 도입함으로써 적응적 기대가설이나 합리적 기대가설이 갖는 단점을 극복하는 모형이라고 할 수 있다. 실제로 돈부쉬의 모형은 빌슨(J.F.O. Bilson, 1979), 위티(W.E. Witte, 1979), 드리스킬(R. Driskill, 1981), 프렝켈 및 로드리구에즈(J. A. Fronkel and C. A. Rodriguez, 1982)를 비롯하여 많은 학자들에 의해 발전되고 실증분석으로 타당성 있는 이론으로 정립되었다. 또한 돈부쉬모형이 명목환율의 오버슈팅 문제를 다룬 데 대해 바우터 및 밀러(W.H. Buiter and M. Miller, 1982)는 실질환율의 오버슈팅현상을 분석하는 이론으로 발전시켰다.

그러나 환율의 오버슈팅현상은 다음과 같은 가능성을 내포하고 있음에 유의해야 된다.

첫째로는 상품가격이 신축적이어서 실물시장의 불균형이 즉각적으로 조정되는 경우에는 환율의 오버슈팅현상은 발생하지 않는다. 즉 단기나 장기나 구매력평가조건이 성립되는 한 명목환율변동은 [그림 13-8]에서 정확히 점 A''수준까지만 상승한다. 그러나 경직적인 가격을 가정하는 경우에는 비록 합리적 기대모형이라고 해도 오버슈팅현상을 초래한다.

둘째로는 회귀조정계수(θ)가 크면 클수록 오버슈팅률은 작아진다.

끝으로, 돈부쉬모형에서의 명목환율의 오버슈팅은 단 한 번의 화폐공급량을 증가시킨 경우에 발생된 현상으로 일단 오버슈팅된 환율이 하락하면서 장기균형환율수준으로 수렴한다. 그러나 만약 화폐공급량의 절대수준을 증가시키는 대신 통화증가율을 늘리는 경우에는 오버슈팅현상은 발생되지만 장기균형환율과 실제환율이 모두 상승하는 상태에서 최종적으로 같아지기 때문에 수렴하는 형태가 달라진다.

제5절 회귀적 기대와 먼델-플레밍모형

제12장에서 변동환율제도에서의 자본이동이 완전한 경우, 즉 먼델-플레밍모형(Mundell-Fleming model)[15]에서의 확장재정정책 및 확장금융정책의 효과를 분석한 바 있다. 그에 따르면 확장금융정책만이 실질소득증대에 유효정책수단이 될 뿐 확장재정정책은 실질소득에 아무런 영향을 미치지 못하는 특이한 결과로 나타났다. 그 이유는 먼델-플레밍모형이 기본적으로 환율에 대한 정태적 기대(static expectation)를 가정하고 있기 때문이다. 그러나 경제주체들이 환율변동에 대한 기대를 형성한다는 가정을 도입하면 정책효과는 크게 수정된 결과가 된다. 이를 보기 위해 먼델-플레밍모형의 환율변동에 대한 정태적 기대 대신 돈부쉬유형의 회귀적 기대가 존재한다고 가정하자. 즉, 커버되지 않은 이자평가조건인 $i=i^*+x$에서 기대환율변동률을 $x=\theta(\bar{e}-e)$로 정의하면 국내금리

15) 먼델-플레밍모형의 기본가정은 제8장 제4절 2항을 참조할 것.

는 외국금리와 회귀적 기대환율변동률의 합계인 $i = i^{*} + \theta(\bar{e} - e)$로 표시된다. 이와 같이 수정된 기대부가 먼델-플레밍모형하에서의 확장재정 · 금융정책의 효과를 분석하면 다음과 같다.[16)]

1 확장재정정책의 효과

정부가 재정지출증대를 통한 확장재정정책을 시행하면 일차적으로 재정승수배만큼 실질소득이 증가($Y\uparrow$)하고 주어진 통화공급하에서 화폐수요증대로 금리상승($i\uparrow$)을 초래한다. 그리고 변동환율제도에 자유로운 자본유출입을 가정하고 있으므로 금리상승은 즉각적인 자본유입과 더불어 환율하락으로 이어진다. 또한 경직적인 물가를 가정하고 있으므로 환율하락은 실질환율(EP^{*}/P)을 하락시킴으로써 무역수지를 악화시켜 실질소득을 감소시키지만 최초의 증가분을 완전 상쇄할 만큼 감소되지는 않는다. 그 이유는 환율하락시 경제주체들의 기대환율이 상승($x\uparrow$)하되 회귀적 기대이므로 기대환율상승률폭이 환율하락률폭보

그림 13-12 회귀적 기대하에서의 확장재정정책 효과

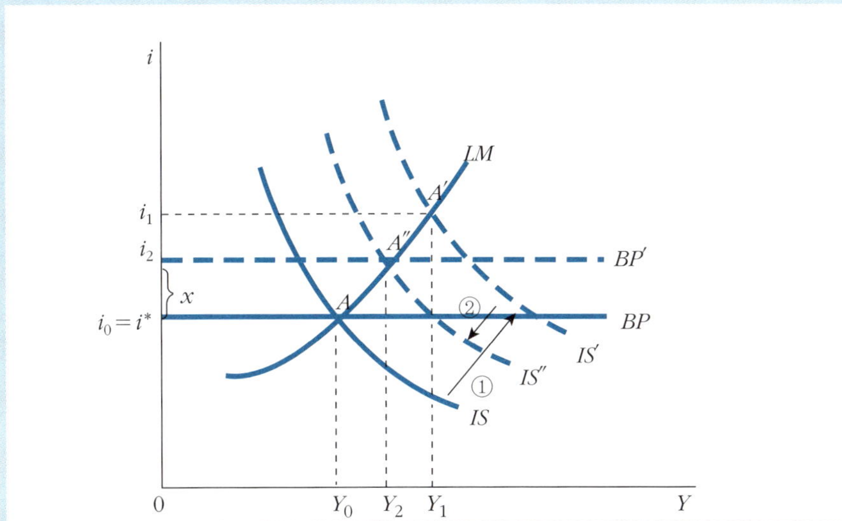

16) R. MacDonald, *Floating Exchange Rates: Theories and Evidence*, Unwin Hyman, London, 1988, pp.53-5.

다 작기 때문이다.

이같은 과정을 [그림 13-12]를 통해 보면 최초의 대내외균형점 A에서 확장재정정책으로 IS곡선이 IS'과 같이 점 A'까지 이동한다. 자본유입결과 환율하락에 따른 실질환율하락으로 IS곡선은 IS'에서 좌측방향으로 IS''까지 이동하여 최종적으로 점 A''에서 대내외균형을 이룬다. 그 결과 실질소득은 Y_0에서 Y_2까지 증가하고 국내금리는 i_0에서 i_2까지 증가한다. 정태적 기대라면 금리는 최초의 수준인 i_0가 되겠으나 기대가 존재함으로써 i_2와 국제금리 i^*와의 차이는 기대환율상승률 $x=\theta(\bar{e}-e)$가 된다.

요약하면 변동환율제도와 회귀적 기대가 존재하는 먼델-플레밍모형에서 확장재정정책을 실시하면 실질소득증대, 금리상승, 환율하락으로 나타난다.

2 확장금융정책의 효과

통화당국이 통화량증대 등 확장금융정책을 시행하는 경우에도 앞에서 설명한 동일한 논리로 정태적 기대하에서의 먼델-플레밍모형과는 상이한 결과를

그림 13-13 회귀적 기대하에서의 확장금융정책 효과

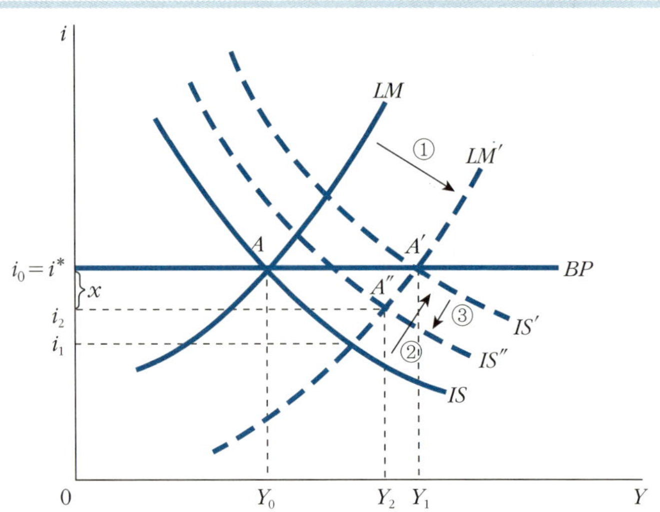

초래한다.

[그림 13-13]에서 보는 바와 같이 확장금융정책을 실시하면 LM곡선이 LM'으로 우측이동함으로써 금리하락으로 인한 즉각적인 자본유출로 환율상승이 수반되어 실질환율이 상승한다. 그 결과 IS곡선도 우측으로 이동하여 IS'이 되어 실질소득증대가 이루어지는 동시에 하락하였던 금리는 상승한다. 그리고 경제주체들은 환율상승의 결과 환율이 하락할 것으로 기대함으로써 실질환율도 하락하여 IS곡선은 IS'에서 IS''으로 좌측이동하여 최종적으로 점 A''에서 대내외균형을 이룬다. 제12장에서의 결과와 비교할 때 실질소득증가폭이 작아졌을 뿐만 아니라 국내금리도 하락하였음을 알 수 있다.

요 약

1. 경제주체들이 형성하는 경제에 대한 기대이론은 고전학파의 완전예견으로부터 불확실성(uncertainty)을 수용하는 기대가설들과 함께 다양한 형태로 발전되어 왔다. 그 중 널리 이용되는 기대가설로는 적응적 기대(adaptive expectation), 합리적 기대(rational expectation), 회귀적 기대(regressive expectation) 등이 있다.

2. 적응적 기대가설은 경제주체들이 과거의 경험에 비추어 장래를 예상하며, 예기치 못한 외생적 경제충격이 발생하면 과거의 경험에 입각하여 예상오차를 수정하여 적응한다는 가설을 말한다. 이에 따른 현재의 기대물가수준은 과거의 실제물가수준의 가중평균치로 결정되기 때문에 조정속도가 완만하지만 체계적인 오차를 범하게 되는 단점을 가지고 있다.

   합리적 기대가설은 경제주체들이 장래의 경제변수를 예측할 때 이용가능한 모든 관련 정보를 이용하여 합리적으로 예측한다는 가설로서 장단기의 기대물가수준을 평균적으로 정확히 예측한다. 따라서 이 경우에는 고전학파의 완전예견과 같이 정책의 무력성(ineffectiveness in policy)을 초래한다.

   회귀적 기대가설은 물가의 경우 실제물가와 기대물가간에 괴리가 발생한 경우 경제주체들이 시간경과와 더불어 이를 인식하고 기대물가수준을 실제물가수준으로 수정해 나감으로써 장기에는 기대물가가 실제물가수준으로 회귀하는 가설을 말한다. 이는 적응적 기대가설이 갖는 완만한 조정과정을 포용하고 장기에는 합리적 기대가설과 같게 되는 장점을 갖고 있다는 점에서 설득력 있는 가설로 평가되고 있다. 루카스의 기대부가(期待附加) 총공급함수나 돈부쉬의 오버슈팅모형은 이를 따른 것이다.

3. 기대가 존재하는 경제에서의 정책효과는 ① 정책변경에 대한 사전인식 여부, ② 정책실시의 기간, ③ 기대에 대한 조정속도, ④ 정책시행의 적

기 여부 등에 따라 달라진다.

4. 기대하지 않은 평가절하는 단기에는 실질소득증대, 금리상승, 국제수지개선, 물가상승을 초래하나 기대가 형성된 장기에는 물가상승만으로 나타난다. 그리고 평가절하에 대한 기대가 만연함에도 불구하고 정부가 시기를 놓치거나 지연시키는 경우에는 스태그플레이션(stagflation)을 초래한다.

5. 기대하의 환율, 금리 및 물가간의 연동관계는 커버되지 않은 이자평가조건인 $i=i^*+x$ 또는 $r=r^*+x+\pi^*-\pi=r^*+\hat{q}^e$로 설명가능하며 이는 자본의 이동원리를 제시해 주고 있다.

6. 환율의 오버슈팅(overshooting of exchange rate)이란 실제환율이 외부충격(external shocks)으로 인해 장기균형환율수준을 상회하여 이탈하는 현상을 말한다. 오버슈팅현상은 명목환율뿐만 아니라 실질환율에도 발생가능하며 물가, 금리, 주가 등 다른 가격변수들의 경우에도 발생될 수 있는 현상이다.

7. 경직적인 물가(sticky price)와 자본의 완전이동성이 보장되는 변동환율제도하에서 경제주체들이 회귀적 기대를 형성하고 있을 때 기대하지 않은 확장금융정책은 단기에 명목환율의 오버슈팅현상을 초래하지만 자본의 이동성이 낮은 경우에는 언더슈팅을 초래한다. 그러나 시간이 경과함에 따라 오버슈팅 또는 언더슈팅된 실제환율은 새로운 장기균형환율로 수렴한다.

8. 회귀적 기대가 존재하는 먼델-플레밍모형에서 확장재정정책 및 금융정책효과는 정태적 기대하에서의 효과와 상이한 결과를 초래한다. 즉, 확장재정정책의 경우에도 실질소득증대에 유효한 정책수단이 되며, 확장금융정책의 경우에는 정태적 기대인 경우보다 실질소득증가폭이 감소한다.

제14장 현대 환율결정이론과 환율정책

개 요

이 장에서는 현대 환율결정이론들을 종합적으로 살펴보고 환율이 왜 부단히 변동하는지 그 원인을 규명하게 된다. 환율이 어떠한 요인에 의해 결정되는가는 환율운용제도를 비롯하여 경제구조, 경제개방 정도, 자본의 대체성 정도 등에 따라 달라진다. 이를 위해 우선 다양한 형태로 발전되어 온 환율결정이론의 체계를 조감적으로 알아본 후 각 접근방법에 따른 환율결정이론들을 하나씩 살펴보게 된다. 전통적 플로우 접근방법인 국제수지접근모형으로부터 출발하여 통화론자모형, 실질금리격차모형, 오버슈팅모형 등 통화론적 접근방법을 이해한 후 포트폴리오 밸런스 접근방법에 의한 환율결정이론을 이해하게 된다. 또한 외환거래가 자유롭고 자본의 이동성이 높은 현대경제에서 기대가 환율에 미치는 영향을 살펴보게 된다. 경제뉴스가 기대형성에 어떠한 작용을 하며 환율에 어떻게 영향을 미치게 되는가를 본 후 경제뉴스를 모형화하는 방법을 습득하게 된다. 그리고 나서 급격한 환율변동의 원인과 이를 안정화시키기 위한 환율정책으로서 중앙은행의 외환시장개입 방법, 효과 그리고 한계 등을 종합적으로 살펴보게 된다.

제1절 환율결정이론의 체계

환율결정이론은 크게 전통적 플로우 접근방법(traditional flow approach to the exchange rate)과 현대적 자산시장 접근방법(modern asset market approach to the exchange rate)으로 양분된다. 먼저 전통적 플로우 접근방법은 재화, 서비스, 자산에 대한 국제거래로 인해 발생되는 국제수지불균형이 외환의 수급변동을 통해 환율이 결정되는 플로우 과정을 분석하는 방법이다. 이에는 분석초점에 따라 탄력성접근방법, 총지출접근방법, 케인지언 접근방법($IS-LM-BP$곡선) 등으로 구분된다.

이에 대해 현대적 자산시장 접근방법은 국민자산스톡(stock of national assets)에 대한 국제수요를 균형시키기 위해서 환율이 신속히 조정되어야 한다는 명제하에 이국간의 통화자산 또는 기타자산의 보유구성에 의해 환율이 결정되는 것으로 보는 견해이다. 자산시장 접근방법은 1970년대 후반부터 크게 발전되어 왔는데 이는 1973년 주요 선진공업국들이 변동환율제도로 이행하면서 환율이 단기에서조차 급격히 변동함에 따라 그 원인을 규명하기 위해 연구되면서 발전해 온 이론이다. 이 접근방법은 기본적으로 자본의 완전이동성을 대전제로 하고 자본의 대체성 정도에 따라 통화론적 접근방법과 포트폴리오 밸런스 접근방법으로 구분된다. 국내외 자본간의 완전대체성을 가정하여 통화론적 접근방법이 발전되어 왔으며 자본의 불완전대체성을 가정한 경우에는 포트폴리오 밸런스 접근방법으로 발전되어 왔다.

이미 제8장 4절에서 설명한 바 있는 자본의 완전대체성은 양국의 금융자산의 수익률이 동일한 경우 경제주체가 보유하려는 자산구성(asset compositions)에 무차별(indifferent)한 경우를 말한다. 따라서 자본의 완전대체성이 보장되는 경우 보유하려는 자산구성이 기대수익률에 지극히 민감하기 때문에 커버되지 않은 이자평가조건(uncovered interest parity condition)이 성립된다. 따라서 커버되지 않은 이자평가조건이 성립되는 한 환율결정은 통화자산보유에 의해 결정된다.

이에 대해 자본의 불완전대체성은 국내자산과 외국자산을 완전대체재가 아닌 이질적(heterogeneous)인 것으로 보고 자산보유에 차별을 두는 경우이다. 이는 후에 고찰할 환위험프리미엄(exchange risk premium)이 존재하기 때문에 발생된다.

한편 자본의 완전이동성 및 완전대체성을 기본가정으로 하는 통화론적 접근방법은 상품가격의 신축성 정도에 따라 통화론자모형과 오버슈팅모형으로 구분된다. 단기에서조차 상품가격이 완전신축적인 경우, 즉 장단기에 구매력평가조건의 성립을 기본가정으로 한 경우에는 통화론자모형이 되는데 이는 상품시장뿐만 아니라 자본시장에서도 일물일가의 법칙(law of one price)이 성립된다는 기본가정을 근간으로 하고 있다. 이에 대해 단기에 상품가격이 경직적이라고 가정하는 경우에는 오버슈팅모형이 되는데 기대하지 않은 통화공급증대가 환율의 오버슈팅현상을 초래함은 이미 앞서 고찰한 바와 같다.

지금까지 논의한 환율결정이론의 체계를 요약하여 도시하면 다음과 같다.[1)] 다음의 도표에서 알 수 있는 바와 같이 기본가정의 차이에 따라 여러 가지 모형들로 분류되고 있는데 이하에서는 현대 환율결정이론의 근간을 이루는 국제수지 접근방법, 통화론적 접근방법 그리고 포트폴리오 밸런스 접근방법을 차례로 살펴보기로 한다.

1) J.A. Frankel, "Monetary and Portfolio-Balance Models of Exchange Rate Determination," in J.S. Bhandari and B.H. Putnam, eds., *Economic Interdependence and Flexible Exchange Rates*, MIT Press, 1984, pp. 84 – 115.

환율결정이론의 체계 요약

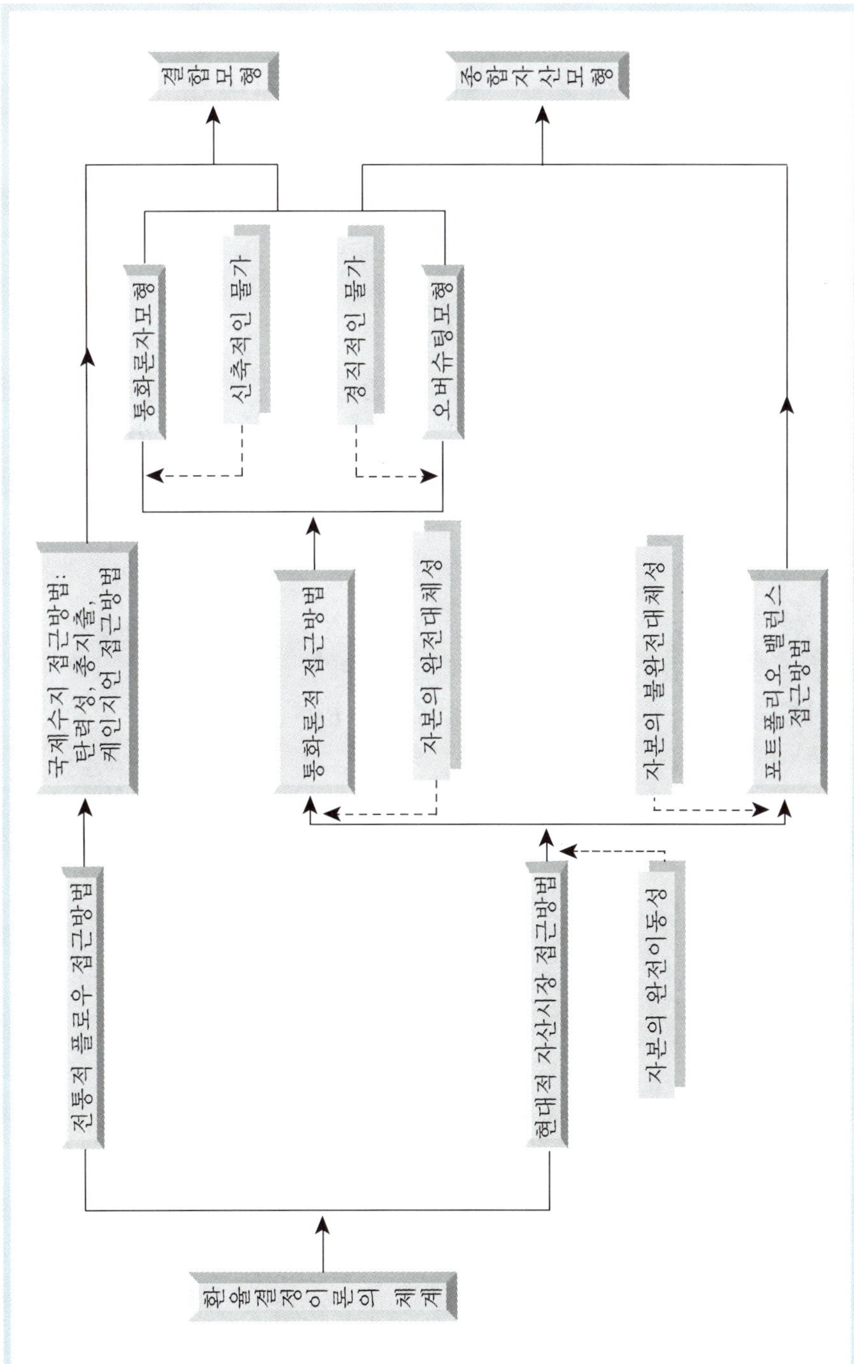

제2절 국제수지 접근방법

고정환율제도하에서 평가절하 또는 평가절상을 통한 평가변경은 수출입상품의 상대가격변동을 통해 무역수지에 영향을 미치고 이는 다시 실질소득과 이자율의 변동을 통해 경상수지와 자본수지에 영향을 미침으로써 종합수지를 결정한다. 즉 평가변경이 일정기간 동안에 국제간의 재화, 서비스, 자산의 흐름(flow)에 영향을 준다는 점에서 국제수지 접근방법은 전통적 플로우 접근방법이다. 이는 분석초점에 따라 여러 가지 접근방법으로 분류되고 있는데 평가변경이 오직 상대가격 변동만을 통해 무역수지 변동을 파악하는 경우가 탄력성접근방법이 되며, 평가변경이 소득과 총지출 변동을 통해 경상수지 변동에 미치는 효과분석에 초점을 두는 경우는 총지출접근방법이 된다. 그리고 평가변경으로 인한 가격 및 소득 변동이 경상수지 변동에 미치는 효과분석에 초점을 두는 경우가 가격-소득 플로우 접근방법으로 분류되며 끝으로 실물시장, 화폐시장 및 외환시장(국제수지)을 고려한 경우가 $IS-LM-BP$모형 접근방법으로서 일반적인 케인지언 접근방법이다.

어느 경우이든간에 고정환율제도하에서의 국제수지 결정모형은 앞서 제8장에서 분석한 바와 같이 다음 모형으로 요약된다.

$$B=T(\overset{(-)}{Y}, \overset{(+)}{Y^*}, \overset{(+)}{EP^*/P})+K(\overset{(+)}{i}, \overset{(-)}{i^*}) \tag{14. 1}$$

단, B=국제수지(종합수지)
T=경상수지
K=자본수지
Y, Y^*=국내 및 외국의 실질소득
i, i^*=국내 및 외국의 명목이자율
EP^*/P=실질환율(자국통화표시 수입상품의 상대가격)

따라서 국내실질소득의 감소($Y\downarrow$), 외국실질소득의 증가($Y^*\uparrow$) 및 실질환율의 상승($EP^*/P\uparrow$)은 모두 수출을 증대시키는 동시에 수입을 억제함으로써 경상수지를 개선($T>0$)시킨다. 한편 화폐시장의 교란요인으로 인한 국내이자율의 상승($i\uparrow$), 외국이자율의 하락($i^*\downarrow$)은 자본유입을 통해 자본수지의 흑자($K>0$)를 초래함으로써 국제수지를 개선($B>0$)시킨다.

이제 환율이 고정되었다는 가정 대신에 환율이 외환의 수요와 공급에 의해 결정되는 변동환율제도를 가정하면 고정환율제도하에서의 국제수지흑자와 적자는 변동환율제도하에서 각각 외환의 초과공급과 초과수요로 나타나게 되어 환율이 하락하거나 상승하여 균형환율수준으로 수렴하게 된다. 따라서 위의 국제수지 결정요인들은 바로 변동환율제도하에서 환율결정요인이 된다. 즉 변동환율제도하에서는 국제수지는 항상 균형($B=0$)을 이루므로 앞의 식에서 환율변수(E)만을 종속변수로 취하면 국제수지 접근방법에 의한 환율결정의 행태방정식은 다음과 같이 주어진다.[2)]

$$E=E(\overset{(+)}{Y},\ \overset{(-)}{Y^*},\ \overset{(+)}{P/P^*},\ \overset{(-)}{i},\ \overset{(+)}{i^*}) \tag{14. 2}$$

위의 식 (14. 2)를 식 (14. 1)과 비교할 때 변수들의 부호(sign)만이 반대가 되었음을 알 수 있다. 이는 국제수지가 흑자인 경우에는 변동환율제도에서 환율하락(appreciation)으로 나타나고 적자인 경우는 환율상승(depreciation)으로 나타나기 때문이다. 예를 들어 다른 조건이 일정불변할 때 국내실질소득 증가는 수입수요증대로 외환수요를 증가시켜 환율상승을 초래한다. 또한 국내이자율이 상승하면 해외투자보다는 국내투자가 유리하게 되어 국내금융자산구매로 인한 외환공급증대로 환율하락을 초래한다. 다만 식 (14. 1)의 EP^*/P가 식 (14. 2)에서 P/P^*로 표시된 것은 환율변수를 종속변수로 취했기 때문이다. 따라서 국내상품의 상대가격(P/P^*) 상승은 수입상품으로의 수요전환으로 인해 외환수요가 발생하여 환율상승을 초래한다.

환율결정에 대한 국제수지 접근방법은 지금까지 우리가 주로 사용해 온 모형들과 맥락을 같이하는 접근방법이다. 그럼에도 불구하고 이에는 여러 가지 문제점이 내포되어 있는데 첫째로는 환율에 대한 기대가 전혀 반영되지 않은 정태적 기대(static expectation)라는 점이다. 국제간에 자본의 이동이 자유롭고 환율이 즉각적으로 변동하는 경우에 기대의 역할이 얼마나 중요한가는 이미 앞서

2) R. Dornbusch, "Monetary Policy under Exchange-Rate Flexibility," in *Managed Exchange Rate Flexibility: The Recent Experience*, Federal Reserve Bank of Boston, Conference Series No. 20, 1979, pp.90–122.

고찰한 바와 같다. 둘째로는 환율변동이 국내물가수준에 미치는 영향을 명시적으로 감안하지 않고 있다는 점이다. 극단적으로 국내 및 외국물가가 고정된 경우에는 실질환율(EP/P^*)의 변동률은 명목환율의 변동률과 같다. 그러나 환율변동은 국내물가에 영향을 미치고 국내물가는 실질화폐잔고에 영향을 미침으로써 다시 환율변동에 파급된다는 점에서 제약성을 갖는다고 할 수 있다. 이에 비해 다음에서 고찰할 자산시장 접근방법은 기대환율변동률이나 물가의 파급효과(spillover effect)를 감안하고 있다. 그러나 이들 모형 또한 여러 가지 문제점들을 내포하고 있는데 이에 대해서는 논의를 전개해 나가면서 함께 고찰하게 될 것이다.

제3절 자산시장 접근방법

제1절에서 고찰한 바와 같이 환율결정의 자산시장 접근방법(asset market approach to the exchange rate)은 자본의 대체성 정도에 따라 통화론적 접근방법과 포트폴리오 밸런스 접근방법 그리고 이 두 접근방법을 결합한 종합자산모형으로 구별할 수 있는데 이를 순서대로 살펴보기로 하자.

1 통화론적 접근방법

환율결정의 통화론적 접근방법은 환율이 이종통화간의 상대가격에 의해 결정된다는 이론이다. 즉 외국통화 한 단위를 구매하는 데 지불해야 할 자국통화량이 바로 외국통화의 가격이므로 환율은 양국간의 화폐에 대한 상대적 수요와 공급에 의해 결정된다고 보는 견해가 바로 환율의 통화론적 접근방법이다.

통화론적 접근방법은 기본적으로 자본의 완전이동성과 완전대체성을 기본전제로 하여 통화론자모형(monetarist model)과 오버슈팅모형(overshooting model)으로 구분되는데 전자는 상품시장에서 구매력평가조건이 장기는 물론 단기에서조차 즉각적으로 성립한다는 가정을 하는 경우를 말하고, 후자는 장기에만 구매력평가가 성립하고 단기에는 성립하지 않는 상품가격의 경직성을 가정하는 경우를 지칭한다.

통화론자모형

국내화폐시장의 균형조건은 실질화폐공급이 실질소득 및 이자율의 함수인 실질화폐수요와 같아야 하므로 $M^S/P=L(Y, i)$로 정의됨은 이미 고찰한 바 있다. 마찬가지로 외국화폐시장의 균형조건은 $M^{S*}/P^*=L^*(Y^*, i^*)$로 정의된다. 지금 양국의 화폐수요의 소득탄력성(ϕ)과 이자율탄력성(λ)이 동일하고 국내화폐수요함수가 구체적으로 케이건 함수(Cagan function)[3]인 $L(Y, i)\equiv Y^{\phi}exp(-\lambda i)$의 형태로 주어졌다고 가정하면 외국의 화폐수요함수도 다음의 식 (14. 4)와 같이 표시된다. 여기서 exp는 지수(exponent)를 나타낸다.

$$M^S/P=Y^{\phi}exp(-\lambda i) \tag{14. 3}$$

$$M^{S*}/P^*=Y^{*\phi}exp(-\lambda i^*) \tag{14. 4}$$

한편, 절대구매력평가조건인 $P=EP^*$로부터 균형환율은 다음과 같이 외국상품가격에 대한 자국상품의 상대가격(P/P^*)에 의해 결정된다.

$$E=P/P^* \tag{14. 5}$$

식 (14. 3)~(14. 5)의 양변에 자연대수(natural logarithm)를 취하고 이들 변수를 소문자로 각각 표시한 후 대수로 표시한 식 (14. 5)에 대입하면 다음과 같은 변동률형태의 환율결정방정식이 도출된다.[4]

$$e=(m-m^*)-\phi(y-y^*)+\lambda(i-i^*) \tag{14. 6}$$

---

3) P. Cagan, "The Monetary Dynamics of Hyperinflation," in M. Friedman, ed., *Studies in the Quantity Theory of Money*, University of Chicago Press, 1956, pp. 25 – 117.

4) 본문의 식 (14. 3)~(14. 5)에 자연대수를 취하고 모두 소문자로 표시하면 다음의 식 ①~③과 같이 된다.

$lnM^S-lnP=\phi\, lnY-\lambda i \Rightarrow p=m-\phi y+\lambda i$ ①

$lnM^{S*}-lnP^*=\phi\, lnY^*-\lambda i^* \Rightarrow p^*=m^*-\phi y^*+\lambda i^*$ ②

$lnE=lnP-lnP^* \Rightarrow e=p-p^*$ ③

식 ①에서 ②를 빼면 $p-p^*=(m-m^*)-\phi(y-y^*)+\lambda(i-i^*)$가 되므로 좌측항 $P-P^*$ 대신 식 ③의 e를 대입하면 본문의 식 (14. 6)이 된다.

앞의 식은 통화론자모형의 기본방정식(key equation)이 되고 있는데 이와 관련하여 몇 가지 유의해야 할 중요사항이 있다. 첫째로는 이자율을 제외한 소문자로 표시된 모든 변수들은 자연대수를 취한 값이다. 따라서 $m-m^*$는 $ln(M^S/M^{S*})$와 동일하므로 결국 환율은 화폐의 상대공급비율($m-m^*$), 상대소득비율($y-y^*$) 그리고 국내외금리차이($i-i^*$)에 의해 결정된다는 점이다. 둘째로는 소득변수와 이자율변수의 변동방향이 국제수지 접근방법의 환율결정식 (14. 2)와 정반대의 부호를 갖고 있다는 점이다.

왜 통화론적 접근방법은 지금까지 우리가 고찰해 온 통상적인 논리와 상반되는가? 일반적인 케인지언모형에 의하면 외국소득에 비해 국내소득이 증가하면 수입이 증가하여 외환수요증대로 환율상승을 유도하고 외국이자율에 비해 국내이자율이 상승하면 자본유입으로 환율하락을 초래하는 것이 일반적인 관념이다. 그런데 식 (14. 6)에서와 같이 통화론자모형은 외국소득에 비해 국내소득이 증가하면 환율은 하락하고 외국이자율에 비해 국내이자율이 상승하면 환율상승을 초래하는데 그 이유를 어떻게 조화(reconcile)시킬 수 있겠는가?

이에 대한 해답은 이미 제10장 1절에 주어졌다. 그 곳에서 우리는 통화론적 접근방법에 의한 국제수지결정모형에서 국제수지는 실질화폐수요변동과 실질화폐공급변동의 차이에 의해서 결정됨을 보았다. 즉 국제수지는 $B=\frac{1}{P}(\Delta M^D-\Delta DC)$에 의해 결정된다. 따라서 다른 조건이 일정불변일 때 실질소득이 증가하거나 이자율이 하락하면 화폐에 대한 수요증대($M^D\uparrow$)로 국제수지는 개선되므로 외환공급이 증대되고 변동환율제도하에서는 환율하락으로 나타난다. 그리고 국내은행의 신용증대($DC\uparrow$)를 통한 화폐공급증대는 국제수지를 악화시킴으로써 외환수요증대로 환율상승을 초래한다.

이와 동일한 논리로 식 (14. 6)에서 외국화폐공급에 비해 국내화폐공급이 상대적으로 높은 비율로 증가하면 국내통화가치는 상대적으로 하락하기 때문에 외국통화의 가격으로 정의되는 환율은 상승하게 된다. 그리고 국내소득증대나 국내이자율하락은 국내화폐수요의 상대적인 증가를 의미하므로 상대적으로 국내통화가치를 상승(환율하락)시키게 된다.

통화론적 접근방법은 1973년 주요 선진국들이 변동환율제도로 이행한 후 환율의 급격한 변동을 경험하면서 연구된 부산물이라고 할 수 있는데 시카고대학을 중심으로 프렝켈(J.A. Frenkel, 1976), 무사(M. Mussa, 1976), 빌슨(J.Bilson,

1978) 등 많은 학자들이 발전시켜 왔다. 그리고 최근에는 전통적인 플로우 접근모형과 통화론적 접근모형을 결합한 종합모형으로 발전되고 있다.

실질금리격차모형

위에서 살펴본 통화론자의 환율결정모형은 완전신축적인 상품가격을 가정하고 있기 때문에 인플레이션이 전혀 없거나 또는 완만한 인플레이션이 존재하는 경제구조에 적용하는 데는 한계가 있다. 이와 같은 단점을 보완하기 위해 프랑켈(J.A. Frankel, 1979)은 두 국가간의 장기기대 인플레이션율차이($\pi - \pi^*$)를 감안하여 다음의 식 (14. 7)과 같이 보다 포괄적인 환율결정모형을 제시하였는데 이를 실질금리격차모형(real interest rate differential model)이라고 한다.[5)]

$$e = (m - m^*) - \phi\,(y - y^*) - \alpha(i - i^*) + \beta(\pi - \pi^*) \qquad (14.\ 7)$$

$$\text{단, } \alpha = \frac{1}{\theta} > 0,\quad \beta = (\lambda + \frac{1}{\theta}) > 0$$

윗식의 우측 첫 두 항의 부호는 통화론자모형과 동일하다. 상대통화공급증대($m - m^* \uparrow$)는 환율상승을 초래하는 반면 상대실질소득증가($y - y^* \uparrow$)는 환율하락을 초래한다. 그리고 맨 우측항인 장기기대 인플레이션율차이($\pi - \pi^*$)가 확대되면 국내화폐수요를 상대적으로 감소시키기 때문에 국내통화가치는 하락하므로 환율상승으로 나타난다. 여기서 논의의 초점이 되는 것은 국내외금리차($i - i^*$)의 부호가 부(−)의 값을 갖는다는 데 있다. 통화론자모형에서는 국내외금리차와 환율은 정(+)의 관계에 있는 데 반해 위의 실질금리격차모형에서는 부의 관계에 있는 이유를 규명하는 것이 모형을 이해하는 데 대단히 중요하다.

통화론자모형에서는 국내이자율상승이 실질화폐수요를 감소시키기 때문에 주어진 명목화폐공급량에서 실질화폐수요 감소에 상응한 실질화폐잔고(real money stock)가 감소하기 위해서는 물가가 상승해야 되기 때문이다. 물가상승은 구매력평가조건에 의해 환율상승으로 나타난다. 따라서 금리와 환율간에는 정

5) 식 (14. 7)을 다시 정리하면 $e = (m - m*) - \phi\,(y - y*) - \frac{1}{\theta}[(i - \pi) - (i* - \pi*)] + \lambda(\pi - \pi*)$가 된다. 따라서 실질금리차이인 $[(i - \pi) - (i^* - \pi^*)]$가 설명변수에 포함되었기 때문에 실질금리격차모형이라고 한다. 여기서 θ는 장단기환율조정계수임.
J.A. Frankel, "On the Mark: A Theory of Floating Exchange Rates Based on Real Interest Differentials," *American Economic Review* 69 (September 1979), pp. 610−22.

(+)의 관계가 성립한다.

이에 대해 실질금리격차모형에서는 물가가 완만하게 상승하면서 장기에만 구매력평가가 성립되므로 국내금리의 상대적 상승은 실질금리를 상승시켜 즉각적인 자본유입을 초래하고 이는 환율하락으로 나타나기 때문에 금리와 환율 간에는 부(−)의 관계가 성립된다.

극단적으로 물가변동이 전혀 없는 경직적인 물가하에서는 기대인플레이션율 격차는 $0(\pi-\pi^*=0)$이 되는데 이 경우를 환율결정의 오버슈팅모형(overshooting model)이라고 한다. 이를 식으로 나타낸 것이 다음의 식 (14. 8)이다.

$$e=(m-m^*)-\phi(y-y^*)-\alpha(i-i^*) \tag{14. 8}$$

여기서 기대하지 않은 국내통화공급이 감소하였다고 하면 국내외금리차이 $(i-i^*)$가 증가하여 즉각적인 자본유입을 통해 환율하락을 초래한다. 그런데 여기서도 단기환율은 장기환율수준을 상회하여 오버슈팅현상이 발생되며 시간이 경과하면서 단기환율은 장기균형환율수준으로 수렴하게 된다.

이상에서 살펴본 여러 가지 형태의 환율결정의 통화론적 접근모형 중에서 어느 모형이 현실적으로 보다 설득력이 있느냐 하는 판단 문제는 경제구조에 따른 실증분석으로 판단하는 수밖에 없다.

시카고학파의 통화론자모형은 높은 인플레이션이 존재하는 경제에 설득력 있는 모형으로 평가되고 물가가 경직적인 경우에는 오버슈팅모형이 설득력이 있다. 그리고 완만한 인플레이션이 존재하는 경우에는 실질금리격차모형이 타당성이 있는 모형으로 평가되고 있다.

사실상 프렌켈(J.A. Frenkel, 1976)은 제1차 세계대전이 끝난 후 1920년대 독일의 초인플레이션(hyperinflation)경제하에서의 환율추정을 위해 통화론자모형을 이용하였고, 먼델(R. Mundell, 1964)은 1950년대의 인플레이션율 격차가 적은 캐나다의 대미달러화 환율추정을 위해 오버슈팅모형을 이용하여 실증분석을 행하였다. 그리고 프랑켈(J.A. Frankel, 1979)은 1974년 7월부터 1978년 2월간의 통계자료를 이용하여 독일 마르크화의 대미달러화 환율을 추정하기 위해 실질금리격차모형을 이용하였는데 이들 모두 설득력 있는 추정결과로 나타났다.

2 포트폴리오 밸런스 접근방법

앞에서 살펴본 국제수지 접근방법이나 통화론적 접근방법은 기대환율변동에 따른 통화대체(currency substitution)나 환위험프리미엄(exchange risk premium)을 전혀 감안하지 않고 있다. 그러나 현실적으로는 장래에 환율이 변동할 것으로 예상되면 통화간의 대체가 발생할 뿐만 아니라 통화에서 증권으로 대체가 이루어지고 또한 표시통화가 상이한 증권간의 대체가 발생한다. 그리고 이와 같은 금융자산간의 대체는 환위험을 보상받기 위해 환위험프리미엄이 붙게 된다.

포트폴리오 밸런스 접근방법은 이와 같은 환위험에 따른 보유금융자산구성의 조정으로 인한 환율변동을 파악하고 이로부터 환율결정이론을 도출하는 방법이다. 이하에서는 포트폴리오 밸런스 접근방법을 이해하기 위해 그 이면에 내재하고 있는 통화대체와 환위험프리미엄의 개념을 살펴보고 이들에 의해 어떻게 환율이 결정되는가를 분석하기로 한다.

통화대체

통화대체(currency substitution)는 경제주체들이 기대환율변동이나 기타 요인이 변동한 경우 어느 특정 통화에서 다른 통화로 대체하는 현상을 말한다. 통화간에 대체가 이루어지지 않는다면 그 나라 거주자는 그 나라 통화만을 보유하게 된다. 그러나 현실적으로는 환재정자, 이자재정거래자, 투기자 등은 환위험을 회피하는 동시에 외환매매차익을 얻기 위해 상이한 여러 나라의 외국통화를 보유하는 것이 일반적인 현상이다. 또한 중앙은행도 여러 국가들의 통화형태로 국제지불준비자산(international reserves)을 보유하고 필요한 때마다 외환시장에 개입한다.

개별투자가의 입장에서 볼 때 통화대체를 결정하는 요인은 보유하고 있는 통화의 기회비용(opportunity cost)에 의존한다. 외국통화를 보유하는 것보다 국내통화로 보유하는 경우가 기회비용이 상대적으로 높다고 하면 국내통화보유비율을 줄여 외국통화로 대체함으로써 외국통화보유비율을 높일 것이다. 그런데 환율변동과 관련하여 통화보유에 따른 기회비용의 대리변수(proxy variable)로서는 흔히 기대환율변동률($x=(E^e-E)/E$)이 사용된다. 왜냐하면 통화보유자들은 자국통화표시의 기대환율이 오를 것으로 예상되면 국내통화의 기회비용이 상승하므로 외국통화에 대한 보유비율을 높이려 할 것이기 때문이다. 그런데 중요한 사실은 기대환율상승에 따른 통화대체로 인해 외국통화에 대한 수요가 증가하고 그 결과 실제환율도 상승한다는 점이다. 이와 같이 통화대체 현상은 기대환율상승이 실제환율을 상승시키는 결과를 초래하게 된다.

환위험프리미엄

기대환율변동에 따른 대체현상은 통화간의 대체보다는 표시통화가 상이한 채권, 주식 등 증권간의 대체형태로 이루어지는 것이 일반적이다. 그리고 금융자산간의 대체는 기대환율변동률만에 의해 이루어지는 것이 아니라 투자의 수익성(profitability), 안전성(safety), 유동성(liquidity) 등에 의존한다.

비록 기대수익률이 높다고 하더라도 모든 자산을 수익률이 가장 높은 단일자산형태로만 보유하게 되면 마치 계란을 한 바구니에 모두 담고 있는 것과 같아 예기치 않은 외생적 요인으로 인해 손실을 입을 수 있기 때문에 투자의 안전성이 고려되어야 한다. 또한 수익성과 안전성이 보장된다고 하더라도 유동성에 제약이 따르면 금융자산의 신속한 대체가 이루어지지 않는다.

여기서 유동성이라 함은 가장 적은 비용으로 보유자산을 처분하여 기타자산 또는 통화로 얼마나 신속히 교환할 수 있는가 하는 교환의 용이성 정도를 말한다. 일반적으로 유동성의 크기는 통화, 증권(주식 및 채권) 등의 금융자산 그리고 실물자산 등의 순서인 것으로 인식되고 있다.

금융자산을 보유하려는 이유가 어디에 있든간에 국내외금융자산을 보유하는 데는 위험(risk)이 따르기 마련이다. 투자가들이 국내발행채권을 보유하고 있을 때 정부가 예기치 않은 채권발행을 늘린다고 하면 채권가격하락으로 손실을 입을 수 있다. 또한 외국통화나 외국증권을 보유하고 있는 경우에도 예상하지 못한 자국통화의 환율하락이 발생하면 환차손을 입게 된다. 특히 외국증권을 보유하고 있는 경우에는 환위험에 노출되는데 이미 제2장에서 언급한 바와 같이 환위험은 예기치 않은 급격한 환율변동, 계약불이행위험(default risk), 정치적 위험을 포함한 국가위험(country risk), 외국자산에 대한 불완전한 정보(imperfect information), 조세, 외환관리규제와 같은 행정적 규제 등으로 인해 발생한다.

이와 같이 외화증권보유에 따른 환위험이 존재하면 외국증권에 투자하려는 투자가들은 환위험을 회피하기 위해 선물환을 이용하여 환위험을 커버하거나 단순히 환위험프리미엄을 고려하여 보유자산의 구성비율을 조정하려고 할 것이다. 특히 환위험의 존재는 자산간의 불완전 대체성이 성립되는 요인으로 작용하기 때문에 투자결정에 환위험프리미엄의 역할이 중요시된다.

여기서 **환위험프리미엄**(exchange risk premium)이란 커버되지 않은 환위험자산을 보유하기 위해 요구되는 추가보상(extra compensation)을 말하는데 자국통화표시 금융자산에 대한 환위험프리미엄은 국내자산수익률과 외국자산수익률의 차이로 표시된다. 즉 환위험프리미엄을 R이라고 표시하면 이는 다음과 같이 국내이자율(i)에서 외국이자율(i^*)에 기대환율변동률($x=(E^e-E)/E$)을 합한 것을 차감한 것으로 정의된다.

$$R=i-(i^*+x) \qquad (14.\ 9)$$

또는 $i=i^*+x+R$

따라서 국내자산과 외국자산이 완전대체재가 아닌 한 환위험프리미엄은 0이 아니다($R\neq 0$). 국내외자산간의 불완전대체성은 바로 환위험프리미엄이 존재하기 때문에 발생한다. 그리고 윗식에서 외국통화표시 금융자산에 대한 환위험프리미엄으로 정의되는 경우에는 R과 부(－)의 관계, 즉 $-R$로 표시된다.

이제 환위험프리미엄이 갖는 경제적 의미를 생각해 보자. 환위험프리미엄이 0보다 크다고 하면, 즉 $R>0$이면 $i>i^*+x$가 성립한다. 이는 국내자산을 보유하는 데 따르는 위험을 보상(compensation)받기 위해서는 국내자산수익률(i)이 외국자산수익률(i^*+x)보다 커야 함을 의미한다. 따라서 $R>0$이 보장되는 한 $i>i^*+x$이므로 투자가는 외국자산으로부터 국내자산으로 대체하여 상대적으로 국내자산보유비율을 높일 것이기 때문에 국내자산에 대한 수요는 환위험프리미엄의 증가함수가 된다.

그렇다고 하면 무엇이 환위험프리미엄을 결정하는지 그 요인들을 파악하는 것이 중요하다. 이에 대한 주요한 것들로는 다음과 같이 네 가지를 들 수 있다.

첫째로는 실질수익률의 상대적 가변성(relative variability)을 들 수 있다. 불안정적인 금융정책은 물가와 환율변동의 불안정을 초래하고 그 결과 실질수익률도 불안정하게 된다. 따라서 국내자산의 실질수익률이 외국자산의 실질수익률에 비해 상대적으로 더 가변적이라고 하면 국내자산을 보유하는 데 따른 위험이 커지므로 이를 보상받기 위해서는 환위험프리미엄도 커져야 하기 때문이다.

둘째로는 국내자산과 외국자산의 상대적 공급(relative supplies of assets)을 들 수 있다. 예를 들어 외국채권에 비해 상대적으로 국내채권의 공급이 증대되면 채권수익률이 감소하여 손실을 입을 수 있으므로 역시 이를 보상받기 위해서는 국내채권에 대한 환위험프리미엄이 증가해야 되기 때문이다. 그런데 국내채권만으로 국한시켜 볼 때 정부가 채권발행을 증대했다고 해서 시중에 채권물량이 증대되는 것은 아니다. 만약 중앙은행이 정부채권을 흡수하여 중앙은행의 채권보유량이 늘면 그만큼의 채권공급량은 감소한다. 따라서 엄밀한 의미에서 정부의 발행채권량에서 중앙은행보유 채권량을 뺀 순채권공급량이 증가할 때 환위험프리미엄이 증가하게 된다. 이는 후에 자산간의 불완전대체성이 존재하는 경우에 중앙은행의 중화개입(sterilized intervention)에 따른 경제적 효과를 분석하는 데 중요한 역할을 담당한다.

셋째로는 상대적 부의 변화(change in relative wealth)에 의해서도 영향을 받는다. 국내거주자들이 상대적으로 높은 비율의 국내자산을 보유하고 있는 경우 외국부(foreign wealth)에 비해 상대적으로 국내부가 증가하면 국내자산에 대한 수요가 증대되고 그에 따라 환위험프리미엄도 증가한다.

끝으로, 통화가치의 변동방향이 투자가가 이미 보유하고 있는 다른 자산의 가치변동방향과 어느 정도의 상관관계(correlation)에 있느냐에 따라 환위험프리미엄도 변동한다.[6] 여기서 상관관계는 두 자산의 가치가 동시에 상승하는 관계인가 아니면 동시에 하락하는 관계인가를 의미한다. 캐나다 달러화는 미국 달러화와 상관관계가 높다. 따라서 캐나다인이 미국 달러화표시 채권을 이미 많이 보유하고 있을 때 달러가치가 하락하면 캐나다 달러화가치도 하락하여 환위험은 증가한다. 그 이유는 캐나다 달러화는 투자분산(portfolio diversification)기회가 줄어들기 때문이다. 그러나 달러화가치가 금가치와 같이 부(−)의 상관관계에 있으면 환위험은 감소한다.

6) R. Dornbusch, "Exchange Rate Economics: Where Do We Stand?" in J.S. Bhandari and B.H. Putnam, eds., *Economic Interdependence and Flexible Exchange Rates*, MIT Press, 1984, pp. 45–83.

포트폴리오 밸런스모형

지금까지 논의한 바와 같이 환위험프리미엄이 발생하면 국내외자산간의 불완전대체성이 존재하며 외국자산에 대한 국내자산의 상대적 수요는 환위험프리미엄의 증가함수이다. 이제 이와 같은 포트폴리오 밸런스 접근방법에 의해 어떻게 환율이 결정되는지 프랑켈(J.A. Frankel)의 간단한 모형을 이용하여 살펴보기로 한다.[7)]

이제 논의를 간단히 하기 위해 총부(W)는 위험자산(risk asset)인 국내채권(B)과 외국통화표시 외국채권(F)만으로 구성되며 국내채권의 수익률은 국내이자율(i)이며 외국채권수익률은 외국이자율(i^*)과 기대환율상승률(x)의 합계라고 하자. 그리고 시장에 참가하는 모든 투자가들은 위험기피자(risk averter)로서 동일한 포트폴리오 선호(same(uniform) portfolio preferences)를 갖는다고 가정하면 국민경제 전체의 국내외 채권공급비율(B/EF)은 다음 식 (14. 10)과 같이 환위험프리미엄($R=i-i^*-x$)의 증가함수로 표시된다.

$$\frac{B}{EF}=\beta(R)=\beta(i-i^*-x) \qquad (14.\ 10)$$

위의 식 (14. 10)에서 B는 정부발행 국내채권의 순공급(net supply of domestic bonds)으로서 정부의 순부채를 나타내며, EF는 국내통화표시 외국채권의 순공급으로서 과거 경상수지흑자의 누적결과로 취득한 국내거주자보유 외국채권의 스톡(stock)을 의미한다. 그리고 β는 단순히 함수를 나타내는 기호이다

윗식에서 알 수 있는 바와 같이 환위험프리미엄($R=i-i^*-x$)이 증가하면 즉 국내외금리차($i-i^*$)가 증대하거나 기대평가절하율(x)이 하락하면 투자가들은 그들의 포트폴리오를 외국채권에서 국내채권으로 대체할 것이다. 그리고 국내채권에 대한 상대적인 수요증대는 국내채권의 가치를 상승시키는 반면 외국채권의 가치하락을 초래하므로 포트폴리오 밸런스 모형에서 외국채권의 가격

7) 많은 포트폴리오 밸런스 접근모형에서는 투자가들이 보유하기를 원하는 자산으로서 국내외채권과 같은 위험자산 이외에도 무위험자산인 통화를 포함하고 있다. 그러나 대부분의 논의가 소규모경제를 가정하고 외국인은 국내채권을 보유하지 않은 것으로 가정하여 외국채권만이 교역자산(traded assets)으로 취급되고 있다. W.H. Branson, H. Halttunen, and P. Masson, "Exchange Rates in the Short Run: The Dollar-Deutschemark Rate," *European Economic Review* 10(1977), pp.303-24와 이 장의 참고문헌들을 참조할 것.

으로 정의되는 환율은 하락(평가상승)한다.

한편 국내채권의 상대적인 공급증대는 외국채권가격의 상승을 의미하므로 환율상승을 초래하는 반면 경상수지흑자 확대로 인한 외국채권 공급증대는 외국채권가격하락을 초래하여 환율도 하락하게 된다.

이제 단순히 환율에 대해 정태적 기대($x=0$)를 가정하고 위의 논의를 요약하면 국내외금리차($i-i^*$)와 환율(E)간에는 부(−)의 관계에 있고 외국채권에 대한 국내채권의 상대공급비율(B/F)과 환율(E)간에는 정(+)의 관계에 있다. 따라서 포트폴리오 접근방법에 의한 환율결정의 행태방정식은 다음의 식 (14. 11)과 같이 표시된다.[8)]

$$e=e(\overset{(-)}{i-i^*}, \overset{(+)}{b-f}) \tag{14. 11}$$

윗식에서 e, b, f는 각각 대수형(logarithmic form)의 환율, 국내채권공급, 외국채권공급을 표시하며 $b-f$는 대수형 $ln(B/F)$로 표시되어 있으므로 외국채권에 대한 국내채권의 상대공급비율을 나타낸다.

3 종합자산모형

프랑켈(Frankel)은 위에서 분석한 환율결정의 통화론자모형과 포트폴리오 모형을 결합한 종합자산모형(synthesis asset model)을 도출하였는데 금융자산이 통화, 국내외채권으로 구성되는 경우 환율결정모형은 다음과 같이 주어진다.

$$e=a_0+a_1(m-m^*)-a_2(y-y^*)-a_3(i-i^*)+a_4(\pi-\pi^*)+a_5(b-f) \tag{14. 12}$$

8) 프랑켈이 제시한 구체적인 모형은 환율변동에 대한 정태기대($x=0$)를 가정하여 $e=-\alpha-\beta(i-i^*)+(b-f)$로 주어졌는데 이의 도출과정을 보면 $B/EF=\beta(i-i^*-x)$에서 $\beta(i-i^*-x)$가 지수형태로 $exp[\alpha+\beta(i-i^*-x)]$로 주어진 경우 양변에 ln을 취하면 $lnB-lnE-lnF=\alpha+\beta(i-i^*-x)$이므로 대수를 취한 변수들을 $lnB=b$, $lnE=e$, $lnF=f$와 같이 각각 소문자로 표시하고 환율 e에 대해 정리하면 환율결정식은 $e=-\alpha-\beta(i-i^*)+(b-f)$가 된다. 따라서 환율 e는 국내외금리차($i-i^*$)의 감소함수인 반면 외국채권에 대한 국내채권의 상대공급[$b-f=ln(B/F)$]의 증가함수가 되어 본문의 식 (14. 11)로 표시될 수 있다.

여기서 계수인 $a_i(i=0, 1,\cdots, 5)$는 모두 양(+)의 정수이다. 따라서 국내외통화공급비율$(m-m^*)$, 국내외인플레이션율격차$(\pi-\pi^*)$, 국내외채권공급비율 $(b-f)$의 증가는 환율상승을 초래하나 상대실질소득$(y-y^*)$ 증가와 국내외금리차이$(i-i^*)$의 상승은 환율하락을 초래함을 의미한다.

제4절 경제뉴스와 환율변동

1 경제뉴스의 효과

경제주체들은 그들이 전혀 예상하지 못한 경제뉴스(economic news)를 접하게 되면 장래에 대한 기대를 수정하여 경제행위에 임하기 때문에 경제뉴스는 국민경제에 직 · 간접적으로 영향을 미친다.

걸프전(Gulf War)이 발발한 직후 석유상가 앞에 석유를 사려는 사람들로 장사진을 이룬다든가, 주식가격이 계속 상승추세에 있다는 뉴스를 듣고 증권거래소에 몰려드는 사람들은 모두 그들의 기대에 따라 수요자로 등장하기 때문에 실제로 석유가격이나 주식가격을 더욱 부추기는 결과를 가져오곤 한다. 이 외에도 경제성장률, 물가상승률, 국제수지상태, 통화량증가율 등 주요 경제지표에 대한 경제뉴스는 크든 작든간에 기대형성에 영향을 미치고 형성된 기대는 국민경제에 영향을 미친다. 특히 경제뉴스가 금리와 환율변동에 미치는 효과분석에 대한 흥미있는 실증분석이 있다.

미국의 연방준비은행(Federal Reserve Bank)은 지난 1970년대와 1980년대 초에 걸쳐 매주 일주일 또는 9일(1980년대 초에 실시) 전의 통화량(money stock)을 발표한 바 있다. 그런데 통화뉴스가 발표되자마자 통계치는 일주일 전 것임에도 불구하고 금리, 주가, 환율이 급격히 변동하는 현상이 발생되곤 하였다. 발표된 통화량이 예상했던 수준보다 높으면 즉각적으로 이자율이 상승하는 동시에 주가가 하락하였으며, 발표된 통화량이 예상했던 수준보다 낮으면 이자율이 즉각적으로 하락하여 주가도 상승하였다. 흔히 '통화공급발표 수수께끼'(money supply announcement puzzle)로 불리는 이와 같은 현상은 두 가지 원인

에서 그 해답을 얻게 된다.[9)]

우리가 잘 아는 피셔방정식(Fisher equation)인 $i=r+\pi$에서 실질이자율(r)이 상승하거나 기대인플레이션율(π)이 증가하면 명목이자율(i)은 증가한다. 따라서 통화통계발표가 예상했던 수준보다 높게 나타났을 때 투자가들이 이를 연방준비은행이 장래에 긴축금융정책을 실시할 신호(sign)로 해석한다면 실질이자율을 상승시키기 때문에 명목이자율을 올리는 결과를 초래한다.

그러나 만약 투자가들이 예상보다 높은 통화통계발표를 보고 이를 장래의 확장금융정책으로 해석한다고 하면 기대인플레이션율을 상승시키기 때문에 명목이자율 또한 상승한다. 그렇다고 하면 환율은 어떠한 방향으로 변동할 것인가? 만약 투자가들이 예상 밖으로 높은 통화통계치를 긴축금융정책에 따른 실질이자율상승으로 해석하는 경우에는 자본유입을 초래하여 환율하락을 초래하고, 반대로 투자가들이 확장금융정책으로 해석하여 높은 기대인플레이션을 예상한다면 실질이자율하락에 따른 자본유출로 인해 환율상승을 초래하게 될 것이다.

이와 같은 통화뉴스의 효과분석 이외에도 미국경제를 대상으로 한 많은 분석들이 있는데 1970~80년대의 미국의 쌍둥이 적자인 재정적자와 국제수지적자와 같은 뉴스발표는 달러화의 약세요인으로 작용하였을 뿐만 아니라 실질경제성장률 감소나 물가가 상승되었다는 뉴스도 달러화 가치하락으로 작용하는 것으로 나타났다.[10)]

2 경제뉴스의 환율결정모형

지금까지 살펴본 바와 같이 경제뉴스의 발표가 환율에 영향을 미친다고 하면 현실적으로 이를 모형화하고 추정할 수 있어야 한다. 이에 대한 논의를 위해서는 먼저 **선물환시장 효율성**(forward market efficiency)에 대한 개념을 이해할 필요가 있다.

---

9) B. Cornell, "The Money Supply Announcements Puzzles: Review and Interpretation," *American Economic Review* 73(September 1983), pp.644-57.

10) R. Dornbusch, *op.cit*,. 1984, pp.55-60.

선물환시장 효율성이란 외환시장 참가자들이 합리적 기대에 따라 외환거래를 한다고 하면 현재의 선물환율은 장래의 기대현물환율의 불편추정량(unbiased estimator)이 된다는 가설이다.[11] 지금 대수형(logarithmic form)으로 특정시점인 t기의 선물환율을 f_t, 장래($t+1$기)의 현물환율을 e_{t+1} 그리고 t기의 환위험프리미엄을 R_t라고 하면 선물환시장의 효율성은 다음 수식과 같이 표시된다.

$$f_t = \xi(e_{t+1}) + R_t \qquad (14.\ 13)$$

여기서 $\xi(e_{t+1})$은 $t+1$기의 현물환율에 대한 기대치(expected value)를 나타낸다. 따라서 t기의 선물환율이 고정되어 위험중립(risk neutrality)이라고 하면 환위험프리미엄은 $0(R_t=0)$이 되어 f_t는 장래현물환율에 대한 불편추정량이 된다. 마찬가지 논리로 전기($t-1$)의 선물환율은 현재의 현물환율의 불편추정량이 될 뿐만 아니라 불편예측량(unbiased predictor)이 되는데 이를 수식으로 표시하면 다음과 같다.

$$f_{t-1} = \xi(e_t) \qquad (14.\ 14)$$

따라서 선물환율이 현물환율의 불편예측량이라고 하면 예상하지 못한 경제뉴스는 외부충격(external surprise)이므로 가장 간단한 환율결정의 경제뉴스모형[12]은 다음과 같이 표시된다. 여기서 경제뉴스모형이란 환율결정에 지대한 영향을 미치는 통화공급, 실질소득, 금리, 물가, 국제수지, 외환보유액 등 기초경제변수들(fundamental economic variables)의 예상하지 못한 변화를 알리는 경제뉴스를 설명변수로 한 환율결정모형을 말한다.

$$e_t = a + bf_{t-1} + news + w_t \qquad (14.\ 15)$$

단, $e_t = t$기의 현물환율(E_t)의 대수(log)
$f_{t-1} = t-1$기의 선물환율(F_{t-1})의 대수
w_t = 회귀분석에서 t기의 확률교란항 (stochastic disturbances)

11) 통계학이나 계량경제학을 이해하고 있는 독자가 잘 아는 바와 같이 불편추정량은 진정한 모수(parameter)가 θ라고 할 때 확률변수로서 추정량 $\hat{\theta}$의 기대치가 모수와 같을 때 즉, $E(\hat{\theta})=\theta$이면 $\hat{\theta}$을 θ의 불편추정량이라고 한다.

12) R.M. Levich, "Empirical Studies of Exchange Rates: Price Behavior, Rate Determination and Market Efficiency," R.W. Jones and P.B. Kenen, eds., *Handbook of International Economics*, Vol. 2, 1985, p.1019.

윗식을 추정방정식 형태의 구체적인 경제뉴스모형으로 표시하면 다음의 식 (14. 16)과 같다.

$$e_t = a + bf_{t-1} + \gamma(z_t - z_t^e) + w_t \tag{14. 16}$$

윗식 (14. 16)에서 z_t와 z_t^e는 각각 t기의 기초경제변수와 기대기초경제변수를 표시한다. 따라서 $z_t - z_t^e$의 변화는 경제주체들이 예상하지 못한 외부충격인 경제뉴스를 나타낸다. 그리고 a, b, γ는 각각 추정할 회귀계수들이다.

위에서 언급하지 않은 또 다른 기초경제변수들로는 통화론자의 환율결정식 (14. 6)을 구성하는 상대통화공급, 상대실질소득, 국내외금리차 등과 같은 변수 등을 들 수 있는데 이들 변수들의 예상하지 못한 변동도 경제뉴스에 해당한다.

돈부쉬(R. Dornbusch)는 경제뉴스의 변수로서 예상하지 못한 경상수지, 순환적 소득변동(예상하지 못한 실질경제성장), 이자율변동 등을 이용하여 환율에 미치는 효과를 계량모형으로 실증분석을 행한 바 있다.[13)]

제5절 환 율 정 책

1 환율불안정과 환율정책

앞에서 살펴본 여러 가지 형태의 환율결정모형들은 환율이 어떠한 요인들에 의해 결정되는가를 보여 줄 뿐만 아니라 환율변동의 방향과 크기를 제시해 주고 있다. 이들 모형들에 기초하여 환율변동의 원인들을 종합하여 보면 다음과 같이 크게 세 가지의 경우로 요약될 수 있다.

첫째로는 기초경제변수들(fundamental economic variables)의 변화를 들 수 있다. 실질국민소득, 물가수준, 화폐공급, 금리수준 등 기초거시경제변수들은 경제발전과 더불어 계속 변하기 때문에 그에 따라 환율수준도 변동하게 된다. 국제수지 접근모형이나 통화론적 접근모형들은 이를 반영한다고 하겠다.

---

13) R. Dornbusch, *op.cit.*, 1984, pp.55 – 60.

둘째로는 경제주체들이 갖는 장래에 대한 기대(expectation)가 변하면 환율도 변동하게 된다. 경제뉴스의 발표, 루머(rumors) 등 새로운 정보의 출현은 장래에 대한 기대를 변경시키고 그에 따라 환율도 변동하게 된다. 포트폴리오 밸런스 접근모형이나 랜덤워크(random walk)모형,[14] 경제뉴스모형들은 이를 보여주고 있다.

셋째로는 중앙은행이 수행하는 외환시장개입으로 인한 환율변동을 들 수 있다. 중앙은행의 외환시장개입(intervention in the foreign exchange market)은 과도한 환율변동을 완화하기 위해 중앙은행이 외환을 매매하는 정책을 의미하기 때문이다.

그런데 환율변동의 원인이 어디에 있든간에 환율변동은 안정적(stabilizing)일 수도 있고 불안정적(destabilizing)일 수도 있다. 일반적으로 기초경제변수의 변화나 안정적인 투기행위의 결과에 따른 환율변동은 안정적이라고 할 수 있다. 경제규모가 확대됨에 따라 실질소득이나 화폐공급규모가 커질 때에는 외환거래규모도 그만큼 커지기 때문에 환율은 장기추세에 따라 변동하므로 안정적이다. 또한 환율이 낮을 때 외환을 매입하여 높을 때 매각하는 환투기도 환율변동폭을 축소시킨다는 점에서 안정적이다.

이에 대해 불안정적인 환투기거래나 잘못된 외환시장개입은 **환율변동성**(exchange rate volatility)을 초래한다. 여기서 환율변동성이라 함은 기초경제변수가 변하지 않았음에도 불구하고 환율이 불필요하게 과도한 진폭을 갖고 변동하는 경우를 말한다. 불안정적인 환투기 경우를 예로 들면 환율이 오르고 있을 때 투기자가 앞으로도 계속 오를 것으로 기대하여 외환을 매입하거나 환율이 하락하고 있을 때 더욱 하락할 것으로 예상하여 외환을 매각하는 경우에는 환율변동폭을 더욱 확대함으로써 소위 투기거품(speculative bubbles)현상을 초래하게

14) **랜덤워크**(random walk)란 시계열분석에서 확률교란항(random errors)인 V_t가 상수인 평균(μ)과 분산(σ^2)으로 화이트노이즈 과정(white noise process)일 때 어느 시계열변수 X_t가 $X_t = X_{t-1} + V_t$의 과정을 따르는 경우를 말한다. 이의 특징으로는 X_t는 시간의 함수인 평균과 분산을 갖기 때문에 비정상과정(non-stationary process)을 따르지만 그 차분인 $\Delta X_t = X_t - X_{t-1}$은 V_t와 같기 때문에 정상과정을 따른다. 랜덤워크모형은 흔히 주식시장 등에서의 시장효율성(market efficiency)에 대한 검정모형으로 원용되는데 최근에는 환율예측모형으로도 자주 이용되고 있다. 그러나 실제적으로 랜덤워크모형이 시사하는 바는 장래의 환율수준을 예측할 수 없음(unpredictable)을 뜻한다. 왜냐하면 외생적 충격은 순전히 확률적(stochastic)이기 때문이다. 이에 대한 관심이 있는 독자는 E. F. Fama(1970)를 참조할 것.

되고 환율불안정의 요인으로 작용한다. 이와 같은 현상은 투기자들이 단순히 과거의 환율추세만을 보고 기대를 형성하는 밴드왜건기대(bandwagon expectation)에 기인한다.

또한 중앙은행의 잘못된 외환시장개입도 환율불안정의 요인이 된다. 현재의 환율변동이 기초경제변수들의 변화에 상응하는 안정적인 추세임에도 불구하고 중앙은행이 그 원인을 잘못 판단하여 시장개입을 하는 경우에는 환율변동을 증폭시키게 된다. 예를 들어 급속한 경제성장으로 인한 경제규모의 확대에 병행하여 외환수요가 꾸준히 증대하고 그에 따라 환율이 꾸준히 상승하고 있음에도 불구하고 과도한 환율상승으로 인식하여 이를 억제하려고 외환시장개입을 하였다고 하면 환율상승에 대한 압박요인이 된다. 이를 제거하기 위해서는 필연적으로 외환시장개입폭이 커지게 되고 그에 따라 환율상승압박은 가중되는데 최종적으로 중앙은행이 취할 수 있는 수단은 환율변동억제정책을 포기하게 되어 일시에 급격한 환율변동을 초래하는 사태에 이르게 된다.

이와 같은 과도한 환율불안정은 다시 물가, 금리, 기대에 영향을 미치고 소비, 투자 및 국제수지에 영향을 미침으로써 사회후생수준을 감소시킨다. 따라서 환율안정화를 위한 환율정책이 필요하게 된다.

여기서 환율정책(exchange rate policy)이란 관리변동환율제도하에서 국민경제의 건전한 발전을 뒷받침하고 불필요한 환율변동을 안정화시키려는 일련의 정책을 지칭한다. 순수변동환율제도라고 하면 환율정책은 사실상 의미가 없다. 왜냐하면 외환의 수요공급에 의해 환율이 자유롭게 변동할 수 있도록 허용된 제도이므로 국제수지는 항상 균형을 이루고 그에 따라 중앙은행의 국제지불준비자산이 변동할 이유가 없으며 따라서 통화변동도 없게 된다. 그러나 관리변동환율제도에서는 국제수지불균형과 환율변동이 공존하므로 대내외경제의 균형적 발전을 뒷받침하는 동시에 국민경제에 부정적인 영향을 미치는 환율의 과도한 변동을 안정화시켜야 하기 때문에 환율정책이 필요하게 된다. 관리변동환율제도에서의 대표적인 환율정책은 다음에서 살펴볼 외환시장개입이라고 하겠다.

2 중앙은행의 외환시장개입

일반적인 개입준칙

중앙은행의 외환시장개입준칙(intervention rules)은 기본적으로 외환에 대한 초과수요가 과도하여 자국통화표시 환율이 누적적으로 상승(자국통화의 평가하락, 외국통화의 평가상승)하고 있는 경우에는 자국통화를 대가로 외국통화를 매각하여 환율상승폭을 억제하고, 반대로 외환시장에서 외환의 초과공급으로 인해 환율이 지나치게 하락하고 있는 경우에는 자국통화를 대가로 외국통화를 매입함으로써 환율의 누적적 하락을 방지하는 개입방법을 사용한다.

[그림 14-1]에서 종축은 일본 엔화의 대미달러화 환율수준을 나타내고 있다. 엔화의 기준환율이 E_0인데 환율이 누적적으로 상승하여 개입상한 환율수준인 $\overline{E}$까지 이르게 되어 점 A와 같이 되었다고 하면 일본과 미국의 외환시장에서 동시에 엔화를 대가로 달러화를 매각하면 일본 및 미국 외환시장에 달러화 공급이 증가하여 엔화의 대미달러화 환율은 하락하기 시작한다. 예를 들어 점 A

그림 14-1 외환시장의 개입메커니즘

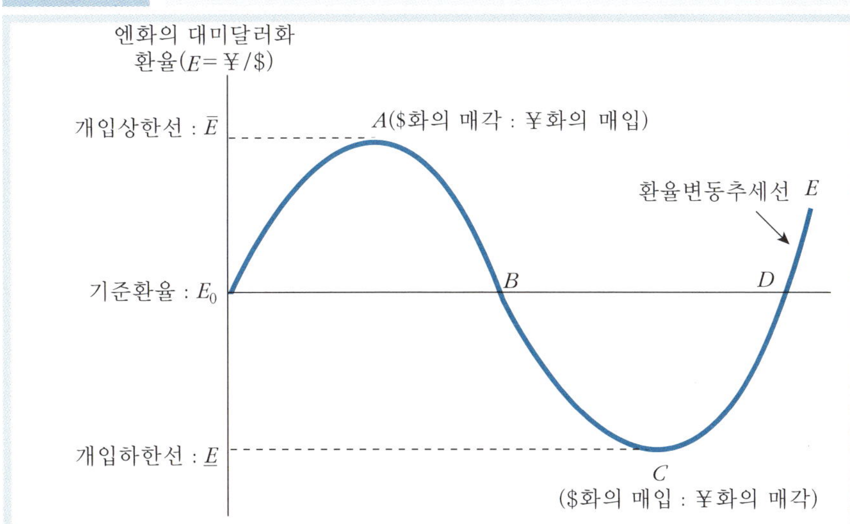

에서 1$=140¥이던 것이 외환시장개입으로 환율이 1$=135¥, 1$=130¥ 등으로 점차 하락하면 점 *A*에서 점 *B*방향으로 이동하므로 엔화의 평가상승, 달러화의 평가하락의 결과를 초래한다. 만약 엔화 환율이 개입하한 환율수준 $\underline{E}$인 점 *C*에 이르면 이제는 엔화 가치가 지나치게 상승하여 고평가(overvalued)됨을 의미하므로 일본 중앙은행은 엔화를 매각하는 한편 달러화를 매입함으로써 달러화의 수요증대로 엔화의 대미달러화 환율은 상승하기 시작하여 점 *D*방향으로 이동하게 된다.

여기서 외환시장개입이 유효하기 위해서는 일본 및 미국시장에서 동시에 개입하는 것이 효율적이며 최소한 일본이 외환시장에 개입할 때 미국의 상쇄적인 개입이 없어야 한다. 예를 들어 점 *C*에서 엔화의 고평가로 인해 일본이 무역수지감소를 우려하여 외환시장에 개입한다면 이는 미국에 대해서는 상대적으로 달러화의 평가절상을 초래하므로 미국은 뉴욕이나 시카고 외환시장에서 동시에 달러화를 매각하고 엔화를 매입한다면 미국시장에서는 달러화의 평가하락, 엔화의 평가상승이 되고 이는 양 시장에서의 환율격차에 의한 환재정 및 이자재정거래 심지어 투기까지 가세되어 양국 외환시장은 불안정적으로 돌변할 수 있다. 따라서 외환시장개입은 근본적으로 양국의 정책협조하에서만 가능하다는 것을 유의할 필요가 있다.

그림 14-2 과도한 환율상승에 따른 외환시장개입

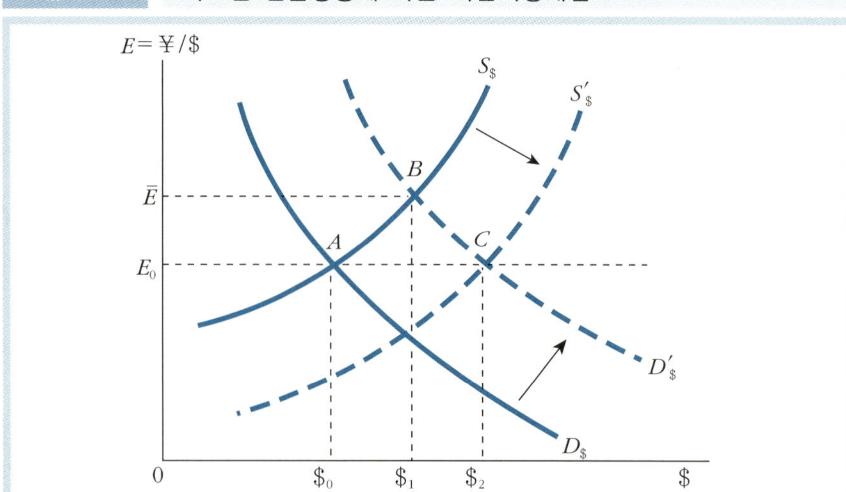

이제 위의 개입방법을 외환의 가격인 환율이 외환에 대한 수요 또는 공급 변동으로 균형수준을 이탈한 경우 외환의 수요 · 공급곡선을 이용하여 외환시장개입 메커니즘을 설명해 보자.

[그림 14－2]에서 최초에 미국 달러화($)에 대한 수요곡선($D_\$$)과 공급곡선($S_\$$)이 만나는 점 A에서 기준환율로서 균형환율 E_0의 상태에 있었다고 가정하자. 지금 외생적인 요인의 변화 즉 미국상품 또는 미국금융자산에 대한 수입수요증대로 달러화의 수요곡선이 $D_\$$에서 $D'_\$$으로 이동하여 새로운 균형환율 $\bar{E}$가 결정되었는데 $\bar{E}$가 기준환율 E_0보다 너무 높아 시장개입이 필요하다고 판단되면 일본 중앙은행은 외환시장에 엔화를 대가로 달러화를 매각함으로써 공급곡선이 점 C의 방향으로 이동하여 $S'_\$$이 되었다고 하면 환율은 다시 E_0로 환원된다. 이와 같이 중앙은행개입은 균형환율수준에서 외환의 초과수요가 발생하면 초과수요를 상쇄시키기 위해 외환공급을 증대하고, 외환의 초과공급이 발생하면 초과공급을 흡수하기 위해 외환을 매입하는 형태로 개입하는 메커니즘을 갖는다.

외환시장개입의 전략

중앙은행이 외환시장의 개입여부를 결정하기 위해 사전적으로 검토해야 할 몇 가지 중요한 사항이 있다.

첫째로는 현재의 환율변동의 원천(sources)을 분별해야 된다. 이를 위해서는 적정환율수준을 측정해야 되고 이에 기초하여 현재의 환율변동추세가 실질소득증대와 같은 기초경제변수의 변화에 연유된 안정적인 변동인지 또는 투기거품(speculative bubbles)이나 밴드왜건기대(bandwagon expectation) 등에 연유된 불안정적 환율변동인지를 구별해야 된다. 만약 현재의 환율변동이 기초경제변수의 변화추세에 상응한 안정적인 움직임이라고 하면 외환시장개입을 해서는 안 되며 만약 불안정적이고 과도한 환율변동으로 판별되었다고 하면 시장개입에 대한 타당성을 갖는다.

둘째로는 안정적 시장개입이 되기 위해서는 개입의 적정시기를 결정해야 한다. 중앙은행이 실기하여 지연된 개입을 하게 되면 환율불안정성을 증폭시키게 되고 잘못된 시장개입으로 인해 중앙은행은 국제지불준비자산의 손실을 통해 사회비용을 부담시키는 결과를 초래할 수 있다.

셋째로는 외환시장의 개입유형을 결정하는 일이다. 외환시장의 개입유형은 크게 비중화개입 또는 태화개입(nonsterilized intervention)과 중화개입 또는 불태화개입(sterilized intervention)이 있다. 이에 대해서는 다음의 개입효과에서 상세히 살펴보기로 한다.

넷째로는 이하에서 고찰하게 될 외환시장개입전략을 결정해야 된다.

현재 세계각국의 중앙은행들이 널리 채택하고 있는 외환시장개입전략으로는 크게 두 가지 유형으로 구분할 수 있는데 단기적으로 환율의 급격한 변동을 완화시키기 위해 '바람에 기대는 개입'과 사전에 목표환율대를 설정하고 실제환율이 목표환율대 내에서만 변동하도록 시장개입을 하는 '목표환율대에 의한 개입'이 있다. 이들 개입방식을 좀더 구체적으로 살펴보자.

(1) 바람에 기대는 개입방식

바람에 기대는 개입(intervention leaning against the wind)이란 환율변동의 장기적인 추세는 외환시장에서 결정되도록 방치하지만 단기적으로 환율의 과도(excessive)한 변동을 완화(smooth-out)시킬 목적으로 평가하락되는 통화를 매입하고 평가상승되는 통화를 매각하는 방식의 외환시장개입을 말한다. 예를 들어 단기에 자국통화표시 환율이 과도한 변동폭을 보이며 상승하는 경우 이를 상쇄하기 위해 자국통화를 매입하는 동시에 해당 외국통화를 매각함으로써 환율하락을 유도하고, 환율이 과도하게 하락할 경우에는 통화가치가 상승하고 있는 자국통화를 매각하는 동시에 해당 외국통화를 매입하여 환율상승을 유도하는 방식이라고 할 수 있다.[15)]

이와 같은 개입방식은 장기추세를 유지하면서 일일, 일주일 또는 월단위로 전기의 실제환율을 참고환율로 하고 이를 감안하여 큰 변동폭 없이 평균환율수준을 유지한다는 점에서 장점을 갖고 있기 때문에 변동환율제도하에서 널리 이

---

15) 바람에 기대는 개입은 P. Wonnacott(1965)가 처음으로 제안했는데 간단한 개입모형은 $I_t=a(E_t-E_{t-1})=a\Delta E_t$로 주어진다. I_t는 t기의 외환시장개입으로서 흔히 중앙은행의 국제지불준비금의 변동분이 사용되며 a는 조정계수를 나타낸다. E_t와 E_{t-1}는 각각 t기와 $t-1$의 환율수준임. 모형에 관심이 있는 독자는 다음을 참조할 것. P.J. Quirk, "Exchange Rate Policy in Japan: Leaning Against the Wind," *IMF Staff Papers* (November 1977), pp. 642–64; D. Bigman, "Exchange Rate Management: Needs, Ways, and Means," in D. Bigman and T. Taya, ed., *The Functioning of Floating Exchange Rates: Theory, Evidence, and Policy Implications*, Ballinger Publishing Co., Cambridge, 1980, pp. 279–317.

용되는 개입방식이다. 그럼에도 불구하고 바람에 기대는 개입방식은 시장개입의 양을 측정해 줄 수 있는 목표지표(objective indicators)의 선정이 어려울 뿐만 아니라 비록 선택이 가능하다고 하더라도 경제주체들이 중앙은행의 시장개입 전략을 사전에 예상할 수 있기 때문에 일방적 투기(one-way speculation)를 유발할 위험을 내포하고 있다.[16)]

(2) 목표환율대에 의한 개입방식

이는 적정환율(optimal exchange rate)을 중심으로 실제환율의 변동범위를 상한선과 하한선으로 목표환율대(target zone for exchange rate)를 설정하고 이 범위 내에서는 자유로운 환율변동을 허용하나 일단 실제환율이 목표환율대를 벗어나거나 또는 벗어날 우려가 있는 경우 중앙은행이 외환시장에 개입하는 방식을 말한다. 설정된 목표환율대는 항구적인 것이 아니라 장기적으로 환율변동 허용폭과 목표환율대의 조정을 통해 장기에 걸친 환율왜곡을 시정하거나 과도한 환율변동을 방지함으로써 적정환율을 유지한다. 따라서 환율변동허용폭의 크기와 조정빈도수에 따라 고정환율제도에서부터 변동환율제도에 이르기까지 다양한 형태가 존재하는데 구체적으로 어떠한 형태로 운용될 것인가는 그 나라의 금융시장을 비롯한 경제구조, 시장개방정도 등에 따라 결정될 문제이다.

목표환율대에 의한 개입방법은 IMF가 1974년에 「변동환율의 운용지침」(guidelines for the management of floating exchange rates)에서 권고한 내용이다. 예를 들어 대미달러 환율을 상하 2.25% 이내에서 안정화시키는 환율제도인 유럽통화제도(EMS)가 이에 속하는데 앞의 [그림 14－1]에서 개입상한선인 $\bar{E}$ 대신 2.25%, 개입하한선인 $\underline{E}$ 대신 －2.25%로 생각하면 된다. 그런데 목표환율대에 의한 외환시장개입을 위해서는 무엇보다도 다음과 같은 기준들이 사전에 정립되어야 한다.

(가) 적정환율수준(level of optimal exchange rate)의 산정

적정환율수준을 중심으로 개입 상·하한선으로서의 목표환율대를 설정하기 위해서는 기준환율인 적정환율을 산정해야 된다. 잘못 산정된 기준환율을 근거로 외환시장에 개입하게 되면 잘못된 배분(misalignment)문제가 발생하기 때

16) P.A. Tosini, "Leaning Against the Wind: A Standard for Managed Floating," in *International Finance*, No. 126, Princeton University, International Finance Section, 1977.

문에 개입하지 않는 것보다 못한 결과를 초래할 수 있기 때문이다.

적정환율의 산정기준으로는 앞의 절들에서 고찰한 환율결정모형들이 원용되는데 크게 ①구매력평가(purchasing power parity), ②금융자산시장의 불균형(asset market disturbance), ③기조적 국제수지불균형(underlying payments disequilibria) 등의 기준이 있다.[17)]

이에 대한 개념을 개략적으로 고찰해 보자. 우선 첫번째의 구매력평가에 의한 적정환율의 설정기준은 장기적으로 환율이 양국간의 상대물가수준에 의해 결정된다는 데 이론적 근거를 갖고 있다. 따라서 교역상대국들의 물가수준을 감안하여 장기환율수준을 기준환율로 설정하고 이를 기초로 환율대를 설정하여 외환시장에 개입하는 방식이다. 그런데 현실적으로는 비교역재의 존재, 상품의 불완전대체성, 통화의 비중립성, 수송비의 존재 등으로 구매력평가가 성립되지 않는 경우가 많기 때문에 실제환율의 구매력평가환율로부터의 이탈 정도를 측정해 주는 실질실효환율지수를 기초로 개입하는 방식이 일반적이다.

두 번째의 금융자산시장의 불균형기준이라 함은 금융자산시장의 불균형상태로 인해 단기환율이 장기균형환율수준으로부터 이탈한 정도를 파악하고 이를 감안한 적정환율수준을 유도하는 방법을 말한다. 금융자산시장 접근모형에 의한 적정환율결정은 이미 앞 절에서 고찰한 바와 같이 통화론적 접근모형이나 포트폴리오 밸런스모형 등이 이용된다.

그러나 이와 같은 금융자산시장의 불균형기준에 의한 적정환율 결정모형은 선진국과 같이 금융시장이 잘 발달되고 자본의 국제이동이 자유로운 국가에 적합한 설정기준이라고 하겠다.

끝으로, 기조적 국제수지 불균형기준에 의한 적정환율의 산정방법은 국제수지에 영향을 미치는 순환적인 임시교란요인(cyclical temporary disturbances)들을 조정한 기조적 경상수지가 향후 2~3년 동안 정상적 자본수지(normal capital account)와 일치하게 해 주는 환율수준을 적정환율로 설정하는 방법을 말한다. 이 기준에 의한 적정환율의 산정은 IMF(1984)가 세계무역모형(world trade

---

17) J.R. Artus, "Methods of Assessing the Long-Run Equilibrium Value of an Exchange Rate," *Journal of International Economics* 8(1978), pp.277–99.
J.A. Frenkel and M. Goldstein, "A Guide to Target Zones," *IMF Staff Papers* 33(December 1986), pp.633–73.

model)에 기초하여 개발했으나 그 계산이 복잡할 뿐만 아니라 중립적 국제수지 상태인 기조적 경상수지와 정상적 자본수지에 대한 개념도 애매모호하여 이를 원용하는 데는 큰 어려움이 있다.

(나) 기준환율의 변동허용폭의 결정

목표환율대를 결정하는 데 두 번째로 고려해야 할 중요한 사항은 개입상한과 하한선 수준인 중심환율의 변동허용폭(band)을 설정하는 일이다. 환율변동폭 설정에 고려할 내용으로는 ① 장기균형실질환율을 변경하지 않는 잠정교란요인들(transitory disturbances)을 수용할 만큼 충분해야 하고, ② 균형중심환율 자체에 대한 불확실성을 반영할 수 있어야 하며, ③ 중심환율을 변경할 필요성이 발생한 경우에도 이의 변경으로 인해 일방적 투기(one-way speculation)를 유발하지 않도록 환율대 내에서 변경할 수 있도록 충분히 넓어야 한다. ④ 특정통화(예컨대 미달러화)에 대한 페그된 경우에는 기타 통화(예컨대 일본 엔화, 독일 마르크화 등)에 대한 환율대는 상이해지므로 이를 감안하여 목표환율대를 설정하는 것이 바람직하다.

(다) 목표환율대의 수정빈도수의 결정

설정된 목표환율대는 시간이 경과함에 따라 조정이 가능해야 된다. 국내외 인플레이션율차, 교역조건의 변화, 노동생산성의 차이, 저축성향 등 실질경제여건들이 변화하면 소폭 또는 대폭적인 목표환율대의 조정이 불가피해진다. 다만 여기서 유의해야 할 사항으로는 목표환율대의 빈번한 수정은 목표환율대에 대한 신뢰도를 경감시키게 된다.

외환시장개입의 효과

중앙은행이 외환시장에 개입함으로써 예상되는 효과는 개입규모와 기대, 개입유형과 기간, 민간부문과 외국 중앙은행의 반응 등에 따라 달라진다. 적기에 개입폭이 크면 클수록 그 효과는 커지며 반대로 개입폭이 작으면 작을수록 효과는 작아진다. 특히 외환시장에 개입하는 경우에 통화공급의 변동을 수반하느냐 안하느냐에 따라 비중화개입(nonsterilized intervention)과 중화개입(sterilized intervention)으로 구분되는데 그에 따른 개입효과 또한 상이해진다.[18] 극

18) 이에 관한 구체적인 내용 및 수식은 제12장 제5절 3항을 참조할 것.

단의 경우 외환시장에서의 외환매입이 동일한 규모의 통화를 증가시키는 완전비중화개입인 경우에는 자국통화의 가치하락을 동일비율로 유도하게 된다. 또 다른 극단의 경우로는 국내자산시장에서 공개시장조작에 의한 완전중화개입인 경우에는 국내통화는 종전과 변함이 없으므로 환율변동에 미치는 효과는 크게 약화되는데 그 효과의 크기는 국내자산과 외국자산간의 대체성 정도에 따라 달라진다.

그 예를 들어 보자. 미국 뉴욕외환시장에서 일본 엔화에 대한 달러화 가치가 급격히 상승하고 있다고 가정하자. 즉 달러화에 대한 초과수요와 엔화의 초과공급으로 인해 엔화의 달러화 환율($E=$ ¥/$)이 상승하고 있다고 하면 달러가치의 상승을 억제하기 위해 미국중앙은행인 연방준비은행이 뉴욕외환시장에 개입하여 달러화를 매각하는 동시에 엔화를 매입할 것이다. 이 경우는 외환시장에 달러화 공급이 증가됨으로써 달러화의 가치하락을 유도하게 되는데 외환시장개입이 달러화 공급증대를 수반했으므로 비중화개입이다.

한편 **중화개입**(sterilized intervention)은 국내통화량의 변동을 수반하지 않는 외환시장개입을 말한다. 위의 예에서 엔화에 대한 달러화 가치상승을 억제하기 위해 외환시장에서 엔화를 매입하는 대가로 달러화를 매각하는 동시에 공개시장조작을 통해 달러화 매각액과 동일규모의 미국재정증권을 매각하면 민간 달러보유량에는 전혀 변동이 없으므로 중화개입이다.

그런데 중화개입은 국내외금융자산이 불완전대체재인 경우에도 환율변경에 유효한 정책수단이 된다. 예를 들어 미연방준비은행이 공개시장조작을 통해 재정증권을 매각하고 달러화를 매입하는 동시에 달러화로 엔화표시 증권을 매입하게 되면 민간이 보유하는 달러화의 공급량에는 전혀 변함이 없고 단지 달러표시 증권의 공급증대와 엔화표시 증권의 감소로 나타나게 된다. 이 경우 미국채권과 일본채권간에는 불완전대체성이 존재함을 의미하는데 불완전대체성이 존재하는 경우에는 외국통화표시 채권 또한 외환이므로 엔화에 대한 달러화 가치는 하락하게 된다.

포트폴리오 밸런스모형은 바로 불완전대체성을 가정하고 있음은 이미 지적한 바 있다. 이에 대해 완전대체성을 가정하고 있는 통화론자모형에서는 위의 완전중화개입인 경우에는 개입효과가 없고 오직 통화공급을 수반한 개입의 경우에만 그 효과가 나타난다.

한편 개입기간이 단기냐 장기냐에 따라 개입효과는 상이해진다. 일반적으로 일별 또는 주별로 사용하는 단기개입은 외환시장의 교란을 방지하는 데 목표를 두고 있으나 장기개입은 환율에 항구적인 영향을 미치는 데 목표(goal)를 두고 있기 때문이다.

끝으로, 민간부문과 외국중앙은행의 반응 여하에 따라 개입효과는 상이해지는데 이는 다음에서 볼 기대효과를 통해 상이해질 수 있기 때문이다. 이제 중앙은행의 외환시장개입효과를 고찰하면 주요한 것으로는 다음과 같은 것들을 들 수 있다.[19)]

(1) 통화량의 변동효과

중앙은행이 국내통화를 대가로 외환을 매입하거나 매각하는 방식으로 외환시장에 개입하면 완전중화개입방식이 아닌 한 통화공급의 변동을 초래한다. 환율이 급격히 하락하는 경우 이를 억제하기 위해 외환을 매입하는 대신 국내통화를 공급함으로써 환율상승과 금리하락을 유도하게 된다.

(2) 포트폴리오 구성의 변동효과

국내외자산이 불완전대체재인 경우에 중화개입은 통화량에는 변동이 없으나 민간보유채권 구성의 변화를 초래하고 환율변동에 영향을 미친다. 앞에서 든 예와 같이 엔화에 대한 달러화 가치가 상승하는 경우 달러화를 매각하고 엔화를 매입하는 동시에 미국연방준비은행이 공개시장조작을 통해 재무성증권과 같은 달러화표시 채권을 매각하면 민간 달러보유량에는 변동이 없으나 달러화표시 채권증가와 엔화표시 자산감소로 포트폴리오 구성에 변화를 초래한다. 비록 중화개입이지만 이 경우에도 환율은 달러채권의 상대가격이므로 엔화의 대미달러화 환율(E=￥/$)은 하락하여 달러의 가치하락을 수반한다. 이와 같은 채권공급과 환율간의 관계를 포트폴리오 가치효과(portfolio valuation effect)라고 한다.

(3) 기대효과

외환시장개입은 기대효과를 수반하게 되는데 이는 다음 두 가지 이유에 연

19) H. Genberg, "Effects of Central Bank Intervention in the Foreign Exchange Market," *IMF Staff Papers* 28(1981), pp.451-76.

유된다. 첫번째 이유로는 시장개입이 장래 통화정책변경의 신호(signal)로서 해석되기 때문이다. 그와 같은 정책변경은 다시 장래 균형환율수준에 대한 기대를 변경시키고 변경된 기대는 환율에 영향을 미치기 때문이다.

예를 들어 중앙은행이 비중화개입을 통해 바람직한 환율수준으로 유도하려고 한다면 경제주체들은 시장개입에 따른 국내통화변동을 장래 정책방향의 신호로 해석하고 기대를 수정하여 환율에 영향을 미친다. 완전대체재인 경우의 통화증가는 기대환율변동을 초래하고 불완전대체재인 경우에는 국내외자산간의 기대수익률차이(expected yield differencial)에 영향을 미치기 때문에 환율변동을 초래하게 된다. 그러나 시장개입이 중화개입방식이라고 하면 통화변동을 수반하지 않으므로 국내외자산간의 대체성 정도와는 관계없이 개입효과는 감소되고 기대에 미치는 영향도 작아진다.

두 번째 가능성은 개입정책이 국민경제의 순외화자산포지션(net foreign asset position)을 수정함으로써 국제수지구조에 영향을 미치고 국제수지구조변화는 직접적으로 환율에 영향을 미칠 뿐만 아니라 기대에도 영향을 미친다. 만약 국내자산과 외국자산이 완전대체재가 아니면 중화개입은 국민경제전체의 순외화자산포지션을 변경시킨다. 국내자산을 대가로 외화자산매입을 통한 시장개입은 그 국가의 순신용포지션(net credit position)을 증가시키고 국제수지의 부채서비스계정(debt service account)을 개선시킴으로써 환율과 기대에 영향을 미치게 된다.

외환시장개입의 한계

중앙은행의 외환시장개입이 환율변동에 제약이 되는 한계점들을 제시하면 다음과 같다.

첫째는 개입의도가 믿을 만해야 한다. 민간경제주체들이 개입을 믿지 못하면 정책은 실효를 거둘 수 없다. 둘째는 개입선으로 설정한 목표환율이 다른 경제정책과 상충(conflict)되면 개입효과는 감소하거나 희석된다. 예를 들어 통화당국이 통화증가율이나 국제준비자산포지션 등을 일정수준으로 유지하려는 장기목표를 설정하고 있는 경우 단기적인 외환시장개입은 이들 목표로 인한 제약때문에 개입효과가 상쇄되기 때문이다. 셋째로는 일국의 외채(foreign debt)가 많은 경우에도 외환개입효과를 상쇄시킨다. 국내투자자들이 이미 많은 국내정부증권을 보유하고 있는 상태에서 외환시장개입으로 추가적인 채권인수를 강요하면 환율상승을 초래하기 때문이다. 넷째로는 외환시장개입에 대해 외국의 반응이 제약조건이 된다. 환율은 두 통화간의 관계를 반영하기 때문에 외국이 반대방향으로 개입을 하는 반응을 나타내면 외환시장개입은 효과가 없거나 상쇄된다. 따라서 외환시장개입은 외국과 상호협조(相互協調)하에서 보다 효율적으로 달성할 수 있다.

요 약

1. 환율결정모형은 크게 전통적 플로우 접근방법인 국제수지 접근모형과 현대적 자산시장 접근방법으로 대별된다. 자산시장 접근방법은 자본의 완전이동성을 대전제로 하여 자본의 완전대체성이 보장되는 경우를 통화론적 접근방법이라고 하고 자본의 불완전대체성이 존재하는 경우를 포트폴리오 밸런스 접근방법으로 분류한다. 또한 통화론적 접근방법은 구매력평가가 항상 성립되는 경우를 통화론자모형이라고 하고 단기에 경직적인 가격을 가정하는 경우를 오버슈팅모형으로 구분한다.

2. 환율결정에 대한 통화론적 접근방법은 두 국가간의 상대화폐공급, 상대실질소득, 국내외금리차이 등 기초거시경제변수들에 의해 환율이 결정되는 모형으로 대표된다.

3. 통화대체는 경제주체들이 기대환율변동이나 기타요인이 발생한 경우 어느 특정 통화에서 다른 통화로 대체하는 현상을 말한다. 통화의 대체성을 결정하는 요인은 통화의 기회비용으로서 통상 기대환율변동률이 사용된다.

4. 환위험프리미엄이란 위험자산으로서 국내자산수익률과 외국자산수익률의 차이를 말한다. 환위험프리미엄의 존재는 자본의 불완전대체성의 원인이 되며 환율결정의 포트폴리오 밸런스 접근모형의 근간을 이룬다.

5. 경제뉴스는 경제주체들의 기대형성에 영향을 미치고 환율에 영향을 미친다.

6. 환율은 기초경제변수의 변화, 경제주체들의 장래에 대한 기대, 중앙은행의 외환시장개입 등에 의해 변동한다. 특히 기초경제변수가 변하지 않았음에도 불구하고 환율이 불필요하게 과도한 등락을 띠며 변동하는 경우를 환율변동성(exchange rate volatility)이라고 한다.

7. 중앙은행이 외환시장에 개입하는 유형은 크게 '바람에 기대는 개입'과

'목표환율대에 의한 개입'으로 구분된다. 바람에 기대는 개입(intervention leaning against the wind)이란 환율변동의 장기적인 추세는 외환시장에서 결정되도록 방치하지만 단기적으로는 환율의 과도한 변동을 완화시킬 목적으로 평가하락되는 통화를 매입하고 평가절상되는 통화를 매각하는 방식의 외환시장개입을 말한다.

목표환율대(target zone for exchange rate)에 의한 개입방식은 중앙은행이 적정환율을 중심으로 실제환율의 변동범위를 상한선과 하한선으로 목표환율대를 설정하고 이 범위 내에서는 자유로운 환율변동을 허용하나 일단 실제환율이 목표환율대를 벗어나거나 또는 벗어날 우려가 있는 경우 외환시장에 개입하는 방식을 말한다.

8. 외환시장개입은 개입규모, 기대, 개입유형, 민간부문과 외국 중앙은행의 반응 등에 따라 달라진다. 개입유형으로는 비중화개입과 중화개입이 있는데 어느 경우든간에 통화량의 변동(비중화개입 경우), 포트폴리오 구성의 변화, 기대변화 등의 효과를 수반한다.

제 5 편

상호의존경제와 정책협조론

제15장 국제통화제도

개 요

여기서는 국제통화제도의 변천과정과 현행 킹스턴제도의 내용을 살펴보기로 한다. 국제통화제도는 역사적으로 「금본위제도」에서 출발하여 「브레튼우즈체제」를 거쳐 현재의 「킹스턴체제」로 이행되어 왔다. 금본위제도는 최초의 순수금본위제도로부터 출발한 후 금태환이 보장되는 미국 달러화를 주축으로 브레튼우즈체제가 발족하여 국제통화제도를 대신하였다. 금본위제도나 브레튼우즈체제는 기본적으로 참여국가들간의 상호협조를 바탕으로만 유지될 수 있는 고정환율제도라는 점에서 일단 참가국들간의 이해관계가 크게 상충되면 통화불안으로 체제가 동요되거나 붕괴될 소지를 늘 내포하고 있었다. 이 장에서는 양 제도가 구체적으로 어떻게 유지되고 운영되었으며 왜 붕괴되었는가를 고찰할 것이다. 현행 킹스턴체제는 새로운 국제통화제도라기보다는 1973년 3월에 유럽국가들을 중심으로 채택된 변동환율체제를 지칭하는데 종전과 어떻게 달라졌는지 그 내용을 살펴보게 된다. 그리고 현체제의 과제와 전망을 간략히 알아보는 동시에 최근 크게 부상하고 있는 지역통화제도로서 유럽통화제도(EMS) 및 유로화도입에 대해서도 살펴본다.

제 1 절 금본위제도(1880~1914)

1 금본위제도의 특성

금본위제도(gold standard system)는 자국통화의 가치를 순금의 양으로 고정시키고 금과의 자유로운 태환이 보장되는 고정환율제도를 말한다. 이 제도는 1821년에 영국이 최초로 채택한 후 1870년대에 독일, 미국, 프랑스 등 많은 국가들이 채택하면서 국제통화제도가 되었는데 그 전성기는 1880년부터 제1차 세계대전(1914~18)이 발발한 1914년까지 35년 동안 지속되었다.[1)]

금본위제도를 유지하기 위해서는 각국의 정책협조가 필수적인데 이를 위한 각국의 준수사항으로 다음과 같은 세 가지 「게임의 준칙」(rules of the game)이 설정되었다.

① 각국의 정부는 자국의 통화가치를 순금의 양으로 고정시켜 금평가(gold parity)를 설정해야 한다.
② 각국의 정부는 국가간에 금의 자유로운 이동(유출입)을 허용해야 한다.
③ 각국 정부의 중앙은행은 금의 유입(유출)에 따라 국내통화공급을 자동적으로 증가(감소)시켜야 한다.

위의 준칙 ①은 금본위제도를 유지하기 위해 각국은 금평가를 설정할 것을 의무사항으로 하고 있는데 이로 인해 금본위제도가 고정환율제도의 특성을 갖게 된다. 여기서 금평가(gold parity)란 자국통화 1단위가 포함하고 있는 순금의 양을 말한다. 예를 들어 영국 1파운드의 가치를 금 0.2온스로 설정하면 파운드화의 금평가는 1£=금 0.2온스(금 1온스=5£)가 되며 미국 1달러의 가치를 금 0.05온스로 정하면 달러화의 금평가는 1$=금 0.05온스(금 1온스=20$)가 된

1) 금본위제도에 대한 전성기(heyday)의 출발시점에 대해서는 학자에 따라 다소 상이한데 크게 1870년으로 보는 경우와 1880년으로 보는 경우로 나누어진다.

다.[2] 일단 금평가가 결정되면 유통되는 화폐가 지폐(paper money) 또는 주화(coin)라고 하더라도 화폐의 액면금액에 해당하는 금으로 태환이 보장되어야 한다.

그리고 금평가에 의해 결정되는 환율을 주조평가(mint parity) 또는 주조환율(mint exchange rate)이라고 하는데 위의 예에서 파운드화와 달러화간의 주조평가는 1£ =4.0$(0.2/0.05)가 된다.

준칙 ②는 국제간에 금의 자유로운 이동을 허용해야만 된다는 조건이다. 금의 자유로운 이동이 보장되면 시장환율은 주조평가를 중심으로 금수출점을 상한선(upper limit point)으로 하고 금수입점을 하한선(lower limit point)으로 하는 범위 내에서 결정된다. 이를 보기 위해 미국과 영국간에 금 0.2온스의 수송비(운임, 보험료, 운송기간중의 이자지불 등)가 0.50$이고 주조평가가 1£ =4.0$라고 가정하면, 금수출점은 금 0.2온스(1£)당 4.50$가 된다. 따라서 시장환율이 1£ = 4.50$ 이상이 되면 금은 미국에서 영국으로 이동(미국의 금수출)하게 되고, 시장환율이 1£ =3.50$ 이하가 되면 영국에서 미국으로의 금이동이 발생하게 된다. 예를 들어 어떤 이유에서 시장환율이 1£ =5.2$가 되었다고 하면 미국에 있는 채무자(상품 수입업자)는 파운드화로 결제하는 것보다 금으로 결제하는 것이 유리하다. 왜냐하면 미국 채무자는 4.0$로 금 0.2온스를 매입하여 금으로 결제하는 경우 금수송비를 감안하더라도 1파운드당 0.7$(5.2 - 4.5)를 절약할 수 있기 때문이다.

요약하면 금의 국제간 이동은 금수출점(주조평가+금수송비) 이상이거나 금수입점(주조평가 - 금수송비) 이하에서 발생되고 시장환율은 금수출점과 금수입점 범위 내에서 결정된다.

한편, 준칙 ③은 금본위제도가 갖는 특성인 **통화조정의 대칭성**(symmetry of monetary adjustments)을 의미하는데 이는 어느 한 국가의 금유입에 따른 통화증가는 반드시 상대국의 금유출과 통화감소를 초래하는 현상을 말한다. 통화의 대칭성이 보장되고 통화공급량에 비례하여 물가가 변동하면 국제수지불균형은 자동조정된다. 금본위제도하에서 모든 국가들의 국제수지불균형이 자동조정된다는 최초의 주장은 데이비드 흄(David Hume, 1752)의 소위 「가격-정화 플로우

2) 금본위제도가 채택된 1880~1914년 기간 동안에 영국 파운드화와 미국 달러화의 실제 금평가는 각각 금 1온스=4.24£, 금 1온스=20.67$로 설정되었으며 그 결과 파운드화와 달러화간의 주조평가는 약 1£ =4.88$로 유지되었다.

그림 15-1 금본위제도와 국제수지의 자동조정메커니즘

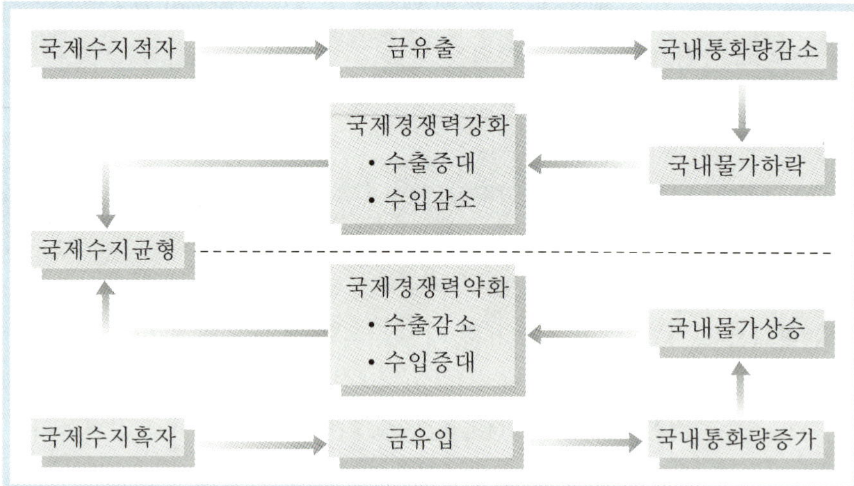

메커니즘」(price-specie-flow mechanism)에 근거를 두고 있다. 흄은 통화조정의 대칭성과 통화량증감에 비례하여 물가가 변동한다는 가정하에 국제수지불균형의 자동조정과정을 제시하고 있다. 이를 보기 위해 어느 국가가 국제수지적자상태에 있다고 하면 외환에 대한 수요증대로 환율이 상승하여 금수출점을 상회하면 금유출이 발생하고 이는 앞의 준칙 ③에 의해 국내통화량을 감소시킨다. 그리고 국내통화량의 감소는 국내물가를 하락시키기 때문에 국내상품의 가격경쟁력을 강화시킬 것이다. 따라서 수출이 증가하는 동시에 수입은 억제됨으로써 국제수지적자는 균형상태로 회복되고 금유출도 정지된다. 반대로 국제수지흑자가 발생하면 금유입→국내통화량증가→국내물가상승→수출감소 및 수입증대의 과정을 통해 국제수지흑자는 감소되고 균형상태로 회복된다.

이와 같은 「가격-정화 플로우 메커니즘」에 의한 일련의 국제수지불균형의 자동조정과정을 표시하면 위의 [그림 15-1]과 같다.

그림에서 상단의 두 플로우(점선 위의 부분)는 국제수지적자가 균형상태로 자동조정되는 과정을 나타내며, 하단의 두 플로우(점선 아래 부분)는 국제수지흑자가 자동조정되어 균형상태로 이행되는 과정을 보여 주고 있다.

2 금본위제도에 대한 경제적 평가

역사적으로 국제통화제도가 동요될 때마다 금본위제도로의 복귀 여부에 대한 찬반론이 대두되곤 하였다. 우선 금본위제도를 지지하는 옹호론자들은 금본위제도야말로 환율안정을 바탕으로 대내외경제안정화를 기할 수 있는 국제통화제도라고 주장하고 있다. 주조평가를 중심으로 고정환율이 유지되고 통화조정의 대칭성으로 인해 모든 국가들의 국제수지불균형이 자동조정될 뿐만 아니라 과도한 통화공급증가가 자동억제됨으로써 물가안정을 유도한다고 주장한다.

이에 대해 반대론자들은 금본위제도하에서는 생산과 무역량이 증가하여 거래적 화폐수요가 증가한다고 하더라도 금평가를 유지해야 할 의무 때문에 통화량을 증가시킬 수 없으므로 성장을 제약하고 실업을 증대시킨다고 주장한다. 또한 금본위제도가 물가안정에 기여한다고도 볼 수 없다고 주장한다. 왜냐하면 1849년 남아프리카에서의 대량 금생산과 같이 대량적인 금의 공급증대는 과도한 통화증발을 초래하여 인플레이션을 유발할 수 있기 때문이다. 그리고 국제수지조정도 통화증감에 따른 물가변동에 의한 무역수지개선을 통해 이루어졌다기보다는 통화증감으로 인한 금리변동으로 단기자본의 이동을 통해 이루어졌기 때문에 오히려 불안정성을 초래할 수 있다고 주장한다. 이와 같은 찬반주장에 대한 실증분석에 의하면 브레튼우즈체제보다 금본위제도하에서의 물가수준은 비교적 낮은 수준으로 나타났으나 연간 물가변동폭은 안정적이라고는 할 수 없을 만큼 기복이 큰 것으로 나타났으며 실업률도 브레튼우즈체제보다 높았던 것으로 분석되고 있다. 따라서 어느 제도가 더 우위성 있는 제도인가를 획일적으로 비교한다는 것은 지극히 어려운 과제일 뿐만 아니라 또한 큰 의미를 갖지 못한다. 왜냐하면 금본위제도가 운용되던 시기와 브레튼우즈체제가 운용되던 시기는 근본적으로 경제제도와 경제구조가 상이하기 때문이다. 사실상 브레튼우즈체제하에서의 재정정책이나 지불준비율제도는 금본위제도하에서는 거의 알려지지 않은 제도였다.

3 금본위제도의 붕괴

금본위제도는 3대 「게임의 준칙」에 의해 운용되어 왔음을 앞서 살펴보았다. 그러나 1914년 제1차 세계대전이 발발하면서 각국은 전쟁수행으로 게임의 준칙을 준수하지 않게 되었으며 국제무역 및 국제금융질서 또한 극심한 혼란을 겪게 되었다. 그 결과 1880년부터 35년간에 걸쳐 운용되어 오던 순수금본위제도(pure gold standard system)는 필연적으로 붕괴하게 되었다. 전쟁참가국들은 전비조달을 위해 통화팽창을 계속하였고, 이는 결과적으로 누적적인 인플레이션을 유발하였다. 특히 독일은 극심한 초인플레이션(hyperinflation)에 시달리고 있었는데 1919년에 계란 한 개를 사는 데 무려 8만 마르크가 필요하였으며 1922~23년간의 월평균 물가상승률은 600%를 기록하였다. 이와 같이 극심한 인플레이션을 겪고 있던 주요 유럽국가들은 통화의 금태환을 정지하고 환율을 변동환율제도의 형태로 운용하였으며 미국은 달러화의 금태환을 보장하고는 있었으나 다른 통화와 달러화와 태환되지 못함으로써 미국 달러화도 사실상 변동환율형태로 운용되다가 1919년에 금본위제도로 복귀하게 되었다.

유럽국가들보다 전쟁에 늦게 참여한 미국(1917년)은 유럽에 비해 상대적으로 생산손실이 적고 인플레이션율도 낮았기 때문에 경제적 지위가 높아졌다. 그 결과 미국상품의 국제경쟁력이 증대되어 무역이 급신장하였을 뿐만 아니라 금태환이 정지된 유럽국가들 통화보다는 금태환이 보장된 미국 달러화에 대한 수요증가로 금은 유럽국가들로부터 미국으로 이동됨에 따라 미국의 금보유량도 급격하게 증가되었다.

전후 변동환율제도를 채택한 유럽국가들은 다시 금본위제도로의 복귀를 결정하였는데 1925년에 영국이 전쟁 이전인 1913년 수준의 금평가로 복귀한 데 이어 이탈리아(1927), 프랑스(1928), 스위스(1929), 일본(1930) 등 주요 국가들이 이에 따랐다. 그러나 경제력이 크게 약화된 상태하에서 영국의 금평가복귀는 파운드화의 고평가(overvalued)를 초래한 데 반해 프랑스 프랑화 등 여타 유럽국가들의 통화는 오히려 저평가(undervalued)상태가 되어 금본위국가들의 통화가치의 안정에 위협을 받게 되었다. 영국은 고평가된 파운드화의 평가유지를 위해 무역수지의 악화와 국내경제침체라는 대가를 치르면서 외국의 자본유입을 촉진하기 위해 고금리정책을 실시하였는데 이로 인해 세계적으로 국제유동성부족 문제가 초래되었다. 이와 같은 상황에서 세계경제는 1929년에 대공황(Great Depression)을 겪게 되어 각국은 국제수지악화와 경기침체에 따른 국내경제문제를 외국에 전가시키기 위해 소위 인근궁핍화정책(beggar-thy-neighbor policy)을 실시하였다. 관세율인상, 수입할당제 등의 실시에 이어 국제준비자산의 고갈을 방지하기 위해 금유출 금지조치, 외환통제 등 각종 규제조치를 실시하면서 투기성 단기자본(hot money)이 이동되기 시작하였고 금유출입이 빈번하였다.

그 결과 1931년 9월 21일에 영국이 파운드화의 금태환을 정지시킨 데 이어 미국 또한 1933년에 금태환을 정지시킴으로써 금본위제도의 복귀도 끝을 맺게 되었다. 그리고 영국, 미국 등 주요 유럽국가들은 소위 관리변동환율제도(dirty floating system)로 이행하게 되었는데 이 무렵에 통화블록(currency bloc)이 형성되기 시작하여 스털링블록(sterling bloc), 달러블록(dollar bloc) 그리고 금과 연계된 여타 통화에 대한 블록들이 출현하였다. 그러나 각국의 빈번한 평가절하와 각종 무역규제강화로 통화블록마저도 붕괴되고 국제무역 및 국제금융질서는 무질서한 상태에서 혼미를 거듭하면서 제2차 세계대전(1939～45)까지 지속되었다.

제2절 브레튼우즈체제(1947~73)

1 브레튼우즈체제의 출범과 특징

「브레튼우즈체제」(Bretton Woods system)는 제2차 세계대전이 끝날 무렵인 1944년 7월에 미국 뉴햄프셔주 브레튼우즈에서 연합국 44개국 대표들이 모여 창설한 IMF[3]와 함께 발족한 국제통화제도를 말한다. 이 체제는 IMF가 공식적

3) **국제통화기금**(International Monetary Fund: IMF)은 브레튼우즈협정에 의거 발족한 국제금융기구로서 간단히 '기금'이라고 부른다. IMF의 창설목적은 가맹국가들간의 국제통화협력 및 국제무역확대를 촉진함으로써 가맹국의 고용과 실질소득을 증진시키고 균형적 경제발전을

으로 업무를 시작한 1947년 3월부터 운용되기 시작하여 1973년 3월까지 약 27년 동안 지속된 국제통화제도로서 기본적으로 다음과 같은 특징을 띠고 있었다.

① 국제유동성의 공급면에서 **금환본위제도**(gold-exchange standard system)이며,

② 국제수지조정면에서 **조정가능 고정환율제도**(adjustable-peg system)였다.

우선 첫번째 특징인 금환본위제도라 함은 금 또는 금태환이 보장되는 외국통화로 자국통화의 환평가(par value of exchange)를 설정함으로써 자국통화를 간접적으로 금평가와 연결시키는 고정환율제도를 말한다. 브레튼우즈체제하에서는 모든 가맹국들은 자국통화의 가치를 금 또는 금태환이 보장되는 미국 달러화로 표시토록 함으로써 자국통화 1단위와 금 일정량과의 등가관계를 유지하는 고정평가제이다. 미국은 1934년에 금준비법(Gold Reserve Act)을 제정하고 금의 국유화조치를 취하면서 민간인에 의한 금보유를 금지시켰다. 그리고 대외적으로는 달러화의 가치를 금 1온스=35$로 금평가를 설정하고 민간인이 아닌 외국 공적기관(중앙은행)에 대해서 무제한으로 금태환을 허용하도록 하였다. 따라서 브레튼우즈체제는 각국통화가 달러화에 의해 금과 연결되는 금환본위제도의 특징을 갖는 것이다. 그 결과 미국 달러화는 기축통화(key currency)로서의 역할을 담당하여 각국의 국제준비자산(international reserves)으로서 부족한 금을 대신하여 국제유동성의 공급원이 되었다.

한편 두 번째 특징은 국제수지조정면에서 조정가능 고정환율제도라는 점을 들 수 있다. 전후 국제통화질서에 제기된 최대의 문제점은 환율안정화였다. 이를 해결하기 위해 IMF는 환율안정화에 기본목표를 두고 모든 가맹국들에 대해 금 또는 달러화를 통해 환평가를 설정하고 이를 유지할 의무를 부과함으로써 IMF가맹국 모두가 환율의 안정화를 추구하였다. 그리고 국제수지불균형도 기본적으로 재정·금융정책 등 총수요관리정책을 통해 간접적으로 시정토록 유도하고 일시적 불균형시에는 IMF의 신용제도를 통해 기금(fund)을 지원함으로써 조정토록 하였다. 따라서 국제수지개선을 위한 경쟁적 평가절하를 방지하

도모하는 데 두고 있으며 이를 위해 ① 환율안정과 경쟁적 평가절하의 방지, ② 일시적인 국제수지불균형(temporary balance of payments difficulties)상태에 있는 국가에 대한 신용공급의 역할을 수행한다. 이 기금은 1947년 3월 1일부터 업무를 개시하였으며 우리나라는 1955년 8월에 회원국으로 가입하였다. 1997년 7월 말 현재 전 회원국은 182개 국가에 이르고 있다.

고 있었다. 그러나 가맹국의 국제수지가 기초적 불균형(fundamental disequilibrium)상태에 있는 경우에는 IMF와의 사전협의하에 평가변경을 허용함으로써 조정이 가능한 고정환율제도의 특징을 띠게 되었다. 여기서 기초적 불균형이란 공식적으로 정의된 바는 없으나 개략적으로 만성적이고 구조적인 국제수지적자상태로서 국제준비자산이 대폭 감소되는 경우를 말한다. 이와 같은 경우에는 IMF와의 협의하에 평가변경이 가능한데 최초의 10%는 무조건 승인하며, 다시 10%를 추가로 변경할 필요가 있을 경우에는 요청 후 72시간(3일) 이내에 그 가부를 결정하며, 다시 이를 초과하는 평가변경의 제의에 대해서는 그 가부의 결정에 시간적 제한을 받지 않는 것으로 규정하고 있다.

따라서 브레튼우즈체제는 단기적으로는 평가유지의 의무를 통해 금환본위제도로서의 고정환율제도를 채택하고 있으나 장기적으로는 평가변경이 허용되는 제도라는 점에서 조정가능 고정환율제도의 특징을 갖는다.

2 게임의 준칙과 환율결정

여기서는 브레튼우즈체제하에서 어떠한 「게임의 준칙」(rules of the game)에 의해 환율이 결정되고 고정환율이 유지되었는가를 알아보기로 한다. 브레튼우즈체제하에서는 가맹국 대부분의 나라들이 공적결제에 금 1온스=35$로 금태환이 보장되는 미국 달러화에 대해 환평가를 설정하였는데 이를 IMF평가(IMF par value)라고 한다. 따라서 브레튼우즈체제의 게임의 준칙으로 ① 모든 IMF가맹국들은 IMF평가를 설정하고, ② 가맹국통화의 대미달러화 환율을 IMF평가의 상하 1% 범위 내에서 고정시킬 의무를 부여하고 있다. 따라서 각국 정부는 설정된 IMF평가를 유지하기 위해 개입상한선 1%와 개입하한선 −1% 범위 내에서 환율을 고정시켜야 한다. 금본위제도하에서의 금수출점과 금수입점이 IMF체제하에서는 개입상한선과 개입하한선으로 대체된 것이라고 생각하면 이해하기 쉽다. 정부가 외환시장에 개입하기 위해서는 충분한 국제준비자산을 보유해야 되는데 이와 같은 목적으로 보유하는 외국환을 환안정기금(exchange stabilization fund) 또는 외국환평형기금(exchange equalization fund)이라고 한다.

이제 브레튼우즈체제하에서 고정환율이 어떻게 유지되었는지 알아보자.

그림 15-2 브레튼우즈체제하에서의 환율결정

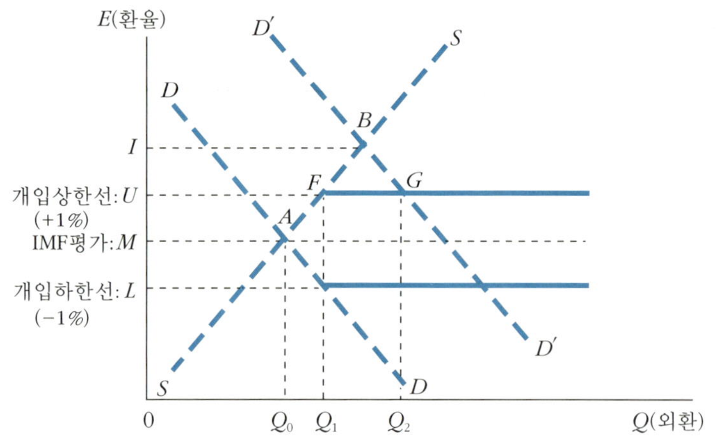

위의 [그림 15-2]에서 어느 국가의 대미달러화에 대한 환평가인 IMF평가가 *OM*이고 IMF평가로부터 개입상한선(+1%)이 *OU*, 그리고 개입하한선(−1%)이 *OL*이라고 하자. 그리고 최초의 외환수요곡선 *DD*와 외환공급곡선 *SS*가 만나는 점 *A*에서 IMF평가가 결정되었다고 하자.[4] 그런데 어떤 이유(국제수지적자 등)로 외환의 수요가 증가하여 수요곡선이 *DD*에서 *D′D′*으로 이동하였다고 하면 변동환율제도하에서의 환율은 개입상한선을 초과한 점 *B*에서 결정될 것이다. 그러나 IMF가맹국들은 개입점 이내에서 환율을 안정시킬 의무가 있으므로 외환에 대한 초과수요 *FG*만큼을 정부보유 환안정기금을 매각하여 외환시장에 공급해야 한다. 외환시장에 외환공급이 증대되었으므로 외환공급곡선이 우측으로 이동하기 때문에 환율은 점 *B*에서 개입상한선 *OU*까지 하락하고 더욱 외환을 매각하면 IMF평가수준인 *OM*으로 접근하는 정도로 환율이 하락할 것이다. 그리고 정부가 보유한 국제지불준비자산은 감소하게 된다. 반대로 외환의 수요공급곡선이 개입하한선보다 낮은 수준에서 만나 환율결정이 이루어지면 정부는 외환시장에 개입하여 외환을 무제한으로 매입하게 되고 그 결과 환율은 상승하여 IMF평가수준으로 접근하게 되며 정부의 국제지불준비자산도 증가하게 될 것이다. 따라서 IMF제도하에서의 시장환율은 IMF평가로부터 상하 1% 범위

4) R.M. Stern, *The Balance of Payments: Theory and Economic Policy*, Aldine Publishing Co., Chicago, 1973, pp.37−41.

내에서만 변동이 허용되는 고정환율제도이다. 금본위제도의 환율변동에 대한 범위는 금수출점과 금수입점이고 환율이 금유출입을 통해 자동적으로 고정환율제도가 유지되는 제도인 데 대해 IMF체제하에서는 환율변동범위를 제도적으로 고정시키고 이를 유지하기 위해 각국 중앙은행들이 보유외환을 통해 외환시장에 개입하는 것이 다르다.

3 브레튼우즈체제의 문제점

브레튼우즈체제는 금본위제도와 같이 무리하게 고정환율을 유지하려는 정책적 의지로 인해 발생하는 대내경제의 희생이라는 결함을 보완하고 변동환율제도가 갖는 환율의 불안정 문제를 해결하기 위해 창안된 조정가능 고정환율제도였다.

그러나 브레튼우즈체제도 그 자체가 갖고 있는 내재적 결함 때문에 기본적인 목표와는 달리 환율변동은 단기적으로도 불안정했을 뿐만 아니라 장기적으로도 신축적 변동이라기보다는 단층적이고 경직적인 변동양상을 띠었다. 그 이유는 고정환율의 유지라는 차원에서 중앙은행이 외환시장에 개입하여 자국통화와 미국 달러화간에 설정된 환평가를 고수하려는 정책적 노력이 필연적으로 실제환율을 균형환율수준으로부터 이탈하게 하고 그 결과 단기에서조차 환율의 불안정을 초래하였기 때문이다. 또한 장기적으로도 국제수지가 기초적 불균형이라는 극한적인 상태에서만 평가변경이 가능했기 때문에 환율변동은 단층적이고 경직적으로 운용되지 않을 수 없었다.

그렇다고 하면 이와 같은 결과를 초래한 브레튼우즈체제의 내재적 결함이 무엇인지 규명해 볼 필요가 있는데 이는 다음에서 고찰하는 바와 같이 크게 국제유동성의 문제와 국제수지의 조정 문제로 요약될 수 있다.

국제유동성의 문제

브레튼우즈체제하에서 미국은 기본적으로 두 가지 역할을 수행해야 했는데 그 첫째는 고정가격(금 1온스=35달러)으로 달러화의 금태환을 보장하는 동시에 달러화의 신뢰도를 유지하는 역할이고, 두 번째는 준비통화국(reserve currency country)으로서의 적정국제유동성(optimum international liquidity)을 공급하는 역할이었다.

여기서 국제유동성이라 함은 대외채권 · 채무관계를 결제하기 위해 국제적으로 통용되는 일반적 지불수단을 말한다. 초기의 IMF체제하에서의 국제유동성은 일차적으로 화폐용 금(monetary gold), 교환가능 외국통화(convertible foreign currencies), IMF포지션(IMF position)으로 구성되었다.[5] 그러나 금의 경우에는 금생산의 미흡 및 일부 국가에 편재현상으로 부족하였고 IMF포지션 또한 가맹국 쿼터증가가 한정되어 있으므로 국제유동성의 공급은 결국 미국의 국제수지적자를 통한 달러화 공급증대로 조달될 수밖에 없었다.

그런데 브레튼우즈체제가 지속되는 기간 동안 달러화가 항상 부족한 것은 아니었다. 전후 14년 동안인 1945년부터 1958년까지 유럽국가들은 전쟁수행으로 인해 정부보유의 국제지불준비자산이 고갈되었을 뿐만 아니라 전후복구사업의 추진으로 달러부족(dollar shortage)을 겪었다.

이에 대해 미국은 소위 마샬플랜(Marshall Plan)인 유럽부흥계획(European Recovery Program: ERP)을 지원하기 위해 식량을 포함한 생필품과 투자재를 수출함으로써 무역수지흑자를 기록하였다. 1940년대 말에 미국의 무역수지흑자 규모는 무려 GNP의 4%에 이르렀고 그 결과 유럽국가들은 달러부족을 겪게 되었다. 특히 이 기간 동안에는 유럽국가들의 통화교환성(currency convertibility)이 확립되지 못했었는데 1958년에야 비로소 교환성이 회복되었다.

그 후 1959년부터 1968년 기간 동안에는 달러과잉(dollar glut)현상이 현재화된 시기로서 그에 따라 국제유동성도 크게 증가하였다.

1960년대에 국제유동성은 주로 미국의 국제수지적자를 통한 달러공급으로 조달되었다. 1950년대만 해도 미국의 국제수지적자는 문제시 되지 않았다. 왜냐하면 미국은 막대한 금보유량을 유지하고 있었을 뿐만 아니라 유럽국가들의 달러부족으로 오히려 미국의 국제수지적자를 환영하는 상태였다. 그러나 1960년대에 미국은 월남전쟁으로 인한 전비지출과 해외투자증대 등으로 계속적으로 국제수지적자가 누적되었고 여타국들은 달러보유에 대한 불안감을 갖기 시작하였다. 1950년대와는 달리 미국의 외환보유액은 131억 달러나 감소(1949년

5) 그 후 1969년 IMF의결을 거쳐 1970년부터는 특별인출권(Special Drawing Rights: SDR)이 국제준비자산으로 창출되었다.

에 250억 달러에서 1969년에는 119억 달러로 감소)되어 달러의 금태환에 대한 의구심과 더불어 신뢰성 문제(confidence problem)가 제기되기 시작하였다.

국제유동성을 충분히 공급하기 위해서는 미국의 국제수지적자의 누적을 통해 달러가 공급되어야 하고, 달러화의 신뢰도를 증진시키기 위해 미국이 국제수지적자를 개선하기 위한 정책을 실시하면 세계는 달러부족으로 인한 유동성 부족이라는 모순에 빠지게 된다. 이와 같이 달러화를 통한 국제유동성증대와 신뢰도확보라는 상호모순적인 문제를 **유동성 딜레마**(liquidity dilemma) 또는 이를 처음으로 제기한 트리핀(R. Triffin) 교수의 이름을 따서 트리핀 딜레마(Triffin dilemma)라고 부른다.[6] 이와 같은 유동성 딜레마는 브레튼우즈체제의 붕괴에 결정적 요인으로 작용하였다.

국제수지의 조정문제

브레튼우즈체제가 갖고 있는 또 다른 내재적 결함으로는 평가변경의 경직성으로 인해 국제수지불균형이 원활히 조정될 수 없다는 점이 지적되고 있다. 이는 앞서 지적한 브레튼우즈체제의 두 번째 특성인 조정가능 고정환율제도(adjustable-peg system)에 기인된다. IMF체제하에서는 가맹국들의 평가유지가 대단히 중요시되었다. 그 결과 국제수지불균형의 수정은 평가변경에 의한 직접적인 조정을 사실상 기대하기 어려웠기 때문에 재정 · 금융정책 등 총수요관리정책을 통한 조정이 불가피하게 되었다. 평가변경에 의한 국제수지조정은 기초적 불균형상태에서만 최후수단으로 동원되었기 때문에 평가변경은 경직적으로 운용될 수밖에 없었고 그 결과 국제수지조정 또한 경직적 내지는 단층적으로 이루어지는 현상이 불가피하게 되었다. 더욱이 기초적 불균형이라는 개념조차 IMF협정문에 명시된 바도 없었기 때문에 과연 어느 경우가 기초적 불균형상태인지를 판단할 기준이 결여되었으므로 평가변경은 지연될 수밖에 없었다. 뿐만 아니라 어느 특정국가의 평가변경은 그 나라 정책당국의 경제정책운용의 실패로 인식하려는 경향이 높았기 때문에 평가변경을 회피 내지는 지연시키려는 경우가 발생하였다.

특히, 국제수지조정과 관련하여 소위 **준비통화센터의 비대칭적 지위**

6) R. Triffin, *Gold and the Dollar Crisis*, Yale University Press, New Haven, 1960.

(asymmetric position of the reserve center) 문제가 제기되었다.[7] 이는 국제준비통화의 공급국가가 그렇지 못한 여타 국가들에 대해 갖는 특권적 지위(privileged position)를 말하는데 준비통화국가는 다른 국가들의 국제수지 개선압력으로부터 자유로운 위치에 있을 뿐만 아니라 외환시장에 개입하지 않고도 고정환율제도가 갖는 특혜를 누릴 수 있었기 때문이다. 브레튼우즈체제의 준비통화센터인 미국은 비록 국제수지가 적자라고 해도 달러공급을 늘림으로써 국제준비자산이 감소될 이유가 없었고 다른 국가들이 그들 통화를 달러에 페그시켜 고정환율제도를 유지하고 있으므로 미국이 외환시장에 개입할 이유가 없었다. 더욱이 고정환율을 유지하기 위해서는 보유하고 있는 국제준비자산의 규모에 따라 금융정책이 제약을 받는 것이 일반적임에도 불구하고 미국은 독립적으로 대내경제안정화를 위한 금융정책을 실시할 수 있기 때문에 상대적으로 유리한 위치에 있게 되었다.

4 브레튼우즈체제의 붕괴

브레튼우즈체제의 붕괴과정

국제유동성 문제와 국제수지조정 문제는 필연적으로 브레튼우즈체제의 동요를 초래하였고 1968년에 실시된 금의 이중가격제도로 결정적인 붕괴과정을 겪게 되었다.

우선 미국은 1960년대 중반 월남전에 참가하면서 달러창출에 의한 전비조달로 높은 국내인플레이션과 국제준비자산고갈을 겪게 되었고 이로 인해 미국 달러화의 금태환성(gold convertibility)이 위협을 받게 되었다. 1960년대에 들어와 미국은 달러가치를 방어하고 국제유동성을 공급할 수단으로 국제수지적자에 의존하지 않는 여러 가지 정책수단들을 동원하였다. 첫째로는 미국의 단기자본유출을 억제하기 위해 단기금리는 고금리를 유지하는 반면 장기금리에 대해서는 국내성장을 촉진하기 위해 저금리를 유지하였다. 뿐만 아니라 1963~68년 기간에는 자본유출의 직접규제정책으로 이자평형세(Interest Equalization Tax)

7) P.R. Krugman and M. Obstfeld, *International Economics: Theory and Policy*, 3rd ed., Harper Collins Publishers, 1994, pp.503-4.

부과, 해외직접투자규제(Foreign Direct Investment Regulation) 실시 그리고 외국인에 대한 국내은행 대출규제 등을 실시하였다. 둘째로는 달러가치 방어를 위해 외환시장에 개입하고 필요한 개입외환은 타국가 중앙은행들과 맺은 스왑협정(swap arrangements)과 IMF의 대기성협정(stand-by arrangements)을 통해 조달되었다. 셋째로는 유럽국가들이 보유하고 있는 달러화를 흡수하여 금태환요구를 줄이기 위해 미국 재무성은 달러화표시 중기채권(medium-term treasury bonds)인 루사본드(Roosa bonds)를 발행하였다.[8)]

한편, 선진국들도 브레튼우즈체제를 존속시키려는 노력의 일환으로 금가격을 안정시키려는 조치를 취하였는데 1961년에 선진 8개국들이 상호협조하에 실시한 금풀(gold pool)제도를 들 수 있다. 금풀제도란 미국, 영국을 비롯한 주요 선진 8개국 중앙은행들이 금가격을 1온스당 35달러로 유지하기 위해 금과 달러화에 대한 투기적 거래를 억제할 목적으로 민간 금시장에 개입하는 제도를 말한다. 이 제도는 1966년까지 금가격의 안정화에 기여하였으나 계속되는 미국 달러화에 대한 신뢰도하락으로 그 기능이 마비되면서 프랑스가 먼저 금풀제도를 이탈한 데 이어 1967년 11월에 파운드화의 16.7% 평가절하조치로 금풀제도의 운영이 사실상 어렵게 되었다. 그리고 다음 해인 1968년 3월에는 국제적으로 대규모의 골드러쉬(gold rush: 금매입)가 발생하였다.

이를 방지하기 위해 1968년 4월에는 미국을 포함한 금풀제를 채택했던 국가들이 금풀제를 폐기하고 소위 「금의 이중가격제도」(two-tier system for gold)를 채택하였다. 금의 이중가격제도라 함은 금거래에 있어서 민간시장에서는 금의 수요와 공급에 의해 자유롭게 금가격이 결정되도록 허용하는 반면 각국의 중앙은행간의 공적거래에는 종전과 같이 금 1온스당 35달러의 공정가격을 적용토록 하는 제도를 말한다. 금의 이중가격제도를 실시하면서부터 금가격은 시장가격과 공정가격이 병존하게 되었는데 이 또한 브레튼우즈체제를 붕괴시키는 데 중요한 요인으로 작용하였다.

그러나 1970년과 1971년 상반기 중 미국의 대폭적인 국제수지적자에 따른 달러과잉(dollar glut)과 금부족(gold shortage)으로 달러화에 대한 신뢰도가 무너지면서 금가격이 폭등하고 구서독 마르크화의 평가절상설이 나돌면서 구서독

8) D. Salvatore, *International Economics*, Macmillan Publishing Co., Inc., New York, 1983, pp.516-8.

에 대규모의 투기성 단기자본유입이 이루어졌다. 이에 구서독은 1971년 5월에 평가절상 대신 변동환율제도로 이행하였는데 곧 이어 네덜란드가 이에 따랐고 스위스와 오스트레일리아는 평가절상을 단행하였다. 그러나 통화불안은 여기서 그치지 않고 계속 가중되어 유럽국가들의 달러보유액은 급격히 증가하게 되었다. 이에 프랑스를 비롯한 유럽국가들은 미국에 대해 그들이 보유하고 있는 달러화에 대한 금태환을 강력히 요구하는 사태로 진전되었다.

사실상 프랑스는 미국 달러화를 기축통화로 한 IMF체제에 대해 찬성하는 측이 아니었다. 왜냐하면 달러화는 **세뇨리지**(seigniorage)를 독점하고 있었기 때문이다. 세뇨리지란 화폐의 실질구매력가치와 화폐발행비용의 차액으로서 발권수익을 말하는데 IMF체제에서의 모든 세뇨리지는 달러화에 귀속된다. 미국이 국제수지적자를 통해 달러를 계속 공급하여 미국이 필요로 하는 재화, 서비스, 금융자산 등을 여타 국가들로부터 구입함으로써 여타국들은 다른 국제통화로 달러를 대체할 수 없는 상태에서는 모든 세뇨리지는 미국에게 빼앗긴다고 주장하고 있다.

어쨌든 국제통화질서가 미국 달러화에 대한 금태환요구로 진전되면서 미국은 소위 「닉슨 쇼크」(Nixon shock)로 명명되는 조치를 단행하였다.

즉 미국의 닉슨(Richard M. Nixon) 대통령은 1971년 8월 15일자로 미달러화의 금태환정지를 선언(announce the closing the gold window)하고 미재무성의 금매매를 금지시키는 동시에 일련의 신경제정책(New Economic Policy)을 발표하였다.[9] 이와 같은 닉슨조치로 유럽외환시장들은 1주일간 폐쇄되는 상태가 되었다. 그리고 더욱 중요한 결과는 대부분의 유럽국가들이 변동환율제도로 이행함으로써 브레튼우즈체제의 붕괴가 임박하게 되었다는 점이다.

스미소니안협정

닉슨조치 이후에 유럽국가들은 변동환율제도로 이행하는 한편 국제통화제도의 재정립 문제가 논의되었는데 그 부산물이 「스미소니안협정」(Smithsonian Agreement)이다. 스미소니안협정은 1971년 12월 17일부터 18일까지 미국 워싱턴의 스미소니안박물관(Smithsonian Institute in Washington D.C.)에서 선진 10개

9) 미국의 국내가격 및 소득동결(price and income freeze)과 모든 수입상품에 대한 10%의 임시관세부과(temporary 10 percent import surcharge)조치를 말함.

국의 재무장관 및 중앙은행 총재가 모여 다음과 같은 운용내용을 골자로 하여 합의한 과도기적 조치로서 일명「스미소니안체제」라고도 한다. 그러나 이 협정은 새로운 국제통화제도라기보다는 브레튼우즈체제의 연장에 불과한데 그 주요 협정내용은 다음과 같이 두 가지로 요약된다.

① 미국 달러를 종전에 금 1온스당 35달러에서 38달러로 설정함으로써 달러의 금평가를 7.89% 평가절하하고, ② 각국통화의 환율변동폭을 중심환율(central exchange rate)의 상하 2.25%로 하는「와이더밴드제도」(wider band system)를 채택한다.

스미소니안협정의 특징은 기본적으로 고정환율제도를 유지하되 종전과는 달리 금태환이 정지된 달러화를 평가기준으로 하고 보다 넓은 환율변동폭을 허용하는 와이더밴드제도를 도입한 것이라고 할 수 있다. 그러나 스미소니안체제로 운용되는 상태하에서도 미국을 비롯한 유럽국가들간에 국제수지불균형은 더욱 확대되고 환율불안은 가중되기만 하였다.

스미소니안체제가 출범한 지 6개월 만에 영국은 파운드화파동을 겪게 되면서 1972년 6월에는 변동환율제도로 다시 복귀하고, 프랑스, 벨기에, 이탈리아 등은 이중환율제도(two-tier foreign exchange system)를 채택하였다. 이중환율제도는 이미 앞서 설명한 바와 같이 국제자본이동을 조정하기 위해 자본거래에서의 환율과 경상거래에서의 환율을 독립·분리시켜 운용하는 환율제도를 말한다.

한편, 당시 강세통화국이었던 스위스는 이탈리아의 단기자본이 유입됨에 따라 변동환율제도로 이행하였는데 그 결과 외국통화에 대한 수요는 구서독 마르크화, 일본 엔화에 집중되어 달러화의 가치하락이 계속되었다. 사실상 이 무렵은 소위 **달러과잉보유**(dollar overhang) 문제가 심각한 상태였다. 달러과잉보유는 미국의 국제수지적자로 인해 외국 중앙은행들이 원하지는 않지만 불가피하게 보유하고 있는 막대한 양의 달러화를 말한다. 1972년 말 기준으로 세계 외환보유액은 1,041억 달러에 이르고 있었는데 이 중 80% 이상이 미국 달러화인 것으로 알려지고 있다. 이와 같은 달러과잉보유 문제까지 가세되어 주요 유럽외환시장에서는 달러화에 대한 투매현상이 계속되었다. 이에 미국은 1973년 2월 12일에 금 1온스당 42.22달러로 10%의 재평가절하를 단행하여 사태를 수습하려고 했으나 달러화의 추가적인 평가절하는 달러투매현상을 더욱 확산시켜 유럽외환시장 대부분이 폐쇄되는 상태로 이어졌다. 그 결과 1973년 3월 19일에는

EC가맹국들이 재무장관회의를 통해 변동환율제도를 채택한다고 발표함으로써 스미소니안협정도 실효를 거두지 못한 채 지난 1947년부터 27년간 운용되어 왔던 브레튼우즈체제도 사실상 완전히 붕괴되고 말았다.

제3절 킹스턴체제(1973. 3~현재)

1 킹스턴체제의 성립과 특징

국제통화제도에 대한 개편논의는 1972년에 설치된 20개국 위원회를 중심으로 전개되었으나 이 위원회는 1974년 7월에 「국제통화제도 개편개요」의 작성을 끝으로 해체되고 대신 IMF잠정위원회(IMF Interim Committee)에 의해 지속되었다. 그러던 중 1975년 11월에 선진 6개국 정상들의 환율제도개편에 대한 「랑브이에 선언」(Rambouillet Declaration)이 있었으며 동년 12월에는 선진 10개국 재무장관들이 모여 IMF협정문을 개정하기로 합의하였다. 이어 1976년 1월에는 제5차 IMF잠정위원회가 자메이카의 수도 킹스턴(Kingston in Jamaica)에서 개최되어 그 동안 논의되어 오고 선진 10개국가들이 합의한 사항들을 공식화하는 한편 제2차 IMF협정문 개정(The Second Amendment of the IMF Articles of Agreement)을 합의하였다. 여기서 합의된 내용들을 토대로 한 새로운 국제통화제도를 일명 킹스턴체제(Kingston system)라고 하는데 1978년 4월 1일부터 정식 발효되었다. 그러나 이 체제는 어디까지나 1973년 3월부터 주요 선진공업국가들을 중심으로 운용되어 오던 변동환율체제를 뒷받침하기 위한 사후적인 합의에 불과한 데 그 주요 내용은 다음과 같다.

① IMF가맹국에게 각국의 경제여건에 적합한 환율제도를 채택할 수 있는 재량권의 부여,

② 금의 공정가격을 폐지(금의 폐화),

③ SDR(Special Drawing Rights: 특별인출권)의 주요 준비자산화를 통한 기능 강화,

④ IMF신용의 확대와 이용조건의 완화.

우선 위의 첫번째 특징은 각국의 경제여건에 따라 그 나라에 적합한 환율제도의 채택을 공식적으로 허용함으로써 선진국들의 변동환율제도를 공식인정하게 되었을 뿐만 아니라 이를 중심으로 단일 또는 복수통화페그제도, 제한적 변동(limited flexible)환율제도, 신축적 변동(more flexible)환율제도 등 다양한 형태로 변모하게 되었다.[10)]

두 번째 특징으로는 금의 공정가격을 폐지하고 그 대신「페이퍼골드」(paper gold)라고 불리는 SDR을 주요 국제준비자산(principal reserve asset)으로 인정함으로써 종전의 금 및 미국 달러화에 의해 공급되던 국제유동성부족 문제를 해결하고 있다. 뿐만 아니라 SDR의 기능을 강화하여 IMF와의 거래시에 가치단위 및 각국통화간의 교환비율을 산정하는 데 기준으로 사용토록 하고 있다.

끝으로, 국제수지조정 및 구조조정지원을 위하여 IMF신용제도를 크게 확대하였는데 후진국의 국제수지적자보전을 위한 확대신용금융(Extended Fund Facility), 신탁기금(Trust Fund), 보완금융(Supplementary Financing Facility) 등을 신설하여 IMF의 신용공여능력을 크게 확대하고 종전의 대기성차관(stand-by credit)에 대한 인출요건도 크게 축소함으로써 이용조건을 완화시켰다.

2 킹스턴체제와 국제유동성

현행 킹스턴체제하에서는 환율제도의 운용형태가 다양하기 때문에 브레튼우즈체제와 같은 고정환율제도보다 국제유동성에 대한 수요와 공급을 획일적으로 파악한다는 것이 어렵다.

제2절에서 언급한 바와 같이 국제유동성(international liquidity)은 대외채권·채무관계를 결제하기 위해 국제적으로 통용되는 일반적 지불수단을 말한다.

국제유동성을 수요측면에서 볼 때 국제수지불균형을 조정하기 위해 보유하려고 하기 때문에 국제수지불균형을 초래하는 요인인 상대소득수준, 상대물가수준, 국내외금리차, 기대환율변동률 등을 포함하여 재정·금융정책 등 경제

10) 이는 IMF의 분류기준인데 현행 국제환율제도의 유형에 대해서는 제4장 2절을 참조

정책에 따라 수요의 크기가 달라진다. 뿐만 아니라 환율제도의 운용형태에 의해서도 상이해지는데 일반적으로 변동환율제도보다는 고정환율제도하에서 더 많은 국제유동성의 보유가 필요하다. 그 이유는 고정환율제도하에서는 환율을 일정수준으로 유지하기 위해 각국의 중앙은행이 충분한 국제유동성을 보유하고 이를 통해 외환시장에 개입해야 하는 데 대해 변동환율제도하에서는 국제수지 불균형이 환율변동으로 조정되기 때문에 상대적으로 국제유동성을 보유할 필요성이 적어지기 때문이다.

한편, 국제유동성을 공급측에서 보면 화폐용 금(monetary gold), 교환가능 외국통화(convertible foreign currencies), SDR, IMF리저브 포지션(IMF reserve position) 등으로 구성되는데 이들에 대해 개별적으로 살펴보면 다음과 같다.

금

국제준비자산(international reserves)으로서 가장 중요한 수단은 화폐용 금이었다. 즉 화폐로 사용될 수 있는 금은 금본위제도나 브레튼우즈체제하에서 가장 중요한 국제유동성을 구성하고 있었으며 현재에도 그 중요성은 결코 과소평가되지 않고 있다.

금본위제도하에서는 영국의 파운드 스털링화가 금 1온스당 4.24파운드로 금태환이 보장되었으며, 그 후 파운드 대신 달러가 금태환을 보장하던 브레튼우즈체제하에서는 금 1온스당 35달러로 금태환이 보장됨으로써 국제준비자산을 금으로 보유하든 달러로 보유하든 최종적으로는 금 일정량과의 등가관계를 갖게 되었다.

그러나 국제시장에 금의 공급은 금생산을 통해 이루어져야 하는데 한정된 금생산과 구소련, 아프리카 등에 지역적 편재현상으로 금이 국제유동성 공급원으로 충분하지 못하게 되어 브레튼우즈체제하에서 유동성 딜레마가 발생하고 브레튼우즈체제의 붕괴요인으로 작용했음은 앞서 지적한 바와 같다.

교환가능 외국통화

국제유동성을 구성하고 있는 또 다른 중요한 국제준비자산으로는 교환가능 외국통화를 들 수 있다.

교환가능 외국통화(convertible foreign currencies)라 함은 국제적으로 교환성(convertibility)이 보장됨으로써 여타 통화와 자유로이 교환될 수 있는 기축통화(vehicle currencies)를 말한다. 기축통화는 통상 IMF 8조국[11]의 통화로서 국제통화로서의 화폐의 기능을 수행할 수 있는 통화를 말한다. 이와 같은 통화는 결제통화, 준비통화, 개입통화, 표시통화 등의 기능을 수행한다. 국제유동성은 기축통화 이외에도 기축통화로 표시된 재정증권, 채권, 주식 등 각종 외환이 포함된다.

특별인출권(SDR)

IMF체제하에서 금공급이나 국제준비통화국의 국제수지적자와 관계없이 공급될 수 있는 국제준비자산으로서 SDR이 있다.

SDR(Special Drawing Rights)은 「특별인출권」이라고 하며 1969년 10월 IMF 가맹국들의 총회의결을 통해 1970년 1월 1일부터 IMF가 창출한 금가치가 보장된 국제준비자산으로 금태환은 보장되지 않는다. SDR의 국가별 배분은 IMF쿼터(IMF quota)의 국제적 비율에 따라 이루어진다.

SDR이 최초로 창출되던 1970년 1월 1SDR의 가치는 순금 0.888671g(금 1온스=35SDR)으로 고정시켰는데 이는 달러화와 동일한 가치(1SDR=1$)이다. 그 후 1971년 12월 달러화의 7.89% 평가절하로 SDR도 달러화에 대해 1SDR=1.08571$(금 1온스=38$)로 절하되었다가 1973년 2월에 달러화가 다시 10% 평가절하됨에 따라 1SDR=1.20635$(금 1온스=42.222$)로 역시 10% 평가절하되었다.

그러다가 1973년 3월 EC제국을 비롯하여 서구선진국 대부분이 변동환율제도로 이행하면서 SDR가치의 평가기준이 논의되었는데 종전의 미국 달러화 가치와 직결되었던 SDR가치를 복수통화가치에 연결하는 표준바스켓제도(standard basket system)에 의해 평가하기로 결정하였다. 그 결과 1974년 7월 1일부터 복수통화페그방식인 표준바스켓제도로 16개 통화를 구성통화(composition currencies)로 하여 복수통화단위로서 SDR가치를 평가하게 되었다. 구성통화국의 선정기준은 과거 5년간 재화 및 서비스의 수출액이 전세계 수출액의 1% 이상을 차지하는 국가들로서 16개국이 채택되었다. 그러나 이들 구성통화국 중에는 국내외환시장이 충분히 발달하지 못한 국가들이 포함되어 있기 때문에 SDR의 실세반영에 어려움이 있어 1981년 1월 1일부로 구성통화를 미국 달러화, 독

---

11) 제16장 6절의 IMF 8조국의 의무사항을 참고할 것.

일 마르크화, 일본 엔화, 프랑스 프랑화, 영국 파운드화 등 5개국으로 축소하여 현재에 이르고 있다. 다만 구성통화의 가중치는 매 5년마다 재조정되는데 1986년 1월과 1991년 1월에 각각 재조정되었다. 1991년 1월 1일 현재 1SDR의 가치결정은 다음과 같이 산정된다.

$$\underset{}{1SDR} = \underset{(40.0)}{0.572\$} + \underset{(21.0)}{0.453DM} + \underset{(17.0)}{31.8¥} + \underset{(11.0)}{0.800Fr} + \underset{(11.0)}{0.0812£}$$

단, \$ = 미국 달러화, DM = 독일 마르크화, ¥ = 일본 엔화,
Fr = 프랑스 프랑화, £ = 영국 파운드화
( ) 내는 1991년 1월 1일 현재 구성통화의 가중치.

IMF리저브 포지션

IMF는 가맹국들의 국제수지조정 및 구조조정을 위해 IMF신용제도를 운용하고 있다. 신용제도의 기금조성은 가맹국의 국민소득, 무역액, 외환보유액 등을 기준으로 각국에 할당된 일정액의 출자금으로 이루어지는데, 가맹국에 할당된 출자금을 「IMF쿼터」(IMF quota)라고 한다.

각 회원국에 할당되는 IMF쿼터의 출자는 IMF창립 당시에는 금으로 25%를 불입하고 나머지 75%는 자국통화로 불입하도록 규정하였으나, 현행 킹스턴체제하에서는 25%의 금출자 대신 골드페이퍼(gold paper)인 SDR로 출자토록 하고 있다.

이와 같은 IMF쿼터를 기준으로 각 회원국들은 국제수지적자 등으로 인해 국제유동성이 필요한 경우 IMF로부터 일정액의 신용공여를 받을 수 있는데 이를 일반인출권(transactions in the general account)[12]이라고 한다.

일반인출권으로서 가맹국이 인출할 수 있는 실질적인 한도는 쿼터의 125%를 원칙으로 하고 있으며 한 지분(tranche)은 25%로 이루어지고 있다. 따라서 125%는 총 5차 지분으로 구성되며 1차 지분인 25%를 리저브지분(reserve tranche)[13]이라고 하고 나머지 제2차 지분부터 제5차 지분의 합계인 100%를 신용지분(credit tranche)이라고 한다.

---

12) 일반인출권은 특별인출권과 구분하기 위해 부여된 명칭임. 이에 대한 논의는 김인준, 「국제경제론」, 다산출판사, 1988, pp.244-6을 참조할 것.

13) 킹스턴체제 이전에는 금지분(gold tranche)이었음.

리저브지분은 가맹국의 일반인출권(125%) 중 IMF로부터 아무런 제약조건 없이 자유롭게 인출될 수 있는 25%에 해당하는 SDR 또는 교환가능 외국통화에 대한 무조건부의 자동인출권을 말하는데 이는 가맹국의 입장에서 볼 때 IMF에 대한 대외준비자산의 청구권에 해당되므로 이를 「**IMF리저브 포지션**」(IMF reserve position)이라고 한다.

한편 신용지분은 25%의 리저브지분을 제외한 나머지 100%의 지분으로서 이는 IMF와의 대기성협정(stand-by arrangements)[14]에 의해서만 인출가능한 지분을 말하는데 인출국가의 입장에서 볼 때 **대기성차관**(stand-by credit)이다.

대기성차관은 IMF가맹국이 환율의 안정을 도모한다든가 국제수지적자 등을 보전하기 위해 교환가능통화 등 외환을 IMF당국과의 대기성협정에 의해 차입할 수 있는 대기성신용을 말한다. 이는 결국 IMF의 일반인출권 중 IMF리저브 포지션 25%를 제외한 나머지 100%의 신용지분으로서 조건부 차입을 의미한다. 신용지분의 인출은 인출규모가 커짐에 따라 높은 이자가 부과되는 것이 일반적이다.

가맹국이 필요한 자금을 인출하는 경우에는 인출금액에 해당하는 자국통화를 IMF에 예치해야 하며 또한 차입자금을 상환하는 경우에는 상환액에 해당하는 금액을 자국통화로 회수해야 한다.

표 15-1 IMF가맹국의 쿼터구성 및 인출권

리저브	자국통화	일반인출권: 쿼터의 125%	
(금 또는 SDR)	리저브지분	리저브지분	신용지분
25%	75%	25%	100%

IMF의 각 가맹국통화의 보유한도: 쿼터의 200%

[표 15-1]에서 보는 바와 같이 IMF가맹국이 IMF로부터 인출할 수 있는 총 인출금액은 그 나라 쿼터의 200%까지이지만 리저브지분 또는 대기성신용인출은 그 대가로 자국통화를 예치해야 하므로 IMF는 가맹국 출자할당액의 75%를 이미 해당통화로 보유하고 있기 때문에 125%가 일반인출권으로서의 실질적인

14) 대기성협정(stand-by arrangements)은 가맹국이 국제수지악화 등으로 외환이 필요할 때 IMF쿼터의 일정비율을 일정조건하에 일정기간 동안 추가적인 협의절차 없이 인출 · 사용할 수 있도록 사전에 합의하여 설정한 일종의 크레디트 라인(credit line)으로서 1953년에 제정되었음.

차입한도액이 된다. 그리고 일반인출권 중 제1차지분 25%는 리저브지분, 즉 IMF리저브 포지션이 되고 나머지 100%는 신용지분으로 대기성신용이 된다.

이상에서 고찰한 국제유동성의 공급구조는 다음의 [표 15-2]를 통해 알 수 있는 바와 같이 외환준비자산이 가장 높은 비중을 차지하고 있다. 미국 달러화를 포함하여 주요 선진국들의 교환성통화 등으로 보유하던 자산이 1980년대에 자본자유화의 가속화로 더욱 증대되어 1975년에 48.9%에서 1985년에 50.6% 그리고 1995년에 75.3%로 증가했음을 알 수 있다. 그런데 1970~80년대에 금에 대한 비중이 높은 것은 금의 생산량이 급격히 증가한 것이 아니라 금가격의 상승에 크게 기인되었는데 특히 금가격이 유례 없이 높았던 1980년에는 금의 비중이 57.9%로 금 이외의 준비자산비중보다 오히려 높은 것으로 나타났다.

끝으로, 국제유동성과 관련하여 1985년 이후 국제유동성은 주로 선진국에 편재되고 있는데 총국제유동성 중 약 70% 이상을 선진국이 보유하고 나머지 약 30% 정도를 후진국이 보유하고 있는 실정이다.

표 15-2 국제유통성의 규모 및 구성 추이[1] (연말기준액)

(단위: 10억 SDR)

	1975	1980	1985	1990	1995
금[2]	122.2(43.5)	441.9(57.9)	283.8(41.2)	254.6(28.6)	236.4(19.9)
외환준비자산	137.3(48.9)	292.6(38.3)	348.3(50.6)	591.7(66.5)	893.4(75.3)
IMF리저브 포지션	12.6(4.5)	16.8(2.2)	38.7(5.6)	23.7(2.7)	36.7(3.1)
SDR	8.8(3.1)	11.8(1.6)	18.2(2.6)	20.4(2.2)	19.8(1.7)
합 계	280.9(100.0)	763.1(100.0)	689.0(100.0)	890.3(100.0)	1,186.3(100.0)

주: 1) IMF가맹국 보유분임.
2) 런던금시장의 금 온스당 시가로 평가.
( ) 내는 구성비임.

자료: IMF, *International Financial Statistics*, Yearbook 1991 and March 1998.

지금까지 우리는 IMF신용제도 중 정규신용제도(regular credit facility)에 대해서만 고찰했다. 그러나 이 외에도 국제유동성을 원활히 공급하기 위해 특별신용제도(special facility)를 도입하여 운용하고 있을 뿐만 아니라 최근에는 이용조건도 크게 완화되었다. 1970년대 후반부터 이용되고 있는 대표적인 특별신용제도로는 확대신용금융(Extended Fund Facility: EFF), 보상금융(Compensatory Financing Facility: CFF), 완충재고금융(Buffer Stock Financing Facility: BFF), 보완금융(Supplementary Financing Facility: SFF), 확대지원금융(Enlarged Access to the Fund's Resources: EAR), 구조조정금융(Structural Adjustment Facility: SAF), 석유신용(Oil Facilities) 등이 있다.[15)]

국제유동성 문제를 해결하기 위한 노력은 IMF체제 밖에서도 이루어지고 있는데 그 중 대표적인 것이 **스왑협정**(Swap Arrangements)이다. 스왑협정이란 일국의 중앙은행이 긴급하게 외환이 필요한 경우 자국통화를 대가로 일정한 환율로 다른 나라의 중앙은행으로부터 상대국통화를 차입하는 협정을 말한다. 차입국이 외국통화를 상환할 때에도 처음 차입시에 적용했던 환율로 상환함으로써 환율변동으로부터의 환위험을 보호받을 수 있는 장점이 있다. 스왑협정은 1961년 이후 미국이 환율안정을 위해 외환시장에 직접 개입하면서 미국과 유럽국가 및 일본 중앙은행간에 체결되어 이용되면서 현재까지 자주 이용되는 제도이다. 그 후 1962년에는 IMF와 선진 G-10개국(Group of Ten)간에 일반차입협정(General Agreements to Borrow: GAB)을 체결함으로써 이국간의 스왑협정을 다국간의 협정으로 확대했을 뿐만 아니라 IMF체제 내로 끌어들임으로써 단기 국제유동성의 원활한 공급을 도모하였다. 이 협정에 따르면 가맹국은 국제수지 적자로 위기에 처한 국가에 대해 일정금액의 한도 내에서 자국통화에 의한 신용을 공여하도록 되어 있는데 당초에 약 60억 달러의 자금이 이를 위해 설정되었다. 그러나 이와 같은 스왑협정 또는 일반차입협정은 국제유동성부족시 이를 진정시키는 효과적인 수단이기는 하지만 장기적인 수단으로는 미흡하다고 하겠다.

3 킹스턴체제의 문제점과 전망

변동환율제도를 주축으로 하는 현행 킹스턴체제는 변동환율제도가 갖는 장점인 원활한 국제수지조정기능의 수행, 국제인플레이션의 국내파급효과의 경감, 국내통화정책의 효율성증대 등의 효과를 기할 수 있을 뿐만 아니라 브레튼우즈체제하에서 미국 달러화가 독점적으로 누리던 통화발권수익(seigniorage)

15) 특별신용제도의 구체적 내용은 IMF, *A Special Supplement to IMF Survey*, September 1979 및 *International Financial Statistics*, December 1992를 참조.

도 여타 통화로 분산되고 있다.

그러나 킹스턴체제 또한 적지않은 문제점들이 노출되고 있는데 그 대표적인 것들로는 ① 환율불안정, ② IMF의 감독기능미약, ③ IMF 및 가맹국가간의 경제정책협조의 미흡 등이 지적되고 있다.[16)]

우선 첫번째의 환율불안정 문제는 기본적으로 변동환율제도의 특성에 기인되는 것이지만 그 외에도 최근 정보통신기술의 급속한 발전과 세계적인 금융자유화 추세로 국가간의 자본이동이 신속히 이루어질 뿐만 아니라 각국의 빈번한 외환시장의 개입 그리고 장래에 대한 불확실성의 증대 등에 기인되고 있다.

두 번째로 IMF의 감독기능이 약화된 점을 들 수 있다. 현행 환율제도하에서 IMF는 각국의 경제여건에 적합한 환율제도를 선택할 수 있는 재량권을 부여한 대신에 건전한 재정 · 금융정책의 실시, 환율의 안정성유지 등을 위해 IMF 및 가맹국과 상호협조해야 하는 의무를 부과하고 있으며 불공정한 환율조작을 금지시키고 있다. 뿐만 아니라 IMF는 국제통화제도의 건전한 운용을 위해 가맹국의 환율제도운용에 대한 감독기능을 갖는 한편 신용제도를 통해 가맹국의 일시적인 국제수지조정재원을 지원하도록 되어 있다. 그러나 IMF의 감독기능이 주로 정책권고에 의해 수행되고 있을 뿐만 아니라 IMF신용제도를 활용하고 있는 개도국에 부과되는 각종 의무도 권고사항에 그치고 있어 효과적인 감독기능을 수행하지 못하고 있는 실정이다.

세 번째로 정책협조의 미흡문제를 들 수 있는데 정책협조(policy coordination)는 국제경제의 상호의존성을 고려하여 상호협의하에 각국의 경제정책을 조정하거나 또는 공동으로 정책을 수행함으로써 참여국가들의 공동후생수준(joint welfare)을 극대화하는 데 목적이 있다. 환율안정화를 위한 국가간의 정책협조의 필요성이 거론된 것은 1975년 G-7정상회담에서부터였다. 그러나 상호협조하의 환율조정문제가 제도화된 것은 1985년 9월의 플라자협정(Plaza Agreement)에서 이루어졌으며 그 후 1987년 2월의 루브르합의(Louvre Accord)도 같은 맥락에서 이루어졌다. 그러나 여기서도 정책협조 결과는 기대와는 달리 그 성과가 크게 미흡한 상태였다. 상호정책협조가 현실적으로 미흡한 것은 각국 정

16) W.J. Ethier, *Modern International Economics*, 2nd ed., W.W. Norton & Company, New York, 1988, pp.467-73 및 한국은행, "현행 국제통화제도의 문제점과 개선논의," 조사통계월보, 1989. 8, pp.47-66을 참조.

책당국간의 견해차이 때문인데 협조대상인 공동경제목표와 동원될 정책수단에 대한 합의가 어려울 뿐만 아니라 경제협력에 수반되는 편익과 비용(benefits and costs)의 배분 문제, 국가간의 신뢰성 문제, 장래에 대한 불확실성 등이 존재하기 때문이다.[17)]

이상과 같은 문제점들을 내포하고 있는 현행 킹스턴체제가 앞으로도 지속될 것인가 하는 의문이 제기된다. 현재의 킹스턴체제에 대한 개편논의는 크게 두 가지 의견으로 집약되고 있다.

첫번째로는 근본적인 제도개편보다는 현재의 변동환율제도를 유지하되 다만 현행 체제의 취약점을 시정하기 위해 기능보완방향으로 수정해야 된다는 주장이다. 즉 앞서 언급한 킹스턴체제에 대한 문제점들을 시정하는 동시에 그 기능을 강화하자는 안이다.

이와 같은 기능강화방안은 선진국그룹(G-10)과 개도국그룹(G-24)간에 서로 의견을 달리하고 있는데 선진국그룹은 근본적인 개편보다는 현행 환율제도 범위 내에서 각국의 경제정책협조를 통해 미흡한 부분을 보완해 나가자는 주장이다. 이에 대해 개도국그룹은 현행 환율제도의 메커니즘은 선진국간 정책협조를 강화하기 위해 고안되었기 때문에 개도국으로서는 현행 변동환율제도하에서는 근본적으로 환율불안정을 극복하기 어려우며, 특히 환율의 단기급변동으로 인한 피해를 개도국들이 가장 크게 받고 있다고 주장한다. 따라서 환율안정과 국제수지불균형 조정을 위해 각국간의 정책조화를 도모해야 할 필요성이 있으며 그 방법으로 목표환율대(target zone for exchange rate)의 설정과 주요 거시경제정책에 대한 목표지표(objective indicators)의 설정을 통해 다국적 경제정책 감독기능을 강화해야 된다고 주장하고 있다.

한편 두 번째 의견은 현행 환율제도를 근본적으로 개편하자는 주장으로서 고정환율제도로의 복귀안과 단일세계통화제도의 창설안 등이 있다. 그러나 현재로서는 근본적인 개편보다는 현행 제도의 기능강화인 첫번째 안이 지배적이어서 최소한 당분간은 현행 체제를 유지하되 미흡한 부분에 대해 기능을 강화시키는 방향으로 전개될 것으로 전망된다.

---

17) 플라자협정, 루브르합의 그리고 상호정책협조의 한계에 대한 구체적인 내용은 제17장을 참조할 것.

제4절 최적통화지역과 유럽통화제도

1 EC결성과 스테이크제도

EC(European Community)는 1967년 6월에 유럽경제공동체(European Economic Community: EEC), 유럽석탄철강공동체(European Coal and Steel Community: ECSC) 그리고 유럽원자력공동체(European Atomic Energy Community: EURATOM)를 통합하여 개칭한 유럽공동체이다.[18)]

EC의 최초의 결성목적은 역내관세철폐와 대외공동관세의 설정을 통해 관세동맹(custom union)을 완성시키는 데 있었다. 그러나 현재 EC는 관세동맹 이외에 역내국가간에 재화 및 생산요소의 자유로운 이동이 허용되는 공동시장(common market) 형태의 경제통합에 목표를 두었다.

EC가맹국가들로는 최초의 EEC 창설국가인 독일, 프랑스, 이탈리아, 벨기에, 네덜란드, 룩셈부르크 등 6개국이었으나 그 후 영국, 아일랜드, 덴마크(이상 1973년에 가입), 그리스(1981), 스페인과 포르투갈(1986)이 추가적으로 가입함으로써 1986년 말까지 총 12개국이 되었다. EC는 또한 경제통합의 일환으로 단일 공동통화지역을 결성하여 통화통합을 병행추진한다는 목표 아래 1972년 4월부터는 EC가맹국들의 공동환율운용제도인 스네이크제도(snake system)를 발족시켰다.

스네이크제도란 모든 EC가맹국들 공동의 대미달러 환율변동폭을 상하 2.25%(합계 4.5%)의 터널에서 집단적으로 변동시켜 나가되 각 가맹국통화간에는 최강세통화와 최약세통화간의 대미달러 변동폭을 최고 2.25% 이내로 유지토록 운용하는 제도인데 공동환율 변동모양이 다음의 그림과 같이 「터널 속의 스네이크」(the snake in the tunnel)모양을 하고 있기 때문에 스네이크제도라고 부른다.

18) 1948년 1월에 베네룩스 3국이 관세동맹을 맺고 있었는데 1950년 5월에 프랑스 외상 Robert Schuman이 소위 「Schuman Plan」을 주장하면서 "서독과 프랑스의 석탄과 철강의 생산 및 판매를 유럽제국이 함께 참가하는 최고기관에서 관리하자"고 제안함에 따라 1951년 4월에 베네룩스 3국, 구서독, 프랑스, 이탈리아 등 총 6개국이 유럽석탄철강공동체를 결성하였는데 이는 후의 1958년에 발족한 EEC의 모체가 되었다.

그림 15-3 EC의 스네이크제도

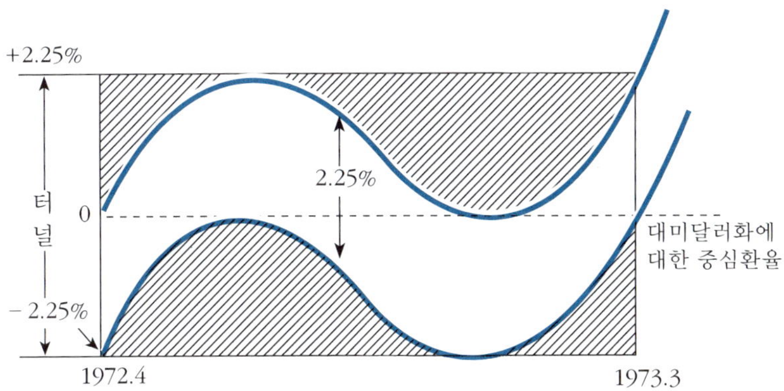

위의 [그림 15-3]에서 EC가맹국들의 대미달러 환율변동폭인 4.5%는 고정환율대로서 터널을 의미하며 환율변동모양이 뱀모양을 하고 있음을 보여 주고 있다. 그리고 역내통화국간의 환율변동허용폭은 총 2.25%, 즉 중심환율의 상하 1.125%로 스미소니안협정에서 채택된 국가간 환율변동허용폭 ±2.25%보다 작은 폭(narrower band)의 고정환율대로 운용되고 있음을 알 수 있다.[19)]

이 제도는 1972년 4월부터 운용되기 시작하였으나 6월에 파운드화위기를 맞이하면서 영국이 환투기억제를 위해 이 제도로부터 이탈한 데 이어 1973년 2월에 미국 달러화가 추가적인 11% 평가절하를 단행함에 따라 이탈리아까지 이탈함으로써 동요되기 시작하였다. 그러다가 브레튼우즈체제가 스미소니안협정을 통한 수습노력에도 불구하고 복귀가능전망이 없어짐에 따라 1973년 3월 9일부터 **EC공동변동환율제도**(joint floating exchange rate system)로 이행함으로써 스네이크제도도 붕괴되었다. EC공동변동환율제도는 역내통화간 환율변동폭 2.25%는 계속 유지하여 고정환율제도로 운용하되 대미달러화에 대한 공동고정환율대(tunnel)를 폐지함으로써 역외통화에 대해서는 공동으로 환율을 변동시켜 나가는 제도이다. 터널이 없어졌으므로 이를 일명 「터널 밖의 스네이크」(the snake out of the tunnel)제도라고도 한다. EC공동변동환율제도 역시 계속 불안

19) R. Shone, *Open Economy Macroeconomics: Theory, Policy and Evidence*, Harvester Wheatsheaf, England, 1989, pp.259−63.

정한 상태로 운용되었는데 프랑스가 1974년 1월에 동 제도로부터 이탈하였다가 다음 해 7월에 복귀하고 다시 1976년 3월에 재이탈하는가 하면 스웨덴 통화를 비롯하여 여러 국가들의 환율이 평가절하됨에 따라 통화불안이 계속되었다. 이에 역내국가들간의 무역과 투자가 위축되고 결속력이 약화됨에 따라 다시 유럽단일통화체제 구축을 위한 구상이 활발히 전개되어 왔는데 이하에서는 위의 스네이크제도를 비롯하여 유럽은 왜 단일통화권을 지속적으로 추구하는지 그 이론적 배경과 추진현황 그리고 향후 전망을 조명해 보기로 한다.

2 최적통화지역

다수의 국가들에 의한 단일통화제도에 대한 이론은 1961년 먼델(R.A. Mundell)의 최적통화이론이 발표된 이래 1963년의 맥키논(R.I. McKinnon) 등 많은 학자들에 의해 정립되어 유럽통화제도 구축의 이론적 근거가 되었다.[20)]

최적통화지역(optimum currency area)이란 다수의 국가들이 단일통화를 사용하기에 최적인 지역을 말하는 데 이는 결국 다수의 국가들로 하여금 고정환율제도를 운용하는 데 최적인 지역을 의미한다. 예를 들어 미국의 50개 주(state)가 단일통화인 달러화를 사용하는 경우나 EC국가들이 비록 상이한 통화를 사용하더라도 통화간의 일정교환비율로 고정시켜 유럽통화단위(ECU)를 창출하여 통용할 뿐만 아니라 유럽환율조정메커니즘(ERM)에 의해 고정환율제도를 운용하는 것은 모두 최적통화지역에 해당된다.

그런데 최적통화지역의 형성으로 인한 가맹국들의 이익은 다음 세 가지 조건들이 충족될 때 커진다. ① 역내국가간의 노동, 자본 등 자원의 이동성이 높고, ② 각국의 경제구조의 유사성이 높으며, ③ 역내국가들간에 재정, 통화 및 기타 정책에 긴밀한 상호협조의지가 높아야 한다. 따라서 최적통화지역은 고정환율제도를 채택함으로써 얻는 편익(benefits)을 극대화하는 동시에 비용(costs)

20) R.A. Mundell, "The Theory of Optimum Currency Areas," *American Economic Review* 51(September 1961), pp. 717 – 25; R. McKinnon, "Optimum Currency Areas," *American Economic Review* 53(September 1963), pp.717–24; E. Tower and T. Willett, "The Theory of Optimum Currency Areas and Exchange Rate Flexibility," *Special Papers in International Economics*, No.11, International Finance Section, Princeton University Press, May 1976.

을 극소화하는 데 목적이 있다고 하겠다.

앞으로 고찰하게 될 유럽경제통화통합(EMU)과 같이 다수의 국가들에 의해 설정된 고정환율지역에 어느 특정 국가가 동참여부를 결정하려고 할 때 그 국가의 최적통화지역을 생각해 보기로 한다. 이 국가가 고정환율지역에 참여여부를 결정하기 위해서는 참여에 따른 편익과 비용을 고려하여야 하는데 이에는 통화효율성 이득(monetary efficiency gain)과 경제안정성 손실(economic stability loss)로 나누어 고찰할 수 있다.[21)]

통화효율성 이득이란 고정환율지역에 참여함에 따라 불확실성과 환위험이 감소되고 거래비용을 절감할 뿐만 아니라 가격안정이 달성되는 이득을 말한다. 고정환율제도로 인해 불확실성이 제거되어 역내국가간의 교역 및 투자가 증진되고, 단일통화권의 경제영역이 넓어짐에 따라 규모의 경제를 실현할 수 있다. 또한 외환시장개입비용, 환위험을 회피할 수 있는 헤징비용, 역내 여행자의 통화 환전수수료 등을 절감하게 되고 무엇보다도 변동환율제도에서 보다 더 가격안정화를 달성할 수 있다. 가격안정성이 높아지는 이유는 역외국가로부터 발생하는 가격교란요인이 역내국가간에 상호 상쇄되기 때문인데 이로 인해 가치저장수단으로서 화폐사용을 증가시켜 경제거래에 영향을 미치고 인플레이션으로 인한 경직적 비효율성을 감소시킨다. 실제로 1990년에 EMU 회원국들간의 인플레이션 격차는 크게는 8% 수준이었는데 그 후 계속 좁혀들면서 1997년에는 1% 수준으로 수렴하고 있음을 보아도 물가안정에 긍정적임을 알 수 있다.

한편, 경제안정성 손실은 고정환율지대에 참여함으로써 경제성장이나 고용안정화 목적을 위해 독자적인 환율정책 및 통화정책을 수행할 수 없게 됨에 따라 수반되는 경제적 비용을 말한다. 예를 들어 역내국가 중 한 국가는 실업률을 감소하기 위해 확장재정 또는 금융정책이 필요한 반면 여타 국가는 인플레이션 억제를 위해 긴축정책이 필요하다면 국가간에 달성하고자 하는 경제목표가 상이하기 때문에 독립적인 정책을 추진할 수 없게 되는 경우가 이에 해당된다.

이와 같은 이득과 손실의 양 측면을 고려하여 최적통화지역을 그림으로 설명해 보자. [그림 15-4]에서와 같이 횡축에 고정환율지역을 구성하는 역내국

---

21) P.R. Krugman and M. Obstfeld, *International Economics: Theory and Policy*, 3rd ed., New York: Harper Collins Publishers, 1994, Chapter 21; D. Salvator, *International Economics*, New York: Macmillan Publishing Company, pp.492-3.

그림 15-4 단일통화지역의 이득과 손실

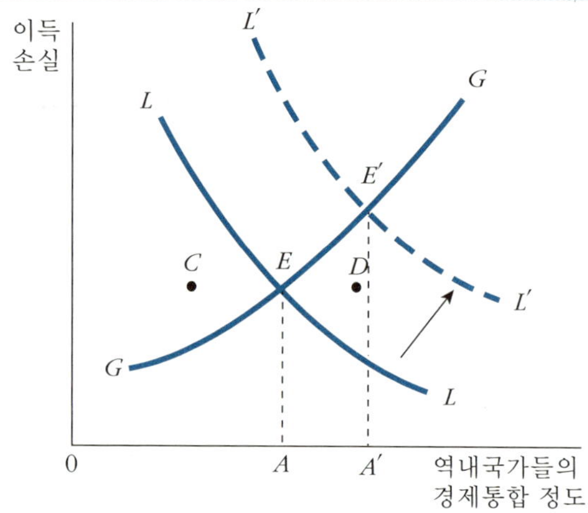

가들의 경제통합 정도를 표시하고 종축에는 통화효율성 이득 또는 경제안정성 손실을 표시하면 통화효율성 이득곡선인 *GG*곡선은 우상향곡선이 되며 경제안정성 손실곡선인 *LL*곡선은 우하향곡선이 된다. 통화효율성 이득은 재화, 노동 및 자본 등 생산요소의 이동성 정도가 높아지면 역내국가들간의 경제통합 정도가 커지며, 경제통합 정도가 크면 클수록 그에 따른 이득도 높아지므로 상호 정(+)의 관계가 있기 때문에 *GG*곡선은 우상향곡선이 된다.

이에 반해 경제안정성 손실은 역내국가들간의 경제통합 정도가 크면 클수록 작아지고 통합 정도가 낮으면 낮을수록 커지므로 상호 부(−)의 관계에 있기 때문에 *LL*곡선은 우하향곡선이 된다. 따라서 어느 특정 국가의 최적통화지역은 [그림 15 − 4] 의 점 *A*에서 결정된다. 그리고 만약 어떠한 이유로 특정 국가의 수출수요가 증가하면 주어진 경제통합수준에서 국민소득, 실업 등 불안정성이 커지기 때문에 *LL*곡선은 *L′L′* 으로 우측이동하게 되고 그 결과 최적통화지역은 점 *A′* 이 된다. 이는 생산물시장에서 불안정성이 높아지면 그만큼 고정환율지역에 참가하는 것을 꺼리게 됨을 의미하는데 한 예로 1973년 10월 국제석유파동으로 고정환율제도인 브레튼우즈체제로 복귀하지 않으려 하고 결과적으로 변동환율제도를 채택한 것을 들 수 있다. 한편, 그림에서 점 *C*는 최초의 *LL*곡선이 *GG*곡선보다 위에 위치하고 있으므로 손실이 이득보다 크다는 것을 나타내고, 점 *D*

는 *GG*곡선이 *LL*곡선보다 위에 있으므로 순이득(이득 > 손실)을 얻고 있음을 보여 주고 있다.

이상과 같은 최적통화지역에 대한 이론에 비추어 현재 유럽은 최적통화지역인가 하는 의문이 발생할 수 있다. 이에 대한 대답을 일괄적으로 내리기는 어렵다. 적어도 1992년까지의 실적을 보면 50개 주로 형성된 미국과는 너무도 많은 거리가 있다. 역내국가간의 교역량이 괄목할 만큼 증가하지도 않았을 뿐만 아니라 국가간의 노동이동도 대단히 미약한 상태이다. 국가간의 노동이동의 부진은 국가의 규제보다는 언어, 관습, 문화 등의 차이에 기인되었다. 또한 경제구조의 유사성면에서도 유럽 북쪽에 위치한 국가들은 자본 및 고급인력 집약상품을 생산하고 있는 반면 포르투갈, 스페인, 그리스 등은 주로 낮은 기술의 노동집약 상품생산이 주류를 이루고 있다. 그럼에도 불구하고 1980년대 중반과 비교하면 1990년에는 유럽통화제도(EMS) 출범 이후 역내국가들간의 인플레이션율 격차의 급격한 감소, 신규 직업창출과 투자증대, 높은 성장 등은 최적통화지역 이론의 긍정적인 면을 제공하고 있다. 특히 1994년부터는 유럽통화통합의 제2단계를 추진함으로써 국가간의 경제력 격차를 줄여 경제구조의 유사성을 높이려는 노력은 최적통화지역이론이 타당성과 설득력 있는 이론이라는 데 바탕을 두고 있기 때문이라고 하겠다.

3 유럽통화제도

유럽통화제도(European Monetary System: EMS)는 EC가맹국통화간에 환율안정을 기하고 경제력 격차를 축소시킴으로써 궁극적으로 EC경제통합을 실현할 목적으로 1979년 3월에 창설된 지역통화제도이다. 이 제도는 종전의 EC공동변동환율제도를 확대개편하여 여러 차례에 걸친 회담을 통해 기능을 강화시켰는데 그 주요 내용은 크게 ① 유럽통화단위(European Currency Unit: ECU)의 창출, ② 유럽환율조정메커니즘(European Exchange Rate Mechanism: ERM)에 의한 역내환율안정, ③ 중앙은행간 신용공여제도의 확대 등이다. 이를 좀더 구체적으로 살펴보기로 하자.

유럽통화단위(ECU)

ECU(European Currency Unit)는 1979년 3월에 유럽통화제도(EMS)의 창설과 함께 창출된 유럽통화단위로서 역내정부간 및 EC기구와의 거래시 가치척도로 EMS의 각 구성통화의 중심환율을 계산하는 데 사용되며 EC국가들간의 공식적인 결제 및 회계단위로 이용될 뿐만 아니라 역내 중앙은행간 신용공여제도의 표시통화로 이용되었다.

ECU의 창출은 회원국 중앙은행이 보유하고 있는 금 및 달러준비액의 각 20%를 유럽통화협력기금(European Monetary Cooperation Fund: EMCF)에 예탁하고 이를 대가로 ECU를 창출한다. 예탁금은 스왑거래방식으로 매 3개월마다 갱신되며 EMCF는 예탁금에 대한 처분 및 운용권한은 주어지지 않기 때문에 실질적인 관리는 각 중앙은행이 하고 있다. 그리고 ECU의 가치는 12개 EC가맹국통화로 구성된 통화바스켓에 의해 결정되는데[22] 각 통화별 가중치(%)는 각국의 역내무역규모, GNP, 단기신용공여 및 차입실적, EMCF에서의 예탁규모 등을 감안하여 결정되며 매 5년마다 재조정된다.

한편 ECU의 보유는 최초에는 EC가맹국의 중앙은행을 비롯하여 유럽개발은행, 유럽원자력위원회, 유럽개발기금 등 EC기구에 한해 인정되었으나 1985년 6월 EC중앙은행 총재회의의 결정에 따라 비회원국가의 중앙은행과 국제통화기구들도 제3자취득(other holders)의 인정을 받으면 보유가능하게 되었다. 그리고 최근에는 달러화, 엔화 등과 같이 국제통화로서의 기능을 수행하고 있는데 은행간 예금과 대출뿐만 아니라 ECU표시 채권발행이 계속 증대되고 있다. 한편, 각국 통화에 대한 ECU환율은 ECU의 중심환율과 각국의 대미달러화 환율로 재정

---

22) 1993년 11월에 조정된 ECU의 가치결정방식은 다음과 같음.

ECU＝0.6242 독일 마르크+0.08784 영국 파운드+1.332 프랑스 프랑+151.8 이탈리아 리라+
(31.96) (11.91) (20.21) (7.92)
0.2198 네덜란드 길더+3.431 벨기에 프랑+0.13 룩셈부르크 프랑+0.1976 덴마크 크로네+
(10.02) (8.51) (0.33) (2.65)
0.008552 아일랜드 펀트+1.44 그리스 드라크마+6.885 스페인 페세타+1.393 포르투갈 에스쿠도
(1.14) (0.47) (0.17) (0.71)

단, 각 통화 앞의 계수는 그 국가의 구성통화단위수를 나타내며 계수 밑에 있는 ( ) 내의 수치는 가중치를 표시함.

하여 결정된다.

유럽환율조정메커니즘(ERM)

유럽환율조정메커니즘(European Exchange Rate Mechanism: ERM)은 역내환율안정을 목적으로 EC가맹국통화 상호간에 중심환율(bilateral central rate)을 설정하고 환율변동이 중심환율로부터 상하 2.25% 이내에서 유지되도록 해당국가의 외환시장공동개입을 의무화한 패리티 그리드(parity grid: 환율변동의 최대허용폭)제도를 말하는데 환율재조정(realignment)은 전체의 동의하에서만 가능하다. 그런데 EC회원국이라고 해서 모두 ERM에 가입하고 있는 것은 아니다. 1992년 6월 말 현재 ERM에 참여한 국가는 그리스 드라크마화를 제외한 11개국 통화인데 당초에는 8개국 통화가 참여하였으나 스페인 페세타화(1989. 6), 영국 파운드화(1990. 10), 포르투갈 에스쿠도화(1992. 4)가 추가로 가입되었다. 그런데 이들 3개국(1989년 이후 가입) 통화에 대한 환율변동허용폭은 중심환율의 상하 6%(wide band)가 적용되었다.

한편, EMS체제하에서의 역내환율안정을 위한 외환시장개입방법으로는 위의 패리티 그리드제도에 의한 의무적 개입 이외에 이를 보완하기 위한 괴리지표방식(divergence indicator system)에 의한 예비적 개입방식을 병행하고 있다. 괴리지표란 어느 특정 통화의 대ECU환율이 ECU중심환율로부터 괴리된 정도(율)를 당해 통화에 대해 설정된 최대괴리폭(maximum divergence spread: MDS)으로 나눈 비율을 말한다. 괴리지표가 MDS의 75% 수준에 이르면 이를 개입경고점이라고 하여 이를 초과할 경우 당해 통화국은 외환시장에 개입하거나 대ECU중심환율의 변경 또는 국내통화정책의 변경 등 필요한 조치들을 강구할 수 있다.[23]

---

23) $\text{괴리지표} = \dfrac{(\text{대ECU 시장환율} - \text{대ECU 중심환율})/\text{대ECU 중심환율}}{\pm 2.25\%(1 - \text{ECU 가중치})} \times 100$

$= \dfrac{\text{괴리율}}{\text{MDS}} \times 100$. 이에 대한 구체적인 논의와 계산 예에 대해서는 이강남, 「국제금융론: 국제재무관리의 이론과 실제」, 법문사, 1989, pp.811-5 및 김철, 「국제외환금융론」, 법문사, 1987, pp.123-5를 참조할 것.

신용공여제도

EC가맹국간의 신용공여제도는 외환시장개입 지원자금, 국제수지적자보전 또는 유동성조절 목적으로 운용되는 제도를 말하는데 이에는 ① 초단기신용제도(very short-term financing facility), ② 단기신용제도(short-term monetary support), ③ 중기금융지원제도(medium-term financial assistance)가 있다.

우선 첫번째의 초단기신용제도는 외환시장개입을 지원하기 위해 가맹국 중앙은행간의 초단기신용기준으로 무제한 공여되는 제도이다. 이로 인해 발생되는 중앙은행간의 채권 · 채무의 결제는 모두 ECU로 환산되어 EMCF계정에 이체되며 개입이 실시된 당해 월말로부터 75일 이내에 결제되어야 한다. 그러나 채무국의 요청에 의해 자동적으로 3개월, 그리고 채권국의 동의가 있는 경우에는 3개월 추가연장이 가능하다.

두 번째의 단기신용제도는 일시적인 요인에 의해 발생되는 국제수지적자의 보전 또는 유동성조절을 위한 3개월 만기의 신용공여제도로서 채무국의 요청에 따라 3개월씩 2회에 걸쳐 연장이 가능하다.

끝으로, 중기신용제도는 장기간에 걸친 국제수지적자로 심각한 유동성부족에 직면한 가맹국에 비해 EC이사회의 결정에 따라 지원하는 만기 2~5년의 중장기지원제도로서 연장이 불가능하다는 점에서 단기신용제도와 다르다.

4 마스트리히트조약과 유로화 출범

1979년 3월에 유럽통화제도(EMS)가 발족된 이래 ECU는 국제통화로서의 위치를 굳히고 역내국가들간의 환율불안정을 해소함으로써 역내교역 및 투자증대와 ERM참가국들의 물가안정 등 긍정적인 효과를 거둔 것으로 평가되고 있다. EC가맹국들은 이와 같은 긍정적인 경제적 효과에 힘입어 1987년 7월에는 유럽통합안으로서 단일유럽의정서(Single European Act)를 체결하고 이의 실현계획으로서 1989년 4월에 들로르 보고서(Jacgues Delor' s Report)가 제출되었다. 이에 기초한 유럽경제통화동맹, 유럽단일통화창출 등을 비롯한 유럽연합의 출범은 향후 국제금융시장을 비롯한 세계경제에 적지 않은 영향을 미칠 태풍의 눈으로 부상되고 있으므로 이하에서는 이를 좀더 구체적으로 살펴보기로 한다.

마스트리히트조약

마스트리히트조약(Maastricht Treaty)이란 1991년 12월 9~11일에 EC 12개 정상들이 네덜란드 마스트리히트에서 들로르 보고서에 기초한 유럽경제통화통합(European Economic and Monetary Treaty: EMU)과 유럽정치통합(European Political Union: EPU)을 주요 내용으로 하는 유럽연합조약(Treaty on European Union)을 말한다. 이 조약은 1992년 2월 7일에 정식조인된 후 1992년 6월부터 1993년 7월 기간중에 각 가맹국의 국민투표(또는 의회투표)를 통해 비준이 가결됨에 따라 1993년 11월 1일부터 공식 발효되었으며 이 때부터 EC의 공식명칭도 **유럽연합**(European Union: EU)으로 개칭되었다.

마스트리히트조약에 의한 유럽경제통화통합(EMU)은 역내국가간의 자본 및 노동이동의 자유화, 상품 및 서비스 시장의 통합화를 중심으로 한 경제통합과 유럽중앙은행의 창설, 유럽단일통화의 창출 등을 골자로 하는 통화통합으로 구성된다. 그리고 유럽정치통합(EPU)은 공동외교안보정책의 강화, 유럽의회의 권한강화 등을 주요 내용으로 하고 있는데 이는 여기서 언급할 성격이 아니므로 논외로 하고 EMU에 관해서만 고찰해 보기로 한다.[24)]

EMU는 마스트리히트조약에 따라 다음과 같이 3단계에 걸쳐 추진되었다.

(1) 제1단계: 1990년 7월 1일부터 시행

- ERM의 효율적 운용을 통해 참가국통화간의 환율안정을 추진
  - EC참가국 전체의 ERM가입과 영국 및 스페인의 환율변동 허용폭(±6.0%)을 축소하여 참가국 전체에 동일한 환율변동허용폭(±2.25%)의 적용과 더불어 ERM내 중심환율의 빈번한 조정을 자제
- 자본이동의 완전자유화
- 참가국간 재정 · 금융정책의 협조강화

24) 이에 관한 상세한 내용은 The Industrial Bank of Japan, *The European Currency Unification: Present Status and Outlook*, May 1997; *The Economist*, April 11th-17th, 1998; Clifford Chanc, *European Monetary Union: The Legal Framework*, Mimeo, 1998. 한국은행, 「유럽통화동맹추진의 제약요인 및 향후 전망」, 조사자료연구 93-13, 1993. 8; 한국은행, 「EMU출범에 따른 정책변화와 금융기관 및 기업의 대응」, 1998. 1 등을 참조할 것.

(2) 제2단계: 1994년 1월 1일부터 시행

- 유럽단일통화도입에 따른 부작용을 최소화하기 위해 1994년 1월부터 ECU의 바스켓 가중치를 동결[25)]
- 과도한 재정적자의 확대억제 및 가맹국들의 중앙은행 독립성강화
- 참가국간의 거시경제운용의 동질성제고를 위해 경제수렴조건 충족 노력 강화
- 유럽통화기구(European Monetary Institute: EMI)를 한시적으로 설립하여 참가국들의 중앙은행간 협력강화, 통화정책의 조정 및 협조유도 등 제3단계로의 순조로운 이행을 위한 사전 준비작업을 수행하되 유럽중앙은행이 설립되면 모든 업무를 이관

(3) 제3단계: 늦어도 1999년 1월 1일 이전에 시행

- 유럽단일통화도입 및 유럽중앙은행을 설립하여 단일통화정책실시 등 유럽통화통합을 완성
  - 통화통합기준인 경제수렴조건에 의거 통화통합의 1차 참가국 결정
  - 유럽중앙은행제도(European System of Central Banks: ESCB) 및 유럽중앙은행(European Central Bank: ECB)을 설립하고 ECB가 EMI업무를 인수

그러나 이상과 같은 EMU를 출범시키기 위한 기본계획에도 불구하고 1990년 7월부터 제1단계가 시행된 이후 추진목표와는 달리 유럽통화제도(EMS)의 불안정성 증대, 경제수렴조건의 달성지연, 금융 · 재정정책협조의 부진 등 추진과정이 순조롭지 못하였다. EC 12개 참여국 중 영국과 이탈리아는 1992년 9월에 ERM으로부터 잠정탈퇴하였을 뿐만 아니라 그리스는 가입조차 하지 않았다. 또한 스페인 페세타(peseta)화, 포르투갈 에스쿠도(escudo)화, 아일랜드 펀트(punt)화 등 약세통화들은 제1단계 기간중 ERM유지를 위한 평가절하압력의 가중으로 무려 여섯 차례에 걸쳐 평가절하가 이루어졌고, 1993년 8월 2일에는 ERM환율변동폭이 기존의 ±2.25%(스페인과 포르투갈은 ±6%)에서 상하 15%로 확대되는 등 EMS의 불안정성이 확대되는 양상을 보였다. 그리고 경제수렴조건

25) ECU의 가중치는 이 장의 주석 22)를 참조할 것.

에서도 물가, 금리는 기준에 접근하였으나 재정수지, 환율변동폭은 오히려 확대되었다. 여기서 경제수렴조건(economic convergence criteria)이란 EU참가국간의 경제력 격차를 해소시켜 경제구조의 동질성을 증대시키기 위해 참가국이 EMU의 제3단계 참여를 위해 충족시켜야 할 기본조건들을 말하는데 이에는 다음 4개의 거시경제변수가 해당된다.

- 물가: 최근 1년 이상 소비자물가상승률이 가장 낮은 3개 참가국의 평균 상승률에 1.5% 포인트를 가산한 수준 이내
- 환율: 각국통화간에 설정된 기준환율을 2년간 조정(평가절하)하지 않고 EMS내 ERM의 환율변동허용폭 범위(±2.25%) 내로 유지
- 금리: 최근 1년 이상 평균 장기명목금리(장기정부채 기준)가 소비자물가상승률이 가장 낮은 3개 참가국의 평균금리수준에 2%포인트를 가산한 수준 이내
- 재정: 일반정부(중앙정부+지방정부+사회보장기금)의 재정적자규모가 경상 GDP의 3% 이내이고 또한 정부의 누적부채가 GDP의 60% 이내

다만, 재정적자의 경우 동 기준을 초과하더라도 EU 재무장관 이사회가 재정적자폭의 축소가능성, 일시적 요인여부 등 제반 사정을 감안하여 재량을 발휘하여 요건완화를 할 수 있다. 그럼에도 불구하고 1992년 말까지 이같은 경제수렴조건을 충족한 국가는 7개 국가에 불과하였다. 또한 금융 · 재정정책협조도 각국의 국내경제여건이 상이하여 순조롭지 못한 양상을 띠었으며 환율안정을 위한 외환시장개입에 대한 공동협조도 용이하지 못하였다. 왜냐하면 외환보유액이 적은 약세통화국들은 강세통화국의 외환시장개입에 의존하려는 경향을 보였기 때문이다.

이상과 같이 EMU추진이 어렵고 순조롭지 못함에도 불구하고 EMU출범을 무산시키기에는 그간의 노력과 비용이 높을 뿐만 아니라 그 후유증이 심각할 것으로 예상되는 반면 일단 통합에 성공하면 역내국가들이 누릴 이익이 엄청날 것이라는 판단하에 계속 추진하여 지금에 이르고 있다. 특히 1995년 12월 스페인 마드리드(Madrid)에서 EU정상회담을 개최하여 유럽단일통화명칭을 유로화(Euro)로 공식결정하고, 1999년 1월 1일부터 EMU의 제3단계 계획을 시행할 것을 합의하였다. 또한 1998년 5월 2일 벨기에 브뤼셀(Brussels)정상회담에서는

1999년 1월 1일부터 제3단계 시행과 더불어 EMU를 정식발족시키기로 확정하는 한편, EMU참가국 결정, 유로화의 공식도입 및 유통일정 결정, 유럽중앙은행(ECB) 총재 및 임원진을 선출하였다.

유럽연합(EU)의 참가국은 앞의 12개국, 즉 독일, 프랑스, 영국, 이탈리아, 네덜란드, 벨기에, 룩셈부르크, 덴마크, 아일랜드, 그리스, 스페인, 포르투갈과 1995년에 가입한 오스트리아, 핀란드, 스웨덴 등 총 15개국이며 EMU에 1차 참가국으로 확정된 국가는 영국, 스웨덴, 덴마크, 그리스 등 4개국을 제외한 11개국이다. 영국, 스웨덴, 덴마크는 통화주권의 상실우려 등의 이유로 당분간 참가를 보류함으로써 불참국가가 되었고 그리스는 국내경제불안으로 가입자격조차 받지 못하다가 2001년 1월에 가입함으로써 2001년 말 현재 EMU 참가국은 총 12개 국이다. 그리고 EMU참가기준인 각국의 경제수렴조건의 충족여부는 1997년 실적을 기준으로 판정하였는데 다만 정부재정기준을 모두 충족한 국가는 프랑스, 룩셈부르크, 영국뿐이어서 EU 재무장관 이사회의 재량권에 기초하여 재정상태를 탄력적으로 적용하여 최초의 11개국과 2001년 1월에 합류한 그리스까지 총 12개국이 확정된 것이다.

유로화(Euro)

유로화는 1999년 1월 1일부터 EMU의 정식발족과 함께 창출된 유럽단일통화이다. 2001년 말까지 3년간의 전환기간중에는 EMU참가국들의 국내통화와 병행사용되었지만 이 기간중의 유로화사용은 참가국 정부간 및 은행간 거래에만 국한되었으며 송금, 수표 등 비현찰지급과 채권발행에만 적용되었다. 그러나 2002년 1월 1일부터는 참가국들의 지폐 및 주화를 유로화로 대체하여 법정통화로서 통용되며 2002년 7월 1일부터는 모든 현찰 및 비현찰지급에 유로화만이 통용되고 참가국들의 국내통화는 법적 효력을 상실하게 된다. 기존 ECU와의 교환비율은 마스트리히트조약에 따라 1ECU=1Euro로 결정되며 참가국통화와 유로화의 교환비율은 공정환산율로 결정되는데 환산율은 1998년 12월 31일에 최종결정되는 각 통화의 대ECU 환율(예, 1.3575DM=1ECU)기준으로 확정된다. 이 같은 공정환산율은 1999년 1월 1일부터 고정되어 최소한 전환기간 이상 지속된다.

유로화는 1999년 4월 1일부터 1.1746달러로 거래가 개시되었으며 2001년 말 현재 15개 EU회원국 중 영국, 스웨덴, 덴마크를 제외한 12개국이 참가국으로서 유로통화권, 즉 **유로랜드**(Euroland)를 구성하고 있다.

한편 유로화를 통한 은행간 지급결제방법은 유럽중앙은행제도(ESCB) 내에 설치될 범유럽 즉시 자동총액결제시스템(Trans-European Automated Real-Time Gross Settlement Express Transfer: TARGET)에 의해 이루어질 예정이다. ESCB는 유럽중앙은행(ECB)과 참가국 중앙은행(National Central Bank: NCB)으로 구성되며 최종목표를 참가국들의 물가안정 및 유지에 두고 있으며 1999년 1월 1일부터 업무가 개시되었다. ESCB의 의결기구로는 ECB 내의 정책이사회(Governing Council), 집행위원회(Executive Board)와 더불어 제3단계에 참여하지 않은 EU회원국의 중앙은행 총재(15명)까지 포함되는 일반이사회(General Council)가 있다. 집행위원회는 ECB 총재 및 부총재, 이사 4인으로 구성된다. ECB의 초대 총재로는 1998년 5월 브뤼셀정상회담에서 네덜란드의 빔 두이젠베르그(Wim Duisenberg)가 선출되었다.

한편, EU 15개국 중 EMU 참가 12개국과 비참가 3개국간의 환율안정을 위해 신ERM(ERMⅡ)을 도입할 계획이 수립되고 있다. 이는 EU 내에서 유로화의 환율안정뿐만 아니라 비참가 회원국이 자국통화를 의도적으로 평가절하시켜 수출경쟁력을 높이는 등 환율을 정책적으로 악용할 가능성을 배제시키려는 데 목적이 있다. 이를 위해 Euro화와 비참가국통화간 기준환율과 환율변동허용폭을 설정하고 실제환율이 변동허용폭(예, 기준환율의 상하 2.25~15%)에 접근할 경우 ECB와 비참가국 중앙은행이 시장에 공동개입하여 환율이 안정권을 벗어나지 않도록 조치할 계획으로 알려지고 있다.

또한, 1997년 12월 29일 유럽은행연합회는 유로화가 도입된 후 유럽금융시장의 기준금리가 될 유로화 은행간 대출금리인 EURIBOR(Euro Interbank Offer Rate)의 산정기준을 확정 발표하였다. 브뤼셀시간 기준 11시 현재의 EU참가국 및 역외선진국 은행 중 최대 64개 은행간 평균대출금리로 산정 고시하여 여타 상업은행의 대출금리, 채권 및 파생금융상품의 기준금리지표로 이용되고 있다.

5 EMU출범의 명암

유럽경제통화통합(EMU)이 1999년 1월 1일을 기해 공식출범함으로써 오랜

기간 동안 추구해 온 유럽연합(EU)이 결성되었다. 더욱이 EMU의 결성목적이 북미자유무역협정(North American Free Trade Agreement: NAFTA)과 같은 지역간 자유무역협정 차원과는 달리 경제 및 통화통합에 있으므로 이의 출범은 세계 최대의 단일경제권 형성을 의미한다.[26] 따라서 이는 참가국은 물론 국제금융시장을 비롯한 세계경제에 적지 않은 영향을 미칠 것이다.

EMU 12개 참가국간에는 환율 및 물가안정에 교역 및 투자증대, 지역간 불균형완화, 규모의 경제실현, 외환보유액축소, 환거래비용절감 및 금융시스템의 효율성증대, 유로화의 기축통화로의 부상 등이 가시적 성과로 나타날 것이다. 이로 인해 우리나라를 비롯하여 미국, 일본 등 역외국가들에게는 유리한 경제적 효과보다는 부정적 효과가 더욱 클 것이라는 전망이 지배적이다.

더욱이 12개국으로 출범한 EMU가 목표대로 순조롭게 진행되면 EU 15개 회원국 중 나머지 3개국도 동참하게 될 것이고 불가리아, 체코공화국, 헝가리, 폴란드, 루마니아, 슬로바키아, 에스토니아를 비롯한 12~15개의 주변국가들이 추가로 참가하여 총 27~30개 국가로 구성된 거대한 EMU가 될 것이라는 전망까지도 나오고 있다.[27]

그러나 EMU에 대한 이같은 밝은 전망 이면에는 많은 어두운 장애요인들이 내재하고 있다. 우선 민족, 언어, 관습이 다른 많은 국가들을 경제라는 매개체만으로 동질화하기에는 무리가 따른다. 그것도 각국 정부의 거시경제안정화수단의 양대 축을 이루는 재정정책이 제한을 받을 뿐만 아니라 통화정책은 유럽중앙은행(ECB)으로 완전 이관되어 개별국가로서는 사용할 수 없다는 것도 이해득실이 상이한 참가국간의 이해와 협조 없이는 EMU가 극복해야 할 과제이다. 또한 유럽환율조정메커니즘(ERM)에서 경험하였듯이 독일주도하에 환율이 결정

---

26) 1996년 기준으로 EMU참가국, 미국, 일본의 경제규모 및 인구는 다음과 같다.

	EMU(11개국)	미 국	일 본
경상 GDP(10억 달러)	6,879(24.2)	7,636(26.8)	4,578(16.1)
인 국(백만 명)	289(5.4)	265(5.0)	126(2.4)
무역규모(10억 달러)	3,253(31.9)	1,378(13.5)	760(7.5)

주: ( )내는 전세계에서 차지하는 비중(%)임.

자료: WEFA, *World Economic Outlook*, 1998. 4.

27) The Industrial Bank of Japan, *The European Currency Unification: Present Status and Outlook*, May 1997, p.46을 참조할 것.

되고 약세통화국가들은 국내경제사정과는 무관하게 평가절하가 되는가 하면 외환시장개입시에도 강세통화국의 시장개입에 의존하려는 경향을 띠었는데 이 같은 일을 방지할 수 있는 제도적 장치도 마련되어야 할 과제이다. 어쨌든 EMU의 출범이 현실화된 이상 그 추진과정과 난제들을 어떻게 해결해 나갈 것인가는 지켜보며 그에 따라 역외국가들도 경제내실을 다지며 대응책을 마련하는 수밖에 없다고 하겠다.

요 약

1. 역사적으로 국제통화제도는 크게 금본위제도, 브레튼우즈체제(조정가능 금환본위제도), 킹스턴체제로 이행되어 왔다. 그러나 제도의 이행과정에는 과도기 체제들이 존재하였는데 이를 변천과정 순서대로 정리하면 다음과 같다.

   금본위제도(1880~1914) → 순수변동(clean floating)환율제도(1919~25) → 금본위제도로 복귀(1925~31) → 관리변동(dirty floating)환율제도(1931~43) → 브레튼우즈체제(1947~73) → 스미소니안체제(1971. 12~1973. 2) → 킹스턴체제(1973. 3 이후).

2. 금본위제도는 자국통화의 가치를 순금의 양으로 고정시키고 금과의 자유로운 태환이 보장되는 고정환율제도로서 세 가지 「게임의 준칙」에 의해 운용되었으며 통화간의 환율은 금수출점을 상한선으로 하고 금수입점을 하한선으로 하여 이 범위 내에서 변동되었다.

3. 데이비드 흄(David Hume)의 가격－정화 플로우 메커니즘(price-specie-flow mechanism)은 금본위제도하에서의 국제수지불균형이 자동조정되는 과정을 설명해 주고 있다. 예를 들어 국제수지적자가 발생하면 금유출 → 국내통화량감소 → 국내물가하락 → 국제경쟁력강화 → 국제수지적자개선의 메커니즘을 통해 국제수지적자는 자동조정된다. 국제수지흑자인 경우에도 반대과정을 통해 자동적으로 균형상태에 이른다.

4. 브레튼우즈체제(Bretton Woods system)는 금태환이 보장되는 미국 달러화를 기축통화로 한 국제통화제도로서 국제유동성의 공급면에서 금환본위제도이며 국제수지조정면에서 조정가능 고정환율제도의 특징을 갖는다. 최초의 금평가는 금 1온스당 35달러로 설정하였다. 이 체제의 게임의 준칙은 ① 모든 IMF가맹국들은 IMF평가를 설정하고, ② 가맹국통화의 대미달러화 환율을 IMF평가의 상하 1%범위 내에서 고정시켜야 할 의무를 부여하고 있다. 여기서 금환본위제도(gold-exchange standard

system)라 함은 금 또는 금태환이 보장되는 외국통화로 자국통화의 환평가(par value of exchange)를 설정함으로써 간접적으로 금평가와 연결시키는 고정환율제도를 말한다.

5. 브레튼우즈체제는 1947년 1월부터 운용된 이래 국제유동성 문제와 국제수지조정 문제 등 이 체제에 내재하고 있는 결함 때문에 1973년 3월에 붕괴되었다. 붕괴과정에서 이 체제를 회생시키려던 와이더밴드 시스템(wider band system)이었던 스미소니안협정도 실효를 거두지 못하고 현재의 킹스턴체제로 이행하게 되었다.

6. 킹스턴체제의 최대 특징은 각국에 자국의 경제여건에 적합한 환율제도를 채택할 수 있는 재량권을 부여하고 있다는 점인데 그 결과 1973년 3월부터 채택된 변동환율제도를 공식인정하게 되었을 뿐만 아니라 이외에 단일 또는 복수통화페그제도 등 다양한 형태의 환율제도로 발전되어 왔다.

7. 유럽통화제도(EMS)는 EC가맹국통화간에 환율안정을 기하고 경제력 격차를 축소시킴으로써 궁극적으로 EC경제통합을 실현할 목적으로 1979년 3월에 창설된 지역통화제도이다. 이 제도는 ① 유럽통화단위(ECU), ② 유럽환율조정메커니즘(ERM), ③ 중앙은행간 신용공여제도를 통해 운용되었다.

8. 유럽경제통화통합(EMU)은 역내국가간의 자본 및 노동이동의 자유화, 재화 및 서비스 시장의 통합화를 중심으로 한 경제통합과 유럽중앙은행의 창설, 유럽단일통화인 유로화의 창출 등을 골자로 하는 통화통합으로 구성된다. 이는 3단계에 걸쳐 추진되었으며 1999년 1월 1일부터 정식발족되었다.

제16장 국제금융시장

개 요

이 장에서는 국제금융시장의 구조를 분석하게 된다. 국제금융시장은 투자대상시장일 뿐만 아니라 해외자금조달의 원천이 된다는 점에서 구체적인 이해가 필요하다. 유로커런시시장을 비롯하여 국제채권(유로채 및 외국채)시장을 알아보고 국제자금이 어떻게 조달·운용되는지를 살펴보게 된다. 또한 전통적인 국제금융시장과는 다른 형태로 운용되는 역외금융센터에 대해서도 고찰하게 된다. 그리고 1980년대 이후 세계적인 추세로 확산되고 있는 금융자유화에 대한 개념과 특징을 개괄적으로 알아본 후 이와 관련하여 최근에 발생되고 있는 금융위기의 원인과 특징들을 살펴보기로 한다.

제1절 국제금융시장의 구조

1 국제금융시장의 의의

국제금융시장(international financial market)은 국제적으로 자금의 대차거래를 매개시켜 주는 시장기구를 말한다. 따라서 국제금융시장은 런던 또는 뉴욕 국제금융시장과 같이 지리적인 특정시장을 지칭할 수도 있고, 전신, 전화, 컴퓨터단말기(computer terminal) 등과 같은 통신매개체를 통해 국제간에 자금수요자와 공급자를 연결시켜 주는 추상적인 시장조직이 될 수도 있다.

국제금융시장은 국내거주자간에 자금대차거래가 이루어지는 국내금융시장과 대칭되는 개념이다. 그러나 최근 금융거래를 중개해 주는 정보통신기술의 급속한 발전과 각국의 금융자유화 추세로 국제금융시장은 전역화(globalization), 자유화(liberalization) 및 동조화(syncronization)현상이 가속화되고 금융의 증권화(securitization)현상이 급속히 확산되고 있다. 그 결과 국내금융시장과 국제금융시장간에 구분이 희석되고 있으며 거래자의 거주성이나 장소적 개념을 초월하여 국내외시장이 통합되는 경향을 보이고 있다.

그리고 기능면에서 볼 때 국제금융시장은 국제유동성의 편재를 시정시킬 뿐만 아니라 각국 금융시장간에 연계성을 제고시킴으로써 금융자유화 및 개방화를 촉진시켜 세계금융자산의 효율적 배분에 기여한다.

2 국제금융시장의 구조

국제금융시장의 당사자

국제금융시장은 거래에 참가하는 당사자들이 거래주체가 되며 각국의 금융시장과 유로시장 그리고 이들 시장을 연결시켜 주는 외환시장이 거래대상이 된다.

국제금융시장의 참가자로는 각국의 정부, 기업, 민간과 금융중개기관인 은행, 증권회사, 브로커(broker) 그리고 국제금융기구로서 국제통화기금(IMF), 세계은행(IBRD), 아시아개발은행(ADB), 국제결제은행(BIS) 등을 들 수 있다.

이들 중 금융거래에 있어서 중추적 역할을 담당하는 기관은 금융중개기관(financial intermediaries)이다. 은행, 증권회사, 보험회사 등으로 구성되는 금융중개기관은 자금수요자와 자금공급자에게 다양한 형태의 금융자산을 지속적으로 조달해 줄 뿐만 아니라 그들이 갖고 있는 고도의 전문지식과 금융기법 그리고 광범위한 시장정보조직망을 이용하여 금융혁신을 부단히 행함으로써 고수익성의 신종금융상품들을 개발하여 공급한다. 따라서 금융중개기관은 금융자산의 수익성을 높이고 유동성과 분할성을 제고시켜 거래위험을 분산 · 경감시킴으로써 거래의 안전성에 기여한다.

이러한 수익성, 유동성, 분할성 및 안전성은 국제자금의 효율적 조달과 배분을 촉진시키는 요체라고 하겠다. 그러나 1980년대에 접어들면서 금융기관들은 종전의 분업주의에서 종합적인 금융서비스를 제공하는 겸업주의(universal banking)로 전환하면서 은행의 업무범위와 자산운용을 투자위험이 보다 큰 금융수단 및 금융상품에 연계시키고 있기 때문에 금융시장의 안정성과 투자가보호 문제가 새롭게 제기되고 있다.

한편, 국제금융시장의 참가자 중 국제금융브로커(broker)는 외환브로커와 마찬가지로 중개수수료(brokerage)를 받고 단지 중개업무만 담당하는 중개인을 말하는데 이들은 자기자신의 금융포지션을 갖지 않을 뿐만 아니라 환위험 및 금리위험의 부담을 갖지 않는 것이 특징이다. 이들 브로커들은 고도의 전문지식과 기술을 가지고 고객간 또는 은행간 자금거래를 기동성 있고 확실하게 성사시키는 역할을 수행한다. 이러한 중개업무도 1970년 이후부터는 국제기업화되는 추세에 있는데 특히 유로시장을 중심으로 여러 국가의 브로커들이 합병한 국제브로커기업들이 조직되면서 대기업화되고 있다.

국제금융시장의 유형

국제금융시장은 주로 국제간에 신용(credit)이 이루어지는 협의의 국제금융시장과 여기에 외환시장을 포함시킨 광의의 국제금융시장으로 구분할 수 있는데 일반적으로 국제금융시장이라고 하면 협의의 국제금융시장을 지칭하고 외환시장은 별도의 시장으로 취급한다.

그림 16-1 국제금융시장의 분류

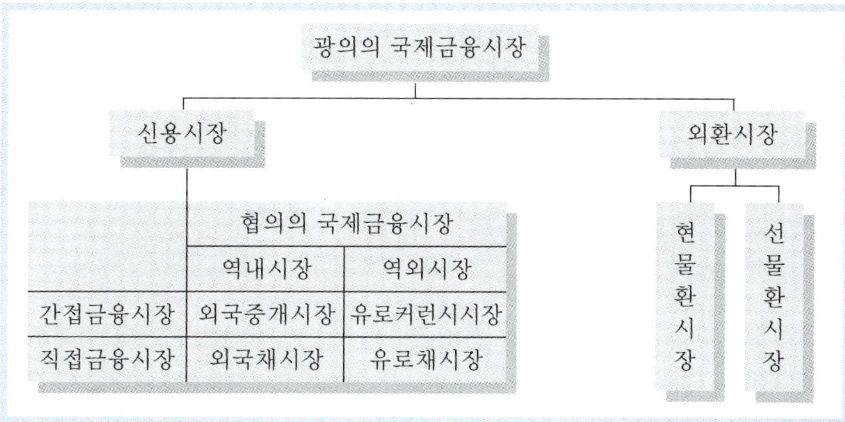

또한 국제금융시장은 위의 [그림 16-1]에서 보는 바와 같이 금융거래자의 거주성에 따라 역내시장(internal market)과 역외시장(offshore market)으로 구분되며 이들 시장은 다시 금융조달 형태에 따라 각각 직접금융시장과 간접금융시장으로 나누어진다.

역내시장(域內市場)이라 함은 외국차입자들이 금융기관 소재국의 통화로 발행된 금융자산을 거래하는 시장을 말하는데 이에는 간접금융시장으로서의 외국중개시장과 직접금융시장으로서의 외국채시장(foreign bond market)이 있다. 여기서 외국채시장이라 함은 외국차입자가 그 채권시장이 속해 있는 국가의 통화로 채권(bond)을 발행하고 매매하는 시장을 의미한다.

한편 역외시장(域外市場)이란 외국통화표시 금융자산이 표시통화국 영토 밖에서 거래되는 시장을 말하는데 이는 유로시장(Euromarket)과 동일한 개념으로 사용된다. 역외시장은 간접금융시장형태의 유로커런시시장(Eurocurrency market)과 직접금융시장형태의 유로채 또는 유로본드시장(Eurobond market)이 있다.

끝으로, 국제금융시장에서의 간접금융시장은 국내금융시장에서의 분류와 마찬가지로 국제적으로 자금의 대차거래가 은행, 증권회사 등과 같은 금융중개기관을 통해 이루어지는 시장으로 외국중개시장과 유로커런시시장이 여기에 해당된다. 그리고 직접금융시장은 국제자금거래가 수요자와 공급자에 의해 직접 거래되는 시장으로서 흔히 자금의 수요자인 기업 등이 발행한 주식이나 채권을 자금의 공급자가 직접 매입하는 형태로 이루어지는 자본시장을 말한다.

제2절 유로시장

1 유로시장의 의의 및 특징

유로시장(Euromarket)이란 특정국통화표시의 금융자산거래가 통화발행국 영토 밖에서 거래되는 국제금융시장을 말한다. 그리고 유로시장에서 유통되는 통화들을 유로커런시(Eurocurrencies)라고 하고 유로커런시로 발행된 채권(bond)을 **유로채** 또는 **유로본드**(Eurobond)라고 한다. 다시 말하면 유로채시장은 특정국통화표시의 채권이 통화국 밖에서 발행되고 유통되는 시장이다. 따라서 유로시장은 유로커런시시장과 유로채시장으로 구성되는 역외시장이다.

한편 유로커런시를 통화대상에 따라 구분하면 미국 영토 밖에서 유통되는 미국 달러화를 **유로달러**(Eurodollar)라고 하고 영국 영토 밖에서 유통되는 영국 파운드화를 유로파운드(Europound)라고 부른다. 마찬가지로 일본 엔화에 대한 유로엔, 스위스 프랑화에 대한 유로스위스프랑 등이 있다.

그리고 유로시장에서 예금 및 대출업무를 중개해 주는 금융기관을 유로은행(Eurobank)이라고 하는데 이는 은행의 소재국통화 이외에 유로커런시의 예금 또는 대출업무를 담당하고 있다. 미국 시티은행(U.S. Citibank)의 런던지점이 파운드화 이외에 유로커런시인 유로달러나 유로엔 등의 예금과 대출을 취급하면 유로은행이 된다.

유로시장의 특징은 무엇보다도 국경을 초월한 초국가적 성격을 갖고 있을 뿐만 아니라 표시통화국이나 유로은행 소재국에 의해 규제를 받지 않는 역외시장(offshore market)의 특성을 갖고 있다는 점이다. 유로은행들은 본국은행에 적용되는 지준예치의무에 구속을 받지 않을 뿐만 아니라 유로은행 소재국들 대부분이 자국의 이익을 위해 각종 규제를 면제해 주고 있어 자금운용상에서 국내은행보다 유리한 조건을 갖는다.

그러나 유로은행에 대한 지준예치의무의 면제는 본국의 중앙은행으로부터 통제를 받지 않는다는 점에서 장점이 되기도 하지만 역으로 단점이 되기도 한다. 그 이유는 자금부족시에 국내금융시장에서 중앙은행과 같은 최종대출자(lender of last resort)가 존재하지 않으므로 거래위험가능성을 내포하고 있기 때문이다. 그러나 지금까지의 경험에 비추어 볼 때 실질적인 거래위험은 발생하지 않은 것으로 나타났는데 그 이유는 유로은행들이 자산과 부채의 만기구조를 거의 일치시키는 거래형태로 운용하기 때문인 것으로 알려지고 있다.

2 유로시장의 생성

유로시장의 생성은 1950년대 초에 동서냉전이 격화되면서 구소련(Soviet Union)이 국제결제를 위해 미국소재 은행들에 예치하고 있던 막대한 달러화표시 예금을 미국의 동결 또는 기타 규제조치를 우려하여 유럽지역으로 이체하면서 유로달러가 형성된 데 기원을 두고 있다.[1] 또한 이 무렵 구소련 이외에 동구공산권국가들도 무역적자에 따른 자금조달을 유로시장에서 조달하기 시작했고 1957년에는 영국이 스털링위기를 맞아 대외무역거래에 파운드 스털링화의 사용을 제한함에 따라 영국의 상업은행과 인수회사(accepting house)들이 달러화 예금을 적극 유치하여 대출함으로써 더 많은 달러화가 영국으로 유입되어 유로시장의 성장을 촉진시켰다.

미국은 이에 대해 초기에는 매우 수동적인 자세로 방관하였으나 달러화의 지속적인 유출이 일어나자 금리 및 자본거래에 대한 각종 규제조치를 취하게 되었는데 이런 규제조치는 유로시장의 성장을 촉진시키는 계기가 되었다. 유로시장을 형성시킨 주요 원인들로는 다음과 같이 크게 네 가지가 지적되고 있다.

첫째로는 영국 파운드화의 국제통화로서의 역할이 퇴조되었음을 들 수 있다. 금본위제도하에서 국제통화의 역할을 독점적으로 수행해 온 영국 파운드화는 제2차 세계대전 이후 국제수지적자폭이 확대되면서 평가절하와 외환규제를 강화하였다. 그 결과 파운드화를 통한 무역결제를 회피하려는 경향이 증대된 반

1) F.S. Mishkin, *The Economics of Money, Banking, and Financial Markets*, 3rd ed., Harper Collins Publishers, 1992, p. 243; A.C. Shapiro, *Multinational Financial Management*, 4th ed., Allyn and Bacon, Boston, 1992, pp. 578–80.

면 상대적으로 경제력이 증가한 미국 달러화를 선호함으로써 유럽으로 달러화의 유출을 초래하게 되었다. 더욱이 영국의 외환관리규제와는 달리 구서독 등 여타 유럽국가들은 1958년부터 외환관리규제를 대폭 완화시키는 동시에 유로커런시에 대한 각종 유치제도를 설정함으로써 유럽을 중심으로 유로커런시시장이 발전되는 계기가 형성되었다.

둘째로는 미국이 금리상한규제를 실시한 점을 들 수 있다. 미국은 1968~69년에 긴축금융정책을 실시하면서 예금금리상한규제인 「Regulation Q」[2] 조치를 취했다. 이로 인해 미국금융시장의 실질금리는 금리상한수준보다 높아지게 되었다. 그 결과 미국은행들은 유로시장에서 양도성예금증서(certificate of deposit: CD)를 발행하여 유로커런시를 차입하는 방식으로 자금부족을 충당하였다. 또한 미국투자가들의 입장에서도 미국내 금리수준보다 높은 금리가 보장되는 유로시장에 투자함으로써 유로시장의 성장에 기여하게 되었다.

셋째로는 미국의 자본이동규제조치를 들 수 있다. 미국은 1960년대에 들어 국제수지가 적자로 반전되면서 이를 개선하기 위해 자본유출억제를 위한 일련의 조치를 취하였다.

우선 1963년 7월에 이자평형세(interest equalization tax)를 도입했는데 이는 미국자본의 해외유출을 억제하기 위해 미국 거주자가 외국주식이나 외국채권을 매입하는 경우 일정률의 조세를 부과하는 제도를 말한다. 이 제도로 인해 미국은행 또는 미국기업들은 유로시장의 지점망을 통한 현지 자금조달을 함으로써 유로시장의 발전을 촉진시키게 되었다. 이 제도는 1963년 9월부터 발효하여 1974년 1월까지 지속되었다.

또한 미국은 미국시장 내에서 외국인들의 채권발행을 통한 미국자본의 차입을 억제하는 동시에 1965년에는 「자율적 해외여신규제계획」(Voluntary Foreign Credit Restraint Program: VFCR)을 실시하여 미국은행의 해외차입자에 대한 여신한도를 자율적으로 제한함으로써 해외자본유출을 규제하였다. 그리고 1968년에는 미국기업들에 대한 해외투자를 억제하기 위해 「해외직접투자규제」

2) Regulation Q란 미연방준비은행의 「이사회규정 Q」로서 예금금리상한규제를 의미하는데 이는 정기예금과 저축성예금에 적용할 수 있는 금리상한선(interest rate ceilings)이다. 이 제도는 유로달러의 형성을 촉진시켰을 뿐만 아니라 미국은행들로 하여금 양도성예금증서(CD) 및 기업어음(CP)의 발행과 은행지주회사(bank holding company)의 조직으로 확대해 나가는 계기가 되었다.

(Foreign Direct Investment Regulation: FDIR)를 실시하였다. 이와 같은 일련의 조치로 미국기업들은 해외투자자금조달을 해외시장 특히 유로시장을 통해 조달함으로써 유로채권시장(Eurobond market)의 성장을 촉진시키는 계기가 되었다.

끝으로, 오일머니의 환류(recycling)도 유로시장을 형성하는 데 기여하였다. 1973년 10월부터 1974년 초에 걸쳐 발생한 제1차 석유파동은 산유국과 비산유국의 국제수지에 크게 영향을 미쳤다. 원유가의 급등으로 석유소비국들은 국제수지적자를 겪게 되고 석유수출국기구(Organization of Petroleum Exporting Countries: OPEC)는 막대한 석유자금의 유입으로 국제수지흑자를 기록했다. 산유국은 이같은 막대한 오일머니(oil money)로 유로시장에 투자를 하게 되었고 비산유국들은 국제수지적자를 보전하기 위해 유로시장에서 오일머니를 단기차입함으로써 산유국과 비산유국간에 오일머니가 환류되며 유로시장의 성장을 더욱 촉진시켰다.

이상에서 살펴본 유로시장의 생성원인들 이외에도 유로시장이 국내시장보다 규제가 적을 뿐만 아니라 유로은행의 예대금리차(예금금리와 대출금리간의 차이)가 각국의 국내시장보다 작기 때문에 유로시장을 발전시키는 데 기여했다. 예대금리차가 상대적으로 낮은 이유는 조달비용이 저렴할 뿐만 아니라 유로시장의 은행간거래가 국내시장보다 효율적으로 운용될 수 있기 때문이다. 따라서 유로예금자에게 적용되는 예금금리는 국내은행보다 다소 높이 적용하면서 대출금리는 국내은행보다 낮은 금리로 대출함으로써 예대금리차이를 줄이는 것이 가능하다.

제3절 유로커런시시장

유로커런시시장은 크게 대고객시장과 은행간시장으로 구성된다.

대고객시장은 유로커런시예금을 받아 이를 최종차입자인 고객에게 대출해 주는 시장을 말한다. 여기서 고객은 정부, 기업, 민간 등이 그 대상이 된다. 이에 대해 은행간시장(interbank market)은 유로은행 상호간에 유로커런시의 예금과 대출이 이루어지는 시장을 말하는데 여기에는 통상거래에 전문지식을 갖고 있는 중개인(broker)이 개입하여 거래를 알선해 주곤 한다. 이하에서는 유로커런시시장을 유로예금시장과 유로대출시장으로 나누어 살펴보고 유로노트시장, 유로금리의 결정 등을 알아보기로 한다.

1 유로예금시장

유로예금시장은 각종 유로예금이 이루어지는 시장을 말한다. 유로예금의 대부분은 정기예금(time deposit)으로 이루어지고 이들 예금의 만기는 1일부터 5년까지 다양한데 이 중 7일부터 180일 만기 유로예금이 단기예금의 주종을 이루고 있다. 유로예금단위는 100만 달러로 하고 있으며 오버나이트(overnight)예금의 경우에도 이자가 지급된다. 그리고 정기예금형태가 아닌 것으로는 유일하게 콜머니(call money)가 있는데 이는 예금자가 하루 전에 통지하면 언제든지 인출이 가능한 예금을 말한다. 콜머니는 예금자에게는 높은 이자를 보장할 뿐만 아니라 예금자가 인출을 통지하면 언제든지 현금화할 수 있어 유리하고 은행측으로서는 차입비용이 저렴하고 콜머니의 절반은 장기예금으로 간주될 수 있기 때문에 안정적인 자금이라는 측면에서 이를 선호하고 있다.

유로정기예금과 콜예금 이외에도 유로양도성예금증서(certificate of deposit: CD)가 있다. 유로CD는 1966년 미국 시티은행(U.S. Citibank)의 런던지점이 처음 발행하면서 확산되었는데 거래단위는 통상 100만 달러이고 만기로는 대부분 3개월~6개월이며 그 외 5년 만기인 것도 있다. 유로CD의 발행금리는 동일만기구조를 갖는 유로정기예금금리보다 0.125~0.25%포인트 낮다. 그리고 낮은 금리로 인해 은행들이 무제한으로 CD를 발행할 가능성이 있기 때문에 이를 방지하기 위해 CD발행한도를 설정하여 발행을 제한하고 있다.

한편 유로예금의 공급자로는 개인, 기업, 정부, 국제기구, 타 유로은행들로 구성되는데 1988년기준으로 이 중 약 19%는 민간 비은행들이 공급하고 나머지는 은행간예금으로 이루어지고 있다.

민간 비은행부문으로서 개인은 유로예금의 거래단위가 100만 달러이기 때문에 참여하기가 어렵고 주로 기업체의 지점 또는 자회사들이 참여한다.

공적 부문으로서는 각국의 정부 또는 중앙은행들이 보유외화자산을 유리하게 운용하기 위해 유로시장에 예금을 하고 있으며 국제기구들이 또한 예금주로서 참여하고 있다. 국제기구로서는 **국제결제은행**(Bank for International Settlements: BIS)[3)]이 예금주로 참여하고 있다.

그리고 유로예금의 대종을 이루고 있는 유로은행간 예금은 각국의 상업은행과 기타의 금융기관이 참여하여 그들이 받은 예금을 유로커런시시장에서 운용하고 있다.

2 유로대출시장

유로은행들은 예금으로 수취한 자금을 타 유로은행에 대출해 주거나 각국의 정부 또는 은행, 기업 등의 고객에게 대출해 줌으로써 수익을 얻는다. 또한 유로은행들은 자국의 모은행인 본점이나 타 지역의 지점들에게 대출하기도 하고 유로시장에서 단기증권에 투자하기도 한다.

그러나 예금의 약 절반은 은행간대출로 타 유로은행에 대출(재예금)되고 있는데 그 이유는 예금자들이 주로 신뢰도가 높은 대규모의 은행들과의 거래를 선호하고 있을 뿐만 아니라 유로은행들이 자산의 안정적 관리를 위해 예금의 최종차입자에게 대부분을 대출하기보다는 타 유로은행에 재예금시키기 때문이다.

한편 유로대출시장(Eurocredit market)은 중장기자금의 대출시장의 특징을 띠며 이에는 ① 유로은행이 민간인에게 개별적으로 융자해 주는 대출시장과, ② 신디케이트론시장이 있는데 거래 대부분이 신디케이트론시장에서 이루어진다.

신디케이트론(syndicated loan)이란 유로커런시시장에서 일단의 유로은행 등이 차관단을 구성하여 정부 또는 공공기관 등 특정 차입자에게 일정조건으로

3) BIS(Bank for International Settlements)는 제1차 세계대전 후 독일의 배상 문제를 해결하기 위해 1930년 스위스 바젤(Basle)에 설립된 국제결제은행을 말한다. 현재는 주로 OECD 내에 결성된 각종 유럽내 지불협정, 유럽결제동맹 또는 유럽통화협정의 실무담당기관으로서의 주요기능을 담당한다. 특히, 1988년 7월에는 바젤에서 상업은행의 건전성과 안전성 제고 및 국제금융활동의 평등한 경쟁확보를 목적으로 한 소위 'BIS자기자본비율 8%' 이상의 유지를 의무화하는 기준을 마련하였는데 자기자본비율은 위험가중총자산 중 자기자본비율을 말한다. 또한 BIS는 매년 국제금융거래에 대해 「BIS연차보고서」를 작성하여 발표하고 있는데 국제금융시장동향을 파악하는 데 중요한 자료가 되고 있다.

대규모의 중장기자금을 공동융자해 주는 거래형태를 말하는데 이는 국제적으로 무담보신용대출의 특성을 띠며 전통적인 은행업무와 투자은행의 인수업무 기능이 혼합된 융자형태이다.

이의 장점으로는 공급자인 신디케이트 구성은행은 거액융자시 특정차입자의 채무불이행위험(default risk)에 따른 대출위험을 분산시킬 수 있을 뿐만 아니라 중소은행 또한 이에 참여할 수 있어 대규모 은행들의 신용정보나 거래기법 등을 이용할 수 있다. 이에 대해 차입자의 입장에서도 대규모 자금을 조달하기 위해 개별 대출은행과 차입조건, 융자절차, 대출한도 등을 별도로 협의해야 하는 번잡성을 피할 수 있는 장점이 있다. 신디케이트론의 만기는 보통 7년인데 경우에 따라서는 10년까지 허용되기도 한다.

유로커런시시장에서 은행간거래에 적용되는 금리를 런던은행간 금리라고 하는데 이에는 예금금리(bid rate)와 대출금리(offer rate)가 있다.[4] 예금금리는 유로은행이 타 유로은행으로부터 예금을 수취할 때 지급하는 이자율을 말하고 대출금리는 유로은행이 다른 유로은행에 대출(예금)할 때 적용되는 이자율로서 예금하는 유로은행의 입장에서 타 은행으로부터 수취하는 이자율을 말한다.

대출금리로서 가장 중요한 것은 **런던은행간 대출금리**(London Interbank Offer Rate: LIBOR)를 들 수 있다. 이는 런던의 은행간거래에 적용되는 대출금리로서 런던시간으로 오전 11시에 런던 주요 은행(통상 6개 참고은행)으로부터 그들의 대출금리를 보고 받아 평균한 금리를 말한다. 통상 대규모의 유로은행이 중소유로은행에 대출할 때라든가 대고객대출에 적용하는 기준금리로 이용된다. 따라서 LIBOR는 국제금리의 기준금리로 이용되며 실제로는 LIBOR에 일정한 가산금리인 스프레드(spread)를 합하여 신디케이트대출금리, 변동금리부채권금리, 후진국의 외자도입에 따른 차관금리 등의 기준금리로 이용되며 특히 90일 단기 LIBOR를 유로금리라고 한다. 스프레드는 고객의 신용도 및 시장여건에 따라 결정되며 신용상태가 좋은 차입자에게는 낮은 스프레드를 적용하고 신용상태가 나쁘거나 자금사정이 악화된 경우에는 높은 스프레드를 적용한다.

---

4) 예금금리로서 런던은행간 예금금리(London Interbank Bid Rate: LIBID)가 있으며 대출금리로서는 본문의 런던은행간 대출금리(London Interbank Offer Rate: LIBOR)가 있다. 국제대출금리는 이 외에도 싱가포르의 SIBOR(Singapore Interbank Offer Rate), 중동 바레인의 BIBOR(Bahrein Interbank Offer Rate), 뉴욕역외시장의 NIBOR(New York Interbank Offer Rate) 등이 있다.

3 유로노트시장

유로노트시장(Euronote market)은 「은행인수약정형 퍼실리티」(back-up facility)와 「은행비인수약정형 퍼실리티」(nonback-up facility)에 의해 유로자금이 조달되는 시장을 말한다.

인수약정 퍼실리티의 중요한 것으로는 NIF(Note Issuance Facility)가 있는데 이는 차입자가 은행과 약정한 퍼실리티(신용)한도 내에서 필요시마다 단기증권을 발행하여 자금을 조달하는 금융수단을 말하며 이 때 은행은 차입자가 발행한 단기증권의 미소화잔액을 인수하거나 미소화잔액만큼 대기성신용(stand-by credit)을 공여하는 방식을 취한다. NIF의 법적 구속력은 통상 5~7년의 중기계약으로 이루어지고 차입자는 보통 3개월 내지 6개월 만기의 단기증권을 발행하는데 단기증권은 일반적으로 차입자가 은행차입자인 경우에는 양도성예금증서(CD)로 발행되고 차입자가 비은행인 경우에는 유로노트(Euronote)로 발행된다.

한편 비인수약정 퍼실리티의 주종을 이루는 것으로는 유로CP(Euro-Commercial Paper: 유로기업어음)와 MTN(Medium Term Note: 중기노트)이 있다. 유로CP는 차입자가 은행과 일정기간 동안 유로CP의 발행한도를 약정하고 유로CP의 회전발행(rollover issuance)방식을 통해 자금을 조달하는 금융방식을 말한다. 유로CP가 회전발행을 통해 자금을 조달한다는 점에서는 NIF와 유사하지만 유로CP는 미소화잔액에 대한 은행의 인수 또는 대기성 신용공여의 의무가 없다는 점에서 NIF와 다르다고 하겠다.

4 유로금리의 결정

유로커런시시장은 각종 시장정보 등에 지극히 민감할 뿐만 아니라 고도의 경쟁적인 시장이기 때문에 유로금리 또한 부단히 변동한다. 그럼에도 불구하고 유로금리수준은 일정한 상한과 하한을 갖고 그 범위 내에서 변동하는 것으로 실증분석되고 있는데 이에 대해 알아보기로 한다.

유로금리도 국내금리의 결정메커니즘과 마찬가지로 기본적으로 유로자금에 대한 수요와 공급에 의해 결정된다. 수요자나 공급자는 각종 금융규제, 거래위험, 기대 등을 감안하여 자금의 수익성, 유동성, 안전성 등에 따라 시장을 선택하게 되고 이는 수요와 공급에 영향을 미치게 된다.

예금자의 입장에서는 일정한 위험하에 상대적으로 높은 금리를 제공하거나 또는 일정한 금리수준하에 상대적으로 낮은 위험을 갖고 있는 시장에 예금을 예치하려고 할 것이며, 반대로 차입자의 입장에서는 상대적으로 금리수준이 낮거나 또는 상대적으로 높은 편의성이나 유동성이 있는 시장에서 대출을 받으려 할 것이다.

사실상 주요 선진국들의 국내금리와 유로시장의 유로금리간에는 격차가 존재할 뿐만 아니라 국내시장과 유로시장에서의 예대금리차가 상이하다. 국내금리의 예대금리격차보다 유로금리의 예대금리격차가 상대적으로 작은데 이는 바로 유로시장이 존립하는 근거가 되고 있다.

그렇다고 하면 왜 국내금리와 유로금리간에 격차가 발생하는 것일까? 그 이유를 유로달러금리를 중심으로 알아보기로 하자.

미국내 금리와 유로금리간의 차이가 발생되는 원인으로는 앞서 언급한 자금의 수요 · 공급에 영향을 미치는 요인들로서 ① 금융규제비용의 차이, ② 시장참가자들이 주관적으로 평가하는 위험 및 기대, ③ 시장구조의 차이 등을 들 수 있는데 여기서는 주로 금융규제비용(regulatory expenses)의 차이에 따른 양 시장에서의 금리차이를 규명하기로 한다.[5)]

먼저 대출금리면에서 보면 유로달러 대출금리는 미국의 프라임레이트(prime rate)와 같은 기준금리수준보다 낮은데 그 주요 원인들로는 다음과 같은 내용들이 지적되고 있다.

첫째, 유로은행들은 미국내 은행들에 비해 금융규제비용이 아예 발생하지 않거나 낮기 때문에 상대적으로 낮은 금리로 대출할 수 있다. 미국내은행들은 예금에 대한 지급준비예치(reserve requirements)에 따른 비용과 연방예금보험공사(Federal Deposit Insurance Corporation: FDIC)에 가입비용 등 금융규제비용을 부담하는 데 대해 유로은행들은 이와 같은 규제비용은 발생하지 않는다.

---

5) A.C. Shapiro, *Multinational Financial Management*, 4th ed., Allyn and Bacon, Boston, 1992, pp.578-84.

둘째, 금융거래비용면에서도 유로은행들은 미국내 은행들보다 상대적으로 유리한 입장에 있다. 왜냐하면 유로은행들은 신용상태가 잘 알려진 차입자들에 대해서만 대출을 해 주고 있으므로 정보수집이나 신용분석비가 절감되기 때문이다. 뿐만 아니라 대출규모면에서도 대단위의 대출형태로 이루어지고 있기 때문에 미국내 은행들보다 낮은 스프레드(spread)를 적용할 수 있게 된다.

셋째, 미국내 은행들은 경우에 따라서는 특정 차입자에 대한 특혜금융형태인 정책금융지원이 불가피하지만 유로은행들은 그와 같은 경우는 존재하지 않는다. 따라서 상대적으로 높은 수익률을 얻을 수 있기 때문에 대출금리를 낮출 수 있게 된다.

넷째, 미국내 은행들과는 달리 유로은행들은 높은 수익률이 기대되는 조세도피국가들(tax-haven countries)에게도 대출이 이루어지고 있다.

다음으로 예금금리면에서 보면 유로달러 대출금리와는 달리 유로달러 예금금리는 일반적으로 미국내 예금금리(예, CD금리)수준보다 높다. 그 주요 원인들은 위에서 지적된 원인들과 밀접한 관계를 갖는데 좀더 구체적으로 살펴보면 아래와 같다.

첫째, 유로시장 밖의 예금을 유로시장으로 유치하기 위해 상대적으로 높은 예금금리를 적용하고 있다.

둘째, 유로은행들은 미국내 은행들에 비해 금융규제비용과 거래비용이 없거나 낮기 때문에 상대적으로 높은 예금금리를 지불할 수 있다.

셋째, 유로은행들은 지급준비예치의무 등의 적용을 받지 않기 때문에 미국내 은행들에 비해 예치된 예금 중 더 높은 비율의 대출이 가능하다. 즉 수익자산(earning assets)의 비율을 높일 수 있다.

넷째, 유로은행들은 많은 국가들이 시행하고 있는 금리상한규제(interest rate ceilings)와 같은 적용을 받지 않으므로 예금금리를 높게 책정할 수 있다.

이상에서 살펴본 미국내 예대금리와 유로예대금리의 관계를 요약하면 크기 순서대로 국내대출금리 > 유로대출금리 > 유로예금금리 > 국내예금금리의 순서를 갖는다. 따라서 대출금리와 예금금리간의 차이인 예대스프레드는 국내금리보다 유로금리가 작음을 알 수 있다.

한편 유로커런시시장은 유로달러 이외에도 유로엔, 유로스위스프랑, 유로마르크 등이 있는데 이들 금리수준은 같지 않다. 유로커런시간의 금리차이는 이

표 16-1 유로커런시의 금리 추이(90일 만기 기간평균치)

(단위: %)

	유로달러	유로마르크	유로파운드	유로스위스프랑	유로엔
1980	14.19	8.73	16.35	5.64	11.30
1985	8.40	5.37	12.25	5.03	6.68
1986	6.86	4.64	10.97	4.33	5.12
1987	7.18	4.06	9.80	3.91	4.26
1988	7.98	4.33	10.36	3.20	4.51
1989	9.28	7.09	13.94	7.07	5.46
1990	8.31	8.51	14.79	8.96	7.76
1995	6.04	4.53	6.73	3.09	1.27
1997	5.76	3.37	6.90	1.71	0.63

자료: IMF, *International Financial Statistics*, Yearbook 1991 and March 1998.

론적으로 성립되는 이자평가조건(interest parity condition)이 단기적으로 성립되지 않기 때문에 발생한다.

1980년대 이후 국제금리는 1985년 중반까지는 고금리 추세를 보이다가 하반기부터 저금리로 전환하였다. 그 후 1989~90년까지 다시 상승하다가 하락세를 유지하였는데 [표 16-1]은 이와 같은 추이를 보여 주고 있다.

제4절 국제채시장

국제금융시장에서 중장기채권(中長期債券)이 발행되고 유통(매매)되는 시장을 국제채권시장(international bond market)이라고 하며 흔히 줄여서 국제채시장이라고 한다. 국제채시장은 채권발행자의 거주성에 따라 크게 유로채시장(Eurobond market)과 외국채시장(foreign bond market)으로 구분되는데 이들 모두는 국내자본시장에서 국내차입자들이 발행하는 국내채권시장(domestic bond market)과 대응되는 개념이다.

1 유로채시장

유로채 또는 유로본드(Eurobond)라 함은 자금차입자가 채권의 표시통화국 영토 밖에서 발행하는 채권(債券)을 말하며, 이와 같은 채권(bond)이 기채되고 유통되는 시장을 유로채시장(Eurobond market)이라고 한다. 예를 들어 미국의 자금차입자가 영국이나 프랑스 등 미국 영토 밖에서 채권을 발행하여 매각시키는 경우 유로달러채 또는 유로달러본드가 된다.

유로채는 통상 여러 국가의 은행 및 증권회사들로 구성된 국제인수단(international underwriting syndicate)에 의해 인수 · 매각되는 기채방식(起債方式)을 취한다. 그 이유는 특정 기채자가 발행한 채권을 국제적으로 불특정다수의 투자자들에게 분산매각시킴으로써 채권인수에 따른 위험부담을 감소시킬 수 있기 때문이다. 발행된 본드가 일반 투자가들에게 모두 매각되지 못하는 경우에는 국제인수단에 참여한 은행 또는 증권회사들이 각 인수쿼터에 비례하여 매입할 인수책임을 짐으로써 위험부담을 줄이고 그 대가로 채권발행자로부터 인수 수수료(underwriting fee)를 받는다.

유로채시장의 특징 중 하나는 일반적인 자본시장과는 달리 기관투자자(institutional investor)보다 개인투자가(individual investor)의 비중이 높다는 사실이다. 기관투자자인 은행, 다국적기업, 국제기구(IMF, IBRD 등), 국제보험회사 등은 자금조달 또는 자산관리목적으로 참여하는데 비해 중동 또는 중남미 등의 부호나 고관들은 탈세 내지는 자본도피를 목적으로 참여하는 경우가 많기 때문이다. 개인투자가가 차지하는 비율은 약 60% 수준에 달하고 나머지 40%가 기관투자자들에 의해 이루어진다.

유로본드는 모집방법에 따라 공모(public placement)와 사모(private placement)로 구분된다. 공모(公募)란 국제인수단이 유로채를 인수한 다음 증권거래소에 상장시켜 일반투자가들에게 판매하는 경우를 말하며 사모(私募)는 공식적인 인수단 없이 대리인(agent)을 통하거나 또는 대주와 차주가 직접 거래하는 비상장채권을 말한다. 유로채의 70~80%는 공모에 의해 발행되고 나머지는 사모에 의해 발행되고 있다. 그리고 유로채시장의 생성원인은 유로커런시시장의 생성원인과 동일하다.

2 외국채시장

외국채(foreign bond)란 외국차입자가 그 채권시장이 속해 있는 국가의 통화로 발행하는 채권(債券)을 말한다. 예를 들어 미국의 자금차입자가 자금조달을 위해 영국에서 파운드화표시 채권을 발행하였다고 하면 이는 파운드화표시 외국채가 된다. 이를 불도그본드(Bulldog bond)라고 부르기도 한다. 특히 미국채권시장에서 외국차입자가 발행한 달러화표시 채권을 **양키본드**(Yankee bond)라고 하며 일본채권시장에서 외국차입자가 발행한 엔화표시 채권을 사무라이본드(Samurai bond)라고 한다. 그러나 일본채권시장에서 외국차입자가 엔화가 아닌 외국통화로 발행한 채권은 쇼군본드(Shogun bond)라고 한다.

외국채는 유로채와는 달리 국제인수단이 아닌 국내인수단(domestic underwriting syndicate)에 의해 인수·매각되는 기채방식을 취하는데 국내인수단은 기채국의 은행 및 증권회사 등으로 구성된다. 그리고 외국채의 경우에도 모집방법에 따라 공모와 사모로 구분되는데 공모의 경우에는 유로본드에서의 국제인수단 대신 국내인수단에 의해 인수되며 증권거래소에 상장되어 일반투자가들에게 판매된다.

3 국제채의 발행 형태에 의한 분류

국제채는 앞서 고찰한 바와 같이 ① 유로채와 외국채, ② 공모채와 사모채로 분류될 뿐만 아니라 이 외에도, ③ 표시통화, ④ 발행국 또는 발행기관,[6] ⑤ 채권의 발행 형태 등에 따라 분류될 수 있다. 여기서는 채권의 발행 형태로 분류한 국제채의 종류만을 살펴보기로 한다.

---

6) 표시통화에 따른 분류는 미국 달러채, 영국 파운드채, 스위스 프랑채 등으로 분류됨을 말하며 발행국 또는 발행기관에 따른 분류는 국가별, 지역별, 국제기구(OECD, OPEC)별로 분류됨을 의미한다.

채권의 발행 형태에 따른 중요한 국제채로는 보통채, 전환사채, 변동금리채, 신주인수권부사채, 주식예탁증서, 제로쿠폰채 등이 있다.

보통채(straight bond: SB)는 전형적인 형태의 유로채로서 고정된 표면금리(coupon rate)에 따라 일정기간 동안 확정이자(fixed interest)를 지급하고 상환일자에 가서 액면가격으로 상환되는 고정금리채이다. 보통채 중 만기가 3~7년인 채권을 노트(note) 또는 중기채(medium-term straight bond)라고 하고 8년 이상인 채권을 장기채(long-term straight bond)라고 한다. 중기채는 일반적으로 만기에 가서 일시상환(bullet repayment)되지만 장기채는 정기분할 상환한다.

전환사채(convertible bond: CB)는 보통채와 마찬가지로 확정이자를 지급하지만 일정한 조건하에 발행회사의 주식(common stock)으로 전환할 수 있는 선택권(option)이 부여된 채권을 말한다. 채권의 주식전환은 일반적으로 주식의 시장가격에 10~15%의 프리미엄을 붙인 가격으로 이루어지는데 이를 전환프리미엄(conversion premium)이라고 한다. 유로전환사채는 대부분 발행 후 6개월이 경과한 후 만기에 이를 때까지 언제라도 주식으로의 전환이 가능하다.

변동금리채(floating rate note: FRN)는 표면금리를 고정시키지 않고 LIBOR와 같은 국제단기금리에 연동시켜 일정한 가산금리(spread)를 더하여 이자를 지불하는 채권을 말한다. 이와 같은 변동금리채는 금리변동에 따른 위험으로부터 투자가들을 보호해 줄 수 있기 때문에 민간기업뿐만 아니라 은행 등 금융기관들에 의해 중장기대출자금의 확보를 위해 널리 이용되고 있다.

한편 **신주인수권부사채**(bond with equity warrant: BW)는 주식매입권부채권(株式買入權附債券)을 말하는데 이 채권의 매입자는 기채회사의 신주 또는 기발행주식을 일정한 기간 내에 매입할 수 있는 권한이 보장된다. 투자가는 BW를 매입함으로써 매입권행사에 의해 주식매입으로 추가적인 자본이득(capital gain)을 기대할 수 있고 발행자의 입장에서는 보통채보다 낮은 표면금리로 자금조달이 가능한 장점을 갖고있다.

이에 대해 **주식예탁증서**(depository receipt: DR)는 국내기업이 외국인에게 발행하는 주식대체증권인데 국내기업은 국내에서 주식을 발행하고 그 발행주식을 원주로 하여 그에 해당하는 증서를 발행하여 외국인에게 매각하는 형식의 증권이다. 이는 결국 외국인을 대상으로 한 유상증자방법의 일종인데 외국인은 그 증서를 유통시킬 수 있다. DR은 CB, BW와 함께 중요한 주식연계증권이다.

왜냐하면 주식연계증권은 모두 상장법인이 해외증권시장에서 외국인 투자가들을 대상으로 발행하는 증권이지만 일정한 조건하에 발행회사의 주식으로 전환할 수 있는 증권이기 때문이다. 그리고 **제로쿠폰채**(zero coupon bond)는 이표(利票, coupon)가 없이 할인형식으로 발행되는 중장기채권을 말하며 이는 만기 이전에 이자지급이 없다. 흔히 무이표채(無利票債)로 번역되고 있다.

끝으로, 외국채발행과 관련하여 지적해야 할 중요한 사항이 있다. 해외차입자가 어느 특정 외국금융시장에서 금융시장 소재국통화표시 채권을 발행하기 위해서는 먼저 그 나라 전문기관이 시행하는 채권등급(bond rating)기준을 통과하여야 한다. 채권등급을 결정하는 사정기준은 일반적으로 채권발행회사의 재무구조상태뿐만 아니라 발행회사 국가에 대한 국가위험(country risk)요인들을 감안하여 설정된다.

세계적으로 권위가 있는 국제신용평가기관으로는 미국의 스탠더드 앤드 푸어스사(Standard and Poor's Corporation: S&P)와 무디스사(Moody's Investors Service)가 있으며 이들 두 기관보다 신뢰도면에서 다소 뒤지기는 하지만 영국의 피치 IBCA사(Fitch IBCA)가 있다. S&P사와 무디스사의 국가신용등급의 사정기준을 장기채권으로 보면 [표 16-2]와 같다.

S&P사의 경우 장기채권기준에 의한 국가신용등급은 AAA로부터 시작하여 D까지 22등급으로 나누어지고 BBB^- 이상을 투자적격기준으로 삼고 있는 데 대해 무디스사는 Aaa에서 C까지 19등급으로 Baa_3 이상을 투자적격으로 판정한다. 또한 투자적격의 경우에도 S&P사는 AAA~A^-를 양호한 수준, BBB^+~BBB^-를 잠재적 불안정수준으로 판정하며 무디스사도 Aaa~A_3, Baa_1~Baa_3를 각각 양

표 16-2 스탠더드 앤드 푸어스사 및 무디스사의 국가신용등급 사정기준

	투자적격				투자부적격					
S&P (22등급)	AAA	AA^+ AA AA^-	A^+ A A^-	BBB^+ BBB BBB^-	BB^+ BB BB^-	B^+ B B^-	CCC^+ CCC CCC^-	CC	C	D
Moody's (19등급)	Aaa	Aa_1 Aa_2 Aa_3	A_1 A_2 A_3	Baa_1 Baa_2 Baa_3	Ba_1 Ba_2 Ba_3	B_1 B_2 B_3	Caa	Ca	C	

자료: Standard and Poor's Corporation, *Corporate Ratings Criteria*, 1996.
Moody' s Investors Service, *Ratings & Rating Actions*, 1998. 1.

호, 잠재적 불안정수준으로 판단하고 있다. 그리고 투자부적격 등급에서도 B^+~B^-와 B_1~B_3를 지급불가능수준으로 판정하는 반면 CCC^+ 또는 Caa 이하는 지급불능수준으로 분류하고 있다.

한편, 기업어음(CP)과 같은 단기채권의 경우에는 S&P사가 A_1^+, A_1, A_2, A_3, B, C, D 등 7등급으로 구분하여 A_2 이상을 발행가능 등급으로 판정하는 반면 A_3 이하는 발행불가능 등급으로 분류하고 있다. 이에 대해 무디스사는 P_1(Prime 1), P_2, P_3, NP(Not-Prime) 등 4등급으로 분류하여 P_2 이상을 발행가능 등급, P_3 이하를 발행불가능 등급으로 판정하고 있다.

그리고 일단 신용등급이 판정되면 이들 기관은 신용등급전망(credit outlook)을 긍정적(positive), 안정적(stable), 부정적(negative), 유동적(developing), NP(non-meaningful) 등으로 분류하여 향후 신용등급을 재조정할 때에 참고한다.

S&P사의 경우 국가신용등급(Sovereign Rating)결정에 고려하는 주요 항목들을 보면 ① 정치적 위험, ② 소득 및 경제구조, ③ 경제성장전망, ④ 재정정책의 신축성, ⑤ 공공채무부담, ⑥ 가격안정성 여부(인플레이션, 환율정책, 중앙은행 독립성 정도, 통화 및 신용증가율), ⑦ 국제수지변동성, ⑧ 외채수준 등을 포함하고 있다.

1997년 7월 동남아시아의 외환위기가 발생하면서 위의 두 기관들은 태국, 인도네시아 등의 국가신용등급을 계속 하향조정하였다.

우리나라의 경우에도 S&P사가 1997년 10월 24일 AA^-에서 A^+로 1단계 하향조정한 후 계속 하향조정하여 1998년 2월 17일에 BB^+로 투자부적격 등급이 되었다가 1999년 1월 25일에 BBB^-로 투자적격등급으로 회복하고 1999년 11월 11일 BBB^+로 상향조정되었다. 무디스사도 1997년 11월 27일 A_1에서 A_3로 2단계 하향조정한 후 1997년 12월 21일에 Ba_1으로 역시 투자부적격 등급이 되었다가 1999년 2월 12일에 Baa_3로 투자적격등급으로 회복하고, 1999년 12월 16일에 Baa_2 그리고 2002년 3월 28일 A_3로 각각 상향조정되었다.

한편 투자부적격 등급에 있는 회사채권을 정크본드(junk bond)라고 하는데 이는 점두시장에서 장외거래되는 비상장채권이다. 위험이 높기 때문에 수익률 또한 높은 것이 특징이다.

4 국제금융시장에서의 자금조달 현황

지금까지 고찰한 국제금융시장에서 자금조달이 얼마만큼 이루어지고 있는가를 알아보기로 한다.

국제금융시장에서의 최근 자금조달 현황을 보면 크게 ① 유로채 및 외국채 등 국제채에 의해 약 47% 정도가 이루어지고 있으며, ② 신디케이트론시장에서 신디케이트 크레디트로 약 22%, ③ 그리고 유로노트시장에서 각종 퍼실리티(facilities)에 의해 약 31%가 조달되고 있다. [표 16－3]에서 알 수 있는 바와 같이 국제금융시장에서의 자금조달 총규모는 1985년에 2,950억 달러에서 1997년에는 1조 7,693억 달러로 연평균 증가율 16.1%로 꾸준히 증가하고 있다.

이를 자금조달 구성면에서 보면 국제채의 비중은 1985년에 비해 1997년에 감소한 반면 은행비인수약정형 퍼실리티의 비중은 크게 증가했음을 알 수 있다. 유로CP, MTN 등 비인수약정형 퍼실리티에 의한 자금조달비중이 크게 높아진 이유는 이들 수단의 발행절차가 신속·간편할 뿐만 아니라 최근 BIS의 자기자본규제를 회피할 수 있는 수단으로 이용가능하기 때문인 것으로 보인다. 그리고 1970년대에 총 자금조달 중 50~60%로 자금조달수단의 주종을 이루었던 신디케이트론은 1997년에도 1985년과 비슷한 22% 수준에 머물고 있는데 이는 1980

표 16-3 국제금융시장에서의 자금조달규모 (단위: 억 달러)

	1985	1995	1997
국 제 채	1,678(56.9)	4,673(36.4)	8,316(47.0)
• 유로채	1,354(45.9)	3,713(28.9)	7,351(41.5)
• 외국채	324(11.0)	960(7.5)	965(5.5)
신디케이트론	611(20.7)	3,702(28.8)	3,904(22.1)
주식 및 기타 인수퍼실리티1)	429(14.5)	448(3.5)	878(4.9)
유로CP 및 기타 비인수퍼실리티2)	232(7.9)	4,020(31.3)	4,595(26.0)
총 계	2,950(100.0)	12,843(100.0)	17,693(100.0)

주: 1) 은행인수약정형 퍼실리티이며 ( ) 내는 구성비임.
2) 은행비인수약정형 퍼실리티임.

자료: OECD, *Financial Market Trends*, June 1986 and February 1998.

년대에 주식관련채를 비롯하여 FRN, 유로CP, MTN 등 다양한 금융상품들에 의한 자금조달 비중이 상대적으로 증가했기 때문이다.

한편 국제채의 형태별 발행실적으로는 고정금리채(straight bond)인 보통채의 비중이 증가한 반면 전환사채, 신주인수권부사채 그리고 변동금리채의 비중은 크게 하락하는 양상을 보였다.

제5절 주요 국제금융센터

1 국제금융센터의 요건

국제금융센터(international financial center)는 국제자금의 대차거래를 매개시켜 주는 특정지역의 시장을 지칭한다. 그런데 국제금융센터가 국제금융시장으로서의 기능을 충분히 수행하기 위해서는 다음과 같이 갖추어야 할 몇 가지 요건들이 충족되어야 한다.

첫째로는 센터 소재국통화의 교환성(convertibility)이 보장되어 시장참가자들이 원하는 여타 통화와 자유롭게 교환될 수 있어야 한다. 이는 그 나라가 정치적으로 안정되어 있을 뿐만 아니라 세계적인 경제력을 바탕으로 통화의 국제화를 실현함으로써 그 나라 통화가 국제통화로서의 결제통화, 준비통화, 개입통화, 표시통화의 기능들을 수행할 수 있어야 함을 의미한다.

둘째로는 센터 소재국의 국내금융시장과 외환시장이 잘 발달되어 고도의 금융기법을 습득할 수 있을 뿐만 아니라 다양한 금융수단(financial facilities)의 이용이 가능해야 된다. 그 나라 금융시장이 고도로 발달하였다고 하면 각종 금융규제가 없을 것이고 자본유출입 또한 자유로워 균등한 투자기회를 부여하게 될 것이다. 그리고 외환시장이 잘 발달되었다고 하면 자유로운 외환거래가 보장되고 투자에 대한 다양한 헤징수단들이 이용가능할 뿐만 아니라 이는 다시 파생금융시장(derivative market)인 금융선물시장, 금융옵션시장, 스왑시장(swap market) 또한 잘 발달되어 있음을 의미한다.

셋째로는 통신시설이나 정보처리기술 등이 고도로 발달되어 있어야 한다.

그 결과 시장참가자들은 통신시설을 이용함으로써 정보입수가 신속하고 거래비용을 절감할 수 있기 때문이다. 1981년 10월부터 실시해 온 은행간 전산자금결제제도인 CHIPS(Computerized Clearing House International Payments System)는 자금결제시간을 크게 단축시키는 데 결정적인 역할을 담당하고 있다.

끝으로, 상품 및 서비스거래의 국제결제기구로서의 역할을 수행할 수 있도록 상품수출입시장으로서의 기능을 수행할 뿐만 아니라 이와 관련된 해운, 보험업 등 관련 금융서비스시설을 갖추어야 한다.

2 주요 국제금융시장

위와 같은 요건들을 구비한 국제금융센터로서는 세계 양대시장인 런던국제금융시장과 뉴욕국제금융시장이 있으며, 이들 두 시장에 비해 이용가능 금융수단이나 경험축적면에서 다소 뒤지기는 하지만 최근 엔화의 국제화를 통해 급격히 부상하고 있는 동경국제금융시장을 들 수 있다.

런던국제금융시장

런던국제금융시장은 19세기 후반부터 약 150년에 걸쳐 성장 · 발전해 온 시장으로서 무역금융, 주식, 외환, 보험시장 등이 잘 발달되어 국제금융센터로서의 구비조건들을 골고루 갖춘 세계적인 금융시장이다. 런던시장은 장단기금융시장으로서 중심지가 될 뿐만 아니라 금지금시장(金地金市場, gold bullion market), 금속거래소, 곡물거래소, 보험시장으로도 세계적인 중심지로서의 기능을 수행하고 있다.

런던시에는 잉글랜드은행(Bank of England)을 중심으로 할인상사(discount house), 어음교환소 가맹은행인 클리어링은행(clearing bank), 종합금융회사인 머천트은행(merchant bank) 그리고 세계 주요국들의 외국은행 지점들이 자리잡고 있다.

원래 런던금융시장은 할인시장을 주축으로 한 전통적 금융시장(classical market)의 중심지였으나 1950년대 중반부터 은행간시장과 유로커런시시장을 중심으로 한 평행적 금융시장(parallel money market)이 발전되면서 아직도 거래

규모면에서 세계최대의 국제금융중심지가 되고 있다.7)

뉴욕국제금융시장

미국은 양차 세계대전을 치루면서 괄목할 만한 경제성장을 기록하였는데 국제수지흑자와 더불어 막대한 국제준비자산을 보유하게 되었다. 미국의 증대된 경제력을 바탕으로 한 브레튼우즈체제는 국제통화로서의 미달러화를 중심으로 한 금융시장의 발전을 불가피하게 만들었는데 그 소산물이 뉴욕국제금융시장이라고 할 수 있다.

뉴욕금융시장은 미국내 금융시장일 뿐만 아니라 국제금융시장의 양면성을 갖고 있는데 국내에 장단기자금의 대차가 이루어질 뿐만 아니라 뉴욕주재 외국은행지점 및 외국기업들에 대한 국제금융거래를 원활하게 해 주고 있다. 뉴욕금융시장의 구조를 이해하기 위해 좀더 구체적으로 살펴보기로 한다.

금융시장을 전통적인 방법에 따라 금융자산을 1년 만기 기준으로 구분하여 분류하면 크게 단기금융시장(money market)과 장기자본시장(capital market)으로 대별된다. 미국의 단기금융시장은 만기 1년 이하의 금융자산이 거래되는 시장으로 이에는 ① 재무성 증권(Treasury bills), ② 연방기관증권(Federal Agency Securities), ③ 지방정부증권(Municipal Notes), ④ 연방준비은행기금(Federal Funds), ⑤ 기업어음(Commercial Paper: CP), ⑥ 은행인수어음(Banker's Acceptance Bill: B/A), ⑦ 양도성예금증서(Certificate of Deposit: CD), ⑧ 환매조건부채권(Repurchase Agreement: RP) 등이 거래되는 시장을 말한다.

한편, 장기자본시장은 1년 이상의 중장기 금융자산이 거래되는 시장을 말하는데 이는 다시 채권시장(bond market)과 주식시장(stock market)으로 구별된다. 미국채권시장에서는 재무성의 중장기채권(Treasury notes and bonds), 지방

7) 세계 주요 국제금융시장의 일평균 외환거래액 추이는 다음과 같음.

(단위: 억 달러/일)

	1989.4	1992.4	1995.4
런 던	1,870	2,905	4,645
뉴 욕	1,289	1,669	2,444
동 경	1,155	1,202	1,613
싱가포르	550	736	1,054
홍 콩	490	603	902

자료: 한국은행, 해외경제정보 96-I, 1996. 9.

정부채(Municipal bonds), 회사채(corporate bonds), 부동산저당채(mortgage debts) 등이 거래되며 주식시장에서는 상장주식, 비상장주식, 우선주, 보통주 등이 거래되고 있다.

끝으로, 국제금융거래와 관련하여 뉴욕금융시장의 주요 참가기관으로는 ① 뉴욕연방준비은행(the Federal Reserve Bank of New York), ② 상업은행(commercial banks), ③ 외국은행(foreign banks), ④ 투자은행(investment banks), ⑤ 기업(corporations) 등이다. 여기서 특기할 사항은 투자은행은 일반상업은행과 달리 신규주식 또는 사채발행의 인수(underwriting)업무를 주도하면서 증권의 발행시장과 유통시장에서 중개업무를 담당하는 딜러(dealer)역할을 한다.

동경국제금융시장

동경국제금융시장은 런던 및 뉴욕국제금융시장에 비해 거래규모면이나 경험축적면에서 상대적으로 뒤지고 있다. 그러나 1960년대 이후 일본의 지속적인 성장과 국제수지흑자를 바탕으로 엔화가 강세통화로 부상하면서 동경국제금융시장은 비약적인 발전을 하였다.

특히 1980년 12월에 외환자유화조치에 이어 1984년에 예금금리자유화 및 유로엔거래에 대한 규제완화 그리고 엔화의 국제화추진으로 동경국제금융시장은 가속적인 성장을 하였다.

동경시장이 국제금융시장으로 부상하기 시작한 것은 1972년 4월에 개설된 「은행간 달러 · 콜」(dollar-call)시장으로부터 비롯된다. 은행간 달러 · 콜시장은 일본주재 외국은행들간에 달러자금의 과부족을 조정하기 위해 무담보로 달러자금이 대차되는 시장을 말한다. 달러 · 콜시장이 개설되기 이전에는 외화자금의 조달은 일본외환시장에서 외환매매를 통해 이루어졌는데 외환매매로부터 조달되는 자금은 한정되기 때문에 부족한 외화는 주로 해외금융시장에서 조달되었다. 특히 뉴욕연방기금(Federal fund)시장이나 런던의 유로시장을 이용하였다. 그러다가 일본의 국제수지흑자의 확대와 엔화의 가치상승으로 달러자금이 일본으로 유입됨에 따라 동경금융시장을 국제화시킬 필요성이 증대되었고 이를 위해 동경에 은행간 달러 · 콜시장을 개설하게 되었다.

또한 1971년에는 일본이 미주개발은행(Inter-American Development Bank)에 엔화표시 차관을 신디케이트론방식으로 공여하면서 엔차관시장이 설립되었다.

1982년 5월에 엔차관의 융자대상에 대한 제한철폐에 이어 1983년 9월에 총액제한철폐 그리고 1984년 4월에 대폭적인 규제철폐로 엔차관시장이 크게 성장하는 계기가 되었다.

아시안달러시장

「아시안달러」(Asian dollar)는 싱가포르(Singapore)를 중심지로 한 아시아국가들에 예치한 미국 달러화를 말한다. 아시안달러시장의 형성은 1968년 10월에 「아메리카은행」(Bank of America)의 싱가포르지점이 역외금융취급인가를 받아 1969년부터 비거주자의 달러예금을 취급하여 이를 아시아지역에 대출하면서 시작되었다.

아시안달러시장이라고 하면 싱가포르금융시장을 지칭하는데 싱가포르가 아시안달러시장의 중심지가 된 원인은 싱가포르를 비롯하여 주변국들로 구성된 동남아국가연합(Association of South-East Asian Nations: ASEAN)이 높은 경제성장을 이룩하고 있을 뿐만 아니라 이들 국가간의 경제교류가 확대됨으로써 금융부문의 발전을 촉진시켰기 때문이다. 또한 싱가포르는 영어권의 국가로서 고급전문인력이 풍부하고 금융하부구조 및 금융지원서비스가 잘 발달되어 최신의 운송설비와 통신시설을 갖추고 있으며 법률, 회계, 금융지원서비스 등도 국제적 수준에 이르고 있다. 특히 이 지역에 유로시장이 형성되지 않았기 때문에 런던 또는 뉴욕금융시장으로부터 자금조달상에 거래, 통신, 정보부족 등 애로요인이 있어 역내에 국제적인 금융센터를 설립할 필요성이 제기되었다. 또한 지리적으로 런던이나 뉴욕의 중간에 위치하여 시간적으로도 런던 및 뉴욕시장을 연결하는 교두보적 역할을 담당할 수 있는 이점이 있다.

이와 같은 경제적 이점을 이용하여 싱가포르를 중심으로 형성된 아시안달러시장의 특징으로 아시안달러거래는 싱가포르주재은행의 아시아통화단위인 ACU(Asian Currency Unit)계정을 통하여 이루어지는 내외분리형 역외금융시장이라는 점이다. ACU계정을 통한 거래는 외환규제를 받지 않고 있는데 이는 싱가포르 당국이 국내통화관리를 보장하기 위해 별도의 계정단위인 ACU를 설정하여 국내금융시장과 국제자본시장을 분리시켜 운용하고 있다. ACU계정은 1968년 11월부터 운용되어 거주자의 거래는 제한시켰으나 1978년 6월 외환자유화조치로 인해 철폐되었다.

아시안달러시장에서의 거래형태는 유로달러시장과 동일하게 대부분 30~90일 만기의 정기예금이 대종을 이루고 예금의 최저단위는 2,500달러(유로시장은 10만 달러)이며 은행간예금의 경우는 10만 달러(유로시장은 100만 달러)이다. 또한 1970년 이후에는 CD의 발행이 허용되고 있고 1971년에는 중장기대출로서 신디케이트론이 취급되고 있다. 여기에 적용되는 금리는 싱가포르은행간 대출금리인 SIBOR에 일정한 가산금리(spread)가 추가된다.

그리고 규모면에서는 작은 편이나 1971년부터 아시아본드시장(Asian bond market)이 운용되고 있는데 이는 유로시장의 보완적 기능을 하고 있다.

역외금융센터

역외금융센터(offshore banking center)란 금융기관이 비거주자로부터 외화예금수취, 차입, 외화증권발행 등을 통해 자금을 조달하여 이를 다른 비거주자에게 대출 또는 외화증권을 인수해 주는 중심지를 말하는데 역외금융거래를 일명 외-외거래(out-out-trade)라고 한다. 역외금융센터의 일반적인 특징은 예금에 대한 지불준비금의무의 면제, 법인세, 이자소득세 등 조세감면 내지는 면세 등 금융·세제상의 우대조치를 하고 있다는 점을 들 수 있다.

역외금융센터를 유형별로 나누면 다음과 같이 크게 세 가지 유형으로 구분할 수 있다.[8)]

첫째는 런던형의 역외시장으로서 이는 국내시장에서는 외환표시거래 또는 비거주자와의 거래 등에 대한 제한이 없기 때문에 자연발생적으로 외-외거래가 발달한 시장이다. 이는 세제상에 국내시장과의 명확한 구분이 없기 때문에 「내외일체형」이라고도 하는데 여기에 속하는 시장으로는 런던금융시장 이외에 홍콩금융시장이 있다.

둘째는 뉴욕형의 역외시장이다. 이는 금융시장에서의 국제금융거래를 원활히 하기 위하여 국내금융시장과 독립·분리시켜 운용하고 일정한 국제금융거래에 대해 금융·세제상의 우대조치를 적용함에 따라 설립된 시장으로서 「내외분리형」이라고도 한다. 이 특징은 우대조치의 대상이 되는 국제금융거래를

---

8) 역외금융센터에 대한 운용체제 및 특징에 대해서는 김영생, 「국제금융시장」, 무역경영사, 1984, pp.181-203 및 한국은행, 「일본 단기금융시장의 현황과 과제」, 업무참고자료 90-8(1990), pp. 68-9를 참조할 것.

국내거래와 분리시키기 위해 각 은행은 특별계정을 설치하여 회계상에 구분하고 있다는 점이다. 이에 속하는 시장으로는 뉴욕의 IBF(International Banking Facility: 국제금융퍼실리티), 일본역외금융시장인 JOM(Japan Offshore Market), 싱가포르의 ACU(Asian Currency Unit) 및 바레인의 OBU(Offshore Banking Unit) 등이 있다.

끝으로, 「조세도피(tax haven)형」의 역외시장이 있다. 이는 바하마(Bahama), 나소(Nassau), 케이만 군도(Cayman Islands) 등의 역외시장과 같이 세제상 특별우대조치를 하는 지역에서 각국의 기업 등이 세제를 회피할 목적으로 명목상 본점을 설치하고 외-외거래의 기장만을 하고 있는 시장을 말한다. 따라서 실제로 금융거래가 이루어지는 시장이라고는 할 수 없다.[9)]

이상에서 살펴본 역외금융센터 중 1980년대에 들어와 개설된 뉴욕 IBF와 일본역외금융시장을 개략적으로 살펴보기로 한다.

IBF는 1981년 12월에 설치되어 역외자금(offshore funds)만을 취급하는데 IBF에 규정한 국내기관을 제외한 미국 거주자로부터 예금을 수취하거나 대출하는 거래행위를 금지시킴으로써 국내금융시장과 독립 분리시켜 운용하고 있다. 이와 같은 점에서 IBF는 자유국제금융시장의 성격을 가진다. IBF가 설치되는 미국내 금융센터를 자유금융지역(Free Bank Zone) 또는 양키달러시장(Yankee dollar market)이라고도 한다. IBF가 취급하는 역외자금 중 IBF에 예치된 달러예금은 유로달러는 아니다. 왜냐하면 IBF가 미국 영토 내에 소재하고 있기 때문이다.

IBF가 취급하는 예금과 대출은 지불준비금예금규정(Regulation D)이나 예금금리상한규제(Regulation Q)의 적용을 받지 않을 뿐만 아니라 주정부 및 지방세(state and local taxes)를 면제받고 있다. 그리고 IBF금리를 NIBOR(New York Interbank Offer Rate)로 부르고 있다.

IBF는 당초의 설립취지와는 달리 여타 역외금융센터와 같이 활성화가 되지 못하였는데 그 주요 이유로는 카리브연안(Caribbean beach)의 역외금융센터에

9) 주요 역외금융센터의 시장규모는 다음과 같음.
런던: 9,575억 달러(1991. 6), 뉴욕IBF: 3,177억 달러(1990. 9), 동경: 6,129억 달러(1991. 10), 홍콩: 5,496억 달러(1991. 10), 싱가포르ACU: 3,515억 달러(1991. 3), 케이만: 1,809억 달러(1989. 9), 바하마: 1207억 달러(1989. 9), 바레인 OBU: 725억 달러(1989. 12) 등임.
자료: 한국은행.

미국 대회사들의 지점(예: Shell branch office)이 있고 세제면에서 법인소득세의 46%를 미연방법인세로 납부해야 되므로 여타 역외금융센터에 비해 불리하기 때문이다. 그리고 미국인 거주자에 대한 예금 및 대출금지조치와 이를 위해 CD, B/A를 발행하지 못하도록 하고 있는 데에도 그 원인이 있다고 하겠다.

한편, 일본역외금융시장(Japan Offshore Market: JOM)은 일본 자체의 필요성보다는 외부 특히 미국의 금융시장개방압력에 의해 설립되었다고 할 수 있다.

일본은 1980년대에 들어 국제수지흑자의 누적과 엔화의 지속적인 강세로 일본금융시장의 개방압력을 받았는데 미국 및 유럽은행들은 일본이 막대한 국제준비자산보유국이면서도 시장개방이 미흡하여 금융비용절감이나 이윤추구기회를 주지 않고 있음에 불만을 갖고 있었다. 일본은 국내시장규모면에서는 뉴욕 다음으로 크면서 대외거래면에서는 런던시장이나 파리시장에도 미치지 못한 상태였다. 이에 일본은 외국의 개방압력을 수용하는 동시에 유로엔화에 대한 거래의 활성화를 위해 제도면에서 비거주자에 대한 거래정리가 필요하다는 인식을 하게 되었다.

특히 1981년 12월의 뉴욕 IBF의 설립에 자극을 받고 3년 동안에 걸쳐 조사연구를 거쳤으나 싱가포르와 홍콩에 이미 국제금융시장이 존재하므로 실리가 없을 뿐만 아니라 국내금융정책을 효율적으로 운용할 수 없다는 의견이 지배적이어서 역외금융센터 설립이 지연되었다. 그러나 1984년 5월에 미일간 달러·엔화위원회의 연구보고서에 의거 일본금융국제화, 엔화의 국제화 주장이 강력히 제기됨에 따라 1986년 12월 1일에 일본역외금융시장을 개설하게 되었다.

일본역외금융시장은 미국 IBF유형을 따르고 있으나 IBF에 비해 제한적인 시장의 특성을 갖는다. 즉 역외시장의 특정계정과 국내시장의 일반계정간의 대차월을 원칙적으로 금지하고 있을 뿐만 아니라 업무범위도 역외예대거래에만 한정시키고 있다. 또한 참여기관도 외환은행 중 대장성(Treasury)의 승인을 얻은 은행에만 국한시키고 증권, 보험회사 및 개인은 참여할 수 없도록 규제하고 있다. 이와 같은 엄격한 제한조치는 일본 국내금융시장의 자유화가 미성숙되었을 뿐만 아니라 개방시 통화신용정책의 유효성확보가 어렵다는 일본의 주장에 의한 것이다.

금융 및 세제상의 특혜조치는 역외금융계정을 통한 예금에 대한 금리규제 및 예금보험제도의 적용을 제외해 주고 있을 뿐만 아니라 지급준비의무도 면제해 주고 있다. 그러나 역외계정으로부터 국내 일반계정으로의 일시적인 자금유입초과액에 대해서는 월중평균잔액에 대해 지급준비율을 적용함으로써 통화정책의 교란요인을 제거시키고 있다. 세제상에서는 예금 및 대출금의 이자에 대한 원천세를 면제해 주고 있으나 법인세, 지방세, 인지세 등은 과세대상이 되고 있다.

제6절 세계 금융자유화 추세와 특징

1980년대 이후 국제금융시장은 종전과는 그 양상을 달리하는 구조적 변화를 겪고 있는데 다양한 신종금융상품들이 출현하고 있는가 하면 금융자유화가 세계적인 추세로 확산되고 있으며 그에 따라 각국 금융시장간의 상호의존성이 심화되고 있다. 이와 같은 일련의 변화는 향후의 국제금융질서를 주도해 나갈 잠재요인으로 작용할 것이라는 점에서 중요시해야 될 사항들이다. 이하에서는 관련된 기본개념들을 살펴보고 현재의 변화를 초래하고 있는 이면의 기초요인들(underlying factors)과 특징을 파악해 보기로 한다.

1 금융자유화의 개념과 추진순서

기본개념

금융자유화(financial liberalization)란 국내외 금융거래에 대한 각종규제의 완화(deregulation) 내지는 철폐를 의미한다. 따라서 금융자유화는 대내적으로는 금리자유화와 금융기관의 업무영역 확대 및 내부경영자율권의 확립 등 국내금융자율화를 의미할 뿐만 아니라 대외적으로는 국내외 금융기관의 상호진출확대 및 국내외금융상품의 유출입이 자유롭게 이루어질 수 있는 상태로서 외환자유화와 자본자유화를 포괄한 개념이다. 금융자유화가 이루어지면 국내금융시장은 외국의 금융시장 또는 국제금융시장과 연결 · 통합되어 단일금융시장으로 발전되는데 이를 흔히 **금융국제화**(internationalization of financial markets)라고 부른다.

그리고 여기서 **외환자유화**라 함은 무역 및 무역외거래 등 경상거래결제에 대한 외환관리규제의 완화 내지는 철폐뿐만 아니라 기대환율변동으로 인한 환차익을 위한 환재정거래(exchange arbitrage) 및 환투기(exchange speculation)거래 등 외환거래에 아무런 제약이 없는 상태를 말한다. 또한 광의의 외환자유화는 위의 외환거래상 아무런 제약조건이 없는 자유화 이외에 자국통화의 교환성부여인 통화의 국제화를 포함한 개념이다.

통화의 국제화는 일국의 통화가 국제통화로서의 화폐기능을 수행하여 국제경제거래에서 국제결제통화, 준비통화, 개입통화 및 표시통화 등의 주요 기능을 자유롭게 수행할 수 있는 상태를 말한다. 국제결제통화란 교환수단으로서 국제결제에 사용될 수 있는 통화를 말하며 국제준비통화란 일국의 통화당국에 의해 공적 대외준비로 보유될 수 있는 통화를 말한다. 또한 국제개입통화라 함은 외환시장의 안정 및 환시세의 적정선유지를 목적으로 통화당국에 의해 매매될 수 있는 통화를 말하며 그리고 국제표시통화란 국제거래시에 거래당사국간의 환율 및 계산단위를 결정해 줄 수 있는 통화를 의미한다.

한편, **자본자유화**란 금융중개시장과 자본시장의 개방화를 의미하는데 이는 ① 금융기관업무의 국제화, ② 국내외 금융기관의 상호진출확대, ③ 국내외 금융 · 자본거래의 자유화가 주로 그 대상이 된다.

금융국제화의 포괄범위를 그림으로 나타내면 [그림 16-2]와 같다.[10)]

금융자유화에 관한 국제규약과 추진순서 논의

금융자유화와 관련된 국제규약들은 IMF와 OECD의 규정에 근거를 두고 있다.

첫번째로 IMF협정 제8조에는 ① 경상지급제한의 철폐, ② 차별적 통화조치 및 복수통화조치의 금지, ③ 자국통화의 교환성부여를 명시하고 있어 동 8조

10) 이하에 대한 논의에 대해서는 김중웅 · 신호주, 「금융국제화의 당면과제와 정책방향」, 한국개발연구원, 연구보고 84-04, 1984. 9 및 한국은행, "금융규제완화가 금융기관경영 및 금융제도에 미치는 영향," 조사통계월보, 1991. 8, pp.19-46; OECD, "Special Features: Organization and Regulation of Securities Markets," *Financial Market Trends* (February 1993); pp.13-66; D.J. Mathieson and L. Rojas-Suárez, *Liberalization of the Capital Account: Experiences and Issues*, IMF Occasional paper, No. 103, March 1993 등을 참조할 것.

그림 16-2 금융국제화의 포괄범위와 대상

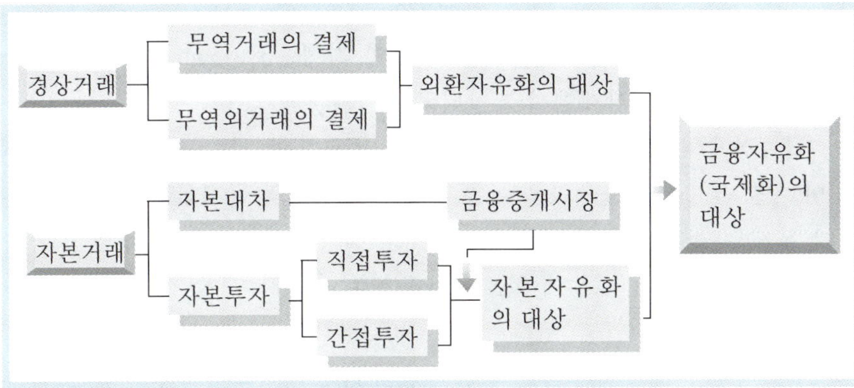

의 의무사항을 준수하는 국가인 IMF 8조국은 이에 따라야 한다. 여기서 경상지급제한의 철폐라 함은 경상거래를 위한 지급이나 이전에 대한 금지를 할 수 없음을 의미한다. 그리고 차별적 통화조치의 금지는 통화의 교환, 취득, 보유, 사용 등에 관해 거래상대국 또는 거래에 사용되는 외국통화의 종류에 따라 차별적인 취급을 해서는 안 됨을 의미한다. 한편 복수통화조치(multiple currency practices)란 이중환율제도와 같이 서로 다른 여러 개의 환율이 성립될 수 있도록 하는 정부의 조치를 말하는데, 경상거래와 자본거래에 적용하는 환율이 상이하다든가, 수출과 수입간, 또는 상품 종류간에 환율을 달리 적용하는 이중환율제도의 운용 또는 외환거래세의 부과나 외환보조금의 지급, 수입담보금에 대한 저율의 이자지급 및 공정환율의 매매율 격차확대 등이 이에 속한다. 따라서 복수통화조치의 금지란 이같은 제반조치를 금지해야 함을 의미한다.

한편 자국통화의 교환성부여라 함은 일국의 통화가 국제통화로서의 제반 기능을 수행할 수 있는 통화가 됨을 의미하는데 이는 곧 통화의 국제화를 의미한다. 통화의 국제화가 이루어지면 국제결제통화, 준비통화, 개입통화, 표시통화의 제기능을 수행한다고 앞서 언급한 바 있다. 이와 같은 IMF협정 제8조는 바로 통화의 국제화를 포함한 외환자유화를 명시하고 있다.

두 번째로 자본자유화에 대한 국제규약으로는 OECD(Organization for Economic Cooperation and Development: 경제협력개발기구)의 「자본이동에 관한 자유화규약」(Code of Liberalization of Capital Movement)에 근거를 두고 있는데

이 규약은 자본자유화뿐만 아니라 경상거래 중 무역외거래의 자유화를 명시하고 있다.

그런데 금융자유화의 추진전략에 있어 최적순서(optimal order of liberalization)에 관한 논의가 학계에서 제기되고 있다.

실물경제의 개방화 및 국제화가 이루어진 후에 금융자유화를 추진할 것인가 아니면 먼저 금융자유화를 이룬 후에 실물경제의 국제화가 이루어져야 하는지가 문제로 제기된다. 그러나 실물경제와 금융부문간은 동전의 앞면과 뒷면같이 표리관계에 있기 때문에 상호보완적으로 추진하지 않으면 상호제약조건이 되고 추진에 한계가 될 수 있다.

일반적으로 금융자유화의 추진은 OECD형태인 무역자유화 → 외환자유화 → 자본자유화 순서로 추진하는 것이 바람직한 것으로 평가되고 있으며 추진속도에 있어서도 단계별로 점진적으로 추진하는 방법을 택하는 것이 바람직한 것으로 인식되고 있다.

자유화의 순서가 중요시되는 것은 국내경제가 자유화를 위한 선결조건들이 충족되지 않은 상태에서 추진되는 경우 금융자유화로 인해 부정적 효과를 초래할 수 있기 때문이다. 사실상 금융자유화의 추진유형을 볼 때 미국, 영국, 독일 등과 같은 주요 선진국들은 국제수지균형과 금융산업의 발전 등 국제화를 위한 대내외선행조건들이 충족된 후 자연발생적이고 능동적으로 자유화가 이루어져 왔다. 이에 대해 일본은 국내경제의 자유화를 위한 선행조건들을 충족시킨 후 단계별로 장기적으로 점진적 자유화 형태를 취하였다. 그 결과 일본의 금융국제화는 여타 선진국과 비교할 때 상당히 늦게 추진되었는데 그 결과 국제수지흑자대국으로서의 시장개방압력을 받는 직접적인 계기가 되었다. 그리고 대만은 자유화여건이 충족되었음에도 불구하고 지나치게 자유화를 지연시킴으로써 오히려 금융시장을 낙후시키는 결과를 초래하였다.

아르헨티나, 칠레, 우루과이 등 주요 남미국가들은 국내경제여건이 미비된 상태에서 급속한 자유화를 추진한 결과 재정적자의 누적과 급격한 외국자본의 유입으로 환율의 평가절상, 무역수지적자누적, 인플레이션가속 등 오히려 국민경제에 부(−)의 영향을 미침으로써 금융자유화에 실패한 국가들이다.

따라서 금융자유화는 무역, 외환, 자본자유화 순서로 추진함으로써 실물부문에 비해 조정속도가 빠른 금융부문과 연계시켜 금융국제화 초기단계에 나타날 부작용을 최소화시켜야 하며, 추진속도에 있어서도 단계별로 점진적으로 추진하여 단계별 추진효과를 보면서 속도를 조절하고 적절한 대응조치를 강구하는 방식이 바람직하다고 할 수 있다.

2 최근 세계 금융자유화의 전개과정과 특징

전개과정과 확산요인

금융산업은 그 특성상 공공성과 외부성이 높아 시장실패의 가능성이 크기 때문에 정도의 차이는 있으나 각국 정부는 금리규제, 경영에의 간섭, 업무영역 제한 등 각종 금융규제를 실시해 왔다. 뿐만 아니라 그 국가의 물가수준, 경제성장 정도, 국제수지상태 등을 감안하여 외환규제와 자본유출입에 대한 규제를 병행 실시해 왔다.

그러나 금융기관들이 규제회피를 모색하는 과정에서 금융혁신을 통해 규제회피용 신종금융상품들을 출현시킴으로써 대내금융규제의 실효성이 감소됨에 따라 규제완화가 불가피하게 되었다. 또한 국제적으로도 1973년에 변동환율제도로의 이행과 정보통신기술의 급속한 발전으로 원활한 국제금융거래가 이루어지면서 고위험하의 고수익성 추구형의 국제금융상품들이 개발 · 유통되기 시작하였다. 그 결과 선진금융국가들은 기존의 외환 및 자본거래에 대한 규제완화조치를 취하기 시작하였다. 더욱이 1980년대에 들어와서는 미국, 독일 등 주요 선진국들은 자국금융상품이 비교우위(comparative advantage)가 확보되었다는 판단 아래 보다 적극적이고 능동적으로 외환 및 자본자유화를 실현시켰다. 그리고 이들 국가들은 자유화에 대해 미온적 자세를 취해 온 일본과 국제적으로 경제지위가 급부상한 한국, 대만, 홍콩 등 신흥공업경제군(Newly Industrializing Economies: NIEs)에 대해 시장개방압력을 행사함으로써 금융자유화는 이제 세계적인 조류를 형성하게 되었다.

이와 같은 금융자유화를 세계적인 추세로 확산시킨 그 이면의 요인들을 좀 더 구체적으로 살펴보면 다음과 같이 크게 네 가지를 들 수 있다.

첫째로는 국제통화제도가 1973년 3월에 변동환율제도(floating exchange rate regime)로 이행된 점을 들 수 있다. 종전의 브레튼우즈체제(Bretton Woods system)하에서는 고정환율을 유지하기 위해 각국의 정부는 적정대외준비자산을 보유해야 하므로 자본유출입에 대한 직접적인 규제가 불가피하였다. 그러나 1973년 3월부터 주요 선진국들이 변동환율제도를 채택하면서 국제수지불균형은 환율변동에 반영되기 때문에 대외준비자산을 보유하기 위한 자본이동에 대한 규제의 필요성이 크게 감소하게 되어 규제완화조치를 취함으로써 국제간 자본거래가 활발하게 되었다.

둘째로는 1970~80년대에 정보통신기술의 급속한 발전으로 금융거래비용이 크게 감소한 점을 들 수 있다. 그 대표적인 예로서 1973년 5월에 설립된 국제금융통신기구(Society for Worldwide Interbank Financial Telecommunication: SWIFT)를 들 수 있다. 이는 CHIPS(Computerized Clearing House Interbank Payments System)와 같은 은행간 전산자금결제제도와 연계하여 자금이체, 환거래, 증권매매 및 무역거래 등에 수반된 자금결제업무를 신속하고 간편하게 처리해 줄 뿐 아니라 각국의 금융시장, 외환시장 그리고 유로시장(Euromarket)을 연계시켜 주는 기능을 담당함으로써 금융거래비용을 크게 절감시켜 주고 있기 때문이다.

셋째로는 주요 선진국들을 중심으로 정부차원의 적극적인 금융자유화를 추진한 점을 들 수 있다. 미국을 비롯하여 일본, 독일 등 주요 선진국들은 1970~80년대에 이미 금융자유화가 정착되었을 뿐만 아니라 추가적인 조치를 계속해 왔는데 이와 같은 추세가 여타 국가들에게 확산되었다.

끝으로, 세계적인 금융자유화는 또한 민간금융기관의 가속적인 금융혁신(financial innovation)에 의해 뒷받침되었다. 변동환율제도로 이행한 후 각국의 민간금융기관은 기존의 각종 규제를 회피하는 동시에 환위험 및 금리위험을 회피하면서 높은 수익성을 보장하는 금융상품의 개발을 추구하게 되었다. 그 결과 금융혁신을 가속화하고 규제회피상품으로 양도성예금증서(Certificates of Deposit: CD), 기업어음(Commercial Paper: CP), 환매채(Repurchase Agreement: RP), 어음관리구좌(Cash Management Account: CMA), 시장금리연동형예금(Money Market Certificate: MMC) 등이 등장하였으며 통화 및 금리옵션을 비롯한 금융선물(financial futures) 이외에도 스왑션(swaption)과 같은 합성금융상품을 개발하여 국제금융시장에 유통시킴으로써 투자가들에게 인기 있는 금융상품으로 등장하게 되었다. 그리고 이와 같은 신종금융상품의 출현은 금융규제에 대한 유효성을 경감시킴으로써 규제완화로 이어지게 되었다. 더욱이 국내금융시장이 선진금융국가들에 비해 상대적으로 낙후된 일본과 같은 국가들마저도 선진금융기법을 습득하는 동시에 금융자유화를 지연시킬 경우 국내금융시장이 낙후 내지는 공동화(空洞化)될지도 모른다는 인식이 확산되는 가운데 서방국가들의 개방압력까지 가세하여 금융자유화에 적극 참여하게 되었다. 또한 이들 선진금융국가들은 고수익 투자대상의 확보라는 차원에서 한국, 대만, 홍콩을 비롯한 신흥공업경제군(NIEs)을 포함한 중진국들에게도 시장개방압력을 지속시킴으로써 금융자유화가 현재와 같은 세계적인 추세로 이어지게 되었다.

세계 금융자유화의 특징

이와 같은 범세계적인 금융자유화는 여러 가지 특징을 띠게 되었는데 그 첫번째가 개별국가의 금융시장에서 볼 때 금융시장의 전역화(globalization)라고 하겠다. 고도의 정보통신기술의 발달로 신속한 환재정 및 이자재정거래가 가능함으로써 시장간의 연계성이 한층 높아졌기 때문이다.

두 번째로 들 수 있는 특징으로는 금융시장의 동조화(synchronization)를 들 수 있는데 금융국제화에 따른 각국 금융시장간의 상호의존성이 심화됨으로써 어느 특정 금융선도국가의 정책변경이 여타 국가들에게 즉각적으로 파급되는 동조화현상으로 이어지고 있다.

한편, 금융자유화로 인한 국제금융시장의 구조적 특징은 금융산업의 영업행태에도 크게 영향을 미쳤는데 금융기관의 겸업화 추세와 금융의 증권화(securitization)현상이 이에 해당된다. 금융기관들은 금융혁신이 가속화되고 금융규제가 완화됨에 따라 종전의 전통적인 분업주의에서 종합적인 금융서비스를 제공하는 겸업주의(universal banking)로 전환하고 있다. 금융의 증권화라 함은 금융시장에서 자금의 조달 · 운용이 간접금융방식인 은행의 예금과 대출형태로부터 직접금융방식인 장단기증권(주식 및 채권 등)의 발행 · 매매형태로 이행되는 현상을 말한다. 이로 인해 금융기관은 자본시장에서 자금중개자, 기관투자가 및 금융차입자로서의 기능과 은행대출의 증권화를 통해 대출과 증권업무의 혼합 형태로 발전하고 있다. 이는 자금차입자의 입장에서 볼 때 종전의 은행차입의존으로부터 국내자본시장에서 다양한 증권발행을 통해 필요한 자금을 저렴하고 신축성 있게 조달함으로써 금융부채를 효율적으로 관리할 수 있는 장점을 갖고 있다.

그런데 이상의 금융업무의 겸업화 및 금융의 증권화현상은 금융기관들이 투자위험하에 높은 투자수익을 얻기 위한 영업활동이란 점에서 국제금융시장의 안정성과 투자자보호 문제가 새로운 이슈로 등장하게 되었다. 왜냐하면 국제금융시장에는 개별국가의 중앙은행과 같은 최종대출자(lender of last resort)의 기능을 담당할 공적기구가 없기 때문에 금융기관간의 지나친 과당경쟁은 국제금융시장 전체에 불안정을 초래할 수 있기 때문이다. 사실상 국제결제은행(Bank for International Settlements: BIS)이 1988년 7월에 상업은행의 건전성과 안정성 제고 및 국제금융활동의 평등한 경쟁확보 목적으로 1993년부터 상업은행의 자기자본비율 8% 이상을 유지하도록 하는 규제조치나, 미국 연방예금보험공사(Federal Deposit Insurance Corporation: FDIC)가 1992년 6월 말에 자기자본 및 부동산담보대출에 대해 취한 규제조치 등은 모두 국제금융시장의 안정성을 확립하기 위한 노력의 일환이라고 하겠다.

3 최근 금융위기의 원인과 특징

앞에서 살펴본 범세계적인 금융자유화가 추진된 이래 세계 곳곳에서는 크든 작든 수많은 금융위기가 발생하고 있다. 특히 1990년대에 들어와서는 금융위기의 발생빈도수가 높아지고 있을 뿐만 아니라 그 영향이 지대하여 어느 한 국가에서 금융위기가 발생하면 곧바로 주변국가로 확산되는 양상을 띠고 있다. 그 대표적인 예가 1992~93년의 유럽환율조정메커니즘(ERM) 위기, 1994~95년의 남미국가의 위기 그리고 1997~99년의 동남아시아 위기 등이다. 우리나라도 1997년 11월부터 금융위기가 본격화되면서 동년 12월 3일부터 IMF체제로 전환되었었으나 대대적인 경제구조조정 추진과 외환보유액 확충노력 등으로 2001년 8월 25일에 IMF 차입금 전액을 상환한 것은 주지하는 바와 같다.

이같이 금융위기가 경제위기로 이어지는 등 국민경제 전반에 걸쳐 심각한 영향을 미치고 있음에도 불구하고 아직까지 금융위기의 정확한 발생원인과 영향 등에 대한 보편타당성을 갖는 객관적 정의나 원인규명 등이 정립되고 있지 못한 상태이다. 그 이유는 물론 국가마다 경제구조 및 경제여건이 상이한 데 기인되지만 대부분의 금융위기가 금융자유화와 밀접한 관계를 갖고 있다는 관점에서 이하에서는 그 동안 연구 발표된 많은 학술논문 및 보고서에 기초하여 가능한 공통적 요인들을 추출하고 위에서 열거한 지역별 금융위기 사례를 중심으로 그 특징을 고찰해 보기로 한다.[11)]

금융위기의 개념과 원인

금융위기(financial crises)는 대내외 경제충격으로 금융시스템이 제대로 작동되지 않거나 마비되는 상태를 말하는데 이는 은행위기(banking crises)와 외환위기(exchange crises)를 포괄한 개념이다. **은행위기**는 예금인출사태(bank run), 금융기관의 폐쇄, 금융기관간의 인수 · 합병(M&A), 정부에 의한 대규모의 금융기관인수 등으로 연결되는 사태를 말한다. 이에 대해 **외환위기**는 대폭적인 자본유출과 평가절하, 외환보유액의 고갈, 환율제도의 변경으로 인한 금융시장불안정, 외환시장의 일시적 폐쇄, 통화의 태환성정지 등과 같은 위기상황을 말하는데 외환위기를 통화위기(currency crises) 또는 국제수지위기(balance of payments crises)라고도 한다. 그리고 은행위기와 외환위기는 개별적으로 발생할 수도 있고 복합적으로 동시에 발생할 수도 있다.

한편, 금융위기의 발생원인에 대해서도 학자간에 통일된 결론은 없지만 그 동안의 선진국을 비롯하여 신흥시장(emerging markets)에서 경험한 은행위기 또

11) 관련 논문으로는 본서의 장별 참고문헌을 참고하되 특히 다음 자료를 참고할 것.
B. Drees and C. Pazarbasioğlu, "The Nordic Banking Crises: Pitfalls in Financial Liberalization?" IMF Occasional Paper 161, April 1998; B. Eichengreen and A.K. Rose, "Staying Afloat When the Wind Shifts: External Factors and Emerging-Market Banking Crises," NBER Working Paper 6370, January 1998; G.L. Kaminsky and C.M. Reinhart, "The Twin Crises: The Causes of Banking and Balance-of-Payments Problems," Board of Governors of the Federal Reserve System, International Finance Discussion Papers, No. 544, March 1996; M. Goldstein, "Comments on Early Warning Indicators of Financial Instability in Emerging Economies," Symposium Paper on Maintaining Financial Stability in a Global Economy, Federal Reserve Bank of Kansas City, August 28–30, 1997; P. Krugman, "Currency Crises," Mimeo, 1997; J.D. Sachs, "Alternative Approaches to Financial Crises in Emerging Markets," Harvard Institute for International Development, Harvard University, Discussion Paper, No. 568, January 1997; F.S. Mishikin, "International Capital Movements, Financial Volatility and Financial Instability," NBER Working Paper 6390, January 1998; G. Kaminsky, S. Lizondo, and C.M. Reinhart, "Leading Indicators of Currency Crises," *IMF Staff Papers* 45 (March 1998), 1–48. *The Economist*, April 12–18, 1997; 김상로, "우리나라의 금융위기와 정책과제," 산업은행, 산은조사월보, 1998. 1, pp. 1–39; 한국은행, 주간해외경제, 각 호.

는 외환위기에 비추어 다음과 같이 여덟 가지의 원인들로 요약할 수 있는데 이들 중 개별 원인 또는 여러 개의 원인들이 상호연계하여 금융위기를 촉발시킨다.

첫째, 경제기초여건(economic fundamentals)이 취약한 상황하에서의 외생적 충격을 들 수 있다. 경기침체, 국제수지악화, 외환보유액부족, 환율의 고평가, 경제구조의 왜곡 등 경제기초여건이 취약한 상태에서 교역조건의 급격한 하락 또는 국제금리의 급등, 투기성 단기자본(hot money)의 신속한 유출입 등과 같은 외생적 충격이 발생하면 시장참여자들은 정부, 중앙은행, 일반은행(상업은행)들의 지불능력을 재평가하고 그들 기대수준에 미치지 못할 경우 대규모의 자금인출로 금융위기를 유발할 수 있기 때문이다.

둘째, 정부, 중앙은행, 일반은행들이 과도한 해외차입으로 차입한계점에 도달한 경우에도 금융위기로 이어진다. 예를 들어 금융자유화가 이루어지면 해외채권발행, 역외금융차입 등이 용이해지므로 금융기관을 통한 대출붐(lending boom)이 조성된다. 그 결과 주식매입, 부동산 매입 등으로 자산가격이 급등하기 때문에 위험증대와 더불어 거품경제(bubble economy)현상이 나타난다. 그러다가 대내외 경제여건변화로 경기침체가 발생하든가 긴축금융정책에 따른 금리상승 등의 이유로 경제의 거품이 사라지면 담보가치가 하락하여 금융기관의 부실채권이 증가하게 된다. 그 결과 궁극적으로 외화차입을 더 이상 할 수 없을 정도의 한계점에 이르면 신용경색(credit crunch)과 더불어 기업의 연쇄부도가 발생하면서 금융위기로 이어진다.

셋째, 정부의 특정 부문에 대한 구조조정이 여타 부문에 부정적 영향을 주어 불안전성이 증대되는 경우에도 금융위기가 발생할 수 있다. 예컨대 국내금융자율화로 금리가 급격히 상승하거나 환율이 불안정적으로 변동하면 투자위축 및 수출감소와 연계하여 금융위기로 이어질 수 있기 때문이다.

넷째, 자기실현적 기대(self-fulfilling expectation)로 인해 발생할 수 있다. **자기실현적 기대**란 시장참여자들이 당면하고 있는 불확실한 경제여건에 기초하여 장래에 대한 기대를 형성하고 그에 따라 경제행위를 할 때 모든 또는 대부분의 시장참여자들의 기대가 일치하여 그들의 기대가 실제로 실현 또는 성취되는 상황을 말한다. 예를 들어 국내통화가 고평가된 상태에서 대량실업이 존재하는 경우 시장참여자들은 중앙은행이 실업을 줄이기 위해 조만간 평가절하를 단행할 것으로 기대하고 사전에 통화공격(약세통화매각, 강세통화매입)을 시작하면 궁극적으로는 평가절하가 이루어지는데 이같은 자기실현적 기대는 외환위기를 초래한다. 또한 은행이 단기부채와 장기자산 형태로 만기불일치(maturity mismatch)상태로 금융중개업무를 수행하는 경우가 일반적인데, 은행예금자들이 단기에 은행이 자금인출을 위한 충분한 자금을 보유하고 있지 못하다고 믿는다면 실제로 동시에 대규모 인출사태가 발생하여 은행위기를 초래할 수 있다.

다섯째, 부적절한 금융관행과 책임경영이 미흡한 경우를 들 수 있다.

은행 임직원, 주주 및 은행계열기업 등에 대한 관계인대출 또는 내부자대출, 관치금융 등은 은행부실화를 초래하기 때문에 은행위기로 이어질 수 있다. 기업의 수익성이나 대출 및 담보의 건전성에 대한 평가가 제대로 이루어지지 않은 상태에서 정부의 입김에 의해 크게 좌우되는 정책금융이 많이 이루어지는 경우에는 은행의 책임경영소재가 불투명해질 뿐만 아니라 책임경영의식의 결여로 여신 후 사후관리를 소홀히 하는 등 은행의 부실채권이 증가할 수 있다.

여섯째, 경직적인 환율제도 또는 운용을 들 수 있다.

금융자유화로 국내외 자금유출입이 빈번한 상황하에서 고정 또는 페그시스템의 환율제도나 일일환율변동폭의 제한 등은 금융시장이 불안정하거나 통화공격시 환율상승압력을 제대로 반영할 수 없기 때문에 환율의 가격기능을 왜곡시켜 외환위기를 초래할 수 있다.

일곱 번째, 비대칭적 정보(asymmetric information)로 인한 도덕적 해이(moral hazard)와 역선택(adverse selection) 문제를 들 수 있다. 이는 위의 요인들과 다소 중복이 되는 면이 있기는 하지만 미쉬킨(F.S. Mishikin)은 금융위기의 근본원인을 비대칭적 정보에 있다고 보고 그로 인해 금융시장이 제 기능을 효율적으로 수행하지 못하기 때문에 발생한다고 주장하고 있다.[12] 잘 아는 바와 같이 경제주체들간에 비대칭적 정보의 존재는 도덕적 해이와 역선택 문제를 발생시킨다.[13]

도덕적 해이란 비대칭적 정보하에서 감추어진 행동 때문에 정보를 가진 측이 정보를 갖지 못한 측에서 볼 때 바람직하지 않은 행위를 하는 것을 말한다.

---

12) F.S. Mishikin, "International Movements, Financial Volatility and Financial Instability," NBER Working Papers 6390, January 1998.

13) 비대칭적 정보 문제와 관련된 전반적인 이해를 원하는 독자는 H.R. Varian, *Intermediate Microeconomics: A Modern Approach*, 3rd ed., W.W. Norton & Company, 1993, Ch. 34를 참조할 것.

화재보험가입자가 보험가입 후 화재예방을 게을리하여 보험회사에게 손해를 입힌다든가, 대마불사(大馬不死; too big to fail), 즉 대기업이나 은행은 망하지 않는다는 점을 믿고 은행이 방만한 대출을 해 준 결과 과대부실채권을 보유하는 경우, 금융기관의 부실채권에 대한 정부의 재정지원시 은행 스스로가 부실채권을 정리하려는 노력을 게을리하는 경우, 주주를 위하기보다는 기업의 외세확장에만 치우쳐 주주에게 손해를 입히는 기업가 등 많은 예를 들 수 있다.

이에 대해 **역선택**은 비대칭적 정보하에서 정보를 갖지 못한 측이 정보를 가진 측의 감추어진 특성을 알 수 없기 때문에 불리한 거래를 하게 될 가능성을 말한다. 생명보험회사에 건강한 사람보다는 실제로는 나약한 사람이 많이 가입하는 상황이나, 은행대출에 부도위험이 높은 기업이 많은 혜택을 받아 부도를 유발하는 사태 등이 이에 해당한다.

미쉬킨은 이같은 도덕적 해이 및 역선택 문제에 기초하여 금융위기의 원인을 ① 금리상승, ② 주식시장침체, ③ 불확실성의 증대, ④ 재무구조의 악화, ⑤ 은행파산 등을 들고 있다.

금리가 상승하면 신용위험상태가 우량기업보다는 불량기업의 대출수요가 증가하는 역선택 문제가 발생하여 금융기관은 대출을 감소시켜 금리상승을 더욱 부추기고 그 결과 투자 및 생산활동을 위축시켜 금융위기를 유발할 수 있다. 또한 주식시장이 침체되면 기업의 순가치(net worth)가 하락하기 때문에 은행과 같은 대출자는 대출에 따른 손실을 방지하기 위해 대출을 줄임으로써 역선택 문제가 발생할 뿐만 아니라 도덕적 해이 문제가 결부하여 금융위기를 초래할 수 있다. 순가치는 자산에서 부채를 뺀 순자산을 의미하는데 이는 대출담보의 성격을 갖는다.

금융시장에서의 불확실성 증대는 대출자가 신용이 좋은 자금수요자의 선별을 어렵게 하기 때문에 역선택 문제가 발생하여 대출을 꺼려하기 때문에 자금경색과 더불어 금융위기를 초래한다. 그리고 기업이나 은행의 재무구조악화도 금융위기를 초래한다. 기업의 과다차입이나 은행의 과다대출은 차입 또는 대출한계에 도달하기 때문에 대출감소와 금리상승으로 투자 및 생산위축을 초래하고 금융위기로 이어진다. 은행파산(bank panics)은 은행의 금융중개기능의 정지를 의미하므로 그로 인해 금융시장에서 자금부족이 심화되고 금리가 상승하며 이는 다시 신용시장에서 역선택 문제가 심화되어 금융위기를 유발시킬 수 있다.

끝으로, 정부의 금융건전성 규제 및 감독(prudential regulations and supervision)의 미흡을 들 수 있다.

금융산업은 외부성(externalities)이 크고 비대칭적 정보의 존재로 시장의 실패가능성이 여타 산업에 비해 높기 때문에 정부의 적절한 규제와 감독이 소홀하면 금융위기를 초래할 수 있다. 여기서 외부성이란 외부경제 또는 외부불경제와 같은 경우를 지칭하는데 외부경제는 타인에게 의도하지 않은 혜택을 주고도 아무런 보상을 받지 못하는 경우이며, 외부불경제는 그 반대로 타인에게 의도하지 않은 피해를 입히고도 아무런 대가를 지불하지 않는 경우를 말한다. 이같은 외부성의 존재는 시장실패의 원인 중 하나인데 금융산업의 경우 어느 한 은행이 파산하면 여타 은행의 신뢰성에까지 영향을 미쳐 최악의 경우 은행의 연쇄도산을 초래할 수 있다. 따라서 금융시스템이 제대로 작동할 수 있도록 경영정보의 공시체제 정립, 투명한 회계감사기준 설정, 과다 부실채권보유에 따른 위험노출 및 재무구조악화 방지 등을 위한 규제 및 감독이 필요하다. 그러나 정부의 개입이 과도하거나 관치금융의 양상으로 확대되면 금융시장의 안전성은 물론 자원배분의 효율성을 저해하는 등 오히려 정부의 실패현상으로 귀결된다.

주요 금융위기 사례와 특징

1970년대 초 국제통화제도가 변동환율제도로 이행한 이래 많은 금융위기들이 발생하였는데 카민스키 및 라인하트(Kaminsky and Reinhart)의 실증분석에 따르면 아시아, 유럽, 남미, 중동 국가 중 20개 국가의 표본조사에서 1970~95년 기간중 총 96회의 금융위기가 발생하였으며 이 중 은행위기가 25회, 외환위기(국제수지위기)가 71회였던 것으로 나타났다. 특히 이들 금융위기 중 은행위기의 56%가 3년 이내에 외환위기로 이어졌고 외환위기의 24%는 1년 이내에 은행위기로 연결된 것으로 분석하고 있다. 또한 골드스타인(Goldstein)은 25개 신흥국가들(emerging countries)을 대상으로 조사한 결과 1970~96년 기간중 120개의 금융위기가 발생하였으며 그 중 약 25%가 은행위기였고 나머지 75%가 외환위기였다고 밝히고 있다. 이로부터 알 수 있는 것은 은행위기 → 외환위기[14] 순으

14) 미쉬킨(F.S. Mishikin)은 반대로 역선택 및 도덕적 해이 문제증가 → 외환위기 → 역선택 및 도덕적 해이 문제악화 → 경제활동위축 → 은행위기 순으로 은행위기에 앞서 외환위기가 발생

로 전개되었을 뿐만 아니라 금융위기의 약 74%가 외환위기에 의해 발생하였다는 사실이다.

이같은 사실을 염두에 두고 이하에서는 1990년대 이후에 발생한 주요 금융위기를 크게 ERM위기, 노르딕위기, 라틴위기, 동남아시아위기 순으로 나누어 위기의 배경과 특징을 중심으로 고찰하기로 한다. 물론 이 외에도 불가리아, 폴란드, 러시아, 브라질, 베네수엘라 등이 금융위기를 경험하였거나 겪고 있다.

(1) ERM위기: 1992~93년

유럽경제통화통합(EMU) 참가국들이 EMU추진을 위한 제1단계(1990. 7~93. 12)에 진입한 후 유럽환율조정메커니즘(ERM)이 극도로 불안정한 양상을 띠면서 동요되기 시작한 일련의 사태를 말한다.

영국이 1992년 9월에 유럽외환시장에서 파운드화에 대한 평가절하압력이 가중되면서 9월 16일에는 런던외환시장에서의 종장환율이 ERM내 환율변동허용폭의 하한선을 넘어서자 ERM을 잠정탈퇴한 데 이어 다음 날인 17일에는 이탈리아도 외환시장중단사태까지 발생하여 ERM을 잠정탈퇴하였다. 그리고 1992년 11월부터 1993년 2월중에는 스페인 페세타화, 포르투갈 에스쿠도화의 수 차례에 걸친 평가절하가 이루어지고 아일랜드의 펀트화는 10%까지 평가절하되었다. 또한 1993년 7월 8일에는 프랑스의 실질성장률 발표가 당초 전망치보다 대폭 낮은 반면 실업률이 높아질 것이라는 발표로 마르크화에 대한 환율변동허용폭의 하한선에 접근하면서 프랑스 프랑화, 덴마크 크로네화, 포르투갈 에스쿠도화, 스페인 페세타화 등의 투매현상으로 이어졌다. 그 결과 1993년 8월 2일에는 독일 및 네덜란드 통화(±2.25%)를 제외한 여타 참가국의 환율변동허용폭을 15%로 확대하하여 시행하는 등 일련의 ERM위기가 확산되었다.

ERM위기의 특징을 보면 조지 소로스(George Soros)의 파운드화 공격으로부터 촉발되었으며 자본자유화나 외환보유액과는 관련 없이 발생하였다. 또한 1992년 8월까지 투기공격국가의 금리도 여타 국가와 별 차이가 없었으며 투기공격을 받았던 영국이나 이탈리아는 ERM을 탈퇴함으로써 오히려 통화안정을 찾는 등 일반적인 금융위기와는 대단히 상이한 양상으로 전개되었다.

하는 것으로 설명하고 있으나 실증분석은 병행되지 않았다.

(2) 노르딕위기(Nordic Crises): 1990~93년

노르웨이, 스웨덴, 핀란드 등 북구 3국의 금융위기는 최근 선진국들이 경험한 금융위기 중 가장 심각했던 점에서 주목을 끌고 있다. 이들 국가는 1983~86년중에 금융자유화를 시행한 후 대출붐(lending boom)으로 인해 부동산가격과 주식가격이 폭등하면서 거품경제의 양상을 띠기 시작하였다. 대출붐은 은행자산의 자본화달성이 미흡한 데다가 내부위험 관리능력부족 및 신용위험에 대한 과소평가를 한 반면 자금수요자인 기업이나 가계는 급속한 경제성장과 자산가격상승 그리고 정부의 저금리정책으로 자금공급자의 대출과 수요자의 차입동기가 일치하였기 때문에 발생하였다.[15]

대출붐은 급격한 시설투자증대와 소비증가를 초래하여 경제는 호황국면에 있었다. 그러나 금융자유화의 부작용을 차단하기 위한 금융기관에 대한 건전성 감독(prudential supervision)이 미흡한 데다가 부동산관련 대출이자에 대한 조세감면, 경직적인 환율제도로 인한 해외차입증가 등으로 1990년을 전후하여 금융기관의 재무구조악화에 따른 금융부실화가 노출되기 시작하면서 경기침체, 부동산가격폭락, 기업도산 등으로 이어져 금융위기를 맞게 되었다.

스웨덴과 핀란드의 상업은행들의 조세 전 수익률은 1991년부터 적자로 반전하여 스웨덴이 1993년까지, 핀란드는 1995년까지 지속된 데 비해 노르웨이는 1987년부터 1992년까지 적자가 지속되었다. 또한 총고정자본형성도 1990~93년 기간중에 약 14~26%의 마이너스 증가율을 기록하였다.

이로부터 알 수 있는 것은 금융자유화는 정부의 금융기관에 대한 건전성 규제 및 감독기능을 강화함으로써 금융자유화로부터 발생할 수 있는 도덕적 해이로 인한 부작용을 최소화할 때 효율적이라고 하겠다.

(3) 라틴위기(Latin Crises): 1994~95년

남미국가들은 이미 1980년대 초에 금융위기를 겪은 후 1990년대에 들어와 다시 멕시코의 제2금융위기를 중심으로 전개되었다. 잘 알려진 바와 같이 아르헨티나, 칠레, 우루과이 등 소위 남미 3개국 증후군(Southern Cone Syndrome)에서 나타난 바와 같이 이들 국가들은 1970년대 초부터 중반까지 금융자유화추진을

15) B. Drees and C. Pazarbasioğlu, "The Nordic Banking Crises: Pitfalls in Financial Liberalization?" IMF Occasional Paper 161, April 1998.

위한 선결조건들이 충족되지 않은 상태에서 대폭적이고 신속한 금융자유화를 단행함으로써 금융자유화의 실패국가들로 기록되었다. 뿐만 아니라 남미의 금융자유화실패 사례는 금융자유화의 최적순서를 감안해야 된다는 계기가 되었다. 특히 멕시코는 외채위기로 1982년 8월 12일 외채지불유예, 즉 모라토리엄(moratorium)을 선언함으로써 외채대국인 남미, 아프리카, 동구권 국가들의 외채 문제와 함께 세계경제가 해결하여야 할 과제로 부상하게 되었다.

멕시코 외채위기는 1983~87년에 걸친 강력한 경제구조조정계획과 1985년의 미 재무장관 베이커(Baker Ⅲ)안과 이를 구체화한 1989년 3월의 브래디 플랜(Brady plan) 등에 힘입어 1990년부터 외국자본이 유입되면서 다소 진정되기 시작하였다. 그럼에도 불구하고 경상수지는 1988년에 약 24억 달러 적자에서 1994년에는 294억 달러로 증가하고 단기성 외국인 포트폴리오투자 자금이 대폭 유입되면서 달러표시 단기외채(tesobonos)가 급증하였다. 이같은 상황에서 1994년 2월 미국의 긴축통화정책으로 인한 금리상승이 멕시코의 금리상승을 유발하여 은행의 재무구조를 악화시켜 금융위기가 가시화되는 가운데 1994년 12월에 페소화에 대한 투기공격으로 페소화가치가 폭락하면서 또다시 외환위기를 맞게 되었다. 그 결과 1994년 12월 22일 미국과 캐나다에 긴급외환안정자금을 요청하는 한편 국제통화기금(IMF), 국제결제은행(BIS), 세계은행(IBRD) 등 국제금융기관과 북미자유무역협정(NAFTA) 환안정기금 등 516억 달러의 구제금융을 지원받는 동시에 긴급경제안정화 대책을 추진함으로써 1995년 3월부터 안정세를 회복하기 시작하였다.

멕시코의 구조조정을 위한 경제안정화 정책은 국영기업의 민영화, 은행건전성에 대한 규제 및 감독, 외환시장개입의 가능한 억제 등의 방향으로 추진되었다. 더욱이 1995년에는 상환만기인 단기외채 중 약 290억 달러를 전액 상환하여 국가신인도 회복에 주력하는 한편 달러 일변도의 단기외채를 달러 이외에 마르크화, 엔화표시 중장기채권발행으로 전환하여 미국의 긴급지원액을 당초 상환기간보다 3년 조기상환하였다.

아르헨티나는 멕시코와 경제유대관계가 미약함에도 불구하고 1994년 12월의 멕시코 외환위기로 인한 테킬라 효과(Tequila effect), 즉 전염효과(contagion effect)로 큰 타격을 받은 국가이다. 아르헨티나는 1991년 3월에 **통화위원회제도**(Currency Board System)를 도입하여 1994년까지 중남미국가 중 가장 높은 성장률을 기록한 국가였다. 통화위원회제도란 특정통화에 대한 국내통화의 환율을 고정시켜 교환토록 법적으로 위임이 뒷받침된 통화제도로 국내통화발행은 외화준비자산 범위 내에서만 가능한 제도이다. 그러나 중앙은행의 통화규제나 최종대출자(lender of last resort)의 기능은 갖지 않는다.[16)]

아르헨티나는 페소화의 환율을 미 달러화에 1:1로 고정시키고 외화준비자산 범위 내에서 화폐를 발행하고 있으며 미 달러화에 대한 태환법(convertibility law)에 의해 페소화와 미달러화간에 태환성을 보장하여 운영하고 있다. 이같은 환율운용제도하에서 고평가된 환율, 금융시스템의 낙후성, 경상수지적자지속, 외채누적 등 멕시코와 비슷한 경제구조로 인해 멕시코 외환위기가 발생하자 외환보유액이 감소하여 환율제도가 위협을 받는 가운데 금융기관의 예금지불 불능사태로 이어져 외환위기를 맞게 되었다. 그에 따라 1995년 3월에 IMF, IBRD, 미주개발은행으로부터 구제금융을 지원받기 시작하였다. 이같은 구제금융과 더불어 외국인에 대해서도 종전대로 페소화를 미달러화로 무제한 환전을 허용하여 환율안정을 유지함으로써 1996년부터 경제가 회복되기 시작하였다. 그러나 2001년에 들어서 아르헨티나 경제는 다시 혼미를 거듭하는 가운데 12월에는 경제난 폭동으로까지 이어지다가 2001년 12월 23일에는 외채지불유예(moratorium)를 선언하여 지금에 이르고 있다.

(4) 동남아위기(Southeast Asian Crises): 1997~99

동남아시아 금융위기는 1997년 7월 2일 태국의 바트화 폭락사태가 촉발되면서 필리핀, 인도네시아, 말레이시아, 한국 등으로 확산된 일련의 위기상황을 말한다. 이들 국가들에 대한 금융위기 발생원인에 대해서는 다양한 의견들이 있으나 크게 ① 경제기초여건의 취약성, ② 환율제도의 경직적 운용, ③ 금융기관의 부실채권누적, ④ 정부의 금융건전성에 대한 규제 및 감독 미흡 등으로 요약되고 있다. 이들 국가들은 위기발생 전에 경상수지적자폭의 확대, 실질성장률저조 등 외부충격에 취약한 경제구조를 갖고 있어 환율의 평가절하에 대한 기대

16) 통화위원회제도(Currency Board System)의 장점으로는 ① 관리 및 운용의 단순성, ② 건전통화 및 재정정책의 신뢰성, ③ 통화안정성, 금리수렴 및 금융중개 등이며, 단점으로는 ① 명목환율의 경직성, ② 금융적 유약성, ③ 중앙은행기능의 손실, ④ 통화관리 제약, ⑤ 재정정책의 제약 등임. 그리고 이 제도를 채택하고 있는 국가들로는 아르헨티나(1991), 브루나이다루살람(1967), 디보우티(Djibouti: 1949), 동카리브안 중앙은행(1965), 에스토니아(1992), 홍콩(1983), 리투아니아(1994), 불가리아(1997) 등임.

가 만연하였다. 그럼에도 불구하고 태국의 복수통화바스켓제도, 인도네시아와 한국의 일일환율변동폭 제한 등 경직적인 환율제도를 운용함으로써 환율이 실세를 제대로 반영하지 못함으로써 가격기능을 제대로 수행하지 못하였다. 또한 1980년대 후반부터 경제호황과 더불어 급격한 외환 및 자본자유화를 추진함으로써 대량의 해외자본이 유입되어 대출붐과 더불어 토지를 비롯한 부동산가격, 주가 등 자산가격이 급등하면서 거품경제현상이 표출되기 시작하였다. 더욱이 기업과 금융기관은 무분별하게 외화의 단기차입을 하여 장기자금으로 활용함으로써 자금경색이 발생하고 그에 따라 거품이 줄어들면서 자산가격이 급락함에 따라 담보가치가 하락하여 기업의 연쇄부도에 금융기관 부실채권의 누적으로 이어졌다. 또한 환위험에 노출된 자금에도 불구하고 정부가 규제 및 감독을 소홀히 한 결과 역선택 및 도덕적 해이 문제까지 가세하여 금융위기를 촉진시켰다. 이같은 위기가능성을 안고 있던 차 7월 2일에 태국이 13년 동안 유지해오던 복수통화바스켓제도를 포기하고 관리변동환율제도를 시행함에 따라 바트화에 대한 투매현상으로 환율이 폭등하고 주변국가들로 확산되었다. 그 결과 IMF, IBRD, 아시아개발은행(ADB) 등 국제금융기관과 주요 국가들로부터 긴급구제금융을 요청함으로써 1997년 8월 11일에 태국에 172억 달러규모를 지원키로 하는 한편 10월 30일에 인도네시아에 330억 달러규모(추후 430억 달러로 확대), 그리고 12월 3일 한국에 550억 달러규모로 지원하기로 결정하였다. 또한 인도네시아와 한국은 일일환율변동폭제한을 폐지하여 자유변동환율제도로 이행하는 한편 구제금융 수혜조건으로 IMF와의 양해각서에 따라 대대적인 경제구조조정이 추진되었다. 그리고 한국은 실제로 IMF로부터 총 10차례에 걸쳐 195억 달러를 지원받아 2004년 5월까지 상환하기로 하였으나 외환보유액 확충노력 등으로 대외지급 능력이 크게 높아져 2001년 8월 25일에는 마지막 잔액 1억 4000만 달러를 상환함으로써 IMF 차입금 전액을 조기 상환하였다.

금융위기의 영향과 조기경보지표

금융위기에 대한 많은 실증분석에 의하면 은행위기는 외환위기로 이어지는 경향이 있는 것으로 나타나고 있다. 그 이유는 은행위기가 발생하여 대규모의 금융부실화가 발생하면 중앙은행의 화폐발행이나 정부의 재정부담을 가중시키고 이로 인해 통화가치 방어능력을 약화시키는 동시에 재정적자확대로 인플레이션 기대심리를 높여 해당국가의 통화가치 하락압력으로 외환위기로 연결되기 때문이다.

금융위기의 원인이 어디에 있든간에 일단 금융위기가 발생하면 환율 및 금리폭등, 주가폭락, 대폭적인 실업증가, 외채누적, 성장률감소 등 국민경제 전체가 불황의 늪으로 빠진다. 그리고 불황의 정도가 지나치면 극단의 수단으로 외채지불유예, 즉 모라토리엄(moratorium)을 선언함으로써 경제기능이 마비상태로까지 이어진다.

앞에서 살펴본 지역별 금융위기에 따른 비용을 보면 ERM위기의 경우 1,500~2,000억 달러에 달하는 외환시장개입을 하였으나 아무런 결실을 거두지 못하여 막대한 비용만 치룬 결과가 되었다. 그리고 북구 3국의 노르딕위기 기간중에 지출된 비용은 미달러화 기준으로 GDP의 5~7%에 이르고 있으며, 멕시코가 GDP의 12~15%, 아르헨티나는 무려 55%에 이르고 있다. 동남아시아위기 경우는 통계자료의 미발표로 미지수이기는 하지만 태국의 경우를 기준으로 볼 때 적어도 GDP의 10%를 상회할 것으로 보고 있다.

이와 같은 연유 때문에 금융구조가 취약한 국가가 여전히 후진국으로 남아있는 이유가 되는데 이는 국가간의 부익부, 빈익빈의 결과를 초래하기 때문이다. 금융시장이 선진화된 국가는 금융위기를 겪고 있는 국가의 국가신인도가 낮아 국제금리보다 높은 금리로 구제금융 내지는 대출을 해 주기 때문이다.

금융위기사태가 이와 같이 국민경제위기로 연결된다고 하면 금융위기가 닥쳐올 가능성을 사전에 감지하고 적절한 대응방안을 강구하는 것이 필요한데 이를 위해 금융위기의 **조기경보지표**(early warning indicators of financial crises)를 개발하는 것이 중요하다. 여기서 조기경보지표란 의미는 금융위기 발생시점보다 12~24개월 전에 위기신호를 보이는 지표들을 말한다.

금융위기의 조기경보지표로 이용되는 거시경제변수들은 광범위한데 여기서는 많은 학자들의 연구결과 중 공통적인 지표들만을 선정하여 고찰하기로 한다. 이에는 ① 실질환율, ② 외환보유액, ③ 국내외금리차이, ④ 교역조건, ⑤ 은행대출액, ⑥ 총통화(M_2)승수, ⑦ GDP에 대한 경상수지비율, ⑧ GDP에 대한 재정수지비율, ⑨ 실질성장률, ⑩ GDP에 대한 외채비율 등이 포함된다.

이들 변수들이 금융위기와 더불어 어떠한 방향으로 움직이는지를 살펴보자. 앞에서 금융위기는 은행위기 → 외환위기순으로 발생한다고 하였는데 은행위기는 국내금융자율화, 외환 · 자본자유화를 포함한 금융자유화 이후에 발생하는 것이 일반적이다. 금융자유화로 인해 자본유입이 발생하면서 은행대출붐이 일어나 은행대출액증가, 총통화승수증가가 발생하면서 환율이 고정 또는 페그된 경우 통화당국이 통화가치방어를 위해 시장개입을 도모한다. 그 결과 외환보유액이 감소하고 통화가치가 하락함으로써 국내금리가 상승하여 국내외금리격차는 급격히 확대된다. 은행은 과다대출로 위험에 직면하여 대출을 줄이기 때문에 자금경색이 발생하고 이는 다시 금리를 더욱 치켜올리는 작용을 한다. 이같은 과정을 통해 은행위기가 발생하면 국내외 시장참여자들은 국내통화 대신 강세통화인 외국통화로 보유하려는 외환에 대한 수요증대로 환율이 급등하여 실질환율도 급상승한다. 이 경우 교역조건도 악화하여 수출채산성을 악화시키는 한편 수입도 크게 감소하는데 수입감소는 고금리에 따른 투자 및 경제활동이 위축되기 때문이다.

이같은 복잡한 경제부문간의 상호작용에 의해 조기경보지표의 후보가 되는 주요 경제변수들의 위기 전의 변동양상을 요약하면 [표 16-4]와 같다.[17)]

표 16-4 금융위기에 따른 주요 조기경보지표의 변동방향

주요 조기경보지표	금융위기 전 변동방향	위기 후
① 실질환율	급 등	완만하게 하락
② 외환보유액	하 락	급 등
③ 국내외금리차이	상 승	상승하다가 하락
④ 주식시장	침 체	하락하다가 증가
⑤ 교역조건	하 락	상 승
⑥ 은행대출액	증 가	증가하다가 감소
⑦ M_2/외환보유액	급 등	하 락
⑧ M_2승수	상 승	급격히 하락
⑨ 실질성장률	하 락	하락하다가 증가
⑩ 경상수지적자/GDP	증 가	하 락
⑪ 재정수지/GDP	하 락	감소하다가 증가
⑫ 총외채/GDP	상 승	상 승

17) 이 외에도 수출입변동률, 국제신용평가기관의 국가평가등급수준, 단기자본/GDP, 이자지불액/GDP, 국내인플레이션, 단기차입, 실업률 등이 있다.

4 모라토리엄 선언의 이해득실

위에서 최근 금융위기의 원인과 특징 그리고 조기경보지표 등에 관한 논의를 전개하여 왔는데 금융위기의 정도가 지나치면 정부는 **모라토리엄**(moratorium), 즉 외채지불유예를 선언하기도 한다. 이는 국가의 채무불이행(Sovereign default)선언이므로 국가채무상환을 법적으로 강요할 근거가 소멸된다는 점에서 일국에 속해 있는 개인, 기업, 은행들의 채무불이행과는 성격이 근본적으로 다르다.

1980년대 이후 모라토리엄을 선언한 예로는 1982년 8월 12일 멕시코가 대표적이며 1987년 2월에 브라질이 상업은행부채에 대한 이자지급정지를 선언한 바 있다. 그리고 1998년 1월에는 인도네시아가 모라토리엄 선언 직전까지 갔으나 구제금융증가 등으로 모면하였다. 그렇다고 하면 모라토리엄의 선언에 따른 이해득실은 무엇이며 또 언제 선언하게 되는지 이하에서는 크루그만-옵스트펠드(Krugman and Obstfeld)의 이론을 원용하여 분석하기로 한다.[18)]

모라토리엄의 비용

일국이 경제위기를 맞아 외채지불유예를 선언하면 적어도 다음과 같은 위험과 비용을 감내해야 한다.

첫째, 모라토리엄 선언 국가에 대한 채권자 또는 채권국가들은 채권국 영역에 있는 채무국가의 자산을 차압할 것이다. 채무국가의 외환보유액을 비롯하여 채무국가 국민이 소유하고 있는 외화자산 및 귀금속, 채권국에 수출하기 위해 들어온 재화 및 서비스 등 가능한 모든 것들을 차압하려고 할 것이다.

둘째, 모라토리엄을 선언하면 장래의 해외차입을 어렵게 한다.

일단 모라토리엄을 선언하면 국가신뢰도가 추락하여 유망 대출가능 국가들마저 외화대출을 기피함으로써 해외차입이 사실상 불가능해진다. 따라서 모라토리엄을 선언한 국가는 국내경제회생을 위한 투자재원을 국내저축에만 의

18) P.R. Krugman and M. Obstfeld, *International Economies: Theory and Policy*, 3rd ed., New York: Harper Collins College Publisher, 1994, pp.689-707.

존하게 되는데 가뜩이나 부족한 국내저축으로 경제위기를 더욱 심화시키는 결과를 감수하여야 한다.

셋째, 국제무역이익이 축소된다.

모라토리엄 선언 국가는 수출증대능력이 감소될 뿐만 아니라 수출상품 및 서비스에 대한 차압과 더불어 외국이 수출입신용을 거부함으로써 국제무역으로부터 향유할 수 있는 이익이 축소된다.

모라토리엄의 편익

모라토리엄을 선언함으로써 얻는 편익(benefit)은 외채에 대한 원리금상환의 책임으로부터 탈출하는 데 있다. 외채가 많으면 많을수록 그만큼 더 많은 편익을 얻는다. 외채부담회피 이외의 또 다른 편익을 얻을 수 있는 요인으로는 모라토리엄 선언 당시의 그 국가의 소득수준이다. 왜냐하면 만약 소득수준이 높으면 큰 어려움 없이 국내소비 및 투자를 지속할 수 있으므로 이 또한 편익이 될 수 있기 때문이다. 그러나 소득수준이 낮은 상태이면 편익보다는 고통을 수반하게 된다.

모라토리엄 선언의 시기

일국이 외채지불유예를 선언함으로써 치루어야 할 비용과 얻을 수 있는 편익이 위와 같다고 하면 경제적인 측면에서 언제 그와 같은 사태가 발생하는지 알아보기로 한다.

이를 위해 외채와 관련하여 자원이전(resource transfer)을 다음과 같이 정의하자.

$$RT = L - (S + O)$$

단, RT=자원이전량

L=채무국가에 대한 신규대출액(만기외채의 연장액 포함)

S=채권국가들에 대한 총외채지불액(원리금)

O=채무국가의 기타 순자본유출액(채무국가 거주자에 의한 자본도피액 포함)

여기서 신규대출액은 엄밀한 의미로 외국으로부터 신규대출로 받을 수 있는 신규차입가능액이며 총외채지불액은 채무국이 채권국가에게 상환해야 할 금액을 의미한다.

따라서 만약 $RT>0$이면 채무국가에 대한 신규대출액이 순자본유출액을 포함한 총외채지불액보다 크므로($L>S+O$) 신규자원이 채권국가로부터 채무국가로 이전되므로 채무국가는 결코 모라토리엄을 선언하지 않을 것이다.

한편 $RT<0$이면 신규자원이 채무국가에서 채권국가로 이전되므로 불리하기 때문에 모라토리엄을 선언하는 것이 유리하다. 즉 채무이행의무를 파기함으로써 얻는 인지된 비용이 외채지불유예로부터 얻는 편익보다 크기 때문에 모라토리엄을 선언하는 것이 유리하다.

1982년 8월 멕시코가 모라토리엄을 선언한 후 1989년 3월에 미국정부가 **브래디 플랜**(Brady Plan)에 의해 자원이전을 통한 멕시코 외채상환을 유도한 것은 하나의 좋은 예라고 하겠다. 브래디 플랜에 따라 미국 상업은행들은 멕시코에 금융지원 및 외채서비스경감 등을 하였을 뿐만 아니라 IMF, IBRD 등이 구제금융을 지원하였다.

브래디 플랜은 1989년 3월 미국이 제안한 개도국 외채해결방안을 말하는데 이의 핵심내용은 ① 상업은행의 각종 메뉴방식을 통한 채무경감 및 신규자금의 공여, ② IMF, IBRD 등 국제금융기구의 신규융자제도의 도입 및 촉매역할 강화, ③ 시장기준 채무경감(market-base debt reduction), ④ 국제금융기구와의 협조하에 채무국은 경제안정화를 위한 지속적인 구조조정의 추진 등으로 되어 있다.

이같은 브래디 플랜이 처음으로 적용된 국가는 모라토리엄을 선언한 멕시코이다. IMF, IBRD 등은 멕시코에 구제금융을 지원하는 동시에 상업은행들로 하여금 메뉴방식 및 시장기준 채무경감방안을 촉구하였다. 이에는 채무국의 자기채무상환(debt buyback), 채무를 채권으로 전환(debt-asset conversion), 채무와 수출대금의 상환(debt-export conversion), 면책채권(exit bond)발행 등이 포함되어 있다.

이에 힘입어 멕시코는 1989년부터 경제안정을 위한 구조조정조치를 강력히 추진함으로써 국가신인도가 제고되면서 1991~92년중에는 자본유입이 현저하게 증가하였다. 그러나 1994년에는 누적적인 경상수지적자와 국제금리상승에 따른 자본유입감소 등으로 또다시 페소화에 대한 투매현상의 재연과 더불어 제2의 금융위기를 겪게 되었음은 이미 앞서 지적한 바와 같다.

요 약

1. 국제금융시장은 국제적으로 자금의 대차거래를 매개시켜 주는 시장기구를 말한다. 협의의 국제금융시장은 금융거래자의 거주성에 따라 역내시장과 역외시장으로 구분되며 이들 시장은 다시 금융조달 형태에 따라 각각 직접금융시장과 간접금융시장으로 구분된다.

2. 역내시장(域內市場)은 외국차입자들이 금융기관 소재국의 통화로 발행된 금융자산을 거래하는 시장을 말하는데 외국중개시장과 외국채시장으로 구분된다.

3. 역외시장(域外市場)은 외국통화표시 금융자산이 표시통화국 영토 밖에서 거래되는 시장을 말하는데 유로시장과 동일한 개념으로 사용된다. 이에는 유로커런시시장, 유로노트시장, 유로채시장 등이 있다.

4. 국제채시장은 국제금융시장에서 중장기채권(中長期債券)이 발행되고 유통되는 시장을 말하는데 채권발행자의 거주성에 따라 크게 유로채시장과 외국채시장이 있다.

5. 국제금융센터는 국제자금의 대차거래를 매개시켜 주는 특정지역의 시장을 말한다. 런던, 뉴욕, 동경국제금융시장이 대표적인 금융센터 들이다.

6. 역외금융센터(offshore-banking center)는 금융기관이 비거주자로부터 외화예금수취, 차입, 외화증권발행 등을 통해 자금을 조달하여 이를 다른 비거주자에게 대출 또는 외화증권을 인수해 주는 중심지를 말하는데 런던형, 뉴욕형, 조세도피형 등의 역외금융센터가 있다.

7. 금융자유화(financial liberalization)는 국내외 금융거래에 대한 각종 규제의 완화 내지는 철폐를 의미한다. 따라서 금융자유화는 대내적으로 금리자유화, 금융기관의 업무영역확대 및 내부경영자율권의 확립 등 국내금융자율화와 대외적으로 외환 및 자본자유화를 포괄한 개념이다.

금융자유화를 흔히 금융국제화(internationalization of financial markets)라고도 한다.

8. 금융자유화에 대한 국제규약은 외환자유화를 명시한 IMF협정 제8조와 자본자유화를 명시한 OECD의 자본이동에 관한 자유화규약에 근거를 두고 있으며, 자유화의 최적순서는 무역자유화→외환자유화→자본자유화의 순서로 평가되고 있다.

9. 최근 금융자유화가 세계적인 추세로 확산된 원인은 ① 1973년 이후 변동환율제도로의 이행, ② 정보통신기술의 급속한 발전에 따른 금융거래비용의 감소, ③ 각국 정부의 금융자유화의 적극적인 추진, ④ 민간금융기관의 금융혁신 등에 연유한다. 그리고 이와 같은 추세는 ① 금융시장의 전역화, ② 금융시장의 동조화, ③ 금융기관의 겸업화, ④ 금융의 증권화 등의 양상으로 전개되고 있다.

10. 금융위기는 대내외 경제충격으로 금융시스템이 제대로 작동되지 않거나 마비되는 상태를 말하는데 이는 은행위기와 외환위기를 포괄한 개념이다. 금융위기의 발생원인들은 다양한데 크게 여덟 가지로 분류할 수 있다.

11. 금융위기를 사전에 감지하기 위해서는 조기경보지표의 개발이 필요하다. 조기경보지표란 금융위기 발생시점보다 24개월 또는 12개월 전에 위기신호를 보이는 지표들을 말한다.

제17장 상호거시경제 정책협조론

개 요

이 장에서는 상호의존경제에 있는 국가들간의 거시경제 정책협조에 대한 이론을 이해하고 현실적으로 선진국들간에 어떻게 정책협조가 이루어지고 있는지를 살펴보게 된다. 이미 우리는 제6장 2절에서 반향효과(repercussion effect)가 있는 경우 투자와 수출증대가 양국에 미치는 효과를 분석한 바 있는데 여기서는 확장재정정책과 확장금융정책이 상호의존관계에 있는 양국의 실질소득, 금리 그리고 환율에 미치는 영향을 분석하게 된다. 또한 게임이론을 응용하여 거시경제 정책협조가 인플레이션과 고용에 미치는 효과를 규명하게 된다. 그리고 1980년대의 정책협조의 산물인 플라자협정과 루브르합의의 내용과 성과를 평가해 보고 최근에는 어떠한 방향으로 정책협조가 이루어지고 있는지를 살펴보게 된다.

제 1 절 상호의존경제와 경제정책협조의 의의

1980년대에 이르러 경제대국인 주요 선진국들간에 경제적 상호의존성(economic interdependence)이 심화되는 가운데 경제정책협조에 대한 중요성이 그 어느 때보다도 높아지고 있다. 경제개방정도가 높아지고 국제간에 재화, 서비스, 자본의 이동이 활발해짐에 따라 미국과 같은 경제대국의 재정·금융정책변경이 독일, 일본 등 여타국들에게 신속하게 영향을 미칠 뿐만 아니라 이는 다시 미국에 반향효과(repercussion effect)를 초래함으로써 서로 영향을 주고 받는 상호의존경제체제의 양상을 띠고 있다.

여기서 상호의존경제(interdependent economies)라 함은 어느 특정국의 경제정책변경이 타국가에 영향을 미치고 타국가의 반응(response)이 다시 정책변경국가에 영향을 미치는 '두 방향의 영향 정도'(degree of two-way influence)를 말한다.[1] 따라서 상호의존경제라는 개념은 엄밀한 의미에서 경제개방(openness of the economy)이나 경제통합(economic integration)과는 구별되는 개념이다. 왜냐하면 경제개방은 단순히 일국의 경제를 대외에 개방한 정도를 나타내기 때문에 비록 경제개방 정도가 높다 하더라도 소규모개방경제(small open economy)이면 타국에 미치는 영향은 대단히 미약하거나 무시할 정도인 반면, 여타 경제대국의 정책변경에는 크게 영향을 받는 일방적 영향관계에 있기 때문에 상호의존성과 다른 개념이다.

이에 대해 경제통합이란 단일재화 또는 단일증권시장의 통합을 지칭한다. 따라서 이 경우 일반적으로 일물일가의 법칙(law of one price)이 성립하지만 국내외 재화 또는 국내외 증권간의 대체탄력성이 아주 낮거나 한계수입성향이 낮으면 외국경제정책변화에 영향을 별로 받지 않을 수가 있기 때문에 엄격히는 상호의존성과 구별된다. 따라서 이와 같은 관점에서 볼 때 경제개방이나 경제통합 정도는 상호의존경제의 필요조건이기는 하지만 충분조건이 아님을 알 수 있다.

---

1) R.N. Cooper, "Economic Interdependence and Coordination of Economic Policies," in R.W. Jones and P.B. Kenen, eds., *Handbook of International Economics*, Vol. 2, NorthHolland, 1985, pp. 1195-234.

국가들간에 경제적 상호의존성 정도가 높으면 높을수록 어느 특정국가의 경제정책변경에 따른 영향을 서로 주고 받게 되므로 이들 국가간에 경제정책협조가 필요하게 된다.

경제정책협조(economic policy coordination)는 참여하는 국가들의 공동후생수준을 증대시키기 위해 이루어지는 정책협조(政策協調)를 말한다. 쿠퍼(R.N. Cooper, 1985) 교수는 경제협조의 대상으로 경제목표, 경제정보, 정책수단 및 실시시기 등을 들고 있으며 상호의존적 경제관계에 있는 국가들이 협조하여 정책을 추진할 때 비협조적인 경우보다 참여국들 모두의 후생수준이 증대된다고 주장하였다.

사실상 1979~80년 초의 제2차 석유파동 직후 미국이 독자적으로 긴축금융정책을 실시함에 따라 독일, 일본 등 상호의존국가들도 독자적인 긴축정책을 실시함으로써 세계경제의 전반적인 침체를 초래하게 되었는데 이 때 상호협조하에 경제정책을 추진했다면 세계경제를 그와 같이 심각한 정도까지 침체시키지는 않았을 것이라는 분석이 지배적이다.

그 후 선진국들간에 구체적인 재정 · 금융정책협조를 비롯하여 환율조정협상, 구조조정정책 등 경제정책협조가 활발히 추진되고 있는데 이하에서는 상호의존경제하의 정책효과를 분석하고 경제정책협조의 이해득실을 게임이론에 의해 고찰한 후 1980년대 이후의 선진국간 거시경제정책 협조 추이를 알아보기로 한다.

제2절 상호의존경제하의 재정 · 금융정책의 효과

이미 제9장 1절에서 분석한 바와 같이 고정환율제도하에서 확장재정정책은 자본의 이동성 정도에 따라 종합수지인 국제수지를 악화시킬 수도 있고 개선시킬 수도 있음을 보았다. 그러나 변동환율제도하에서의 국제수지불균형은 환율변동으로 나타나기 때문에 종합수지는 항상 균형을 이룬다. 그러나 국제수지가 균형이라고 해서 경상수지(CA)와 자본수지(KA)가 각각 균형상태에 있음을 의미하지는 않는다. 비록 종합수지가 균형($B=0$)이라고 하더라도 경상수지와 자본수지는 불균형이 되는 것이 일반적이다. 왜냐하면 변동환율제도하에서 $B=0$은 $CA=-KA$ 또는 $-CA=KA$를 의미하기 때문이다. 따라서 경상수지흑자($CA>0$)는 바로 자본수지적자($KA<0$)를 의미한다. 자유변동환율제도하에서 국가간에 자본유출입이 존재한다는 것은 자본수지의 불균형을 의미하고 그 결과 경상수지 또한 불균형상태에 있음을 뜻한다.

따라서 비록 변동환율제도라 하더라도 경상수지의 항등식 $CA=(S-I)+(T-G)$는 성립한다. 다른 조건이 일정불변일 때 재정지출증대 또는 투자증대는 경상수지를 악화시킨다. 또한 확장금융정책은 이자율의 감소를 통해 투자증대를 유발시켜 경상수지를 악화시킬 것이다. 이를 감안하여 상호의존경제하에서의 확장재정정책과 확장금융정책에 대한 효과를 각각 분석해 보기로 한다.

1 확장재정정책의 효과

먼델-플레밍(Mundell-Fleming) 경제모형하에 있는 두 국가를 미국과 독일이라고 가정하자. 양국간에 자본이동이 완전히 자유롭다는 기본가정하에 금융시장규모 또한 비슷하며 상호의존관계에 있다고 할 때 미국이 단독으로 확장재정정책을 실시하는 경우 양 국가에 미치는 영향을 분석해 보자.[2)]

[그림 17-1]에서 미국과 독일은 최초에 점 A와 점 A^*에서 각각 대내외균형상태에 있었다고 하자. 그림에서 변수들의 우측 상단에 첨부 *표시는 독일의 경제변수들을 표시한다. 이제 미국이 독자적으로 확장재정정책(expansionary fiscal policy)을 실시하였다고 하면 일차적으로 미국의 IS곡선을 IS'까지 우측이동시켜 점 A'수준의 소득증가와 이자율상승을 초래하게 된다. 그리고 미국의 금리상승은 자본유입을 초래하게 되어 미국의 대마르크화 환율이 하락하고 그에 따라 무역수지를 악화시킴으로써 IS'곡선은 최초의 점 A방향으로 이동하게 될 것이다. 만약 양국이 상호의존관계에 있지 않다고 하면 새로운 균형점은 다시 최초의 점 A에서 이루어지겠지만 독일과 상호의존경제관계를 갖는 상태에

2) R.E. Caves, J.A. Frankel and R.W. Jones, *World Trade and Payments: An Introduction*, 6th ed., Harper Collins Publishers, New York, 1993, pp.527-32.

그림 17-1 상호의존경제하의 미국의 확장재정정책의 효과

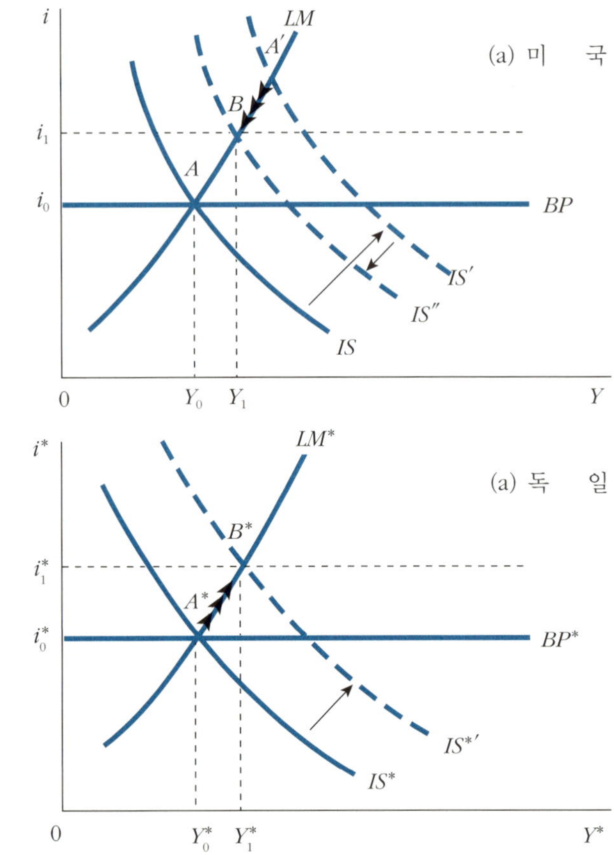

서의 새로운 균형점은 점 B가 된다. 왜냐하면 독일 마르크화에 대한 미국 달러화의 평가상승(appreciation)은 곧 대미달러화에 대한 독일 마르크화의 평가하락(depreciation)을 의미하기 때문에 독일의 무역수지는 개선된다. 따라서 독일 마르크화의 평가하락은 독일의 IS곡선인 IS^*를 $IS^{*\prime}$ 과 같이 우측으로 이동시켜 새로운 균형은 점 B^*에서 이루어지게 된다. 그 결과 양국의 새로운 균형금리수준은 $i_1 = i_1^*$가 된다.

위의 분석으로부터 우리는 다음과 같은 중요한 사실을 발견할 수가 있다. 첫째로는 재정정책을 실시하는 국가가 소규모개방경제이고 환율변동이 자유롭다고 하면 새로운 균형점은 원위치였던 점 A가 됨으로써 확장재정정책은 실질

소득증대에 유효한 수단이 되지 못하는 데 반하여 상호의존경제하에서는 확장재정정책 실시국인 미국의 소득 및 금리를 상승시키며, 둘째로는 상호의존관계에 있는 독일에 대해서도 소득증대와 금리상승을 초래함으로써 양국 모두에게 이익이 된다는 점이다.[3)]

위에서 독일 대신에 유럽국가들을 가정하면 미국과 같이 대규모 국가의 확장재정정책은 유럽국가들의 소득을 증가시킬 뿐만 아니라 국제금리수준을 상승시키는 작용을 한다.

현실적으로 이와 같은 예가 존재하는가? 그 좋은 예가 제2차 석유파동으로 인한 세계경기침체를 극복하기 위해 미국이 1982~83년에 확장재정정책을 실시하였는데 그 결과 미국과 여타 국가들의 고용이 증대되고 실질소득을 증가시킴으로써 경기침체를 회복하는 데 견인차역할을 수행하게 되었다. 그러나 한편으로는 미국 금리가 상승하면서 미국 달러화는 유럽통화들이나 일본 엔화에 대해 평가상승이 되고 미국의 무역수지적자는 급격히 증가한 반면 상대국들인 유럽, 일본 등 여타국들의 대미(對美) 무역수지는 크게 개선되는 결과를 수반하게 되었다.

2 확장금융정책의 효과

상호의존경제하에서 어느 한 국가의 확장금융정책(expansionary monetary policy)은 양국의 금리를 모두 하락시키지만 소득에 미치는 효과는 확장재정정책과 상반된 결과를 가져온다. 즉 확장금융정책을 실시한 국가의 경우에는 실질소득을 증대시키지만 상대국의 실질소득은 하락시키는 결과를 가져온다.

[그림 17-2]에서 상호의존관계에 있는 미국과 독일의 최초 대내외균형점이 각각 점 A와 A^*라고 하자. 이제 미국이 통화공급을 증대시키는 확장금융정책을 실시하였다고 하면 미국의 LM곡선은 LM'으로 우측이동을 하게 된다. 따라서 미국 금리가 하락하여 소득증대와 자본유출을 수반함으로써 달러화 환율이 상승하여 독일과 상호의존관계가 아니라고 하면 IS곡선은 점 C까지 이동하

3) 제6장 2절의 반향효과하의 투자증가효과와 동일함에 유의할 것.

그림 17-2 상호의존경제하의 미국의 확장금융정책의 효과

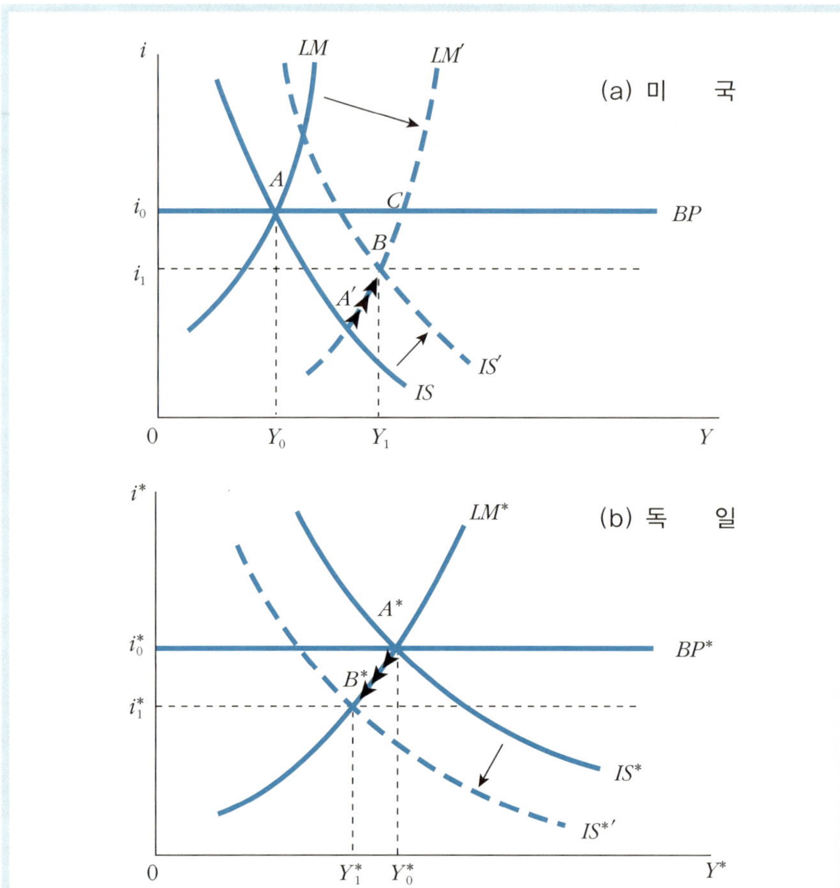

게 될 것이다.

그러나 상호의존관계하에서는 미국 달러화의 독일 마르크화에 대한 평가하락은 곧 마르크화의 평가상승을 의미하므로 독일의 실물시장균형곡선 IS^*가 $IS^{*\prime}$으로 좌측이동하게 되어 독일 금리도 미국의 새로운 균형금리수준인 i_1과 같은 i_1^*까지 하락하게 된다. 그 결과 양국은 각각 점 B와 점 B^*에서 새로운 균형을 이루게 된다.

위의 결과로부터 알 수 있는 바와 같이 확장금융정책의 경우는 확장재정정책과 달리 상대국의 실질소득을 감소시킨다. 그러나 확장금융정책을 실시하는 미국의 실질소득은 증대하고 금리는 양국 모두 하락하여 동일한 수준인 $i_1 = i_1^*$

에서 결정된다.

이와 비슷한 예는 미국이 1980~82년에 국제석유가격상승에 따른 인플레이션 억제를 위해 긴축금융정책(tight monetary policy)을 실시하여 세계금리를 상승시키고 달러가치상승 등으로 미국의 무역수지가 크게 악화된 경우를 들 수 있다.

3 재정 · 금융정책효과의 타당성여부

이제 위의 분석결과가 과연 현실적으로 타당성이 있는 결과인지에 대해 생각해 보자. 계량모형(econometric model)에 의한 실증검증결과로는 재정정책의 효과에 대해서는 대부분 위의 분석결과와 일치되는 것으로 나타나고 있다. 즉 미국이 확장재정정책을 실시하는 경우 여타국들(EU 또는 OECD회원국)의 실질소득증대와 이자율상승을 유도하고, 물가수준 또한 상승시켰을 뿐만 아니라 상호의존관계에 있는 여타국들의 경상수지를 개선시킨 것으로 나타났다.

그러나 확장금융정책의 경우에는 정책실시국의 이자율하락과 소득증대의 결과로 외국의 이자율하락을 유도하지만 외국의 무역수지에 대한 영향은 불분명하다. 과연 어느 특정 경제대국의 확장금융정책이 실시국의 경상수지를 개선시키고 외국의 경상수지를 악화시키느냐 하는 문제에 대해서는 회의적일 뿐만 아니라 외국의 소득을 감소시키느냐 하는 문제도 불분명하다.

오히려 많은 실증분석모형들은 외국의 실질소득도 증가시키는 것으로 나타나고 있다. 이는 외국에 대해 소득효과와 환율효과가 상쇄되기 때문인 것으로 보인다.

제3절 거시경제 정책협조의 효과분석

1 게임이론에 의한 정책협조의 효과분석

지금까지 우리는 상호의존적 관계에 있는 두 국가 중 어느 한 국가가 확장재정 또는 확장금융정책을 실시하는 경우에 양국 경제에 미치는 영향을 분석해 보았다. 이제 이와 같은 정책효과를 염두에 두고 게임이론(game theory)에 입각하여 상호협조하의 정책추진효과와 비협조적으로 개별추진할 때의 효과를 비교분석해 보기로 한다. 최근에 들어 게임이론을 기초로 정책협조의 효과분석을 행한 학자가 많은데 여기서는 크루그만과 옵스트펠드(P.R. Krugman and M. Obstfeld)[4]의 단순모형을 원용하여 분석하기로 한다.

다음에 주어진 보수행렬(payoff matrix)은 이 장의 [부록]에 있는 '죄인(용의자)의 딜레마' (prisoner's dilemma)와 유사한 예이다.

서로 의존관계에 있는 본국(home country)과 외국(foreign country) 두 나라가 각각 선택할 수 있는 금융정책으로서 긴축 아니면 완화정책에 대한 선택권만이 부여되었다고 하자. 다음의 [표 17-1]에서 $\Delta\pi$와 Δu는 각각 본국의 인플레이션율과 실업률을 나타내고 그에 대응한 ∗표시는 외국변수를 나타낸다.

이제 만약 양국이 모두 금융완화정책(엄격히는 다소 긴축정책)을 사용하고 있다고 가정하면 표의 우측 하단에서 보는 바와 같이 양국 모두 인플레이션율은 1% 하락($\Delta\pi=-1\%$, $\Delta\pi^*=-1\%$)하지만 실업률은 1% 상승($\Delta u=1\%$, $\Delta u^*=1\%$)한다.[5]

이제 본국이 금융완화정책에서 갑자기 긴축금융정책으로 전환하였다고 하자. 그러면 우측 상단에서 보는 바와 같이 본국의 인플레이션율은 2%로 하락하고 실업률은 1.75%로 상승하지만 외국에 대해서는 인플레이션율을 상승(종전의 $\Delta\pi^*=-1.0\%$에서 $\Delta\pi^*=0\%$)시키는 동시에 실업률을 감소(종전의 $\Delta u^*=-1.0\%$에

4) P.R. Krugman and M. Obstfeld, *International Economics: Theory and Policy*, 3rd ed., Harper Collins Publishers, New York, 1994, pp.597-9.

5) 필립스곡선에서 물가와 실업률은 상충관계임을 상기할 것.

표 17-1 상이한 금융정책의 효과

		외국 긴축	외국 완화
본국	긴축	$\Delta\pi^* = -1.25\%$ $\Delta u^* = 1.50\%$ $\Delta\pi = -1.25\%$ $\Delta u = 1.50\%$	$\Delta\pi^* = 0\%$ $\Delta u^* = 0.5\%$ $\Delta\pi = -2.00\%$ $\Delta u = 1.75\%$
	완화	$\Delta\pi^* = -2.00\%$ $\Delta u^* = 1.75\%$ $\Delta\pi = 0\%$ $\Delta u = 0.5\%$	$\Delta\pi^* = -1.0\%$ $\Delta u^* = 1.0\%$ $\Delta\pi = -1.0\%$ $\Delta u = 1.0\%$

서 $\Delta u^* = 0.5\%$)시킨다.

즉 본국의 긴축금융정책은 외국에 대해 실업률은 감소시키지만 인플레이션율은 종전보다 상승시키는 결과를 초래하게 된다. 외국의 인플레이션율이 상승하는 이유는 본국의 긴축통화정책으로 본국통화가 평가상승이 되고 이는 곧 외국통화의 평가하락을 의미하므로 외국의 인플레이션 상승효과를 발생시키기 때문이다. 결국 본국의 긴축통화정책은 외국에 인플레이션을 수출함으로써 외국에 인근궁핍화효과(beggar-thy-neighbor effect)를 갖는다.

이와 같이 본국의 긴축금융정책으로 인플레이션과 실업률에 대해 상이한 효과를 초래한다고 하면 정책실시로 인해 이익이 되는지 손해가 되는지를 분석하는 데 위의 [표 17-1]만으로는 다소 모호하다.

따라서 위의 [표 17-1]로부터 알기 쉽게 하나의 청산(淸算) 또는 보수행렬(報酬行列; payoff matrix)을 만들어 보자.

지금 각국 정부는 실업률증가 단위당 인플레이션율 증가($\Delta\pi/\Delta u$)를 극소화(minimize)하기를 원한다고 하면 이는 곧 $\Delta\pi/\Delta u$에 (-)부호를 붙인 $-\Delta\pi/\Delta u$(실업률증가 단위당 인플레이션율 감소)를 극대화하는 것과 같다. 다음의 [표 17-2]는 위의 표로부터 자국에 대해서는 $-\Delta\pi/\Delta u$로, 외국에 대해서는 $-\Delta\pi^*/\Delta u^*$로 표시한 양국의 보수행렬이다. 물론 표에서 각 수치가 클수록 경제이익

표 17-2 상이한 금융정책조합의 보수행렬

		외국	
		긴축	완화
본국	긴축	5/6, 5/6	8/7, 0
	완화	0, 8/7	1, 1

이 높음을 나타낸다.

지금 각국 정부는 독자적으로 정책을 결정하되 주어진 상대국의 정책선택에서 자신의 보수(payoff)를 극대화시키는 정책을 선택한다고 가정하자. 이 경우 외국이 완화정책을 실시하면 본국은 긴축정책을 실시하는 것이 유리하다. 왜냐하면 외국의 보수는 0인 데 대해 본국은 완화정책 경우의 보수 1보다 큰 8/7이 되기 때문이다.

또한 만약 외국이 엄격한 긴축정책을 선택한다면 본국도 긴축정책을 실시하는 것이 유리하다. 외국이 긴축정책을 실시할 때 본국이 완화정책을 쓰면 보수는 0이 되지만 긴축정책을 쓰면 이보다 큰 5/6가 되어 보다 유리하기 때문이다.

따라서 위와 같이 상호의존관계하에서는 외국이 어떤 정책을 사용하든간에 본국은 항상 긴축정책을 선택하게 되며 외국도 마찬가지로 본국이 어떠한 정책을 사용하든간에 긴축정책을 선택하게 될 것이다. 위의 양국의 긴축정책인 (5/6, 5/6)는 바로 내쉬균형(Nash equilibrium)일 뿐만 아니라 지배적 전략균형(dominant strategy equilibrium)이 된다. 이는 게임이론에서의 '죄인의 딜레마'를 응용한 예이다. 각국 정부가 비협조게임을 행하여 독자적으로 정책을 결정하기 때문에 연유되는 결과이며 '정책협조의 실패'의 예이기도 하다.

만약 양국이 상호협조(相互協調)하여 공동으로 정책을 수행한다면 결과는 달라질 수 있다. 위에서 파레토최적(Pareto optimum)은 양국 모두에게 가장 유리한 우측 하단의 (1, 1)의 균형이다. 양국이 모두 협조하여 완화정책을 실시한다고 하면 양국 모두가 긴축정책을 사용하는 경우(5/6, 5/6)보다 더 높은 경제이익을 실현할 수 있음을 의미한다.

사실상 독자적인 정책결정으로 인한 협조실패의 예는 1981년에 미국이 긴축금융정책을 실시함으로써 달러화의 고평가가 이루어지고 미국과 상호의존관계에 있는 독일, 일본 등 주요 선진국들 통화는 달러화에 대해 저평가되었다. 이에 독일, 일본 등도 수입인플레이션을 우려하여 긴축정책을 실시함으로써 세계적인 경기침체를 초래하게 되었다. 그러면 왜 상호정책협조가 어려운지 그 한계성을 알아보기로 하자.

2 정책협조의 한계

앞에서 분석한 경제정책협조이론은 비교적 단순하고 분명하다. 그러나 현실적으로는 이론과 같이 간단명료한 것이 아니다. 국가들 모두가 정책협조로부터 기대되는 잠재이득(potential gains)을 인식하고 있음에도 불구하고 실제로 협조가 용이하지 못한 주된 원인은 국가마다 상이한 전망과 이해관계(different perspectives and interests)를 갖고 있기 때문이다. 이를 몇 가지로 구분하여 고찰하면 다음과 같다.

첫째로는 경제목표(economic objectives)에 대한 협조가 쉽지 않다는 사실을 들 수 있다. 어느 국가는 정책목표를 인플레이션 억제에 두고 있는 데 대해 상대국은 고용증대에 두고 있다고 하면 협조할 대상인 공동목표의 설정은 기대하기가 어렵기 때문이다.

둘째로는 경제협조에 수반되는 편익과 비용(benefits and costs)을 배분하는데 있어 국가간에 상반된 견해가 존재할 수 있다. 비록 공동목표에 관한 합의가 이루어졌다고 하더라도 국가간의 상이한 경제구조로 인해 협조편익과 비용의 파급효과(spillover effect)가 다를 수 있기 때문이다. 뿐만 아니라 계량모형들을 통해 계측된 이해득실에 관한 신뢰도에 이의를 제기하게 되면 협조편익과 비용의 배분이 용이하지 못하다. 따라서 정책조정에 대한 이해관계를 객관적으로 측정할 수 있는 통일적 기준과 이를 달성할 정책수단에 대한 합의가 이루어져야 되나 이는 현실적으로 지극히 어려운 과제라고 하겠다.

셋째로는 국가간의 신뢰성결여(lack of trust)로 인해 정책협조가 어려울 수 있다. 합의에 의해 공동목표를 설정한 후 어느 한 국가가 상대국이 합의대로 정책을 추진할 것을 알면서도 다른 방향으로 독자노선을 취한다고 하면 이는 일종의 사기(cheating)로서 합의한 사항은 균열될 것이다. 그러나 현실적으로는 이러한 사태가 쉽게 발생할 것으로는 보이지 않는다. 왜냐하면 일단 신뢰성에 금이 가면 그 국가의 명예훼손과 장래 협상을 기대할 수가 없기 때문이다. 그럼에도 불구하고 이와 유사한 경우가 발생되는 경우가 있다. 비록 상호협조하기로 한 정부당국이 공동목표대로 추진하려 해도 그 국가의 정치이해집단의 반대로 지연되어 정부의 의도와는 달리 협조사항에 대한 이행이 어려울 수 있기 때문이다. 그 예로서 1987년 2월에 루브르합의(Louvre Accord)[6]에서 미국은 재정수지 삭감을 동의했음에도 불구하고 의회의 반발로 정책추진이 지연되었을 뿐만 아니라 삭감목표금액도 하향조정되었다. 그 결과 독일, 일본 등은 그들이 합의한 내수확대정책을 추진하다가 긴축금융정책으로 선회함으로써 미국 달러화가치는 합의된 수준 이상으로 상승하게 되었다.

끝으로, 장래에 대한 불확실성(uncertainty)의 존재로 인해 정책협조가 어려울 수 있다. 앞에서의 원인들은 정책입안자들이 경제협조에 따른 이해득실을 정확히 알고 있다는 가정하에서 발생될 수 있는 것들이었다. 그러나 실제로는 정책입안자가 최적목표와 정책수단 그리고 정책변경에 따른 결과에 대해 완전예측이 어려울 뿐만 아니라 석유파동과 같은 외생적 교란요인(exogeneous disturbances)이 잠재적 장애요인이 되기 때문에 정책입안자가 협상과정(bargaining process)에서 불리할 수 있다는 우려로 정책협조에 자신 있게 응하기가 어렵다.

---

6) 이 장 4 절 3항을 참조.

제4절 최근 선진국들간의 거시경제 정책협조 추이

1 개 요

이론적인 측면에서 지금까지 고찰한 바와 같이 국제경제협조는 비록 많은 잠재적 장애요인들이 존재함에도 불구하고 상호이익이 된다는 것이 지배적인 평가이다. 내쉬균형(Nash equilibrium)이 의미하는 바와 같이 상호의존관계에 있는 상대방의 반응을 감안한 독자적인 정책추진은 비협조균형(noncooperative equilibrium)이기 때문에 쌍방의 공동이익을 가져다 주는 파레토최적(Pareto optimum)이 아니다. 시토브스키(T. Scitovsky, 1942)가 게임이론에 입각하여 관세정책의 협조를 강조한 이래 1948년의 GATT의 결성이 바로 국제경제협조의 산물이라고 하겠다.

또한 고정환율제도를 유지하기 위해 발족한 브레튼우즈체제(Breton Woods system)도 국제협조의 바탕 위에서만 가능한 국제통화제도였다.

그러나 이러한 제도들은 상호의존성에 기초를 둔 국제협조라기보다는 전후 세계경제의 안정적 균형발전을 위해 공동으로 부과된 의무사항과 같은 성격을 띠고 있다. 상호의존경제하에서 정책협조의 중요성이 인식되기 시작한 것은 주요 선진국을 중심으로 1973년에 변동환율제로 이행한 후부터라고 할 수 있다.

우선은 각국 경제가 변동환율제도에 적응하기 위한 제도적 장치가 마련되어야 할 필요성이 대두되어 1975년 11월 프랑스 파리근교의 랑브이에궁(Château Rambouillet near Paris)에서 G-7 정상회담이 태동되었다. 여기서 변동환율제도의 현실성을 고려하여 기존의 IMF규정을 수정하기로 합의하고 실제로는 1976년 1월 자메이카의 수도 킹스턴(Kingston in Jamaica)에서 규정수정을 통해 소위 킹스턴체제가 발족되었음은 이미 앞서 살펴본 바와 같다.

변동환율을 근간으로 하는 킹스턴체제가 발족하면서 많은 전문가(특히 변동환율제도의 옹호론자)들은 환율의 자동조정기능과 금융정책의 독자성(monetary policy autonomy)에 의해 국제수지불균형이 시정되고 금융시장이 안정화될 것으로 기대했었다. 그러나 이와 같은 기대와는 달리 현실적으로는 주요 선진국들의 환율변동폭이 확대되고 국제금융시장이 불안정해졌으며 이는 다시 국제무역거래에 교란요인으로 작용함으로써 국제수지불균형이 심화되는 방향으로 발전하였다.

특히 1979년 말의 제2차 석유파동 후 인플레이션을 우려한 미국이 긴축금융정책 기조를 견지하고 1980년에 들어 재정수지적자폭이 크게 확대됨에 따라 금리가 상승하여 미국 달러화의 강세가 지속되면서 선진국간의 정책협조 문제가 거론되기 시작했으며 그 결과로 태동한 것이 다음의 플라자협정이다.

2 플라자협정

1980년대에 들어 미국경제가 안고 있는 소위 '쌍둥이 적자' 로 불리는 재정적자와 경상수지적자 문제가 제기된 것은 당시 달러강세로 인한 대외경쟁력의 약화와 레이거노믹스(Reaganomics)의 비효율적 추진에 크게 연유되었다고 할 수 있다. 레이거노믹스란 1981년에 레이건정부가 들어서면서 추진한 일련의 공급중시 경제정책을 말하는데 소득세, 투자공제세, 법인세 등의 삭감이 오히려 조세수입을 증대시킨다는 래퍼(A. Laffer)의 이론을 근간으로 하고 있다.

그러나 레이건정부는 정책추진과정에서 소득세, 법인세감면 등 조세유인정책을 통한 조세수입증대로 재정적자를 보전할 것이라는 당초 예상과는 달리 조세감면이 저축증대와 연결되지 못하고 재정적자를 확대시켰을 뿐만 아니라 군비지출확대까지 가세하여 1982년부터는 경상수지 또한 적자로 반전하게 되었다.[7)] 더욱이 1985년 상반기중에는 사정이 더욱 악화되어 경상수지는 1982년의 59억 달러에서 1985년 상반기중에는 무려 1,223억 달러의 적자를 기록함으로써 대외순채무국으로 전락하였다. 이와 같은 배경하에서 미국은 대미 무역수지흑자 대국인 일본, 독일을 비롯한 주요 선진국들의 환율조정협상이 필요하다는 인식하에 태동된 것이 소위 플라자협정(Plaza Agreement)이다.

플라자협정는 1985년 9월 12일 G-5(Group of Five)의 재무장관 및 중앙은

7) 제5장 5절의 방정식 (5. 8)인 $CA=(S-I)+(T-G)$에서 세수증대 T가 정부지출 G를 보전하지 못하고 조세유인정책이 저축증대를 유도하지 못하면 CA는 적자가 됨.

행 총재들이 미국 뉴욕 플라자호텔에서 협정한 사항[8]을 말하는데 그 주요 내용은 당시에 고평가된 미달러화의 가치하락을 유도하기 위해 상호협조하에 외환시장에 개입할 것과 공동 거시경제정책을 수행한다는 것으로 되어 있다.

플라자협정의 발표 이후 달러화 가치는 하락하기 시작하여 일주일 후에는 독일 마르크화의 대미달러화 환율은 2.750DM/$ 수준에 머물고 일본 엔화의 대미달러화 환율은 250￥/$ 수준으로 하락하여 안정세를 보이기 시작하였다.

3 루브르협의

플라자협정 이후 미달러화 가치의 하락으로 환율이 안정세를 보임에도 불구하고 미국의 쌍둥이 적자는 오히려 누적되는 현상을 보였다. 즉 미국의 경상수지적자는 1984년에 990억 달러에서 1985년과 1986년에 각각 1,223억 달러, 1,454억 달러로 적자폭이 확대되었을 뿐만 아니라 재정수지적자폭($G-T$)도 경상GNP대비로 1984년 2.8%에서 1985년 3.3%로 각각 확대되는 양상으로 전개되었다.[9]

이에 미국은 독일, 일본 등에 내수확대정책을 강력히 권유함으로써 경상수지적자 문제를 해결하려고 하였다. 그러나 독일이나 일본이 더 이상의 지출전환정책을 꺼려하게 됨에 따라 미국은 보호무역정책을 강화시키려는 정책전환을 시도하게 되어 독일과 일본 등이 미국의 요구에 동조함으로써 소위 루브르합의가 이루어지게 되었다.

루브르합의(Louvre Accord)란 1987년 2월 22일 프랑스 파리의 루브르 박물관에서 G-5 외에 캐나다가 추가된 G-6의 재무장관과 중앙은행 총재들이 모여 합의한 내용을 말하는데 그 주요 내용은 ① 현 수준 이상의 급격한 환율변동은 각국의 경제성장 및 구조조정계획을 저해할 우려가 있으므로 현재의 환율수준 부근(around the current levels of exchange rate)에서 환율안정화를 위해 공동노력

8) 미국, 독일, 영국, 프랑스, 일본 등 5개국간에 이루어진 협정임. 플라자회의 결과가 협정 또는 합의(agreement or accord)인가에 대한 용어선택은 미시킨(Mishkin)을 따랐음. F.S. Mishkin, *The Economics of Money, Banking, and Financial Markets*, 3rd ed., Harper Collins Publishers, New York, 1992, p. 461.

9) IMF, *International Financial Statistics*, Yearbook 1991.

하며, ② 국가간 경제정책 협조강화를 통하여 세계경제의 균형성장 및 대외불균형 축소를 도모한다는 것이다.[10)]

특히, 환율안정화를 위한 공동노력의 내용은 공식적으로 밝혀지지 않고 있으나 관측자(observers)들에 의해 알려지고 있는 주요 내용은 각국 정부가 대미달러화에 대한 목표환율대(target zone for exchange rate)를 설정하고 외환시장에 개입하여 목표환율대를 유지한다는 것이다. 그리고 목표환율대로서 당시의 독일환율 1.8250DM/$와 일본 엔화 환율 153.50¥/$의 상하 5% 수준에서 환율을 안정화시키는 한편 미국은 이에 상응하여 재정적자축소와 상품의 국제경쟁력 향상에 노력한다는 내용이다.

루브르합의에 의한 환율안정화 노력은 두 가지 메커니즘을 통해 이루어졌는데 각국 중앙은행의 직접적인 외환시장개입과 금융정책면에서의 금리격차확대를 통해 이루어졌다. 금리격차를 위해 미국 연방준비은행은 긴축금융정책을 실시하여 금리상승을 유도하는 한편 일본이나 독일의 중앙은행은 금융완화정책을 실시함으로써 자국의 금리를 하락시켜 미국 달러화의 가치하락을 억제함으로써 달러가치의 안정화를 유도하였다.

그 결과 환율은 동년 8월 중순까지 목표환율대 내에서 안정세를 보였다. 그럼에도 불구하고 미국의 경상수지와 재정수지적자는 개선될 기미를 보이지 않고 계속 확대양상을 띠고 있었다. 7월중에 미국의 무역수지는 월중 규모로는 사상 최대인 165억 달러의 적자를 기록하는가 하면 미국의 재정적자 삭감노력도 미국 의회의 반발로 지연되고 또한 감축목표도 하향조정되는 등 루브르합의수준에 크게 미흡하였다.

이에 일본과 독일 등은 상호정책협조의 이익을 미국이 최대로 향유하면서 결과적으로 자국들에게만 불이익을 전가시키는 것이 아니냐하는 의구심을 갖게 되면서 미국과 독일간의 금리정책협조간에 마찰이 시작되었다. 즉 8월에 독일연방은행은 금리격차로 인한 자국통화의 급증으로 인플레이션 재연이 우려되면서 정부의 내수확대정책에 제동을 걸고 금융긴축으로 선회하여 미국과 독일간의 금리격차는 크게 축소되고 달러가치는 하락하기 시작하였다. 이에 미국

10) OECD, "International Monetary Developments," *OECD Economic Outlook* (June 1987), pp. 59–61; Y, Funabashi, *Managing the Dollar: From the Plaza to the Louvre*, 2nd ed., Institute for International Economics, Washington, D.C., 1989, pp. 177–210, 그리고 한국은행, "플라자합의 이후 국제적 정책협조의 성과와 한계," 조사통계월보, 1991. 9, pp. 23–47을 참조할 것.

도 달러가치의 하락을 진정시키기 위해 금리인상조치를 취하였다.

이와 같은 일련의 조치들은 1987년 10월 19일에 발생한 소위 'Black Monday' 라고 불리는 세계적인 주가대폭락사태를 유발함으로써 비록 단기간이나마 안정적이던 미국 달러화의 급격한 가치하락을 초래하였다. 주가의 대폭락 원인은 미국의 무역수지적자개선에 대한 기대를 상실한 데다가 미국 금리상승으로 자금이 주식시장에서 채권시장으로 이동하였을 뿐만 아니라 달러화 약세에 따른 인플레이션 재연 우려가 확산된 데 기인되었다.

이와 같은 미국주식시장의 폭락사태는 동경, 독일주식시장 등으로 확산되었다. 미국은 그 책임을 독일의 금리인상에 있다고 주장하면서 상호협조하에 금리인하의 필요성을 제기하였다. 그 결과 동년 12월에 G-7 재무장관과 중앙은행 총재들의 회의를 통해 금리인하에 대한 합의가 이루어졌으며 미국을 비롯하여 독일, 일본도 공동보조를 취함으로써 달러가치도 상승하기 시작하였다. 그 후 공식적인 발표는 되지 않았으나 지속적으로 새로운 목표환율대가 설정되어 잠정적으로 운용된 것으로 알려지고 있다.

4 거시경제 정책협조의 성과와 전망

G-7을 중심으로 이루어진 플라자협정과 루브르합의는 환율안정화에 크게 기여했을 뿐만 아니라 국제수지불균형의 완화 및 미국 재정적자폭을 축소시키는 데 기여한 것으로 평가되고 있다.

[그림 17-3]에서 보는 바와 같이 미국의 경상GNP에 대한 경상수지비율이 1985년에 -3.0% 수준이었으나 루브르합의 이후 개선되기 시작하여 1988년에는 -2.7%, 1990년에 -1.7%로 향상되었다. 이에 반해 독일과 일본의 경상GNP에 대한 국제수지흑자비율은 하락하였다. 그러나 이들 두 국가의 경상수지흑자비율은 1985~90년 기간중 1.2~4.6%로 높은 수준을 유지하고 있음에 유의할 필요가 있다.

한편 [그림 17-4]는 루브르합의 이후의 미국달러가치의 변동추이를 보여주고 있는데 루브르합의 기준환율수준인 독일의 대미달러화 환율 1.8250DM/$ 및 일본의 대미달러화 환율 153.50￥/$에 대한 변동률로서 9월까지는 기준환율

그림 17-3 경상수지불균형 추이(경상 GNP에 대한 비율)

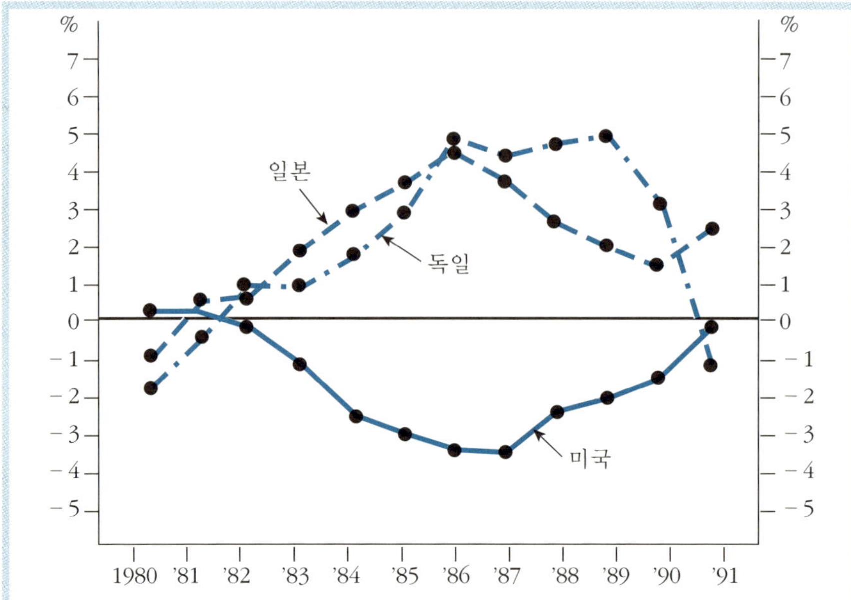

을 중심으로 상하 5% 범위 내에서 변동하고 있으나 9월 이후부터는 달러가치가 대폭 하락하고 있음을 보여 주고 있다. 그러다가 1987년 12월부터 점차 달러가치가 상승하고 있기는 하지만 일본엔화에 대해서는 계속 약세를 면치 못하고 있음을 알 수 있다.

그러나 루브르합의에도 불구하고 국제수지적자규모가 높은 미국은 재정·금융정책 등 거시경제정책수단을 통한 협조만으로는 대외불균형을 시정하는 데 한계가 있다는 인식을 갖기 시작하였다. 그 결과 1988년에는 보호무역을 강화하는 미종합무역법안(U.S. Omnibus Trade on Competitiveness Act)을 입법화함으로써 미국산업에 대한 불공정거래에 자동보복조치가 가능토록 하였다. 또 한편으로는 미국과 상호의존관계에 있는 독일, 일본 등의 국가에 대해 구조조정정책협조를 유도하였다. 즉 미국의 대외불균형은 거시정책의 차이뿐만 아니라 국가간의 경제구조의 차이에 기인된다고 보고 재화수출입의 소득 및 가격탄력성을 조정하고 생산요소의 산업간이동을 원활히 할 수 있는 방향으로 조정되어야 한다고 주장하였다. 이와 같은 구상은 1988년 6월에 캐나다 토론토에서 개최된 G-7정상회담에서 동의를 얻게 되었다. 그러나 이를 실제로 추진하는 데는 의

그림 17-4 루브르합의 이후의 달러가치변동 추이

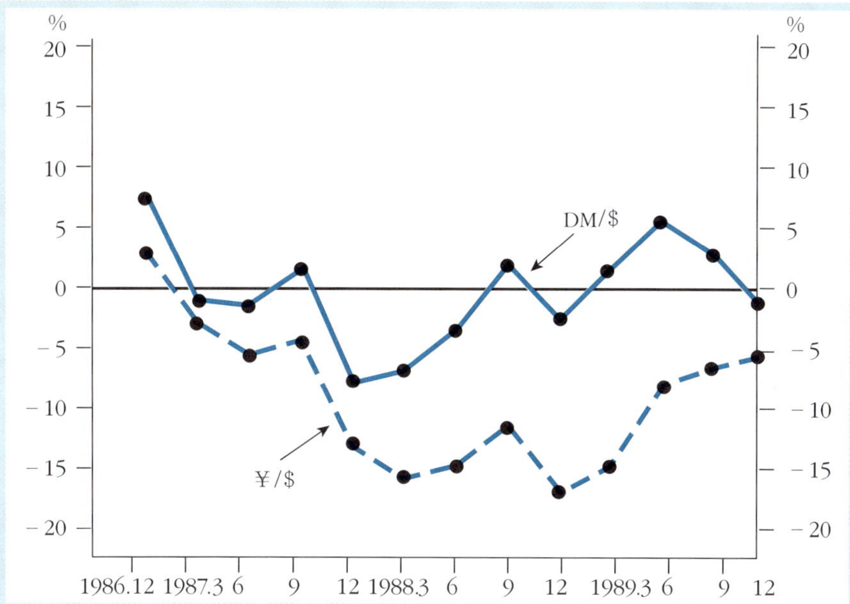

견일치를 보지 못하게 되자 부시행정부는 다자간 협상방식이 아닌 쌍무적 협상방식으로 전환하고 일차로 일본을 대상으로 미·일 구조조정협의를 제안하게 되었다. 1989년 9월 초에 협의가 시작되면서 1990년 6월 하순까지 5차례에 걸쳐 협의 후 발표된 최종보고서에 따르면 일본은 공공투자확대 및 민간소비지출증대를 통해 경상수지흑자폭을 축소시키고 대점법(大店法)과 같은 유통구조상의 배타적 거래조항들을 개정함으로써 대외개방을 더욱 확대하는 것을 골자로 하고 있다.

이와 같이 미시적이고 쌍무적인 구조조정협의는 여타 대미 무역수지흑자국들에게도 확산되었다. 또한 미국은 대외불균형을 시정하기 위해 거시경제정책협조를 비롯하여 구조조정협의를 확대해 나가는 동시에 미종합무역법안을 적용하여 직접규제를 하는 다각적인 정책을 구사하였다.

그리고 이와 같은 일련의 사태를 극단적으로 보는 비관론자들은 이와 같은 상황에서 언젠가는 외국들마저 갑작스럽게 미국의 국제수지적자개선을 위한 노력에 전혀 협조를 하지 않을 수도 있기 때문에 달러붕괴(dollar crash)가 발생할지도 모른다는 주장을 제기하기도 하였다.

요 약

1. 상호의존경제(interdependent economies)란 어느 특정국가의 경제정책 변경이 타국가에 영향을 미치고 타국가의 반응이 다시 정책변경국가에 영향을 미치는 '두 방향의 영향정도'(degree of two-way influence)를 말한다.

2. 자본이동이 자유로운 상호의존경제하에서 어느 한 국가의 확장재정정책은 단기에 양국의 실질소득을 증대시킬 뿐만 아니라 금리를 상승시킨다. 그리고 확장재정정책을 실시하는 국가의 환율은 평가상승되지만 상호의존관계에 있는 상대국가는 평가하락을 초래한다.

3. 확장금융정책의 경우에는 정책실시국가의 실질소득증대를 초래하지만 상대국의 실질소득은 감소시킨다. 그리고 양국의 금리수준은 하락하여 동일한 상태가 된다. 한편 정책실시국의 환율은 상승하지만 상대국의 환율은 하락하게 된다.

4. 게임이론에 입각하여 볼 때 상호의존경제에 있는 두 국가는 독자적인 정책실시보다는 협조(協調)하의 정책실시 경우가 보다 높은 보수(pay off)를 초래한다. 즉 양 국가가 협조하는 경우 인플레이션억제와 고용증대를 초래한다.

5. 경제정책협조가 현실적으로 어려운 이유는 ① 경제목표에 대한 설정의 곤란, ② 경제협조에 따른 편익과 비용의 배분에 대한 상반된 견해, ③ 신뢰성 문제, ④ 불확실성의 존재 등에 기인한다.

6. 플라자협정(Plaza Agreement)은 1985년 9월 12일 G-5의 재무장관 및 중앙은행 총재들이 미국 뉴욕 플라자호텔에서 협정한 사항을 말하는데 그 주요 내용은 당시에 고평가된 미달러화의 가치하락을 유도하기 위해 상호협조하에 외환시장에 개입할 것과 공동거시경제정책을 수행한다는 것으로 되어 있다.

7. 루브르합의(Louvre Accord)는 1987년 2월 22일 프랑스 파리의 루브르 박물관에서 G-6의 재무장관과 중앙은행 총재들이 모여 합의한 내용을 말한다. 주요 내용은 ① 현재의 환율수준 부근에서 환율안정화를 위해 공동노력하며, ② 국가간 경제정책 협조강화를 통하여 세계경제의 균형성장 및 대외불균형축소를 도모한다는 것으로 되어 있다. 당시의 목표환율로서 독일과 일본의 대미달러화 환율수준을 각각 1.8250DM/$와 153.50¥/$의 상하 5% 수준에서 안정화시키도록 합의한 것으로 알려지고 있다.

부 록

게임이론에서의 죄인(용의자)의 딜레마

미시경제학을 배운 독자라면 여러 가지 게임이론(theory of game)들을 알고 있을 것이다. 여기서는 독자의 이해를 돕기 위해 본문에서 원용한 게임이론으로서의 '죄인의 딜레마' (prisonor's dilemma) 문제를 고찰해 보기로 한다.[11] 여기서 죄인이라고 하지만 엄밀한 의미로는 용의자(容疑者)를 지칭한다.

지금, 어떤 범죄에 가담하여 죄를 저질렀다고 생각되는 두 용의자 A와 B가 두 감방에 각각 격리수용되어 있다고 가정하자. 그리고 담당검사가 별도로 심문하여 구형량을 결정한다고 가정할 때 두 용의자는 공범사실에 대해 자백(confess)과 부인(deny)의 두 가지 선택권(option)만을 갖는다고 하자.

이와 같은 상황하에서 다음의 보수행렬(payoff matrix)은 자백 또는 부인에 따라 받는 구형량을 나타낸다. 표에서 (−)부호는 죄인들이 구류될 기간(개월 수)을 나타내는데 이는 죄인의 입장에서 불리함을 나타내 주고 있다는 점에서 (−)

두 용의자(A, B)의 보수행렬표

		죄인(B) 자 백	죄인(B) 부 인
죄 인 (A)	자백	−3 −3	0 −6
	부인	−6 0	−1 −1

11) 좀더 상세한 내용을 알기 원하는 독자는 H.R. Varian, *Intermediate Microeconomics: A Modern Approach*, 2nd ed., New York: W.W. Norton & Company, 1993, Chapter27, pp. 469–82를 참조할 것.

부호를 붙인 것이다. 그리고 영(0)의 숫자는 석방됨을 의미한다.

위의 표에서 각 사각형 내의 좌측 수치는 죄인 A에 해당되는 구형량을 나타내고 우측 수치는 죄인 B에 해당되는 구형량을 각각 나타낸다. 예를 들어 표의 좌측 상단은 A가 자백하고 B도 자백할 때 각각 3개월의 구형량을 받음을 의미하고 좌측 하단은 A가 부인하고 B가 자백을 하면 A는 6개월의 구형량을 받지만 B는 석방(수치 0)됨을 나타낸다.

따라서 위의 표로부터 알 수 있는 것은 B가 부인하면 A는 자백하는 것이 유리하고 A가 부인하면 B는 자백하는 것이 유리하다. 그러나 두 죄인들은 격리수용되었으므로 상대방의 전략을 알 수도 없거니와 상호협조가 불가능하기 때문에 두 죄인 모두는 자백하는 것이 최적이 될 것이다. 왜냐하면 B가 자백을 하는 경우 A가 부인을 하면 6개월의 구류를 살게 되지만 A가 자백하면 부인했을 때보다 적은 3개월을 살게 되기 때문에 부인하는 것보다는 자백이 유리하기 때문이다.

이와 같이 주어진 상대방의 선택하에서 최적선택을 함으로써 달성되는 균형을 **내쉬균형**(Nash equilibrium)이라고 한다. 위의 좌측 상단란의 (−3, −3)은 내쉬균형을 나타낸다.

게임이론에서의 내쉬균형은 카르텔에서 생산할당 또는 가격결정의 전략적 대응문제, 독점 또는 과점에서 타기업의 진입금지전략 문제 등을 분석하는 데 널리 이용되고 있다.

그런데 위의 표에서는 내쉬균형은 또한 **지배적 전략균형**(dominant strategy equilibrium)이 된다. 지배적 전략균형이라 함은 상대방이 어떠한 전략을 선택하든간에 자백하는 것이 최선의 선택이 될 때 이루어지는 균형을 말한다. 따라서 위와 같이 상대방의 전략을 전혀 알 수 없는 상태에서는 모두 자백을 함으로써 (−3, −3)은 지배적 전략균형을 이루기 때문이다.

그러나 내쉬균형과 지배전략균형이 항상 같은 것은 아니다. 내쉬균형은 지배적 전략균형이 될 수도 있고 되지 않을 수도 있다.

또한 게임이론에서 내쉬균형이 항상 존재하는 것도 아니며 존재하는 경우에도 오직 하나의 균형만이 존재하는 것도 아니다. 동일한 게임이론에서 여러 개의 내쉬균형이 존재할 수도 있기 때문이다.

끝으로, 내쉬균형과 관련하여 유의할 사항은 그것이 파레토최적(Pareto

optimum)일 이유가 없다는 점이다. 파레토최적균형은 어느 한쪽을 불리하게 하지 않고는 누구도 더 유리(better off)하게 할 수 없는 상태를 말하는데 위의 표에서 파레토최적균형은 우측 하단의 (−1, −1)이 된다. 왜냐하면 양쪽 모두를 이보다 더 유리하게 할 다른 전략이 없기 때문이다.

이상에서 고찰한 게임이론으로서의 '죄인의 딜레마' 분석은 앞서 언급한 바와 같이 상대방의 전략 여하에 따라 반응(reaction)하여 전략을 선택하는 카르텔의 생산할당이나 가격결정(또는 속임수(cheating)) 이외에도 핵무기통제와 같은 정책협상 문제에 원용될 수 있으며 상호의존 관계에 있는 국가들의 국제무역의 이익, 환율협상을 포함한 거시경제정책협조 등의 분석도구로 원용된다.

참 고 문 헌

[국내교재]

김신행,「국제경제론」, 서울: 법문사, 1987.

김영생,「외환론」, 서울: 무역경영사, 1986.

김인준,「국제경제론」, 서울: 다산출판사, 1988.

김인철,「국제금융경제학」, 서울: 박영사, 1990.

김　철,「국제외환금융론: FX & Money Market의 이론과 실제」, 서울: 법문사, 1987.

박진근,「국제경제학」, 서울: 박영사, 1986.

이강남,「국제금융론: 국제재무관리의 이론과 실제」, 서울: 법문사, 1989.

이찬구,「국제금융론」, 서울: 에코노미아, 1987.

이효구,「새외환론: 국제금융입문」, 서울: 박영사, 1985.

[외국교재]

Branson, W. H., *Macroeconomic Theory and Policy*, 3rd ed., New York: Harper & Row, Publishers, 1989.

Caves, R. E., J. A. Frankel, and R. W. Jones, *World Trade and Payments: An Introduction*, 6th ed., New York: Harper Collins Publishers, 1993.

Copeland, L. S., *Exchange Rates and International Finance,* Reading, Massachusetts: Addison-Wesley Publishing Company, 1989.

Dornbusch, R., *Open Economy Macroeconomics*, New York: Basic Books, Inc. Pubishers, 1980.

____________, and F.L.C.H. Helmers, eds., *The Open Economy: Tools for Policymakers in Developing Countries*, London: Oxford University Press, 1988.

Ethier, W. J., *Modern International Economics*, 2nd ed., New York: W.W. Norton & Company, 1988.

Krugman, P. R., and M. Obstfeld, *International Economics: Theory and Policy,* 3rd ed., New York: Harper Collins Publishers, 1994.

MacDonald, R., *Floating Exchange Rates: Theories and Evidence*, London: Unwin

Hyman Ltd., 1988.

Mishkin, F.S., *The Economics of Money, Banking, and Financial Markets*, 3rd ed., New York: Harper Collins Publishers, 1992.

________, *Financial Markets, Institutions, and Money*, New York: Harper Collins Publishers, 1995.

Rivera-Batiz, F. L., and L. Rivera-Batiz, *Intrnational Finance and Open Economy Macoeonomics*, 2nd ed., New York: Macmillan Publishing Company, 1994.

Salvatore, D., *International Economics*, New York: Macmillan Publishing Company, 1983.

Shone, R., *Open Economy Macroeconomics: Theory, Policy and Evidence*, Cambridge, England: Harvester Wheatsheaf, 1989.

Stern, R.M., *The Balance of payments: Theory and Economic Policy*, Chicago: Aldine Publishing Co., 1973.

Turnovsky, S.J., *Macroeconomic Analysis and Stabilization Policy*, Cambridge: Cambridge University Press, 1977.

[각 장별 참고문헌: FURTHER READING]*

제1장 외환시장

Dornbusch, R., "Exchange Rate Economics: 1986," *Economic Journal 97* (March 1987), 1–18.

Glassman, D., "Exchange Rate Risk and Volatility: Evidence from the Bid-Ask Spread," *Journal of Finance* (December 1987), 479–90.

Kubarych, R.M., *Foreign Exchange Markets in the United States*, Revised ed., New York: Federal Reserve Bank of New York, 1983.

Levich, R.M., "Empirical Studies of Exchange Rates: Price Behavior, Rate Determination and Market Efficiency," in R.W. Jones and P.B. Kenen, eds., *Handbook of International Economics*, Vol. 2, Amsterdam: North-Holland, 1985, 979–1040.

MacDonald, R., and M.P. Taylor, "Economic Analysis of Foreign Exchange Markets: An Expository Survey," in R. MacDonald and M.P. Taylor, eds., *Exchange Rates and Open Economy Macroeconomics*, Cambridge: Basil Blackwell Inc., 1990, 3–107.

Obstfeld, M., "Floating Exchange Rates: Experience and Prospects," *Brookings Papers on Economic Activity* 2 (1985), 369–464.

Stigum, M., The Money Market, Revised ed., Homewood, Illinois: Dow Jones-Irwin, 1983.

__________, "Exchange Rate Economics: A Survey," *IMF Staff Papers* 39 (March 1992), 1–57.

제2장 선물환시장

Aliber, R.Z., "The Interest Parity Theorem: A Reinterpretation," *Journal of Political Economy* 81 (November/December 1973), 1451–9.

Deardorff, A., "One-Way Arbitrage and Its Implications for the Foreign Exchange

*본문에서 주석으로 이미 인용된 참고문헌들은 제외되었음.

Market," *Journal of Political Economy* 87 (April 1979), 351–64.

Eiteman, D.K., A.I. Stonehill, and M.H. Moffett, *Multinational Business Finance*, 6th ed., Reading, Massachusetts: Addison-Wesley Publishing Company, 1992, Chapter 5.

Engel, C., "The Forward Discount Anomaly and the Risk Premium: A Survey of Recent Evidence," NBER Working Paper, No. 5312, October 1995.

Frenkel, J.A., and R.M. Levich, "Covered Interest Arbitrage: Unexploited Profits?" *Journal of Political Economy* 83 (April 1975), 325–38.

Hansen, L.P., and R.J. Hodrick, "Forward Exchange Rates as Optimal Predictors of Future Spot Rates: An Econometric Analysis," *Journal of Political Economy* 88 (October 1980), 829–53.

Levi, M.D., *International Finance: The Markets and Financial Management of Multinational Business*, 2nd ed., New York: McGraw-Hill Publishing Company, 1990, Chapters 2–3.

McCormic, F., "Covered Interest Arbitrage: Unexploited Profits? Comment," *Journal of Political Economy* 87 (April 1979), 411–7.

제3장 환율의 결정이론과 측정

Artus, J.R., "Methods of Assessing the Long-Run Equilibrium Value of an Exchange Rate," *Journal of International Economics* 8 (1978), 277–99.

Cassel, G., Money and Foreign Exchange after 1914, New York: Macmillan Co., 1923.

Daniel, B.C., "Empirical Determinant sof Purchasing Power Parity Deviations," *Journal of International Economics* 21 (1986), 313–26.

Davutyan, N., and J. Pippenger, "Purchasing Power Parity Did Not Collapse During the 1970s," *American Economic Review* 75 (December 1985), 1151–58.

Frenkel, J.A., "The Collapse of Purchasing Power Parities during the 1970s," *European Economic Review* 16 (1981), 145–65.

Hsieh, D.A., "The Determination of the Real Exchange Rate: The Productivity Approach," *Journal of International Economics* 12 (1982), 355–62.

Junz, H.B., and R.R. Rhomberg, "Price Competitiveness in Export Trade among Industrial Countries," *American Economic Review* (May 1973), 412–8.

Marsh, W., and S.P. Tokarick, "Competitiveness Indicators: A Theoretical and

Empirical Assessment," IMF Working Paper, WP/94/29, March 1994.

McKinnon, R.I., *Money in International Exchange: The Convertible Currency System*, London: Oxford University Press, 1979.

Rhomberg, R.R., "Indices of Effective Exchange Rates," *IMF Staff Papers* 23 (March 1976), 88–112.

Saidi, N., and A.Swoboda, "Nominal and Real Exchange Rates: Issues and Some Evidence," in E.Claassen and P. Salin, eds., Recent Issues in the Theory of Flexible Exchange Rates, Amsterdam: North-Holland, 1983, 3–31.

제4장 환율제도

Argy, V., "Choice of Exchange Rate Regime for a Smaller Economy: A Survey of Some Key Issues," in V. Argy and P.D. Grauwe, eds., *Choosing an Exchange Rate Regime: The Challenge for Smaller Industrial Countries*, Washington, D.C.: International Monetary Fund, 1990, 6–85.

Artus, J.R., and J.H. Young, "Fixed and Flexible Rates: A Renewal of the Debate," *IMF Staff Papers* 26 (December 1979), 654–98.

Friedman, M., "The Case for Flexible Exchange Rates," in *Essays in Positive Economics*, Chicago: University of Chicago Press, 1953, 157–203.

Goldstein, M., *The Exchange Rate System: Lessons of the Past and Options for the Future*, IMF Occasional Paper, No. 30, Washington, D.C.: IMF, July 1984.

Mundell, R.A., "A Theory of Optimum Currency Area," *American Economic Review* 51 (September 1961), 657–65.

Williamson, J., The Exchange Rate System, Washington, D.C.: Institute for International Economics, September 1985.

제5장 국제수지의 측정과 분석

Halevi, N., "An Empirical Test of the "Balance of Payments Stages" Hypothesis," *Journal of International Economics* 1 (1971), 103–17.

International Monetary Fund, *Balance of Payments Manual*, 5th ed., Washington, D.C.: IMF, September 1993.

__________, *Supplement on Balance of Payments*, International Financial Statistics Supplement Series, No. 7, Washington, D.C.: IMF, 1984.

Maldonado, R.M., "Recording and Classifying Transactions in the Balance of Payments," *International Journal of Accounting* 15 (Fall 1979), 105–33.

Meade, J.E., *The Balance of Payments*, London: Oxford University Press(1952), Chapters 1–3.

제6장 국제수지와 국민소득의 결정

Bhagwati, J., R. Brecher, and T. Hatta, "The Generalized Theory of Transfers and Welfare," *American Economic Review* 83 (1983), 606–18.

Krugman, P.R., and M. Obstfeld, *International Economics: Theory and Policy*, 2nd ed., New York: Harper Collins Publishers, 1991, Chapter 19.

Salvator, D., *International Economics*, New York: Macmillan Publishing Company, 1983, Chapter 16.

제7장 국제수지와 대내외균형: 개방거시경제의 기본모형

Bhandari, J.S., R. Driskill, and J.A. Frenkel, "Capital Mobility and Exchange Rate Overshooting," *European Economic Review* 24 (1984), 309–20.

Connock, H., and H. Hiller, "Current Account Deficits and Long-term Interest Rates: Is There a Risk Premium?" *Applied Economics* 22 (1990), 1323–34.

Cooper, R.N., "Monetary Theory and Policy in an Open Economy," *Scandinavian Journal of Economics* (1976), 147–63.

Dornbusch, R., and S. Fischer, *Macroeconomics*, 3rd ed., New York: McGrawHill Book Company, 1984, Chapter 4.

Feldstein, M., and C. Horioka, "Domestic Saving and International Capital Flows," *The Economic Journal* 90 (June 1980), 314–29.

Frankel, J.A., "Quantifying International Capital Mobility in the 1980s," in J.A. Frankel, *On Exchange Rates*, Cambridge: MIT Press, 1993, 41–69.

Gordon, R.J., *Macroeconomics*, 2nd ed., Boston: Little, Brown and Company, 1981, Chapters 15 and 19.

Haque, N., and P. Montiel, "Capital Mobility in Developing Countries: Some Empirical Tests," *World Development* 19 (1990), 1391–8.

Hussein, K.A., "International Capital Mobility in OECD Countries: The Feldstein-Horioka 'Puzzle' Revisited," *Economic Letters* 59 (1998), 237–42.

Laidler, D.E.W., *The Demand for Money: Theories and Evidence*, 3rd ed., New York: Harper & Row, 1985, Chapters 2–5.

Monadjemi, M., "Testing Degree of International Capital Mobility," *Austrian*

Economic Paper 29 (June 1990), 30–9.

Obstfeld, M., "How Integrated are World Capital Markets? Some New Tests," NBER Working Paper, No.2075, November 1986.

__________, "Capital Mobility in the World Economy: Theory and Measurement" *Carnegie-Rochester Conference Series on Public Policy* 24 (1986), 55–104.

제8장 평가절하의 효과

Artus, J., "The 1967 Devaluation of the Pound Sterling," *IMF Staff Papers* (November 1975), 595–640.

Baldwin, R., "Hysteresis in Import Prices: The Beachhead Effects," *American Economic Review* 78 (September 1988), 773–85.

__________, and P. Krugman, "Persistent Trade Effects of Large Exchange Rate Shocks," *Quarterly Journal of Economics* 104 (November 1989), 635–54.

Dixit, A., "Hysteresis and the Duratin of the J-Curve," *Japan and the World Economy* 6 (1994), 105–15.

Dornbusch, R., and P. Krugman, "Flexible Exchange Rates in the Short Run," *Brookings Papers on Economic Activity* 7 (1976), 558–66.

Frenkel, J.A., and M.L. Mussa, "Asset Markets, Exchange Rates and The Balance of Payments," in R.W. Jones and P.B. Kenen, eds., *Handbook of International Economics*, Vol. 2, Amsterdam: North-Holland, 1985, 679–747.

Frenkel, J.A., and A. Razin, "The Mundell-Fleming Model a Quarter Century Later: A Unified Exposition," *IMF Staff Papers* 34 (December 1987), 567–620.

Meade, E.E., "Exchange Rates, Adjustment, and the J-Curve," *Federal Reserve Bulletin* 74 (October 1988), 633–44.

Rose, A.K., and J.L. Yellen, "Is There a J-Curve?" *Journal of Monetary Economics* 24 (1989), 53–68.

제9장 고정환율제도하에서의 재정·금융정책의 효과

Boughton, J.M., "Policy Assignment Strategies with Somewhat Flexible Exchange Rates," in M.Miller, B. Eichengreen, and R.Portes, eds., *Blueprints for Exchange-Rate Management*, San Diego, California: Academic Press Inc., 1989, 125–59.

Cooper, R.N., "Monetary Theory and Policy in an Open Economy," *Scandinavian Journal of Economics* (1976), 147–63.

Fleming, J.M., "Domestic Financial Policies Under Fixed and Under Floating Exchange Rates," *IMF Staff Papers* 9 (November 1962), 369–79.

Mundell, R.A., "The International Disequilibrium System," *Kyklos* 14 (1961), 153–71.

__________, "Capital Mobility and Stabilization Policy under Fixed and Flexible Exchange Rates," *Canadian Journal of Economics and Political Science* 29 (November 1963), 475–85.

제10장 국제수지의 조정이론과 정책: 총수요관리측면

Clark, P., L. Bartolini, T. Bayoumi, and S. Symansky, *Exchange Rates and Economic Fundamentals: A Framework for Analysis*, IMF Occasional Paper, No. 115, Washington, D.C.: IMF, December 1994.

Dooly, M., and P. Isard, "Capital Controls, Political Risk and Deviations from Interest Rate Parity," *Journal of Political Economy* 88 (April 1980), 370–84.

Johnson, H.G., "Towards a General Theory of the Balance of Payments," in *International Trade and Economic Growth*, London: George Allen and Unwin(1958), 153 – 86(reprinted in J.A. Frenkel and H.G. Johnson, eds., *The Monetary Approach to the Balance of Payments*, Toronto: University of Toronto Press, 1976, 46–63).

Kreinin, M.E., and L.H. Officer, *The Monetary Approach to the Balance of Payments: A Survey*, Princeton Studies in International Finance, No. 43, Princeton, New Jersey: Princeton University, Novemeber 1978.

Schadler, S., M. Carkovic, A. Bennett, and R. Kahn, *Recent Experiences with Surges in Capital Inflows*," IMF Occasional Paper, No. 108, Washington, D.C.: IMF, December 1993.

제11장 총수요·총공급의 종합균형

Fischer, S., "Long-Term Contracts, Rational Expectations and the Optimal Money Supply Rule," *Journal of Political Economy* (February 1977), 191–205.

Gordon, R.J., *Macroeconomics*, 2nd ed., Boston: Little, Brown and Company, 1981, Chapters 7–11.

Krugman, P., "External Shocks and Domestic Policy Responses," in R. Dornbusch and F.L.C.H. Helmers, eds., *The Open Economy: Tools for Policymakers in Developing Countries*, London: Oxford University Press, 1988, 54–79.

Shone, R., Open Economy Macroeconomics: Theory, Policy and Evidence, New York: Harvester Wheatsheaf, 1989, Chapters 12–13.

제12장 변동환율제도하에서의 재정·금융정책의 효과

Branson, W.H., "Macroeconomic Determinants of Real Exchange Risk," in R.J. Herring, ed., *Managing Foreign Exchange Risk*, Cambridge: Cambridge University Press, 1983, 33–74.

________, and W.H. Buiter, "Monetary and Fiscal Policy with Flexible Exchange Rates," in J.S. Bhandari and B.H. Putnam, eds., *Economic Interdependence and Flexible Exchange Rates*, Cambridge: MIT Press, 1984, 251–85.

________, H. Halttunen, and P. Masson, "Exchange Rates in the Short Run: The Dollar-Deutschmark Rate," *European Economic Review* 10 (1977), 303–24.

Caves, R.E., J.A. Frankel, and R.W. Jones, *World Trade and Payments: An Introduction*, 6th ed., New York: Harper Collins Publishers, 1993, 480–518.

Cooper, R.N., "Monetary Theory and Policy in an Open Economy," *Scandinavian Journal of Economics* (1976), 147–63.

Mundell, R.A., "Capital Mobility and Stabilization Policy under Fixed and Flexible Exchange Rates," *Canadian Journal of Economics and Political Science* 29 (November 1963), 475–85.

Witte, W.E., "Dynamic Adjustment in an Open Economy with Flexible Exchange Rates," *Southern Economic Journa* l45 (April 1979), 1072–90.

제13장 기대와 경제정책의 효과

Barro, R.J., "Rational Expectations and the Role of Monetary Policy," *Journal of Monetary Economics* 2 (1976), 1–33.

Begg, D.K.H., *The Rational Expectations Revolution in Macroeconomics*, Baltimore: Johns Hopkins University Press, 1982.

Bilson, J., "The Vicious Circle Hypothesis," *IMF Staff Papers* 26 (March 1979), 1–37.

Buiter, W.H., and M. Miller, "Real Exchange Rate Overshooting and the Output Cost of Bringing Down Inflation," *European Economic Review* 18 (May/June 1982), 85–123.

Cagan, P., "The Monetary Dynamics of Hyper-Inflations," in M. Friedman, ed., *Studies in the Quantity Theory of Money*, Chicago: University of Chicago

Press, 1956, 25–117.

Dornbusch, R., "Exchange Rate Expectations and Monetary Policy," *Journal of International Economics* 8 (August 1976), 231–44.

Driskill, R., "Exchange Rate Overshooting, the Trade Balance, and Rational Expectations," *Journal of International Economics* 11 (1981), 361–77.

Lucas, R.E. Jr., "Expectations and the Neutrality of Money," *Journal of Economic Theory* 4 (1972), 103–24.

Muth, J.F., "Rational Expectations and the Theory of Price Movements," *Econometrica* 29 (1961), 315–35.

Sargent, T.J., and N. Wallace, "Rational Expectations and the Theory of Economic Policy," *Journal of Monetary Economics* 2 (April 1976), 169–83.

Takagi, S., "Exchange Rate Expectations: A Survey of Survey Studies," *IMF Staff Papers* 38 (March 1991), 156–83.

Tobin, J., "Liquidity Preference as Behavior Towards Risk," *Review of Economic Studies* 25 (February 1958), 65–86.

Witte, W.E., "Dynamic Adjustment in an Open Economy with Flexible Exchange Rates," *Southern Economic Journal* 45 (April 1979), 1072–90.

제14장 현대 환율결정이론과 환율정책

Almekinders, G.J., and S.C.W. Eijffinger, "Empirical Evidence on Foreign Exchange Market Intervention: Where Do We Stand?" *Weltwirtschaftliches Archiv* 127 (1991), 645–77.

Bayoumi, T., P. Clark, S. Symansky, and M. Taylor, "Robustness of Equilibrium Exchange Rate Calculations to Alternative Assumptions and Methodologies," IMF Working Paper, WP/94/17, February 1994.

Berkowitz, J., and L. Giorgianni, "Long-Horizon Exchange Predictability?" IMF Working Paper, WP/97/6, January 1997.

Bilson, J.F.O., "The Monetary Approach to the Exchange Rate: Some Empirical Evidence," *IMF Staff Papers* 25 (March 1978), 48–75.

Branson, W.H., "Exchange Rate Policy after a Decade of Floating'," in J.F.O. Bilson and R.C. Marston, eds., *Exchange Rate Theory and Practice*, Chicago: University of Chicago Press, 1984, 79–117.

Calvo, G.A., and C.A. Rodriguez, "A Model of Exchange Rate Determination with Currency Substitution and Rational Expectations," *Journal of Political*

Economy 85 (June 1977), 617–26.

Copeland, L.S., *Exchange Rates and International Finance*, Reading, Massa chusetts: Addison-Wesley Publishing Company, 1989, Chapter 11.

Delgado, F., and B. Dumas, "Target Zones, Broad and Narrow," in P. Krugman and M. Miller, eds., *Exchange Rate Targets and Currency Bands*, Cambridge: Cambridge University Press, 1992, 35–58.

Dooley, M.P., and P. Isard, "The Portfolio-Balance Model of Exchange Rates and Some Structural Estimates of the Risk Premium," *IMF Staff Papers* 30 (1983), 683–702.

Dornbusch, R., "A Portfolio Balance Model of the Open Economy," *Journal of Monetary Economics* 1 (1975), 3–20.

Engel, C., and J. Frankel, "Why Interest Rates React to Money Announcements: An Explanation from the Foreign Exchange Market," *Journal of Monetary Economics* 13 (1984), 31–9.

Fama, E.F., "Efficient Capital Markets: A Review of Theory and Empirical Work," *Journal of Finance* 25 (May 1970), 383–416.

Frankel, J.A., "On the Mark: A Theory of Floating Exchange Rates Based on Real Interest Differentials," *American Economic Review* 69 (September 1979), 610–22.

__________, and A.K. Rose, "A Survey of Empirical Research on Nominal Exchange Rates," NBER Working Paper, No. 4865, September 1994.

Frenkel, J.A., "A Monetary Approach to the Exchange Rate: Doctrinal Aspects and Empirical Evidence," *Scandinavian Journal of Economics* 78 (May 1976), 200–24.

__________, "Flexible Exchange Rates, Prices, and the Role of 'News': Lessons from the 1970s," in J.S. Bhandari and B.H. Putnam, eds., *Economic Interdependence and Flexible Exchange Rates*, Cambridge: MIT Press, 1984, 3–41.

__________, and M.L. Mussa, "The Efficiency of Foreign Exchange Markets and Measures of Turbulence," *American Economic Review* 70 (May 1980), 374–81.

Girton, L., and S. Roper, "Theory and Implications of Currency Substitution," *Journal of Money, Credit and Banking* 13 (February 1981), 12–30.

Goodhart, C., "The Foreign Exchange Market: A Random Walk with a Dragging Anchor," *Economica* 55 (November 1988), 437–60.

Hardouvelis, G.A., "Economic News, Exchange Rates and Interest Rates," *Journal of International Money and Finance* 7 (1988), 23–35.

Krugman, P. R., *Exchange-Rate Instability*, Cambridge: MIT Press, 1989.

MacDonald, R., "Long-Run Exchange Rate Modeling: A Survey of the Recent Evidence," IMF Working Paper, WP/95/14, January 1995.

__________, and M.P. Taylor, "Economic Analysis of Foreign Exchange Markets: An Expository Survey," in R. MacDonald and M.P. Taylor, eds., *Exchange Rates and Open Economy Macroeconomics*, Cambridge: Basil Blackwell Inc., 1990, 3–107.

Mark, N.C., "Exchange Rates and Fundamentals: Evidence on Long-Horizon Predictability," *American Economic Review* 85 (March 1995), 201–18.

Meeze, R.A., and K. Rogoff, "Empirical Exchange Rate Models of the Seventies: Do they fit out of sample?" *Journal of International Economics* 14 (1983), 3–24.

Mundell, R.A., "Exchange Rate Margins and Economic Policy," in J.C. Murphy, ed., *Money in the International Order*, Dallas: 1964.

Mussa, M., "The Exchange Rate, the Balance of Payments, and Monetary and Fiscal Policy under a Regime of Controlled Floating," *Scandinavian Journal of Economics* 78 (May 1976), 229–48.

Obstfeld, M., "Can We Sterilize? Theory and Evidence," *American Economic Review* 72 (May 1982), 45–50.

Wonnacott, P., *The Canadian Dollar* 1948–62, Toronto, 1965.

제15장 국제통화제도

Cooper, R., "The Gold Standard: Historical Facts and Future Prospects," *Brookings Papers on Economic Activity* 1 (1982), 1–45.

Dornbusch, R., "The Flexible Exchange Rate System: Experience and Alternatives," in J.A. Frankel, ed., *On Exchange Rates*, Cambridge: MIT Press, 1993, 5–39.

Giavazzi, F., and A. Giovannini, *Limiting Exchange Rate Flexibility: The European Monetary System*, Cambridge: MIT Press, 1989.

Goldstein, M., The Exchange Rate System:Lessons of the Past and Options for the Future, IMF Occasional Paper, No. 30, Washington, D.C.: IMF, July 1984.

__________, "Supplement on International Liquidity," *International Financial*

Statistics Supplement Series, No.14, Washington, D.C.: IMF, 1987.

Mckinnon, R., "Optimum Currency Areas," *American Economic Review* 53 (September 1963), 717–24.

Mundell, R.A. "International Monetary Reform: The Optimal Mix in Big Countries," in J. Tobin, ed., *Macroeconomics, Prices and Quantities*, Washington, D.C.: Brookings Institution, 1983, 285–93.

Mussa, M., M. Goldstein, P.B. Clark, D.J. Mathieson., and T. Bayoumi, *Improving the International Monetary System: Constraints and Possibilities*, IMF Occasional Paper, No. 116, Washington, D.C.: IMF, December 1994.

Solomon, R., *The International Monetary System* 1945–1976, New York: Harper & Row, 1982.

Williamson, J., *The Exchange Rate System*, Washington, D.C.: Institute for International Economics, 1985.

Yeager, L. B., *International Monetary Relations: Theory, History, and Policy*, 2nd ed., New York: Harper & Row, 1976, Chapters 19–32.

제16장 국제금융시장

Agénor, P., "Borrowing Risk and the Tequila Effects," IMF Working Paper, WP/97/86, July 1997.

Balño, T.J.T., and C. Enoch, *Currency Board Arrangements*: Issues and Experiences, IMF Occasional Paper, No. 151, Washington, D.C.: IMF, August 1997.

Drees, B., and C. Pazarbasioğlu, *The Nordic Banking Crises: Pitfalls in Financial Liberalization?* IMF Occasional Paper, No. 161, Washington, D.C.: IMF, April 1998.

Edwards, S., "Sequencing of Economic Reform: Analytical Issues and Lessons from Latin American Experiences," *World Economy* 13 (March 1990), 1–14.

__________, "The Order of Liberalizing of the External Sector in Developing Countries," in *Princeton Essays in International Finance*, No. 156, Princeton: Princeton University Press, 1984.

Eichengreen, B., and A.K. Rose., "Staying Afloat When the Wind Shifts: External Factors and Emerging-Market Banking Crises," NBER Working Paper, No. 6370, January 1998.

Eiteman, D.K., A.I. Stonehill, and M.H. Moffett, *Multinational Business Finance*,

6th ed., Reading, Massachusetts: Addison-Wesley Publishing Company, 1992, Chapter 11.

Fisher, F.G. Ⅲ, *The Eurodollar Bond Market*, Nestor House, London: Euromoney Publications Limited, 1979.

Frankel, J.A., "The Yen/Dollar Agreement: Liberalizing Japanese Capital Markets," in *Policy Analysis in International Economics*, No. 9, Washington, D.C.: Institute for International Economics, 1984.

Godfajn, I., and R.O. Valdes, "Are Currency Crises Predictable?" IMF Working Paper, WP/97/159, December 1997.

Goldberg, L.S., "Predicting Exchange Rate Crises: Mexico Revisited," *Journal of International Economics* 36 (1994), 413–30.

Goldstein M, "Comments on Early Warning Indicators of Financial Stability in a Global Economy," Federal Reserve Bank of Kansas City, August 28–30, 1997.

Greenwood, J., and K. Kimbrough, "An Investigation in the Theory of Foreign Exchange Controls," *Canadian Journalof Economics* 20 (May 1987), 271–88.

International Monetary Funds, *International Capital Markets: Developments*, Prospects, and Key Policy Issues, World Economic and Financial Surveys, November 1997.

Johnston, R.B., S.M. Darbar, C. Echeverria, "Sequencing Capital Account Liberalization: Lessons from the Experiences in Chile, Indonesia, Korea, and Thailand," IMF Working Paper, WP/97/157, November 1997.

Kaminsky, G.L., and C.M. Reinhart, "The Twin Crises: The Causes of Banking and Balance-of-Payments Problems," Board of Governors of the Federal Reserve System, International Finance Discussion Papers, No. 544, March 1996.

____________, S. Lizondo, and C.M. Reinhart, "Leading Indicators of Currency Crises," *IMF Staff Papers* 45 (March 1998), 1–48.

Levich, R.M., "Financial Innovation in International Markets," in M.S. Feldstein, ed., *The United States in the World Economy*, Chicago: University of Chicago Press, 1988, 215–57.

Mathieson, D.J., and L.Rojas-Suárez, *Liberalization of the Capital Account: Experiences and Issues*, IMF Occasional Paper, No. 103, Washington, D.C.: International Monetary Fund, March 1993.

Milesi-Ferretti, G.M., and A. Razin, "Sharp Reductions in Current Account

Deficits: An Empirical Analysis," IMF Working Paper, WP/97/168, December 1997.

Mishikin, F.S., "International Capital Movements, Financial Volatility and Financial Instability," NBER Working Paper, No. 6390, January 1998.

Obstfeld, M., "The Logic of Currency Crises," NBER Working Paper, No. 4640, (February 1994).

Phylaktis, K., "Capital Controls: The Case of Argentina," *Journal of International Money and Finance* 7(1988), 303–20.

Stigum, M., *The Money Market*, 「Revised ed., Homewood, Illinois: Dow Jones-Irwin(1983), Chapters 15–16.

제17장 상호거시경제 정책협조론

Funabashi, Y., *Managing the Dollar: From the Plaza to the Louvre*, 2nd ed., Washington, D.C.: Institute for International Economics, 1989.

Hamada, K., "A Strategic Analysis of Monetary Interdependence, *Journal of Political Economy* 84 (1976), 77–99.

Helliwell, J.F., and T. Padmore, "Empirical Studies of Macroeconomic Interdependence,"in R.W. Jones and P.B. Kenen, eds., *Handbook of International Economics*, Vol. 2., Amsterdam: North-Holland, 1985, 1108–51.

Kenen, P.B., *Exchange Rates and Policy Coordination*, Oxford, England: Manchester University Press, 1989.

Mussa, M., "Macroeconomic Interdependence and the Exchange Rate Regime," in R. Dornbusch and J. Frenkel, eds., *International Economic Policy: Theory and Evidence*, Baltimore: Johns Hopkins University Press, 1979, 160–204.

Obstfeld, M., "The Effectiveness of Foreign-Exchange Intervention: Recent Experience, 1985 – 1988," in W.H. Branson, J.A. Frenkel, and M. Goldstein, eds., *International Policy Coordination and Exchange Rate Fluctuations*, Chicago: University of Chicago Press, 1990, 197–237.

Oudiz, G., and J. Sachs., "Macroeconomic Policy Coordination among the Industrial Economies, *Brookings Papers on Economic Activity* 1 (1984), 1–75.

Scitovsky, T., "A Reconsideration of the Theory of Tariffs," *Review of Economic Studies* 9 (1942), 89–110.

국 문 색 인

ㄴ

ㄷ

ㄹ

ㅅ

ㅇ

ㅈ

ㅊ

ㅋ

ㅌ

ㅍ

ㅎ

영 문 색 인

A

B

F

G

H

I

M

N

O

P

T

U

저자약력

연세대학교 상경대학 경제학과(경제학사)
미국 인디애나대학교 대학원(경제학석사 · 박사)
한국개발연구원(KDI) 주임연구원
홍익대학교 연구처장, 경영대학장
전 홍익대학교 경영대학 무역학과 교수

저서 및 논문

「경제경영수학」, 박영사, 2001
Recursive Utility and Optimal Capital Accumulation. I. Existence(Coauthor), *Journal of Economic Theory* 47(February 1989)
Recursive Utility and the Equivalence Principle for One-Sector Dynamic Models, *Korean Economic Review* 7(Winter 1991)
Monetary Policy and Real Exchange Rate Dynadmics under Imperfect Capital Mobility, *Korean Economic Review* 10(Winter 1994) 외 다수

제 3 판
국제금융의 이론과 정책

1993년 8월 30일 초판발행
1998년 9월 20일 개정판발행
2002년 8월 30일 제 3 판발행
2011년 8월 10일 중판발행

저 자 성 범 용
발행인 안 종 만
발행처 (주)박영사
서울특별시 종로구 평동 13-31번지
전화 (733)6771 FAX (736)4818
등록 1959. 3. 11. 제300-1959-1호(倫)

www.pakyoungsa.co.kr e-mail: pys@pakyoungsa.co.kr

정 가 33,000원 ISBN 978-89-6454-030-5